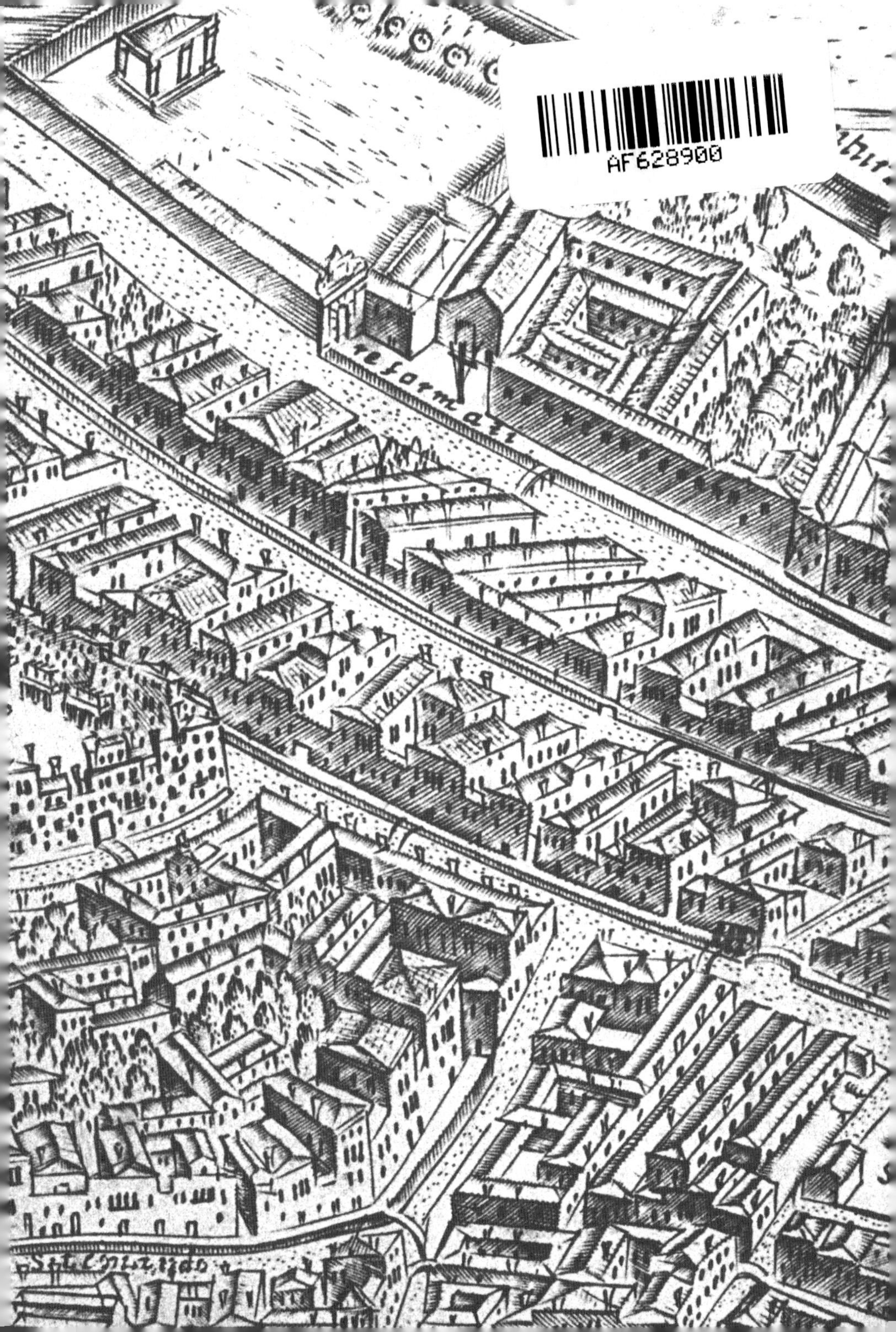
reformati

*Riccardo Calimani*

# Die Geschichte des Ghettos von Venedig

# 1516 - 2016

*Aus dem Italienischen von Sylvia Höfer*

*Für Anna Vera und Davide*

Herausgeber der Neuauflage von 2016:
Europäische Janusz Korczak Akademie, München

EJKA
Europäische
Janusz Korczak
Akademie e.V.

Die italienische Ausgabe erschien 2016 unter dem Titel
„Storia del Ghetto di Venezia“
im Verlag Mondadori, Milano


Deutsche Übersetzung von Sylvia Höfer
Fotos: Davide Calimani

Unser besonderer Dank gilt Dr. Katrin Diehl
für ihren unermüdlichen Einsatz bei der Realisierung dieser Neuauflage.

Wir danken für die finanzielle Unterstützung:
Deutsche Grundstücksauktionen AG, Berlin
Jochen Loos, Gunzenhausen
Maryse Neumeister-Levi, München

Gesamtherstellung: Jourist Verlags GmbH

ISBN 978-3-89894-698-8

# Das Buch

Riccardo Calimanis „Die Geschichte des Ghettos von Venedig, 1516 - 2016" kann als Standartwerk der Geschichte der Juden unter der Serenissima gelten, einer Geschichte, die im Jahr 1516 einen tiefen Einschnitt erfahren hat. Per Dekret hatte der damalige Senat der jüdischen Bevölkerung einen Wohnbezirk zugewiesen mit Namen (nuovo und vecchio) geto oder gheto. Am Rande der Lagune gelegen und von Kanälen umgeben, konnte es vom restlichen Stadtgebiet abgeriegelt werden. Zudem war er für die Menschen, die dort leben mussten, mit Ausgrenzung und Diskriminierung verbunden. Der Begriff „Ghetto" war geboren, seine Bedeutung hatte eine neue unmenschliche, von Anfang an antisemitische Komponente in die Welt gebracht.

Riccardo Calimani informiert in der von der Europäischen Janusz Korczak Akademie herausgegebenen erweiterten Auflage über den neuesten Stand der Geschichte des Ghettos, beschreibt basierend auf historischen Quellen das tägliche Leben im abgegrenzten Wohnbezirk sowie die Beziehung der Ghettobewohner zur Außenwelt.

Riccardo Calimani macht den Leser mit herausragenden jüdischen Persönlichkeiten beschreibt aber ebenso das Leben der einfachen Leute, so dass man sich am Ende des Buches fühlt, als habe man eine Reise gemacht durch drei Jahrhunderte jüdischen Lebens im Herzen der Serenissima.

# Der Autor

Riccardo Calimani, 1946 in Venedig geboren, studierte an der Universität von Padua Elektrotechnik sowie an der Universität von Venedig Wissenschaftsphilosophie. 30 Jahre lang arbeitete er beim italienischen Radio- und Fernsehsender RAI. Calimani ist Autor von Romanen und Sachbüchern, von denen sich einige mit naturwissenschaftlichen Themen befassen, die Mehrzahl aber mit venezianischer und/oder jüdischer Geschichte. Zuletzt (2013 - 2015) erschienen seine „Storie degli ebrei Italiani", historische Abhandlungen über das jüdische Leben in Italien vom Mittelalter bis in die Neuzeit. Calimanis Bücher wurden in viele Sprachen übersetzt, er selbst mit verschiedenen Preisen geehrt: 1986 mit dem Premio Cultura Residenza del Consiglio dei Ministri, ein Jahr später mit dem Premio Constantino Pavan per le culture locali.

# Inhalt

Es ist ein Irrtum zu glauben, dass alles, was nicht aufgeschrieben ist, auch nicht existiert
*Jacques Le Goff*

Was gewesen ist, dasselbe wird sein, und was geschehen ist, dasselbe wird geschehen
*Prediger,* 1,9

Wer sich nicht der eigenen Vergangenheit erinnert, muss sie erneut durchleben
*George de Santayana*

Was du ererbt von deinen Vätern, erwirb es, um es zu besitzen
*J. W. von Goethe, Faust*

# Vorwort zur neuen, erweiterten Ausgabe in deutscher Sprache

*(Titel der ersten deutschen Auflage von 1988: Die Kaufleute von Venedig, die Geschichte der Juden in der Löwenrepublik)*

Im Jahr 2016 gedachte man des jüdischen Ghettos in Venedig, das vor 500 Jahren errichtet worden war. Dieses Ereignis historisch einordnen zu können, seine Relevanz zu erkennen, verlangt nach mehr als dem Lupfen eines schweren Gobelinvorhangs und einem schnellen Blick auf verwinkelte, beengte, verschmutze Gassen mit verängstigten Menschen. Trivialität und Romantisierung hören da auf, wo das wissenschaftliche Arbeiten beginnt.

Es gibt wohl niemanden, der sich mit dem Venezianischen Ghetto so eingehend befasst hat, wie der Gelehrte Riccardo Calimani. Seine umfangreiche Studie über die Geschichte des Ghettos in Venedig beleuchtet das Leben der venezianischen Juden im späten Mittelalter und verfolgt deren Spuren bis in unsere heutige Zeit.

Das Ghetto in Venedig hat allen späteren jüdischen Wohnbezirken namentlich seinen Stempel aufgedrückt. Mit „dem Ghetto" hat sich Judenfeindlichkeit im Stadtbild manifestiert. Jahrhunderte später haben die Nazis Ghettos als Orte der Separierung und Entmenschlichung verordnet. Ihre Errichtung war Teil des nationalsozialistischen Vernichtungsprogramms.

Calimanis Ausführungen befähigen zu einem anderen Blick auf das heutige, wie das vergangene Venedig. Sie motivieren zur Spurensuche.

Hätten wir sein Buch nicht, drohte das Wissen über das jüdische Ghetto in Venedig verloren zu gehen. Das war uns als Europäische Janusz Korczak Akademie Bedürfnis und Auftrag genug, „Die Geschichte der Juden in der Löwenrepublik" neu aufzulegen und herauszugeben. Der Text wurde vom Autor um einige Passagen erweitert, ergänzt und den neuen Anforderungen angepasst. Für die Übersetzung sorgte Sylvia Höfer. Calimanis Sohn Davide ergänzte den Text mit Fotos.

*Eva Haller*　　*Dr. Stanislav Skibinski*

Europäische Janusz Korczak Akademie

München, den 17. Juli 2016

# Vorwort zur italienischen Neuausgabe

Im Jahr 1516 zog ein ferner Vorfahr von mir, ein Calimani, ein Flüchtling aus Treviso und „ein guter und ehrenwerter Mann“, äußerst ungern ins Ghetto von Venedig. Während ein Großteil der Juden gezwungen war, ständig von einem Land zum anderen zu ziehen, haben die Calimani ungefähr drei Jahrhunderte in diesem geschlossenen und unter Kontrolle stehenden Viertel gelebt.

Mein Vater wurde als Sohn eines *Chasan* im Ghetto geboren, war mit sechzehn Jahren Vollwaise und bezog erst kurz vor Ausbruch des Zweiten Weltkriegs ein Haus, das nur hundert Meter von diesem heute berühmten Ort entfernt war.

Nach dem 8. September 1943, als die Nazis in Italien einrückten, beschlossen meine Eltern, zu heiraten und zusammen in die Schweiz zu fliehen. Am Tag ihrer Hochzeit, die am 16. September gefeiert wurde, erhielten sie die Nachricht, dass sich der Vorsteher der jüdischen Gemeinde von Venedig, Professor Giuseppe Jona, das Leben genommen hatte; so hatte er vermieden, den Nazifaschisten die Liste der in der Stadt wohnenden Juden auszuhändigen, die sie deportieren wollten.

Nachdem der Versuch meiner Eltern, die Grenze zu überschreiten, gescheitert war, flüchteten sie nach Alpago, in eine gebirgige Gegend Venetiens, wo ihnen die einheimische Bevölkerung half und sie bis zum 25. April 1945, dem Tag der Befreiung, versteckte.

Neun Monate später, am 20. Januar 1946, kam ich in jenem Haus in der Nähe des Ghettos von Venedig zur Welt, als Erster in meiner Familie, der dank eines optimalen Timings nicht nur außerhalb des Ghettos, sondern auch nach dem Krieg geboren wurde. Meine Eltern nannten mich Riccardo nach einem Onkel mütterlicherseits, der nach Auschwitz deportiert und dort umgebracht worden war.

Ein Vorfahr meiner Mutter, Mendel Hirsch, der aus Brandes, einem kleinen österreichisch-galizischen Dorf in der Nähe von Brody, stammte, hatte sich 1870 in Venedig niedergelassen. Den Namen Hirsch hatte er gegen den seines Geburtsortes getauscht und seinen Sohn Riccardo genannt.

Der Sohn dieses Letzteren, Giacomo, war mein Großvater mütterlicherseits. Da er staatenlos war und die italienische Staatsangehörigkeit erwerben wollte, hatte er sich im Ersten Weltkrieg als Freiwilliger zur italienischen Armee gemeldet, und auch er hatte – wie bereits erwähnt – einen seiner Söhne Riccardo genannt.

An Großvater Giacomo kann ich mich noch gut erinnern. Er zog sein ganzes Leben lang mit zwei Koffern voller Kleider hausierend über Land und gab mir jedes Mal, wenn er mich sah, Geld für ein Eis.

Diese Familiengeschichte verdeutlicht wohl zur Genüge, warum ich nicht bis zum fünfhundertsten Gründungsjahr warten musste, um mich des Ghettos von Venedig zu entsinnen und mich mit ihm zu beschäftigen — einem mythischen Ort der Lagunenstadt, aus dem die Juden niemals vertrieben wurden und der sie, wie es so oft geschieht, zu hundertfünfzigprozentigen Venezianern machte.

Während der Vorarbeiten zu dieser Neuausgabe meiner *Geschichte des Ghettos von Venedig* traf ich auf zwei Sachkundige, denen ich zu Dank verpflichtet bin.

Zum einen ist dies mein Neffe, der Historiker Simon Levis Sullam, ein ausgewiesener Kenner der Materie. Zum anderen handelt es sich um Umberto Fortis, der sich sowohl auf die Kultur und Geschichte der venezianischen Juden als auch auf die jüdisch gefärbten italienischen Dialekte, insbesondere auf die venezianische Variante, spezialisiert hat.

Meine Eltern sprachen zu Hause einen jüdisch-venezianischen Dialekt, der reich an versteckten Bedeutungen, Assonanzen und emotionalen Nuancen war, eine Mundart, die mir sehr vertraut ist, die ich aber leider nicht an meinen Sohn weitergeben konnte. Das hat einen einfachen Grund: Auch eine in der Familie gesprochene Mundart braucht zum Überleben eine Gruppe von Leuten, die sie im Alltagsleben benutzt, und heute leben die Juden von Venedig, insgesamt nicht einmal vierhundert an der Zahl, über die ganze Stadt verstreut und versammeln sich nur anlässlich der Feste in den Synagogen des alten Viertels.

Ossip Mandelstam, der große russische Dichter, schrieb einmal, dass ein wenig Schimmel ausreiche, um ein ganzes Haus modrig riechen zu lassen. Dasselbe kann man von diesem Dialekt sagen, einem Gemisch aus Venezianisch und Hebräisch, angereichert mit deutschen, spanischen und portugiesischen Wörtern, das mit seiner Musikalität und seinen scharfsinnigen Metaphern erstaunt und erheitert.

Ich hoffe, dass der Leser, wenn er dieses Buch bis zu Ende gelesen hat, nicht nur Mitgefühl mit den Juden des Ghettos empfindet, sondern dieses Gefühl auch auf alle Angehörigen jedes Volkes und jeder Nation übertragen kann, die Übergriffe und Gewaltakte erlitten haben oder immer noch erleiden – und das sind viele, und es darf keine Ausnahmen geben.

Mein Wunsch ist, dass der Gerechtigkeitssinn in jedem Teil der Welt obsiegen möge, denn unabhängig von ihren jeweiligen Kulturen und Traditionen verdienen alle Völker Respekt. Dieser Wunsch erscheint heute notwendiger denn je.

In Venedig lebten die Juden fast drei Jahrhunderte auf einem engen Raum zusammen, dessen Zugangstore bei Sonnenuntergang geschlossen und im Morgengrauen wieder geöffnet wurden. Die *Serenissima Repubblica* hielt jedoch immer die Verträge ein, die auch die jüdische Gemeinde unterzeichnet hatte; es waren feste und eiserne Regeln, aber sie hielt sich daran und tolerierte ihre jüdischen Untertanen, wenn auch aus Eigeninteresse und nicht etwa aus Liebe.

Der fünfhundert Jahre des Lebens im Ghetto von Venedig (1516-2016) wird also mit einem Akt tiefsinniger und tiefschürfender Reflexion gedacht, aber sie werden nicht gefeiert, weil es nichts zu feiern gibt. Sonst wäre dies nur eine weitere unverzeihliche Ungerechtigkeit gegenüber all jenen, die Opfer von Verachtung und Absonderung wurden.

*Riccardo Calimani*
Venedig, im Januar 2016

Prolog

# Der Jude Shylock

Shylock, der berühmteste Jude Venedigs, hat nie existiert. William Shakespeare hat ihn in seinem Schauspiel als eine rein symbolische Figur mit den tragischen, vielleicht auch unbarmherzigen Zügen eines leidenden Menschen erschaffen.

Shylock sagt in der ersten Szene des dritten Aktes des *Kaufmanns von Venedig*: „Er hat mich beschimpft, mir 'ne halbe Million gehindert; meinen Verlust belacht, meinen Gewinn bespottet, mein Volk geschmäht, meinen Handel gekreuzt, meine Freunde verleitet, meine Feinde gehetzt. Und was hat er für Grund? Ich bin ein Jude. Hat nicht ein Jude Augen? hat nicht ein Jude Hände, Gliedmaßen, Werkzeuge, Sinne, Neigungen, Leidenschaften? mit derselben Speise genährt, mit denselben Waffen verletzt, denselben Krankheiten unterworfen, mit denselben Mitteln geheilt, gewärmt und gekältet von eben dem Winter und Sommer als ein Christ? Wenn ihr uns stecht, bluten wir nicht? Wenn ihr uns kitzelt, lachen wir nicht? Wenn ihr uns vergiftet, sterben wir nicht? Und wenn ihr uns beleidigt, sollen wir uns nicht rächen? Sind wir euch in allen Dingen ähnlich, so wollen wir's euch auch darin gleichtun..."*

In diesen Worten spiegelt sich auf ergreifende Weise das Schicksal des im Mittelalter lebenden Juden wider: verfolgt, verhöhnt, verachtet, aber oft auch wegen seiner Unersetzlichkeit als Geldverleiher umschmeichelt und umworben.

Shylock, eine imaginäre, aber nicht unwahrscheinliche Gestalt aus Fleisch und Blut, ist mit seinen Hass- und Rachegefühlen ein außergewöhnlich moderner Mensch; denn er fordert Gleichheit im Anderssein und rückt zugleich vor allem seine Identität als Mensch in den Vordergrund.

Seine Worte wirken wie Peitschenhiebe.

Um die existentielle Erfahrung der Juden in den Jahrhunderten, vor allem im Mittelmeerraum und insbesondere in Venedig, wo das erste Ghetto der Geschichte entstand, begreifen zu können, um all die zwiespältigen Aspekte des Zusammenlebens zu erfassen, die sich über die Jahrhunderte zwischen der Republik Venedig und ihrem Ghetto perpetuierten, um zu begreifen, warum Shylock ein Symbol war, muss man zunächst einmal die Geschichte der venezianischen Juden kennenlernen.

---

* Nach der deutschen Übersetzung von August Wilhelm von Schlegel (Stuttgart 1986)

# Die Ursprünge

*Die Volkszählung von 1152 – Die Steuerliste von 1290 – Der Ursprung des Namens „Giudecca“ – Die beiden* Condotte *und die ersten Kreditgeschäfte im 14. Jahrhundert*

„Die Juden müssen alle gemeinsam in dem Komplex von Häusern wohnen, die sich im Ghetto bei San Girolamo befinden; und damit sie nicht die ganze Nacht umhergehen, sollen an jener Seite des Ghetto Vecchio, wo es eine kleine Brücke gibt, und gleichermaßen an der anderen Seite der Brücke zwei Tore errichtet werden, das heißt je eines für die beiden genannten Orte. Jenes Tor muss morgens beim Klang der Marangona-Glocke geöffnet und abends um 24 Uhr durch vier christliche Wachen zugesperrt werden, die dafür von ihren Juden angestellt und bezahlt werden zu dem Preis, der Unserem Kollegium angemessen erscheint. . .“

Bei diesem Text, der im Venedig des Jahres 1516 abgefasst wurde, könnte es sich um einen der vielen gesetzgeberischen Akte der Republik Venedig, der Serenissima Repubblica, handeln. Doch dem ist nicht so. Diese Worte markieren eine Wende in der Geschichte der Diaspora der Juden und ihrer Zerstreuung über sämtliche Länder Europas und der Welt. Die Mauern des Ghettos sollten als exakt gezogene, physisch unüberwindliche Grenze zu einem langlebigen Symbol werden.

Auf welche Zeit lässt sich der Beginn der Beziehungen zwischen Venedig und seinen Juden datieren? Diese Frage ist nicht leicht zu beantworten. Die Zeit hat viele Spuren verwischt, und jene reichlich fragmentarischen, die geblieben sind, lassen eine unterschiedliche Deutung zu. Am Ende vermengen sich Wirklichkeit und Mutmaßung, und vielleicht kann es gar nicht anders sein; denn auf der einen Seite ist Venedig, die Stadt am Rand von Land und Meer, mit ihren Untiefen und Lagunen, marginal durch ihren Charakter und ihre natürliche Lage, auf der anderen stehen die Juden, umherirrende, verzweifelte und hartnäckige Menschen, ebenfalls in einer gefährdeten Lage und am Rande der Gesellschaft lebend. Aus der Zeit vor 1516 finden sich zahlreiche Spuren und Erinnerungsstücke, die bezeugen, dass es in der Stadt Juden gegeben hat. Die Geschichtsschreiber haben bei ihren Nachforschungen stets die Wirklichkeit gesucht – jedoch gerade bei dem Versuch, einzelnen Elementen Gestalt zu verleihen, eine Legende geschaffen.

Eine der Quellen, deren sich viele Erforscher der venetischen Geschichte reichlich und manchmal in unkritischer Weise bedient haben, ist G. B. Gallicciollis Werk *Storie e memorie venete profane ed ecclesiastiche*, das 1795 in Venedig gedruckt wurde. Gallicciolli bestätigt aufgrund zahlreicher Indizien die aktive Rolle, die die

Juden im Handel der Stadt im 12. und 13. Jahrhundert gespielt haben, und schreibt: „Dass die Juden seit uralten Zeiten in Venedig leben, geht aus unwiderlegbaren Dokumenten hervor . . .“

Insbesondere berichtet er, dass eine Handschrift von Pietro Vanzi die Ergebnisse einer Volkszählung vom 12. Mai 1152 enthält, anhand deren man auf die Anwesenheit von eintausenddreihundert Juden schließen könnte. Doch Galliccioli selbst bezweifelte die Authentizität dieser Volkszählung. Als später andere Gelehrte der Sache auf den Grund gingen, stellte sich heraus, dass die Zahl zwar korrekt war, aber erst aus dem Jahr 1552 stammte.

Ein anderes Dokument, das, wie manche meinen, bezeugt, dass die Juden seit dem 13. Jahrhundert in der Stadt lebten, ist ein Steuerbescheid aus dem Jahr 1290, mit dem die Juden gezwungen wurden, 5% auf die Einfuhr und Ausfuhr ihrer Waren zu zahlen. Galliccioli zufolge sind die Juden also gegen Ende des 13. Jahrhunderts in großer Zahl in die Lagunenstadt gekommen, um hier Handel zu treiben.

Der zeitgenössische amerikanische Historiker Benjamin Ravid entkräftet aber auch diesen angeblichen Beweis für die Anwesenheit von Juden in der Stadt: Mit dem Bescheid des Jahres 1290, der in den Beschlüssen des Großen Rates von Venedig enthalten ist, wird festgesetzt, dass alle Juden aus Negroponte (dem heutigen Euböa in der Ägäis) und „all jene, die über das Meer kommen“, auf sämtliche Exporte und Importe 5% Steuern zu entrichten hatten. Von dieser Besteuerung waren also die Juden von Venedig überhaupt nicht betroffen.

Wann ließen sich also die ersten Juden tatsächlich in der Stadt nieder? Zu dieser Frage wurde eine weitere These aufgestellt: Der dritte Anhaltspunkt dafür, dass es in Venedig Juden gab, sollte sich aus dem Ursprung des Namens *Giudecca* ableiten lassen. Woher hat die Insel diesen Namen? Und seit wann heißt sie so? Auch diese interessante Diskussion hat bis heute noch keinen klärenden Abschluss gefunden. Gewiss, in zahlreichen Städten des Mittelmeerraumes gab es Judenviertel, sogenannte *Giudecche*, aber wann wurde aus der – einen Stadtteil Venedigs bildenden – Insel Spinalunga die *Giudecca*?

Im 18. Jahrhundert schreibt Ludovico Muratori in seinen *Dissertazioni sopra le antichità italiane* (1751), dass man schon 1090 von der Giudecca gesprochen habe; der hebräische Ursprung des Namens wurde mit den Juden in Verbindung gebracht, die auf der Insel ansässig gewesen sein sollen. Diese These war bereits von Autoren des 15. und 16. Jahrhunderts vertreten worden. Francesco Sansovino, der Verfasser von *Venetia città nobilissima et singolare*, der sie sich in der ersten Auflage zu eigen zu machen schien, äußerte in der zweiten einige Zweifel, während er in der dritten Auflage (1663) eine zweideutige Synthese dessen liefert, was er in den beiden früheren Ausgaben geschrieben hatte. Ebenfalls im 18. Jahrhundert berichtete der Historiker Tommaso Temanza in seiner *Antica pianta dell' inclita città di Venezia* (1781), dass in zahlreichen Schriftstücken des *Piovego* (einer der Behörden der venezianischen Regierung) bereits von der Giudecca die Rede sei. Temanza fand auch eine alte, im 14. Jahrhundert von einem Franziskaner gezeichnete Karte, auf der die Insel Spinalunga schon „Judaica“ genannt wurde.

Aufgrund der Tatsache, dass man wahrscheinlich früher einmal die Urheber einer Verschwörung (die Caloprini und die Flabianici) nach Spinalunga verbannt hatte, meinten andere, darunter auch Galliciolli, dass der ursprüngliche Terminus *del giudicato* („des Verurteilten“) gelautet habe und dass daraus im venezianischen Dialekt *Zudegà* und später *Judecha*, *Zuecca* und *Giudaica* geworden sei.

All diese Zweifel leisteten natürlich der Bildung von Legenden Vorschub. Man sprach von einem Stein mit hebräischen Inschriften, der auf der Giudecca gefunden worden und später verschwunden sei. Es hieß, an jenem Ort habe es zwei Synagogen gegeben, aber diese Behauptung – die übrigens niemals bestätigt wurde – würde allein noch kein Beweis dafür sein, dass es sich bei jenem Ort um ein Judenviertel handelte.

Seltsamerweise mischte sich auch eine hebräische Quelle in diese Debatte ein. In der Mitte des 17. Jahrhunderts berichtete der anonyme Autor einer elegant geschriebenen Chronik, die während des Aw-Fastens in den italienischen Synagogen verlesen werden sollte und unter dem Titel *Storia delle disgrazie che hanno colpito gli ebrei d' Italia* veröffentlicht wurde: „In der großen Stadt Venedig, der Hauptstadt der Dominante, ist das Volk Gottes von vielen schrecklichen Geschehnissen betroffen worden, und den Venezianern gefiel es überhaupt nicht, dass die Juden im Herzen der Stadt wohnten. Deshalb haben sie sie in alten Zeiten einen Pfeilschuss weit vor die Stadt vertrieben. Dieser Ort hieß ursprünglich Giudaica nach den Juden, die dort wohnten . . . In ihrem Neid auf die Juden beschlossen einige Venezianer, den Besitz der Juden fortzutragen und sie anzugreifen. Sie nahmen ihr Eigentum in Besitz und brachten alle um bis auf ein kleines Kind aus einer deutschen Familie namens Lippmann. Die Regierenden von Venedig waren darüber sehr aufgebracht, begaben sich zur Insel Giudaica, trafen dort den Knaben noch lebend an und beschlossen, ihn zum Christentum zu bekehren und mit einer venezianischen Adligen zu verheiraten. Das venezianische Adelsgeschlecht der Lippomano leitet also seinen Namen von dem der jüdischen Familie Lippmann ab.“

Obwohl in der Handschrift *Origine delli nobili* davon die Rede ist, dass die Lippomano von einer jüdischen Linie abstammten, haben zahlreiche Historiker darauf hingewiesen, dass es sich hier zumeist um Legenden handelt. Allerdings dokumentieren diese sehr gut die Mischung von Phantasie und Wirklichkeit, die die Geschichtsschreibung der Serenissima ebenso wie die der Juden von Venedig von dem Augenblick an durchzog, als ihre Schicksale sich miteinander zu verflechten begannen.

Und die Legende entsteht als hinlängliche Erklärung genau in dem Moment, da die Vergangenheit endet, und zwar in der Absicht, die Erinnerung an das tatsächlich

Geschehene zu vernebeln und zu verwischen. Mit Blick auf die Nutzbarmachung ferner historischer Erinnerungen schrieb im 19. Jahrhundert der berühmte Rabbiner Samuel David Luzzatto in einem seiner Briefe an den jüdisch-venezianischen Historiker Samuele Romanin: „Der Ursprung der Namen der Nationen! Gibt es einen unerreichbareren, unauslotbareren Abgrund? Ein weiteres Feld für unendliche Diskussionen und gelehrte Nachforschungen ohne Konklusion oder Resultat, die nichts weiter sind als Übungen in Bildung und Begabung?“ Eben diese Worte des Rabbiners Luzzatto sind es, die dem Kapitel über die Suche nach den Ursprüngen einen Sinn verleihen, indem sie die Grenzen und Vorzüge dieser Suche aufzeigen.

Alles, was bisher zum Nachweis einer dauerhaften Niederlassung von Juden in Venedig im 12. und 13. Jahrhundert angeführt wurde, ist also nach und nach angefochten oder widerlegt worden: Die Volkszählung von 1152 muss in Wirklichkeit auf das Jahr 1552 datiert werden; der Steuerbescheid des Jahres 1290 bezieht sich nur auf die Juden aus Negroponte und den Überseegebieten, und was die Giudecca anlangt, so ist die Frage noch nicht entschieden. Wegen dieser gegensätzlichen Meinungen erscheint es unvermeidlich, dass ein Großteil unseres Wissens über die Ursprünge im Bereich der Spekulation bleibt, und es ist angebracht, die zweifelbeladene Methode Gallicciollis zu beherzigen. Besonders wirksam bei der historischen Analyse dieser Themen war die Kritik nur, wenn es um die Entkräftung von Beweisen ging, während es ihr nicht gelang, mit irgendeiner beachtenswerten Gewissheit aufzuwarten.

Ein zeitgenössischer Gelehrter und profunder Kenner der Geschichte des Mittelmeerraumes, Elijahu Ashtor, hat andere Elemente zusammengetragen, etwa das seltsame Zeugnis des *Keter* von Damaskus und die Geschichten von Jesaja di Trani. Der *Keter* ist eine schöne Bibel, die einigen Fachleuten zufolge auf das 9. Jahrhundert zurückgeht und entweder aus Babylonien oder Palästina stammt. Der Einband dieser Bibel besteht aus einem in lateinischer Sprache verfassten Dokument, in dem, nach Auskunft einiger Spezialisten des Britischen Museums, der Name Venedig vorkommt. Man nimmt daher an, dass das Buch in Venedig gebunden wurde. Kann es als Beweis dafür herangezogen werden, dass die Juden bereits zur Zeit der Kreuzzüge in Venedig ansässig waren? Dieser Beweis ist jedenfalls nicht sehr stichhaltig.

Und weiter: Sedecia ben Abramo ha-Rofe schrieb, dass der berühmte Rabbiner Jesaja di Trani 1244 am Sabbat durch die Kanäle von Venedig fuhr. Es entzieht sich aber unserer Kenntnis, ob es sich um einen kurzen Besuch oder einen langen Aufenthalt in Venedig handelte. Colorni meint, dieser Jesaja sei der erste Rabbiner der Gemeinde auf der Giudecca gewesen und zu jener Zeit habe es auf der Insel die beiden legendären Synagogen gegeben, von deren Existenz auch andere Quellen sprechen (Tentori und Gallicciolli). Im Verlauf eines späteren Disputes, der im 17. Jahrhundert stattfand, wurde bezeugt, dass der Rabbiner am Sabbat in der Gondel fuhr, also an jenem Tag, an dem für die Juden bekanntlich jede Art von Tätigkeit verboten ist. Der Rabbiner Simone Luzzatto behauptete, in Übereinstimmung mit der These des Rabbiners Jesaja di Trani, dass es erlaubt sei, am Sabbat die Gondel zu benutzen, aber dem Rat der damaligen Gemeinde erschien diese Auffassung als zu modern und gewissenlos, und er hielt ein solches Handeln für absolut unzulässig.

Im Hinblick auf die frühesten Spuren jüdischer Präsenz in Venedig vertritt die moderne Geschichtsschreibung die Ansicht, dass die Hinweise, die sich aus den Dokumenten der Epoche der Kreuzzüge entnehmen lassen, zu spärlich seien, um irgendeine These zu untermauern. Außerdem findet sich im *Codice Diplomatico Veneziano*, den Akten der großen Versammlungen, des Großen Rates und des Senates, kein ausdrücklicher Hinweis auf die Juden, und dies lässt vermuten, dass es vor dem 13. Jahrhundert keine Juden in der Stadt gegeben hat. Eine Anwesenheit von Juden in Venedig lässt sich auch nicht einmal anhand von Notariats- oder Gerichtsurkunden nachweisen, in denen Daten des Alltagslebens verzeichnet sind. Auch andere Dokumente können aufgrund ihrer Aussagen nicht dazu dienen, die Zweifel zu zerstreuen. So ist beispielsweise das aus dem Jahr 960 stammende Verbot, jüdische Kaufleute auf venezianischen Schiffen zu befördern, zwar authentisch, aber es weist eher auf einen Transit durch Venedig als auf einen festen Aufenthalt in der Stadt hin. Bekanntlich waren die Venezianer immer dagegen, dass die Juden im Mittelmeer Seehandel trieben und ihnen auf diese Weise Konkurrenz machten.

Auch die Tatsache, dass 1281 ein gewisser „Jacob ebreo" in der Stadt wohnte, ist von den Historikern unterschiedlich interpretiert worden. Dieser übersetzte im Auftrag eines paduanischen Gelehrten der Medizin das medizinische Werk *Teicrin* des Arabers Ibn Zohr ins Hebräische, während der Mann aus Padua den Text ins Lateinische übertrug. Diese Informationen finden sich in der zweiten Ausgabe des Buches, die 1496 in Venedig erschien. Vielleicht war dieser Jacob niemand anderer als Jacob ben Elija „aus Venedig", der Verfasser eines polemischen Briefes gegen den Konvertiten Paolo Cristiani. Manche Geschichtsschreiber vertreten allerdings die Meinung, dieser habe Jacob „aus Valencia" und nicht „aus Venedig" geheißen.

Andere bruchstückhafte Zeugnisse, die auf das ausgehende 13. Jahrhundert zurückgehen, bieten keine entscheidenden Anhaltspunkte: 1298 soll in Venedig eine Versammlung von Rabbinern stattgefunden haben, und in einem erweiterten Rabbinergericht soll über die Orthodoxie der Werke des Maimonides disputiert worden sein.

Erst aus dem Jahr 1314 stammt der Appell eines Juden aus Kreta, eines gewissen Ulimidus, der sich im Namen der örtlichen Gemeinde an den Dogen Soranzo wandte. In den darauffolgenden Jahren wurde es einem jüdischen Arzt gestattet, in Venedig zu praktizieren, und immer häufiger finden sich Hinweise auf Juden aus Negroponte und Zürich.

Um die Mitte des 14. Jahrhunderts hatte Venedig eine besonders schwierige Zeit durchzumachen. Wegen der ständigen Fehden mit Genua (1350–1355) und vorher mit Verona und nicht zuletzt auch wegen der Pest hatte sich seine wirtschaftliche Lage bedeutend verschlechtert: Der Handel befand sich – wegen der drückenden Steuerlasten – in Schwierigkeiten, und der Geldumlauf ging zurück, während die Zahl der Bedürftigen wuchs. Die Zinssätze kletterten gar auf 40%.

Im Dezember 1356 musste sich der Große Rat mit der Frage der Finanzen beschäftigen und diskutierte über einen Plan, die Pfandleiher, die bereits seit längerem in Mestre und Treviso ansässig waren, auch nach Venedig zu holen. Dieses Projekt der Vierzig wurde abgelehnt, aber von diesem Augenblick an blieb das Kreditproblem mit seinen religiösen und moralischen Implikationen im Brennpunkt der politischen Diskussion: Senat und *Collegio* mussten sich oft mit diesem Thema befassen und trafen häufig widersprüchliche Entscheidungen. Man war sich der Notwendigkeit, Kreditgeschäfte zuzulassen, durchaus bewusst; denn einerseits mussten die Bedürfnisse der Armen, die in der Stadt lebten, befriedigt werden, und andererseits benötigten auch die Kaufleute Kredite. Zu jener Zeit waren die Juden noch nicht die einzigen, die diese Rolle in der Wirtschaft spielten, aber sie sollten hier bald schon eine Monopolstellung einnehmen. In einigen Wellen waren Einwanderer aus dem Norden, vor allem aus deutschen Landen, nach Venetien gekommen, um den Verfolgungen zu entgehen, die vor allem dadurch ausgelöst worden waren, dass man sie beschuldigt hatte, die Schwarze Pest über ihre ursprüngliche Heimat gebracht zu haben. Und auch aus dem Süden, aus Mittelitalien, waren Juden zugezogen, die nach solchen Orten suchten, wo sie weniger unterdrückt wurden als in den Herrschaftsgebieten des Papstes. Der venezianische *Podestà* von Mestre führte schließlich mit Genehmigung des Großen Rates Verhandlungen mit solchen Geldverleihern aus Mestre, die gewillt waren, ihre wirtschaftliche Aktivität in der Lagunenstadt aufzunehmen. Reinhold Müller bemerkt, dass dieser erste Schritt von mehreren Gelehrten fälschlicherweise mit einer Aufenthaltsgenehmigung für die Juden in der Stadt verwechselt wurde. Diese Einladung richtete sich vielmehr allgemein an die *Feneratores* oder Wucherer, welche zum großen Teil Christen waren. Es gibt keinen Anhaltspunkt dafür, dass es sich ausschließlich um Juden handelte, auch wenn Roberto Cessi glaubt, 1366 sei das Jahr gewesen, in dem die christlichen Banken zusammenbrachen und die jüdischen Geldverleiher nach Venedig kamen.

Mit der Ankunft dieser jüdischen Geldverleiher wurde ein neuer ökonomischer Mechanismus in Gang gesetzt, der im Laufe der Zeit folgende Merkmale entwickeln sollte: Die Wucherer brachten frisches Kapital, aber ihre Zinssätze waren nicht veränderbar, sondern wurden festgelegt und kontrolliert. Der Staat wurde zum Hauptakteur in diesem wirtschaftlichen Spiel; er zwang den Verleihern nicht nur die Zinssätze auf, sondern erlegte ihnen zur Befriedigung seiner eigenen Bedürfnisse auch manchmal Zwangsanleihen auf. Eine andere, nicht unerhebliche Folge war ein allgemeines Nachlassen der innenpolitischen Spannung, das auf eine bessere Kontrolle der Bedürftigen zurückzuführen war. Außerdem richteten sich nunmehr die feindseligen Gefühle des Volkes nicht mehr gegen den Staat, sondern gegen die Wucherer. Vor allem die Juden sollten schon bald – und zwar nicht nur in Venedig – der politischen Macht als Schutzschild und Blitzableiter dienen. Angesichts so großer Vorteile schob die venezianische Oligarchie jedes Misstrauen beiseite.

Die Bank- und Kredittätigkeit, die in jeder ihrer Formen als Wucher galt und aus religiösen Gründen rigoros aus der Stadt verbannt worden war, war Gegenstand wiederholter Verbote gewesen. Seit 1300 existierte sogar ein staatliches Organ, das *Officium Pubblicarum* oder *Piovego*, das sich nicht nur mit dem Staatsbesitz und der Ausbaggerung der Kanäle befasste, sondern auch mit Ketzern und Wucherern. Diese Richter übten auch eine Kontrollfunktion aus und sahen zu, dass es in der Stadt nicht zu missbräuchlichen Verleihgeschäften kam. Es scheint aber sicher, dass es schwer, wenn nicht gar unmöglich war, zwischen Venedig und Mestre, diesseits und jenseits der Lagune, den Strom jener aufzuhalten, die versuchten, von der Anwesenheit der Geldverleiher zu profitieren – und das vor allem zu jener Zeit, als Mestre von dem Ort Treviso und nicht von Venedig abhing.

Die Kriege mit Genua und die nachfolgenden Kämpfe mit Chioggia (1378–1381) hatten die Kassen der Serenissima geleert. Die Zwangsanleihen hatten schwindelnde Höhen erreicht, während die Wertpapiere der Republik schwere Verluste erlitten hatten und viele Finanziers sich gezwungen sahen, sie zu verkaufen, um die hohen Steuern, mit denen ihr Vermögen belegt wurde, überhaupt zahlen zu können. Bei dieser weitverbreiteten wirtschaftlichen Misere erwiesen sich die bis dahin angewandten Kreditinstrumente als unzureichend. Man benötigte neues Kapital, möglichst auch von außen. Einer der Vorsteher der *Quarantia*, Marco Corner, stellte im März 1381 den Antrag, den Wucherern zu gestatten, nach Venedig zu kommen und gegen Zinsen Geld zu verleihen, und zwar unter der Voraussetzung, dass der Zinssatz bei Pfanddarlehen 15% und bei Darlehen gegen Schuldschein 18% nicht übersteigen dürfe. Der Senat lehnte den Antrag ab, aber die Diskussion unter den Machthabern von Venedig ging weiter. Die Unzufriedenheit, die durch weitere Zwangsanleihen verursacht worden war, spornte sie dabei vielmehr noch weiter an. Im Februar 1382 musste sich der Große Rat abermals mit einem Gesetzesentwurf der Vorsteher der *Quarantia*, Giovanni Corner und Giovanni da Canal, befassen, der dem vom Jahr davor ähnelte. Und dieses Mal wurden die Wucherer akzeptiert. In dem Entwurf, der rasch Gesetz wurde, war zwar nicht von Juden oder Christen die Rede, aber er bildete, wie Müller bemerkt, trotz seiner allgemeinen Formulierung die Grundlage der ersten *Condotta.*

Wieder einmal war es die Behörde des *Piovego*, die mit der Überwachung der Wucherer beauftragt wurde und deren Tätigkeit zu reglementieren hatte. Der festgelegte Zinssatz durfte im Falle von Pfanddarlehen 10% und bei Darlehen gegen Schuldschein 20% nicht überschreiten (in den anderen Städten Venetiens erreichten sie 20–30%). Wer gegen diese Vorschriften verstieß, dem wurden Sanktionen angedroht. Die Behörde nahm selbst am Rialto die Versteigerung der nicht ausgelösten Pfänder vor. Der *Piovego* sollte ein Verzeichnis der Geldverleiher in der Stadt führen, und diese waren dort nur für jeweils fünf Jahre zugelassen. Eine Strafe über 1 000 Dukaten wurde jenen Venezianern angedroht, die es wagen sollten, den Widerruf dieser Verfügung zu verlangen. Nach vielen Widerständen wurde also in Venedig der Kredit zu festem Zins eingeführt. Fast alle Geldverleiher waren, den Notariatsakten zufolge, Juden.

1385, als die erste *Condotta* auslief, beschloss man, dieses Abkommen zu verlängern. So begann die lange, Jahrhunderte dauernde Feilscherei zwischen Venedig und den Juden, bei der beide Verhandlungspartner bestrebt waren, dem anderen bessere Bedingungen abzuringen. Den Juden wurde die Aufenthaltserlaubnis angeboten, dafür aber mussten sie ihre Aktivitäten vereinheitlichen, die Zinsen senken und im Grunde der venezianischen Oligarchie als Werkzeug ihrer Machtpolitik dienen. Dieses Mal sprach der Senat nicht mehr allgemein von *Feneratores*, sondern speziell von *Judei*. Das neue Abkommen sah eine Dauer von zehn Jahren vor und setzte eine jährliche Abgabe von 4 000 Dukaten zu Lasten der jüdischen Gemeinschaft fest, die autonom ihre eigenen Vorsteher wählte, welche ihrerseits damit beauftragt wurden, die Zahlung der individuellen Beiträge intern zu regeln. Die Juden mussten sonst keine anderen Steuern zahlen, mit Ausnahme der üblichen Abgaben, die für den normalen Import und Export von Waren vorgesehen waren. Damit erhielten sie eine rechtlich verankerte Ausnahmestellung und waren deshalb nicht mehr vom *Piovego* abhängig, sondern von den *Sopraconsoli*. Es wurde ihnen auch ein eigener Wohnbezirk versprochen, was als regelrechtes Privileg angesehen wurde.

Obwohl die von jeher missliche Lage der Juden nun – zumindest für ein Jahrzehnt – ein Ende hatte, ließ der Druck seitens der Machthaber nicht nach: Der Versuch, einerseits die Steuern zu erhöhen und andererseits die Zinsen zu senken, wurde zu einer Konstante in den konfliktgeladenen Beziehungen zwischen den beiden Verhandlungspartnern. Manchmal verweigerten die Juden die Vergabe von Kleinkrediten, andere Male wiederum erpresste sie die Serenissima, indem sie die Überlassung des ihnen versprochenen Stadtteils hinauszögerte und damit Unruhen und Proteste auslöste. Der Senat ernannte Expertenkommissionen, und gelegentlich wurden unerhebliche Korrekturen an den grundlegenden Vereinbarungen der *Condotta* erreicht. 1389 wurden Banken für Kleinkredite eingerichtet, deren Führung teils Juden deutscher Herkunft, vor allem aus Nürnberg, teils solchen französischer Provenienz, sogenannten „Franzosi“, übertragen wurde.

Die Juden, die höchstwahrscheinlich die großen Geschäftskredite und die bedeutenderen Transaktionen vorzogen, wurden gezwungen, sich auch mit den Kleinkrediten zu befassen, da diese der Serenissima Dominante besonders am Herzen lagen; sie wollte damit eine weitreichende soziale Befriedung erreichen und die Bedürftigen, die in der Stadt lebten, unter Kontrolle halten.

Von 1389 an bewirkte eine weitere Expansion des Seehandels eine fortschreitende Verbesserung der wirtschaftlichen Situation Venedigs. Fast gleichzeitig kam es vermehrt zu Auseinandersetzungen zwischen den jüdischen Geldverleihern und dem Senat: Man schlug vor, jene mit einer Geldstrafe zu belegen, die die Vorschriften bezüglich der Kleinkredite missachteten, und sakrale Gegenstände wurden von der Verpfändbarkeit ausgeschlossen. Das Versprechen, den Juden einen Bezirk für ihre dauerhafte Ansiedlung zu überlassen, wurde wieder nicht erfüllt. Der Senat beschloss vielmehr, dass die *Condotta* nicht verlängert werden dürfe. Die Juden wurden beschuldigt, den armen Bewohnern der Stadt nicht genügend zu helfen, sondern sie zu schikanieren. Man sagte, sie hätten zu viel Einfluss erlangt und es bestünde das Risiko, dass aller Reichtum sich in ihren Händen ansammelte. Man warf ihnen ferner vor, jenen, die weder Gold noch Juwelen als Pfand hinterlegten, ungedeckte Darlehen zu verweigern.

Schon im August 1394 hatte sich der Senat über das Verhalten der Geldverleiher beschwert, als diese die Rückzahlung jener Kredite forderten, die sie der Kommune gewährt hatten. Weiterhin wurden sie beschuldigt, den Armen nicht so viel Geld zu leihen, wie es in den geschlossenen Abkommen vereinbart worden war. Deshalb beschloss der Senat, dass die Juden nach Ablauf der *Condotta*, im Februar 1397, ausgewiesen werden sollten. Allerdings sollten einige Ausnahmen gemacht werden; denn 1395 wirkten zahlreiche ausgezeichnete jüdische Ärzte in Venedig. Der Große Rat erwähnte am 3. April 1395 bei der Bestätigung des für das Jahr 1397 vorgesehenen Ausweisungserlasses ausdrücklich den Arzt Salomone und nahm ihn von dieser Anordnung aus. Galliccioli erinnert an einen anderen Fall, den des Arztes Abramo, der, nachdem er in Arabien und in Kairo studiert hatte, nach Venedig gekommen war und aufgrund seiner Tätigkeit 1401 von Papst Bonifaz IX. ein Diplom erhielt, das im *Codice Acta Veneta ab anno 1123 ad 1439* abgedruckt ist.

Mit Ablauf der *Condotta* zogen sich die Juden 1397 nach Mestre zurück, auch wenn sie immer häufiger nach Venedig kamen, um am Rialto ihre Pfänder zu verkaufen; dabei umgingen sie die gültigen Gesetze „in betrügerischer Absicht" und hielten sich immer seltener in Mestre und immer öfter in Venedig auf und schlugen damit „dem frommen Geist des Dekrets" ein Schnippchen.

Von 1397 an wurde den Juden gestattet, für jeweils höchstens vierzehn Tage in die Stadt zurückzukehren, wobei sie immer ein Erkennungszeichen – einen gelben Ring – auf den Kleidern tragen mussten. Wer die Vorschriften missachtete, riskierte eine hohe Geldstrafe ohne die Möglichkeit eines Einspruchs. Auch nach 1397 wurden die Kreditgeschäfte trotz vieler Einwände akzeptiert. An den Tagen, an denen die hinterlegten Pfänder verkauft wurden, wurde den Vertretern der jüdischen Banken von Mestre der Aufenthalt in Venedig gestattet.

Die venezianischen Behörden beschlossen, die Juden am Erwerb oder Besitz von Immobilien auf venezianischem Territorium zu hindern, mit einer Ausnahme, nämlich den Judenvierteln in den Überseegebieten. Die Juden waren also gezwungen, ihr gesamtes Vermögen in Geld anzulegen: Diese Tatsache begünstigte ihre Kredittätigkeit und erlaubte ihnen eine große Mobilität und rasche Ortsveränderungen, schränkte aber de facto jede Chance einer dauerhaften Niederlassung ein. Auch die Christen durften ihre unbeweglichen Güter nicht als Pfänder einsetzen, wenn sie Darlehen von den Bankiers brauchten.

Die Venezianer wussten, dass die Juden schon mehrmals im Laufe der Geschichte eine Kleidung tragen mussten, die sich von der der Christen unterschied: Ein entsprechendes Dekret hatte Friedrich II. 1212 für Sizilien erlassen, und 1311 findet sich im *Codice Ravennate* eine ähnliche Vorschrift.

Am 25. September 1386 wurde den Juden von Seiten der Signoria Ducale ein Gelände zugeteilt, das ihnen als Friedhof dienen sollte. Bei dem Stück Land handelte es sich um ein unbebautes Feld, aber die Mönche von San Nicolò traten es nicht widerstandslos ab, sondern strengten einen Prozess gegen die venezianischen Behörden an. Erst im Februar 1389 kam es zu einer Übereinkunft mit den Mönchen, und das Grundstück wurde eingezäunt. Aus demselben Jahr stammt auch der älteste Grabstein, der eines gewissen Samuele, Sohn des Sanson.

Die Behörden der Serenissima stellten am 7. September 1402 fest, dass die Juden nach wie vor zwischen Mestre und Venedig hin und her pendelten und sich dort bevorzugt in bestimmten Stadtteilen aufhielten (Sant' Apollinare und San Silvestro). Daraufhin ordneten sie an, dass ein Jude, der vierzehn Tage lang in Venedig war, erst nach vier Monaten wieder dorthin zurückkehren durfte. Auch das Privileg der Ärzte, den gelben Ring nicht auf dem Kleid tragen zu müssen, wurde widerrufen. Zahlreiche Juden gaben sich nämlich als Ärzte oder als Christen aus und verstießen ständig gegen die Vorschrift, die sie zwang, das Erkennungszeichen zu tragen.

Nach ihrer Ausweisung aus Venedig zogen die Juden schließlich in alle venetischen Städte, doch faktisch verließen sie Venedig nie. Vielmehr kam 1423 schon wieder ein neuer Erlass heraus, der sie zwang, innerhalb von zwei Jahren alle Immobilien zu verkaufen, welche sie unter Missachtung der geltenden Gesetze erworben hatten. Die Serenissima Dominante erließ oft restriktive Verordnungen, die sofort durch eine allmählich immer lockerer werdende Anwendung abgemildert wurden.

Der politische Pragmatismus der Venezianer äußerte sich auch in dem unterschiedlichen Verhalten, das sie einerseits in der Stadt selbst und andererseits in den Überseegebieten an den Tag legten, wo die Anwesenheit von Juden nicht nur geduldet, sondern oft geradezu gefördert wurde. In den ersten Jahrzehnten des 13. Jahrhunderts, als sich in Venedig erst sehr wenige Juden angesiedelt hatten, existierten auf Kreta, in Candia und auf Negroponte bereits blühende Gemeinden jüdischer Kaufleute.

Während die offiziellen Beziehungen zwischen Juden und Venedig Stimmungsänderungen unterworfen waren, scheinen sich auf der individuellen Ebene zwischen

Juden und Christen normale Handelsbeziehungen entwickelt zu haben und auch noch etwas mehr: In einigen Akten aus den Jahren 1402, 1409, 1424 und 1443 finden sich Hinweise auf sexuelle Beziehungen zwischen jüdischen Männern und christlichen Frauen. Sie wurden mit dem Erlass vom 19. Juli 1424 formell verboten. Zu den vorgesehenen Strafen gehörten unter anderem eine hohe Geldstrafe und sechs beziehungsweise zwölf Monate Gefängnis, je nachdem, ob es sich um eine Prostituierte oder eine andere Frau – aus dem Patriziat oder dem einfachen Volk – handelte. Kaum zwei Tage nach Veröffentlichung des Erlasses wurde ein erneuter Verstoß registriert.

Am 11. April 1443 mischte sich sogar der Senat in einen Fall ein: Es ging um eine Schule für Gesang und Tanz, in der die Juden junge christliche Schülerinnen, darunter auch Patriziertöchter, unterrichteten. Der Senat nahm das zum Anlass, den Juden das Betreiben jeglicher Art von Schulen zu verbieten; bei Zuwiderhandlung drohte ihnen eine Strafe von 50 Dukaten und sechs Monaten Gefängnis.

Im Übrigen scheinen die wirtschaftlichen Ereignisse ihre Eigendynamik besessen zu haben. Während die christlichen Geldverleiher Mitte des 14. Jahrhunderts, also nach dem Krieg mit Genua, Zinsen zwischen 25 und 40% verlangt hatten, breitete sich seit Ende des 14. Jahrhunderts der Geldverleih durch Juden in allen wichtigen Städten Venetiens aus – von Mestre bis Treviso, von Conegliano bis Cividale, von Padua bis Este und Montagna. Die Republik Venedig war zum Garanten der überaus zahlreichen *Condotte* geworden, legte die darin enthaltenen Vorschriften fest und vermittelte zwischen den örtlichen Behörden und den jüdischen Geldverleihern. Die Verlängerung der *Condotta* war immer ein kritischer Augenblick und wurde nur durch komplizierte Verhandlungen zwischen der Serenissima und den Juden erreicht. Allerdings erlegte der venezianische Staat nicht nur Steuern auf, sondern zeigte sich auch manchmal wohlwollend. In den Protokollen des Senats fehlt es nicht an Dekreten, die die örtlichen Behörden verpflichteten, die Juden zu schützen, ja, sie nach ihren religiösen Gesetzen leben zu lassen. Wenn es in diesen Jahrhunderten tatsächlich keine religiöse Toleranz gegeben hätte, könnte man auch nicht verstehen, warum deutsche Juden aus dem Norden und Spanier und Levantiner aus dem Westen nach Venedig kamen und die jüdische Präsenz in der Lagunenstadt zunehmend verstärkten.

Die Beziehung zwischen dem einfachen Volk von Venedig und dieser Gemeinde, die sich anfänglich aus Fremden zusammensetzte, ist reich an Nuancen und zwiespältigen Gefühlen. Unterschiede gab es deren viele: Sprache, religiöse Riten, Bräuche und Kleidung, Speisen und die ganze Lebensweise der Juden erschienen geheimnisvoll. Sie waren und blieben Fremde, und das gleich in zweifacher Hinsicht: Sie waren Deutsche und Juden, Levantiner und Juden und später Spanier und Juden.

Und die Venezianer? Einerseits gab es das einfache Volk, das manchmal ruhig und manchmal feindselig war, vor allem dann, wenn es von den Predigern und den

Mönchen, die die Juden als unfreiwillige, leibhaftige Anfechtung des christlichen Glaubens nicht gerne sahen, aufgehetzt wurde. Auf der anderen Seite stand die herrschende Klasse, die die Juden mit ihrem geschmeidigen politisch-ökonomischen Pragmatismus bei sozialen Spannungen als Blitzableiter benutzte.

Im Übrigen leitete die Serenissima dadurch, dass sie die Juden zwang, Geld gegen Zins zu verleihen, und ihnen als Gegenleistung die Aufenthaltserlaubnis anbot, eine Politik der Toleranz ein, mit der sie versuchte, ihren eigenen Interessen zu dienen, ohne die Juden dabei in ein allzu schlechtes Licht zu rücken. Gegen die Juden gerichtete Maßnahmen wurden oft durch Hinweise auf die göttlichen Gesetze gerechtfertigt. Der Erlass über das Erkennungszeichen, das die Juden tragen mussten, enthält, obwohl er in Venedig nur vorübergehend Geltung besaß, vielsagende Worte: „secundum Deum et bene vivere . . . optime factum". Die wirtschaftliche Tätigkeit der Juden weckte am meisten Argwohn. Da sie wegen der hohen Steuern, die sie der Serenissima zu entrichten hatten, praktisch zu handeln gezwungen waren, wurden sie zwangsläufig zur Zielscheibe von Misstrauen und feindseligen Reaktionen.

Der Widerstand gegen die restriktiven Maßnahmen war beharrlich. Nachdem man die Juden gezwungen hatte, ein Erkennungszeichen zu tragen, dachten sie sich alle möglichen Tricks aus, um es praktisch unsichtbar zu machen. Im Verlauf des 15. Jahrhunderts befassten sich die venezianischen Behörden mindestens achtmal mit dieser Frage, und man weiß von Juden, die verurteilt wurden, weil sie sich nicht an die Vorschrift gehalten hatten. Der Senat, der mit dieser Lösung nicht zufrieden war, beschloss 1496, das gelbe Zeichen durch eine gleichfarbige Kopfbedeckung zu ersetzen, die besser sichtbar war. Auf individueller Ebene wurden einige Ausnahmen gemacht, insbesondere bei Ärzten. David Mavrogonato, der im Auftrag der Serenissima eine Mission erfüllte, und einem deutschen Juden, der im Dienste Maximilians I. stand, wurde es auch gestattet, Waffen zu tragen und sich von Leibwächtern begleiten zu lassen.

Das Erkennungszeichen gefährdete vor allem die auf Reisen befindlichen Juden, die dadurch ständig gewissen Risiken ausgesetzt wurden. Sie erhielten die Erlaubnis, den gleichen Hut wie die Christen zu tragen, damit sie sich unterwegs nicht zu erkennen geben mussten. 1517 widerrief der Rat der Zehn alle Ausnahmen und führte auch für die berühmten Ärzte den gelben Hut wieder ein. Es ist nicht bekannt, ob es danach noch Ausnahmen gegeben hat. Möglicherweise in den Kolonien; denn Alvise Corner erzählt in seiner in den ersten Jahren des 17. Jahrhunderts verfassten *Historia di Candia*, dass die Nachfahren von David Mavrogonato aus Candia keinen gelben Hut tragen mussten und den Beinamen „Mavroberti" oder „Schwarzhüte" erhielten.

Konnte ein Jude das venezianische Bürgerrecht erlangen? Auch hierauf gibt es keine endgültige oder vollkommen befriedigende Antwort. In den *Libri Comme-*

*moriali* ist von den Privilegien die Rede, welche einer Familie aus Negroponte eingeräumt wurden. David ist der Stammvater dieser Familie, die 1268 vom Dogen Lorenzo Tiepolo und 1300 vom Dogen Pietro Gradenigo ausgezeichnet wurde. Das gleiche Privileg wurde 1333 vom Dogen Francesco Dandolo seinem Sohn Abba und 1340 seinem Sohn Samuele durch den Dogen Bartolomeo Gradenigo bestätigt. 1359 erhielt Abba eine erneute Bestätigung, die einige Geschichtsschreiber als Privileg des Bürgerrechtes interpretierten. Auch David Mavrogonato kam für sich und seine Erben in den Genuss einer bevorzugten rechtlichen Stellung.

Konnte dieser privilegierte Rechtsstatus irgendwie als Äquivalent des venetischen Bürgerrechtes gewertet werden? Viele berühmte Historiker, darunter auch S. Romanin und P. Molmenti, glaubten, diese Frage bejahen zu können. D. Jacoby dagegen meint, dass es sich um einen niedrigeren Status handelte, vergleichbar mit dem eines nichtvenezianischen Bürgers einer venezianischen Kolonie. Auch E. Ashtor ist der Frage nachgegangen und hat die im Staatsarchiv von Venedig aufbewahrten Akten des venezianischen Notars Nicolò Venier überprüft, der, vor allem zwischen 1417 und 1422, in Ägypten und Syrien offizielle Schriftstücke beurkundete. Das interessanteste Dokument wurde von Elija Capsali aufgesetzt, einem Abkömmling einer Familie, die unter den Juden von Candia und des östlichen Mittelmeerraumes mindestens drei Jahrhunderte lang eine bedeutende Rolle spielte. Zu den vom Notar Venier verfassten Dokumenten gehört eines, in dem Elija Capsali einen gewissen Jesaja ben Chajim ermächtigt, um das Bürgerrecht von Venedig für sich und seine Erben zu ersuchen, wobei er aber unterstrich, dass die Serenissima ihm bereits Privilegien eingeräumt hatte.

Aber um welche Art von Bürgerrecht handelt es sich denn da, fragt sich Ashtor und bemerkt dazu: „Die Serenissima verlieh verschiedene Kategorien von Bürgerrecht. Manchmal war das Privileg an die Person gebunden und nicht erblich. Oft wurde das Bürgerrecht für eine bestimmte Zeit verliehen, zum Beispiel für fünfundzwanzig Jahre. Andere Male wurde es einem Antragsteller und dessen Sohn verliehen oder diesem und sämtlichen Erben. Es gab Fälle, in denen Ausländer die Vorrechte von *Nobili* erhielten. Vielen wurden sie unter der Bedingung zugestanden, dass sie sich nicht mit dem Seehandel oder dem Handel mit den Deutschen beschäftigten." Diese verschiedenen Kategorien des Bürgerrechtes wurden jenen übertragen, die der Republik Venedig Dienste geleistet oder eine Venezianerin geheiratet hatten (nach einem Beschluss des Großen Rates vom 5. Juli 1407) oder seit vielen Jahren als Kaufleute in Venedig ansässig waren. Doch all diese Chancen standen den Juden nicht offen. Es ist nicht bekannt, ob Capsali bekam, was er wollte, und es ist auch nicht bekannt, ob ihm der gewünschte rechtliche Status eingeräumt wurde. Fest steht aber, dass das venezianische Bürgerrecht in seinen verschiedenen Formen nicht nur wegen seiner wirtschaftlichen Vorteile begehrt blieb, sondern auch und vielleicht vor allem wegen des politischen Schutzes, den es garantierte.

Zahlreiche Historiker haben die Janusköpfigkeit der venezianischen Politik gegenüber den jüdischen Gemeinden betont: Das eine, repressive Gesicht zeigt Venedig in der Lagunenstadt selbst, das andere, tolerantere, in den Kolonien. Nach der Eroberung von Padua wurde beispielsweise die Vorschrift, das gelbe Erkennungszeichen an gut sichtbarer Stelle zu tragen, auch auf jene Stadt ausgedehnt, während sie in den Kolonien zwar eingeführt, aber mit weit geringerer Strenge angewandt wurde. In Venedig waren die Juden rigorosen Kontrollen unterworfen, während auf Korfu und Negroponte eine grundlegende Liberalität herrschte, die allerdings gelegentlich durch Ausbrüche religiösen Eifers unterbrochen wurde. Der französische Historiker David Jacoby hat festgestellt, dass dem religiösen Eifer das dringende Bedürfnis entgegenstand, den Armen die Möglichkeit zu geben, kleine Kredite zu einem nicht allzu hohen Zinssatz aufzunehmen.

1408 intervenierte der Senat in „materia judeorum“, indem er aufs neue die viermonatige Wartezeit vor jedem Aufenthalt in Venedig abschaffte und den jüdischen Kaufleuten erlaubte, nach Belieben zu kommen und zu gehen. Aber der Kampf zwischen den „Tauben“ und den „Falken“ innerhalb des Großen Rates konnte noch nicht als beendet angesehen werden, und kaum sieben Monate später kam es zu einem anderen Beschluss: Der vor kurzem aufgehobene Ausweisungserlass wurde wieder in Kraft gesetzt, und die Juden durften nur noch alle vier Monate nach Venedig zurückkehren. Nach Ablauf von sechs Monaten trat dann – völlig überraschend – wieder eine neue Regelung in Kraft: Die viermonatige Wartezeit wurde abgeschafft, und solche Juden, die nicht Geld gegen Zins verliehen, durften nach Venedig zurückkehren. Die einzige Auflage, die man ihnen machte, war, dass sie einen gelben kreisförmigen Stoffflicken an ihren Kleidern tragen müssten.

1430 beschloss der Große Rat, dass auch die – vom Tragen des gelben Kreises befreiten – Juden von Korfu, die sich auf venezianischen Schiffen einschifften, das Zeichen tragen mussten. Doch was wie eine Restriktion aussieht, war in Wirklichkeit etwas ganz anderes: Mit diesem Dekret wurde nämlich formell das alte, noch aus dem Ende des 10. Jahrhunderts stammende Verbot aufgehoben, dem zufolge jüdische Kaufleute und ihre Waren nicht auf venezianischen Schiffen transportiert werden durften.

Mitte des 15. Jahrhunderts drang unterdessen auch der Widerhall der theologischen Auseinandersetzungen über den Wucher, die die Franziskaner und Dominikaner entzweit hatten, bis nach Venedig. Nicht einmal der Papst sprach ein Machtwort, obgleich er doch ursprünglich der Einrichtung der *Monti di Pietà* zugestimmt hatte. Die Republik machte sich daher den Aufenthalt des Kardinals Bessarion, des Emissärs Pius' II., in Venedig zunutze (der wegen eines geplanten Kreuzzuges gegen die Türken dort weilte) und beschloss, ihn bezüglich der heiklen und „vexata quaestio“ der Kredite, die die Juden gegen die Zahlung von Zinsen gewährten, zu konsultieren. Der Brief des Kardinals vom 18. Dezember 1463 an den Dogen Cristoforo Moro ist ein wichtiges Dokument. Ohne vom Wucher zu sprechen, fragte sich Bessarion, nachdem er an die vorteilhaften Beziehungen zwischen der venezianischen Regierung und den Juden erinnert hatte, ob es zulässig sei, die christliche und die jüdische Gemeinschaft nebeneinander existieren zu lassen. Konnte es von Vorteil sein, wenn man die Christen in Tuchfühlung mit den Juden hielt? Bessarion bejahte das und wünschte, dass diese Nachbarschaft die Juden zur Bekehrung führen könnte. Mit dem Gewicht seiner pastoralen Autorität behauptete er, dass alle mit den Juden geschlossenen Abkommen aufs genaueste einzuhalten seien. Die venezianischen Behörden konnten also mit ihnen verhandeln, ohne den Bannstrahl der Kirche befürchten zu müssen.

Indessen bestätigte jedoch 1478 nach einer langen Debatte innerhalb der herrschenden Oligarchie eine neue Entscheidung die geltenden Verfügungen in all ihren Formen – das war ein Sieg der damaligen Liberalen – und annullierte somit die Vertreibung des Jahres 1426 mit der üblichen, einzigen Ausnahme: Die Juden waren zum Tragen des gelben Kreises verpflichtet.

# Juden, Christen und der Wucher

*Die Einstellung von Rabbinern und Päpsten zum Wucher – Die Leihbanken – Die* Monti di Pietà *und die Predigten der Franziskanermönche – Bernardino da Feltre – Die Beschuldigung des Ritualmords*

In der Geschichte der Juden von Venedig, Italien und anderen Teilen Europas ist das Problem des Geldverleihs eine der Hauptursachen ideologischer Spannungen. Obwohl es sich um ein ökonomisches Phänomen handelt, das historisch vor allem im Mittelalter anzusiedeln ist, reichen seine Wurzeln bis in viel frühere Zeiten zurück. Man muss sogar bis zu den biblischen Gesetzen zurückgehen, die Vorschriften und Verbote enthalten, welche Juden und Christen – wieder einmal, und zwar einschneidend – voneinander trennten; denn sie erlaubten den ersteren, sich als Geldhändler zu betätigen. Im Alten Testament heißt es: „Vom Ausländer magst du Zins nehmen, aber von deinem Bruder sollst du keinen Zins nehmen . . .“ Im Talmud wird dieser Satz in einer Gegenüberstellung unterschiedlicher Meinungen erörtert. Im Babylonischen Talmud beispielsweise findet sich die folgende Aussage von Raw Hunna: „Der aus dem Wucher erzielte Gewinn ist, auch wenn er von einem Götzendiener stammt, für das Verderben bestimmt.“ Mit diesem Problem beschäftigten sich viele andere Rabbiner, und der jüdischen Tradition zufolge ergibt sich aus dieser Debatte keine einheitliche Position, sondern ein nuanciertes Spektrum von Interpretationen. Da den Rabbinern besonders daran gelegen war, das Überleben der jüdischen Minderheit zu garantieren, rechtfertigten sie den Wucher mit gewundenen wirtschaftlich-theologischen Argumenten.Im christlichen Europa des Mittelalters zwang allerdings die den Juden feindliche soziale Umwelt die Rabbiner, diese Probleme pragmatischer anzugehen. Der Handel mit Geld wurde zu einer echten Frage des Überlebens, wie auch deutlich aus einem Spruch des großen Rabbiners und Talmudkommentators Raschi aus Troyes hervorgeht: „Als dieses Verbot (über den Handel) ausgesprochen wurde, lebten die Juden alle zusammen und konnten untereinander Handel treiben; aber jetzt, da wir eine Minderheit sind, können wir nicht existieren, ohne mit den Nichtjuden Handel zu treiben, denn wir leben mitten unter ihnen und haben auch Angst vor ihnen.“

Der Geldverleih gegen Zinsen und die Spezialisierung auf Pfanddarlehen hatten sich in Italien schon seit dem 15. Jahrhundert schnell eingebürgert, auch wenn sie nicht ganz in der jüdischen Tradition standen.

Im 16. Jahrhundert hatte Jakob Landau aus Pavia Anlass, mit einem Hauch von Bitterkeit folgendes zu schreiben: „Es steht nicht in meiner Macht, diesen Usus zu verbieten, aber der, der in dieser Angelegenheit Strenge walten lässt, sei gesegnet." Dass der Geldhandel den Juden von außen aufgezwungen war, hatte schon Rabbenu Tarn, ein Talmudgelehrter des 12. Jahrhunderts, zutreffend formuliert: „Heute haben die Leute die Gewohnheit, an Nichtjuden Geld gegen Zinsen zu verleihen . . . weil wir dem König und den Herren die Steuern zahlen müssen, und all das ist nötig, um uns am Leben zu erhalten. Wir leben mitten unter Nichtjuden und können unseren Unterhalt nur dadurch verdienen, dass wir Handel mit ihnen treiben. Es ist daher nicht mehr verboten, Geld gegen Zinsen zu verleihen." Das Unbehagen auf jüdischer Seite wurde zwar unterdrückt und rationalisiert, aber niemals ganz ausgeräumt. L. Poliakov stellt sich eine Frage, die mehr als eine Antwort verdiente, weil sie die gesamte Psychologie des jüdischen Einzelmenschen trifft: „Wie konnten die Juden selbst ein Werturteil über eine Beschäftigung fällen, die von der Kirche in ihrem erzieherischen Bemühen zunehmend bekämpft und diskreditiert wurde?" Eine Antwort darauf gab der provenzalische Rabbiner Jakob ben Elija, der im 13. Jahrhundert dem Konvertiten Paolo Cristiani in Bezug auf den Wucher folgendes entgegnete: „Bei den Juden des Orients lebt jeder von seiner eigenen Hände Arbeit... in unseren Gegenden ist das anders . . . weil unsere Könige und unsere Fürsten nichts anderes wollen, als uns gänzlich unseres Geldes zu berauben. Und jetzt schau dir diesen Hof in Rom an, dem alle Christen untertan sind! ...Alle rennen hinter dem Profit her... Was ist also für uns unser Leben? Unsere Stärke und unsere Macht? Wir müssen Gott dafür danken, dass er unseren Reichtum vermehrt hat, weil dieser es uns erlaubt, unser Leben und das unserer Kinder zu schützen und die Absichten unserer Verfolger zu durchkreuzen."

Poliakov berichtet auch von einem wenig bekannten gelehrten Buch, das zu Beginn des 17. Jahrhunderts erschien: *Scherzi di Purim. Il libro di chi presta e di chiede in prestito*, in dem das Thema des Wuchers ironisch, ja geradezu paradox abgehandelt wird. Der anonyme Verfasser belegt denjenigen mit den schlimmsten Verwünschungen, der nicht gegen Wucher verleiht oder der Geld ausleiht, ohne sich eines gleichwertigen Pfandes zu versichern. Der Schuldner wird ausgepeitscht, auch wenn er den Betrag zurückzahlt, „nicht weil das Gesetz es so vorschreibt, sondern weil die Zeit es so erfordert".

Der Rabbiner des Ghettos von Venedig, Leone da Modena, äußerte in der *Historia de' Riti Hebraici* sein Unbehagen und erklärt die Kredittätigkeit der Juden damit, dass ihnen fast überall verboten ist, Land zu besitzen und Handel zu treiben.

In einer *Respons* lieferte Leone da Modena einen weiteren Beweis für sein realistisches Denken: „Wenn wir neue Banken gründen, gerät das Volk in Aufruhr und wird die Juden vertreiben, denn jedermann weiß, wie sehr das Volk den Wucher verabscheut. Und mehr als das Wohlwollen der Fürsten braucht der Jude den guten Willen des Volkes, denn wenn dieses den Juden feindlich gesinnt ist, richtet es Bittschriften an den Fürsten, damit er sie vertreibt, was Gott nicht gefällt, und der Fürst erhört das Volk, wie es wegen unserer Sünden, aber vor allem wegen des Wuchers an mehreren Orten bereits geschehen ist."

In der zweiten Hälfte des 15. Jahrhunderts bemerkte der Rabbiner Joseph Colon: „... So geschieht demjenigen recht, der seine Bürde einem Kamel auflädt, das bereits schwer beladen ist. Wenn das Tier zusammenbricht, ist er verantwortlich, denn ohne sein Zutun hätte das Kamel die Last getragen ...", und er fügt hinzu: „Die Hand der Prediger wird eines Tages unserer Sünden wegen schwer auf uns herniedersausen, und wir leben jedes Jahr in der Furcht vor diesem Tag. Gewiss kann kein Mensch in eine Stadt kommen und Geld gegen Zinsen verleihen ohne das Einverständnis der Einwohner jener Stadt."

Während die Argumente Leone da Modenas eine größere politische Reife und eine veränderte ideologische Haltung offenbaren, sind sich beide Rabbiner der schwierigen Position der jüdischen Geldverleiher gegenüber dem christlichen Volk sehr wohl bewusst.

Die kanonische Gesetzgebung über die Freiheit, Darlehen mit einer Zinsforderung zu verbinden, die später Juden und Nichtjuden auferlegt wurde, geht auf die Zeit vor dem 13. Jahrhundert zurück. Eine aristotelische Maxime beeinflusste die ökonomische Konzeption aller nachfolgenden Epochen: „Geld kann nicht Geld zeugen." Dem Geld wird kein Wert hinzugefügt, es trägt keine Früchte, ist beständig, und diese beiden Eigenschaften lassen sich nicht mit dem Konzept von Zins vereinbaren. Die zweite Maxime ist im Lukasevangelium (6,35) enthalten: „Tut Gutes und leihet, ohne etwas zurückzuerwarten." Es handelt sich also nicht nur um ein Verbot, Zinsen zu verlangen, sondern um eine Aufforderung, denjenigen, der einem Geld schuldet, nicht mit der Forderung nach einer Rückzahlung zu belästigen. Das waren, kurz gesagt, die beiden Ideen, die lange Zeit hindurch die christliche Lehre beeinflussten und dann auf die mittelalterliche Ökonomie angewandt wurden.

Während Leo I. den Wucher durch Laien schon 443 verurteilt hatte, bestätigten die Konzilien von Reims (1049), Rom (1059) und das Laterankonzil (1139) diesen Ansatz und nahmen weitere Vorschriften in das *Corpus Juris Canonici* auf. Mit der Zeit erhob die Kirche den Anspruch, für alle den Wucher betreffenden Fragen zuständig zu sein, und sie verweigerte den Wucherern die Kommunion und das Begräbnis (Alexander III., 1179) und erklärte ihre Testamente für nichtig (Gregor X., 1274).

Galt das Verbot der Wuchergeschäfte durch die Kirche auch für die Juden, die offensichtlich außerhalb von ihr standen? Viele Gelehrte bemerkten, dass die kirchlichen Quellen sich nicht klar oder überhaupt nicht dazu äußern, vielleicht, um den Ungläubigen nicht Zugeständnisse zu machen, die sie den Gläubigen verweigerte.

Manche Auffassung von christlichen Autoren hierzu verdienen unsere Aufmerksamkeit. So schrieb etwa der Theologe Francesco Sforza: „Die Kirche und die Christen begehen keine Sünde, wenn sie zulassen, dass die Juden ihre eigenen Riten befolgen; denn sie billigen sie ja nicht, sondern tolerieren sie lediglich und gestatten sie ihnen, zumal es unmöglich ist, den bösen Willen der Menschen ganz und gar auszumerzen.“ Die Juden galten so oder so als verlorene Seelen und konnten sich daher auch getrost als Wucherer betätigen.

Im 15. Jahrhundert wurde viel über die Juden und den Wucher diskutiert. Zwischen den beiden extremen Standpunkten – solche Geldgeschäfte zu erlauben oder zu verbieten – setzte sich schließlich eine Position durch, die mit einem gewissen inneren Unbehagen den Status quo akzeptierte. Gerade in Venetien standen sich um die Mitte des 15. Jahrhunderts die Thesen von Paolo di Castro und Alessandro de Nevo gegenüber: Di Castro hielt es für wichtig, den Wucher den Juden zu überlassen, und meinte, der Verkehr mit ihnen sei „notwendig und nützlich“. De Nevo schlug in seinen 1450 in Padua verfassten *Consilia contra Judaeos fenerantes* vor, den Juden den Wucher zu verbieten, um ihnen eine Chance zur Erlösung zu geben. In seinem ersten *Consilium* drückte Alessandro de Nevo in der Form von Frage und Antwort das aus, was er selbst dachte. Seine Schriften verdienen Aufmerksamkeit, weil sich viele Mönchsprediger bei ihrer antijüdischen Polemik auf sie beriefen. Begingen die Juden, die Geld gegen Zinsen verliehen, eine Sünde? Musste sich die Kirche gegen diese Sünde der Juden wenden? Der Theologe bejahte diese Fragen, „da derjenige, der ein Darlehen aufnimmt, Knecht des Wucherers wird“. Musste die Kirche eines höheren Gutes wegen und um größere Übel zu vermeiden, diese Sünde tolerieren? Um es mit dem heiligen Augustinus zu sagen: Man musste die Bräuche der Juden tolerieren, weil diese die Wahrheit des christlichen Glaubens bezeugten. Durften die Fürsten oder die Ratsversammlungen der Städte oder die Kommunen den Juden Lizenzen vergeben? Konnte der Papst dem Fürsten oder der Stadt Dispens erteilen, damit sie mit den jüdischen Geldverleihern Geschäfte machen konnten? Die Antworten fielen negativ aus.

An das anknüpfend, was de Nevo behauptet hatte, sollte später der Dominikaner Sisto Medici in seinem *De foenerare Judaeorum* folgendes schreiben: „Wenn das schlimmste Verbrechen der Juden in ihrem Unglauben und in ihrer Böswilligkeit besteht – die eine Lästerung Gottes darstellen, welche unsere Mutter Kirche toleriert –, warum sollte sie dann nicht auch ihre Wuchergeschäfte tolerieren, wenn diese dem Gemeinwohl nicht schaden?“

Die Position der Kirche gegenüber den Juden und dem Geldhandel war keineswegs eindeutig, vielmehr gab sie manchmal Anlass zu ziemlich heftigen Debatten. Religiöse und typisch theologische Erwägungen wurden von der Notwendigkeit überlagert, die Probleme einer großen Masse von armen Leuten zu lindern, und die Kirche dachte auch nicht daran, auf die faktische Kontrolle über den Pfandverleih zu verzichten: Tatsächlich war es nicht möglich, ohne die Zustimmung der örtlichen kirchlichen Behörden in den Städten eine Bank einzurichten. Wer nicht gehorchte, riskierte Sanktionen, ja sogar die Exkommunikation.

Trotz so vieler Hindernisse und Schwierigkeiten, die Mönche und Rabbiner aus entgegengesetzten Motiven verursachten, erhielten die Juden im 14. und 15. Jahrhundert endgültig das Monopol über die Geldverleihgeschäfte. Die rasche wirtschaftliche Entwicklung machte es den christlichen Denkern zudem immer schwerer, mit dialektischen Kunstgriffen und theologischen Spitzfindigkeiten Bedürfnisse unter einen Hut zu bringen, die in offenem Widerspruch zueinander standen, nämlich einerseits die Reinheit ihres Glaubens zu wahren und andererseits die ökonomische Entwicklung zu fördern. War auch der jüdische Geldverleiher Steuern und Kontrollen unterworfen, so hatte er sich doch durch die Ausübung seiner Kredittätigkeit unentbehrlich gemacht. Im Zusammenhang mit der Diskussion über die Erneuerung der *Condotta* der Juden in Venedig im Jahre 1519 hatte Marin Sanudo in seinen *Diarii* geschrieben, dass sie nötiger seien als die Bäcker. Den Juden, die von den Zünften und den Handwerksberufen, den öffentlichen Ämtern und den Waffen, von den freien Berufen und vom Grundbesitz ausgeschlossen waren, stand nur ein einziger Weg offen – der Geldhandel, also das Bank- und Kreditgewerbe, das im Mittelalter „Wuchergeschäft" genannt wurde. Die umworbenen und zugleich verhassten Juden ließen sich schließlich in den wichtigsten italienischen Städten nieder und erhielten, wenn sie Banken eröffneten, oftmals nicht nur finanzielle Vorteile, sondern auch Privilegien anderer Art. So bat zum Beispiel die Stadt Montefiascone 1312, nach der Belagerung durch Orvieto, die römischen Juden um einen Kredit, und diese zeigten sich bereit unter der Bedingung, dass man ihnen das Bürgerrecht und die volle Zugehörigkeit zur örtlichen Vereinigung der Zünfte und Handwerksberufe gewährte. Der wahre Grund dafür, dass solche Verträge geschlossen und akzeptiert wurden, war eben häufig nur dieser eine: Sie wollten sich eine *Condotta* beschaffen, die es ihnen ermöglichte, sich in der Stadt niederzulassen, und mit der ihnen „Bürgerrechte" zugestanden wurden.

Worin bestand nun eine *Condotta*? Sie war in erster Linie eine Vereinbarung mit vielen Vorbehalten und Vorschriften und oftmals das Ergebnis aufreibender Verhandlungen zwischen den Juden und den städtischen Behörden. Sie war ein gegenseitiger Verhaltenskodex, durch den die Beziehungen zwischen Regierung und Bankiers geregelt und eine Gewerbelizenz vergeben wurde. Der formale Aufbau der *Condotta* blieb sich immer ungefähr gleich: Die Bedingungen und die Art des Geldverleihs sowie die Anzahl der zugelassenen Banken wurden festgelegt, ferner der Ort, an dem die Bank eingerichtet wurde, deren Öffnungszeiten, die jeweilige *Contrada* (Stadtbezirk) oder ein geeigneter Ersatz dafür; die Personalien der Geldverleiher, ihrer Familien und ihrer Gehilfen wurden vermerkt; die persönlichen Vermögensverhältnisse der jeweiligen Gesellschafter wurden geklärt; wenn es sich um eine Gesellschaft handelte, wurden die einzelnen Gesellschafter identifiziert und sowohl ihr Kapitalanteil als auch ihr Anteil an der Betriebsführung registriert.

In Venedig wurden die Banken mit Farben – Rot, Grün und Schwarz – gekennzeichnet. Es war geregelt, an welchen Tagen sie geschlossen hatten. Die Juden durften die Banken an ihren Festtagen geschlossen halten. Bezüglich der christlichen Feiertage gab es jedoch Streit: Die Priester verlangten, dass die Banken zum Zeichen des Respekts geschlossen blieben, während die Juden vom größeren Andrang der Leute profitieren wollten, um Geschäfte zu machen. Oft wurde ein Kompromiss erzielt: Öffnung am Vormittag und an den kleineren Festtagen, völlige Schließung zu Ostern und am Fest des Schutzpatrons der Stadt. Im Fall sozialer Spannungen und Unruhen waren außerordentliche Schließungen möglich. In dem bereits erwähnten Buch *Scherzi di Purim,* das den Kreditgebern und -nehmern gewidmet ist, wird über einige interessante Details berichtet: „Der Generaldirektor der Bank muss – ob ihm das Kapital nun ganz gehört oder ob er einen Partner hat oder das Kapital einem anderen gehört – ein bescheidener und ehrenwerter Mann sein." Und weiter unten heißt es: „Der Raum, in dem die Pfänder aufbewahrt werden, muss Steinwände haben, damit kein Licht eindringen und der Staub sich nicht festsetzen kann und damit die Diebe, die durch die Decke einsteigen, nichts sehen können." Andere in diesem Text enthaltene Empfehlungen beziehen sich auf den blauen Vorhang, der vorschriftsmäßig am Eingang angebracht sein soll, die Desinfektionsmaßnahmen gegen die Nagetiere sowie auf Vorschriften bezüglich der Orte, an denen eine Bank zu eröffnen sei. Es wird empfohlen, das Pfandlager vor den Blicken der Armen abzuschirmen, um sie nicht zu einem Überfall zu provozieren, und den Eingang der Bank nicht an eine zu zentrale und allen Blicken ausgesetzte Straße zu legen, weil sonst die Adligen sich scheuen könnten, sie zu betreten.

Der Zinssatz variierte von *Condotta* zu *Condotta*, von Region zu Region, von einem historischen Augenblick zum anderen erheblich. Die Ergebnisse der langen Verhandlungen, in deren Verlauf die Bedingungen der Kreditvergabe festgelegt wurden, wurden im allgemeinen respektiert, auch wenn Missbräuche und Ausnahmen registriert wurden. Für Großkredite an Regierungen oder Fürsten waren Vorzugszinsen vorgesehen. Dieselbe Behandlung war den Universitätsstudenten vorbehalten. Pfanddarlehen und Kreditvergabe gegen Schuldschein waren typische Merkmale der jüdischen Finanztätigkeit: Das erste war, weil es mit solider Garantie versehen war, zu einem niedrigeren Zins zu haben, und die Schätzung des Pfandes wurde ganz den Partnern überlassen, auch wenn es sowohl von Seiten der Kirche als auch der Rabbiner verboten war, Gegenstände des Kultes, Waffen (von Soldaten) und Bücher (von Studenten) zu pfänden. Die Geldverleiher durften sich nicht weigern, jemandem, der darum bat, einen festgesetzten Mindestbetrag zu geben, vorausgesetzt, er war durch das Pfand abgedeckt. Es gab auch eine Sonderklausel, die den Verleiher für den Fall schützte, dass er Pfänder aus gestohlenem Gut annahm. Er brauchte sie erst nach Zahlung der vorausbezahlten Gelder und des entsprechenden Zinses zurückzugeben. Im allgemeinen betrug die Laufzeit eines Darlehens mindestens einen Monat, höchstens aber anderthalb Jahre. Die Zinsen wurden monatlich berechnet; Zinseszinsen durften nicht erhoben werden. Jedes Pfand wurde in ein Buch eingetragen und registriert. Die Juden schrieben auf Hebräisch oder einen italienischen Text in hebräischer Schrift. Das gab oft Anlass zu Missbräuchen, auch wenn die Kontrolle durch die Beamten der Kommune sehr streng war. Im Falle eines Unglücks (Feuer, Überschwemmung) wurde der Geldverleiher nicht haftbar gemacht. Einzig die Beauftragten der Kommune konnten jene Pfänder versteigern, die nach Verstreichen der bewilligten Frist nicht mehr zurückgefordert wurden. Die Regeln waren alle minuziös ausgearbeitet und dienten dem Schutz des Schuldners. Wenn das verkaufte Pfand mehr wert war als das verliehene Geld, ging die Differenz nach Abzug einiger kleiner Spesen an den Schuldner zurück.

Die zweite Kategorie von Darlehen waren die gegen Schuldschein vergebenen Kredite. Die Laufzeit solcher Kredite war länger, und es wurden höhere Beträge bewilligt, wobei sich auch der Zinssatz erhöhte. Die Realsicherheit war hier geringer, und diese Art von Pfand war weniger willkommen, zumal in einigen *Condotte* das Recht bekräftigt wurde, die Vergabe von nicht durch Pfänder abgedeckten Darlehen abzulehnen.

Die *Condotta* konnte eine Laufzeit von fünf bis zehn Jahren haben. Wenn die jüdische Gemeinschaft wuchs, war eine unterschiedliche Regelung möglich: ein Abschnitt für die Bankiers, der andere für den Rest der Gruppe.

Es ist unschwer zu erkennen, dass die Höhe des Zinssatzes der Dreh- und Angelpunkt der gesamten Kredittätigkeit war.

Ist es möglich, im Nachhinein die Handelsbilanz einer Leihbank zu rekonstruieren? Der Zinssatz variierte, wie gesagt, je nach den historischen und ökonomischen Bedingungen der Zeit, der Region und der Stadt. Man hielt sich vielleicht nicht peinlich genau an den Zinssatz, doch er stellte eine zuverlässige Berechnungsgrundlage dar. Die Ausgaben der Bank lassen sich so zusammenfassen: Miete für die Geschäftsräume, Gehälter für das Personal, Anwaltskosten bei Prozessen, Spenden für die Gemeinde und für Gottesdienste, Verbindlichkeiten aus totem Kapital, Zinsen für die Fonds, welche die Gesellschafter der Bank eingelegt hatten. Hinzu kamen dann noch Verluste unterschiedlicher Art und die ordentlichen beziehungsweise außerordentlichen Steuern sowie die Lizenzgebühren. Die Bankiers liehen den politischen Machthabern des Ortes oft à fonds perdu. Ein Rabbiner sagte einmal: „Wenn man etwas vom Fürsten zurückerstattet haben will, ist das, wie wenn man sich etwas von einem Löwen zurückgeben lassen wollte." War das Kreditgeschäft unter diesen Bedingungen rentabel? War der tatsächliche Profit vielleicht höher als der erklärte Zins? Wir besitzen einen Auszug aus einem Rechnungsbuch des Pfandleihhauses eines Juden, der um 1450 in Padua Geldgeschäfte betrieb und sich die Misshelligkeiten zwischen den örtlichen Behörden und anderen jüdischen Geldverleihern zunutze machte, indem er mit seinem Verleihgeschäft einen größeren Einzugsbereich abdeckte, als man ihm zugestanden hatte: Das Gebiet umfasste außer

Padua auch noch Este und Piove di Sacco. Die paduanischen Gesetzgeber machten ihm wegen seiner Vergehen den Prozess, und so landeten die Rechnungsbücher beim Gericht und eröffnen den Historikern heute eine einmalige Möglichkeit, die Bilanz einer Leihbank zu untersuchen. Eines wird deutlich: Der tatsächliche Zinssatz scheint im umgekehrten Verhältnis zur Laufzeit des Darlehens zu stehen. Man gewinnt auch den Eindruck, dass es möglich war, die Gewinne dadurch zu steigern, dass man sich die unterschiedlichen Wechselkurse zunutze machte. Das Aufrunden auf volle Monate, die Aufrundung auf den Wert einer halben Lira, die Gewinne aus den Wechselkursen und die unterschiedliche Stärke der jeweiligen Währung sowie die unveränderlichen Kommissionsgebühren – all das trug dazu bei, dass man über die amtlich festgesetzten Zinssätze hinausgehen konnte.

Es gab auch ein paar andere Arten von verdecktem Betrug: Es genügte beispielsweise, zu Lasten des Schuldners eine Summe einzutragen, die über der Höhe des gewährten Kredits lag. In anderen Fällen konnte der Geldverleiher die – ausdrücklich verbotenen – Zinseszinsen berechnen. Der Geldverleiher registrierte außerdem fast alles auf Hebräisch und gab dem Schuldner vielleicht eine in dieser ihm unbekannten und gänzlich unzugänglichen Sprache geschriebene Quittung.

Für die Juden, unablässig zahlreichen Restriktionen unterworfen, wurde der Geldhandel angesichts der großen Unsicherheit, in der sie ständig zu leben gezwungen waren, zum Rettungsanker. Warum man den Juden diese so typische Rolle, dieses totale Monopol, zugeteilt hatte, hat schon Anlass zu vielen Diskussionen gegeben. Abgesehen von kanonischen Bewertungen haben manche jener Dynamik eine große Bedeutung zugeschrieben, die den allgemeinen Gesetzen der Wirtschaft innewohnt. Diesen Gesetzen zufolge pflegen sich nämlich die hochzivilisierten Handelsvölker, die sich im Bereich des Warenaustausches von jüngeren Rivalen überflügelt sehen, mit ihren Kapitalien in die Welt des Geldes zu flüchten. Die Juden hätten, nachdem sie ihre Bedeutung als Händler verloren hatten, schließlich die Rolle der modernen Bankiers und gewissermaßen die Mechanismen des Kreditwesens vorweggenommen.

Fest steht, dass die Juden ihre Monopolstellung dank vieler, im Laufe der Zeit nicht immer konstanter, ja manchmal sogar einander widersprechender Faktoren behaupten konnten. So unterdrückte etwa die Kirche anfänglich den Wucher mit großer Strenge und begünstigte damit in der Regel die wucherischen Aktivitäten der Juden, die von ihren Sanktionen nicht betroffen waren. In der Folge versuchte sie aber, um ebendiese von ihr nicht gewünschten Auswirkungen zu verhindern, den Juden mit noch deutlicherer Strenge entgegenzutreten und die Situation zumindest indirekt unter ihre Kontrolle zu bekommen. Von den Fürsten, die die Juden an ihren Höfen haben wollten, gedrängt, sah sich die kirchliche Autorität, die den Geldverleih nicht unterbinden konnte, gezwungen, Abgaben zu erheben. Der religiöse und der ökonomische Faktor griffen also oft in dynamischer Weise ineinander und schufen immer neue Situationen, denen sich die Kirche, Juden und Fürsten anzupassen versuchten.

Die Situation wurde noch weiter erschwert, als Mitte des 15. Jahrhunderts die franziskanischen Minoritenmönche gegen den Wucher zu predigen begannen, den sie als einen schweren Verstoß gegen die Reinheit des Glaubens bezeichneten. An der Spitze dieses Kampfes stand Bernardino da Siena, der seine Ideen von Umbrien aus über ganz Mittelitalien verbreitete. Wucher war, nach seinen Worten, jede Art von Entschädigung – auch die geringste – für das Ausleihen von Geld. Wer Wucher trieb (das heißt die Juden), war ein Feind des Volkes. Wer ihn erlaubte oder rechtfertigte (die Fürsten oder kommunalen Behörden), gehörte exkommuniziert. Das war der Beginn eines großen moralischen und fundamentalistischen Kreuzzuges gegen die Lockerung der Sitten. Die Minoriten waren bei der Anwendung der Grundsätze, die sie predigten, überaus streng und beabsichtigten, sie durch Werke der Barmherzigkeit zugunsten der armen Leute in die Tat umzusetzen. Sie heizten ein ideologisches Klima starken sozialen und religiösen Protestes an, das die bestehende Wirtschaftsordnung umzustürzen drohte. Doch weder die Kirche noch die politischen Machthaber, noch gar die Juden sahen diese populistischen Bewegungen allzu gern. So entstanden also die ersten *Monti di Pietà* zur Bekämpfung der jüdischen Pfandleihhäuser.

Gegen Mitte des 15. Jahrhunderts hatten sich die Lebensbedingungen der Juden, dank ihrer Kredittätigkeit, verbessert: Sie hatten mit den *Condotte* die ersehnte Aufenthaltsberechtigung erhalten sowie ein gewisses Maß an religiöser Freiheit, und sie hatten, gemessen an der großen Mehrheit der damaligen Bevölkerung, die im allgemeinen sehr arm war, einen relativen Wohlstand erreicht. Zumeist trugen sie keine Erkennungszeichen und neigten dazu, ihre Aktivitäten über den bedrückenden Geldhandel hinaus auf großzügiger angelegte kommerzielle und finanzielle Operationen auszudehnen. Die heftige Polemik der Minoriten gegen den Geldverleih durch die Juden blockierte diesen im Gange befindlichen Assimilationsprozess. Die Worte der Mönche versetzten große Volksmassen in Unruhe, zumal ein großer Teil dieser Armen ein Bedürfnis nach einer echten sozialen Gerechtigkeit verspürte. Diese soziale Bewegung richtete sich nicht gegen die Herrschenden, sondern wurde auf jüdische Gruppen umgelenkt, die so neue Verfolgungen erlitten. Mit der Einrichtung der *Monti di Pietà* wollten die Franziskaner den weitverbreiteten gesellschaftlichen Bedürfnissen im Namen der reinen Religiosität entgegenkommen. In jeder Stadt wurde aus Spenden und Ablasszahlungen ein Kapital gebildet, das das Wirken der *Monti* fördern sollte. Dieses in viele kleine Darlehen aufgestückelte Kapital wurde den Armen der Städte ohne irgendeinen Zins zur Verfügung gestellt: „Wenn ihr denen leiht, von denen ihr es wieder zu erhalten hofft, welchen Dank habt ihr da?“ (Lukas 6,34.)

Vorgeschrieben war die Aushändigung des Pfandes, und es war verboten, die erhaltenen Gelder für Geschäfte zu verwenden. Das Pfand wurde nach Ablauf von sechs Monaten versteigert. Die *Monti* waren in der Regel auf die Städte beschränkt, und nur diejenigen, die dort wohnten, konnten in den Genuss ihrer Vorteile kommen.

Gegen Ende des 15. und zu Beginn des 16. Jahrhunderts fasste dieses neue Wirtschaftsunternehmen in ganz Italien Fuß; doch gerade seine wohltätigen und humanitären Grundsätze hinderten es oft am Erfolg, und es endete häufig damit, dass das ursprüngliche Kapital dahinschwand und ein *Monte* in ein und derselben Stadt und unter einem ständigen Fluss von Spendengeldern mehrmals neu eingerichtet werden musste. Seine Funktion war also teilweise die eines Kreditgebers, aber er nahm eher die Züge einer karitativen Einrichtung an, was im Übrigen den frommen Absichten seiner Befürworter entsprach.

Auf rein wirtschaftlichem Gebiet kam es zwischen den Banken der Juden und den *Monti di Pietà* wegen der unterschiedlichen Ausgangslage also nicht zu einem direkten Interessenkonflikt. Die Kredittätigkeit der Banken war umfangreicher und sah nicht nur die Garantie seitens des Schuldners, sondern auch die des Bürgen vor. Ferner waren die Banken aufgrund ihrer längeren Erfahrung besser organisiert; sie waren professioneller und wagemutiger und verfügten schließlich dadurch, dass sie auch auf dem flachen Land vertreten waren, über eine engmaschigere Organisation. Die *Monti* hingegen entsprachen eher den Bedürfnissen einer statischen Gesellschaft als denen einer Gesellschaft, die sich in einer Phase wirtschaftlicher Expansion befand: Sie folgten nicht den Prinzipien der Zweckmäßigkeit oder des ökonomischen Vorteils, sondern religiösen Grundsätzen. Nach und nach gerieten sie in die Hände einer Angestelltenschicht, die an ihrem guten Funktionieren nicht unmittelbar interessiert war und daher deutlich parasitäre Züge annahm.

Der Zusammenstoß zwischen *Monti di Pietà* und jüdischen Banken war vor allem religiös und politisch bedingt. Erst später, als die *Monti* schließlich einen – allerdings niedrigen – Zinssatz zur teilweisen Deckung ihrer Betriebsausgaben erhoben, wurde die Konkurrenz auf wirtschaftlichem Gebiet stärker. Der geschickteste Verfechter der vom Fürsorgegedanken inspirierten Ideologie der *Monti* war Bernardino da Feltre, dem es im Laufe von nur neun Jahren, zwischen 1484 und 1492, gelang, nicht weniger als zweiundzwanzig *Monti di Pietà* zu gründen – die meisten von ihnen in den Territorien der Republik Venedig. Er war ein Mann, der von religiöser Unduldsamkeit getrieben wurde und bei seinem Kampf zur Verteidigung der armen und verlassenen Menschen von seinen reinen Überzeugungen motiviert war. Gegenüber allem und allen war er intolerant und bekämpfte die laxen Sitten der Adligen, jede Freude und irdische Lustbarkeit. Er war so puritanisch und intransigent, dass er sogar Ovid und Petronius verbannte. Anscheinend pflegte er während der Pestepidemie in Padua die Kranken und Armen mit aufopfernder Hingabe, angefeuert durch die Worte von Bernardino da Siena, dem zufolge jeder, der bei einer Epidemie im frommen Einsatz starb, ein Märtyrer war. Es scheint auch, dass er nicht einmal vor den demütigsten Arbeiten zurückschreckte und so auch häufig den neu eingelieferten Kranken die Füße wusch. Mit Berufung auf seinen Glauben forderte er die Behörden halb Italiens heraus, von Florenz bis Venedig, von Neapel bis Mantua und vielleicht auch in Rom selbst. Bei diesem seinem fundamentalistischen Kampf machte er einen natürlichen Feind aus: den Wucher und folglich die Juden.

Seine Predigten führten ihn nach Mantua, Ferrara, nach Umbrien, Genua und vor allem durch ganz Venetien. In Florenz war sein Kampf anfänglich nicht sehr erfolgreich. Er hatte zwar viele Anhänger, aber die soziale Sprengkraft seiner flammenden Predigten war weder den Medici noch den Juden geheuer, die versuchten, sich gegen seine Beschuldigungen zu verteidigen. Ebenso wenig gelitten war er bei den Dominikanern und den Augustinern, die, stets mit Berufung auf die Reinheit des Glaubens, seinem Projekt der *Monti di Pietà* hartnäckig die Existenzberechtigung absprachen, da es einen ganz geringfügigen Zinssatz vorsah. Es war ein Kampf, der auf mehreren Schauplätzen und auf theologischem Gebiet mit vertrackten juristisch-religiösen Spitzfindigkeiten ausgetragen wurde, auf der Ebene der Massenpsychologie und -rhetorik sowie auf der politischen Ebene mit komplizierten Äußerungen vor dem Hintergrund eines expandierenden wirtschaftlich regen Bürgertums. Die politische Macht und die Mönche, die zwar miteinander im Widerstreit lagen, waren sich einig in dem Versuch, den Einfluss der Banken der Juden zu begrenzen. Der Kampf zwischen den Banken und den *Monti di Pietà* ließ der Konkurrenz neuen Raum, und der Fürst (oder wer auch immer an seiner Statt) konnte sich nur darüber freuen und die Chance doppelter Vorteile wittern. Angesichts des Ungestüms der Prediger bestand allerdings die Gefahr, dass diejenigen, die auch außerordentliche Steuern zahlten und politisch ruhiger waren, von den Herrschenden bevorzugt wurden.

Die heftige Polemik der Mönche gab oft Anlass zu Verfolgungen und falschen Beschuldigungen gegen die Juden. 1475 hatte Fra Bernardino da Feltre in Trient während der Fastenzeit jene Christen scharf attackiert, die gute Beziehungen zu den Juden unterhielten. Denen, die ihm entgegneten, dass die Juden zwar einen anderen Glauben hätten, aber gute Leute seien, hatte er eine finstere Prophezeiung verkündet: „Ihr wisst ja nicht, wieviel Böses diejenigen tun, die ihr für gut haltet, aber noch ehe das Osterfest des Herrn um ist, werden sie euch einen Beweis für ihre Güte liefern." Am Abend des Karsamstags 1475 verschwand ein Kind namens Simone. Obwohl die Juden in ihre vier Wände verbannt waren (wie es das 4. Konzil von Toledo 633 vorgesehen hatte), wurden – aufgrund der Aussage eines bekehrten Juden, Giovanni da Feltre, der Sohn des Vorstehers der jüdischen Gemeinde, Samuele – alle des Ritualmordes bezichtigt. Die Beschuldigten wurden gefoltert, und viele starben; andere gestanden unter Zwang, was man ihnen vorgeworfen hatte. Bischof Hunderbach hatte, noch ehe der Prozess beendet war, vorsichtshalber und mit einer sicheren Verurteilung rechnend, bereits das Vermögen der Juden eingezogen. Der vom

Papst entsandte Kommissar erklärte, dass die Juden unschuldig seien, und es wurde auch der Schuldige gefunden, ein gewisser Schweizer. Obwohl sich die Anklage des Ritualmordes als offenkundige Rechtsklitterung erwiesen hatte, wurden viele Männer zu Tode gefoltert, und Frauen und Kinder wurden aus Trient vertrieben und mussten nach Rovereto ziehen. Nach mehreren Versuchen zur Seligsprechung des kleinen Simone nahm Gregor XIII. ihn 1562 in das *Martyrologium Romanum* auf, und Sixtus V. sprach ihn schließlich selig. Später schleuderten die Juden den *Cherem* (Bannstrahl) gegen Trient; das heißt, sie wollten nicht in diese Stadt zurückkehren, solange man dort dem Kult des seligen Simone von Trient frönte.

Die Beschuldigung des Ritualmordes kehrt in der Geschichte regelmäßig wieder; denn der Gedanke an einen Ritualmord erhitzt die Phantasie großer Massen. Auch die ersten Christen hatte man wiederholt dieses Verbrechens bezichtigt; nun waren die Juden an der Reihe. Wirkungslos blieben im Laufe der Jahrhunderte die Interventionen und Bullen, die viele Päpste zwischen 1250 und 1540 gegen die Verbreitung dieser infamen Beschuldigungen verfassten. Verleumdungen hatten immer schon eine enorme Durchschlagskraft. In einer Bulle, die etwa ein Jahrhundert nach den Ereignissen von Trient abgefasst wurde, schrieb Paul III.: „Blind vor Hass und Neid oder – wohl wahrscheinlicher – vor Habsucht ergreifen die Feinde der Juden die Gelegenheit, indem sie sie zu Unrecht beschuldigen, kleine Kinder umzubringen, ihr Blut zu trinken und andere schreckliche Verbrechen jeglicher Art gegen unseren Glauben zu begehen, und auf diese Weise versuchen sie, die schlichten Gemüter der Christen gegen sie aufzuhetzen, so dass sie, die Juden, oft ungerechterweise nicht nur ihres Vermögens, sondern auch ihres Lebens beraubt werden." Paul III. ließ es nicht dabei bewenden; er befahl vielmehr, dass den Juden derselbe Schutz gewährt werde, der ihnen von seinen Vorgängern (insbesondere von Martin V.) garantiert worden war, und er bat auch, wenn es nötig war, die weltliche Gewalt um Hilfe.

Die Legenden von Ritualmorden allgemein und von Kindstötungen im Besonderen wurden vor allem von christlichen Gelehrten zurückgewiesen, aber sie konnten nicht ausgeräumt werden und drangen tief in die Volksseele ein.

Gegen Ende des 15. Jahrhunderts intensivierte Bernardino da Feltre seine Kampagne gegen die Juden und bereitete den venezianischen Regierungskreisen, vor allem anlässlich seines Besuches in Ravenna, einige Sorgen.

Die Serenissima Dominante bestätigte in einer in den *Ducali Veneti* enthaltenen Notiz das Recht der Juden, „ihrem Kapital gemäß" Geld zu verleihen, und berief sich dabei auf die Bulle Papst Martins V. Sie betonte, dass sie vorbehaltlich einer anderen Entscheidung keinerlei Einmischung von irgendeiner Seite dulden würde, und befahl, dass die Juden nicht belästigt werden dürften.

Sie warnte die Prediger davor, auf irgendeine Art Unfrieden zu stiften, da das schwerwiegende Folgen haben könne. Der *Podestà* Bragadino ermahnte Bernardino, aber dieser kampferprobte Mann gab nicht auf und verwandelte, wie es einige

Jahre zuvor in Florenz geschehen war, seine Niederlage in einen Sieg: Ende 1491 bat die Gemeinde Ravenna um die Einrichtung eines *Monte* und sandte zwei Boten nach Venedig. Im März 1492 wurde ein neuer Dogenerlass herausgegeben. Darin hieß es, dass Venedig, auch wenn die Juden nicht aus Ravenna vertrieben würden, die von den Gesandten vorgetragene Bitte akzeptierte, den Geldverleih durch die Juden verbot und den *Monte di Pietà* genehmigte; ferner wurde den Juden verboten, eine Synagoge auf dem schönsten Platz der Stadt, neben der Kirche, zu errichten, wie es die Abgesandten der Gemeinde befürchtet hatten.

Im Sommer 1491 hatte auch der Bischof von Padua, Pietro Barozzi, in gemeinsamem Einvernehmen mit Bernardino beschlossen, in Padua einen *Monte di Pietà* zu gründen. Gegen das Projekt wandten sich – allerdings aus verschiedenen Gründen – die Juden wie die Dominikaner: die ersten, um den üblichen Ausweisungen zu entgehen, während die zweiten mit Fra Domenico da Gargnano die Funktionäre des *Monte* in die Nähe der Juden rückten, weil sie – wenn auch niedrige – Zinsen nahmen und gegen die kanonischen Gesetze verstießen.

Dann kam das Jahr 1492. Dieses Jahr war für die spanischen Juden sehr bedeutsam, da sie nicht nur aus Spanien, sondern auch von den damals unter spanischer Oberherrschaft stehenden Inseln Sardinien und Sizilien vertrieben wurden. Im selben Jahr schrieb die Regierung von Venedig an die *Rettori* von Brescia, „um sie darauf aufmerksam zu machen, dass Bernardino während seiner Predigten in Padua und andernorts das Volk gegen die Juden aufgehetzt und damit große Tumulte, Störungen und Zwistigkeiten verursacht hat. Wir wünschen nicht, dass dasselbe in Brescia geschehe." Wiederum im gleichen Jahr hielt der unermüdliche Prediger flammende Reden in Camposampiero, in Castelfranco, Asolo, Feltre, Serravalle und Bassano. In allen diesen Orten kam es mehr oder weniger zu denselben Szenen. Seine Predigten lösten Unruhen und Verfolgungen aus: Die Juden wurden vorübergehend verjagt, und am jeweiligen Ort wurde ein *Monte di Pietà* gegründet. Manchmal war die Vertreibung endgültig, in anderen Fällen wurden die Juden wieder aufgenommen, und schließlich bestanden in mehr als nur einer Stadt beide Einrichtungen, *Monte* und Bank, nebeneinander.

Die Minoriten erreichten mit ihren Predigten also nicht alle Ziele, die sie sich gesteckt hatten. Vor allem konzentrierten sich die *Monti* in den Städten, während auf dem venetischen Festland, in den kleinen Orten, die Juden verwurzelt blieben. In Venedig waren die Banken immer noch in einer starken Position, weil sie denjenigen, die um ein Darlehen nachsuchten, bedeutende Vorteile boten: Die Juden stellten keine Fragen, verlangten keinen Nachweis über die Bedürftigkeit des Kreditnehmers, waren großzügig bei der Schätzung der Pfänder und verliehen manchmal auch Geld gegen eine Garantieerklärung ohne Schuldschein, und auf dem Land akzeptierten sie die nächste Ernte als Sicherheit. Außerdem konnte der venezianische Staat den Juden in Krisensituationen außerordentliche Steuern auferlegen. Hinzu kam, dass der Krieg gegen die Liga von Cambrai die Juden immer mehr nach Venedig trieb, so dass sie ihre Finanztätigkeit schließlich in der Lagunenstadt konzentrierten und den Franziskanern einen großen Teil des ländlichen Venetien überließen.

Wie reagierte das Papsttum auf all diese Ereignisse, diese Erhebung, die von ganz gegensätzlichen Bedürfnissen, religiöser Reinheit und ideologischem Fanatismus durchdrungen war? Angesichts dieser Erschütterung der italienischen Gesellschaft — der Expansion der jüdischen Banken und der Reaktion darauf einerseits, der Gründung der *Monti di Pietà* andererseits — überließ die Kirche die Initiative den Franziskanern, wenn sie sich auch nicht voll und ganz mit diesem Kampf identifizierte.

Das Papsttum beabsichtigte, dank seiner „Toleranz" die Kontrolle über den Geldverleih zu behalten. Die Fürsten ihrerseits versuchten, wenn sie über neue Verträge für die Banken der Juden entschieden, die Kirche zu involvieren und jedes theologisch-religiöse Problem auf sie abzuwälzen, um so keinerlei Sanktionen oder die Exkommunikation zu riskieren.

Die äußeren Bedingungen, die die Juden Ende des 15. Jahrhunderts in eine Monopolstellung gebracht hatten, änderten sich; denn es entstanden die *Monti di Pietà*, und der religiöse Eifer hatte auch noch andere Konsequenzen. In Venedig, wo die Vorschrift, das Erkennungszeichen zu tragen, allzu häufig umgangen worden war, beschloss der Senat am 16. März 1496, das Judenzeichen zu ändern: Statt des Kreises musste winters wie sommers ein gelber Hut getragen werden. Bei Verstößen drohte eine Strafe von 50 Golddukaten und einem Monat Gefängnis.

Ebenfalls Ende des 15. Jahrhunderts wurde den Juden gestattet, Trödel, das heißt gebrauchte oder alte Waren, zu verkaufen. Dazu schreibt Galliccioli: „Allerdings verstand es jüdische Findigkeit, einen Weg zu finden, dieses Gesetz zu umgehen. Weil sie in Wirklichkeit Kleider und Gewänder verkauften, die sie selbst hatten neu anfertigen lassen, brachten sie irgendwo an einer später unsichtbaren Stelle einen winzigen Fleck oder einen anderen Fehler an. Und so ließen sie sich von den Käufern die Dinge wie neuwertige Waren bezahlen, kassierten das Geld und sagten dann, dass sich an dieser oder jener Stelle einige Flecken befänden, und so konnten sie, wenn sich jemand bei den Behörden beschwerte, behaupten, dass es sich um Trödelware gehandelt habe . . ."

# Die Abravanel: Juden auf der Irrfahrt durch die Länder des Mittelmeers

*Isaak Abravanel und die* Mifalot Elohim – *Leo Hebräus und die* Dialoghi d‘ amore.

Die Geschichte der mediterranen Juden ist im 16. Jahrhundert von ständigen Wanderungen einzelner Personen mit einer marginalen Identität gekennzeichnet, die je nach den Ländern und Orten, die ihnen Gastfreundschaft gewährten – unter anderem die Türkei, Venedig, Livorno und Rom –, variierte. Es sind Menschen, die hin und her gerissen sind zwischen einem neuen, ihnen oft grausam aufgezwungenen Glauben und einer tiefsitzenden, nun notgedrungen verborgenen Religiosität, die sie oft in innere Bedrängnis bringt. Zu Beginn dieses Jahrhunderts ist die Zersplitterung und Vertreibung der iberischen Gemeinden bereits eine vollendete Tatsache. Die auf spanischem und portugiesischem Territorium lebenden Juden waren teils zur Bekehrung gezwungen, teils über die Küsten des Mittelmeeres verstreut worden.

1474 hatte Spanien mit der Thronbesteigung von Ferdinand und Isabella die Politik der *limpieza de sangre* („Reinheit des Blutes") eingeleitet. Hauptinitiator der Verfolgung und Vertreibung der Juden war ein Dominikanermönch, Tomás de Torquemada, der im Verdacht stand, selbst jüdischer Herkunft zu sein. Er war der Beichtvater der Königin, für seine Unbeugsamkeit bekannt und verantwortlich dafür, dass die repressive Maschinerie des jahrhundertealten Inquisitionsgerichts wieder in Gang gesetzt wurde. Die Inquisition war 1212 mit dem Ziel ins Leben gerufen worden, die Irrlehre der Albigenser zu bekämpfen, und wurde in der Folge zum Instrument der Unterdrückung von Neuchristen und Judenchristen. Im Klima der religiösen Intoleranz, das sich im Lande ausbreitete, wurde am 31. März 1492 ein Edikt erlassen, das jeden nicht getauften Juden verpflichtete, alle unter spanischer Herrschaft stehenden Gebiete, zu denen damals auch Sardinien und Sizilien gehörten, innerhalb von vier Monaten zu verlassen. Im Dezember 1496 beschloss auch Dom Manuel, der König von Portugal und Gemahl der Tochter des Königs von Spanien, die Ausweisung der Juden aus seinen Territorien zu verfügen, wobei er ihnen eine Frist von zehn Monaten einräumte. All jene, denen es nicht gelang, rechtzeitig das Land zu verlassen, wurden zwangsgetauft, und diese „Konvertiten" wurden Marranen genannt. Viele andere Juden, die sich nicht bekehren lassen wollten – einige Quellen sprechen von Zehn tausenden –, flohen von der Iberischen Halbinsel und suchten Zuflucht in gastfreundlicheren Gegenden.

פירוש התורה

מהחכם השלם דון יצחק אברבנאל זצל

בויניציאה

בשנת השלט לבריאת עולם

*Titelblatt von Don Izchak Abravanels Torakommentar, Venedig 1579*

Fast alle Autoren haben diese Ereignisse als Zeichen religiöser Intoleranz gewertet. Nur Fernand Braudel hat die eigentlich ideologischen Aspekte in den Hintergrund gerückt und dafür demographische Elemente hervorgehoben: Für ihn sind die häufigen Judenvertreibungen Ende des 13. Jahrhunderts und in späterer Zeit ein Beweis für die Überbevölkerung des mediterranen Europa, ein regelrechter Versuch, Ressourcen, die nicht mehr für alle ausreichten, neu zu verteilen.

Aufgrund eines merkwürdigen Zusammentreffens waren die Jahre um die Wende vom 15. zum 16. Jahrhundert nicht nur für die iberischen Juden dramatisch, sondern – allerdings aus ganz anderen Gründen – auch für die Republik Venedig: Wie ein Blitz aus heiterem Himmel hatte Vasco da Gama mit seiner Reise neue Handelswege in den Orient erschlossen und damit Venedigs Position im internationalen Handel gefährdet. Diese Umwälzung führte zu neuen Unsicherheiten und Konfliktquellen im Mittelmeerraum. Die Ströme des Handelsverkehrs verlagerten sich schnell. Neben die üblichen Mittelmeerrouten traten die neuen Ozeanrouten, und die traditionellen Handelszentren rund um das Mittelmeer lagen weit von den neuen Zentren des internationalen Handels entfernt. Die ersten, die sich vielleicht eher aus Notwendigkeit als aus echter Intuition heraus dieser Lage anpassten, waren eben die Flüchtlinge von der Iberischen Halbinsel, die in aufeinanderfolgenden Wellen aus ihrer Heimat verjagt worden waren und zwei sicherlich zu jeder Zeit schwer erreichbare Ziele anstrebten: Sie suchten eine Heimat und eine wahre Identität, und sei es in der entferntesten Ecke des Mittelmeers.

Ein Symbol für diese umherirrenden Juden war die Familie Abravanel, und zwar sowohl im Hinblick auf ihr politisches und persönliches Schicksal als auch wegen ihrer zahlreichen Irrfahrten über Land und Meer und ihrer beispielhaften intellektuellen Entwicklung. Ein herausragender Vertreter dieser Familie war der 1437 in Lissabon geborene Isaak Abravanel, ein mächtiger Mann, Schatzkämmerer und Finanzminister Alfons' V., den man später, nach dem Tod des Königs, zu Unrecht der Verschwörung bezichtigt hatte. Danach flüchtete Abravanel nach Spanien, wo ihm wegen seiner Kompetenz in Finanzfragen die heikle Aufgabe übertragen wurde, den Staatshaushalt zu sanieren, den der erbitterte Krieg gegen die Mauren sehr stark belastet hatte. Doch auch für diesen berühmten Politiker brachte das Jahr 1492 das Exil und den Beginn einer langen Irrfahrt durch die Länder des Mittelmeers – ein hartes Schicksal, das er mit vielen vertriebenen spanischen Juden teilte. 1493 ging er nach Neapel, an den Hof Ferdinands I., aber bereits 1494 musste er zusammen mit Alfons II., dem Sohn Ferdinands I., vor den Truppen Karls VIII. von Frankreich die Flucht ergreifen. 1495 kam er nach Korfu und 1496 nach Monopol. Diese Aufzählung von Orten und Daten illustriert sehr gut, wie gefährdet Abravanels Leben in diesen Jahren war. Erstaunlich ist jedoch, dass der mächtige Mann der iberischen Höfe nach der ihm aufgenötigten Abkehr von den Staatsgeschäften begann, sich trotz der ständigen Bedrängnis, in der er sich befand, wieder seinen oft vernachlässigten, aber nie völlig aufgegebenen Studien zuzuwenden. In Apulien fand Abravanel die Zeit, einen Kommentar zum Deuteronomium, einen Kommentar zur *Pessach-Haggada*, eine Abhandlung über die *Pirke Awot* und eine apologetische Trilogie über den Messias abzufassen. Mit diesen Werken bewies er, wie geschickt er es verstand, gegensätzliche geistige Interessen, Wirtschaftspolitik und die philosophisch-religiöse Reflexion miteinander zu verbinden. Seine geistig fruchtbarsten Jahre sind ausgerechnet die zwischen 1499 und 1502. Er schrieb den *Rosch Emuna* (Gipfel des Glaubens) und die *Mifalot Elohim* (Die Wunder Gottes), die von seiner Kenntnis der griechischen und lateinischen Klassiker und seiner glühenden Messiaserwartung künden (er selbst glaubte, dass seine Familie direkt von dem Geschlechte Davids abstammte, aus dem, der Überlieferung zufolge, der Messias hervorgehen würde).

Im *Rosch Emuna* werden die Grundlehren der jüdischen Religion erörtert, die Maimonides in den dreizehn Glaubensartikeln zusammengefasst hatte. Abravanel verteidigte zwar das Werk des jüdischen Philosophen, lehnte es aber ab, die Idee von Israel in irgendwelche wie auch immer beschaffene Glaubensartikel zu zwängen. Dem stellte er seine eigene Vorstellung entgegen, die er leidenschaftlich verteidigte: Der gesamte Inhalt der Tora verdiene dieselbe Beachtung und besitze dieselbe Würde. In den *Mifalot Elohim* beschäftigte er sich mit dem Problem der Zeitweiligkeit der Schöpfung. Abravanel leugnete die Möglichkeit einer Welt ohne Zeit, eine These, die Aristoteles verfochten hatte. Wenn die Zeit verstrichen sei, die Gott für ihre Existenz bestimmt hatte – so behauptete Don Isaak –, werde alles ins Nichts zurückkehren. Diese Thesen sollten, wie wir sehen werden (allerdings mit großer Verzögerung), die eifrigen venezianischen Inquisitoren beunruhigen.

Nach Venedig kam Don Isaak Abravanel im Jahr 1503. Damit endete sein fast zehnjähriges Umherziehen. In der Stadt traf er seinen Sohn Joseph, der sich schon einige Zeit zuvor hier niedergelassen hatte. Der alte jüdisch-spanische Staatsmann traf in einem entscheidenden Augenblick ein; denn alles schien in Frage gestellt zu sein – der Reichtum der Stadt und vor allem das Vertrauen in die Zukunft, ja sogar ihre weltpolitische Rolle. Die Überseegebiete, Venedigs Stolz, waren nach und nach vom osmanischen Feind erobert worden. Der 1503 mit den Türken geschlossene Vertrag sorgte nur für eine Friedhofsruhe, denn neue Unruhen griffen um sich, die weder mit Gewalt noch durch Krieg zu lösen waren: Zum einen bedrohten die Portugiesen Venedigs alte und unangefochtene Vorrangstellung im Handel mit Gewürzen (vor allem mit Pfeffer), zum anderen nahm der Druck der großen kontinentalen Staaten immer hinterhältigere Formen an. Zwar behielt Venedig die Kontrolle sowohl über einige strategisch bedeutsame, der Türkei und Zypern vorgelagerte Mittelmeerinseln als auch über sein Hinterland, das der Regierung der Republik unterstand; doch die Finanzen der Stadt waren geschwächt, und der Handel befand sich infolge der Entdeckungen Vasco da Gamas und der steigenden Kosten der Seefahrt in einer Phase der Instabilität.

Nach seiner Ankunft in Venedig versuchte der greise, ruhmbedeckte und erfahrene Staatsmann sofort, als politischer Vermittler zwischen seiner neuen Heimat und Portugal zu fungieren, wo sich inzwischen die Lage geändert hatte und er rehabilitiert worden war. Er legte dem Rat der Zehn einen Entwurf vor und verteidigte ihn so geschickt, dass er Gegenstand einer eingehenden Diskussion wurde. Der Senat hielt ihn für vorteilhaft und beauftragte seinen Verwandten Joseph Abravanel, in einer diplomatischen Mission nach Portugal zu reisen. Das war Don Isaaks letzte diplomatische Handlung, die trotz der positiven Beurteilung durch die Serenissima völlig erfolglos blieb. Und in diesen letzten Jahren - er starb 1505 im Alter von 71 Jahren und wurde in Padua begraben - verfasste er noch viele Werke, darunter *Die ewige*

*Gerechtigkeit, Die Schau Gottes* sowie einen Kommentar zu Maimonides *Führer der Unschlüssigen.*

Abravanel ist das Symbol für eine bestimmte Existenzform der Juden in den Wirren der damaligen Zeit. Er widmete sich selbst unter härtesten Lebensbedingungen der philosophisch-abstrakten Spekulation, und dies erlaubte ihm zu überleben, auch wenn es ihm vielleicht den Blick auf die Wirklichkeit, die ihn umgab, verstellte. Vor die Alternative Bekehrung oder Exil gestellt, entschied er sich, ohne zu zögern, für das letztere, und während seiner Reisen wurde er von einem tief eingewurzelten metaphysischen Messianismus getragen. Obwohl er gezwungen war, durch verschiedene Gegenden des Mittelmeerraumes zu reisen, verlor er seinen Glauben nicht und war vom Kommen des Messias überzeugt. In seinem Denken verschmolzen eine messianische Geschichtsauffassung und die Hoffnung auf die künftige Rolle Israels. Wie Abravanel in den *Quellen des Heils* schreibt, war er durch Berechnungen zu der Überzeugung gelangt, dass das Kommen des Messias eben ins Jahr 1503 zu datieren sei. Diese seine Schlussfolgerungen beeinflussten viele jüdische Exegeten und Gelehrte der ersten Hälfte des 16. Jahrhunderts. Abravanel ist auch in dieser Hinsicht ein Symbol: In seinem Denken findet sich der Widerspruch zwischen dem Mittelalter und den aufkeimenden Ideen der Renaissancezeit; sein politisches und intellektuelles Leben sind das Paradigma der jüdischen Existenz.

Auch sein Verhältnis zu Venedig weist emblematische Züge auf. In seinem in hebräischer Sprache abgefassten Bibelkommentar arbeitet er als erster unter den jüdischen Denkern den Mythos Venedigs aus, indem er den Inhalt der venezianischen Verfassung als eine Entsprechung der Bibel begreift und die Überlegenheit der republikanischen Regierungsform gegenüber der monarchischen betont. Er zieht sogar eine Parallele zwischen der politischen Organisation Venedigs und der, die Moses dem Volk Israel nach dem Ratschlag Jethros verlieh. So setzte Abravanel die „Oberen über Tausend", von denen die Bibel spricht, mit dem Großen Rat gleich, die „Oberen über Hundert" mit dem *Consiglio dei Pregadi* und die „Oberen über Zehn" mit dem Rat der Zehn. Bei dieser Analogie musste der spanische Philosoph dem Bibeltext Gewalt antun: Während im Gesetz des Moses die „Oberen über Tausend" an der Spitze der Pyramide stehen, macht Abravanel die „Oberen über Zehn" zum höchsten Organ, nur um sie mit dem Rat der Zehn gleichsetzen zu können. Außerdem ist seine ideale Verfassung noch republikanischer als die venezianische. Dennoch kam diesem ersten jüdischen Beitrag zur Schaffung des Mythos der Serenissima an der Schwelle zur Renaissance beachtliche Bedeutung zu.

Eines seiner originellsten Werke, die *Mifalot Elohim*, kam 1594 in Venedig wieder ins Gespräch. Die Kontrolle über den Druck von Büchern wurde nach 1571 strenger gehandhabt, nachdem der Senat der Republik den Juden verboten hatte, in Buchdruckereien zu arbeiten oder sich christlicher Strohmänner zu bedienen. Außerdem hielt sich die Index-Kongregation an die neuen Weisungen Pius V. und übte eine strikte Zensur aus, zu der in Venedig nicht nur die Inquisition, sondern auch die *Ufficiali al Cattaver* ihren Beitrag leisteten.

Das Buch *Mifalot Elohim* (Die Wunder Gottes) war auf Wunsch von Rabbi Isaak Gerschon gedruckt worden, der in der Druckerei von Giovanni di Gara arbeitete. Di Gara wurde von der Inquisition angezeigt, die mit der Art unzufrieden war, wie der spanische Philosoph das Problem der Schöpfung abgehandelt hatte. Abravanel hatte in der Tat behauptet, dass es eine unendliche Anzahl von Welten gebe, von denen sich jede in nichts auflösen werde, wenn die ihr von Gott bestimmte Zeit abgelaufen sei – all das in einem ständigen Aufeinanderfolgen von Schöpfungen und Auflösungen. Die venezianischen Zensoren missbilligten auch eine andere Behauptung, nämlich die, dass nicht nur die Unterkörper, sondern auch die Oberkörper der Auflösung anheimfielen. Sie meinten, dass diese Behauptung nicht mit den Vorstellungen des Christentums zu vereinbaren sei. Es hat aber den Anschein, dass ihnen über die einzelnen Sätze hinaus vor allem der ganze Geist, in dem das Buch abgefasst war, missfiel. Doch am Ende begnügten sie sich damit, einige Änderungen in dem Text vorzunehmen. Allerdings beschlagnahmten sie die fünfhundert von di Gara gedruckten Exemplare. Im Fundus des Heiligen Offiziums, im Staatsarchiv von Venedig, sind die Akten dieses Prozesses auffindbar, doch ohne das endgültige Urteil des Gerichtsverfahrens. Viele Jahrzehnte nach seinem Tod störte Don Isaak Abravanel immer noch den Schlaf der Venezianer mit seinem Denken – ausgerechnet er, der noch vor der Entstehung des Ghettos die Republik Venedig und ihre Verfassung gepriesen und sie mit der des Moses verglichen hatte.

Außer Joseph, der ihn bei sich aufgenommen hatte und bereits als Arzt in der Lagunenstadt lebte und arbeitete, hatte Don Isaak noch zwei andere Söhne: Samuel und Juda. Der erstere hatte sich in Neapel niedergelassen und Donna Benvenida geheiratet, die ebenfalls dem Geschlecht der Abravanel entstammte. Sie war so berühmt, dass auch David Reubeni, der Abenteurer und falsche Messias, von ihr sprach und an ihr Engagement für den Freikauf jüdischer Sklaven erinnerte. Von Neapel zogen Samuel und Benvenida später nach Ferrara, wo Ercole II. d' Este eine Politik der Toleranz eingeleitet hatte. Nachdem ihr Mann 1547 in Ferrara gestorben war, erhielt Donna Benvenida die Genehmigung, in der Toskana Leihbanken zu eröffnen.

Der andere Sohn, Juda Abravanel, der hauptsächlich unter dem Namen Leone Ebreo oder Leo Hebräus bekannt ist, wanderte, wie sein Vater in den ersten Jahren des Jahrhunderts, von einem Ort zum anderen: von Neapel nach Genua, von Barletta nach Venedig und Sizilien. Trotz seiner Schwierigkeiten war er ein berühmter Arzt und wurde für sein Buch *Dialoghi d' amore* bekannt, das 1535, zehn Jahre nach dem Tod des Verfassers, veröffentlicht wurde. Dieses Werk hat zwei Gesichter: Das eine blickt auf die Gelehrsamkeit des Mittelalters, das andere wendet sich den Themen der Renaissance zu. Auch wenn die Form des Dialogs von Plato entliehen ist, handelt es sich nicht nur um ein hypothetisches Gespräch, sondern um eine Gegenüberstellung zweier lebendiger Personen. Es geht nicht um eine einfache Abstraktion, sondern um eine konkrete, körperliche Liebe. Im Übrigen ist Abravanel nicht nur Philosoph, sondern auch ein Arzt, der die Menschen heilt und von den Wundern des menschlichen Körpers und seinen Krankheiten spricht. Die *Dialohbi d' amore* wurden, ebenso wie die Werke seines Vaters, gründlich studiert und waren in den späteren Jahrhunderten noch bekannt. Zwischen 1535 und 1607 wurden neben einer lateinischen und einer hebräischen elf italienische, zwei französische und drei spanische Ausgaben gedruckt. Spinoza besaß eine Kopie und hatte sich von den *Dialoghi* ebenso beeinflussen lassen wie auch andere jüdische Philosophen, etwa Hermann Cohen, Henri Bergson und möglicherweise sogar Erich Fromm. Leo Hebräus' Werke standen wie die seines Vaters auf der Liste der verbotenen Bücher, obschon er im Leben auch die Gunst und Wertschätzung kirchlicher Kreise genossen hatte.

Das politische und intellektuelle Abenteuer der Abravanel, Vater und Sohn, um die Wende vom 15. zum 16. Jahrhundert, war kein statisches Symbol, sondern ein ständig wirkendes, kreatives, philosophisches und religiöses Moment: Auch nach ihrem Tod sollten die Vorstellungen der beiden, des Vaters wie des Sohnes, viele Rabbiner innerhalb der italienischen Ghettos zu Diskussionen anregen.

# Die Entstehung des Ghettos: Die „Natione Todesca", 1516

*Der Krieg der Liga von Cambrai – Ascher Meschullam und Zaccaria Dolfin – Die Einrichtung des Ghettos – Die Debatte über die* Monti di Pietà *und die Banken – Juden, Ausländer und Prostituierte*

Die aus Venedig vertriebenen Juden flüchteten nach Mestre. Hier setzten sie unter der Aufsicht des örtlichen *Podestà* ihre Tätigkeit als Geldverleiher in drei behördlich autorisierten Banken fort und kehrten immer nur für jeweils vierzehn Tage nach Venedig zurück.

Fast das ganze 15. Jahrhundert hindurch blieben die Juden also offiziell aus der Lagunenstadt ausgeschlossen, auch wenn sie, nur um zwischen den *Calli* und *Campielli* Venedigs leben zu können, zu allen möglichen Tricks griffen: Sei es, dass sie ständig zwischen Mestre und Venedig hin und her pendelten, sei es, dass sie christliche Kleidung trugen, sei es, dass sie, wie im Falle der Ärzte, Ausnahmeregelungen durchsetzten. Es gibt zahlreiche Belege für diese anhaltende, aber nicht augenfällige Anwesenheit von Juden in Venedig. In einem Dokument vom März 1408 heißt es, es müsse als Beweis großer Verachtung für den christlichen Glauben betrachtet werden, wenn die Juden einige Häuser von den Christen mieteten und sie als Synagogen benutzten und dort „auf hebräische Weise" beteten. Andere Beschwerden wurden 1483 vorgetragen, als einige Missbräuche von Juden gemeldet wurden, die die Pfänder der Patrizier nicht in Mestre registrierten, wo der Zinssatz bei 15% lag, sondern in anderen, weiter entfernten Städten der Terraferma, wo höhere Zinssätze galten. 1493 verfügte der Senat durch die *Avogadori*, der Führung der Banken größere Aufmerksamkeit zuzuwenden, da die Juden angeblich mehr als den ihnen zustehenden Teil verdienten, „zum großen Schaden der armen Leute, die in Mestre und im Bezirk wohnten". 1496 wurden neue Vorschriften festgelegt: Es durfte immer nur ein Repräsentant der jüdischen Bankiers zum Rialto gehen, um dort die nicht ausgelösten Pfänder zu verkaufen. Das Tragen des gelben Hutes wurde eingeführt, und die Dauer der Aufenthaltserlaubnis wurde auf höchstens fünfzehn Tage im Jahr begrenzt.

Im 16. Jahrhundert kam es zur entscheidenden Wende. Pompeo Molmenti, Autor einer monumentalen *Storia di Venezia nella vita privata*, schreibt: „Mit dem Ende des 15. Jahrhunderts ist zwar noch nicht der Zenit der venezianischen Macht erreicht, aber der jenes falschen Glanzes, der bereits die Keime von Korruption und

Dekadenz in sich trägt: eine Lebensgier, eine Vorliebe für das Theatralische und Genießerische, die Zurschaustellung einer verblüffenden Pracht. Venedig – mächtig auf dem Meer mit seinen zahllosen Galeeren, glänzend mit seinen Marmorpalästen und gold- und edelsteingeschmückten Kirchen, prunkvoll bei seinen Festen, Empfängen, Hochzeiten und Beerdigungen. Venedig – die wahre Wohnstätte eines Giorgione, Tizian, Palma, Pordenone und Veronese, Anziehungspunkt für auserwählte Genies wie Bembo, Aretin, Bernardo Tasso, Sansovino, Jacopo Zane und die beiden Manuzio, dort, wo mehr als sechshundert Damen, strotzend vor Gold, Silber, Edelsteinen und Seide, aus ihren Häusern zu treten pflegten, so dass es eine Pracht war, sie anzusehen." Dies war aber nur eine Seite der Wirklichkeit: Die finanzielle Krise spitzte sich zu und führte bereits im Jahre 1499 zum Zusammenbruch der Banken der Garzoni, Pisani und Lippomano.

Als man also 1502–1503 über die Verlängerung der *Condotta* der Juden von Mestre debattierte, glaubten diese, dies sei der richtige Augenblick, größere Zugeständnisse zu erreichen, zumal die venezianische Regierung unter Druck von Seiten einiger Adeligen stand, die sich während des kurz zuvor geführten Krieges mit Ferrara verausgabt hatten und jetzt zusammen mit den Juden in Mestre am Kreditgeschäft beteiligt waren. Die damals getroffene Vereinbarung, die zehn Jahre Gültigkeit haben sollte, führte die Juden von Mestre tatsächlich nach Venedig zurück.

Diese Maßnahmen stellten eine regelrechte Wende in den Beziehungen zwischen Venedig und den Juden dar: Die jüdischen Geldverleiher konnten in Venedig Häuser für ihre Familien und für die Angestellten der Bank suchen, durften in der Stadt auch ein Pfandlager halten und nach Venedig kommen und gehen, „sooft es ihnen gefiel... Und auch aus Angst vor einem Krieg dürfen sie hierherkommen und unbeanstandet hier wohnen." Das Hauptquartier der jüdischen Kerngruppe blieb in Mestre. Der höchste Zinssatz für Kredite betrug für Venezianer und Mestriner 15% gegen Pfand und 20% gegen Schuldschein; für jede andere Person 20% gegen Pfand beziehungsweise 30% gegen Schuldschein. Sie durften die Pfänder in Venedig in Empfang nehmen; aber erst wenn die ordnungsgemäße Buchung in Mestre vorgenommen worden war, konnte man die Laufzeit des Darlehens berechnen. Außerdem wurde den Juden gestattet, bewaffnet umherzugehen, um sich selbst und ihren Besitz zu schützen, und in potentiell gefährlichen Situationen brauchten sie den gelben Hut nicht zu benutzen. Mit diesen neuen Regelungen wurden alle früheren Beschlüsse des Senats außer Kraft gesetzt. Wenn Gefahr im Verzug war, durften sie ihre sämtlichen Güter nach Venedig bringen – eine Garantieklausel, die nicht nur ihnen zum Vorteil gereichte, sondern auch jenen, die ihnen die Pfänder überließen. Schließlich konnten die Vertragspunkte der mit Venedig vereinbarten *Condotta* mit jenen verglichen werden, die andere jüdische Gemeinden in den Städten der venetischen Terraferma ausgehandelt hatten, mögliche vorteilhafte Paragraphen konnten übernommen werden.

Nach Ausbruch des Krieges gegen die Liga von Cambrai, als Papst Julius II., Kaiser Maximilian und Ferdinand von Spanien ein Bündnis gegen die Republik Venedig gebildet hatten, verlor Venedig in rascher Folge fast alle Städte seines Hinterlandes und sah sich 1508 in allernächster Nähe mit den feindlichen Truppen konfrontiert. Viele Flüchtlinge, und darunter auch viele Juden, suchten Schutz in der Lagunenstadt. Insbesondere in Treviso wurden nach dem Einfall der Feinde Unruhen und Ausbrüche von Gewalt verzeichnet. Es ist bekannt, dass die Trevisaner einen jüdischen Bankier, Calimano, einen „Galantuomo", nach Venedig geleiteten, um ihn vor der Gewalttätigkeit der Menge zu schützen. So schwoll die Bevölkerung in der Stadt plötzlich an, und damit wuchsen auch die Schwierigkeiten: Viele hungrige Mäuler konnten nicht gestopft werden, und die Seuchengefahr vergrößerte sich. Auch die jüdischen Bankiers von Mestre flüchteten, wie es in den Vertragsklauseln der *Condotta* vorgesehen war, nach Venedig, wo sie freundlich aufgenommen wurden, weil sie ihr Kapital gerade in einem für die Stadt so heiklen Moment mitbrachten.

Im selben Jahr noch diskutierte der Senat über die Lage der Juden von der Terraferma. Aufgrund zwingender und unaufschiebbarer ökonomischer Notwendigkeiten beschloss er, die Steuern zu erhöhen, die die jüdischen Gemeinden von der Terraferma zahlen mussten, bot ihnen jedoch dagegen neue Garantien an und schuf so die Grundlagen für eine neue Vereinbarung, die, nach den Plänen der Gesetzgeber, weitere fünf Jahre Gültigkeit haben sollte. Die Juden wurden ermächtigt, weiter Kredite zu vergeben, sowohl gegen Pfand als auch gegen Schuldschein. Sie konnten jede Art von Pfand akzeptieren, ausgenommen Waffen und sakrale Gegenstände wie etwa Kreuze, Kelche, Paramente, Messbücher und andere ähnliche Dinge; widrigenfalls wurde ihnen entschädigungslose Beschlagnahmung als Strafe angedroht. Sie wurden auch im Fall eines Unfalls, Diebstahls, Brandes oder einer Plünderung von jeglicher Haftung befreit. Die Laufzeit des Kredits konnte höchstens 15 Monate betragen. Sie durften Häuser nur mieten und kein Eigentumsrecht darauf geltend machen und durften einen Friedhof, eine Synagoge und ein Hotel für ortsfremde Juden unterhalten. Zwischen Gründonnerstag und Ostersonntag mussten sie sowohl aus Ehrerbietung als auch zu ihrer persönlichen Sicherheit im Hause bleiben. Dafür wurden sie vor jeder Belästigung geschützt, und die örtlichen Behörden betrachteten sich als Garanten ihrer Sicherheit. Wenn sie auf Reisen waren, waren sie nicht verpflichtet, den gelben Hut zu tragen.

Im Mai spitzte sich nach der Niederlage von Agnadello die Situation auf der ganzen Terraferma dramatisch zu. Scharen französischer, spanischer und kaiserlicher Truppen zeigten sich an den Ufern der Lagune und bedrohten Venedig. In der Stadt nahm die Zahl der Flüchtlinge noch zu, und unter ihnen waren zahlreiche Juden.

Girolamo Priuli spricht in seinen *Diarii* davon, dass die moralische Verkommenheit Gottes Zorn erregt und die Niederlage von Agnadello verursacht habe. Der venezianische Edelmann nennt als Beispiele Eidesbrüche, Unzucht in Klöstern und den Verkauf kirchlicher Pfründe aus Profitgier. Viele Prediger hielten die Anwesenheit der Juden in der Stadt und die Behandlung, die ihnen zuteilwurde, für die Quelle allen Übels und fluchten auf die Ungläubigen und die jüdischen Ärzte, die gefährlich mit ihren christlichen Patienten fraternisierten. Auf die Nachricht von den heraufziehenden großen Gefahren reagierte die venezianische Bevölkerung mit heftiger Gefühlsaufwallung und starken religiösen Emotionen, die durch die flammenden Worte, die die Prediger von den Kanzeln der Kirchen der Stadt verkündeten, noch verschärft wurden. Die allgemeine Erregung wird von Sanudo und Priuli in ihren jeweiligen *Diarii* bezeugt. Sanudo schätzt die Zahl der in der Stadt befindlichen Juden auf insgesamt 500, Männer und Frauen; sie konzentrierten sich offensichtlich um die Pfarreien von San Cassiano, Sant' Agostino und San Geremia. Mit dem allgemeinen Unbehagen wuchs auch die Feindseligkeit ihnen gegenüber. So etwa hielt der Observant Fra Rufino Lovato in San Marco und in Santa Maria dell' Orto seine Predigten, über die Sanudo anmerkt: „(Fra Rufino) wird bis Sonntag auf dem Campo di San Polo predigen und am 6. April 1509 einen jungen Juden taufen." Fra Rufino behauptete, dass *„es* erlaubt sei, den Juden alles Geld wegzunehmen und sie nicht am Leben zu lassen . . ."

Zwei Jahre später, im April 1511, kam es zu einer Zusammenrottung der jüdischen Flüchtlinge, die dieser Angriffe überdrüssig waren, und die Vorsteher der Gemeinde begaben sich zum Rat der Zehn, um Protest einzulegen und ihre Anliegen vorzutragen. Der *Avogador* Trevisan beschloss, ein Ausweisungsdekret zu erlassen, das allerdings wegen eines Streites zwischen den *Avogadori di Comun* und dem Rat der Zehn nicht vollstreckbar wurde.

Obwohl die Serenissima in den darauffolgenden Jahren, 1513 und 1514, den für sie politisch und militärisch kritischsten Punkt überwunden hatte, waren ihre inneren Schwierigkeiten noch nicht ausgeräumt: Die Pest grassierte, und es hatte gefährliche Feuersbrünste gegeben, darunter eine ganz besonders heftige am Rialto. In der Stadt drängten sich Adelige, Leute aus dem einfachen Volk, Flüchtlinge, Bauern und Juden auf engem Raum zusammen. Dennoch sprechen zahlreiche Zeugen, unter anderen auch Priuli, noch von einer genießerischen Atmosphäre, von der Übernahme französischer Mode-Kreationen, von Gewalt, Sodomie und großer moralischer Verwirrung. Obgleich die soziale Situation spannungsgeladen war, erlebten die über die ganze Stadt verstreuten Juden noch einen Moment besonderer Freiheit: Sie verliehen Geld an die Armen und diejenigen, die sich in wirtschaftlichen Schwierigkeiten befanden, und es waren viele, die sich an sie wandten. Die politische Macht duldete sie, weil sie sie brauchte – zum einen, weil das Kreditgeschäft auf die Wirtschaft belebend wirkte, zum anderen, weil man die Juden als Blitzableiter für die Ressentiments des Volkes benutzen konnte. Schon 1512 hatte sich das ständige Hickhack zwischen den Vorstehern der jüdischen Gemeinde und den politischen Machthabern Venedigs zu einer äußerst harten Konfrontation entwickelt. Der Senat forderte 10 000 Dukaten. Der Bankier Ascher Meschullam und die anderen jüdischen Wortführer, die sich geweigert hatten, der Forderung nachzukommen, waren ins Gefängnis geworfen worden, damit sie die Sache noch einmal überdenken konnten. Sie drohten damit, die Banken zu schließen und wegzuziehen. Erst im darauffolgenden Jahr akzeptierte der Rat der Zehn die Bitte Meschullams (dessen Name zu Anselmo del Banco italianisiert wurde) mit einigen Änderungen und gestattete den Juden, gegen eine jährliche Steuer von 6 500 Dukaten Pfanddarlehen zu vergeben.

Zwei Jahre später erlaubte der Senat auf seiner dringenden Suche nach weiteren Geldern und Finanzierungen, dass gegen die Entrichtung von 5 000 Dukaten am Rialto neun Trödelläden eröffnet werden durften, das heißt Geschäfte, in denen Gebrauchtwaren verkauft wurden. Die Anwesenheit der Juden in der Stadt wurde also eindeutig akzeptiert, und nicht nur das: Zur traditionellen Tätigkeit des Geldverleihs kam ein neues Handelsgewerbe hinzu. Und eben in jenem Augenblick erfolgte eine fast unerwartete Gegenreaktion: Ein Teil des Adels unterstützte die Prediger, unter denen sich Fra Zulian Maria di Arezzo mit besonderem Eifer hervortat. Sanudo bemerkt, dass die Juden bereits über die Bezirke von San Cassiano, San Polo, San Stin und Santa Maria Mater Domini verstreut wohnten und dass sie jetzt – im Gegensatz zu früher, wo sie sich in der Osterwoche nicht hätten sehen lassen – „stets unterwegs" seien. Und voller Verbitterung schreibt er: „Niemand sagt ihnen etwas, weil man sie im Krieg braucht, und deshalb tun sie, was sie wollen. Der Prediger der Frarikirche, Fra Zulian Maria di Arezzo, wettert gegen sie und die jüdischen Ärzte und vor allem gegen Mastro Lazzaro, der die Christen entzweit und ausnutzt, und niemand tut etwas dagegen." Wenige Tage nach diesem Gefühlsausbruch Sanudos, im März 1515, reichte Emo Zorzi beim *Consiglio dei Pregadi* einen Antrag ein, in dem verlangt wurde, dass alle Juden auf die Giudecca verbannt werden sollten. Die jüdischen Wortführer versuchten, sich einer solchen Entscheidung zu widersetzen; denn sie hielten die Giudecca für gefährlich. Als Alternative schlugen sie Murano vor. Die Diskussionen waren hitzig, doch dem *Consiglio* gelang es nicht, irgendeine Entscheidung herbeizuführen.

Im Jahr darauf, am 20. März 1516, griff Zaccaria Dolfin im *Collegio* die Juden schwer an und bezichtigte sie vieler Missetaten. Er behauptete, sie würden illegal Synagogen errichten und den Staat korrumpieren, und verlangte, dass sie in das Ghetto Novo, einen alten, festungsähnlichen Gebäudekomplex in der Pfarrei San Girolamo, verbannt werden sollten, wo sich eine nicht mehr benutzte Gießerei befand. Der Doge gab seine Zustimmung, und dasselbe taten auch einige Patrizier, die meinten, dass man die Sachlage ändern und die Freiräume der Juden einschränken müsse. Anselmo und die anderen Repräsentanten der Juden versuchten, sich zu widersetzen, indem sie auf die Gefahren einer Isolierung hinwiesen und daran erinnerten, dass sie kurz zuvor zu erheblichen Investitionen gezwungen worden waren. Vielleicht machten sie in ihrem verzweifelten Bemühen, Zeit zu gewinnen, den Vorschlag, man solle jede Entscheidung aufschieben, weil sie erwarteten, dass

Venedig die Terraferma zurückgewinnen würde, wohin die Juden gern zurückkehren wollten. Es nützte alles nichts: Nach dem *Collegio* debattierte auch der Senat über den Antrag, der mit überwältigender Mehrheit angenommen wurde, nämlich mit 130 Jastimmen, 44 Neinstimmen und acht Enthaltungen.

Am 29. März 1516 wurde im *Pregadi* ein Dekret erlassen, in dem es hieß: „Die Juden müssen alle gemeinsam in dem Komplex von Häusern wohnen, die sich im Ghetto bei San Girolamo befinden, und damit sie nicht die ganze Nacht umhergehen, seien an jener Seite des Ghetto Vecchio, wo es eine kleine Brücke gibt, und gleichermaßen an der anderen Seite der Brücke zwei Tore errichtet, das heißt je eines für die beiden genannten Orte. Jenes Tor muss morgens beim Klang der Marangona-Glocke geöffnet und abends um 24 Uhr durch vier christliche Wachen zugesperrt werden, die dafür von den Juden angestellt und bezahlt werden zu dem Preis, der Unserem Kollegium angemessen erscheint. . ." Die Einfriedung musste durch zwei hohe Mauern ergänzt werden. Alle Ausgänge mussten geschlossen und die Türen und Fenster zugemauert werden. Die Wächter mussten Tag und Nacht in jenem Areal wohnen, um es zu bewachen. Die Juden mussten auch zwei Boote bezahlen, die ständig, Tag und Nacht, die Kanäle, die das Gebiet umgaben, durchfahren mussten. Für den Fall, dass ein Jude nachts außerhalb des Ghettos angetroffen würde, waren gestaffelte Strafen vorgesehen: Beim ersten und zweiten Mal wurde eine Geldstrafe verhängt, beim dritten Mal eine höhere Geldstrafe sowie zwei Monate Gefängnis. Zu Vollstreckern und Überwachern dieser Maßnahmen wurden die *Cattaveri* ernannt, Regierungsbeamte, die mit den öffentlichen Gütern und insbesondere mit dem Wucher der Juden und der „Art, wie sie in Venedig ihren Wohnsitz zu nehmen hatten", befasst waren. Die *Cattaveri* wurden ermächtigt, dem *Collegio* – allerdings nur auf beratender Ebene – Vorschläge einzureichen. Dieses Bündel von Vorschriften konnte nur mit fünf Sechsteln der Senatsstimmen geändert werden. Der Senat beschloss, dass die Häuser des Ghettos sofort zu räumen seien und dass die neuen Bewohner ein Drittel mehr zahlen müssten, als die Besitzer gewöhnlich an Miete erhalten hatten; dieses Drittel war vom Zehnten ausgenommen.

Die alte, bereits auf das 14. Jahrhundert zurückgehende Idee, den Juden ein eigenes Wohnviertel zuzuweisen, war nun in die Tat umgesetzt worden. Die Juden, die das seinerzeit für einen wichtigen und von den ersten *Condotte* außer Acht gelassenen Teil gehalten hatten, sprachen jetzt mit Argwohn und Furcht von dieser Maßnahme.

Eine Frage bleibt offen: Warum wurde der Antrag, die Juden im Ghetto einzuschließen, der 1515 nicht durchgekommen war, kaum ein Jahr später mit einer so großen Mehrheit und so rasch angenommen?

Jemand hat das als Folge der äußeren Situation Venedigs interpretiert. 1515 gab es in der Stadt einen gewissen Optimismus und vor allem die Überzeugung, dass es der Serenissima mit Hilfe der französischen Truppen gelingen würde, Verona und einen Teil der venetischen Terraferma zurückzuerobern. Im Frühjahr des darauffolgenden Jahres jedoch hatte sich der Horizont noch weiter verdüstert. Kaiser Maximilian hatte an der Spitze der Österreicher die Alpen überquert, und die Franzosen hatten sich in Mailand eingeschlossen, ohne den Zusammenstoß zu suchen. Die Franzosen schienen geneigt, mit Österreich einen Kompromiss zu schließen, während Venedig von den Unterredungen zwischen dem französischen König und dem Papst ausgeschlossen war. Zudem kamen von der östlichen Front, aus dem Friaul, besorgniserregende Nachrichten, und manche fürchteten eine neue Invasion der Türken. Diese Reihe negativer Ereignisse hinterließ bei der venezianischen Bevölkerung und beim Adel ihre Spuren. Ein finsterer Pessimismus brach sich Bahn: Die Franziskanerprediger wiederholten seit Monaten, dass man, wenn die Republik überleben wollte, Gottes Gnade zurückgewinnen und für jede Sünde büßen müsse. Und eine der schwersten Sünden sei, dass man die Juden frei in der Stadt habe leben lassen. Das Ghetto wurde daher als Ausdruck der Sühne betrachtet, als eine Bitte um Ablass der Sünden.

Vor Ende Juli wurden Ascher Meschullam (Anselmo del Banco) und sein Bruder Chajim Meschullam gezwungen, ins Ghetto zu ziehen. Dieser letztere war nach seiner Ankunft in Venedig unvorsichtig genug gewesen, den Palazzo von Ca' Bernardo in San Polo zu mieten, seinen Reichtum zur Schau zu stellen und so unter der Bevölkerung Neid und Protest zu erregen. Sie waren die Oberhäupter der bedeutendsten und reichsten Bankiersfamilie in ganz Venetien, und manche sagten, sie seien die Söhne jenes Salomone da Camposampiero, der nach den flammenden Predigten Bernardino da Feltres Verfolgungen erlitten hatte. In jenen Tagen wurde mit einem neuen Erlass die Bezahlung der Fährleute und der *Cattaveri* festgelegt, für die natürlich die Juden aufzukommen hatten. Anselmo sah sich gezwungen, eine doppelte Rolle zu spielen: Einerseits musste er persönlich haften und die Abgaben für die ganze Gemeinde vorstrecken, andererseits musste er bei den Juden intervenieren, damit er sein Geld zurückbekam. Trotz des Ansehens, das Ascher Meschullam als Vorsteher der jüdischen Gemeinde genoss, oder vielleicht gerade wegen der Schwierigkeiten seiner Rolle wurden die Mitglieder der Familie del Banco oft in Skandale und innere Zwistigkeiten verwickelt. Jacob, der Juwelier und Sohn von Anselmo del Banco, geriet in einen schweren Interessenkonflikt mit seinem Onkel Chajim. Bei einer anderen Gelegenheit wurde Jacob beschuldigt, Juwelen aus Diebesgut gekauft zu haben. Es hat den Anschein, als hätte er sich damals durch Bestechung der Richter einer Bestrafung entzogen. Auch sein Onkel Chajim war in einen öffentlichen Prozess verwickelt, und zwar ging es dabei gegen Mastro Calò und Mastro Lazzaro, zwei der berühmtesten jüdischen Ärzte des Ghettos. Chajim Meschullam hatte sie für den Tod eines seiner Diener verantwortlich gemacht und die Zeugen der Anklage bestochen. Der Prozess, der 1517 begann, endete 1519: Die *Quarantia al Criminal* sprach die beiden Ärzte frei; sie verurteilte statt dessen ihren Ankläger und verbannte ihn aus den Gebieten der Serenissima. 1533 besiegelte ein weiteres Ereignis den Niedergang der legendären Familie, die in den ersten schwierigen Jahren die jüdische Gemeinde von Venedig geleitet hatte: Jacob, der Sohn des alten Ascher, der bei so vielen Kämpfen mit den Venezianern eine führende Rolle gespielt hatte, trat in einer prunkvollen Zeremonie in der Frarikirche und mit dem Segen Papst Klemens' VII. wie auch dem des Dogen zum Christentum über und nahm den Namen Marco Paradiso an.

Im Dezember 1516 wurde die Terraferma durch den Vertrag von Noyon befriedet. In Venedig ließen die Spannungen im Zusammenhang mit dem Ghetto ebenfalls nach (die Zahl der Wächter wurde von vier auf zwei herabgesetzt, und die Tore wurden länger offengehalten), doch wurde zugleich auch wieder einmal die Anwesenheit der Juden in der Stadt in Frage gestellt. Die Alternative Juden oder *Monti di Pietà* blieb im Raum, und 1518 und 1519 wetterten zur Osterzeit die Franziskanerprediger, unter denen sich besonders ein gewisser Giovanni de l'Anzolina hervortat, sowohl gegen die Juden als auch gegen die angebliche Schwäche, die die venezianischen Behörden ihnen gegenüber an den Tag legten. Die *Condotta* lief gerade aus, und so begann die übliche Zeit der Unsicherheit und der Verhandlungen. Im Sommer 1519 war immer noch von Vertreibung die Rede.

Zutreffend und prägnant wie immer ist das Zeugnis Marin Sanudos, der in seinen *Diarii* behauptet, dass man über einzelne Punkte der *Condotta* oder darüber diskutieren könne, ob man die Juden in Venedig oder in Mestre halten solle, dass es aber nicht angehe, über sie selbst – vor allem mit Argumenten religiöser Art – zu streiten, solange der Papst sie in Rom behalte.

Während Tommaso Mocenigo im November 1519 die Verlängerung der *Condotta* vorschlug und den Zinssatz auf 15% und die zu fordernde Abgabe auf 6 000 Dukaten festlegte, verlangte Antonio Condulmer im Namen der Christenheit die Vertreibung der Juden und ermahnte die Adligen, Gottes Zorn zu fürchten. Der judenfeindliche *Savio* Francesco Bragadin erinnerte an die wichtige wirtschaftliche Rolle der Juden und behauptete, dass man sie in Ermangelung eines *Monte di Pietà* in der Stadt halten müsse. Manche hoben hervor, dass es eine Wechselwirkung zwischen der Anwesenheit der Juden und dem Unglück gebe, das in jenen Ländern geschehen sei, in denen sie lebten. Andere unterstrichen die Vorteile, die man durch ihre Vermittlung von den Türken eingeräumt bekommen hatte.

Marin Sanudo liefert eine authentische Interpretation der Debatte, wenn er sagt, dass niemand im Rat aufrichtig seine Meinung gesagt habe. Die einen waren gegen die anderen, aber alle waren – zumindest verbal – gegen die Juden, damit man nicht sagen konnte, sie seien von ihnen bestochen worden. Es gab zwar einige, die sie nicht unbedingt in Venedig haben wollten, auch aus Gründen der „Frömmigkeit", und andere wollten an ihre Stelle treten und Geld gegen Zinsen verleihen, und das nicht mehr zum festgelegten Zinssatz von 20%, sondern zu einem Zins von 50%

oder mehr, wie man es am Rialto zu machen pflegte. Am Ende erklärt Marin Sanudo, dass er, wenn er in Venedig etwas zu bestimmen hätte, die „Kinder Israels“ nicht vertreiben würde; denn solange es keinen *Monte di Pietà* in Venedig gebe, würden sie in der Stadt ebenso dringend gebraucht wie die Bäcker. . .

Die Debatte, die das ganze Jahr 1519 anhielt, wurde im darauffolgenden Jahr fortgesetzt und kreiste fast immer um die Alternative *Monte di Pietà* oder jüdische Geldverleiher. Während die Prediger einen Teil der Patrizier beeindruckten, reagierten andere, indem sie Venedigs Unabhängigkeit von Rom in religiösen Angelegenheiten betonten und auf die Autonomie des Staates pochten. Während der greise, ehrwürdige Antonio Grimani sich für die Juden einsetzte und sich in dieser Hinsicht der Position Giovanni Badoers, Sebastiano Foscarins und Ludovico Veniers annäherte, beharrten andere Vertreter illustrer venezianischer Familien, wie etwa Antonio Tron, auf der Einrichtung eines *Monte di Pietà*.

Doch *Monti di Pietà* und Banken konnten nicht dieselben ökonomischen Bedürfnisse befriedigen. Der *Monte di Pietà* brauchte Kapital à fonds perdu, erwirtschaftete keinen Reichtum und konnte nicht hart besteuert werden. Die Juden, deren wirtschaftliche Rolle dynamischer, flexibler und – wie man heute sagen würde – weniger an der Wohlfahrtsmentalität orientiert war, zahlten dem Staat hohe Steuern; man konnte ihnen sogar Zwangsanleihen auferlegen. Dafür liehen sie den Armen Geld gegen vernünftige Zinssätze, ohne dass – wie im Fall der *Monti di Pietà* vorgesehen – am Anfang gleich umfangreiche Investitionen getätigt werden mussten.

Die *Monti di Pietà* waren außerdem in der Praxis oft von ihren ursprünglich frommen Absichten abgewichen und standen unter dem Einfluss der Patrizier, die sie als Zentrum ihrer Macht benutzten: Die *Monti* auf der Terraferma etwa waren von der Idee abgekommen, billige Kredite zu gewähren. In der zweiten Hälfte des 16. Jahrhunderts verwandelten sie sich langsam in Privatbanken und gaben Anlass zu Unregelmäßigkeiten und Skandalen. Diese schlechten Beispiele brachten den Fluss freiwilliger Spenden schließlich zum Versiegen; sie nahmen Einlagen gegen Zinszahlung an und boten eine Anlagemöglichkeit. Es zeigte sich, dass das Kapital der Juden im Grunde leichter zu kontrollieren war, und es konnte auch nicht zu politischen Zwecken eingesetzt werden und eignete sich zugleich vortrefflich als Instrument zur Eindämmung der Armut. Venedig, dem die Kontrolle der sozialen Verhältnisse sehr am Herzen lag, wollte auf diese Vorteile nicht verzichten.

Die Debatte unter den Adligen und ihre Streitereien wurden von den wirtschaftlichen Schwierigkeiten der Serenissima sowie von der damals allgemeinen Einsicht überlagert, dass das Arsenal in Ordnung gebracht werden müsse. Statt den Weg einer außerordentlichen Besteuerung aller Bürger zu wählen, beabsichtigte man, diese Last auf die jüdische Gemeinde abzuwälzen, indem man ihr gegen eine Abgabe von 10 000 Dukaten und mit einem Zinssatz auf Kredite von 15% zugleich eine *Condotta* mit zehnjähriger Laufzeit anbot. Insofern unterschied sich diese *Condotta* wenig von den früheren. Was sich erhöhte, war die schwere Steuerlast. Ascher Meschullam bat um Zeit, um auch die Gemeinden von der Terraferma konsultieren zu können, musste aber notgedrungen nachgeben. Die Politik der Serenissima wurde zunehmend von der Staatsräson, vermischt mit einem zynischen Pragmatismus, dominiert.

Im März 1520 wurde ein langer Antrag mit einer Präambel, einem einleitenden Abschnitt und siebzehn Absätzen mit knapper Mehrheit angenommen. Außer der Bestätigung der üblichen Regeln, die die stillschweigende Zustimmung der beiden Verhandlungspartner voraussetzte, war vorgesehen, den Vertrag nach den ersten vier Jahren automatisch jeweils um ein Jahr zu verlängern. Sollte diese Verlängerung nicht mehr gewährt werden, würde das die Einstellung der Geldverleihgeschäfte und die Bewilligung eines letzten Jahres zur Abwicklung der laufenden Geschäfte und zur Auflösung der Lagerbestände der Trödelläden implizieren.

Die Befürworter der *Monti di Pietà* meldeten sich 1523 wieder zu Wort: Sie verlangten jetzt nur ihre Gründung, ohne dass das zugleich auch die Vertreibung der Juden bedeutet hätte.

Im darauffolgenden Jahr untersagte der Rat der Zehn den Mitgliedern des Senats mit einer Geste unanfechtbarer Autorität und unter Androhung der Todesstrafe, sich mit dieser Frage zu beschäftigen. Dieses Verbot blieb über zwei Jahrhunderte, bis 1734, in Kraft, auch wenn noch 1573, im Zusammenhang mit einem neuen Plan, die Juden auszuweisen, von diesen *Monti di Pietà* die Rede war.

Im Frühjahr 1526 antwortete Ascher Meschullam auf eine weitere Forderung nach Geld, dass die Juden lieber die Stadt verlassen würden, als zu zahlen. Ungefähr zum selben Zeitpunkt forderte Gabriele Moro, der sich schon zuvor mit seiner antijüdischen Haltung hervorgetan hatte und der sich nun auf die frühere Tradition der Serenissima berief, dass man die Juden nach Mestre schicken und eine Reihe von Vorschriften festlegen sollte, um sie an jedem Versuch, sich erneut Zugang zur Stadt zu verschaffen, zu hindern. Auch der gelbe Hut sollte wieder eingeführt werden. Zaccaria Trevisan und Giacomo Loredan hielten Moro entgegen, dass die Vereinbarungen ohnedies in drei Jahren ausliefen, dass noch viel Wasser unter den Brücken durchfließen würde und der Senat sich nicht durch eine überstürzte und voreilig getroffene Entscheidung die Hände binden lassen dürfe. Im Übrigen hätten die Juden selbst durch ihren Wortführer ankündigen lassen, dass sie weggehen würden. Gabriele Moros Antrag wurde mit knapper Mehrheit angenommen, aber in jenen Monaten der Not waren die Regierenden mit anderen Sorgen beschäftigt, und so wurde er tatsächlich nie vollstreckt, unter anderem auch deshalb, weil die Juden einen Vergleich anstrebten.

Der Rat der Zehn fasste im September 1528 einen Beschluss. Daraufhin richteten die venezianischen Juden eine trauererfüllte Bittschrift an den Rat. Sie hoben hervor, dass sie durch fortgesetzte Pflichterfüllung einen bedeutenden Beitrag zu den Finanzen der Republik geleistet hätten. Sie stellten klar, dass nur Not und Verzweiflung über Zahlungsunfähigkeit sie zu der Erklärung veranlasst hätten, fortziehen zu wollen, dass sie dies aber nur unter Schmerzen tun würden. Deshalb baten sie mit der gebotenen Vorsicht darum, unter den von den Juden der Terraferma akzeptierten Bedingungen in Venedig bleiben zu dürfen. Man möge ihnen eine *Condotta* mit fünfjähriger Laufzeit gewähren, in der unter anderem die Genehmigung des Trödelhandels und die Herstellung und der Verkauf von Stoffen sowie natürlich die üblichen Kreditgeschäfte vorgesehen sein sollten. Als Gegenleistung für diese so ersehnten Konzessionen boten sie der Regierung ein Darlehen von 7000 Dukaten und eine jährliche Abgabe von 5000 Dukaten an unter Ausschluss jeder anderen Zahlung ordentlicher oder außerordentlicher Art. Es war auch vorgesehen, dass die *Condotta* automatisch um fünf Jahre verlängert werden sollte, wenn keiner der beiden Vertragspartner die Vereinbarung vorher aufgekündigt hätte. Im Falle eines Vertragsbruchs würde ihnen ein Jahr zur Erledigung der laufenden Geschäfte bewilligt. Der Rat der Zehn nahm die Bittschrift ohne große Vorbehalte an, und dies gibt Anlass zur Vermutung, dass es sich um ein gesteuertes oder vorher abgesprochenes Gesuch gehandelt hatte. Das Darlehen wurde auf 10000 Dukaten erhöht, und der höchste Zinssatz für Pfanddarlehen wurde auf 15% festgesetzt. Dieses Abkommen sollte bis 1533 in Kraft bleiben.

Anlässlich der Diskussion um die Verlängerung kam es im März 1532 pünktlich zu einem erneuten Tauziehen zwischen dem *Collegio* und den Vorstehern der Gemeinde. Noch einmal verlängerte der Rat der Zehn die *Condotta*, indem er die vereinbarten Bedingungen abänderte und die Abgabenlast erhöhte, aber er ließ die bisherigen Abmachungen bis zum 31. Oktober 1538 de facto unverändert gelten.

Im Februar 1537, genau ein Jahr vor Ablauf der Frist, stellte der Rat der Zehn ein neues drastisches Ultimatum: Entweder akzeptierten die Juden, innerhalb von vierzehn Tagen 5000 Dukaten zu spenden, bis April die Zwangsdarlehen auf 6750 Dukaten zu erhöhen und eine jährliche Abgabe von 7000 Dukaten zu entrichten, oder sie müssten die Stadt und die Herrschaftsgebiete der Serenissima nach Ablauf der gestellten Frist verlassen. Daraufhin baten die Juden, unter den genannten Bedingungen nicht fünf, sondern zehn Jahre in der Stadt bleiben zu dürfen. Der Rat der Zehn nahm den Vorschlag an, verlangte aber eine Erhöhung der Spende von 5000 auf 6000 Dukaten, eine Zahlung von 7000 Dukaten pro Jahr und eine weitere Summe von 6750 Dukaten, die in fünf Jahren von der jährlichen Summe abzuziehen war. Spende und Darlehen in Höhe von insgesamt 12750 Dukaten wurden zur Verstärkung der Artillerie und der in Korfu stationierten Flotte verwendet.

Dies war ein einmaliger Moment in der Geschichte der Juden von Venedig: Trotz der Tatsache, dass sie in die Mauern des Ghettos eingezwängt waren, konnten sie nun erleben, dass ihr ständiger Aufenthalt in der Stadt rechtlich anerkannt wurde. Ihre Ansässigkeit in Venedig war zwar ungesichert und spannungsgeladen, aber, verglichen mit den Lebensbedingungen in anderen italienischen und europäischen

Gegenden, doch immerhin so positiv, dass der Ruf des Ghettos von Venedig sich bis in die entferntesten Gemeinden der Diaspora hinein verbreitete.

Die Restriktionen, denen sich die Juden damals unterwerfen mussten, passen im Übrigen in den Gesamtzusammenhang jener Zeit. Andere Gruppen und andere Fremde waren ähnlichen Maßnahmen unterworfen. So wurde beispielsweise mehrfach der Versuch unternommen, die Prostituierten in ein bestimmtes Viertel einzuschließen, aber allein schon die Vielzahl der zu diesem Zweck erlassenen Gesetze bezeugt deren Wirkungslosigkeit. Offensichtlich verfügten die Prostituierten über gute Möglichkeiten, um sich auch bei den Mächtigen Gehör zu verschaffen, und dabei blieb solchen Maßnahmen stets der Erfolg versagt. Allerdings durften auch sie ihr spezielles Gewerbe erst nach dem ersten Schlag der Marangona, der größten Glocke des Campanile von San Marco, ausüben.

Die deutschen Kaufleute waren schon seit 1314 ähnlichen Beschränkungen unterworfen wie die Juden, und zwar aufgrund eines Gesetzes des Großen Rates. Eine Anordnung aus dem Jahre 1478 schrieb vor, dass die Gittertür ihres *Fondaco* bis zum Erklingen der Marangona geschlossen bleiben musste. Ausländer einzusperren war nicht nur bei den Venezianern üblich: In Alexandria war es beispielsweise den Venezianern verboten, während der muslimischen Gebetsstunden oder am Freitag aus dem Haus zu gehen. Und nachts wurden sie eingesperrt. Die Notwendigkeit, gute Handelsbeziehungen aufrechtzuerhalten, veranlasste die Kaufleute wahrscheinlich, diese Restriktionen stillschweigend zu akzeptieren.

Die Situation der Türken war insofern eine besondere, als sie von den bald friedlichen, bald turbulenten Beziehungen zu dem mächtigen Feind abhing. Nach den Kriegen der siebziger Jahre des 16. Jahrhunderts bestanden auch die Türken darauf, ein eigenes Viertel wie die Juden zu haben. Der Senat gestand ihnen jedoch nur einen – am Canal Grande gelegenen – *Fondaco* zu, der damals *dei Turchi* genannt wurde, und auch in diesem Fall wurden die Tore nachts zugesperrt und von Soldaten bewacht. Den Türken wurde es niemals gestattet, sich allzu sehr auszubreiten, weil sie sich im Kriegsfall als gefährliches Trojanisches Pferd hätten erweisen können; tatsächlich erweckten sie weitaus größeres Misstrauen als die Juden.

Die politisch viel weniger gefährlichen Griechen dagegen waren unter religiösem Gesichtspunkt wegen ihrer schismatischen Praktiken sehr gefürchtet. Sie erhielten erst Mitte des 15. Jahrhunderts das Recht, eine eigene Kirche zu bauen, und gegen Ende des Jahrhunderts wurde es ihnen gestattet, eine „Schola“ für die griechische Gemeinde zu gründen. Sicherlich gab es zwischen den Griechen und den Juden erhebliche Unterschiede; denn die griechische Gemeinde hatte sich freiwillig oder fast freiwillig aufgrund ihres religiösen Identitätsgefühls zu einer Gemeinde zusammengeschlossen. Auch die Tatsache, dass sie in der Nähe der Kirche von San Giorgio dei Greci wohnten, ging auf eine freie Entscheidung zurück.

Die wichtigste Gruppe in dem soeben gegründeten Ghetto war die der Juden deutscher Herkunft (die man an ihren Familiennamen erkennt, die inzwischen aber italianisiert waren). Schon damals konnte man die Unterschiede zwischen den Juden deutscher Herkunft, die an eine feindliche Umwelt gewohnt und selber misstrauisch und streng waren, und den italienischen Juden klar feststellen, denen vorgeworfen wurde, sie verstünden sich nicht genügend auf die Auslegung der rabbinischen Texte und seien allzu träge und südländisch. Die erste Gruppe von Juden, die das Ghetto gründete, wurde „Natione Todesca" genannt und umfasste sowohl venetische Juden, die seit Hunderten von Jahren Italiener waren, als auch rezent eingewanderte Juden deutscher und allgemein aschkenasischer Herkunft.

Wie lebten die Bewohner des Ghettos in jenen Jahren? Leider ist nicht viel darüber bekannt, weil uns in erster Linie offizielle Quellen und Schriftstücke erhalten geblieben sind, in denen es fast ausschließlich um die Kredittätigkeit und den Geldverleih geht. Wahrscheinlich aber waren die Bankiers selbst auch als Kaufleute tätig. Es gibt Belege für die Durchreise von Rabbinern, Gelehrten, Schriftstellern, Korrektoren sowie von Buchdruckern. Keine Spuren sind erhalten geblieben von jenen Individuen, die vielleicht ein Handwerk ausübten, das zwar bescheiden, aber für das Leben der Gemeinde von grundlegender Bedeutung war.

Eine besondere Rolle und besonderes Gewicht kamen in jener so geschlossenen Gesellschaft den Ärzten zu. Als Venedig die Absonderung im Ghetto verfügte, findet man unter dem Datum des 24. April 1516 folgenden Satz vermerkt: „Auch die jüdischen Ärzte werden ins Ghetto ziehen." Aber wie konnten sie denn, im Ghetto eingeschlossen, nachts zu ihren Patienten eilen? Bereits am 20. Juli desselben Jahres wurde beschlossen, dass sie das Ghetto auch nachts verlassen durften. Ihre Freiheit war also eine überwachte: Sie mussten „den Wächtern Meldung erstatten", wo sie hingingen und wo sie gewesen waren, und die Kranken mussten identifiziert werden. Im Fall einer Übertretung der Vorschrift oder einer nicht der Wahrheit entsprechenden Erklärung drohten Geld- oder Haftstrafen.

Die jüdischen Ärzte erfreuten sich eines guten Rufes. Gewiss unterschieden sie sich wesentlich von ihren katholischen Kollegen – sowohl in der Art ihrer religiösen und geistigen Bildung als auch hinsichtlich ihrer Einstellung zum Leben, zur Gesundheit und zur Krankheit und auch aufgrund einer Modernität ihres Denkens. Dies war die Folge davon, dass sie aufgrund von freiwilligen oder erzwungenen Reisen stärker und anhaltender internationalen Einflüssen ausgesetzt waren. Die Kirche ihrerseits glaubte, dass sie den Körper heilten, aber der Seele schadeten, und dass ihre Nähe zu den Patienten und die gefährliche Beziehung der Dankbarkeit, die sich aus der Behandlung ergab, entschieden zu bekämpfen seien. Wie bereits erwähnt, wurde ein jüdischer Arzt, Mastro Lazzaro, in der Frarikirche von den Predigern angegriffen. Calò Calonimos und Joseph de Dattolis erhielten dagegen finanzielle Unterstützung in der Gestalt von *Sansarie.* Angelockt vom Mythos Venedigs kamen David de Pomis aus Umbrien und Calonimos aus Neapel, um sich im Ghetto niederzulassen.

Die jüdischen Ärzte erhielten Privilegien, erregten aber großes Misstrauen. Sie wurden von den Bischöfen und Päpsten akzeptiert, die in den Genuss ihrer Dienste kommen wollten, doch von der Kanzel herab beschimpft, damit das Volk sich vor ihrer „langen und arglistigen Hand“ fürchtete. 1517 verpflichtete der Rat der Zehn auch die Ärzte, den gelben Hut zu tragen, aber schon 1529 wurde einem „Maestro Jacob Mantino hebreo“ das Tragen eines schwarzen Baretts gestattet.

Zwischen der Serenissima und dem Ghetto von Venedig beginnt nun eine Beziehung voller Feindseligkeit und Ressentiments, unklaren Bestrebungen und Hoffnungen – eine in der ganzen Diaspora einzigartige Beziehung.

# Die „Natione Levantina“, 1541: Das Ghetto Vecchio

*Die Kaufleute ziehen ins Ghetto ein – Die Talmudverbrennung auf der Piazza San Marco – Die Vertreibung der Marranen –* Cum Nimis Absurdum: *Die Bulle Pauls IV.*

Die Ereignisse, die in der Vertreibung aus Spanien im Jahr 1492 und aus Portugal 1496 gipfelten, hinterließen tiefe Narben. Zwar zeigten sich die Auswirkungen vor allem in der ersten Hälfte des 16. Jahrhunderts, doch im gesamten Mittelmeerraum kam es während des ganzen Jahrhunderts zu tiefgreifenden Veränderungen nicht nur handelspolitischer und sozialer, sondern auch kultureller, religiöser und psychologischer Art. Auf die ersten Massenwanderungen von Juden, die sich über alle Häfen, von Konstantinopel nach Saloniki, von Venedig nach Ragusa, von Ancona nach Livorno, verstreut hatten, folgte eine langsame, aber stete Abwanderung oft kleiner Familiengruppen oder auch einzelner, die den flüchtenden Marranen ein wechselhaftes und mühseliges Schicksal bescherte. Der Mittelmeerhandel geriet durch diese umherirrenden Flüchtlinge, die das Elend wagemutig und die Heimatlosigkeit unbeständig gemacht hatte, in Bewegung.

Um die vierziger Jahre des 16. Jahrhunderts begann der Stern der portugiesischen Handelsmacht zu verblassen, vielleicht vor allem wegen einer Politik, die die Exportwaren zu Dumpingpreisen verschleuderte, die Möglichkeit von Neuinvestitionen reduzierte und die hohen Transportkosten für die langen Wege nicht ins Kalkül zog.

In Venedig waren allerdings die Sorgen nicht geringer geworden. Die traditionelle Nord-Süd-Route, die von Ägypten und Konstantinopel auf die Lagunenstadt hin ausgerichtet war, war von neuen, ungewohnten Routen und Transversalen überlagert worden, die von Ancona nach Ragusa und nach Konstantinopel führten. In beiden Fällen stellte die Adria mit ihren beiden Küsten, die sich in vielerlei Hinsicht ergänzten, eine autonome Größe dar: Getreide und Öl gingen in die von den slawischen Völkern bewohnten Gebiete, Fleisch, Wolle und Leder in die italienischen Staaten. Die Achse Ancona–Ragusa, eine kurze und sichere Überfahrt über das Meer, erwies sich als ernstzunehmende Konkurrenz für die Seeroute, die von Venedig der Länge nach durch die ganze Adria führte und von Korsaren und Uskoken bedroht wurde. Die Wiederbelebung des internationalen Handels veranlasste Venedig, nach neuen Lösungen zu suchen, um die eigene bevorzugte Verbindung mit Ägypten zu stärken.

Noch einmal bediente sich Venedig bei dem Versuch, sich zu retten und das Zentrum für Kaufleute und Abenteurer, die Brücke zwischen den christlichen Mächten des Abendlandes und dem Osmanischen Reich zu bleiben, der Juden.

Zu jenen, die in diese Stadt kamen – ein echter Basar mit Menschen aus verschiedenen Nationen und Kulturen, von unterschiedlicher Herkunft und mit unterschiedlichem Schicksal –, gehörten viele jüdisch-levantinische Wanderhändler, Marranen der ersten Stunde, Leute mit ungeklärter Religionszugehörigkeit. Alle fühlten sich vom Ghetto, dem sicheren Bezugs- und Stützpunkt, angezogen; denn sie waren auf der Suche nach irgendeiner möglichen Wurzel und einer neuen kulturellen und psychologischen Identität. Diese jüdischen Kaufleute, Portugiesen wie Spanier, wurden Levantiner genannt, weil sie vor ihrer Ankunft in Venedig durch einen Hafen der Levante (wie zum Beispiel Saloniki und Konstantinopel) gekommen waren oder sich dort niedergelassen hatten. In aufeinanderfolgenden Schüben landeten sie nach und nach in Venedig und gesellten sich zu der Gruppe von Juden, die den ersten ursprünglichen Kern des Ghettos gebildet hatte und aufgrund ihrer Herkunft „Natione Todesca“ genannt wurde. Zwischen den Todeschi und den Levantinern existierten sowohl im Hinblick auf die Sprache als auch auf die Geschichte, das persönliche Schicksal, die traditionellen religiösen Bräuche und die berufliche Tätigkeit beträchtliche Unterschiede: Die ersten waren Geldverleiher und seit jeher an die Stadt gewöhnt, die zweiten waren Kaufleute und gewohnt, zur See zu fahren.

Offenbar waren sich die beiden Gemeinschaften oder „Nazioni“ nicht von vornherein sympathisch. In seinem Buch *Paris und Viene*, einer Abschrift eines volkstümlichen, in Stanzen abgefassten italienischen Romans in jiddischer Sprache, schreibt Elia Levita: „Im Ghetto von Venedig richtet niemand das Wort an den Fremden, und es kommt ihm auch gar nicht in den Sinn, es zu tun. Er muss schon lange im Ghetto umherstreifen, ehe er Anschluss findet. Und wenn man jemanden findet, dem das gelungen ist, so ist sicher, dass an diesem Fremden etwas zu verdienen war.“

Die Republik Venedig, die bereits von der Geschicklichkeit der ersten jüdischen Gruppen beim Geldverleih profitiert hatte, zögerte nicht, die potentiellen Fähigkeiten der levantinischen Juden ins Kalkül zu ziehen, die ihr bei dem Versuch, den Kampf um die Handelshegemonie über die anderen rivalisierenden Adriastädte zu gewinnen, von Nutzen sein konnten. Als die Levantiner sich über die schwierigen Bedingungen beklagten, die im Ghetto Novo herrschten, weil es keinen Platz für Wohnungen und Lagerhäuser gab, beschloss die venezianische Regierung am 2. Juni 1541 mit der gewohnten Schnelligkeit, dass „die Behörde die jüdisch-levantinischen Wanderhändler nach Ermessen im Ghetto unterbringen dürfe, und wenn dies wegen der Beengtheit des letzteren nicht möglich sei, solle ihnen die Niederlassung im Ghetto Vecchio gestattet werden . . . wo sie jedoch immer eingeschlossen und bewacht werden müssten wie jetzt die Bewohner des Ghetto Novo . . . und die besagten jüdisch-levantinischen Wanderhändler dürfen weder das Bank- noch das Trödelgewerbe, noch sonst irgendein Gewerbe ausüben außer dem einfachen Handel.“

Dank einem einzigartigen Geflecht menschlicher und familiärer Beziehungen profitierten diese umgetriebenen Menschen von ihren wertvollen internationalen Kontakten vor allem mit dem Territorium des heutigen Rumänien, der Balkanhalbinsel und mit dem riesigen Osmanischen Reich, die ebenjene Einflussgebiete darstellten, die für Venedigs Überleben unerlässlich waren. Dies wird aus dem Text des Antrags, mit dem die Erweiterung des Ghetto Novo und die Einverleibung des Ghetto Vecchio gebilligt wurde, deutlich: „. . . und angesichts der Tatsache, dass der größte Teil des Handels mit Waren, die aus der Moldau und der Walachei kommen, von den levantinisch-jüdischen Wanderhändlern durchgeführt wird und in ihrer Hand liegt, sagen diese, sie hätten keinen Platz . . .“

Noch einmal verflechten sich die Schicksale Venedigs und seiner Juden: Es ist der Beginn eines Zeitraums von dreißig Jahren, den viele Geschichtsschreiber als Goldenes Zeitalter bezeichnet haben und der dem ganzen Cinquecento seinen Stempel aufgedrückt hat. Die Serenissima legte die Grenzen des neuen Wohngebietes genau fest. Und dem Adligen Leonardo Minotto, dem Eigentümer des Areals, wurde befohlen, seinen Mietern zu kündigen; zugleich wurde ihm versprochen, dass die neuen Bewohner einen um ein Drittel höher liegenden Mietzins zahlen würden (tatsächlich sollte er – mit Ausnahme der Befreiung vom Zehnten – in den Genuss derselben Vorteile kommen wie die Eigentümer der Häuser des Ghetto Novo). Mit diesem gesetzgeberischen Akt wurde bestätigt, dass der Handel der Stadt – allerdings nur zu einem Teil – aus den Händen der venezianischen Patrizier in die der neuen fremden Kaufleute gelegt wurde. Diese Konzessionen räumte Venedig den jüdisch-levantinischen Wanderhändlern – übrigens erst nach langem Zögern – ein und als letzte der an der Adriaküste gelegenen Städte. Ancona hatte ihnen schon 1526 außer der traditionellen Befreiung von den Zollgebühren das gewährt, was die Serenissima erst 1541 konzedierte, nämlich einen festen Wohnsitz. Auch Ercole II. hatte versucht, die levantinischen Kaufleute nach Ferrara zu locken, indem er ihnen einen Schutzbrief anbot, der es ihnen erlaubte, in der Stadt zu leben und ohne zeitliche Begrenzungen Handel zu treiben.

Hatten die levantinischen Juden bis dahin im Ghetto Novo gewohnt, oder waren sie über die ganze Stadt verstreut gewesen? Die Frage war lange umstritten, doch jetzt kann man sie dank der jüngsten Forschungen von Ravid als geklärt betrachten: Alle levantinischen Juden lebten im Ghetto Novo. Diese Erweiterung um das Ghetto Vecchio bedeutete also keine weitere Absonderung. Vielmehr war sie eine späte und widerwillige Anerkennung einer für die Lagunenstadt noch einmal wichtigen ökonomischen Rolle. Pragmatisch wie gewöhnlich passte sich Venedig den Zeiten an und erkannte schließlich den jüdisch-levantinischen Kaufleuten, die nicht ihre Landsleute, sondern größtenteils Untertanen des Osmanischen Reiches waren, einen neuen besonderen Rechtsstatus zu: Sie durften – ohne ihre Familien – für jeweils knapp vier Monate in Venedig leben und ausschließlich Handel treiben. Verglichen mit den ersten jüdischen Geldverleihern, hatten die Levantiner anfänglich mehr Handelsvorteile und weniger Rechte, da sie fremde Bürger waren. Diese Restriktionen zerbröckelten mit der Zeit und blieben nicht selten völlig unbeachtet. Ein Historiker hat ironisch hervorgehoben, dass das Abkommen einen zweifachen Vorteil bot: Venedig verlor seine wertvollen Handelsrouten nicht, und die Veneter verloren ihren Glauben nicht.

Im Ghetto Novo wohnte die Natione Todesca, im Ghetto Vecchio die Natione Levantina. Die jüdischen Gruppen waren nun also voneinander getrennt – allerdings in benachbarten Bezirken – und hatten auch verschiedene ökonomische Funktionen. Trotz eines gewissen Misstrauens setzte sofort ein langsamer Prozess der Verschmelzung ein, der zu einer fortschreitenden Integration führte und den Austausch von Häusern, Ehen, kulturelle und religiöse Streitigkeiten und die Verflechtung von Geschäften und Schulden zur Folge hatte. Die ökonomische Überlegenheit der Juden der Natione Todesca, der historischen Gründer des Ghettos und seiner Banken, schwand im selben Rhythmus, wie das Handelsglück der levantinischen und später der ponentinischen Gruppen wuchs.

Zwischen den vierziger und fünfziger Jahren des 16. Jahrhunderts wurde der Mechanismus – höhere Steuern und niedrigere Zinssätze auf die Pfanddarlehen – von der Republik Venedig mit besonderem Nachdruck in Gang gesetzt, um aus den „Nazioni" des Ghettos den größtmöglichen finanziellen Vorteil herauszuholen. Die Banken, die diesen harten Bedingungen unterworfen waren, erlebten eine Zeit der Instabilität, auch weil sich offensichtlich zugleich eine bis dahin schleppende Wirtschaftskrise verschärfte.

Auf der venetischen Terraferma wurden Verfolgungen registriert, und in Asolo wurde ein Blutbad unter einigen ortsansässigen jüdischen Familien angerichtet. Venedig griff hart durch, nicht nur gegen die Verantwortlichen, sondern auch gegen die ängstlichen örtlichen Behörden. Die Schuldigen wurden verhaftet und mit jener unerbittlichen Strenge, wie sie sowohl für die Zeiten als auch für die Gesetze der Serenissima typisch war, bestraft.

1547 erreichte die Spannung einen kritischen Punkt. Zu dem Zeitpunkt, als über die Verlängerung der *Condotta* debattiert wurde, tauchte 1548 der im Vergleich zu den früheren Beiträgen originelle Vorschlag von Tommaso Mocenigo auf, der nicht mehr die übliche Vertreibung der Juden aus der Stadt forderte, sondern die Herabsetzung der ihnen auferlegten Steuer sowie die damit verbundene Abschaffung der Banken und die Konzession, nur im traditionellen Trödelgewerbe tätig zu sein. Es ist nicht ganz klar, was die tatsächlichen Absichten des venezianischen Patriziers waren, ob er bewusst darauf abzielte, die Einrichtung von *Monti di Pietà* – vielleicht in einem späteren Augenblick – vorzuschlagen, und vorerst das Feld von Konkurrenten räumen wollte. Der Senat wich nicht weit von der Art ab, wie er das Problem traditionell zu lösen pflegte. Er erhöhte die Steuern auf 10 000 Dukaten im Jahr und senkte den Zinssatz für die Pfanddarlehen auf 15%. Die politische Macht gab gewöhnlich Anreize zum Wucher und zum Handel (Ankauf und Verkauf), indem sie den Juden außer diesen typischen vermittelnden Tätigkeiten nur die direkte Produktion von Schleiern und Hauben in kleinen Mengen erlaubte. Auch das Drucken von Büchern wurde den Juden verboten. Doch immerhin – die *Condotta* wurde verlängert.

Unterdessen erfreuten sich die levantinischen Kaufleute in vielen Mittelmeerhäfen eines guten Rufes als Handelspartner. In Ancona gingen die Juden wie die portugiesischen Marranen ungestört vor Anker, und daran hatte sich, seit die Stadt 1532 unter die Oberherrschaft des Papstes geraten war, nichts geändert. Vielmehr hatten von 1547 bis 1552 sowohl Paul III. als auch Julius III. (trotz seiner Attacke gegen die hebräischen Bücher) eine gewisse Toleranz garantiert: Die Juden mussten dort kein besonderes Erkennungszeichen tragen.

Um die fünfziger Jahre des 16. Jahrhunderts lässt sich eine brüske Wende feststellen, von der nicht nur jene Levantiner betroffen waren, die des Marranismus verdächtigt wurden, sondern auch die Juden. 1553 waren sich Venedig und das Papsttum in seltener Übereinstimmung über die Bekämpfung der Häresie und der jüdischen Kultur einig: Es kam sowohl in Rom als auch in Venedig zu einer berühmten Bücherverbrennung. Auf der Piazza San Marco wurden Talmude den Flammen übergeben, die vom Kardinal Varallo, dem Vertreter der römischen Inquisition, in einem seiner Briefe an den venezianischen Botschafter so definiert wurden: „Hebräische Bücher, höchst schädlich ... für die christliche Religion."

Venedig war 1550 mit seiner Attacke gegen die Marranen, die in der Stadt wohnten, sogar noch Rom zuvorgekommen. Im Juni erinnerte der Senat daran, dass schon 1497 die Marranen, „ungläubige Leute ohne Religion und große Feinde des Herrgotts", aus dem Staat verjagt worden waren, und bemerkte, dass man trotzdem unschwer feststellen könne, wie deren Zahl gewachsen sei, und dass es jetzt wieder angebracht erscheine, „diese nützliche und fromme Maßnahme zu ergreifen". Der Ausweisungserlass wurde aufs neue bestätigt; für den Fall der Nichtbeachtung wurden die Beschlagnahmung des Vermögens sowie eine zweijährige Strafe auf einer Galeere angedroht, die in Ketten abzubüßen war. Obwohl die Autorität der *Avogadori di Comun* unangetastet blieb, wurde die Vollstreckung jetzt vom *Officio dei Censori* des Senats verlangt. Es gab 146 Jastimmen, 25 Gegenstimmen und 24 Enthaltungen. Im August desselben Jahres sah sich der Senat gezwungen, sich erneut mit der Frage zu beschäftigen. Viele Bürger und Kaufleute „aus dem Umkreis des Rialto", die aus allen Nationen stammten, fürchteten, ohne ihr Zutun wegen mutmaßlicher Kontakte mit den „Marani" in solche Angelegenheiten verwickelt zu werden, und verlangten, von dem Verdacht befreit zu werden, zu möglichen Ungläubigen Geschäftskontakte zu unterhalten. Die Kaufleute erklärten, dass sie von den

Spaniern kauften, die mit Apulien, Rom, Neapel und Sizilien Handel trieben, dass sie aufgrund ihrer Geschäfte mit unbekannten Menschen und verschiedenen Ländern zu tun hätten und dass sie „in Ruhe und Sicherheit“ arbeiten und keine Gefahr laufen wollten, womöglich noch durch Heimtücke auf die Galeeren geschickt und ans Ruder gekettet zu werden – „etwas, was jeden in Angst und Schrecken versetzt, der davon nur hört“. Der Senat, der sich der Schwierigkeiten bewusst war, erklärte, dass er sich nicht dem Handel mit jenen „Marranen“ widersetzen wolle, „die sich auf dem Territorium anderer Völker“ befänden, sondern dass ihm nur daran gelegen sei, zu verhindern, dass sie nach Venedig kämen und sich in der Stadt einnisteten.

In Rom lebten die Juden ebenso wie in Venedig in eigenen Vierteln und mussten Erkennungszeichen auf den Kleidern tragen; der Besitz von Immobilien war ihnen verboten. Sie wurden auch gezwungen, Predigten anzuhören – was sie vielleicht mit wachsverstopften Ohren taten; denn bereits die Vorgänger Pauls IV. hatten ihre Bekehrung mit Nachdruck gefördert, indem sie unter anderem die „Domus Conversorum“, das Katechumenen-Haus, einrichteten, die Vermögensverhältnisse der Neugetauften regelten und sie durch die Vernichtung der Talmude der jüdischen Kultur zu entfremden versuchten.

Ein paar Jahre später, 1555, wurde in Rom der Wortführer der Extremisten, Giovanni Pietro Carafa, zum Papst gewählt und nahm den Namen Paul IV. an. Eine seiner ersten Amtshandlungen war es, Emissäre nach Ancona zu entsenden, um die Rechtgläubigkeit der portugiesischen Juden zu überprüfen. Da lag bereits die Stimmung in der Luft, die er in seiner Bulle *Cum Nimis Absurdum* zum Ausdruck brachte. Darin hob er den Glaubensirrtum der Juden hervor und verlangte, sie müssten so lange in der Sklaverei gehalten werden, bis sie die Tragweite ihres Irrtums erkannten. Diese Bulle markierte eine Wende in den Beziehungen zwischen den Juden und der Kirche: Man wünschte keine freiwillige Bekehrung mehr, sondern die erzwungene. All jene, die nach einem Aufenthalt in Portugal oder Spanien nach Italien übersiedelt waren und von denen man sagte, sie seien Juden, sollten als Abtrünnige betrachtet werden – auch dann, wenn sie unter Folter abgestritten hätten, getauft worden zu sein oder wie Christen gelebt zu haben. Die offizielle Erklärung lautete so: Da die Juden in Portugal seit sechzig Jahren offiziell nicht mehr existieren durften, mussten diejenigen, die aus jenen Gegenden kamen, notwendigerweise getauft sein und als Christen gelebt haben.

Die von 1555 bis 1558 dauernde wirtschaftliche Repression war sowohl in Venedig wie auch in Rom besonders hart und wirkungsvoll. In der Lagunenstadt schickten die jüdischen Wortführer der Regierung der Serenissima eine Denkschrift, in der sie ausdrücklich auf die Verarmung der Gemeinde hinwiesen und um eine Erleichterung der Steuerlast baten.

Durch die Ereignisse von Ancona im Jahre 1555 verfinsterte sich der Horizont in Italien noch weiter. Ohne die Verpflichtungen, die seine Vorgänger eingegangen waren, im mindestens zu berücksichtigen, befahl Paul IV. der Inquisition, die Marranen von Ancona gefangen zu setzen. Einige suchten ihr Heil im nahen Pesaro oder in Ferrara. Doch ungefähr einhundert von ihnen wurden festgenommen; von diesen waren vierzig türkischer Herkunft. Im März 1556 forderte Sulaiman der Prächtige, den man wohlweislich informiert hatte, den Papst auf, die türkischen Untertanen freizulassen, und erklärte unter anderem folgendes: „Damit werdet Ihr uns Grund geben, Eure Untertanen und die übrigen Christen, die in diesen Gegenden Handel treiben, freundlich zu behandeln.“ Die harte Stellungnahme des Sultans trug zur raschen Befreiung der türkischen Staatsbürger bei. Andere Gefangene retteten dadurch ihr Leben, dass sie ihrem Glauben abschworen, und sie wurden nach Malta geschickt. Unterwegs organisierten sie eine Flucht, die gelang. Als sie in der Türkei eintrafen, bekannten sie sich zum Judentum. In Ancona blieben vierundzwanzig Gefangene zurück, die das Abschwören verweigerten und ihre Standhaftigkeit mit dem Tod auf dem Scheiterhaufen bezahlten. Die Nachricht von der von Paul IV. gewollten tragischen Massenhinrichtung verbreitete sich in Windeseile in alle Winkel des Mittelmeeres und löste die heftigsten Reaktionen aus.

Die Juden der Levante, und insbesondere der mächtige Don Joseph Nasí alias Giovanni Minguez oder Miches, organisierten einen regelrechten Wirtschaftsboykott gegen Ancona, der zwar nicht von allen eingehalten wurde, aber wichtige Gemeinden, und darunter die von Saloniki und Konstantinopel, unterstützten den Protest. Die Regierung der Stadt Conero wandte sich an den Papst und auch an die peinlich berührte örtliche jüdische Gemeinde und versuchte, die Repressalie gegen die Stadt aufzuheben. Unter den Juden von Ancona selbst gab es heftige Auseinandersetzungen, weil viele von ihnen sich nicht in die Angelegenheiten der Marranen verwickelt sehen wollten. Nach zweijähriger Dauer brach die Blockade langsam in sich zusammen. Doch diese Begebenheiten hinterließen tiefe Spuren und leiteten für Ancona eine Periode des Niedergangs ein, während Venedig von den Schwierigkeiten seiner traditionellen Widersacher profitierte.

Im November 1558 wurde die venezianische *Condotta* wieder verlängert. In Zukunft sollte die Verlängerung jedes Mal automatisch erfolgen, sofern die *Condotta* nicht ein Jahr zuvor von zumindest einer der beiden Seiten aufgekündigt worden war. Diese Frist sollte dazu dienen, Schulden und Kredite – allerdings ohne Zinsen – einzutreiben. Noch einmal wurden die Kriterien hervorgehoben, die jeder *Condotta* zugrunde lagen: die Zahlung einer allgemeinen Steuer, das Recht der Juden, gemäß ihren Bräuchen in der Stadt zu leben, das Verbot, neue Waren zu verkaufen, sowie die Genehmigung, mit Trödel zu handeln. Die Banken durften nicht mehr als einen Zinssatz von 12% verlangen und mussten den Bedürfnissen jener entgegenkommen, die Darlehen „von fünf Dukaten abwärts“ auf nehmen wollten. Aus dieser Neuerung folgten andere, allerdings formaler und offensichtlich recht belangloser Art. Die Banken waren nach wie vor vom *Officio dei Sopraconsoli* abhängig. Ihr Kassierer musste Gebührenmarken und Register in italienischer Sprache vorbereiten, um die Bewegungen der ausgeliehenen Beträge und der erhaltenen Pfänder akribisch genau und verständlich (die ersten Geldverleiher hatten mit der Hand und auf Hebräisch geschrieben) beschreiben und aufzeichnen zu können. Die Aktivität der Banken wurde einer minuziösen Kontrolle unterzogen, und wenn man von der Lektüre der durch den Senat gebilligten Verfügungen ausgeht, konnte es – zumindest theoretisch – weder zu leichten noch zu schweren Verstößen kommen, nicht einmal bei der Verwahrung oder Versteigerung der Pfänder. Die Juden waren, in immer größerem Umfang, einfache Vollstrecker des Willens der Serenissima. Die anderen zahlreichen Vorschriften, die in der *Condotta* enthalten waren, entsprachen den früheren.

Als diese Regelung im Jahr 1563 neu bestätigt werden sollte, traten die Spannungen, die in den Jahren davor nachgelassen hatten, wieder zutage. Zwei ganze Jahre lang war von einer Verlängerung der *Condotta* keine Rede mehr, ja, im September 1565 wurde sogar per Gesetz festgelegt, dass die Juden nur noch ein Jahr im Ghetto bleiben durften, um die Schulden und Kredite abzuzahlen, jedoch ohne die Erlaubnis, gegen Zinsen Geld zu verleihen und neue Waren für ihren Handel mit Trödel zu erwerben. An dieser Stelle ergriffen die Juden von Venedig wieder die Initiative und ließen ihren Rat einen Bericht anfertigen, der ein erschöpfendes Bild von ihrer schwierigen wirtschaftlichen Lage entwarf: Zahlreiche Bankgesellschaften, die Kredite nach den Bedingungen der *Condotte* von 1548 bis 1558 getätigt hatten (darunter einige Mitglieder der Familien Luzzatto und Serravalle sowie ein paar Söhne und Verwandte von Calimano, nämlich Simon, Nascimben und Anselmo), stellten negative Bilanzen auf. Die Kreditmechanismen der ganzen Stadt schienen zu versagen. Viele Christen, die bis dahin die Kreditverbote umgangen hatten, hatten bedeutende Summen in die jüdischen Banken investiert, ohne sich den Zorn der Prediger zuzuziehen. Nun versuchten sie, ihr Geld dadurch zurückzubekommen, dass sie eine bereits schwierige Situation weiter verschärften, und paradoxerweise waren gerade sie die glühendsten Befürworter der Existenz von jüdischen Banken in der Stadt, auch wenn sie von jenem Zeitpunkt an darauf drängten, die etwaige Verantwortung für alle künftigen Pleiten auf die gesamte Gemeinschaft der Juden abzuwälzen. Dahinter steckte natürlich nicht der Wille entschlossener Verfolger, sondern bloß der Wunsch, kein Geld zu verlieren.

Im Laufe des Jahres 1565 komplizierte sich die Lage immer mehr, und der Augenblick der Abreise rückte für die Juden von Tag zu Tag gefährlich näher. In einer neuen, schmerzerfüllten Bittschrift wiesen die Juden ausdrücklich auf ihre Schwierigkeiten hin: Viele von ihnen waren abgereist, andere, die zur Steuerleistung der Gemeinde beigetragen hatten, hatten Bankrott gemacht und waren durch die bereits zwei Jahre währende Unsicherheit zu Schaden gekommen. Nun waren sie am Ende ihrer Kräfte. Diese vielleicht vorher abgesprochene Petition veranlasste das *Collegio*, besonders auf die Probleme mit den Armen in der Stadt einzugehen und im Senat einen Gesetzesvorschlag einzubringen, der das berücksichtigte. Völlig unerwartet jedoch verwarf der Senat die Anträge auf Verlängerung der *Condotta* um fünf Jahre, und das traf die jüdischen Kreise des Ghettos wie ein Peitschenhieb, denn sie hatten sich bereits allzu sehr an das übliche Hin und Her mit der Regierung der Serenissima und an das Leben in der Stadt gewöhnt.

Sie reichten eine neue, verzweifelte Bittschrift ein: Schon ihre Vorväter hätten viele Jahre in Venedig gelebt, sie könnten sich nicht vorstellen, von dort vertrieben zu werden. Sie seien verzweifelt, nicht nur weil sie nahe vor der Ausweisung stünden, sondern weil die kurze Zeit, die ihnen noch blieb, absolut nicht reichte, um ihre Geschäfte in Ehren abzuwickeln und einen solchen Massenumzug zu organisieren. Sie appellierten noch einmal an das Wohlwollen der Regierung in der Überzeugung, dass diese nicht Männer, Frauen, Kinder und Alte davonjagen wollte, jetzt, da der Winter nahte. Sie würden ja unterwegs umkommen, da könnten sie sich doch gleich alle miteinander in die Gewässer der Stadt stürzen, dann würden sie wenigstens nur einen Tod sterben. Am Ende dieses Appells baten die Juden um nur ein einziges Jahr Aufschub und darum, dass man in der Zwischenzeit all jenen, die mit der Auswanderung nach Palästina beginnen wollten, erlaubte, ihre Reise auf sicheren Galeeren zu unternehmen. In diesem Jahr außergewöhnlicher Bedrängnis verbürgten sie sich dafür, keinerlei Initiativen zu ergreifen und niemandem etwas Böses anzutun. Das *Collegio* reichte wieder einmal einen Vorschlag an den Senat weiter, der die Bitten der Juden de facto akzeptierte. Doch der Senat spaltete sich in zwei Hälften: Die eine war dafür, die andere dagegen, und es kam zu keiner Entscheidung. Nochmals lieferte das *Collegio* einen diskussionsreifen Beschluss: Der gewährte Aufschub war zeitlich strikt begrenzt, und die *Avogadori di Comun* wurden mit der Überwachung seiner Einhaltung beauftragt; jede neue Entscheidung müsste mit großer Mehrheit angenommen werden.

Nachdem der Senat also die Vertreibung der Juden gestoppt hatte, gewährte er ihnen nach eingehender Debatte mit überwältigender Stimmenmehrheit die Fristverlängerung um ein Jahr.

Im Februar 1566 übermittelte das *Collegio* dem Senat einen neuen Gesetzesvorschlag, der eine weitere plötzliche Kehrtwende der bis dahin verfolgten venezianischen Politik darstellte: Man müsse das Augenmerk erneut auf die in der Stadt lebenden Bedürftigen richten; man müsse umgehend wieder die Kredittätigkeit aufnehmen, die infolge der obenerwähnten Ereignisse unterbrochen worden war. Die Juden dürften noch in ihrem geliebten Ghetto bleiben, aber zu anderen Bedingungen als bisher: Statt der automatischen Verlängerung ihres Aufenthaltes erfolgte, wenn die Regierung es nicht anders verfügte, die automatische Ausweisung. Auch die Kreditgeschäfte sollten in Zukunft anders abgewickelt werden: Die Bankiers mussten einen Fonds anlegen, der sie gegen Pleiten sicherte; sie waren jetzt gezwungen – auch eindeutig gegen ihren Willen –, bis zu fünf Dukaten zu verleihen. Von Christen durften sie kein Geld mehr erhalten. Die Trennung zwischen Juden und Christen, die durch das Alltagsleben abgemildert worden war, begann aufs Neue das Handeln der venezianischen Regierung zu bestimmen. Am Horizont blieben die überkommenen Probleme ungelöst. So trat etwa der alte Widerspruch zwischen *Monti di Pietà* und Banken wieder verschärft zutage, und in seiner Bulle *Hebraeorum Gens* bezeichnete Pius V. die Banken als etwas für die christliche Welt Überflüssiges und setzte sowohl auf wirtschaftlichem als auch religiösem Gebiet seine repressive Politik fort.

Unterdessen nahmen die Reibungen zwischen dem christlichen Abendland und dem Osmanischen Reich zu. Die Absicht der Türken, Zypern in ihren Besitz zu bringen, wurde jeden Tag offenkundiger, und deshalb wurden die unvermeidlichen Vorbereitungen für einen Waffengang getroffen. 1570 wurden einige venezianische Bürger in Konstantinopel festgenommen und zwei Schiffe beschlagnahmt. Zur Vergeltung sperrte Venedig das Vermögen jener Türken, die in der Stadt wohnhaft waren, und auch das der levantinischen Juden, die ebenfalls in jeder Hinsicht als türkische Untertanen betrachtet wurden.

Das ist der Anfang einer Verkettung von Ereignissen, die schließlich zur berühmten Seeschlacht von Lepanto führen sollte.

# Die Marranen

*Die Undefinierbarkeit der Marranen – Die Beziehungen zwischen Juden und Marranen und zwischen Christen und Marranen – Die Ereignisse von Ancona – Die Inquisition in Venedig*

Wer ist als Marrane zu betrachten? Als der Ausweisungserlass von 1550 bei den Kaufleuten am Rialto heftige Reaktionen und Proteste auslöste, war auch die Regierung der Serenissima gezwungen, sich mit dieser heiklen Frage zu befassen. Schon damals, als diese schwer einzuordnenden Individuen vor aller Augen in der Stadt hausten, war es schwierig, diese Frage zu beantworten. Aber wie kann man denn heute feststellen, wer im 16. Jahrhundert als Marrane galt? Selbst wenn wir natürlich nicht mehr unter dem Einfluss der pragmatischen Überlegungen der Serenissima stehen . . .

Marrane bedeutet in kastilischer und portugiesischer Sprache ungefähr so viel wie „Schwein", ist also eine Beleidigung. Und ein Schimpfwort ist „Marrane" auch in anderen Sprachen geblieben.

Die Ereignisse des Jahres 1492 in Spanien und 1496 in Portugal, die Vertreibung der Juden, die Zwangsbekehrungen, die Autodafés und die Judenverfolgungen bilden den Anfang der Geschichte der Marranen. Marranen waren also jene Leute, die gezwungenermaßen zum Christentum übergetreten, in ihrem Inneren aber Juden geblieben waren und in irgendeiner Form die jüdischen Bräuche in den eigenen vier Wänden pflegten.

Allerdings verselbständigte sich das Marranentum im Laufe der Zeit immer mehr und wurde so vielgestaltig, dass es sich unmöglich in einem einzigen Bild oder in der – wenn auch noch so eindrucksvollen – Alternative „tiefes religiöses Erleben oder ewige Häresie" festhalten lässt. Akzeptiert man eine dieser einprägsamen Definitionen, vermittelt man nur ein statisches Bild von einem an sich dynamischen Prozess.

Der gewaltsame Druck, der die jüdischen Gruppen spaltete, unterhöhlte zwar ihre Einheit und vernichtete das schöpferische iberische Judentum, das unter anderen einen Ibn Gabirol und einen Maimonides hervorgebracht hatte. Doch der Versuch, die Mikrokosmen der Familien zu zerschlagen, in die die äußere Wirklichkeit nicht eindringen konnte, scheiterte, weil sie äußerst hartnäckig wie viele kleine Öltropfen auf einer großen Wasserfläche überlebten. Familien und Individuen verteidigten sich letztendlich auf die einzig mögliche Weise, nämlich dadurch, dass sie sich wie Karstflüsse unter der Oberfläche verbargen, stets bereit, einmal wiederaufzutauchen. So traten denn an die Stelle der Gruppe zahllose Schicksale einzelner Familien und einzelner Menschen, die im Laufe der Jahre ganz besondere und typische Eigenschaften entwickelten. Jeder einzelne Marrane verkörperte damals auf seine Weise das vielfacettige Phänomen des Marranentums, indem er seine eigenen Probleme, Bedrängnisse, Bräuche und Glaubensvorstellungen in sich trug. Das Judentum, dem sie vor den Augen der Welt abgeschworen hatten, wurde zu einem inneren Konflikt zwischen geheimen Gedanken, an dem sie unheilbar erkrankten.

Die vierzig Jahre zwischen 1497 und 1537, also zwischen dem Jahr der Vertreibung der Juden und jenem Jahr, in dem der König von Portugal in Abstimmung mit dem Papst die Inquisition auch in seinem Land einführte, ließen dem Marranentum Zeit, sich herauszubilden: Von da an stand jede Generation von Marranen für sich selbst mit ihrer eigenen einmaligen Erfahrung. Mit ihrer Verbreitung über den ganzen Mittelmeerraum nahm diese Fragmentierung durch den Kontakt mit unterschiedlichen geographischen Gegenden und politischen Systemen zu. Da gab es Saloniki und die Türkei, Venedig mit seiner Position an der Nahtstelle zwischen dem christlichen Abendland und dem Islam, Rom und den Einfluss des Papsttums. Kann es da verwundern, dass der Marrane, der gewohnt war, wie ein Hund gehetzt zu werden, dazu neigte, sich zu tarnen und „anders“ zu werden?

Gewiss kann man einige weitverbreitete und gemeinsame Züge der Marranen feststellen, oder zumindest haben viele Historiker versucht, sie auszumachen: die negative, feindselige Haltung gegenüber dem sie verfolgenden Christentum, dem sie ein tapferes Festhalten an einer vereinfachten Form des monotheistischen Judentums und eine starke messianische Hoffnung entgegensetzten. Aber kann das genügen? Dieses Schema kann auf viele Fälle angewendet werden, aber nicht auf alle. Die Geschichte der Marranen lässt sich einfach in kein Schema pressen: Ihre Geschichte ist mehr die Geschichte von Menschen mit Lastern und Leidenschaften als von Heiligen oder Märtyrern. Die Verfolgten können auch schwach sein, abtrünnig, dumm oder korrupt, sie suchen keine Aureole. Der Marrane ist also oft ein Mensch, der absolut allein ist und keinen Trost in der Gruppe findet und der allein die Spannungen aushalten muss, die die Außenwelt auf ihm ablädt. Auch in religiöser und moralischer Hinsicht geht er einen einsamen Weg. Der Marrane liest die Bibel ohne Lehrer; das mag zwar origineller sein, aber die eigenständige Bibellektüre steckt voller ketzerischer Gefahren. So brachte im 17. Jahrhundert das kulturelle Milieu der Marranengemeinden des Nordens – etwa in Amsterdam – eine Reihe von Skeptikern, Ketzern und Averroisten hervor: Man denke an das selbstquälerische Verhalten von Uriel da Costa und die Einsamkeit Spinozas.

Eine Gruppe, die sich in der Minderheit befindet, liebt entweder die eigene Situation, steckt die Grenzen der eigenen Identität genau ab und sucht nach Möglichkeiten, diese Situation zu perpetuieren, oder sie hasst sie und neigt dazu, sich zu tarnen und sich aufzulösen. Auch für den einzelnen Marranen ist es so: Der Marrane wird entweder zum unbarmherzigsten Verfolger der anderen Neuchristen oder neigt dazu – wenn auch mit der für ihn so charakteristischen Ambiguität –, sich seiner Ursprungsgruppe anzunähern. In jedem Fall muss er sich mit besonderer Intensität mit seiner eigenen Vergangenheit auseinandersetzen und den schmerzlichen Schritt von der kollektiven Erinnerung an eine Gruppe zu der an seine eigene Familie und schließlich an sich, das alleinstehende Individuum, nachvollziehen – ein mit Qualen verbundener Schritt, zumal ja allenthalben das Gespenst der Inquisition lauert.

Im Laufe der Zeit und mit dem Wechsel der Generationen wandelte sich das Marranentum von einem heimlichen Judentum am Anfang zu einem auf seinen Kern reduziertes Judentum und schließlich zu einer fernen, im Inneren verborgenen Erinnerung, die durch die Inquisition und ihre Verfolgungen unabsichtlich perpetuiert wurde. Je mehr sich das Marranentum vom Trauma seiner Entstehung löste, entwickelte es sich weniger zu einer kollektiven Erfahrung als zu einer Kette von individuellen Lebensentscheidungen von Menschen, die sich in einer zwiespältigen Position befanden. Der Marrane verwandelte sich vom Juden zum Christen, war halb Christ, halb Jude, gelegentlich mehr Jude als Christ und wieder umgekehrt, und diese seine Wandlungen kamen zu oft vor, um ihn nicht grundsätzlich gewissen Verdächtigungen auszusetzen. Die Familie, anfangs noch ein sicherer Hort für die Geheimnisse seiner Glaubenszugehörigkeit, geriet unter den Einfluss all dieser unterschwelligen Spannungen: Söhne und Töchter, Ehefrauen und Ehemänner trafen aus persönlichen und unterschiedlichen Motiven, aus jugendlicher Ungeduld oder wegen Misshelligkeiten in der Ehe manchmal einander widersprechende Lebensentscheidungen, die Unstimmigkeiten und Ungelegenheiten zur Folge hatten und am Ende alle vor die Inquisition brachten. Angesichts dieser Widersprüche und Schwankungen trat nun das Inquisitionsgericht auf den Plan, das sich in Spanien auf die Einigung der Nation, die „Reinheit des Blutes“ (mit rassistischen Anklängen), berief, während es sich in Venedig mehr an der traditionell klaren Rollenverteilung innerhalb der Gesellschaft orientierte.

Da es schwer ist, den Marranismus als Ausdruck einer Geisteshaltung zu definieren, ist es wohl angebracht, dem Individuum, dem einzelnen Marranen, jener einzigartigen Mischung von persönlichen psychologischen, kulturellen und religiösen Elementen, unsere Aufmerksamkeit zuzuwenden. Im 16. Jahrhundert verbreiteten sich die Marranen über ganz Europa – von Amsterdam nach Saloniki, von Hamburg nach Venedig, von Florenz nach Rom, von Ferrara nach Ancona. Sie gingen überallhin, auch dorthin, wo das offizielle Judentum verbannt war: Karl V. nahm sie zwischen 1537 und 1542 in seinem Reich auf, und in Frankreich bot ihnen Heinrich II. einige Privilegien an, von denen seine französischen Untertanen ausgeschlossen waren. Andere Marranen wurden sogar durch päpstliche Privilegien geschützt; wieder andere wurden im Osmanischen Reich mit offenen Armen empfangen und zogen nach Konstantinopel. In jeder Stadt schlossen sich die Marranen den Juden an, vermischten sich manchmal mit ihnen, ließen sich schrittweise nieder und bildeten den

Kern jener sephardischen Gemeinden, die sich deutlich von den aschkenasischen, das heißt jenen östlicher Herkunft, abhoben.

Die Geschichte der Gemeinden marranischen Ursprungs zeigt, dass es ständig heterodoxe Tendenzen gab: Der traditionelle „Zaun", den die Rabbiner um das Gesetz, die Tora, errichtet hatten, wurde als überflüssig betrachtet. Vom mündlichen Gesetz, das heißt der Mischna und dem Talmud, der Quelle ewiger religiöser Dispute, meinten die Marranen, es habe die Macht der Rabbiner begründet, und das kritisierten sie scharf. Die Bibel wurde, jenen Meinungen zufolge, die am offenkundigsten vom Ketzertum beeinflusst waren, als ein Buch betrachtet, das von Menschen geschrieben war. Dieses ganze Spektrum von Meinungen, die mehr oder weniger heterodox oder sogar weitgehend umstürzlerisch und ketzerisch waren, sollte, nachdem es fast hundert Jahre unter der Oberfläche gebrodelt hatte, im 17. Jahrhundert die Debatte innerhalb des Judentums anheizen und zu der tiefen Spaltung zwischen Kabbalisten und Nichtkabbalisten führen.

Wenn die Marranen bei den Christen verhasst waren, so heißt das noch nicht, dass sie von den Juden geliebt wurden, die ihre ungewisse Identität und ihre Wandlungsfähigkeit nicht schätzten und sie für unaufrichtig und opportunistisch hielten. Doch auch die Juden waren sich über die Marranen nicht einig. Während man ihnen am Anfang mit Verständnis, Wohlwollen und Anteilnahme begegnete, wurde mit der Zeit das Urteil der Rabbiner strenger, da die Einstellung der Marranen nach wie vor unklar blieb. Anlässlich der Ereignisse von Ancona im Jahre 1556 äußerte sich beispielsweise Jehoschua Soncino, der Rabbiner der Italiener von Konstantinopel, negativ über den Boykott, weil es sich, seiner Meinung nach, nicht lohnte, die Partei von Menschen zu ergreifen, die ihrem Glauben abgeschworen und als Christen gelebt hatten.

In Venedig war die Einstellung gegenüber den Marranen von spontanem Misstrauen geprägt. Seit 1497 waren die Marranen aus der Lagunenstadt und aus jenen Städten in Apulien vertrieben, die unter venezianischer Oberhoheit standen. Mit ihrer erneuten Ausweisung im Jahre 1550 brachte Venedig zwar einerseits eine politische Haltung zum Ausdruck, die noch härter war als die des Papsttums, machte andererseits aber auch deutlich, wie schwer es schon damals war, zu definieren, was ein Marrane ist. Venedig, der Durchgangsort schlechthin, war auch der Ort vieler Metamorphosen, und man hat Anlass zu der Vermutung, dass sich die marranischen Flüchtlinge in der Stadt einer Unterstützung von mehr als einer Seite erfreuten. Sie kamen, um auf den üblichen Routen in den Orient weiterzureisen. Sie kehrten zurück, um Geschäfte abzuschließen und Waren zu bringen. Es gab solche, die sich als Juden zu erkennen gaben, und solche, die nach einigem Zögern zwischen den beiden Welten hin und her schwankten und sich bald der einen, bald der anderen annäherten: Dieser Zustand der Ungewissheit, die Anwesenheit von Menschen ohne Religion, beunruhigte die Stadt Venedig, die die Fremden gern akzeptierte, aber immer zu wissen wünschte, mit wem sie es zu tun hatte. Wenn die Marranen sich zum Judentum bekennen wollten, konnten sie es tun. Dann zogen sie ins Ghetto, wo sie ungestört leben konnten; aber sie mussten ihre Identität unmissverständlich erklären. Die Juden, die in Venedig geboren waren, wurden selten von der Inquisition belangt, während Juden, die nach ihrer Flucht aus Spanien in der Levante gelandet waren und in Venedig als levantinische Juden und türkische Untertanen auftraten, unabhängig von ihrem persönlichen Schicksal den Schutz des Osmanischen Reiches genossen.

Tatsächlich stand die Stadt vielen reichen Marranen offen, die nützlich und einflussreich waren, während es andererseits eine Masse von Armen und Bettlern gab, die ohne Brot und Lohn waren. Die Zahlen, die die päpstlichen Nuntien nannten, sind wohl nicht allzu zuverlässig, weil sie zum Zwecke der Propaganda manipuliert wurden; die genannte Zahl von zehntausend erscheint übertrieben. Es war vielleicht nur ein Mittel, um Druck auf Venedig auszuüben, das zwar offiziell den Marranen feindselig gegenüberstand, in Wirklichkeit aber heimlich bemüht war, nicht alle Brücken zu diesen Leuten abzubrechen.

Gegen Ende der sechziger Jahre des Jahrhunderts kam es im Mittelmeerhandel zu einigen Veränderungen, die sich sofort auf die Marranen auswirkten; denn diese waren Kaufleute par excellence und wurden nach der jeweiligen Handelsstrategie ihrer Gastländer umworben oder gehasst. Der Umfang von Venedigs Flotte, die zum großen Teil im Adriatischen Meer segelte und selten in fernere Meere vordrang, hatte sich verringert. Ancona und Ragusa erwiesen sich als hinterhältige Konkurrenten, indem sie die Politik des Osmanischen Reiches und Frankreichs unterstützten, die darauf abzielte, Venedig auszuschalten. In den siebziger Jahren sollte sich mit dem Verlust von Zypern diese Tendenz noch verstärken: Venedigs schwindender Einfluss im Salzhandel sollte seine Vermittlerfunktion beeinträchtigen. Ragusa, das neutral geblieben war, bot jetzt mit seiner gesunden Wirtschaft den Kaufleuten viele Vorteile.

In dieser in Bewegung geratenen Landschaft riskierten auch die marranischen Kaufleute, zerrieben zu werden und ihre Vermittlerposition einzubüßen. Wenn Venedig und das Papsttum beim Boykott gegen die jüdisch-marranischen Levantiner an einem Strang gezogen hätten, wären sie wirklich in eine schwierige Lage geraten, aber es war nicht so. Obwohl gegen die Türken miteinander verbündet, waren die christlichen Länder doch zutiefst zerstritten und machten einander Konkurrenz. Eine der aufsehenerregendsten Initiativen unternahm etwa in den siebziger Jahren Emanuele Filiberto von Savoyen, der entschlossen schien, den Hafen von Nizza, Villefranche, auszubauen, und versuchte, für die Verwirklichung dieses Projektes verschiedene ökonomisch-kommerzielle Kräfte zu gewinnen. Der Herzog bot den von der Inquisition Verfolgten einen großzügigen Schutzbrief und auch sonst Schutz in jeder Hinsicht an und löste damit aus unterschiedlichen Gründen auf Seiten der Spanier, des Papstes und Venedigs Eifersuchtsgefühle und Feindseligkeiten aus.

Schließlich durchkreuzte der internationale Druck die Absichten des Herzogs von Savoyen, der einen teilweisen Rückzug antrat und beschloss, die zwar getauften, aber danach zum Judentum zurückgekehrten Marranen innerhalb von sechs Monaten auszuweisen.

Allerdings hatte die Angelegenheit für die große und weitverstreute marranische Gemeinschaft nicht nur negative Folgen. Einen Schritt vor der endgültigen Vernichtung, die erfolgt wäre, wenn die christliche Welt fest geblieben wäre, gelang es den Marranen, noch einmal davonzukommen. Es war in erster Linie Venedig, das den abtrünnigen marranischen Juden sechs Monate nach ihrer Ausweisung aus Nizza einen Schutzbrief anbot. Inhaltlich ähnelte er den Angeboten des Herzogs, unterschied sich aber in der Form, weil im Einklang mit der venezianischen Ordnung jene, die als Juden kamen, im Ghetto bleiben, das Erkennungszeichen tragen und sich an jene Gesetze halten müssten, denen die Juden unterworfen waren. Es war das Signal für eine Wende, die sich im Laufe der achtziger Jahre in Venedig abzeichnete.

Wie die Akten zahlreicher Inquisitionsprozesse beweisen, versuchte man auch in der Lagunenstadt, unter jeweils unterschiedlichen historischen Bedingungen festzustellen, wer Marrane war und aufgrund welcher Merkmale sich die marranische Identität definieren ließ.

Wer war ein Marrane? Waren es diejenigen, die andernorts als Neuchristen aufgetreten waren und jetzt in Venedig wieder als Juden lebten? Oder jene, die anderswo Juden gewesen waren und sich in Venedig wie Christen gebärdeten? Oder waren es die levantinischen Juden, die Untertanen der Türken waren und deren Herkunft völlig ungeklärt war? Vielleicht wäre selbst der klügste Inquisitor ein wenig in Verwirrung geraten; denn das Schicksal dieser Leute ließ sich kaum rekonstruieren, und ihre Familiengeschichte war oft höchst kompliziert. Die marranische Identität nahm in ein und derselben Familie manchmal verschiedene Formen an, manifestierte sich beim Ehemann anders als bei der Ehefrau, beim Vater anders als bei den Kindern oder entzweite sogar Brüder. Die venezianische Inquisition musste sich mit vielen solchen Fällen befassen, und die Richter bemühten sich sehr, in dieser komplizierten Angelegenheit Klarheit zu schaffen.

Im Übrigen unterschied sich die Inquisition in Venedig in ihrem Vorgehen von anderen Tribunalen in anderen Ländern: Sie befasste sich in erster Linie mit jenen, die durch ihr Verhalten im Alltagsleben oder durch unbedachte Worte auffielen. Solche Menschen konnten leicht in Verdacht geraten und die Bewahrer der strengen sozialen Ordnung Venedigs auf den Plan rufen. Auch wenn die Juden im Vergleich zu den Patriziern, Bürgern und Kaufleuten eine untergeordnete Stellung einnahmen, blieb ihre Würde unangetastet, solange sie sich an die ihnen zugeteilte soziale Rolle hielten. Die Regierung der Serenissima verhandelte von gleich zu gleich mit der jüdischen Gemeinde, der *Università degli Ebrei*, einem Organ, in dem die verschiedenen Nationen vertreten waren und das sich, abgesehen von seltenen Fällen, rigoros an die Abmachungen hielt, welche das Ergebnis oft mühseliger und langwieriger Verhandlungen waren. Das war den Juden der Natione Todesca wohl bewusst, jener Gruppe, um die herum sich das Ghetto gebildet hatte und auf die das Inquisitionstribunal niemals sein Augenmerk richtete. Doch unter den Gruppen der Neuzuwanderer gab es viele Menschen mit abenteuerlicher Existenz, deren Identität nicht so eindeutig war und die nach ihrer Ankunft in Venedig irrtümlicherweise zu der Überzeugung gelangt waren, dass man leben könne, ohne sich in seinen Gewohnheiten an andere anzupassen.

Wie schon mehrere Historiker feststellten, war die Religion in Venedig schon deshalb ein komplexes Phänomen, als sich die Serenissima ihrer manchmal als Werkzeug ihrer eigenen Machtpolitik bediente.

Die Frömmigkeit der Venezianer drückte sich tatsächlich niemals in einer politischen Unterwürfigkeit gegenüber dem Papsttum aus. Venedig und Rom standen sich oft als Mächte gegenüber, die von unterschiedlichen Interessen geleitet wurden. Ein Teil des venezianischen Patriziats, dessen Verwandte in der Kurie saßen, beteuerte bei verschiedenen Gelegenheiten, dass eine besondere Beziehung zu Rom aufrechterhalten werden müsse. Aber der Wunsch nach Unabhängigkeit, der die Mehrheit der venezianischen Patrizier beseelte, bewog den Senat und den Rat der Zehn, darüber zu diskutieren, ob es überhaupt nützlich und opportun sei, jenen, die über diese besonderen Beziehungen verfügten, Zugang zu den heikelsten öffentlichen Ämtern zu gewähren. Ein weiterer Aspekt dieser politischen Auseinandersetzung waren die nicht unerheblichen ökonomischen Vorteile, welche aus den Privilegien erwuchsen, mit denen die Kirche die Familien der ihnen dienenden Patrizier ausstattete.

Die Einleitung der Gegenreformation in Venedig kann also nicht nur als eine sklavische Anwendung der römischen Beschlüsse betrachtet werden. Im Juli 1542 führte Paul III. mit seiner Bulle *Licet ab Initio* die römische Inquisition ein. Von da an unternahm der Papst mit Hilfe seiner Nuntien wiederholt Versuche, die Regierung von Venedig unter Druck zu setzen und zu drängen, der protestantischen Ketzerei Einhalt zu gebieten. In der Stadt hielten sich die entgegengesetzten Tendenzen die Waage, vor allem als man im Senat über die Akkreditierung eines Vertreters des Schmalkalender Bundes diskutierte. Die Debatte endete in einer Sackgasse, in der es weder Sieger noch Besiegte gab. Die Wende in der Innenpolitik war nur eine Folge der veränderten internationalen Situation; denn einige Niederlagen der protestantischen Truppen bewogen Venedig schließlich zu einer verspäteten Seitenwahl. Durch einen Erlass des Dogen Francesco Donà wurde am 22. April 1547 die Inquisition in der Lagunenstadt eingeführt. Es handelte sich um keine absolute Neuheit, sondern um eine alte, jetzt zu neuem Leben erweckte Institution. Dem Päpstlichen Legaten, dem Patriarchen von Venedig, und dem Inquisitor, der dem Franziskanerorden angehörte, wurden drei venetische Patrizier zur Seite gestellt. Der Doge wählte drei Patrizier aus, die untadelige Katholiken waren: Nicola Tiepolo, Francesco Contarini und Antonio Venier. Diese drei Amtspersonen wurden gleich nach ihrer Ernennung als die *Tre Savi sopra l'Eresia* bezeichnet. Beim Heiligen Offizium vertraten sie den Rat der Zehn, wohnten den Prozessen bei und erstatteten Gutachten. Wenn die Regierungsorgane der Serenissima von Rom Befehle oder Protestschreiben erhielten, schwächten sie den von Rom ausgeübten Druck ab. Die von kirchlicher Seite gestellten Richter waren die einzigen, die bei den Urteilen ein Stimmrecht hatten. Bis 1560 war der Inquisitor von Venedig ein Franziskaner, der allerdings nach seiner Ernennung durch den Heiligen Stuhl einen Treueid auf die Verfassung der Serenissima leistete. 1560 wurden die Franziskaner durch Dominikaner abgelöst, die bis zur Abschaffung dieser Institution im 18. Jahrhundert am Ruder blieben. Die *Tre Savi sopra l'Eresia*, die mit besonderer Sorgfalt unter den einflussreichsten Patriziern der Stadt ausgewählt wurden, erfüllten den heiklen Auftrag, als Schaltstelle zwischen Venedig und Rom zu dienen. Ihre Rolle wird besonders deutlich, wenn man die Berichte der in Venedig residierenden Päpstlichen Nuntien liest: Ihnen lässt sich entnehmen, dass die Aufgabe der *Tre Savi* darin bestand, die Forderungen der Mönche abzumildern; in Wirklichkeit waren sie oft geneigt, sie in der Sache zu unterstützen, aber sie trachteten danach, alles, was zu tun war, mit dem geringstmöglichen Aufsehen zu bewältigen. Statt öffentliche Hinrichtungen vorzunehmen, zogen sie es vor, die Schuldigen oder jene, die als solche verurteilt wurden, heimlich im Meer ertränken zu lassen.

Im November 1550 befürwortete der Rat der Zehn einen Antrag, den *Tre Savi* zwei weitere Helfer zur Seite zu stellen, und zwar höchstwahrscheinlich deshalb, weil er seinen eigenen Einfluss auf das Tribunal, das auf der Terraferma wirkte, vergrößern wollte. Julius III. antwortete im März 1551 mit einer Bulle, deren Adressat wohl Venedig selbst war.

Die Auswertung der vielen Prozessakten ließ manche Historiker zu der Überzeugung kommen, dass das venezianische Heilige Offizium, vielleicht auch wegen der aufmerksamen und mäßigenden Präsenz der *Tre Savi*, ein Gericht war, dessen Urteile – nicht absolut betrachtet, aber für jene Zeiten – ausgewogen waren und das bei seinen Verhören sorgfältig und in der Würdigung der Beweise gewissenhaft handelte. Einige Angaben hierzu: Im 16. Jahrhundert gab es in Venedig 1560 Inquisitionsprozesse mit vierzehn Todesurteilen, die auf Tod durch Ertränken lauteten, und vier weitere Prozesse fanden in Rom statt, wohin man die Angeklagten ausgeliefert hatte. Die Inquisition verfuhr jedenfalls überall in Italien bei weitem maßvoller als die Gerichte der Kommunen: So verurteilte etwa der Rat der Zehn im 16. Jahrhundert 168 Personen zum Tode, darunter Diebe, Mörder, Verräter und Sodomiten. Und dabei zeigte sich Venedig in seiner Rechtsprechung noch geradezu milde im Vergleich zu vielen anderen Städten, unter anderen Ferrara oder Mantua.

Das venezianische Heilige Offizium bot im Falle von Geständnissen und Bußen eine Strafminderung an, und manchmal drohte es auch nur leichte Strafen an. Fast alle Prozesse wurden gegen Ketzer geführt (Lutheraner, Wiedertäufer) oder wegen des Handels mit verbotenen Büchern oder deren Lektüre oder gegen Marranen, die der jüdischen Tradition verhaftet blieben. Die Prozesse gegen Judenchristen machten nach Einschätzung einiger Historiker ungefähr 5% aller Verfahren aus: Es handelte sich insgesamt um etwa 70 Prozesse. Die Anklagen lauteten fast immer auf Verstöße gegen die Religion. Davon waren nur wenige Juden aus dem Ghetto direkt betroffen. Im allgemeinen wurden sie wegen Drohungen oder wegen Korruption vor Gericht gestellt. Die Aufmerksamkeit konzentrierte sich dabei weniger auf die Juden als auf die jüdische Kultur, die aus mehr als einem Grund der Wiedertäufer-Häresie ähnelte, welche als unzuverlässig und subversiv eingeschätzt wurde. Oft kam es zu Attacken gegen den Talmud, der für ein gefährliches Buch gehalten wurde, das zum Meineid aufforderte und, wie behauptet wurde, zahlreiche Beleidigungen gegen die christliche Religion enthielt. Diese Beschuldigungen wurden nicht nur 1553 oder 1568 anlässlich der Verbrennung der hebräischen Bücher auf der Piazza San Marco wiederholt, sondern auch bei zwei Gelegenheiten in den siebziger und achtziger Jahren, zwei besonders kritischen Augenblicken der venezianischen Geschichte. Die Juden wurden erst in den achtziger Jahren des 16. Jahrhunderts der Abtrünnigkeit und der Häresie bezichtigt, auch wenn die Neigung bestand, in ihnen nicht so sehr echte Ketzer zu sehen als vielmehr verstockte Ungläubige. Der gemeinsame Ursprung im Alten Testament machte alles noch komplizierter. Der heilige Thomas hatte die Juden zwischen den Heiden und den Ketzern eingeordnet. Häretisch war aber vielmehr derjenige, der sich schwankend, wie er war, schließlich aus mehreren Quellen labte. Bonifaz VIII. war restriktiver gewesen: Jeder Getaufte jüdischer Herkunft, der wieder zum Judentum zurückkehren wollte, sollte als Häretiker angesehen werden, zumindest solange die Taufe ihm nicht unter „absolutem Zwang" aufgenötigt worden war, und darunter verstand man keine einfache Drohung, sondern eine regelrechte physische Nötigung.

Die venezianische Inquisition trug besondere Merkmale, weil sie zwei verschiedene Interessenstränge – den römischen und den venezianischen – in sich vereinigte. Sie ließ sich nicht auf unbegründete Verfolgungen ein, sondern war vielmehr bestrebt, sich, soweit wie möglich, aus Familienzwisten oder unangebrachten Rachefeldzügen herauszuhalten. Und im Grunde missfiel es ihr, sich mit getauften Juden zu befassen, die zum Judentum zurückkehren wollten, weil dies wie eine Niederlage des Christentums hätte aussehen können. Die Register, die uns erhalten geblieben sind und die die Tätigkeit des Gerichts sicher nur zu einem Teil widerspiegeln – nämlich den öffentlichen, der keinen Blick hinter die Kulissen zulässt –, diese Register liefern uns Hinweise sowohl auf die Denkweise dessen, der die Urteile fällte, als auch auf die Individuen, die vor Gericht standen.

Wenn die Beziehung zwischen Inquisition, Häretikern und Marranen problematisch und verschwommen bleiben musste, so war die zwischen dem Heiligen Offizium und einem Juden, der nach seinem Übertritt zum Christentum wieder zum Judentum zurückkehren wollte, weitaus klarer. Die Juden standen auf einer niedrigeren Stufe in der sozialen Rangordnung, und man konnte nur aufsteigen, wenn der Vorgang nicht wieder rückgängig gemacht wurde. Eine Rückkehr zum Judentum mit einer anschließenden zweiten Taufe galt als Missbrauch des Sakraments. Während Rom immer versucht hatte, Bekehrungen mit allen Mitteln zu fördern, lässt sich das von Venedig nicht behaupten. Das Ghetto war entstanden, um die Christen zu schützen; aber man hat die Juden weder durch Schmeichelei noch durch Lockungen zu bekehren versucht. Es stimmt, dass der Sohn Ascher Meschullams, des Gründers des Ghettos, mit allen Ehren und mit großem Pomp empfangen wurde, als er sich in der Frarikirche taufen ließ. Doch seine Bekehrung war ein Sonderfall, weil er der Sohn des Vorstehers des Ghettos war. In Venedig wurde eine Bekehrung zum Christentum sicherlich gern gesehen, aber sie wurde nicht so nachdrücklich gefordert wie in Rom, wo die Juden sich vielleicht wiederholt Predigten anhören mussten. Das 1557 in der Lagunenstadt gegründete „Haus der Katechumenen" wurde erst 1571 im Zusammenhang mit der mühselig zustande gekommenen Verlängerung der umstrittenen *Condotta* offiziell anerkannt. Diese neue Einrichtung sollte den Bekehrten Garantien bieten und Betrügereien vorbeugen. Es wurde zu einem Ordnungsinstrument, einer obligatorischen Durchgangsstation für Juden, die Christen werden wollten. Der Übertritt erfolgte nicht unmittelbar; vielmehr war eine Wartezeit von mindestens vierzig Tagen vorgesehen. Wenn manche Anwärter auf die Taufe besonderen Eifer und Gelehrigkeit bewiesen, konnte diese Frist verkürzt werden. Bekehrungen waren relativ selten, und der Strom jüdischer Neuankömmlinge aus verschiedenen Ländern Europas und aus dem Mittelmeerraum glich diese Verluste für die Gemeinde wieder aus. Die Konvertiten, die oft den Namen ihrer Paten – Pisani, Morosini oder andere – oder auch den Namen des Heiligen des jeweiligen Tages annahmen, wurden von den Katechumenen bei der Eingliederung in ihr neues Leben unterstützt. In den achtziger Jahren des 16. Jahrhunderts wurde das Verhältnis zwischen Inquisition und den Katechumenen-Häusern enger und, wie man heute sagen würde, effizienter; denn zu diesem Zeitpunkt wurden die beiden zu verschiedenen Werkzeugen ein und derselben Strategie.

Brian Pullan stellt fest, dass die Inquisition in Venedig vom Kompromiss lebte. Kirche und Staat waren von der Idee beseelt, die rechte Ordnung aufrechtzuerhalten, wobei diese unterschiedlich interpretiert wurde. Die Behandlung von Fällen, in die Juden verwickelt waren, zeigt sowohl Gemeinsamkeiten als auch Divergenzen.

Freiheit bedeutete in Venedig, die eigene Vergangenheit vor den Toren der Stadt zurückzulassen und sich ohne großes Aufheben der sozialen Ordnung anzupassen. Die Inquisition befasste sich nicht sehr häufig mit den Juden, denn einerseits waren für die Verstöße gegen die Religion andere Behörden zuständig, und andererseits zog sie es vor, institutionellen Konflikten mit dem venezianischen Staat aus dem Weg zu gehen. Hätte sich die Inquisition allzu häufig mit dem Ghetto befasst, würde sie die Regierung in Verlegenheit gebracht und zu Reaktionen herausgefordert haben.

Die Akten der Inquisitionsprozesse liefern ein anschauliches Zeugnis vom Schicksal einiger aus der anonymen Masse ausgewählter Individuen. Auch wenn sie nicht ein globales Bild von einer Welt vermitteln können, hinterlassen sie in uns doch einen unvergesslichen Eindruck von charakteristischen, an sich unbedeutenden Persönlichkeiten, die gerade wegen einer Episode, in der sie sich durch Nonkonformismus auszeichneten, oder wegen ihres von den damaligen Normen abweichenden Verhaltens in die Geschichte eingegangen sind.

# Juden, Marranen und Judenchristen vor dem Inquisitionsgericht: Grenzgänger zwischen zwei Kulturen

*Giuseppe Francoso, 1548 – Francisco Oliviero, 1549 – Gómez und Enríquez 1555 – Licentiato Costa, 1555 – Aaron und Asser, 1563*

## Giuseppe Francoso, 1548

Giuseppe Francoso, ein junger Mann von zwanzig Jahren, mittlerer Statur und mit blondem Bart, wird beschuldigt, er habe sich mehrmals taufen lassen. „Das erste Mal, wie ich gesagt habe, in San Heremia . . . ich sagte, ich sei Jude und hieße Aaron . . . und erhielt den Namen Jacomo . . . Beim zweiten Mal, in Modena, habe ich den Namen Paolo angenommen, beim dritten Mal, in Ravenna, habe ich mich auf den Namen Battista taufen lassen, beim vierten Mal, in der Badia von Monsignor Loridan, erhielt ich den Namen Francisco.“ Er erzählt, man habe ihn am Himmelfahrtstag in Venedig getauft, wobei „Ser Jacopo de Paternostri und der Obstbaum neben der Brücke von Cannaregio“ seine Paten gewesen seien. Das war also einige Meter außerhalb des Ghettos. Den Prozessakten zufolge berichtet der junge Mann treuherzig über seine Begegnungen und Erfahrungen in Modena, Padua und Ravenna, die ihn bewogen hatten, seine Tat zu wiederholen, fast so, wie wenn er seinen neuen Glauben durch ein mehrfaches Sich- taufen-Lassen hätte festigen können.

Das Inquisitionsgericht möchte wissen, ob er Geschenke oder Geld erhalten habe. Der junge Mann antwortet: „In Venedig bekam ich außer vierzehn Soldi keine Almosen ... in Modena wollte ich keine Almosen annehmen ... bei meiner Abreise aus Ravenna gab mir Monsignor Santo Spirito zwei Goldscudi... In der Badia wurde ich am Palmsonntag vom Vikar des genannten Ortes getauft, aber nur neu eingekleidet, und ich bekam sechs Dukaten als Almosen, und dann kam ich hierher.“

Der Junge wirkt resigniert: „Ich habe mich taufen lassen, weil meine Kleider nicht mehr in Ordnung waren, und um etwas zu bekommen, habe ich mich taufen lassen.“ Aus seinen Worten klingt wenig christliche Inspiration, eher schon eine fatalistische Lebensauffassung: „Ich weiß, dass ich schlecht und gegen die Gebote des christlichen Glaubens gehandelt habe, aber ich hab’s getan, weil ich keine andere Gelegenheit hatte, mir den Lebensunterhalt zu verdienen.“ Er erzählt weiter, dass er versucht habe, sich durch eine Beichte von dieser Bürde zu befreien, die auf seinem

Gewissen lastete, aber er habe sich „einen gewaltigen Rüffel“ eingehandelt, und als er zu einem anderen Priester gegangen sei, habe der ihm wegen der vorherigen Taufen keine Absolution erteilen wollen. Da der junge Mann keinen anderen Lebensunterhalt hatte und von einem fast unwiderstehlichen Zwang getrieben wurde, dieselbe Erfahrung stets von neuem zu durchleben, habe er sich, trotz der Warnungen, immer wieder zum Christentum bekehrt. Er fügt zum Schluss seiner Aussage hinzu, dass er um Vergebung bitte. „Und er wurde nicht weiter verhört“, heißt es in den Akten.

Damit der Mann „wegen seiner Fehler und Verstöße gegen das Sakrament der Taufe und die christliche Religion nicht straffrei ausgehe“, verurteilte die Inquisition Jacomo alias Aaron dazu, zwanzig Jahre „als Galeerensträfling“ zu dienen und dann für den Rest seines Lebens verbannt zu werden. Sollte er die Flucht versuchen und wieder eingefangen werden, würde „er an dem üblichen Richtplatz gehenkt werden . . .“

## Francisco Oliviero, 1549

Die Geschichte beginnt damit, dass Oliviero im Haus einer Kurtisane, Laura Romana, die in der Calle del Pestrin in Santo Stefano wohnte und „die er wie ein Christ gekleidet, mit einem schwarzen Hut, einem Degen und einem Dolch aufsuchte“, eine Verletzung davontrug.

Es wäre eine banale Geschichte, wenn sich nicht, nachdem er zwei Tage im Haus von Zuan Paolo verbracht hatte, etwas Außergewöhnliches zugetragen hätte. Zuan Paolo nämlich „führte ihn aus seinem Haus und brachte ihn ins Ghetto, in die Herberge der Juden, um ihn dort pflegen zu lassen“. Dieses Verhalten erweckt Zweifel an der Identität des Mannes: Ist er Jude oder Christ? Die Inquisition stellt Nachforschungen an und bestellt einige Zeugen ein, darunter Antonio de Bernardi, den Subdiakon der Kirche von Sant’ Angelo, der berichtet, was ihm passiert war: „Eines Nachts, ungefähr um vier Uhr, wurde ich gerufen, um einem Verletzten die Beichte abzunehmen und gleich in die Corte del Pestrin unterhalb der Holzbrücke zu gehen, in die neuen Häuser bei der Brücke, ich weiß nicht, ob es die erste oder die zweite Tür war, ich weiß nicht, wer es war, wo ich dem Verletzten die Beichte abnahm.“ Er fügt hinzu, dass er auf ihn wie ein Fremder gewirkt habe, vielleicht wie ein Spanier. Er habe gebeichtet, und daraufhin habe er ihm „nach dem Auftrag Unserer Heiligen Mutter Kirche“ die Absolution erteilt.

Ein anderer Zeuge war der Advokat Victorio da Pesaro, der im Haus des hochwohlgeborenen Messer Zuan Battista Contarini wohnte. Ist Francisco Oliviero nun Jude oder Christ? Darauf lautete seine Antwort: „Das kann ich Euch nicht sagen, ich weiß nur, dass er zu den aus Portugal stammenden Marranen gehört.“ Der Zeuge berichtet, dass er den Verletzten besucht habe und wisse, dass er am folgenden Tag in das Haus von Paolo Paruta in Santa Marcuola – in der Nähe des Ghettos – und wieder einen Tag später ins Ghetto gebracht worden sei.

Ein anderer Zeuge, Zuan Francesco Brandi, wird vorgeladen, und die Inquisition richtet einige Fragen an ihn, um zuverlässige Auskünfte über die mutmaßliche Identität Olivieros einzuziehen. Brandi erwidert, er habe den Mann im Haus des spanischen Botschafters kennengelernt und von einigen seiner Freunde, die über den wahren Glauben des Angeklagten nicht wenig erstaunt waren, Gerüchte gehört. Es heißt, er habe einen jüdischen Bruder im Ghetto und sei mit dem gelben Hut gesehen worden.

Ein anderer Zeuge, der Besitzer der Herberge, Bondi di Vitali, wird gefragt, „ob dieser Zeuge den Francisco, genannt Oliviero, kenne, einen jungen, großen, dunklen Mann mit spärlichem Bartwuchs . . . und ob dieser Jude oder Christ sei, ob er jüdische Verwandte habe und ob Francisco Oliviero sich nach jüdischem Brauch zu kleiden pflege“. Der Zeuge berichtet, man habe ihm erzählt, dass ein verwundeter Mann mit Namen Joseph eingetroffen sei und dass er ihm, wie aus den Registern der von auswärts kommenden Juden hervorgehe, ein Zimmer zugewiesen habe. Er habe sich mit seinem Namen „Joseph hebreo“ eingetragen und man habe ihn für einen Juden gehalten und ihm „gemäß dem Brauch der Juden und nach jüdischer Art zu essen“ gegeben. Er fügt hinzu, dass dieser Joseph einen Bruder namens Davide habe, der „jede Woche“ von Ferrara nach Venedig und Ancona fahre und „ein rechtschaffener und nach jüdischer Art gekleideter Jude“ sei, während sich besagter Joseph bald nach christlicher, bald nach jüdischer Art kleide, das heißt den gelben Hut trage. Bondi di Vitali schließt mit folgenden Worten: „Ich habe ihn für einen Juden gehalten, und als Jude ist er auch in meinem Buch registriert . . . Und um Euch die Wahrheit zu sagen, ich brachte ihn aus dem Haus, damit er, wenn er stürbe, nicht zwischen Christen bestattet würde.“

„Der gegenwärtig im Gefängnis der Hochwohlgeborenen *Signori di Notte* einsitzende“ junge, schlanke, hochgewachsene und dunkelhäutige Mann mit spärlichem Bartwuchs, Francisco Oliviero de Ulsbona, wird vor die Inquisition zitiert. Er erklärt, nicht zu wissen, warum er gefangen gehalten werde, „höchstens wegen meiner Verletzung“. Seine Aussage nimmt dramatische Züge an. In das Haus der Calle del Pestrin habe er sich vor einem Anschlag geflüchtet: Eine Alte „blies die Kerze aus und ließ mich im Dunkeln zurück, wo mich jener Bewusste einholte, mich mit sieben tödlichen Stichen verletzte und als halbtoten Mann zurückließ“. Vom Tode bedroht, sei sein erstes Bedürfnis gewesen, einen Priester zu rufen, der gekommen sei, und diesem habe er gebeichtet.

Die Inquisition fragt schließlich den Betreffenden, ob er Jude oder Christ sei. Er antwortet: „Ich bin Christ. Aber ich bin beschnitten, und es war mein Vater, der die Beschneidung vornahm.“ Er beteuert, er könne sich weder daran erinnern, wann er beschnitten, noch, wann er getauft wurde: „Ich habe Zeit meines Lebens wie ein guter Christ gelebt.“

Die Richter legen sofort Einspruch ein. Warum habe er dann, wenn er ein guter Christ sei, nach jüdischer Sitte im Ghetto gelebt und den gelben Hut getragen? „Ich hatte kein Geld und nichts zum Leben, und so brachte man mich ins Ghetto, wo ich viele jüdische Verwandte habe, und bis jetzt bin ich in der Herberge der Juden gewesen, und meine Verwandten haben für mich gezahlt." Doch wo diese Verwandten jetzt seien, wisse er nicht. Oliviero erklärt feierlich, dass er sich, wenn man ihm nachweisen könne, dass er den gelben Hut getragen oder nach den jüdischen Bräuchen gegessen und getrunken habe, jeder Strafe unterziehen würde, fügt aber sofort hinzu: „Natürlich habe ich mit Juden gegessen, die ja meine Verwandten sind, doch ich habe ihre Bräuche nicht befolgt."

Dann wird ein Herbergsdiener namens Leonardo als Zeuge geladen. Dieser bestätigt, Francisco Oliviero mit dem gelben Hut gesehen zu haben: „. . . und es war unter den Portiken, gegenüber vom Ghetto Vecchio in Chanalregio [Cannaregio] . . ." Und im Ghetto hielt man ihn dann für einen Juden oder für einen Christen? Der Herbergsdiener ist unschlüssig. Er glaube, dass er sich eher wie ein Jude als wie ein Christ benahm, sagt er, aber er zeigt sich nicht allzu sicher, „und zwar, weil die Juden gegenüber einem Christen nichts über ihre Angelegenheiten nach außen dringen lassen, und sie reden auch nicht darüber".

Dieselben Fragen werden an einen anderen Zeugen, Ser Antonio, einen Korn- und Terpentinhändler, gerichtet, der bestätigt, den Angeklagten gekannt zu haben, „bevor er durch die Hure verletzt wurde". Er berichtet, dass einige seiner Freunde, die ihn zwar als anständigen Mann schätzten, „Zweifel hegten, ob er Jude oder Christ sei". Ja, er habe ihn mit dem gelben Hut gesehen und erinnere sich noch an die erstaunten Kommentare.

Ein anderer Herbergsdiener, Jacobo Veronese, berichtet dem Gericht über einen Wortwechsel: „Besagten Francisco habe ich auf der Brücke zum Ghetto mit dem gelben Hut auf dem Kopf gesehen, und er sagte mir: ‚Na, was meinst du?' Ich habe ihm gesagt: ‚Ich meine wohl, dass du geheilt bist.'"

Francisco Oliviero sagt erneut aus. Welcher Art seien seine Beziehungen zu der Besitzerin des Hauses gewesen, in dem er die Verletzung davongetragen habe? „Sie war wie eine Freundin und Kurtisane, und ich hatte zufällig mit ihr zu tun, so wie es für einen jungen Mann üblich ist." Sei er Jude oder Christ? Der Angeklagte protestiert heftig: „Ich bin Christ und möchte als Christ sterben, und ich habe mich immer als Christ ausgegeben, habe auch nicht Kleider nach jüdischem Brauch getragen, und wenn es Zeugen gibt, die gegen mich aussagen, dass ich anders gekleidet gegangen bin, warum fragt Ihr mich dann danach?" Er fügt hinzu, er habe erst nach seiner Verletzung Beziehungen zu den Juden gehabt. Warum schickten ihm die Juden dann Geld ins Gefängnis? „Ich weiß es nicht. Sie kommen aus meiner Heimat und sind Juden, und deswegen helfen sie mir."

Habe er niemals seinen Namen geändert? „Nein."

Das Urteil lautete: Francisco Oliviero, „Jude und beschnitten“, hat gestanden, „mit einer christlichen Frau verkehrt“ zu haben. Dann habe er sich nach seiner Verletzung von einem Priester die Beichte abnehmen lassen „wie ein Christ“ und damit den katholischen Glauben „verhöhnt“. Er habe sich ins Ghetto bringen lassen, wo er sich Joseph habe nennen lassen und „nach jüdischer Sitte“ gegessen und getrunken habe; dann, nach seiner Genesung, habe er „zum nicht geringen Erstaunen der Gläubigen“ den gelben Hut getragen. Er wurde daher zu einer vierjährigen Galeerenstrafe und zur lebenslänglichen Verbannung aus Venedig und dessen Herrschaftsgebiet verurteilt.

### Odoardo Gómez und Augustino Enríquez, 1555

Die Geschichte von Gómez und Enríquez ist mit der der in Venedig lebenden Marranen, insbesondere mit der Familie Mendes, verknüpft.

Das Gericht bestellt Donna Julia ein und bittet sie um Auskünfte über Odoardo Gómez und Augustino Enríquez, spanische Kaufleute, die in Santa Maria Formosa in der Nähe der Brücke Ponte dell' Angelo in einem großen Haus über dem „Holzschnitzer“ wohnen. Die Zeugin antwortet: „In diesem Haus gibt es ziemlich viele Personen, Juden und Frauen, und ich hielt mich gewöhnlich mitten unter ihnen auf, und dann haben sie mich weggeschickt.“

Der Zeuge Mastro Simone liefert bezüglich der Identität der beiden Angeklagten folgendes Resümee: „Was ihren Glauben anlangt, so bezweifle ich, dass sie noch Juden sind, da sie behaupten, Christen zu sein.“ Sie unterhalten zu viele Beziehungen zu Juden und Marranen, um sich nicht verdächtig zu machen, „und sie sind Geschäftsführer der Beatrice de Luna, die in Konstantinopel als Jüdin lebt, und bei ihr hält sich auch ein Bruder des besagten Odoardo auf“.

Ein weiterer Zeuge, Gottardo Areari, sagt, er würde sie seit vier Jahren gut kennen und habe mit ihnen Geschäfte gemacht. Er habe sie in der Gesellschaft des spanischen Botschafters sowie beim Kirchgang in San Marco gesehen, habe mehrmals mit ihnen gegessen und bemerkt, dass sie alles aßen. Trotz allem sei er nicht von ihrer Identität überzeugt, ja, je mehr er darüber nachdenke, umso weniger sei er überzeugt, und er erklärt: „Von außen her betrachtet, glaube ich nicht, dass sie so gute Christen sind, wie sie sein sollten, und wir haben wohl viele Male über die Zeremonien der Christen, der Türken und der Juden miteinander gesprochen und ihnen gesagt, dass die Zeremonien der Christen viel schöner seien als die der anderen, worauf sie nichts erwidert“ hätten.

Odoardo Gòmez, der eine der beiden Angeklagten, wurde von der Inquisition einem Verhör unterzogen: „Ich bin 45 Jahre und einen Monat und einen Tag alt.“ Er erzählt, dass sein Vater nicht als Christ geboren sei und er sich nicht erinnere, wann dieser sich bekehrt habe; vielleicht zur Zeit der großen Bekehrungswelle in Portugal

1492. Er habe drei Brüder – Thomaso, Guglielmo und Vincenzo –, die Christen seien, aber in Konstantinopel als Juden lebten und sich Abraham, Joseph und Jonas nannten. Gòmez sagt, er selbst sei Kaufmann, habe aber in Medina Literatur, Kunst, Philosophie und Medizin studiert. Seine Frau Clara und seine vier Söhne und vier Töchter seien alle katholisch, gingen zur Beichte und während des Jahres oft zur Kommunion, manchmal auch in Venedig, und zwar in San Marco. Weiter sagte er: „Wir pflegen Umgang mit Juden aus der Levante und aus Ancona, weil wir mit ihnen Handel treiben, und aus keinen anderen Gründen." Er leugnet nicht, mit dem spanischen Botschafter und anderen über die Zeremonien der Türken, der Juden und der Christen gesprochen zu haben, behauptet aber: „Die Schlussfolgerung unserer Überlegungen war, dass die Religion der Juden hohl und eitel ist, die christliche aber gut und heilig." Die Richter, die sich sehr für die turbulente Geschichte der Schwestern Mendes oder de Luna interessieren, fragen Gómez, ob er eine von ihnen kenne. Gómez antwortet, dass er Beatrice de Luna kennengelernt habe, die zu jener Zeit Christin gewesen sei, obschon er gehört habe, dass sie jetzt als Jüdin lebe.

Die Richter gestatten dem Arzt Zuan Battista de Freschi Olivi, dem ehemaligen Juden und jetzigen vor Eifer glühenden Christen, ein Gutachten über die Beschneidung des Gómez und seines Sohnes Consalvo anzufertigen. Sein Gutachten fällt enttäuschend aus: „Und um meine Aussage über den besagten Odoardo besser zu klären, sage ich, dass das Glied des Sohnes des Besagten beschnitten zu sein scheint, doch was das des Besagten selbst anbelangt, so bin ich im Zweifel, weil ich noch keinen beschnittenen Erwachsenen gesehen habe."

Der Angeklagte beteuert weiterhin, ein guter Gläubiger zu sein, wirkt aber nicht sehr überzeugend auf das Gericht. Er sage, dass alle in seiner Familie zur Beichte und zur Kommunion gingen. Warum habe er dann aber seine Kinder über Ostern nach Ferrara geschickt? „Damit sie mit ihrer Mutter und ihren Schwestern feiern, denn hier hatten sie zu dieser Zeit nichts zu tun."

Einige Zeugen bestätigen den Inhalt seiner Aussage. Ein Kaufmann: „In all seinen Zimmern habe ich Bilder von Christus und der Madonna gesehen." Ein anderer berichtet, er habe ihn bei Predigten und Messen in San Marco sowie in der Frarikirche und in San Polo gesehen. Nicht nur ihn, sondern auch den anderen Angeklagten, Agostino, seinen Partner, und zwar beide mit ihren Kindern und Dienern. Ein anderer Zeuge bestätigt, dass sie am Samstag immer ihren Geschäften nachgingen und bei Tische das aßen, was man ihnen vorsetzte, auch Schweinefleisch und andere Speisen, die den Juden verboten sind. Sie hätten sich sogar Briefe in hebräischer Sprache von anderen Juden vorlesen lassen, was darauf schließen lasse, dass sie die hebräische Sprache nicht beherrschten. Viele Zeugen sagen zu seinen Gunsten aus: „Ein guter Christ, der christlich lebt." – „Ich habe ihn sehr oft in der Kirche gesehen." – „Ich habe gehört, dass die Brüder und Verwandten von Messer Odoardo ihn nicht gern haben, weil er nicht wie ein Jude leben möchte, und das habe ich mehrfach sagen hören."

Agostino Enríquez, der krank in Ferrara weilt, kündigt brieflich seine Ankunft in Venedig an. Auch wenn es aus den Prozessakten nicht eindeutig klar wird, scheinen die beiden Angeklagten freigesprochen worden zu sein.

## Licentiato Costa, 1555

Die Geschichte von Licentiato Costa, der 1555 vor das Inquisitionsgericht gestellt wurde, ist für die Marranen exemplarisch. Thomas Zornoza, ein Verwalter von Brianda de Luna, sagt über ihn: „Ich halte ihn für einen Ketzer, weil ich ihn aus Spanien habe kommen sehen, und dort war er Christ. Dann ist er nach Saloniki gegangen und hat sich als Jude ausgegeben. Ich habe sagen hören, er habe sich in Ferrara beschneiden lassen, während Odoardo Gómez und Augustin Enriches [Agostino Enríquez] mir gesagt haben, dass er Christ sei."

Ein fremdländisch gekleideter Mann mit langem grauen Bart, der wie ein Siebzigjähriger aussieht, tritt vor das Gericht und seine Richter. Er erklärt, er sei Tristan da Costa aus Viana in Portugal, der Sohn des Isaac Odoardo Costa. Und der Name seiner Mutter? Er sagt, dass er ihn nicht kenne; sie sei Jüdin geblieben, als sein Vater damals zum Christentum übertrat, wozu der König von Portugal alle Juden gezwungen habe. Er erinnere sich nicht an das Geschehene; denn er sei damals noch zu klein gewesen. Was er wisse, hätten ihm sein Vater und seine Brüder erzählt, die man ins Gefängnis geworfen und zwangsgetauft habe. Die Richter wollen etwas mehr wissen, aber Licentiato wiederholt: „Mein Vater und meine Brüder haben mir gesagt, dass man mich aus dem Bett meiner Mutter genommen und getauft habe." Er habe also wie ein Christ gelebt? Er antwortet ausweichend: „Zu der Zeit, als man mir das alles erzählte, lebte ich nach außen hin so, wie man es mir gesagt hatte, und ich ging manchmal mit den Christen zur Messe aus Angst, dass man mich ins Gefängnis werfen würde. Aber zur Kommunion bin ich nie gegangen ... In meinem Inneren lebte ich wie ein Jude, und dann bin ich fort und nach Lissabon gezogen. Dort blieb ich acht Monate, um mich einzuschiffen, und ich verhielt mich in keiner Hinsicht wie ein Christ, weil ich zu Hause das machte, was mir passte. Von Lissabon ging ich nach Flandern und nach Antwerpen, um dann schließlich hierherzukommen." Er berichtet noch, dass er, ehe er nach Lissabon ging, nach Salamanca und von Salamanca nach Viana gezogen sei, wo er „eine Frau aus unserem Volk" geheiratet habe. Mit ihr habe er fünf Kinder gezeugt, die er habe taufen lassen, aber nur aus Angst vor der Inquisition.

Und was sei Licentiato Costa nun – Jude oder Christ? Der Angeklagte erzählt, dass er nach Donna Brianda de Luna geschickt habe, die mit ihrer Schwester im Streit liege und im Besitz eines Schutzbriefes des Rates der Zehn nicht nur für sich selbst, sondern für fast dreißig Personen aus ihrem Gefolge, Diener und Agenten –

allesamt Neuchristen – sei. Er wäre nicht nach Venedig gekommen, wenn er gewusst oder damit gerechnet hätte, sich vor der Inquisition in einem Prozess verantworten zu müssen; denn er bekennt beziehungsweise bestätigt: „In meinem Inneren lebe ich als Jude, und nach außen als Christ mit dem Namen Tristano da Costa."

Die Inquisition lässt nicht locker: Aber wenigstens sein Name, Tristano, sei der nun jüdisch oder christlich? Es scheint, als ob hier wenigstens um ein Stückchen Identität gerungen würde. Doch der Angeklagte scheint, dem Prozessbericht zufolge, den Richtern keinen Gefallen tun zu wollen: „Als mein Vater mir diesen Namen gab, hat er gesagt, er hätte sich für den Namen Tristano entschieden, weil es nicht schaden würde, wenn ich so hieße."

Sei er nun Jude oder Christ? Habe er je in Venedig ein hebräisches Gebet gesprochen? Der Angeklagte antwortet, nie als Christ gehandelt und auch nicht hebräisch gebetet zu haben. Und was sei mit der Beschneidung? „Ich erinnere mich nicht, beschnitten worden zu sein. Vielleicht geschah es, als ich noch ein Kind war."

Bediene er sich in Venedig also eines christlichen Namens? „Ich habe nie erklärt, Christ oder Jude zu sein, und man hat mich auch nicht danach gefragt." Aber warum kleide sich dann einer, der in seinem Inneren Jude sei, ausgerechnet in Venedig wie ein Christ, wo doch alle wissen, dass die Juden eigene Kleider tragen? Der Angeklagte erwidert, er habe geglaubt, dass das angesichts der Vorrechte, die der Schutzbrief ihm verleihe, geduldet würde.

Noch einmal richtet sich das Augenmerk auf die berühmte Schwester Mendes alias de Luna. Lebt Brianda de Luna als Christin oder als Jüdin? Costa bestätigt, dass sie als Christin lebe. Wie könnte er dann als Jude im Haus einer Christin essen? Costa gerät nicht aus der Fassung: Er esse, so antwortet er, Gänsefleisch oder Fisch oder Obst und nicht das, was sie isst. Wenn er Fleisch esse, dann kaufe er es sich im Ghetto. Brianda esse mit der schriftlichen Erlaubnis des Pfarrers nur samstags Fleisch.

Der Inquisitor fragt Licentiato Costa, ob er wisse, warum er im Gefängnis sei. Einige aus der Generation der Marranen, antwortet er, Odoardo Gómez und Agostino Enríquez, seien gegen Brianda de Luna und ständen im Dienst ihrer Schwester Beatrice und möchten, dass Brianda Beatrice nach Konstantinopel nachfolgt. Sie hätten ihn in die Sache hineingezogen, um seiner Herrin Ungelegenheiten zu bereiten.

Im letzten Teil seiner Aussage wirft Licentiato Costa noch einmal ein Schlaglicht auf das Marranentum, indem er dem Gericht sein doppeltes Ich – das äußere und das innere Ich, wie er es nennt – schildert, sein Leben nach jüdischer Tradition mit dem schwarzen Hut ohne irgendwelche Schuldgefühle, da er im Besitz des Schutzbriefes war und sich in Sicherheit wiegte. Das, was er als Christ getan habe, habe er nur aus Angst vor der Inquisition gemacht.

Das Gericht zieht aus der Debatte eine realistische Schlussfolgerung: Licentiato Costa wird durch den Schutzbrief des Rates der Zehn geschützt und ist deshalb unverzüglich freigelassen.

## Aaron und Asser, 1563

Aaron und Asser waren zwei junge Juden, die vor einiger Zeit in das Haus der Katechumenen gezogen waren, um Christen zu werden. Aaron kam aus dem Ghetto, während Asser polnischer Herkunft war.

Eines Tages, als sie gerade in der Laube saßen, die auf den Platz schaut, sei der Monne vorbeigekommen, ein Lastenträger, der gewöhnlich einen großen Teil seiner Zeit im Ghetto verbringe. Er habe mit ihnen geredet, und von jenem Augenblick an sei der Eifer der jungen Leute abgekühlt, und sie hätten beschlossen, Juden zu bleiben. Asser habe Flüche ausgestoßen und gesagt, dass „die Jungfrau Maria zwei Nächte mit einem Mann aus Fleisch und Blut geschlafen" und von ihm „Christus empfangen" habe, und er habe sich sogar dazu verstiegen, einen Ball gegen ihr Bild zu schleudern. Als die anderen beteten, hätten sie sich nicht angeschlossen und die Heiligen verhöhnt. Eines Tages, es war Samstagvormittag, habe Asser „das saubere Seidenhemd für den Sonntag" angezogen. Den Gefährten, die ihn fragten, warum er nicht bis zum christlichen Feiertag warte, habe er gesagt: „Weil ich kein Christ bin, sondern ein guter Jude, weil alle Christen in die Hölle kommen." Der Katechumene Samuel, ein Jude aus Kairo, Sohn des Isaak aus Sidat, habe ihm daraufhin gesagt: „Halt den Mund, was ist das nur für eine Schande, zieht ihm das Hemd aus!", und da habe er „losgelegt, dass der Herrgott zu der Zeit gezeugt wurde, als die Madonna ihre ‚Blume' oder Menstruation hatte, und um sie noch mehr zu verhöhnen, sagte er *Mamser bar-Ilanid*, was so viel bedeutet, wie ich gerade gesagt habe." Asser habe fortgefahren: „Wenn ich Christ werde und sie mir ein schönes Kleid anziehen, laufe ich davon."

Auch Giovanni Gabriel, ein Jude und jetzt Katechumene, berichtet: „Wir sind gerade in einer Prozession, bei der wir Litaneien zum Lobe der Jungfrau sangen, durchs Haus gezogen", und da kommt der Asser mit einem Ball daher, zielt „auf das Gesicht besagten Bildes und lacht und spottet. . . Da habe ich zu ihm gesagt: ‚Wenn du kein guter Christ wirst, wird man dich ins Gefängnis stecken.' Er hat mir geantwortet: ‚Halt den Mund, du Dummkopf, ich will ein guter Jude und kein Christ sein.'"

Chajim aus Saloniki, der Sohn des Salomon, derzeit Katechumene und als Zeuge vorgeladen, erzählt, er habe vor einem Monat den Lastenträger, den Versucher, gesehen, der den Aaron unter seinen Einfluss gebracht und zu ihm gesagt hatte: „Komm ins Ghetto! Was willst du denn dort? An Geld wird's dir nicht fehlen." Asser dagegen „zog sich aus Trotz das saubere Festtagshemd an und sagte verächtlich, er wolle Jude sein, und er stieß fünfzig Flüche aus, die ich nicht wiederholen kann, weil er so abscheulich über den Herrgott und die Madonna und alle Heiligen redete".

Auch Paolo der Deutsche berichtet, dass er an dem Tag, als man Asser und Aaron ins Gefängnis brachte, „Juden, die in das Haus der Katechumenen gekommen waren, um Christen zu werden", habe sagen hören, dass sie keine Christen mehr werden wollten. „Der besagte Asser wollte frei sein und niemandem, nicht einmal der Jungfrau Maria, gehorchen."

Die als Zeugin einbestellte Donna Angela sagt folgendes aus: „Ich habe gesehen, dass ein Träger, der mir jung vorkam, weil ich noch keinen Bart an ihm gesehen habe, und der als Träger gekleidet, weder besonders groß noch besonders klein war, zu jenem Juden sagte: ‚Komm runter, wir hauen ab, lauf, lauf!'" Und Donna Filippa sagt: „Ich habe Donna Anzola gehört... Sie rief und sagte zu dem einen: ‚Ha, du Gauner! Wenn die Herrschaften das wüssten, würden sie dich durchprügeln, weil du versuchst, die vom rechten Weg abzubringen, von denen bekannt ist, dass sie sich recht verhalten.'"

Schließlich wird einer der Angeklagten vor das Gericht zitiert: „Ich heiße Aaron der Deutsche aus Prag in Böhmen, ohne Arbeit, war im Ghetto und war Jude und lebte dort halt als jemand ohne Geld und Arbeit." Er wird gefragt: „Wenn du gar keine Arbeit hattest, wovon hast du dann gelebt?" – „Unter Juden ist es üblich, dass der, der nichts hat, bei jenen bettelt, denen es gutgeht, und die geben ihm Geld."

Aaron berichtet dem Gericht, dass er sich immer schon habe taufen lassen wollen, aber bei einer anderen Gelegenheit und an einem anderen Ort, und er leugnet, jemals schlecht über Jesus, die Madonna und „die Heiligen" gesprochen zu haben. Er streitet auch ab, gesehen zu haben, wie Asser der Madonna den Ball ins Gesicht zielte. Er leugnet, gehört zu haben, wie Asser erzählte, dass die Jungfrau Maria zwei Nächte mit einem Mann aus Fleisch und Blut geschlafen habe. Wenn er das gehört hätte, hätte er ihm ins Gesicht gespuckt. Er bestätigt, den Träger Mona [Monne] getroffen zu haben, der ihn mit schmeichelnden Worten gedrängt und gelockt habe, dass er ins Ghetto zurückkehren solle. Ferner, ob der Mona „am Freitag oder Samstag" Fleisch esse, könne er nicht mit Gewissheit sagen, auch wenn es zutreffe, dass viele, die den Levantinern dienen, „essen, wie diese es tun, und sie sind weder Juden noch Christen, noch Türken, und ich weiß auch nicht, welche Gebote sie befolgen".

Der Inquisitor fragt Aaron: „Und welchem Glauben hängst du an?", und Aaron bestätigt, dass er ein guter Christ sein wolle, und beharrt auf seiner Version: Sie hätten sich taufen lassen, vielleicht nicht sofort, aber bei der ersten Gelegenheit, wenn Gott es ihnen eingegeben hätte.

Auch Asser wird vor Gericht gestellt und mit Hilfe eines Dolmetschers verhört. Er erzählt, dass er aus einem Dorf östlich von Lublin in Polen mit Namen Chelm stamme. Ja, richtig, ein gewisser Salomon habe ihn überredet, sich nicht sofort taufen zu lassen, aber er, Asser, wollte Aaron überzeugen, das gleiche zu tun. Ja, er habe mit dem Prior gestritten, der ihm nichts zu essen habe geben wollen, auch weil er ohne seine Erlaubnis aus dem Haus gegangen sei. Er habe sich plötzlich im Haus der Katechumenen nicht mehr wohl gefühlt und beabsichtigt, wegzugehen und sich anderswo taufen zu lassen, vielleicht nachdem er mit Hilfe von Messer Salomon sich ein bisschen Geld verdient hätte. Was habe Asser gemacht, bevor er ins Ghetto kam? Er habe Wasser und Holz ausgetragen. Warum habe Asser an jenem berühmten Samstag das Hemd gewechselt? Weil das eine Hemd schmutzig war, habe er ein sauberes angezogen. Warum habe er so oft mit dem Prior gestritten? Weil der Prior ihm nichts zu essen gegeben habe und weil alle Deutschen so reizbar seien, wenn man ihnen nichts zu essen und zu trinken gäbe. Stimme es, dass der Angeklagte gesagt habe, die Jungfrau Maria sei eine „Verruchte"? Der Angeklagte: „Was soll denn das für eine Sünde sein? Als ich zu den Katechumenen kam, habe ich viele solcher Fragen gestellt, um die Wahrheit zu erfahren."

Das Gericht fordert den Angeklagten über den Dolmetscher auf, die Wahrheit zu sagen. Er antwortet: „Die Jungfrau war eine Heilige. Der Engel hatte gesagt, dass Christus aus ihr geboren werden müsse, und er war der wahre Messias." Und warum habe er dann den Ball der Madonna ins Gesicht geschleudert? Und die üblen Reden gegen die Heiligen? Der Angeklagte leugnet und sagt, es sei nur zum Spaß gewesen. Er sagt, er habe sich benommen, wie sich die Juden benehmen, wenn sie ihre Gebete sagen: Einige sagen sie, andere spielen, und er habe sich, da er zu jenem Zeitpunkt noch nicht getauft gewesen sei, eben wie ein Jude verhalten, und die ganze Sache sei für ihn überhaupt nicht so wichtig gewesen.

Das Gericht gibt durch den Mund des Dolmetschers zu verstehen, dass es ihn für wenig glaubwürdig und für einen Opportunisten hält und glaubt, er wolle nur Christ werden, um sich vor der schweren Arbeit zu drücken, die er im Ghetto verrichten müsse.

# Die Buchproduktion im Venedig des 16. Jahrhunderts

*Die ersten Buchdrucker und Daniel Bomberg – Der Streit zwischen Bragadin und Giustiniani – Die Talmudverbrennung – Die Kisten mit den verbotenen Büchern –* De medico hebreo *– Der* Discorso sopra gli accidenti del parto mostruoso

Piazza San Marco, Campo Sant' Angelo, Rialto und Campo Santa Maria Formosa – in diesem unregelmäßigen Viereck lebten die Buchhändler mit ihren Läden, die sich vor allem um die Mercerie und den Campo San Bartolomeo konzentrierten.

Im 16. Jahrhundert war Venedig die Stadt der Bücher. Vorsichtige Schätzungen sprechen von fünfzehntausend Titeln mit einer durchschnittlichen Auflage von mindestens eintausend Exemplaren. Wieder einmal wurde die Lagunenstadt zu einem Anziehungspunkt für die europäische – ja nicht nur für die europäische – Kultur, weil durch die Buchproduktion die Entstehung eines raffinierten geistigen Klimas gefördert wurde. In einzigartiger Weise wurde die Beziehung zwischen Venedig und den Juden durch die allerdings von ungezählten Schwierigkeiten begleitete Herausbildung eines wichtigen Zentrums des hebräischen Buchwesens bereichert, dessen Produktion nicht nur in quantitativer Hinsicht von großer Bedeutung war, sondern auch wegen seiner hohen Qualität. Angelockt von diesem günstigen Klima, kamen aus ganz Italien und aus ganz Europa jüdische Intellektuelle herbei, die im Verlagswesen tätig waren, beziehungsweise Gelehrte, die ihre Bücher veröffentlichen wollten. Der kulturelle Dialog im Inneren des Ghettos trug dazu bei, dass sich das hebräische Buch in allen Mittelmeerländern verbreitete, und war insofern fruchtbar, als er zahlreiche Werke über Philosophie, Grammatik und das religiöse Denken hervorbrachte. Auf diese Weise wurden in schön gedruckten und reich verzierten Büchern die bedeutendsten Strömungen des rabbinischen Denkens jener Zeit und der vorangegangenen Jahrhunderte festgehalten.

Venedig war nun ein Verlagszentrum von Weltgeltung und sein Ghetto ein Treff- und Anziehungspunkt für Juden aus allen Ländern der Erde. Hinzu kam die herausragende Persönlichkeit jener Männer, die die Grundlagen für das Gelingen des Unternehmens schufen. Zudem waren in jenem Augenblick auch die wirtschaftlichen, kulturellen, religiösen und menschlichen Voraussetzungen äußerst günstig. Vielleicht gab es auch just zu dieser Zeit eine große Anzahl wichtiger Manuskripte, die für den Druck reif waren. Dank ihrer vorzüglichen, oft sehr kostspieligen Ausstattung und der Verwendung von qualitativ hochwertigem Papier erwarb sich die venezianisch-hebräische Buchdruckerkunst in wenigen Jahren einen internationalen Ruf.

Die Gründung des Ghettos fiel zeitlich mit dem Druck der ersten Bücher mit hebräischen Lettern zusammen, auch wenn manche meinen, dass man möglicherweise schon vor dem Jahr 1516 hebräische Bücher gedruckt haben könnte, die von der Inquisition vernichtet worden seien. Aber das ist wohl kaum wahrscheinlich. Jedenfalls durften Juden – abgesehen von einigen seltenen Ausnahmen – weder als selbständige Buchdrucker noch als Verleger tätig sein und arbeiteten fast immer nur als unentbehrliche Mitarbeiter der bedeutendsten Verlage der damaligen Zeit. Sie gingen in der Stadt ein und aus, waren jedoch gezwungen, im Ghetto zu übernachten.

Es war Daniel Bomberg, ein Christ mit einem etwas jüdisch klingenden Nachnamen, der mit der tatkräftigen Hilfe eines Mönches, Felice da Prato, und zusammen mit zahlreichen Mitarbeitern und Korrektoren, die über hebräische Sprachkenntnisse verfügten, den Druck von Büchern mit hebräischen Lettern begann. Als erstes druckte Bomberg den Pentateuch, eine Auswahl aus den Prophetenbüchern und drei aufeinanderfolgende Ausgaben (1516/1517, 1524/1525, 1548) der großen rabbinischen Bibel, die nicht nur den hebräischen Text, sondern auch die aramäische Übersetzung und Kommentare berühmter jüdischer Exegeten des Mittelalters enthielten. Fra Felice war der Herausgeber dieser ersten Ausgaben: Er kümmerte sich um die Texte, aber auch um die Mitarbeiter. Das ging so weit, dass er sich 1515 an das *Collegio* wandte mit der Bitte, ihm „vier wohlgelehrte jüdische Männer“, eventuell auch Fremde, als Gehilfen zur Seite zu stellen, die das Privileg genießen sollten, den schwarzen Hut zu tragen. Die erste Ausgabe der Bibel wurde Leo X. gewidmet. Das lässt darauf schließen, dass die Leser hebräischer Bücher nicht ausschließlich Juden waren, sondern dass das Interesse für die jüdische Kultur auch in humanistischen und theologischen Kreisen verbreitet war. Die hebräischen Bücher wurden also anfänglich positiv aufgenommen, auch wenn sie manchmal – vielleicht wegen ihrer geheimnisvollen Schriftzeichen – Misstrauen hervorriefen und gefürchtet wurden. Bomberg förderte mit seiner schätzenswerten Tätigkeit eine weite Verbreitung von Textkommentaren, die bis dahin notwendigerweise nur in einer begrenzten Anzahl von Handschriften vertrieben werden konnten. Innerhalb weniger Jahre rief dieser kühne Verleger mit Genehmigung des venezianischen Senates ein grandioses Projekt ins Leben: Es handelte sich um den Druck des Babylonischen Talmud in zwölf Bänden (1510–1523) und den des Palästinensischen Talmud (1522–1523) sowie von Gebetsbüchern, die von zahlreichen Gemeinden in der damaligen Diaspora bestellt worden waren; die Aufträge dazu waren aus Rom, Spanien, Deutschland, Griechenland, ja sogar aus dem syrischen Aleppo eingetroffen.

Zwischen 1533 und 1537 ruhte der Buchdruck in Venedig trotz der internationalen Anerkennung seiner Qualität, aber man weiß nicht genau, aus welchen Gründen.

1538 wurde dann ein echter Klassiker der jüdischen Kultur, *Massoret ha-Massoret* von Elia Levita, gedruckt. Ein knappes Jahr danach erschien überraschenderweise ein Band mit antijüdischer Polemik, *I sentieri del deserto* von Gérard Veltuyck. Später arbeiteten auch Johannes Treves und Meir Parenzo in Bombergs Werkstatt, zu einem Zeitpunkt, als der Stern des berühmten Buchdruckers bereits am Verblassen war, auch wenn er bis zuletzt Werke von Rang produzierte, wie etwa die *Doveri dei cuori* von Ibn Pakuda und Werke des spanisch-jüdischen Dichters Ibn Gabirol.

Der sinkende Stern Bombergs wurde schließlich von dem aufgehenden Stern von Marco Antonio Giustiniani aufgefangen, der, gleich nach Aufnahme seiner Tätigkeit, binnen kürzester Zeit achtzehn hebräische Bücher drucken ließ, darunter die Pentateuch-Kommentare des Moses Nachmanides. 1548–1549 beendete Bomberg seine Aktivität mit einer neuen Ausgabe des Talmud und veröffentlichte einen hebräischen Text des Buches der Sprüche, des Hohenliedes und des Buches Prediger. Sein wichtigster Mitarbeiter, Cornelius Adelkind – der vor seinem Übertritt zum Christentum Israel ben Baruch geheißen hatte –, und sein Sohn Daniel setzten seine Arbeit fort, ohne jedoch die alte Qualität zu erreichen. Bombergs berühmte hebräische Lettern blieben nicht in ihrem Besitz, und viele Buchdrucker kauften sie, weil sie ihre hervorragende Qualität schätzten.

Marco Antonio Giustiniani begann seine Arbeit im Jahre 1545 in einer Buchdruckerei am Rialto alla Giustizia Vecchia in der Calle dei Cinque. Zwischen 1546 und 1551 druckte er den Babylonischen Talmud und befand sich als einziger Verleger großen Stils in einer Monopolstellung. Die Gebrüder de Farri druckten nämlich nur zwölf hebräische Bücher und Brucello nur ein einziges Glossar mit Begriffen aus der jüdischen Philosophie.

Zusammen mit einigen neuen Entwicklungen auf internationaler Ebene änderte sich auch das Klima der Toleranz gegenüber dem hebräischen Buchwesen. Schon 1550 – also in dem Jahr, in dem die Ausweisung der Marranen angeordnet wurde – protestierte Kardinal Varallo bei Venedigs Botschafter in Rom gegen die Ausgabe des Talmuds, den Giustiniani 1551 fertigzustellen gedachte. 1551 verfügte dann das *Collegio,* das in irgendeiner Weise auf die Sorgen des Papstes reagieren wollte, dass die *Esecutori contro la Bestemmia* den Talmud überprüfen und bekanntgeben sollten, ob es darin Seiten gäbe, die möglicherweise zu beanstanden wären. Eine andere, scheinbar banale Episode trug dazu bei, das Klima weiter anzuheizen. Im selben Jahr wurde in Venedig eine neue Buchdruckerei eröffnet, die von Bragadin, die mit der *Mischne Tora* oder *Iad Ha-Chasaka* („Wiederholung der Lehre" oder „Die starke Hand") von Moses Maimonides, versehen mit einem Kommentar von Meir Katzenelnbogen aus Padua, debütierte. Fast gleichzeitig ließ auch Giustiniani dieselbe Handschrift drucken, allerdings ohne die Anmerkungen von Rabbiner Meir. Zwischen Bragadin und Giustiniani entbrannte nun ein heftiger Streit: Ersterer beschuldigte letzteren, er versuche ihn vor allem beim Druck des Talmud zu boykottieren.

Die Auseinandersetzung zwischen den beiden artete sehr bald in einen hoffnungslosen Streit aus, was sich nicht nur auf die beiden Buchdrucker schädlich auswirkte, sondern auch auf das gesamte Schicksal des hebräischen Buchwesens in der Stadt. Meir Katzellenbogen bat eine der höchsten Autoritäten im Bereich der Interpretation der rabbinischen Gesetze, Rabbi Moses Isserles aus Krakau, um Hilfe. Dieser drohte, nachdem er alles zusammengetragen hatte, was er für ein Urteil benötigte, all jenen die Exkommunikation an, die die von Giustiniani gedruckte Handschrift des Maimonides erwerben würden. Damit hatte Bragadin seine erste Schlacht gewonnen, aber die Sache war keineswegs ausgestanden; denn sein Widersacher gab sich nicht geschlagen, sondern wandte sich, wahrscheinlich ohne die Folgen seines Schrittes zu bedenken, an das Papsttum, um zu versuchen, das Werk seines Konkurrenten verdammen zu lassen und ihn so aus dem Feld zu drängen. Beide Buchdrucker gingen in ihrem Versuch, den anderen zu schädigen, schließlich so weit zu behaupten, dass in den jeweiligen Publikationen blasphemische und gegen die christliche Religion gerichtete Elemente enthalten seien. Die Beschuldigungen schufen eine Atmosphäre des Misstrauens, die dem blühenden Verlagswesen beträchtliche Schäden zufügte.

Einige Konvertiten, Joseph Moro Zarfati, der sich nach seinem Übertritt zum Christentum Andrea Dal Monte nannte, und Schlomò Romano, ein Enkel des berühmten Grammatikers Elia Levita, trugen mit besonderer Hartnäckigkeit zur Verleumdung der hebräischen Bücher bei. Ende Sommer 1553 gab Julius III. eine Bulle heraus, in der er zur Übergabe oder Verbrennung der hebräischen Bücher, insbesondere des Talmuds, verpflichtete und ihre Lektüre beziehungsweise ihren Besitz verbot. In Rom wurden der Talmud und andere hebräische Bücher auf dem Campo dei Fiori verbrannt. Ein zeitgenössischer jüdischer Chronist und Verfasser des *Tränentals*, Joseph Ha Cohen, berichtet dazu: „Vor Papst Julius III. verleumdeten sie den Talmud und behaupteten, dass dieses unter den Juden verbreitete Buch die Grundlage jener Sitten und Gebräuche liefere, die sie von anderen Völkern unterschieden. Außerdem behaupteten sie, dass der Talmud den Messias der Christen diffamiere und dass der Papst seine Verbreitung nicht dulden dürfe. Julius III. konnte seinen Zorn nicht zurückhalten und gab sogleich den Befehl, den Talmud den Flammen zu übergeben. Der Wunsch des Papstes wurde umgehend von den Sbirren, seinen Polizeiagenten, erfüllt, die sich ohne Zögern daranmachten, die Häuser der Juden zu durchsuchen und jene Bücher zu beschlagnahmen, die dort aufbewahrt wurden, um sie dann auf die Straßen und Gassen von Rom zu werfen. Die Verbrennung der Talmude und der anderen hebräischen Bücher fand am jüdischen Neujahrstag 5314 nach unserer und 1553 nach ihrer Zeitrechnung auf dem Campo dei Fiori statt."

Eine Version derselben Episode, aber aus christlicher Sicht, ist in einem Brief enthalten, den Guglielmo Sirleto am 9. September 1553 von Rom aus an den Kardinal Cervini schrieb: „Heute musste ich an einer Versammlung teilnehmen ... wo man über viele Abscheulichkeiten und Unbarmherzigkeiten des Talmuds der Juden disputiert hat, und in Gegenwart der Rabbiner derselben Juden sind die Fehler nachgewiesen worden und auch die Tatsache, dass die Lehre dieses Buches von vielen Heiligen und zuletzt von Gregor IX. und Innozenz IV. zu Recht verurteilt worden ist. Obwohl die Juden gejammert und zu ihren üblichen Mitteln gegriffen haben, hat unser Herrgott am Ende doch nicht zugelassen, dass dieses Übel sich weiterhin zum Schaden und Nachteil der Seelen vieler Christen auswirke und verbreite. Am letzten Donnerstag wurde von diesen Ehrwürdigsten Herren die Verbrennung angeordnet, und heute Morgen wurden auf dem Campo dei Fiori sämtliche Talmude, die es in Rom gab, verbrannt. Die Juden hatten viele Tage damit zugebracht, Gott zu bitten, ihnen dieses Buch zu erhalten, aber Gott hat sie nicht erhört und es ihnen heute weggenommen, am ersten Tag ihres Jahres, und gewiss hat er dadurch, dass er ihnen dieses Buch fortnahm, ein großes Hindernis ausgeräumt, das ihrer Bekehrung im Wege stand."

Das Päpstliche Sekretariat schrieb dem Apostolischen Nuntius in Venedig, Beccadelli, er solle sich dafür einsetzen, dass der Talmud nicht neu gedruckt werde. Beccadelli antwortete am 19. August 1553 dem Kardinal Del Monte: „Was das Drucken des Talmud angeht, so ist dies bereits eingestellt worden, und ich werde, sollten es die Umstände erfordern, alles unternehmen . . ." Am 26. August schrieb er: „Und da Euer Hochwohlgeboren mir in der vergangenen Woche mitteilte, dass man sich anschicke, den Druck des Talmud in hebräischer Sprache zu verbieten, hat man diese Angelegenheit von der praktischen Seite her betrachtet. . . und doch meint man, dass es sicherer sei, ein Urteil in Rom, vom Tribunal der Herren Inquisitoren, ergehen zu lassen, oder wo immer es Seiner Heiligkeit gefallen mag. Dann solle das besagte Buch verurteilt und sub censuris etc. verboten werden, es zu drucken und zu verkaufen, und auf diese Weise könnte man auf die Vollstreckung des Urteils drängen und sich nicht kompromittieren."

Ende September wurde Giustiniani vom Päpstlichen Nuntius empfangen, wobei er von diesem eine Entschädigung forderte oder wenigstens um die Genehmigung bat, die bereits gedruckten hebräischen Bücher in die Türkei senden zu dürfen.

In Venedig verfügte der Rat der Zehn im Oktober 1553, nachdem er die Meinung der *Esecutori contro la Bestemmia* gehört hatte (denen zufolge der Talmud Blasphemisches über Gott, Christus und die Madonna enthielt), dass auch in der Lagunenstadt, auf der Piazza San Marco, all die inkriminierten Werke verbrannt werden sollten. Wie der Apostolische Nuntius mitteilt, wurde das Feuer am Morgen des 21. Oktober auf der Piazza entzündet. Mit der Vollstreckung der päpstlichen Bulle kam Venedig sogar noch dem Kirchenstaat zuvor; danach loderten in vielen Städten Italiens die Scheiterhaufen.

Bragadin und Giustiniani hatten, ohne es zu wollen, mit ihrem Streit eine unheilvolle Lawine ausgelöst.

Giustiniani, der in siebenjähriger Tätigkeit außer dem Talmud fünfundachtzig hebräische Bücher gedruckt hatte, musste wegen der nicht zu verkraftenden Schäden, die er erlitten hatte, schon 1552 seinen Betrieb einstellen. Bragadin zog sich 1553 aus dem Geschäft zurück. Das große und wahllose Werk der Vernichtung endete erst 1554. Im Mai und im Dezember jenes Jahres erließ der Papst zwei Dekrete, in denen der Besitz hebräischer Bücher mit Ausnahme des verhassten Talmud erneut gestattet wurde, doch er unterwarf sie einer Präventivzensur. Dabei machte er sich die Dienste glühendeifriger jüdischer Konvertiten und Neubekehrter zunutze, die die Bücher der Zensur unterzogen, Textstellen ausradierten, herausschnitten oder die Worte mit Tinte übermalten. Manchmal verblasste die Tinte der Zensoren, und so tauchten die ausgestrichenen Worte wieder aus der Vergessenheit auf. Obwohl die Verfolgungen nachließen, blieben die venezianischen Druckereien geschlossen, während in kleineren Städten – in Sabbioneta, in Riva di Trento, aber auch in Ferrara und Mantua – neue Buchdruckereien aufblühten.

הא לכם זרע לצדקה פסקים
ושאלות תשובות ספונות וחשובות והם סולת נקייה ובם
חידושים יפים מתוקים ומחמדים יסדום אבירי
הרועים הגאון מהר״ר יהודה מינץ ז״ל ה׳ה׳:
והגאון מה״רר מאיר מפדוואה ה׳ יאריך
ימיו בטוב ושנותיו בנעימים · ובלעדי
אלה סדר גיטין וחליצה מוכן
בשלחן ערוך אשר קבצום
וסדרום והוסיפו מדלהון לקח טוב:

נדפס במצות האדון מסיר אלוויז ברגדין שנת שי״ג לפ״ק
פה ויניציאה

*Deckblatt der rabbinischen Responsen von Jehuda Halevi Mintz, Venedig 1553*

In Venedig wurde in den sechziger Jahren des 16. Jahrhunderts eine Präventivzensur eingeführt, der alle Bücher, die im Umlauf waren – nicht nur die hebräischen –, unterzogen wurden. Religiöse und politische Erwägungen veranlassten die Regierung, die Einfuhr von Büchern strikt zu überwachen, und sie delegierte einen ständigen Vertreter der Inquisition zum Zollamt, der Dogana. Das Heilige Offizium ordnete Durchsuchungen in den Buchhandlungen an, und die ausgesonderten Bücher wurden systematisch vernichtet. Es waren die Jahre der Rache der Gegenreformation und des Kampfes gegen die Häresie; beauftragt mit der Zensur von Druckwerken waren eben die *Tre Savi sopra l' Eresia*.

Nach einer fast zehn Jahre dauernden Stagnation konnten die venezianischen Drucker hebräischer Bücher 1563 wiederum Atem schöpfen, obgleich die Schwierigkeiten noch kein Ende hatten; denn auch die Kommission, die auf dem Konzil von Trient den Index der verbotenen Bücher aufstellen musste, hatte bezüglich des Talmud noch keine Entscheidung getroffen. 1564 gestattete Pius IV. aufs neue die Lektüre des Talmud und seiner Kommentare; allerdings durfte auf den Titelblättern der Bücher nicht mehr das Wort „Talmud" erscheinen, und der ganze Text musste der Präventivzensur unterzogen werden. 1564 und 1565 erlebte Alvise Bragadin mit Hilfe von Meir Parenzo, einer bereits bekannten Persönlichkeit, die – einigen Quellen zufolge – schon Ende der vierziger Jahre auf eigene Faust mehrere Bücher gedruckt hatte, einen gewissen Aufschwung. Andere tüchtige Handwerker fassten neuen Mut. Cavalli druckte zwischen 1565 und 1567 einige hebräische Gesetzeskodizes, Giovanni Griffio von 1560 bis 1567 elf hebräische Bücher. Die Familie Zanetti nahm ihre erfolgreiche Tätigkeit auf, die 1608 enden sollte. Giovanni di Gara versuchte, Bomberg nachzueifern: Er übernahm seine Typographie und imitierte seinen Stil; zu seinen Gehilfen gehörten Samuele Archivolti, Leone da Modena und Ascher Parenzo. 1565 erschien auch die erste mit dem Wappen der Bragadina versehene Druckausgabe des *Schulchan Aruch* (Der gedeckte Tisch), in dem Josef Karo (1488–1575) die jüdischen Bräuche minuziös beschrieb. Darin findet die ganze Kultur der sephardischen Juden ihren Ausdruck. Um das Buch für die aschkenasischen Juden akzeptabel zu machen, fügte Moses Isserles aus Krakau kleingedruckte Randglossen ein, die von 1587 an stets den Originaltext begleiten sollten.

Gegen Ende der sechziger Jahre wirkte sich die Verschärfung der internationalen Spannungen auch auf das hebräische Buchwesen negativ aus. 1567 wurden einige Briefe in hebräischer Sprache entdeckt, die für kompromittierend gehalten und deren Authentizität angezweifelt wurde. In ihnen war von einem Plan die Rede, den die Juden von Konstantinopel und Venedig angeblich gegen die Serenissima ausgeheckt hatten. Im darauffolgenden Jahr gefährdete ein Brand in Konstantinopel das Leben des venezianischen Botschafters, und die Juden wurden für das Verbrechen verantwortlich gemacht. Im September 1568 ordneten die *Esecutori contro la Bestemmia* eine erneute Vernichtung von Tausenden noch druckfrischer Bücher an, die mit hebräischen Lettern und ohne die Genehmigung des Rates der Zehn gedruckt worden waren und die teilweise gegen das Dekret von 1559 verstießen, weil sie nicht der Zensur unterzogen worden waren. Die Schuldigen wurden mit saftigen Geldstrafen belegt. Doch die *Esecutori* gaben sich damit nicht zufrieden, sondern überprüften auch Werke, die in den Jahren davor gedruckt worden waren. Rabbi Leone da Modena musste eine Geldstrafe von 500 Dukaten entrichten, weil er drei von Zorzi Cavalli gedruckte Bücher finanziert hatte, und die *Esecutori* ließen sie allesamt verbrennen. Dieselbe Strafe traf Mosè Salati, weil er mit Giovanni di Gara tausend Exemplare einer Bibel gedruckt hatte. Dieser gab zu verstehen, dass er nicht zahlungsfähig sei, und daraufhin durfte er die Bücher nach ihrer Zensierung verkaufen, allerdings nur außerhalb des venezianischen Staates. Di Gara selbst wurde von der Beschlagnahme betroffen, weil er zum Neujahrsfest und zu Jom Kippur dreitausend Exemplare des *Machsor Sefardim* hatte drucken lassen. Die Druckerei Zanetti wurde mit einer Geldstrafe belegt, weil sie sechshundert Kopien eines Buches des berühmten Kommentators Raschi aus Troyes alias Salomon ben Isaak veröffentlicht hatte, und zahlreiche andere Bücher wurden ebenfalls beschlagnahmt. Die *Esecutori* ließen auch viele Juden eine Geldstrafe zahlen, die sich kleinerer Vergehen schuldig gemacht hatten, wie etwa verbotene Bücher illegal exportiert oder importiert oder sie unrechtmäßig besessen zu haben. Der Zorn der venezianischen Behörden traf vor allem jene, die als Finanziers fungierten; die Buchdrucker selbst wurden niemals streng bestraft, weil sie als passive Auftragnehmer betrachtet wurden. Man schätzt, dass in jener Zeit um die achttausend Bände verbrannt wurden. Viele andere wurden ins Ausland verkauft, nachdem sie weitgehend zensuriert worden waren. Nicht nur der wirtschaftliche Schaden war groß, sondern auch der kulturelle und religiöse, denn mit einem Schlag fehlten unersetzliche Lernmittel. Negativ wirkten sich diese Aktionen auch auf die Gefühle jener aus, die die eigene Kultur erdrückt und zerstört sahen.

Am üblichsten war die Beschuldigung, gegen die Zensur verstoßen zu haben, aber es ist nicht denkbar, dass so viele Leute die Vorschriften aus eigenem Antrieb so ungeniert verletzten. Wahrscheinlicher ist, dass sich das Klima in der Stadt selbst sehr verschlechtert hatte: Die internationalen Schwierigkeiten, die die Serenissima zu bedrohen begannen, erschienen unüberwindlich. Die Juden wurden als eine regelrechte fünfte Kolonne im Dienste der Türken und ihres diabolischen Ratgebers, des Herzogs von Naxos, betrachtet.

Die weniger bedeutenden Buchdrucker mussten schon bald die Waffen strecken. Cavalli, Griffio und Zanetti stellten ihren Betrieb ein, während di Gara mit reduzierter Kraft weiterarbeitete.

In den Jahren zwischen 1570 und 1573 ging es, wie noch zu zeigen sein wird, besonders stürmisch zu. Der venezianische Senat erließ zum zweiten Male nach 1548 ein Buchdruckverbot für Juden. Seither findet man üblicherweise auf der ersten

Seite jedes Buches den Satz „con licenza dei superiori“ als Beweis dafür, dass da die Inquisition eingegriffen hatte. Gleichzeitig entwickelte sich auch ein geheimer Vertrieb hebräischer Druckwerke.

Im Mittelpunkt einer Episode, von der uns in den Prozessakten der Inquisition Spuren erhalten geblieben sind, stand wieder einmal Marc'Antonio Giustiniani. Gegen ihn erstattete im April 1570 ein Priester beim Heiligen Offizium eine Anzeige wegen mutmaßlicher unerlaubter Aktivitäten im Zusammenhang mit dem Handel und dem Druck verbotener hebräischer Bücher in Cefalonia, wo der venezianische Edelmann seit 1565 Statthalter war. Der Anzeige zufolge hatte Giustiniani einen Buchdrucker und einen Buchbinder auf die Insel mitgenommen und, der Kontrolle durch die Behörden entzogen, eine Tätigkeit als Buchverleger und Bücherschmuggler begonnen. Der Priester wies darauf hin, dass sich auf einigen Schiffen Kisten mit unerlaubten Büchern befänden. Die Inquisition lud die drei Soldaten, die Giustiniani bei sich auf der Insel gehalten hatte, als Zeugen vor, und sie bestätigten auf unterschiedliche Art und Weise, dass es auf der Insel eine Druckerei mit „einem Drucker, einem Buchbinder und einem Bootsführer“ gegeben habe, die von einem gewissen „Christofalo Thodesco aus Mainz“ geleitet worden sei. Die Inquisition beschlagnahmte die verdächtigen Kisten und ließ sie öffnen, aber man fand darin nur gewöhnliche und keineswegs kompromittierende Gegenstände. Nun zeigte Giustiniani seinerseits den Geistlichen an. Das Gericht lud Cristoforo aus Mainz als Zeugen vor. Cristoforo erzählte, er habe mit Giustiniani über finanzielle Dinge gestritten und auf den Auftrag, Weltkarten mit arabischen Schriftzeichen und mit „Gebeten in türkischer Sprache“ auszuschmücken, verzichtet. Über die hebräischen Bücher wusste der Zeuge nichts Genaues zu berichten, auch wenn der Buchbinder Zuan Jacomo Bollani aus Venedig ihm gesagt habe, dass der „hochverehrte Herr *Proveditore* zwölf Kisten mit erlaubten und verbotenen Büchern mitgebracht“ habe und dass er, Bollani, sie „auf Befehl seiner Exzellenz“ in einem Zimmer des Palastes gebunden habe. Ob das häretische Bücher gewesen seien, wurde er gefragt. Der Zeuge war nicht imstande, diese Frage zu beantworten. Man habe ihm gesagt, dass es sich um den Talmud und um „dieselben Bücher aus derselben Druckerei“ handelte, die man in Venedig verbrannt habe.

Der aus Brescia stammende Antonio de Valiron, der mit Cristoforo zusammengearbeitet hatte, wurde zur Aussage vorgeladen. Er hatte gesehen, dass es hebräische Bücher waren, und Bollani habe ihm immer gesagt, dass es sich um verbotene Bücher handelte. Dennoch ergaben sich keine konkreten und erdrückenden Beweise, und das Heilige Offizium brach das Verfahren ab.

Marc'Antonio Giustiniani starb im Juli 1571 auf Cefalonia. Das Heilige Offizium begann sich wieder mit häretischen hebräischen Büchern zu befassen, als einige Jahre später der Sohn von Marc' Antonio, Antonio Giustiniani, 1574 von Cefalonia aus vierzehn Kisten mit hebräischen Büchern nach Venedig kommen ließ. Zwölf dieser Kisten ließ man passieren, während die übrigen beiden beschlagnahmt wurden und auf den Zensor warten sollten. Die versiegelten Kisten wurden im Haus von Giustiniani selbst zurückgelassen, und als sich der Inquisitionsrichter nach einiger Zeit erkundigte, „was mit einigen Kisten mit hebräischen Büchern" geschehen sei, antwortete Giustiniani, „dass es zwei große Kisten mit Büchern wären und dass er aufgrund eines Befehls der Illustrissima Signoria habe umziehen und sein Haus als Unterkunft für zwei französische Edelleute herrichten müssen, die in Begleitung des Allerchristlichsten Königs waren, als dieser nach Venedig kam, und er [Giustiniani] habe, als er das Haus ausräumte, beide besagten Kisten nach Ferrara geschickt."

Im November 1574 wurde Giustiniani vor Gericht zitiert. Vor den Richtern gab er zu, die beiden Kisten an einen levantinischen Juden namens Emanuel verkauft zu haben, wobei er im Dunkeln ließ, wie die Kisten ohne den passenden Schlüssel geöffnet wurden. Nach langen Verhören wurde die Inquisition wieder nicht fündig, und die Kisten konnten nicht sichergestellt werden.

Nach den finsteren Jahren zwischen 1570 und 1574 entspannte sich die internationale Situation, und das Verlagswesen und der Buchdruck schöpften neue Kräfte. Zu den Verlegern, die noch im Rennen waren, gehörten Giovanni di Gara, die berühmte Familie Bragadin und die Erben Parenzos.

Ende des 16. Jahrhunderts praktizierten die Juden von Venedig eine Art Selbstzensur: Jedes Buch musste eine Genehmigung des Rabbinats enthalten, mit der bestätigt wurde, dass es keinerlei Angriffe gegen das Judentum und die katholische Religion enthielt. Es war eine Vorsichtsmaßnahme, die es erlaubte, der Überwachung durch den Rat der Zehn, die *Esecutori contro la Bestemmia* und die *Cattaveri,* die alle auf die eine oder andere Weise mit der öffentlichen Moral befasst waren, mit mehr Ruhe entgegenzusehen.

Das Werk *De medico hebreo* von David de Pomis und der durch Giovanni Giuseppe Cremonese erweiterte *Discorso sopra gli accidenti del parto mostruoso,* die beide in der zweiten Hälfte des 16. Jahrhunderts erschienen, sind zwei wertvolle Zeugnisse der damaligen kulturellen und religiösen Atmosphäre: Während das eine das Werk eines der berühmtesten Ärzte jener Zeit war, handelte es sich bei dem anderen um eine Schmähschrift voller antijüdischer Polemik.

Der Mythos von Venedig, der bereits bei Isaac Abravanel zu finden war, trat in unterschiedlicher Weise auch bei anderen jüdischen Denkern und Intellektuellen zutage. In seinen Bann geraten war auch David de Pomis, der, aus Perugia gebürtig, Umbrien verlassen hatte und infolge der antijüdischen Position Papst Pius' V., der den Juden das Praktizieren als Ärzte untersagt hatte, nach Venedig gezogen war. De Pomis kam so in den Genuss der Toleranz der Serenissima und konnte sich innerhalb und außerhalb der Mauern des Ghettos großer Berühmtheit erfreuen.

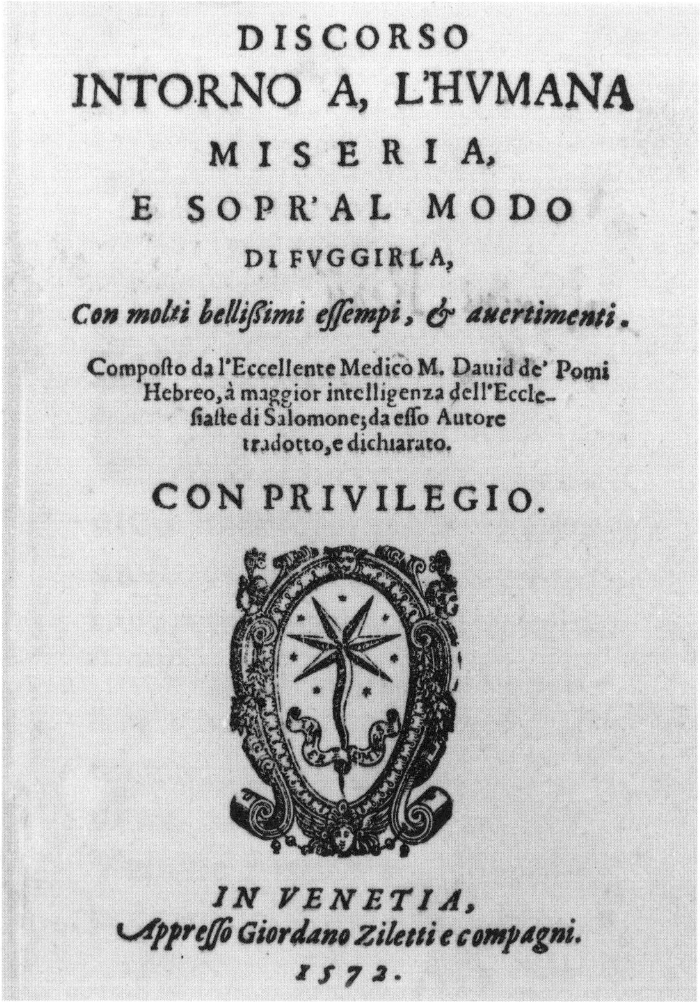
DISCORSO
INTORNO A, L'HVMANA
MISERIA,
E SOPR'AL MODO
DI FVGGIRLA,
*Con molti bellißimi essempi, & auertimenti.*
Composto da l'Eccellente Medico M. Dauid de' Pomi
Hebreo, à maggior intelligenza dell'Eccle-
siaste di Salomone; da esso Autore
tradotto, e dichiarato.
CON PRIVILEGIO.
*IN VENETIA,*
*Appresso Giordano Ziletti e compagni.*
*1572.*

*1572 kompilierte David de Pomis den berühmten „Discorso intorno l'humana miseria e sopr'al modo di fuggirla con molti bellissimi esempi ed avvertimenti".*

Als Autor eines verschollenen Werkes über die göttlichen Ursprünge der Serenissima ließ er in Venedig eine Übersetzung des Buches Prediger ins Italienische drucken, die er dem Kardinal Grimani widmete, und 1572 kompilierte er den berühmten *Discorso circa l'humana miseria e sopr'al modo di fuggirla con molti bellissimi esempi ed avvertimenti.* 1577 fanden seine *Brevi discorsi et efficacissimi ricordi per liberare ogni città dal mal contagioso* sehr freundliche Aufnahme beim Publikum. 1588 erschien die Apologie *De medico hebreo – Enarratio apologetica* von David de Pomis, dem Arzt und Physiker. Das von Giovanni Varisco gedruckte Werk war zur Verteidigung der jüdischen Ärzte geschrieben, und zwar in der Absicht, die grundlegenden Übereinstimmungen zwischen Juden und Christen bei der Ausübung des medizinischen Berufs hervorzuheben, eingewurzelte Vorurteile aus der Welt zu schaffen und zu erreichen, dass ein Jude auch christliche Patienten behandeln durfte. Während der zweiten Hälfte des 16. Jahrhunderts war dieses Misstrauen von maßgeblicher Seite, nämlich von Paul IV. und Pius IV., bekräftigt worden, die den Katholiken wiederholt untersagt hatten, sich von jüdischen Ärzten behandeln zu lassen. Pius IV. hatte für die Doktorprüfung in sämtlichen Fächern das Bekenntnis aller Doktoranden zu ihrem rechten Glauben zur Pflicht gemacht: Da er den Christen nicht verbieten konnte, sich den Juden zu nähern, versuchte er zu verhindern, dass diese letzteren überhaupt Doktoren werden konnten. Besonders die Universität von Padua, die in ihrer toleranten Geisteshaltung Studenten aus ganz Europa beherbergte, geriet unter den Druck des Papsttums.

Venedig setzte sich stets gegen diese Repressalien zur Wehr, und so erlaubte die Republik de Pomis 1593 zum Zeichen seiner offiziellen Anerkennung, seine Kunst auch unter den Christen auszuüben. In einem anderen Fall erkannte der Senat einem anderen, sehr bekannten jüdischen Arzt, Giuseppe oder Joseph de Dattolis, der einmal im Brennpunkt eines Prozesses wegen Verleumdung gegen seinen eigenen Schwiegersohn vor dem Heiligen Offizium gestanden hatte, besondere Ehren und Belohnungen zu, weil er der Stadt mit großem Opfergeist gedient hatte. Den Söhnen dieses Arztes räumten die *Ufficiali al Cattaver* ein begehrtes Privileg ein: Sie erhielten zwei *Sansarien* – eine Art von Maklerbüro – im Ghetto.

Im Unterschied zu Isaac Abravanel, dem spanischen Philosophen, der seine Verherrlichung der Serenissima Repubblica in hebräischer Sprache verfasst hatte, schrieb de Pomis in lateinischer und italienischer Sprache. Nach dem Sieg von Lepanto sandte er den venezianischen Behörden, dem Dogen und dem Senat ein Memorandum, in dem stand, dass die Ergebnisse von Lepanto bereits in der Bibel geschildert wären. Dem Memorandum folgte eine Abhandlung, der *Tractatus de divinitate*, von dem wir nur deshalb Kenntnis haben, weil derselbe de Pomis ihn in seinem dreisprachigen, Papst Sixtus V. gewidmeten Wörterbuch *Zemach David* erwähnt.

De Pomis ließ keine Gelegenheit aus, die göttlichen Ursprünge der Stadt in jedem seiner Werke hervorzukehren. In *De medico hebreo,* das er dem Dogen Cicogna widmete, findet sich im Vorwort eine Laudatio, in der die Parallelen zwischen den politischen Gesetzen Mosis und der Verfassung der Serenissima nachgewiesen werden sollen. De Pomis zufolge ist in der Verfassung Mosis die republikanische Idee enthalten, die einzige Form, mit der allein sich die Tyrannei wirksam bekämpfen ließe. Aus dieser seiner Interpretation klingen Thesen heraus, die Abravanel bereits achtzig Jahre zuvor formuliert hatte: Auch hier gibt es eine Parallele zwischen der alten Regierung Israels und der venezianischen, die mit einem kühnen Vergleich zwischen Moses und dem Dogen endet. Noch wortreicher als Abravanel beschließt de Pomis seine Laudatio mit einer Verherrlichung Venedigs und seines göttlichen Mythos.

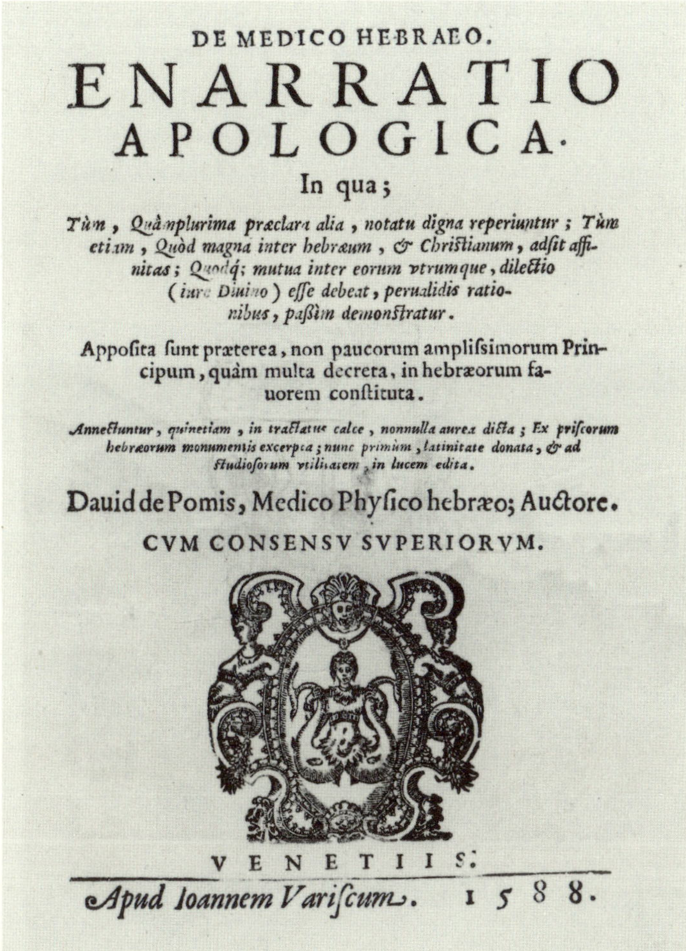

DE MEDICO HEBRAEO.

ENARRATIO APOLOGICA.

In qua;

*Tùm, Quàmplurima præclara alia, notatu digna reperiuntur; Tùm etiam, Quòd magna inter hebræum, & Christianum, adsit affinitas; Quodq; mutua inter eorum vtrumque, dilectio (iure Diuino) esse debeat, peruàlidis rationibus, passìm demonstratur.*

Apposita sunt præterea, non paucorum amplissimorum Principum, quàm multa decreta, in hebræorum fauorem constituta.

*Annectuntur, quinetiam, in tractatus calce, nonnulla aurea dicta; Ex priscorum hebræorum monumentis excerpta; nunc primùm, latinitate donata, & ad studiosorum vtilitatem, in lucem edita.*

Dauid de Pomis, Medico Physico hebræo; Auctore.

CVM CONSENSV SVPERIORVM.

VENETIIS:

*Apud Ioannem Variscum.* 1588.

*In David de Pomis "De medico hebreo" von 1588 weist dieser im Vorwort auf die Parallelen zwischen den Gesetzen Mose und der Verfassung der Serenissima hin.*

In diesen selben Jahren erschien ein anderes Werk, das in jeder Hinsicht im Widerspruch zu dem von de Pomis stand: der *Discorso sopra gli accidenti del parto mostruoso nato di una Hebrea in Venezia*, eine propagandistische Apologie, „wo viel über das künftige Schicksal der Juden nachgedacht“ wird und das von Giovanni Giuseppe Gregorio Cremonese gedruckt und durch Anmerkungen erweitert wurde.

# DISCORSO

SOPRA GLI ACCIDENTI DEL parto moſtruoſo nato di una Hebrea in Venetia nell'anno 1575. a di XXVI. di Maggio.

*ALL'ILLVSTRISSIMO SIGNOR Giouanni da Legge, Conte di Santa Croce, Caualier, & Procurator di S. Marco.*

*Doue ſi ragiona altamente del futuro deſtino de gli Hebrei.*

*Di nouo riſtampato, e con le annotationi di Giouanni Gioſeppe Gregorio Cremoneſe ampliato.*

*Im "Discorso sopra gli accidenti del parto mostruoso nato di una Hebrea in Venezia" von 1575, einer propagandistischen Apologie, wird „viel über das künftige Schicksal der Juden nachgedacht".*

Im 16. Jahrhundert wurden widernatürliche Phänomene jeder Art und vor allem die Geburt siamesischer Zwillinge als unheilvolle Vorzeichen interpretiert. Als eine jüdische Mutter im Ghetto siamesische Zwillinge zur Welt brachte, war das ein Ereignis, das ganz besonderes Aufsehen erregte und Philosophen, Ärzte, Astrologen, Wahrsager und Theologen auf den Plan rief. Es ist dies ein Beispiel dafür, wie eng damals Wissenschaft, Religion und Mythos miteinander verbunden waren. Alles wird jedoch beherrscht von der religiösen, antijüdischen Polemik, die die Geburt der siamesischen Zwillinge mit neuer Heftigkeit aufflackern ließ.

Die Missgeburt wurde so beschrieben: „Geboren wurden Zwillinge, die an der Stelle miteinander verwachsen waren, wo eigentlich der Nabel sein müsste, und der Kopf des einen berührte die Füße des anderen . . . alle notwendigen Glieder sind vorhanden: vier Beine, vier Arme usw. mit Ausnahme der Schamteile, und statt der Stelle, wo die Exkremente ausgeschieden werden, haben sie gemeinsam eine Öffnung im Bauch, die die Form eines Nabels hat und der Ausscheidung dient."

Wie interpretiert nun der christliche Polemiker nach seinen Ergüssen über Genetik und Philosophie diese Missgeburt? „Aus diesen Umständen könnte man auf Verschwörungen der Ungläubigen schließen . . . oder darauf, dass sie Verbrechen vorbereiten, Jungfrauen schänden oder eine bedeutende Persönlichkeit in den Tod oder in die Sklaverei schicken werden . . ." Seine Prophezeiung ist voller Drohungen: „Wenn diese Zwillinge überleben, so bringt das die Zunahme von infamen Lastern mit sich, und wenn sie sterben, die Rache an diesen Ruchlosen . . . Unglückliches Volk der verruchten und verstockten Synagoge! Jetzt bist du an der Reihe! Während du aufgrund deiner falschen Interpretation der Weissagung des Propheten Daniel für dieses Jahr deinen Messias erwartet hattest, bekommst du an seiner Statt diese Monstren . . ."

Angesichts des Gesamttenors können die Schlussfolgerungen natürlich nicht optimistisch sein. An das jüdische Volk gewandt, ruft der Verfasser aus: „Vielleicht wird so ein (diesen Missgeburten) Ähnlicher geboren, der dich in den Abgrund führen muss . . . Teufel und Dämonen werden sich vereinigen, um dich zu besitzen . . . Erinnerst du dich nicht an das, was Gott im Deuteronomium sagt? Der Fremdling bei dir kommt immer höher über dich empor, du aber kommst weiter herunter. Er kann dir borgen, du aber ihm nicht. Er wird zum Haupte, du aber wirst zum Schwanze. Wer dich verfolgt, wird dich fassen. Du wirst in den tiefsten Abgrund stürzen, weil du die Worte deines Herrgotts nicht gehört hast. . . Achte dieses Zeichen nicht gering! . . . Jerusalem, Jerusalem, bekehre dich zu deinem Gott! Hier ende ich, diesem Volke Heil und den Stand der Gnade wünschend."

Die siamesischen Zwillinge starben, wahrscheinlich zur Erleichterung aller – Juden und Christen –, die nichts von beunruhigenden Vorfällen wissen und wieder zur Normalität zurückkehren wollten. Als die „Missgeburten" starben, wurde gegen die Juden eine neue Prophezeiung ausgestoßen, weil sie an den Zwillingen nicht die vorgeschriebene Beschneidung hatten vornehmen können: Nun würde schweres Unglück über das Ghetto niedergehen.

# João Micas, Giovanni Miches, Joseph Nasí, Herzog von Naxos: Vier Namen und viele Identitäten

*Die Abenteuer und Streitigkeiten der Familie Mendes – Die Entführung der jungen Beatrice - Gracia Nasí in Konstantinopel - Die jüdischen Kolonien in Tiberias*

Begründer des Mendes-Klans waren die Brüder Francisco und Diego, die als Kaufleute von europäischem Format Handel trieben. Francisco war in Lissabon ansässig, während sein Bruder Diego in Antwerpen lebte. Gemeinsam schufen sie ein echtes internationales Finanzimperium: Sie beherrschten insbesondere den Gewürz- und Pfeffermarkt und waren vielleicht auch am heimlichen Verschieben des Kapitals der vielen Marranen beteiligt, die von der Iberischen Halbinsel über mühevolle Wanderungen durch Europa und mit der Zwischenstation Venedig beschlossen, den großen Schritt zu wagen und in die Levante, nach Saloniki oder Konstantinopel, weiterzuziehen.

Nach dem Tode Franciscos fasste seine Ehefrau Beatrice de Luna 1536 den Entschluss, Lissabon zu verlassen und nach Antwerpen zu flüchten, wo ihr Schwager Diego mit seiner Frau Brianda de Luna lebte, von der viele Gelehrte meinen, sie sei die Schwester Beatrices gewesen. Beide hatten eine Tochter: die von Beatrice hieß Brianda und die von Brianda Beatrice. Aus Lissabon kam die Witwe von Francisco Mendes, Beatrice de Luna, eine Frau, die, wie ihr Mann, marranischer Herkunft war, unter dem Decknamen Gracia Nasí in Begleitung ihres Neffen nach Antwerpen. Dieser war ein junger Mann mit wachem Verstand und vornehmen Manieren und hieß João Micas. In Antwerpen, am Hofe Karls V., lebte diese Familie in großer Wohlhabenheit; doch auch in ihrer neuen Heimat sahen sich die Mendes, obschon sie die Freundschaft vieler Mächtiger genossen, ständigen Gefahren ausgesetzt, weil sie verdächtigt wurden, insgeheim Juden zu sein. Schon 1532 war Diego Mendes wegen des Verdachtes der Häresie im Gefängnis gelandet, und 1540 wurden viele Mitarbeiter der Firma Mendes, die marranischer Herkunft waren, verhaftet.

Die beiden Schwestern Mendes, Beatrice und Brianda, lebten bereits mit ihren beiden Töchtern Brianda und Beatrice und mit dem jungen João Micas als die Witwen von Francisco beziehungsweise Diego in Antwerpen, als sich 1544 eine neue Gefahr am Horizont abzeichnete: Don Francisco d'Aragon, der Günstling Karls V., plante eine Heirat mit der schönen Brianda de Luna, der Tochter von Beatrice alias Gracia Nasí. Die Witwe von Francisco Mendes, die diese Heirat mit ihrem eigenen Status als Marranin unvereinbar fand, entschloss sich plötzlich, mit ihrer Tochter, ihrer Schwester und ihrer Nichte Antwerpen zu verlassen und dem jungen João Micas die gesamte Leitung der Geschäfte der mächtigen Firma zu überlassen. Dieser reduzierte schrittweise und geschickt die Geschäfte in Antwerpen und in Flandern und dehnte seine geschäftlichen Aktivitäten nach Frankreich, mit dem Standort Lyon, und Deutschland, mit dem Schwerpunkt in Regensburg, aus und kehrte dann wieder zu seinen Tanten zurück. Diese waren schon im März 1544 in Venedig eingetroffen. Sie waren im Besitz eines Schutzbriefes, der eigens für sie vom Rat der Zehn ausgestellt worden war und der sich nicht nur auf die engste Familie beschränkte, sondern auch für ihre Geschäftsführer, insgesamt nicht weniger als dreißig Personen, galt, und der sie den übrigen Bewohnern Venedigs gleichstellte. Wenn die Venezianer im mindesten geahnt hätten, welche Unannehmlichkeiten und Streitigkeiten die Schwestern Mendes während ihres Aufenthaltes in der Stadt verursachen würden, hätten sie sich wohl davor gehütet, ihnen auch nur den Schatten eines Asylrechtes einzuräumen.

Beatrice verwaltete das gesamte Vermögen der Familie, und das ertrug Brianda schließlich nicht länger: Sie wandte sich an die venezianischen Behörden, um sich die Hälfte des Familienvermögens überschreiben zu lassen. Die Streitsache zog sich mindestens fünf Jahre hin. Ein erstes Urteil der venezianischen Gerichte stammt aus dem September 1547, ein anderes vom Dezember 1548, und durch beide Urteile wurde Beatrice gezwungen, Brianda die Hälfte des Erbes der Mendes zu überlassen, das sie beim venezianischen Münzamt, der Zecca, zu hinterlegen habe, bis die andere Beatrice, die Tochter derselben Brianda, ihr achtzehntes Lebensjahr vollendet haben würde. Dieser Urteilsspruch fand bei den venezianischen Patriziern große Zustimmung, bedeutet es doch, dass das Vermögen in Venedig bliebe, wenn die junge Beatrice einen ihrer Söhne heiratete.

Gracia Nasí alias Beatrice de Luna, die Tante der kleinen Beatrice, fühlte sich in Venedig nicht mehr sicher und beschloss in einer Nacht des Jahres 1549, nach Ferrara, an den liberalen Hof von Ercole II. d'Este, zu fliehen. Da sich die Atmosphäre in Venedig nach dem Erlass über die Ausweisung der Marranen vom Juli 1550 verschlechterte, zog kurz darauf auch ihre Schwester Brianda nach Ferrara.

Hier kamen die zänkischen Schwestern überein, vorübergehend nach Venedig zurückzukehren und dann endgültig nach Konstantinopel zu ziehen. Aber sobald sie die Lagunenstadt wieder betreten hatten, brach der mühsam beigelegte Streit erneut auf. Um ihrer möglichen Ausreise zuvorzukommen, stellte sie die venezianische Regierung, die ihr Vermögen nicht verlieren wollte, unter Hausarrest. Unterdessen verwandelte sich die Angelegenheit von einem Familienzwist in eine internationale diplomatische Affäre: Der türkische Botschafter bat, sie besuchen zu dürfen, und das missfiel dem Senat und dem Rat der Zehn, die ihm die Bitte zwar nicht abschlagen konnten, aber ungern in diese verworrene Angelegenheit hineingezogen werden wollten, von der Venedig und die Türken nun, gegen ihren Willen, betroffen waren.

Der Vergleich wurde erst im Juni des Jahres 1552 besiegelt, als Beatrice alias Gracia Nasí beschloss, beim Münzamt 100 000 Golddukaten zugunsten ihrer Nichte Beatrice zu hinterlegen. Diese Vereinbarung zwischen den beiden Schwestern war eine regelrechte Staatsaffäre, zumal der Senat sich selbst gedrängt fühlte, den Pakt zu ratifizieren. Beatrice de Luna alias Gracia Nasí konnte nun getrost mit ihrer Tochter Brianda, auch Reina genannt, nach Konstantinopel reisen.

Hier endete das erste Kapitel der Abenteuer der Familie Mendes, aber die Geschichten und Legenden über die Mendes und ihre Zwistigkeiten sind damit noch nicht zu Ende.

João Micas alias Giovanni Miches alias Juan Migues alias Joseph Nasí, ein Mann mit vielen Namen und von zupackendem Wesen, beschloss, auf seine Weise in die Angelegenheit einzugreifen, und entführte im Januar 1553 Briandas Tochter Beatrice aus Venedig. Diese Entführung beflügelte die Phantasie des Volkes so sehr, dass zahlreiche, unterschiedliche Versionen davon existieren, die teilweise auch auf einer Verwechslung der Namen zwischen den Schwestern und Nichten beruhen. Übrigens konnte es gar nicht anders sein, denn der spätere Herzog von Naxos stand, als typischer Vertreter des Marranentums, im Zwielicht, und seine Art zu leben entzog sich jeglicher Kontrolle. Deshalb leistete er auch der Bildung von Legenden Vorschub.

Dennoch finden sich recht glaubhafte Zeugenaussagen sowohl im Beschluss des Rates der Zehn als auch in einem Bericht, den der österreichische Botschafter Dominique de Gaztelu an seine Regierung sandte, sowie in den Berichten, die die Päpstlichen Nuntien von Venedig nach Rom übermittelten. So berichtet etwa der österreichische Gesandte: „In einer Nebelnacht im Jänner 1553 glitt eine Barke durch den Canal Grande bis zum Haus von Donna Brianda. Dort entführte sie ihre Tochter mit deren Einverständnis und entfernte sich rasch über die Lagune. In Faenza wurden die beiden Flüchtigen festgenommen und nach Ravenna gebracht, wo Nasí viele Bekannte hatte. Sie wurden aber nicht eingesperrt, sondern schlossen vielmehr den Ehebund."

Der Rat der Zehn traf den Entschluss, dass Nasí sich stellen und vor Gericht verantworten müsse. Andernfalls habe ein Kollegium aus Dogenberatern freie Hand, sich mit allen Mitteln – einschließlich der Folter – Klarheit über die Angelegenheit zu verschaffen, die so großes Aufsehen erregt hatte. Giovanni Miches alias João Micas (beim ersten Namen handelt es sich übrigens um die venezianische Form des zweiten, portugiesischen, während er sich einen dritten Namen, Joseph Nasí, erst in Konstantinopel zulegen sollte) kam dieser Aufforderung nicht nach und wurde auf Lebenszeit aus Venedig und den Gebieten des Dogats und des Staates verbannt. Sollte er gefasst werden, würde man ihn zwischen den beiden Säulen vor San Marco aufhängen. Keine Begnadigung oder Aussetzung des Urteils war möglich, nicht einmal in Form eines Schutzbriefes, es sei denn, dass sechs Dogenberater und drei Vorsteher des Rates der Zehn in Anwesenheit von dreißig Mitgliedern desselben Rates gemeinsam zu seinen Gunsten intervenierten.

Die Paradoxa dieses Falles, von denen uns der österreichische Gesandte berichtet, sind damit noch nicht beendet: Beatrice begab sich wieder nach Venedig, während Nasí nach Rom reiste und schnurstracks zum Papst ging, um die Anerkennung seiner Ehe durchzusetzen und um zu erreichen, dass dieser bei der venezianischen Regierung intervenierte. Und der Papst intervenierte tatsächlich und bestätigte so, über welche Macht die Familie Nasí verfügte. Dem nach Venedig entsandten Nuntius gelang es jedoch nicht, den Zorn der Venezianer zu besänftigen, die, da sie des Übeltäters nicht habhaft werden konnten, angestrengt versuchten, seine Komplizen zu identifizieren und zu bestrafen. Die Streitereien zwischen Donna Beatrice und Donna Brianda hinterließen in Venedig auch ihre Spuren in der Chronik des venezianischen Inquisitionsgerichts, und zwar im Zusammenhang mit den Prozessen gegen Odoardo Gómez und Augustin Enríquez, die Angestellte von Donna Beatrice waren, und gegen Licentiato Costa, der in Donna Briandas Diensten stand.

Ein Bild von dem, was geschah, ergibt sich aus dem Schriftstück, das dieselbe Donna Brianda an den Rat der Zehn schickte und das Beschuldigungen gegen ihre eigene Schwester und deren Angestellte, Gómez und Enríquez, enthielt. Diese beiden Männer hatten wiederholt versucht, sie dadurch zu schädigen, dass sie danach trachteten, ihren Schutzbrief außer Kraft zu setzen. In ihrer Darlegung erinnerte Donna Brianda mit äußerster Umsicht und größtem Taktgefühl an den Wert dieser verbrieften Zusage, die ihr von der Serenissima gegeben worden war, und brach eine Lanze für ihren Angestellten Licentiato Costa, der angeklagt war, sich wie ein Christ zu verhalten, obgleich er Jude sei, und schloss: „Ich werde ihn [bei mir] im Hause halten und zu jeder Vorladung Eures Tribunals schicken, und sollte er nicht erscheinen, werde ich 10 000 Dukaten zahlen." Der Rat beschloss am 21. August 1555, dass Donna Brianda ihr Geld zurückbekommen könne und binnen eines Monats zusammen mit ihrer Familie und ihren Geschäftsführern Venedig verlassen müsse und nur mit einer Sondergenehmigung in die Stadt zurückkehren dürfe.

Das war aber noch nicht das Ende von Donna Briandas Geschichte: Tags darauf bat sie darum, vom Rat angehört zu werden, und erklärte, dass in ihrem Hause alle als gute Christen lebten, und verlangte, dass jeder, der nicht so gelebt habe, gemäß seiner Schuld bestraft werde. Am selben Tag lud der Rat in einem Dringlichkeitsverfahren erneut Donna Brianda und ihre Tochter Beatrice vor und hörte sie getrennt an; dabei forderte er die beiden Frauen in drohendem Ton auf, von jedem zweifelhaften Verhalten Abstand zu nehmen. Da ließ die junge Beatrice ihre Maske fallen und bekräftigte ihren Wunsch, als Jüdin zu leben.

Am Tag darauf wandte sich Donna Brianda tiefbetrübt mit einer Erklärung an das Gericht: „Ich bin aus meinem Land und aus den Landen des Kaisers fortgezogen, um der Inquisition zu entgehen. Ich bin hierhergekommen, weil ich einen Schutzbrief hatte und in Ruhe leben wollte." Sie sagte, sie sei eine zwangsbekehrte Neuchristin, habe aber „in ihrem Herzen immer als Jüdin gelebt und wollte auch weiterhin so leben". Die Regierung der Serenissima informierte das Papsttum über die Maßnahmen, die sie gegenüber den beiden Mendes ergriff, und Paul IV. brachte seine große Genugtuung darüber zum Ausdruck.

Doch da intervenierte unerwarteterweise der französische Gesandte zu ihren Gunsten. Der Rat der Zehn widersetzte sich diesem Druck nur mit Mühe und versuchte, anhand vieler Einzelheiten zu illustrieren, welch schwere Vergehen begangen worden seien; denn er wollte verhindern, dass die Ablehnung der Forderungen des französischen Botschafters zu schroff wirkte. Donna Brianda Mendes und ihre Tochter Beatrice, die sich noch im Januar 1556 in Venedig befanden, nahmen schließlich erneut Zuflucht in Ferrara.

Unterdessen war Donna Beatrice nach ihrer Abreise aus Venedig in der Begleitung von vierzig Reitern mit vier wunderschönen Karossen und mit einer großen Menge von Dienern unter großem Pomp in Konstantinopel eingetroffen. Ihre Ankunft rief großes Aufsehen hervor und erregte die Phantasie der zeitgenössischen Chronisten.

In der türkischen Gesellschaft waren die Juden keinerlei Einschränkungen unterworfen, und Donna Beatrice konnte deshalb ganz offen als Jüdin leben. Sie betätigte sich unablässig auf dem Gebiet der Fürsorge und widmete dem Schicksal der Marranen vermehrte Aufmerksamkeit. Beatrice Mendes de Luna, die jetzt endlich Gracia Nasí hieß, war vielleicht die hervorragendste Exponentin dieser neuen Gemeinde im Osmanischen Reich, und die später erfolgte Ankunft von Joseph Nasí trug dazu bei, den Einfluss der Familie am Hof der Hohen Pforte noch weiter zu vergrößern.

Nasí traf ein Jahr nach ihr in Konstantinopel ein. Auch sein Einzug in die Stadt war glanzvoll und triumphal. Anscheinend hatte er zwei Leibwächter und zwanzig livrierte Diener und wurde von einem Zug von fünfhundert Marranen eskortiert. Bald nach seiner Ankunft kehrte er offen zum Judentum zurück und ließ sich beschneiden. Er heiratete die Tochter von Donna Gracia, die sich Brianda genannt hatte und jetzt Reina hieß. Die beiden Eheleute wohnten eine Zeitlang mit der Schwiegermutter zusammen, dann zogen sie nach Belvedere, in ein neues Haus mit einem grandiosen Blick auf den Bosporus, wo Nasí mit seinen Dienern und Soldaten wahrhaft Hof hielt. In Konstantinopel begann nun Joseph seine politische Karriere, und zwar nicht nur dank seiner großen wirtschaftlichen Macht, sondern auch dank seiner weitverzweigten internationalen Beziehungen, die bis in alle marranischen Gemeinden Europas reichten. Sulaiman der Prächtige, der Joseph Nasí durch die Vermittlung des Botschafters de Lansac kennengelernt hatte, begann schon bald, seine lebhafte Persönlichkeit zu schätzen, und wollte von seinen Diensten profitieren; denn er war daran interessiert, die europäische Welt kennenzulernen, die Nasí, dank seiner Informationen aus erster Hand und seiner Klugheit als Mittelsmann, aufmerksam beobachtete.

Der große Einfluss, den sie bei Hofe genossen, bot Gracia und Joseph Nasí die Möglichkeit, sich auch in einige heikle internationale Angelegenheiten einzumischen, wie etwa die tragische Episode von Ancona im Jahre 1556, wo mehrere Juden auf dem Scheiterhaufen endeten. Der Boykott, den die Marranengemeinde von Konstantinopel gegen die Stadt Conero organisierte, wurde zwei Jahre durchgehalten, ehe er mit einem Fiasko endete.

1561 machte der Sultan Joseph Nasí und dessen Tante Gracia eine für jene Zeiten sicherlich ungewöhnliche Konzession: Er schenkte ihnen die Stadt Tiberias und ihr Umland und erlaubte ihnen, dort eine jüdische Ansiedlung ins Leben zu rufen. Nasí förderte dieses Projekt mit Leidenschaft, aber obwohl er sehr viel Geld darauf verwandte, blieben nennenswerte Ergebnisse aus: Die künstlich angesiedelte Woll- und Seidenindustrie wollte und wollte einfach nicht anlaufen. Trotz der Appelle, die Nasí auch an die in Italien lebenden Juden richtete, verspürten nur wenige das Bedürfnis, bei Lebzeiten nach Palästina überzusiedeln: Sie zogen es vor, erst ihre Leichen nach Jerusalem überführen und dort begraben zu lassen. Nach dem Tode Donna Gracia Nasís 1569 gab auch Joseph Nasí den Plan, jüdische Kolonien in Palästina zu gründen, auf.

1566 verbuchte Joseph Nasí einen neuen Erfolg für sich: Salim II., der mit Unterstützung Nasís seinem Vater auf den Thron nachgefolgt war, bedankte sich für seine Gunst, indem er ihn zum Herzog von Naxos und der Kykladen ernannte. Nasí stand nun auf dem Gipfel seines Ruhms und seines Glanzes. Da er ein gutes Gedächtnis hatte, zahlte Joseph Nasí nun den großen Mächten die Kränkungen heim, die er früher einmal erlitten hatte, als er noch ein junger Kaufmann ohne Einfluss gewesen war. Seine Hauptzielscheiben waren die Republik Venedig und Frankreich.

Mit Venedig war die Rechnung schmerzlicherweise offengeblieben: Uber Joseph Nasí schwebte immer noch die Todesstrafe, die zwischen den beiden Säulen von San Marco zu vollstrecken gewesen wäre. Daniele Barbarigo, der venezianische Botschafter in Konstantinopel, schickte einen Bericht nach Venedig, in dem es hieß, er habe ein Gespräch mit Giovanni Miches geführt, der sich jetzt Don Joseph Nasí nenne. Dieser habe ihm einen Brief gezeigt, den Sultan Salim II. an den Dogen geschrieben habe, um für die Geschwister Nasí um einen Schutzbrief zu bitten, und dieser Brief sei abschlägig beantwortet worden. Nasí habe darin seine Liebe zu Venedig hervorgehoben und darauf gedrängt, dass man seine Position erneut überdenken solle. Nun begann Nasí den Druck zu verstärken und schickte auch einige seiner Agenten nach Venedig. Diese blieben trotz der ausweichenden Antworten, die man ihnen in der Stadt gab, fest entschlossen, Genugtuung für ihren Herrn zu erlangen. Man versprach ihnen, dass die Frage dem Rat der Zehn unterbreitet würde. Sie sandten verheißungsvoll klingende Botschaften nach Konstantinopel, doch ihr Aufenthalt in Venedig blieb lange Zeit ergebnislos. Sie unternahmen daraufhin einen erneuten Versuch und unterstrichen, dass Nasí die Rücknahme des Urteils nicht nur für sich selbst verlange, sondern auch für all jene, die in den Fall verwickelt waren. Die Staatsräson bewog den Dogen, diesem Ersuchen wohl oder übel stattzugeben, ohne die an das Urteil gebundenen Rechtsverbindlichkeiten zu berücksichtigen, die eben jede Begnadigung erschweren sollten. Jener Mann, der sich in Venedig Giovanni Miches genannt hatte, war jetzt ein mächtiger Ratgeber von Sultan Salim II., ein einflussreicher und gefürchteter Mann, und der Herzog von Naxos, ja sogar Herrscher über solche Inseln, die die Venezianer an die Türken verloren hatten. Und Joseph Nasí, der einstige Flüchtling, schien jetzt keineswegs geneigt lockerzulassen. Einstimmig hob der Rat der Zehn das Urteil gegen Nasí auf. Diese rasche und ungewöhnliche Entscheidung entging dem damaligen Apostolischen Nuntius nicht, und er ließ sich zu sarkastischen Äußerungen hinreißen. Aber wie dem auch sei, im Jahr 1567 wurde die lebenslängliche Verbannung des Jahres 1553 gegen Miches–Nasí aufgehoben.

Im darauffolgenden Jahr wandte Joseph Nasí seine Aufmerksamkeit Frankreich zu. Heinrich II. hatte 1540 von Nasí ein Darlehen von 150 000 Dukaten erhalten und sich unter allen möglichen Ausflüchten geweigert, die geschuldete Summe zurückzuzahlen. Gestärkt durch die Unterstützung des Sultans, ließ der Herzog von Naxos alle Waren auf Schiffen unter französischer Flagge beschlagnahmen, so lange, bis deren Wert die Summe der königlichen Schulden aufwog. Auch Frankreich musste klein beigeben: Der Vertrag, mit dem die Feindseligkeiten zwischen Paris und Konstantinopel beigelegt wurden, wurde sogar in hebräischer Sprache abgefasst. Frankreich nahm den Affront nicht tatenlos hin und versuchte, Nasí dadurch das Wasser abzugraben, dass es ihn verschiedener Komplotte bezichtigte. Doch dieser zahlte mit gleicher Münze zurück und unterstützte die Kalvinisten Flanderns, die sich in ständigem Aufruhr befanden.

Eines der politischen Lieblingsprojekte Joseph Nasís war es, sich in den Besitz der Insel Zypern zu bringen. Um sein Ziel zu erreichen, entsann sich der Herzog von Naxos seiner alten Freundschaft mit Emanuele Filiberto von Savoyen, die noch auf seine Jahre in Flandern zurückging. Die Venezianer besetzten die Insel unter dem Vorwand, dass die Königin Caterina Cornaro in ganz besonderer Weise mit der Serenissima verbunden sei. Ihr Mann jedoch, der König von Zypern, war ein Lusignan und hatte als solcher verwandtschaftliche Bindungen an die Savoyer, die einige dynastische Ansprüche geltend machen konnten. Nasí sandte 1564 einen eigenen Handelsagenten mit zwei Briefen zu dem Fürsten. Auf den offiziellen Brief folgte der persönliche von seinem alten Freund João Micas, nunmehr Joseph Nasí, mit einem vertraulichen und nur mündlich vorgetragenen Zusatz. Nasís Vorschlag schmeichelte dem Herzog von Savoyen, und zwischen den beiden kam es zu einem Briefwechsel, bei dem von Versprechungen und Vorhaben die Rede war. In Wahrheit aber musste man mit einer klaren Situation rechnen: Venedig, Spanien und Frankreich waren mächtig und nahe, während die Hohe Pforte sehr weit weg war. Der Savoyer verzichtete nach langem Zögern auf das Projekt und informierte sowohl den Papst als auch die anderen christlichen Staaten über seine geheimen Kontakte mit den Türken. Wer nicht aufgab, war Joseph Nasí. Die Venezianer kannten und fürchteten die außergewöhnliche Entschlossenheit dieses Mannes. Auf Befehl der Serenissima verhaftete die Regierung von Famagusta 1568 jüdische und türkische Agitatoren, „die durch die Insel zogen und unwahre Berichte an Giovanni Miches schickten". Die Partie zwischen Venedig und João Micas alias Giovanni Miches alias Joseph Nasí, dem Herzog von Naxos, war immer noch offen. Ihr Höhepunkt hieß Lepanto, wo die berühmteste Seeschlacht des 16. Jahrhunderts stattfand.

# Lepanto

*Die Zypernfrage – Die Heilige Liga – Die Schlacht von Lepanto – Der Erlass über die Ausweisung der Juden – Salomon Aschkenasi*

Der Streit zwischen der Serenissima Repubblica und der Hohen Pforte war nun seit beinahe hundert Jahren eine Konstante und wurde vornehmlich in den Gewässern des Mittelmeers ausgetragen. Die Scharmützel, plötzlichen Angriffe und die beinahe ständigen Überfälle aus dem Hinterhalt wechselten mit frontalen Zusammenstößen und mit offenen Kriegen ab. Das war die Situation von 1463 bis 1479, 1499 bis 1503 und zwischen 1537 und 1540. Dem krachenden Donnerschlag, mit dem die Feindseligkeiten eröffnet wurden, ging oft ein dumpfes Grollen voraus.

So war es auch im Falle von Lepanto. Während der ganzen sechziger Jahre des 16. Jahrhunderts war Zypern stets der Wunschtraum der Hohen Pforte gewesen. Um ihre Angriffspläne zu vereiteln, ließ Venedig dieser Gegend neue Kräfte zur Verstärkung zukommen: Bekannte Militärarchitekten bauten widerstandsfähigere Verteidigungsanlagen, und dreißig neue Galeeren wurden entsandt, um die Zone auf Befehl des Generalkapitäns zur See Gerolamo Zane zu durchkämmen. Die Berichte der Gegenspionage waren besonders beunruhigend: Da war die Rede von erstaunlichen und detaillierten Angriffsplänen, von neuen Kriegsmaschinen, mit deren Hilfe sich die Tore aushebeln ließen, und Messungen der Wassertiefe rund um Famagusta, durch die die Türken die Schwachpunkte ermitteln wollten. Venedig ordnete „schleunigste“ Untersuchungen an, befahl, verdächtige Personen zu entfernen und die Befestigungen auszubessern. Die nicht von der Insel gebürtigen Juden wurden aus Famagusta vertrieben, obwohl man ihnen keine Schuld nachgewiesen hatte; denn sie hätten – zumindest theoretisch – Kontakte zu Joseph Nasí unterhalten können. In der Lagunenstadt war die Meinung über die politische Lage gespalten: Zum einen gab es Leute, die das Schlimmste befürchteten und meinten, man müsse sich um jeden Preis rüsten; zum anderen gab es solche, die der Meinung waren, dass noch ein gewisser Verhandlungsspielraum bleibe und dass ein zu großer Kriegseifer die möglichen Friedenschancen schmälern würde. Die Situation in der Stadt war durch die schlimmen Folgen einer Hungersnot, unter der die ganze italienische Halbinsel litt, noch kritischer geworden.

Der Brand des Arsenals im September 1569 wirkte da wie ein finsteres Vorzeichen. Man fand nie heraus, ob dieses Feuer vorsätzlich gelegt wurde, aber der Verdacht fiel auf Joseph Nasí, der als gefährlicher Feind galt, als raffinierter, kluger Mann mit eisernem Willen, der zu teuflischen Machenschaften fähig war. Und wenn

Nasí jetzt seine Gelüste auf Zypern richtete, würde es ihm vielleicht mit seinem Eigensinn, seiner Fortüne und mit Hilfe des mächtigen Sultans gelingen, das gefährliche Spiel zu gewinnen. Türken und Juden wurden beide als gegen die Serenissima verbündete Feinde betrachtet. Die einen bedrohten die Republik mit ihren Galeeren, die anderen mit ihrer Ungläubigkeit und ihrer Spionagetätigkeit. Nasí erschien wie eine mythische Verschmelzung dieser beiden Feindbilder – er war der eine und der andere zugleich und wollte sich zudem an Venedig rächen. Die Angst ließ Nasí noch mächtiger erscheinen und machte sogar einen Mythos aus ihm.

Venedig durchlebte einen neuen schwierigen Augenblick in ständiger Furcht vor einer Einkreisung und einem Komplott: In dieser Lage erschienen die Juden gefährlich, und ihre unverständliche Sprache klang wie ein Geheimkode.

In den ersten Tagen des Jahres 1570 drang die Nachricht nach Venedig, dass man als Vergeltungsmaßnahme zwei Schiffe gekapert habe. Aus Konstantinopel berichtete der *Bailo* Antonio Barbaro über die barschen Worte eines hohen türkischen Beamten, der ihm gesagt habe: „Was wollt ihr denn mit dieser so fernen Insel anfangen, die euch nichts nützt und Ursache so vieler Unruhen ist? Überlasst sie uns, denen so viele Provinzen in der Nähe gehören. Auf jeden Fall ist der Herr entschlossen, sie in Besitz zu nehmen."

In Venedig herrscht Nervosität. Der Nuntius Facchinetti, der gewiss nicht zimperlich mit den Juden umgeht, klagt, dass der Handel zwischen Ancona und Ragusa durch Venedig behindert werde und die dortigen jüdischen Händler belästigt würden. Man entgegnet ihm, dass man in hebräischer Sprache abgefasste Briefe gefunden und einen offenkundigen Fall von Spionage aufgedeckt habe.

Ende März trifft ein türkischer Abgesandter in Venedig ein. Vor das *Collegio* gerufen, erklärt er, dass der Sultan unbedingt Zypern haben wolle und man den Krieg nur dann vermeiden könne, wenn man ihm die Insel überlasse. Alle in der Stadt anwesenden türkischen Kaufleute werden festgenommen und natürlich auch die levantinischen Juden, auf die sich der ihnen von der Hohen Pforte gewährte Schutz in dieser Situation nachteilig auswirkt. Ihre Waren werden beschlagnahmt.

Während sich die Anzeichen eines bevorstehenden Zusammenstoßes verdichten, stirbt im Mai 1570 der Doge Pietro Loredan. Zu seinem Nachfolger wird Alvise Mocenigo gewählt. In den ersten Julitagen landet die türkische Flotte auf Zypern. Im September fällt Nikosia. Der Kopf des örtlichen Kommandanten, Nicolò Dandolo, wird als finstere Drohung an den von Famagusta, Marcantonio Bragadin, gesandt. Dieser wird nach dem Fall der lange belagerten Stadt gefoltert und bei lebendigem Leib gehäutet. Damit fällt ganz Zypern in türkische Hand.

Angesichts der Gefahr einer osmanischen Machtübernahme im Mittelmeerraum stellen die christlichen Mächte Unwägbarkeiten und opportunistisches Kalkül hintan. Zu Beginn des Jahres 1571 bildet Papst Pius V. nach vielen Bemühungen eine Heilige Liga, die einen Kreuzzug gegen den Ungläubigen unternehmen soll;

verbündet sind Mächte, die sich gegenseitig nicht über den Weg trauen. Spanien steht Venedig, seinem Pragmatismus, seinem tief inneren Bedürfnis nach Frieden und seinen Handelsinteressen misstrauisch gegenüber. Venedig möchte sich nicht von den kontinentalen Mächen erdrücken lassen und versucht, seine eigene Position als ewige Grenze, als Scharnier zwischen unterschiedlichen Welten zu verteidigen. Das Papsttum misstraut beiden. Unter diesen Voraussetzungen dauern die Verhandlungen lang und gestalten sich schwierig.

Venedig pflichtet zwar einerseits der Idee der Liga bei, unterhält aber andererseits bis zuletzt Kontakte mit dem Feind, um einen Kompromiss zu suchen. Auch auf türkischer Seite wollen nicht alle den Zusammenstoß: Der Ratgeber des Sultans, Sokollu Mehmed, ein Freund von Salomon Aschkenasi und erbitterter Gegner von Joseph Nasí, versucht, die Spannung zwischen seinem Land und Venedig zu lindern. Die Verhandlungen zwischen den Ländern der Liga dauern von Juli 1570 bis Mai 1571 und scheinen kein Ende nehmen zu wollen. Der Herzog von Alba charakterisiert die heiklen Beziehungen innerhalb der Liga mit einem einzigen eindrucksvollen Satz: „Diese Franzosen würden sogar gern ein Auge verlieren, solange wir nur zwei verlieren."

Nach langem Zögern stellt die Liga eine Flotte unter dem Befehl von Don Juan d'Austria, einem Sohn Karls V., auf. Die Flotte sticht am 16. September von Messina aus in See. Christen und Muslime treffen am 7. Oktober bei Lepanto aufeinander – 230 türkische Schiffe gegen 208 christliche. Nur dreißig türkischen Schiffen gelingt die Flucht. Während die Türken 30 000 Mann verlieren, beläuft sich die Zahl der Opfer bei den Christen auf 8 000. Fernand Braudel macht folgende Anmerkung zu dieser Schlacht: „Lepanto war das militärische Ereignis des 16. Jahrhunderts im Mittelmeer, das am meisten Aufsehen erregte. Aber dieser große Sieg der Technik und des Mutes lässt sich schwer in die herkömmlichen historischen Perspektiven einordnen... Es erschien auch einmalig – und darüber hat Voltaire sich schon amüsiert –, dass der unerwartete Sieg so geringfügige Konsequenzen hatte. Lepanto fand am 7. Oktober 1571 statt; im Jahr darauf scheiterten die Verbündeten vor Modon. 1573 zog sich das ausgelaugte Venedig aus dem Kampf zurück, und 1574 triumphierte der Türke bei La Goulette und Tunis. Und damit waren alle Kreuzzugsträume ausgeträumt."

Nach der Verkündigung des Sieges in Venedig begab sich der Doge Alvise Mocenigo nach San Marco. Dort wurde bei festlicher Beleuchtung das „Tedeum" mit großem Orchester gesungen. Auf die Welle der Rührung, die die Stadt angesichts der Nachricht vom Sieg von Lepanto ergriff, folgte, wie üblich, eine Welle erneuerter Religiosität, die sich aller Seelen bemächtigte – auf Kosten der Juden. Die Vorstellung von einem jüdischen Komplott, der Hass gegen den abtrünnigen Giovanni Miches und der Wunsch nach einer Katharsis ließen in den Venezianern heftige Rachegefühle entstehen.

In den Geheimberichten des Rates der Zehn vom Juni 1568 kann man folgendes lesen: „Und wir sehen, welches Ansehen und welche Wertschätzung die ganze jüdische Nation diesem Joseph Nasí entgegenbringt; vor allem seitdem er Herzog von Naxos ist, hält man ihn für den bedeutendsten Führer der Juden, mit denen er sich in jeder Hinsicht versteht." Dass der mächtige Marrane im Ghetto populär war, ist wahrscheinlich; dass er einige Komplizen hatte, ebenfalls; dass aber das Ghetto von Venedig auf der Seite des Türken stand, erscheint weder einleuchtend, noch gibt es dafür Beweise. Als jedoch, der üblichen Praxis folgend, im Dezember 1571 im Senat ein Gesetzesantrag eingereicht wurde, der die Erneuerung der Aufenthaltsgenehmigung für die Juden unter fast denselben Bedingungen wie im Jahre 1566 vorsah, wunderten sich tatsächlich nur wenige über den Inhalt des Gegenantrages von Alvise Grimani, der die Vertreibung der Juden forderte. Über die Debatte, deren Teilnehmer zur Geheimhaltung verpflichtet waren, wüsste man keine Einzelheiten, wenn nicht der Bischof von Verona, Agostino Valieri (1530–1606), in seinem 1787 in Padua gedruckten Buch mit dem Titel *Dell' utilità che si può ritrarre delle cose operate dai Veneziani* etwas darüber ausgeplaudert hätte.

Grimani erinnerte an den großen Sieg über die Türken, interpretierte ihn als Zeichen für Gottes Gnade und meinte, dass man Jesus Christus seine Dankbarkeit bezeugen müsse, indem man zum Beispiel die obersten Verleugner des christlichen Glaubens, die Verräter des Staates, die Juden, vertreibe. Er behauptete, dass die Juden die Bedeutung des Brandes des Arsenals und des Getreidemangels, von dem die Stadt damals betroffen war, hochgespielt hätten, um die Hoffnungen der Türken zu nähren. Mit ihren wirtschaftlichen Aktivitäten brachten die Juden, nach Aussage des venezianischen Edelmanns, viele Patrizierfamilien an den Bettelstab und verdarben die Jugend mit täglich zunehmenden Extravaganzen und Prahlereien.

Alvise Zorzi hielt in seinem Gegenantrag Grimani entgegen, dass „es nicht notwendig sei, so viele Menschen in die Verzweiflung zu treiben mit einer neuen Politik, die jene vernichten würde, die eines Tages Gott dienen könnten". Wenn die Juden keinen Wucher nähmen, müssten es die Christen tun, und das sei nicht erwünscht. Und was die Extravaganzen anbelange, würden sie im Ernst aus Venedig verschwinden, wenn man die Juden vertrieb? Zorzi griff – vielleicht, um sich nicht Beschuldigungen von Komplizenschaft oder Korruption auszusetzen – die Juden ebenfalls an und zählte deren bekannte Fehler auf: Sie seien Ungläubige, Spione, Wucherer und Geizhälse, aber dennoch wünsche Gott, dass sie unter den Christen weilten, um jenen zum Beispiel zu dienen, die im Irrtum verharrten.

Die Debatte wurde erbittert geführt. An ihr nahmen zahlreiche Redner teil, die drei entgegengesetzte Anträge einreichten. Sieger blieb Grimani, der zwei Drittel der Stimmen erhielt.

Am 18. Dezember 1571 wurde im *Pregadi* beschlossen, „dass alle Juden, unabhängig von ihrem Status, ihrem Rang, ihrem Geschlecht und ihren Vermögensverhältnissen, gehalten sind, diese Stadt nach Verstreichen einer Frist von zwei Jahren, die ihnen in ihrer *Condotta* eingeräumt wird, zu verlassen. In dieser Zeit dürfen sie keinerlei Wucher nehmen, nicht hierher zurückkehren und weder für lange noch für kurze Zeit sich hier aufhalten oder wohnen – unter Androhung aller Strafen, die von diesem Rat am 8. Juli 1550 gegen die Marranen beschlossen wurden." Die Juden durften also bis zum Februar 1573 in Venedig bleiben. Bis dahin mussten das *Collegio* und der Senat das Problem der Kredite für die Bedürftigen in der Stadt gelöst haben.

Vier Tage nach der Annahme des Antrages wurde der Apostolische Nuntius darüber informiert, dass die Serenissima bereit sei, alle Juden aus den Territorien des Staates zu vertreiben, wenn der Papst das Gleiche tun würde. Nur eine gleichzeitige Ausweisung aus Ancona könnte bewirken, dass die jüdischen Kaufleute von den Adriarouten verschwänden und Venedig und Rom unter gleichen Voraussetzungen Handel treiben könnten.

Plötzlich kam es ohne offensichtliche Motive zu einem Sinneswandel: Zwei *Avogadori di Comun* erklärten im Senat, dass das Gesetz vom 18. Dezember 1571, das die Juden betraf, null und nichtig sei und aufgrund dessen, was der Rat der Zehn am 20. April 1524 beschlossen habe, weder vorgeschlagen noch angenommen werden könne. Das neue Gesetz müsse folglich in jeder Hinsicht als ungültig angesehen werden. Im Gesetz aus dem Jahre 1524 wurde verboten, an die Gründung von *Monti di Pietà* in Venedig heranzugehen ohne die ausdrückliche Genehmigung des Rates der Zehn, der zur Beratung eines derartigen Vorschlages erst seine Erlaubnis erteilen musste. Die *Avogadori* hoben hervor, dass der Beschluss über die Vertreibung der Juden aus der Stadt mit dem Ziel gefasst worden sei, das öffentliche Augenmerk wieder auf die „leidige Frage" der *Monti* zu lenken, und dass all das ohne die zwingend vorgeschriebene Einwilligung des Rates des Zehn geschehen sei.

Der Senat gab der Forderung der *Avogadori* statt, und einige Tage später, am 11. Juli 1573, verabschiedete er ein neues Gesetz, das sich in den Kernpunkten völlig von den früheren unterschied und dessen Auswirkungen sich mindestens bis zur Mitte des 17. Jahrhunderts bemerkbar machen sollten. Die wichtigste Neuerung bestand darin, dass sich die venezianischen Juden, vertreten durch Marcuzzo, Fricele und Samson Pescaruol, bemühten, die Summe von 50 000 Dukaten einzutreiben, welche der Finanzierung der Pfanddarlehen für die bedürftigen Venezianer dienen sollte, für „kleine Beträge von 2 oder 3 Dukaten, mit einem monatlichen Gewinn von einem Bagattino pro Lira zur Deckung der sich ergebenden Unkosten". Der fällige Zins wurde von 10% auf 5% gesenkt. Die Autonomie der Banken wurde noch einmal beschnitten: Die *Cattaveri* mussten kontrollieren, ob sie vorschriftsgemäß arbeiteten, und hatten das Recht, die Rechnungsbücher zu überprüfen. Für den Verkauf der Pfänder, für die eine Aufbewahrungsfrist von zwölf Monaten vorgesehen war, waren die *Sopraconsoli* zuständig. Die alte Leihbank, die als unabhängiges produktives

Unternehmen gegolten hatte, wurde vollkommen umgemodelt. An ihre Stelle trat eine für die arme christliche Bevölkerung der Stadt bestimmte Wohltätigkeitseinrichtung, die à fonds perdu finanziert wurde, und zwar durch Gelder, die die jüdischen Gemeinden zur Verfügung stellen mussten. So entstand ein neues Kreditinstrument mit besonderen Merkmalen, dessen Kontrolle voll und ganz in den Händen der Regierung lag; die völlig passive Geschäftsführung lag dagegen in den Händen der Juden, die gesetzlich verpflichtet waren, die Verluste zu refinanzieren und die Kapitalausstattung unangetastet zu lassen. Die sozialen Vorteile ähnelten jenen, die von den *Monti di Pietà* gewährt wurden. Das Kreditgeschäft war keine vorteilhafte Angelegenheit mehr, sondern bereits ein „Frondienst".

Wie einzigartig das venezianische Modell war, ist der Aufmerksamkeit der Historiker nicht entgangen. So hat etwa Leon Poliakov bemerkt, dass man lieber die Banken der Juden den Zeiten anpasste, statt das Kreditgeschäft in christliche Hände zu legen. Ein Fachmann aus Paris, der während der Regentschaft Philipps II. den Auftrag hatte, den Betriebsablauf der italienischen *Monti di Pietà* zu studieren, äußerte sich im Zusammenhang mit Venedig sehr vorsichtig: „Ich habe viele Gründe zu befürchten, dass ich berechtigte Empörung auslöse, wenn ich anhand dieser Dokumente eine Einzigartigkeit erkläre, die jedoch nicht verschwiegen werden darf: Die Republik Venedig hat, wie andere Staaten Italiens, eingesehen, dass es für die Armen viel nützlicher wäre, einen Ort zu finden, wo sie ihre Lumpen gegen das Notwendige tauschen könnten, um sich aus dem drückenden Elend zu erheben; aber es hat diese Überlegung auf einmalige Art und Weise in die Tat umgesetzt, und ich glaube, dass der *Monte di Pietà* nur in Venedig allein von den Juden finanziert wird."

Gibt es eine Erklärung für die Kehrtwende im Verhalten Venedigs gegenüber der jüdischen Gruppe? War es ein Rauschgefühl infolge des Sieges von Lepanto, gemischt mit einer religiösen Euphorie und dem Wunsch, die Juden – levantinische wie venezianische – dafür zahlen zu lassen? Überwogen pragmatisch-ökonomische Überlegungen? In diesen Fragen sind wahrscheinlich einige Körnchen Wahrheit enthalten, aber sie erklären nicht alles.

Nach der Schlacht von Lepanto musste Venedig den Streit mit den Türken beenden, aber die Säumigkeit seiner Verbündeten hinderte es daran. Die Republik brauchte entweder Krieg oder Frieden: Die drei Jahre anhaltenden Feindseligkeiten hatten den Handel blockiert, und die Gewinne waren ausgeblieben. An den Grenzen Istriens und Dalmatiens gab es ständige Spannungen. Zypern und zahlreiche andere strategische Punkte in der Adria waren verlorengegangen. Die Feldzüge von 1571 und 1572 waren kostspielig gewesen. Zwar hatte Lepanto das Ende eines Alptraums bedeutet, aber die erhofften Resultate ließen auf sich warten. Die Verhandlungen waren langwierig, und je mehr Zeit verging, umso mehr brauchte Venedig den Frieden, und umso größeren Widerstand leistete der Türke und schraubte seine Bedingungen herauf.

Am 7. März 1573 schritt Venedig zur Tat. Es trat aus der Liga aus und schloss einen Separatfrieden mit der Hohen Pforte. Zypern blieb bei den Türken, und Venedig behielt einige Vorposten in Dalmatien und Albanien. Die türkischen Gefangenen wurden alle ohne Zahlung von Lösegeld repatriiert, und für die Kriegsschäden wurden 300 000 Zechinen gezahlt. Die Serenissima kam dieser Frieden teuer zu stehen, aber sie schuf damit neue normale Voraussetzungen für den Handel im Mittelmeer, auf die Venedig einfach nicht verzichten konnte. Der Architekt dieses Friedensvertrages war unter anderen der *Bailo* Marcantonio Barbaro. Dieser berichtet in einer Aufzeichnung über einige wenig bekannte Einzelheiten und behauptet, der Großwesir habe nach Lepanto lange versucht, Kontakte mit Venedig aufzubauen, und diese halbgeheimen Annäherungsversuche wurden von einem einflussreichen jüdischen Arzt am Hofe des Sultans, Rabbi Salomon Aschkenasi, gefördert, der laut Barbaro „aus Urbino stammte, in Verona und Oderzo Brüder und Neffen hatte und der als Untertan der Serenissima mit den hochverehrten *Baili* Bragadin und Soranzo befreundet war und daher unter allen Umständen Bekanntheit erworben hatte“. Barbaro hatte gefunden, dass er „diesem Serenissimo Dominio überaus wohl gewogen“ war.

Über das, was im Vorfeld dieses Friedensvertrages geschah, findet sich eine andere Version in der hebräischen Chronik von Joseph Ha Cohen mit dem Titel *Emek ha-Bacha* (Das Tränental), die von den Verfolgungen handelt, welche die Juden bis 1576 in Europa erlitten hatten. Ein anonymer Zeitgenosse ergänzte die Liste bis ins Jahr 1606. Dieser Chronik lässt sich entnehmen, welch wichtige Rolle zu jener Zeit Salomon Aschkenasi spielte, der, nachdem er zusammen mit Barbaro nach Venedig gekommen war, zugunsten der Juden der Stadt intervenierte. Der anonyme Verfasser des Anhangs zum *Tränental* schildert bewegt diesen besonderen Augenblick: „Infolge des Ausweisungserlasses hatten sich schon viele Juden mit ihren Frauen und Kindern eingeschifft, um sich anderswohin zu begeben, wo sie die Möglichkeit zu einem ruhigen Aufenthalt finden würden, und sie warteten, dass ein günstiger Wind ihnen erlaube, die Segel zu hissen. Eben in jenen Tagen kehrte der Senator Soranzo, der *Bailo* in Konstantinopel, nach Venedig zurück, wo ihm das Geschrei der kleinen Kinder und das Gewimmer der Säuglinge ans Ohr drang, sobald er an Land ging. Er fragte diejenigen, die ihn umringten, was dies für ein Lärm sei, und sie antworteten, dass er von den Familien der Israeliten verursacht werde, die durch einen Ausweisungserlass aus der Stadt verbannt worden seien. Als Soranzo dieses Wort hörte, wurde er zornig, und noch ehe er zu seinem Haus ging, begab er sich zum Dogen, ließ den Rat der Zehn einberufen und hielt eine Rede.“ Soranzo versicherte, dass die Juden für den Staat nützlich seien, dass vor allem sie die einzigen wahren Verbündeten der Republik seien und gewiss nicht die Staaten der Liga, die mit ihrem Verhalten den Sieg von Lepanto zunichte gemacht hätten. Dazu sagt der Chronist: „Jene Worte von Soranzo schlugen wie der Blitz ein, und die Zehn traten, in der Überzeugung, dass er die Wahrheit gesagt habe, noch einmal zusammen, schritten zur Abstimmung, hoben ihre frühere Entscheidung auf und schlossen einen Friedensvertrag mit den Juden, die in aller Ruhe an ihren Platz unter den Venezianern zurückkehrten."

Andere Historiker haben der neu entstandenen wirtschaftlichen Lage Bedeutung beigemessen: Einerseits begann der Senat zu spüren, dass die verminderte jüdische Präsenz sich in der Stadt negativ auswirkte, und andererseits boten die Juden neue und vorteilhafte Bedingungen an, um nur ja in der Stadt bleiben zu dürfen.

Bischof Valiero erzählt in seinem Buch unbekannte Einzelheiten über die Debatte, die unter den Senatoren geführt wurde, und hebt zudem hervor, dass einige den Juden große Summen schuldeten, während andere ihre Gläubiger waren. In jedem Fall wirkte sich der Abbruch sämtlicher finanziellen und kommerziellen Beziehungen auf alle schädlich aus.

Wahrscheinlich beeinflussten all diese Motive auf entscheidende Weise die turbulenten Beziehungen zwischen Venedig und seinen Juden. In die ganze Angelegenheit waren, wie wir gesehen haben, zwei bedeutende jüdische Persönlichkeiten verstrickt: anfangs Joseph Nasí und später, nach Beendigung der Auseinandersetzungen, Salomon Aschkenasi.

Salomon Aschkenasi, der am Zustandekommen des Friedens beteiligt gewesen war, hatte keine so abenteuerliche und unvergleichliche Vergangenheit aufzuweisen wie Nasí, aber als guter Jude hatte auch er schon ein paar Reisen hinter sich. Er war deutscher Herkunft, in Udine geboren und somit Untertan Venedigs. Seine Familie lebte über alle Herrschaftsgebiete Venedigs verstreut – von Udine bis Oderzo und von Verona bis Candia. Er hatte in Padua Medizin studiert, war dann nach Krakau, an den Hof König Sigismunds, und schließlich nach Konstantinopel gegangen. Hier hatte er sich mit dem Großwesir Sokollu Mehmed zusammengetan, der seinerseits mit Joseph Nasí auf Kriegsfuß stand, und hatte als heimlicher Vermittler zwischen dem *Bailo* und Sokolli gedient, der sich mitten im Krieg nicht offen dem Vorwurf aussetzen konnte, mit dem Feind zusammenzuspielen. Aschkenasi wurde verhaftet und verhört, weil er geheimer Kontakte mit Venedig verdächtigt wurde, und war in großer Gefahr, aber Sokollu gelang es, ihn zu retten, und auch der *Bailo* Barbaro fühlte sich ihm zu Dank verpflichtet. Aber als Vermittler zwischen den beiden im Kampf befindlichen Ländern gelang es Salomon Aschkenasi nicht, sich bei jenen Kräften durchzusetzen, die partout den Krieg wollten. Erst später, als die beiden Gegner zunehmend den Wunsch nach Frieden verspürten, trugen seine Treue sowohl zur Serenissima als auch zur Hohen Pforte und seine ständige Vermittlungstätigkeit die erhofften Früchte.

Wie Barbaro bezeugt, setzte sich Aschkenasi höchstwahrscheinlich auch für die Juden des Ghettos ein, indem er deutlich machte, dass die Annullierung des Ausweisungserlasses die Lage der in Konstantinopel lebenden Venezianer verbessern könne. Venedig musste, sobald der Frieden geschlossen war, die eigene Wirtschaft wieder ankurbeln, und die Juden konnten ihm bei dieser neuen Politik nur von Nutzen sein.

Aschkenasi errang einen persönlichen, sehr bedeutsamen Erfolg, als er 1574 als Botschafter Salims II. nach Venedig entsandt und vom Senat und vom Dogen Mocenigo mit Ehren empfangen wurde. Nach dieser ersten diplomatischen Vermittlung wurde der jüdische Arzt vom Sultan mit anderen heiklen internationalen Missionen betraut: So unterzeichnete er etwa 1586 im Auftrag der Hohen Pforte einen Vertrag zwischen der Türkei und Spanien. Salomon Aschkenasi ist wohl 1602 gestorben; als 1604 sein Sohn mit einem Brief des Sultans nach Venedig kam, wurde er vom Dogen Grimani mit allen Ehren empfangen, das heißt, die Republik fühlte sich damals immer noch der Familie Aschkenasi zu Dank verpflichtet.

Und was war aus Joseph Nasí, dem unerschrockenen Helden so vieler Abenteuer, geworden? Obwohl Zypern sich jetzt im Besitz des Osmanischen Reiches befand, begann sein Stern nach der Schlacht von Lepanto zu verblassen. Auch der letzte Abschnitt seines Lebens bleibt, entsprechend der Persönlichkeit und der Geschichte dieses Mannes, von Zweifeln und Legenden umgeben. Es existieren umstrittene Dokumente, die bei einigen Historikern Ungläubigkeit ausgelöst haben. Da ist von geheimen Beziehungen und einem Briefwechsel zwischen Philipp II. und Nasí die Rede, von einem an den spanischen König gerichteten Gesuch, nach Spanien zurückkehren zu dürfen, und zwar im Besitz eines Schutzbriefes für sich selbst und sein aus siebzig Personen – darunter Türken und Juden – bestehendes Gefolge. Diesen Dokumenten zufolge bat Nasí flehentlich um „Verzeihung" dafür, dass er „eine Zeitlang die jüdische Religion praktiziert und sich zu ihr bekannt" habe, weil man ihn „dazu gezwungen und verpflichtet" habe. Dichtung oder Wahrheit? Ein letzter Griff nach einem Rettungsanker oder eine banale Geschichtsfälschung? Wie dem auch sei, Nasís abenteuerliches Leben neigte sich dem Ende zu. Reich und geehrt, aber bereits am Rande des politischen Lebens stehend, starb er 1579 in Konstantinopel.

# Daniel Rodriga
# und die „Natione Ponentina"

*Der Hafen von Spalato: Das Projekt – Das Zögern der* Cinque Savi alla Mercanzia *und des Senats – Die* Condotta *von 1589 – Der Hafen von Spalato: Die Durchführung des Projekts*

Lepanto, das entscheidende Ereignis in der Geschichte des 16. Jahrhunderts, zeitigte paradoxe Folgen. So entwickelten sich die traditionellen Feinde, Venedig und die Türken, nach der bewaffneten Auseinandersetzung zu lauwarmen Verbündeten. Venedig reagierte damit auf die ständigen Manöver Österreichs, Spaniens und des Papsttums, die versuchten, es zu isolieren und von seinen herkömmlichen Handelsrouten in der Adria abzuschneiden. Vom Süden her drang der spanische Einfluss jetzt bereits bis Albanien und Istrien. Die nördlichen Nachbarn, die Österreicher, spielten mit Venedigs Feinden, den schrecklichen Uskokenpiraten, zusammen. Und vom Westen her bedrohte die Achse Ancona–Livorno, die sich in Richtung Ragusa verlagerte, die zunehmend geschwächte venezianische Monopolstellung. Venedig waren einige Stützpunkte an der dalmatinischen Küste geblieben: Spalato, das heutige Split, hatte die Festungen verloren, die es beschützt hatten, die „Augen jenes Territoriums, das sich jetzt nicht mehr als zwei Fingerbreit bis vor die Stadt erstreckte". Zahlreiche zeitgenössische Zeugnisse bestätigen die Zerstörung und Armut dieser Orte: Sebenico und Zara waren menschenleer, ebenso die Inseln Pago, Chersos und Lesina, deren Einwohner „sich alle auf den Galeeren verschlissen hatten". Engländer, Franzosen und Holländer kamen immer häufiger vom Norden ins Mittelmeer hinunter und mischten in einem immer weiter reichenden Spiel der Handelsgeschäfte immer kräftiger mit: Die Ozeanrouten hatten die neuen seefahrenden Nationen veranlasst, ihr Schifffahrtswesen technologisch zu modernisieren, stärkere Schiffe zu bauen und die Mannschaften besser zu schulen. Venedig und die Hohe Pforte, die bisher den Handel kontrolliert hatten, wurden nun selbst in jenen Gewässern bedroht, in denen sie einst als unumstrittene Herrscher gegolten hatten. Deshalb versuchten sie, ein Bündnis zu schließen, um ihrer beider unvermeidlichen Niedergang hinauszuzögern.

Die Lagunenstadt hatte auch unter internen Unruhen zu leiden. Der Krieg hatte ein tiefes Loch in die Kassen der Republik gerissen; der politische Hader hatte sich verschärft, und der Adel nahm immer mehr Abstand vom Seehandel, der durch die mehr und mehr um sich greifende Piraterie zunehmend Risiken barg. Der Handelsaustausch im Mittelmeer wurde wieder einmal durch die spanischen Flüchtlinge belebt und getragen, die, nachdem sie die Iberische Halbinsel und die spanischen Besitzungen Neapel, Mailand und Sizilien verlassen, sich allen großen und kleinen Hafenstädten am Mittelmeer zugewandt hatten. Sie verfügten über starke und weitverzweigte familiäre Bindungen und waren geschmeidig und geschickt im Umgang mit Kaufleuten jeder Art und jeden Ranges. Jene vielsprachigen Neuchristen marranischer Herkunft kehrten nach dem Verlassen ihres Ursprungslandes oft zum Judentum zurück und offenbarten ihre versteckte und unterdrückte jüdische Identität. In der türkischen Hauptstadt beispielsweise trieben die venezianischen Kaufleute in erster Linie mit den Juden Handel, „die den Preis der Waren bestimmten" und auf dem Gebiet des internationalen Handels dominierten.

Auch Simone Luzzatto, der berühmte Rabbiner der ersten Hälfte des 17. Jahrhunderts, bemerkte, als er die damalige Situation im Mittelmeerraum beschrieb, dass „die jüdische Nation vornehmlich im Staat des Sultans Wohnsitz nahm". Tatsächlich hatte sich ein großer Teil der spanischen Flüchtlinge im Herrschaftsgebiet der Türken niedergelassen, weil es dort weder Beschränkungen im Hinblick auf die Religionsausübung gab, noch ein Verbot, Immobilien zu besitzen oder bestimmte Berufe auszuüben. Verglichen mit den Bedingungen, die in vielen europäischen Staaten herrschten, waren diese hier so günstig, dass Juden aller Art nach Saloniki und in die anderen türkischen Häfen drängten, als natürliche Konkurrenten der venezianischen Kaufleute, die seit allzu langer Zeit gewohnt waren, in jedem Winkel des Mittelmeers eine wirtschaftlich starke Position innezuhaben.

Erst nach Lepanto gab es eine Wende. Im Oktober des Jahres 1573 eröffnete sich der venezianischen Regierung zum ersten Male eine Möglichkeit, dem Adriahandel aus seiner leidigen Situation herauszuhelfen: Ein Beamter aus Bosnien wandte sich – vielleicht auf Initiative eines jüdischen Kaufmanns marranischer Herkunft, Daniele Rodriguez, genannt Daniele Rodriga – mit der Anregung an den Dogen, die Landwege gegenüber den traditionellen Seewegen wieder aufzuwerten.

Rodriga hatte als Kaufmann aus Not und Neigung viele Jahre – mindestens seit 1549 – damit verbracht, im Mittelmeerraum Handel zu treiben: Ancona, Ragusa, Venedig und Dalmatien waren die Gegenden, die ihm vertraut waren und deren Geheimnisse und Schwierigkeiten, vor allem aber deren Entwicklungsaussichten er kannte. Schon 1563 hatte er Handelsbeziehungen mit Venedig und Bosnien unterhalten und auf dem venezianischen Markt Stoffe aus „Seide und Wolle" erworben. Als Freund türkischer Beamter in Dalmatien, genannt Sandschaken, und Vertrauensmann der Venezianer führte er auch einige diplomatische Missionen durch; so etwa 1574 in slawischem Gebiet, wo er „die Geisteshaltung" jener türkischen Beamten „klar" erkunden sollte, die Venedig Ärger bereiteten, und im selben Jahr in Cattaro, wo er mit Genehmigung des Rates der Zehn helfen sollte, einige strategische Vorposten zurückzugewinnen, über die die Repubblica Serenissima die Kontrolle zu behalten wünschte. Diplomatische Missionen und Handelsunternehmungen waren zwei Seiten derselben Medaille; denn die einen waren eine unerlässliche Voraussetzung für den reibungslosen Ablauf der anderen. Rodriga machte sich dabei eine Gesellschaft zunutze, die er mit seinem Bruder Petrus Dieghi, seinem Schwager Isaac de Castris und Josef Hoef Falcon de Hispania gegründet hatte.

1577 richtete Rodriga ein Memorandum an den Senat, in dem er unter anderem vorschlug, „in Spalato einen Hafen für den Umschlag solcher Waren einzurichten, die aus den Gebieten der Türken kommen und dorthin transportiert werden". Seiner Meinung nach würde Venedig seine eigene Kapazität im wirtschaftlichen Wettbewerb erhöhen, wenn es das Risiko der Kaperung seiner Schiffe durch Piraten verminderte und so die Konkurrenz durch die Achse Ragusa–Ancona wirksam in die Schranken verwies. Rodriga forderte zugleich unter anderem Privilegien für jene Kaufleute, die sich mit ihren Familien in Spalato niederließen, und Transitfreiheit gegen eine kleine Gebühr, die er zur Hälfte selber kassieren würde.

Ende Oktober 1577 erteilte der Senat eine grundsätzliche Genehmigung für das Projekt, ohne die für die ausländischen Kaufleute geforderten Privilegien zu erwähnen; denn Venedig war noch nicht bereit, auf seine protektionistische Politik zu verzichten.

Den Initiativen und der Begeisterung Rodrigas stellten sich in Venedig jene Patrizier entgegen, die befürchteten, durch eine am Freihandel orientierte Politik persönlichen Schaden zu erleiden, sowie jene Adligen von Spalato, die ihrerseits Angst hatten, von diesen so unternehmungslustigen Juden aus dem Feld geschlagen zu werden. Im Juni 1579 ersuchte Rodriga den Senat um die Erlaubnis, fünfzig Familien jüdischer Kaufleute nach Venedig bringen zu dürfen, die bereit waren, sich pro Kopf mit einhundert Dukaten besteuern zu lassen. Diese Neuankömmlinge verlangten keine besonders günstigen Bedingungen. Doch sie baten darum, dass ihnen, als Untertanen Venedigs, die Sicherheit sowohl für die Personen als auch für ihr Vermögen garantiert werde.

Noch einmal, im August 1579, verschob der Senat einen Beschluss über das Problem: Fünfzig Familien im Ghetto Vecchio unterzubringen war unmöglich, und von einer Erweiterung des Ghettos zu sprechen war in jenem Augenblick ein heikles Unterfangen. Aber knapp ein Jahr darauf, im August 1580, statteten die *Cinque Savi* dem Ghetto einen Besuch ab und kamen am Ende zu der gleichen Ansicht wie die Kaufleute, die sich über den Platzmangel und die Unzulänglichkeit der Lagerräume beschwert hatten.

In jener Zeit bemühte sich der Senat darum, die von den venezianischen Kaufleuten erworbenen Positionen zu verteidigen, und deshalb musste er über Maßnahmen zum Schutz gegen die Uskokenpiraten im Gebiet von Spalato entscheiden und Informationen einholen, um die Durchführbarkeit von Rodrigas Projekt beurteilen zu können. Der *Provveditore generale* von Dalmatien, Alvise Loredan, sandte einen

Bericht, in dem von der Ablehnung die Rede war, mit der man in Spalato das Projekt eines Hafens aufgenommen hatte, und zwar Loredan zufolge unter anderem auch deshalb, weil „man sehr viel Geld in das Unternehmen stecken müsse", und er bezweifelte, dass das im Rahmen von Rodrigas Möglichkeiten liege. Rodriga hatte aber tatsächlich schon große Auslagen gehabt: Er hatte auf seine eigenen Ressourcen zurückgegriffen, Straßen bauen lassen und den Türken Geschenke geschickt. Er hatte also auf diese Weise hartnäckig an der Durchführung seines Projektes zur Belebung des Handels festgehalten und stieß wegen seiner Entschlossenheit natürlich auf Neid, Hindernisse und große Verwunderung.

In Venedig wurde Rodriga, der als „in Handelsdingen außergewöhnlich kluger Mann" galt, ebenso geschätzt wie gefürchtet; am Ende aber konnte man der Versuchung, ihm Knüppel in den Weg zu legen, nicht widerstehen. Mit fast leeren Taschen und von den meisten Seiten angefeindet, befand sich der kühne marranische Kaufmann in Schwierigkeiten, verließ Spalato und begann, sich in Ragusa wieder mit seinen privaten Geschäften zu befassen. Doch das war nur etwas Vorübergehendes; denn in Wahrheit verfolgte er seinen Plan mit geduldiger Entschlossenheit weiter und bat noch 1583 die *Cinque Savi alla Mercanzia* um Privilegien für die levantinischen Kaufleute und darum, dass man ihnen garantiere, „ungestört in der Stadt zu leben", und dass „der Handelsschifffahrt keine Hindernisse in den Weg gelegt" würden.

Als marranischer Kaufmann beabsichtigte Rodriga, jenen Neuchristen den direkten Zugang nach Venedig zu erleichtern, die an ihren jüdischen Traditionen festhielten und die aus dem Westen (italienisch: Ponente), von der Iberischen Halbinsel, kamen und direkt nach Venedig gehen wollten, ohne zuvor in den Häfen der Levante Station zu machen. Venedig war insofern attraktiv, als es zugleich Hafen und Brücke zur Türkei war; außerdem stellte man dort nicht so viele Fragen, und wer sich zum Judentum bekannte und im Ghetto lebte, der wurde nicht mit lästigen Nachforschungen über seine christliche Vergangenheit behelligt. Hinzu kam, dass Venedig im Hinblick auf Fragen des Glaubens oftmals von der Haltung des Papsttums abwich und eine unabhängige Position vertrat.

Doch wieder einmal wurden Rodrigas Wünsche nicht erfüllt. Der Senat meinte folgendes dazu: „Wenn man darauf eingehen wollte, hätte es viele Unannehmlichkeiten, Unruhen und Schäden zur Folge. Es besteht kein Zweifel darüber, dass unsere Bürger, die aus verschiedenen Gründen sehr, sehr wenig unternehmen, dann, wenn man besagten Juden erlaubte, frei in der Levante und in der Ponente herumzusegeln, ganz vom Handelsverkehr ausgeschlossen würden, und dieser würde dann völlig in den Händen besagter Juden liegen." Der Senat zeigte sich zudem besorgt über eine mögliche Monopolstellung der jüdischen Kaufleute; sie würde im Fall eines neuen Krieges mit den Türken eine ernst zu nehmende Gefahr für die Wirtschaft der Stadt bedeuten. Es sei hier darauf hingewiesen, dass in diesem Fall der Widerstand gegen die ponentinisch-jüdischen Kaufleute ausschließlich mit wirtschaftlichen und nicht mit religiösen Argumenten begründet wurde.

Der Rat der *Cinque Savi alla Mercanzia* war in der Zwischenzeit neu besetzt worden. Die soeben ernannten *Cinque Savi* hoben die wichtige Rolle hervor, die die Juden bei der wirtschaftlichen Entwicklung der Serenissima in der Tat gespielt hatten, aber einstweilen verzichteten sie noch einmal auf die Gewährung neuer Konzessionen und trachteten nur, Zeit zu gewinnen.

Unterdessen behielt das auf Eis gelegte Projekt des Hafenbaus in Spalato seine Aktualität, weil es genau den vor einer gewissen Eigendynamik beherrschten Bedürfnissen der Handeltreibenden entgegenkam. Dieses Projekt war nicht nur auf den Enthusiasmus von Rodriga zurückzuführen und konnte deshalb auch nicht durch die Verzögerungen der *Cinque Savi* oder des venezianischen Senats seine Berechtigung verlieren. Die Berichte der venezianischen Prokuratoren in Dalmatien sind, unter diesem Gesichtspunkt, äußerst aufschlussreich. So zeichnete etwa ein Nicolò Correr in einem sehr ausführlichen Bericht ein besonders realistisches Bild von der Situation und den zahlreichen drohenden Gefahren: Da war zum einen die Seeräuberei, die Bedrohung durch die Türken und der mögliche allzu große Einfluss der Juden. An Schwierigkeiten fehlte es auch da nicht: Man musste die Straßen, die zwischen Sarajevo und Spalato fast unpassierbar waren, ausbauen, ebenso die Lagerhäuser und Magazine; ferner musste die Umgebung befriedet und eine Verstärkung der Hafenanlagen in Angriff genommen werden. Man spürte, dass Rodriga fehlte, der ein tatkräftiger und phantasiebegabter Mann war.

Dieser rief dem Senat in einem Memorandum vom April 1586 die momentanen Schwierigkeiten wieder ins Gedächtnis: Die Schifffahrt war infolge der Konkurrenz mehrerer Nationen zurückgegangen, und Venedig lief Gefahr, ausgebootet und isoliert zu werden. Die erste Maßnahme bestehe darin, für eine Eskortierung der Galeeren zu sorgen. Die *Cinque Savi alla Mercanzia* ließen sich diesmal sofort überzeugen, aber die Bewaffnung der Galeeren blieb eine Zeitlang eine Notlösung und brachte keine volle Sicherheit für die Reisenden und den Handel. Die Aufenthaltserlaubnis für die levantinischen Juden, die 1586 ablaufen sollte, wurde dagegen unverzüglich erneuert.

Mit seiner ganzen Erfahrung und Intuition unterbreitete Daniel Rodriga am 30. Dezember 1586 erneut wichtige Vorschläge. Seine Absicht war es, die Achse Konstantinopel–Ragusa–Ancona–Florenz aufzubrechen, da sonst Venedig unrettbar vom Orienthandel ausgeschlossen würde. Die *Cinque Savi* anerkannten, welch bedeutende Rolle Rodriga für den Schutz des Handels der Serenissima spielte, und unterstützten die Ideen des marranischen Kaufmanns gegenüber dem Senat. Das hatte zur Folge, dass 1588 das bereits ad acta gelegte Projekt eines Hafenbaus in Spalato zuerst von den *Cinque Savi* und dann vom Senat erneut überprüft wurde; denn die bereits unübersehbaren Tatsachen hatten sie zu einer Entscheidung gezwungen.

Der Senat berief sich sogar auf die Beschlüsse von 1577 und 1580, die „aufgrund verschiedener Zufälle“ – unter anderem wegen unausgesprochener Zweifel – nicht in die Tat umgesetzt worden seien. Er beschloss nunmehr, dass die Galeeren der Kaufleute in Spalato statt in Narenta anlegen sollten, „um gewisse, offenkundige Gefahren zu vermeiden“. Die Investitionen, die für die Inbetriebnahme des Hafens und zum Ausbau der Zollbehörden notwendig waren, wurden gebilligt, und die elf Jahre zuvor beschlossene Abgabe für die Waren, die auf dem Weg nach Spalato waren, wurde abgeschafft.

In Bosnien wurde in der Folge ein venezianisches Konsulat eingerichtet, und die *Rettori* von Zara sollten sich beim neuen Pascha von Bosnien um die Genehmigung zum Ausbau der Straße zwischen Sarajevo und Spalato bemühen. Die *Cinque Savi* setzten sich nun mit voller Überzeugung – allerdings mit beträchtlicher Verspätung – für das Projekt ein und beriefen Daniele Rodriga und Nicolò Bragadin zu sich; der letztere hatte kurz zuvor das Amt eines Grafen von Spalato auf gegeben. Doch nicht alles lief glatt ab; denn die Prominenz von Narenta war gegen das Projekt, weil ihr dadurch ein guter Teil des Handelsgeschäfts verlorengehen würde. Man musste außerdem in der Gegend ein Netz neuer, miteinander konkurrierender Interessen schaffen, die auch die politischen Führer Bosniens mit einbeziehen und den Bedürfnissen der Türken Rechnung tragen würden. Es war notwendig, die Voraussetzungen zu schaffen für eine Neuordnung des Handelsverkehrs, ohne „gewaltsame Lösungen“, ohne Erschütterungen. Die türkischen Kaufleute würden in Spalato Salz, Reis und Seife zu günstigeren Preisen finden als in Ragusa oder Narenta, aber alles musste nach einem vorher festgelegten Plan – „ohne Aufsehen und ohne lautstarke Demonstration“ – verlaufen, damit niemand irritiert würde. Die Türken hatten auch zugestimmt, einige Gebiete entlang den Straßen zu entwalden, um die Gefahr hinterhältiger Angriffe und Überfälle zu vermindern. Alles war bereit für die ständige und exklusive Verbindung zwischen Venedig und Spalato, die, den Prognosen zufolge, 1590 aufgenommen werden sollte.

Eben in Voraussicht der neuen, sich bereits abzeichnenden Situation richteten die jüdischen Händler eine Bittschrift an den Senat und baten um die Bestätigung einiger Privilegien. Auch Rodriga wandte sich mit einer Petition an den Dogen; er betonte, wie vorteilhaft sich die Präsenz jüdischer Kaufleute und ihrer Familien sowohl in Venedig als auch in Spalato auswirke und dass ihre Zuwanderung noch gefördert werden sollte. Er schnitt einige Punkte an, die sich auf die Privilegien bezogen, welche denjenigen zuzuerkennen seien, die schon seit langem dort lebten, wie auch jenen, die sich noch in Zukunft dort ansiedeln würden. Im ersten Punkt ging es um die persönliche Sicherheit der jüdischen Kaufleute und ihrer Familien, ihrer Waren und ihres Vermögens in allen Herrschaftsgebieten der Serenissima. Sie sollten nach Belieben kommen und gehen dürfen, ohne dass jemand sie irgendwie dabei behinderte, und wie venezianische Bürger überall ungehindert zur See fahren können. Der zweite Punkt sah vor, dass die Kaufleute, Abkömmlinge des jüdischen Volkes – welcher Nation sie auch immer angehörten –, ungestört ihre Religion praktizieren und frei und ohne Einmischung seitens kirchlicher und weltlicher Behörden als Juden leben konnten. Wenn die Serenissima sie nicht mehr haben wollte, sollten sie unbehindert über den Land- oder den Seeweg von dannen ziehen dürfen. Man möge ihnen in einem solchen Fall gestatten, ihre Kreditgeschäfte in einer angemessenen Frist von achtzehn Monaten abzuwickeln. Im dritten Punkt wurde eine nach dem Krieg mit den Türken noch aktuelle Frage angeschnitten. Im Falle eines Krieges „mit dem türkischen Sultan oder mit welchem Fürsten auch immer" dürften die Kaufleute keinen Repressalien ausgesetzt werden; vielmehr müsse man ihnen jede Garantie gewähren und die Möglichkeit geben, ihren Handel weiter zu betreiben. Der vierte Punkt befasste sich mit den Beziehungen zwischen den neuen jüdischen Kaufleuten und den jüdischen Pfandleihern deutscher Herkunft. Sie sollten keine Steuern auf die von den deutschen Juden, den *Ebrei Todeschi*, betriebenen Banken zahlen müssen, sondern nur verpflichtet sein, die gewöhnlichen Abgaben zu entrichten. Schließlich kam Rodriga in seinem Schreiben auf den Hafen von Spalato zu sprechen: Die durchreisenden jüdischen Kaufleute und jene, die dort, in Spalato, ansässig waren, sollten in den Genuss sämtlicher Privilegien gelangen, Geld verleihen und wie alle anderen Bürger der Stadt Handel treiben dürfen. Ihnen sollte ein Ort zugewiesen werden, wo sie mit ihren Familien wohnen konnten; sie würden einen Friedhof und eine Bank für die Ortsansässigen und die Pendler benötigen, und zwar unter den Bedingungen, die zwischen dem Konsul Daniel Rodriga und der Serenissima zu vereinbaren seien.

Die *Cinque Savi alla Mercanzia* berieten am 27. Juni 1589 über den Antrag der Kaufleute. Sie stellten fest, dass viele der angeschnittenen Fragen nicht neu waren, räumten jedoch ein, dass sich die Bedingungen im Handel geändert hatten, und kamen daher zu dem Schluss, dass eine neue Niederlassung von jüdischen Kaufleuten in der Stadt sich nur positiv auswirken könne. Wenn die Juden nicht zufriedengestellt würden, zögen sie in den Orient, kehrten als Levantiner nach Venedig zurück und kämen also in jedem Fall in den Genuss der bestehenden Privilegien. Die *Cinque Savi* schlugen vor, einige Änderungen an dem Antrag vorzunehmen, und akzeptierten den ganzen Rest, den sie für zulässig hielten. Allerdings empfahlen sie, den neuen, privilegierten Kaufleuten, unter Androhung schwerster Strafen, zu verbieten, dass sie nichtprivilegierten Kaufleuten als Strohmänner dienten, und baten darum, nicht mit den Fragen befasst zu werden, die sich im Zusammenhang mit den Kaufleuten ergeben würden; denn das würde ihnen die Arbeit erschweren.

In ihrer Schlussfolgerung spiegelt sich die pragmatische Einstellung der gesamten venezianischen Regierung wider: Es war gerecht, nur denjenigen Privilegien zu garantieren, die ihre eigenen Ressourcen mobilisierten und ihr eigenes Kapital investierten und so zu den Einkünften Venedigs einen Beitrag leisten konnten. Außerdem musste ausdrücklich festgelegt werden, dass man keinem Juden, aus welcher Nation auch immer er stammen mochte, ein neues Privileg garantieren würde, wenn es nicht zuerst von den bereits ortsansässigen Händlern der *Università* der Juden selbst und dann von den *Cinque Savi* akzeptiert worden wäre.

Die *Cinque Savi* nahmen also die Vorschläge Daniel Rodrigas wohlwollend auf, und am 27. Juli 1589 wurde der vom *Collegio* gebilligte Text im Senat bekanntgegeben. Es war ein neues Zeichen für die tiefgreifende Veränderung, die sich während jener letzten Jahre in den Beziehungen zwischen Venedig und den Juden vollzogen hatte. So wurde in dem Schriftstück noch einmal ausdrücklich darauf hingewiesen, welche Vorteile für den Handel und das Wirtschaftswachstum der Stadt diese neue *Condotta* mit sich bringen würde.

In dem von den *Savi* gutgeheißenen Dokument wurden die wichtigsten Bitten aufgezählt und akzeptiert: das Recht, in der Stadt in Sicherheit mit seiner Familie zu leben, Freiheit der Religionsausübung und keine Rechenschaftspflicht für die Vergangenheit. Die Laufzeit der *Condotta* wurde auf zehn Jahre festgelegt. Dem Kaufmann wurde vorgeschrieben, den traditionellen gelben Hut zu tragen, wie es Brauch war. Man sprach nicht von „spanischen Juden“ oder „Marranen“ oder „Neuchristen“, sondern, etwas vager, von ponentinischen Juden.

Der Senat stimmte ab und akzeptierte den Vertrag. Daniel Rodriga hatte – nach vielen Versuchen und vergeblichen Mühen – endlich gesiegt, aber natürlich nicht nur dank seiner Beharrlichkeit und Hartnäckigkeit: Der Hauptgrund war vielmehr, dass der venezianische Handel mit wachsenden Schwierigkeiten zu kämpfen hatte. Es galt nicht nur, gegen die Konkurrenz von Genua und Ancona anzukämpfen; auch die kontinentalen Mächte – Frankreich, Spanien, Portugal und Holland – tummelten sich bereits in den Häfen des Mittelmeeres. Mit diesen den iberischen Juden, den ehemaligen Neuchristen, gewährten Privilegien und der Durchführung des Spalato-Projektes hatte man, wenn auch vielleicht zu spät, einen Versuch unternommen, die Rolle der Serenissima im Levantehandel neu zu bestätigen. Wenn Venedig schon nicht im ganzen Mittelmeer dominierte, so doch wenigstens in der Adria; es hatte sich in seiner Handelspolitik umgestellt: Den nichtvenezianischen Händlern wurden Handelsrechte eingeräumt, die jenen entsprachen, welche eigentlich den zahlenmäßig beschränkten Geschäftskreisen Venedigs vorbehalten waren. Das bedeutete, wie Ravid bemerkt, dass die ponentinischen beziehungsweise levantinischen Juden, von denen die meisten marranischer Abstammung waren, Rechte besaßen, von denen über neunzig Prozent der venezianischen Bürger nicht einmal träumen konnten. Aber wenn sie im Levantehandel eine bevorzugte Stellung einnahmen, durften die Juden noch immer nicht den politischen Gremien und den Zünften angehören und sich auch nicht im Einzelhandel betätigen. Im Gegensatz zu anderen Venezianern, die sich auf erbliche Rechte berufen konnten, vermochten die Juden nur auf zeitlich begrenzte Rechte zu pochen – sie galten für zwei, fünf oder zehn Jahre und waren stets mit einem „Restrisiko“ behaftet. Dennoch muss man gerechterweise hervorheben, dass Venedig zu jener Zeit für Juden und Marranen aller Art der freieste Hafen des christlichen Europa war.

Die *Condotta* des Jahres 1589 markierte eine entscheidende Wende, die sich nicht nur unter wirtschaftlichen Gesichtspunkten vollzog, sondern auch in den Beziehungen zwischen den Religionen. Was man seinerzeit den Levantinern eingeräumt hatte, hatte man türkischen Untertanen gewährt, die formal vom venezianischen Staat unabhängig waren. Doch jetzt bot die Serenissima das Wohnrecht und viele begehrte Handelsprivilegien solchen Leuten an, die „ponentinische Juden“ genannt wurden, in Wirklichkeit aber ungewisser und zweifelhafter Herkunft waren und denen man gerade in Venedig erlaubte, zum Judentum zurückzukehren, wobei man ihnen zusicherte, keine Nachforschungen über ihr Vorleben anstellen zu wollen.

Man kann sich leicht denken, dass die Venezianer wieder einmal ihren angeborenen Pragmatismus und die Staatsräson über religiöse Fragen stellten. Übrigens hatte sich selbst der Papst, der über jeden Zweifel erhabene Vorkämpfer der Christenheit, zu Kompromissen herab gelassen, nur um die Position Anconas zu verteidigen.

Einige symbolische und wesentliche Punkte behielt Venedig bei, so etwa das Tragen des gelben Hutes und das Wohnen im Ghetto. Doch das Klima änderte sich: Die Levantiner hatte man, als man sie 1541 aufnahm, ungern toleriert; doch jetzt erhielten die Levantiner und die Ponentiner, auf die sich die *Condotta* von 1589 bezog, eine Aufenthaltserlaubnis von zehn Jahren und kamen zugleich in den Genuss von Handelsprivilegien, von denen nur zehn Prozent der aus vielen Schichten bestehenden venezianischen Gesellschaft profitierten. Diese großzügigen Zugeständnisse erhalten eine noch größere Bedeutung, wenn man bedenkt, dass sie nicht nur für die Levantiner galten, welche aus den Hafenstädten des Osmanischen Reiches nach Venedig übersiedelten und als Juden auftraten, sondern auch für die Ponentiner, die direkt von der Iberischen Halbinsel kamen, wo sie lange Zeit, manchmal jahrzehntelang, als Marranen gelebt hatten, und die jetzt plötzlich nach Venedig gingen, um sich ohne Furcht zu ihrem Judentum zu bekennen.

Nach diesem Erfolg setzte Rodriga seine Bemühungen fort, seinen Plan zu vervollständigen und seine Verwirklichung in Angriff zu nehmen. Der Hafen sollte im Juli 1590 seinen Betrieb aufnehmen. Rodrigas Ratschlägen folgend, handelte Venedig die Freilassung einiger Gefangener der Uskoken aus und befreite alle levantinischen und ponentinischen Juden, die sich mindestens fünf Jahre zuvor aus Spalato zurückgezogen hatten und jetzt den Wunsch verspürten, dorthin zurückzukehren, von sämtlichen Steuern. Unter diesen befanden sich auch Daniel Rodriga, der der „Initiator des Hafenprojektes“ genannt wurde, sein Bruder Pietro (Petrus Dieghi) und sein Schwager Isaac de Castris.

Der Hafen wurde für Venedig zum Erfolg: 1591 ordneten die *Cinque Savi* an, dass in Spalato alle Waren auf die Handelsgaleere geladen werden sollten, die dann, unter

Eskortierung, mit dem Zielhafen Venedig in See stach. 1592 wurde eine zweite, für den Transport „größerer Gegenstände“ geeignete Galeere gebaut, und man akzeptierte es, auch die Schiffe jener Händler zu eskortieren, die nicht in Spalato warten wollten. Der ausgeklügelte Mechanismus funktionierte so, wie Rodriga es scharfsichtig vorausgesehen hatte: Es waren die Türken selbst, die sich um den Ausbau der Straßen und die Organisation sicherer Handelskarawanen bemühten. 1594 bestätigte der Graf von Spalato, Daniele da Molin, in seinem Bericht den Erfolg des Unternehmens: Die Mittelmeer- und Adriarouten seien verkürzt worden, um die Bedrohung durch die Uskoken zu verringern, die die unversöhnlichen Feinde der Türken waren und mit Unterstützung des Reiches Venedig belästigten. Spalato hatte mit seinem Hafen nach wenigen Jahren einen Warenumschlag zu verzeichnen, der dem von Ragusa gleichkam.

Rodriga bestand weiterhin vor allem darauf, die Sicherheit des Hafens zu gewährleisten: Er verlangte stärkere Verteidigungsanlagen, schlug den Bau eines neuen Hafens in Durazzo vor, um den Zufluss der Waren aus Albanien zu fördern, und forderte mit Nachdruck eine Einbeziehung des Hafens von Saloniki. Die *Cinque Savi,* die vom Geschick des Kaufmanns überzeugt waren, akzeptierten seine Ideen, aber das Vorhaben mit Saloniki erschien ihnen doch zu riskant. Dennoch begann Rodriga im Oktober 1597, mit Saloniki Handel zu treiben, und betonte, dass Venedigs Vorrangstellung in der Adria gegenüber der historischen Achse Ragusa–Ancona auf dem Spiel stehe.

In jenem Jahr sollte die *Condotta* der levantinischen Juden ablaufen; aber infolge der günstigen Entwicklungen schien eine Verlängerung durchaus nicht ausgeschlossen. Doch auch dieses Mal fehlte es nicht an Opponenten: Alvise Sanudo beispielsweise war sich sehr wohl der positiven Seiten dieser Initiative bewusst, behauptete jedoch, dass es viele gute Christen gäbe, die dasselbe zustande gebracht hätten wie Rodriga, und dass man dem Juden nicht über den Weg trauen dürfe. Mit dieser Meinung blieb er aber allein. 1598 verabschiedete der Senat eine neue *Condotta* mit zehnjähriger Laufzeit, und schon 1602 mussten angesichts des expandierenden Handelsverkehrs neue Galeeren in Dienst genommen werden.

Rodriga befasste sich auch mit den Streitereien zwischen der „Natione Todesca“, deren Banken mit Verlust arbeiteten, und den „Levantinern“ und „Ponentinern“. Als Konsul der Natione Ponentina und Levantina bat er darum, dass man über eine neue Art der Besteuerung entscheiden möge.

Das war seine letzte öffentliche Handlung. Nach 1602 machte er nicht mehr von sich reden. Wäre er noch am Leben gewesen, hätte er gewiss noch so manchen Appell an die *Cinque Savi* gerichtet, wie er dies fast dreißig Jahre lang getan hatte.

# Die jüdische Gemeinde zwischen dem 16. und dem 17. Jahrhundert

*Die Auseinandersetzungen zwischen Venedig und dem Papsttum – Die neuen Aktivitäten der „Natione Todesca" – Die* Cattaveri, *die* Cinque Savi *und die* Sopraconsoli *und ihre Haltung gegenüber den Bewohnern des Ghettos – Der Doge Leonardo Donà und die Marranen – Die jüdischen Händler zwischen dem 16. und dem 17. Jahrhundert – Das Interdikt – Paolo Sarpi und die Taufe jüdischer Kinder – Die* Condotta *des Jahres 1624*

Die *Natione Todesca*, also die seit langem in Venedig ansässigen deutschen Juden, dann die *Natione Levantina*, jene iberischen Juden, die über die Levante nach Venedig gekommen waren, sowie die *Natione Ponentina*, die von der Iberischen Halbinsel direkt nach Venedig zugewanderten Juden, bildeten zusammen die *Università degli Ebrei*, wie damals die jüdische Gemeinde Venedigs genannt wurde. In der Zeit zwischen der ersten Pestepidemie, die in der Stadt 1576 ihren Höhepunkt erreichte, und der nächsten großen Epidemie im Jahre 1630 kam es mit der *Condotta* von 1589 nicht nur zur ersten ausdrücklichen und sehr umstrittenen Anerkennung der Präsenz der Ponentiner, sondern auch im Ghetto selbst begann ein langsamer Prozess der Verschmelzung der verschiedenen jüdischen Gruppen, die sich durch ihre Herkunft, ihre Kultur, ihre persönlichen Erfahrungen, ihre Sprache, ihre Bräuche und sogar im Hinblick auf ihre Riten und ihre Religion stark voneinander unterschieden.

Seit der Gründung des Ghettos waren nunmehr beinahe hundert Jahre vergangen, und das Ghetto nahm allmählich seine endgültige Gestalt an. Gleichzeitig wurden auch die Beziehungen zwischen dem Ghetto und der Stadt nach den ersten schwierigen Zeiten der Niederlassung zunehmend von Stabilität gekennzeichnet und wiesen im Vergleich zu anderen jüdischen Ansiedlungen im Mittelmeerraum und in Europa einmalige Merkmale auf. In dieser Zeit wird – so scheint es – das starke Band zwischen dem Schicksal Venedigs und dem seiner Juden offenkundiger denn je. Das jüdische Venedig war die Summe verschiedener Gemeinden von Deutschen, Portugiesen, Spaniern und Levantinern. Diese Gruppen bewahrten ihre unterschiedlichen religiösen Traditionen, lebten getrennt, genossen unterschiedliche Privilegien und übten unterschiedliche ökonomische Funktionen aus. Oft lagen sie miteinander im Widerstreit, auch wenn sie in einer einzigen gemeinschaftlichen Organisation, nämlich der *Università,* vereinigt waren. Mit der Zeit ebneten sich die Unterschiede etwas ein, aber die Spaltungen verschwanden nicht völlig, und zwar nicht zuletzt aufgrund der natürlichen und ausgeprägten Neigung der Juden zum Partikularismus.

Ende des 16. Jahrhunderts wurde die politische Lage Venedigs von Kräften geprägt, die nach einer Veränderung drängten. Es bildeten sich neue Machtgruppen heraus, die sich als „innovatorisch" bezeichneten und die „Jungen" genannt wurden. Dabei handelte es sich um die Vertreter einer herrschenden Klasse, die sowohl in der Innen- als auch in der Außenpolitik dynamischer vorgehen wollte und die Autonomie der Stadt hochhielt. Leonardo Donà, der wichtigste Exponent dieser Gruppe, setzte sich einerseits dafür ein, dass der Einfluss des Papsttums und die Macht der Inquisition zurückgedrängt wurden, während er auf der anderen Seite aus handelspolitischen Erwägungen heraus eine frankreichfreundliche und spanienfeindliche Haltung an den Tag legte.

Für die Zwistigkeiten mit der Kirche gab es viele Gründe: Sie ließen sich nicht nur mit der Rolle erklären, die das Heilige Offizium spielte – eine an sich schon heikle Angelegenheit –, sondern auch mit der Weigerung Venedigs, sich nach dem Sieg von Lepanto gegen die Türken zu stellen. Hinzu kamen noch einige Meinungsverschiedenheiten über das umstrittene Projekt einer Umleitung des Pos und über die Kontrolle im Bereich der Landwirtschaft und Nahrungsmittelproduktion auf der venetischen Terraferma. Die Venezianer, die sich seit Jahrhunderten notgedrungen auf das Meer hin ausgerichtet hatten, wandten sich nun dem Landesinneren zu, um sich dort vor allem ihre Ernährungsbasis zu sichern; dies war nach der Getreidekrise der Jahre 1590 und 1591 unerlässlich geworden. Diese durch äußere Zwänge bedingte Strategie der Republik wurde durch eine neue Vorliebe vieler Patrizier für die Landwirtschaft erleichtert. Sie wollten die Risiken vermeiden, denen man auf hoher See ausgesetzt war und mit denen ihre Vorfahren so vertraut gewesen waren, und investierten ihr Geld lieber in Immobilien und Anbauflächen. Damals waren die Kirche und die Geistlichen im Besitz eines Großteils des Ackerlandes auf der Terraferma. Es wird also deutlich, dass der Streit zwischen Venedig und Rom nicht nur auf einem abstrakten Kampf um hehre Prinzipien beruhte, sondern auf konkreten Interessen, einander oft bis zur Unversöhnlichkeit entgegengesetzt.

Die Senatsbeschlüsse vom Jahre 1602 (Verpachtung von Ländereien an Laien gegen einen geringen, an die Kirche abzuliefernden Pachtzins), von 1604 (Einführung einer Sondergenehmigung für die Errichtung neuer Kultbauten) und von 1605 (Verbot, Immobilien an die Kirche zu vererben) schufen die Voraussetzungen für die Spannungen zwischen den beiden italienischen Staaten, die bald zum Bruch führen sollten. Einst im Kampf gegen die Ketzerei und den Türken verbündet, sahen jetzt Venedig und Rom, wie sich der Graben, der sie trennte, immer mehr verbreiterte. Das Heilige Offizium und die *Esecutori contro la Bestemmia* machten sich das Recht streitig, nicht nur über Gotteslästerungen, sondern auch über die Sodomiten und Verbrechen im Zusammenhang mit dem Glücksspiel Urteile zu fällen. Die *Esecutori* wollten sich mit Fragen der Polygamie, der Bücher, der heimlichen Ehen befassen und womöglich die Juden der Rechtsprechung durch das Heilige Offizium entziehen, das so wenig Verständnis für die Beziehungen mit dem Osmanischen Reich zeigte – Beziehungen, die in den Augen der Serenissima von außerordentlichem Interesse waren wegen ihres Handels, bei dem gerade die Juden ihr als wesentliches Werkzeug dienten. Venedig versuchte, sich die eigenen politischen Vorrechte wieder anzueignen, und zur Erreichung dieses Ziels setzte es alle Mittel ein, die ihm zur Verfügung standen, insbesondere die eigenen Behörden: *Esecutori contro la Bestemmia, Avogadori di Comun*, die *Cinque Savi alla Mercanzia* und die Organe des Staates, *Collegio*, Senat, Rat der Zehn und die *Rettori* von der Terraferma. Um ihre unumstrittene Autorität unter Beweis zu stellen, gingen die venezianischen Gerichte gerade zu jener Zeit besonders streng vor. Dafür sei nur ein Beispiel angeführt: Das Heilige Offizium und der Rat der Zehn gerieten aneinander, weil sie sich um das Vorrecht stritten, einige Männer vor Gericht zu stellen, die nachts in der Stadt umhergezogen waren und obszöne Flüche ausgestoßen hatten. Der Rat der Zehn sprach dem kirchlichen Gericht jedes Vorrecht ab und verurteilte die Schuldigen zum Tode, obwohl auch einige Patrizier darunter waren. Auf der Terraferma jedoch, wo das kirchliche Tribunal mehr Macht besaß, kam es zu ständigen Reibungen.

Nachdem Paul V. die Nachfolge Klemens' VIII. und des nur einige Wochen amtierenden Leo XI. angetreten hatte, überstürzten sich die Ereignisse. Paul V. stellte Venedig 1605 zunächst ein Ultimatum und verkündete dann das Interdikt. Doch der stolzeste Verteidiger der Autonomie der Stadt, Leonardo Donà, bot ihm die Stirn.

Nach der Krise, die durch den Sieg von Lepanto ausgelöst worden war, hatten die venezianischen Juden ihre Aktivitäten wiederaufgenommen und dabei von der Verbesserung der internationalen Situation und der wiedergefundenen Harmonie in den Handelsbeziehungen zwischen der Hohen Pforte und der Serenissima profitiert, indem sie einerseits ihre natürliche Rolle als ökonomische Vermittler und andererseits die von Kleinkreditgebern und Trödelhändlern weiterentwickelten.

Nach 1573 wurde über mögliche Ausweisungen nicht mehr diskutiert. Im Übrigen hatten sie inzwischen auch ihre alte Monopolstellung im Kreditgeschäft eingebüßt; denn in den wichtigsten Städten Venetiens beherrschten in der Regel die *Monti di Pietà* die Szene. In den kleinen Orten dagegen blieben die kleinen, als Familienbetriebe geführten jüdischen Banken für das Agrarkreditwesen von Nutzen, auch wenn sie in finanzieller Hinsicht nur sehr wenig ins Gewicht fielen. Während in Venedig der Zinssatz bei 5% lag, wurden auf der Terraferma höhere Zinsen, auch um 10 oder 12%, erzielt.

Vor allem in den Gebieten des Kirchenstaates kam es zu einer für die Juden vorteilhaften Entwicklung: Bis 1584 hatte Gregor XIII. sie mit ziemlicher Strenge behandelt und sogar versucht zu verhindern, dass jüdische Ärzte christliche Patienten versorgten. Sixtus V. schwenkte dann 1585 auf die Linie um, die einige seiner Vorgänger verfolgt hatten, und forderte die Juden auf, in den Kirchenstaat zu kommen, um dort Kreditbanken zu gründen und den Handel zu beleben. Im Oktober 1586 legte er diese Angebote in der Bulle *Christiana Pietas* fest, und zwischen 1587 und 1605 erteilte die Päpstliche Schatzkammer dreihundert Neuzulassungen für Banken in den verschiedenen italienischen Staaten – mit Ausnahme von Venedig, das, eifersüchtig auf seine Autonomie bedacht, sich nicht darein fügte, jemanden um etwas bitten zu müssen, am wenigsten gar den Papst.

Das in Venedig von den Juden betriebene Kreditgeschäft wurde tatsächlich von den eigenen, venezianischen Behörden kontrolliert, und der geforderte Zinssatz reichte nicht aus, um die Ausgaben der Banken zu decken. Deshalb wurden die regelmäßig erzielten Verluste mit den Einkünften aus den anderen Aktivitäten ausgeglichen, welche die Juden in der Stadt ausübten. Im Text der *Condotta*-Erneuerung von 1591 findet sich ein neuer Punkt: „Alle Juden, die in einer Stadt, einer Gegend oder einem Dorf Unseres Staates auf der Terraferma leben und in Zukunft leben werden, sind – und zwar alle, ohne Ausnahme – verpflichtet, Abgaben zu entrichten und zu den Ausgaben beizusteuern, die zur Unterhaltung der obengenannten drei Banken dieser Stadt getätigt werden müssen. . .“ Von diesem Befehl waren die levantinischen Händler ausgenommen, die türkische Untertanen waren, sowie die Juden aus Korfu, die entsprechende Privilegien genossen, und die Juden von Padua und Verona, die den Schatzkammern ihrer jeweiligen Städte bereits dreihundert Dukaten im Jahr zahlen mussten. Überall auf der Terraferma sollten sämtliche *Condotte*, sobald sie abgelaufen waren, der *Condotta* der Juden von Venedig angepasst werden. Der Vertrag enthielt unter anderem den Vorbehalt, dass bei einer eventuellen Schließung der Banken das Ghetto an jeder Aktivität gehindert würde.

Die Juden der „Natione Todesca“, die den Kern der Gründergeneration des Ghettos gebildet hatten und deren hauptsächliche Tätigkeit eben in der Führung der Banken bestand, erschlossen unterdessen neue Einkommensquellen. 1594, so berichtet der englische Historiker Brian Pullan, machten einige Gruppen von jüdischen Altwarenhändlern von sich reden, „allesamt große Geschäftsleute“, deren Läden von mehreren Adligen „und den bedeutendsten Leuten dieser Erlauchten Republik“ frequentiert wurden. Die *Ufficiali al Cattaver*, die sich mit den Aktivitäten der Bewohner des Ghetto Novo beschäftigten, sprachen von den Brüdern Abraham, Benedetto und Nascimben Calimani, von ihrem Vetter Isaac Luzzato, von Orso dalla Man und Iseppo dalla Baldosa als von Kaufleuten, die „Achtung und Ansehen“ genossen. Im darauffolgenden Jahr, 1595, wurden diese selben Kaufleute zu Vorstehern der *Università degli Ebrei*, der jüdischen Gemeinde, ernannt. Die Altwarenhändler besaßen regelrechte Depots, deren Tore sich zum Rio del Ghetto hin öffneten, so dass die Be- und Entladung der Schiffe direkt erfolgen konnte; die christlichen Wächter hielten auch die Schlüssel dieser Tore in Verwahrung.

Neben dem Beruf des Kaufmanns hatte sich auch eine neue, flankierende Aktivität herausgebildet, nämlich die des Maklers oder *Sanser*, der die Rolle eines Vermittlers für die Geschäfte im Ghetto übernahm. In den achtziger Jahren des 16. Jahrhunderts waren mindestens zwölf solcher *Sanseri* in der Stadt Christen; aber auch ein paar Juden durften aufgrund besonderer Verdienste in den Genuss des Privilegs gelangen. So erhielten etwa zwei Söhne des berühmten Arztes Joseph de Dattolis, Simone und Mosè, eine solche Lizenz, die sie entweder persönlich wahrnehmen oder – mit Genehmigung der *Cattaveri* – an Stellvertreter übertragen konnten. Die Konkurrenz zwischen jüdischen und christlichen *Sanseri* führte oft zu Racheakten und Denunziationen: Die Christen versuchten, die Juden daran zu hindern, in der Stadt herumzugehen, zeigten sie an und behaupteten, dass auf diese Weise die Aufnahme unerlaubter sexueller Kontakte zwischen Juden und Christen erleichtert würde. Daraufhin ordneten die *Cattaveri* an, dass die jüdischen *Sanseri* nur die Adligen, die Kaufleute und die Bürger aufsuchen durften – in der Überzeugung, dass diese ihren verführerischen Schmeicheleien besser widerstehen könnten als das einfache Volk, das sich leicht korrumpieren lasse.

Langsam drangen die Juden in neue Handelsbereiche vor: 1597 wurden sich Senat und *Sopraconsoli* einig, ihnen die Teilnahme an den Versteigerungen am Rialto zu gestatten. Die venezianischen Zünfte bemühten sich, dem Ansturm dieser Neuankömmlinge Widerstand entgegenzusetzen: Die Schneiderzunft zum Beispiel war fest entschlossen, sich zu verteidigen, und erinnerte an die alte Vorschrift, wonach die Juden nicht einmal zu ihrem eigenen Gebrauch Waren herstellen durften. Es existieren jedoch zahlreiche Hinweise darauf, dass zwischen 1590 und 1610 eine starke Neigung bestand, die Juden in das städtische Gefüge zu integrieren: Man spricht von Ärzten, Obst- und Gemüsehändlern, Metzgern, Hutmachern, Holzschnitzern, Buchdruckern, Tänzern und Musikern. Die Zahl der Sondergenehmigungen oder zumindest der Anträge auf solche Genehmigungen nahm vor allem in den ersten Jahren des 17. Jahrhunderts stark zu. Oft erforderte es die Arbeit, dass jemand nachts außerhalb des Ghettos blieb, und dann wurde eine Sondergenehmigung benötigt.

Die *Ufficiali al Cattaver* hatten die Einstellung von christlichen Lastenträgern und Dienstpersonal erlaubt, sofern es sich um ältere Leute handelte. Sie bezweckten damit, Freundschaften, Techtelmechtel oder Liebesabenteuer zu vermeiden.

Trotz der Ausnahmen blieben die offiziellen Kriterien, auf denen die Trennung von Juden und Nichtjuden beruhte, unangetastet, und gelegentlich berief sich jemand darauf: Es erinnerte in jenen Jahren Lorenzo Priuli an die Lehren und Befürchtungen Gregors XIII., dem zufolge die Juden christliche Frauen verführen und schwängern könnten, um dann die Neugeborenen ins Ghetto zu bringen und als Juden aufzuziehen. Das Ghetto und die Stadt waren gehalten, nach gleichen Grundsätzen zu handeln, vor allem nachts, und das hieß: keine Christen im Ghetto und keine Juden außerhalb des Ghettos. Und außerdem keine Christen in der Synagoge, vor allem nicht während der jüdischen Pessachfeiern. Wenn dagegen am Karfreitag ein Jude zufällig der Prozession des Allerheiligsten Sakramentes begegnete, so musste er sich in eine Seitengasse zurückziehen.

Auch wenn die Juden abgesondert und abgetrennt lebten, genossen sie verbriefte Rechte – die allerdings periodisch revidiert wurden – und eine manchmal beneidenswerte Autonomie. Was die Herrschaftsgebiete der Serenissima anbelangt, so übernahm das Ghetto von Venedig immer mehr eine führende Rolle gegenüber allen anderen Gemeinden, mochten sie nun klein oder groß sein. 1594 war, eben nach Venedig, eine Versammlung einberufen worden, auf der über Steuern geredet werden sollte und an der sechs Wortführer der venezianischen Gemeinde und elf Vertreter fast aller Gemeinden von der Terraferma teilgenommen hatten.

Die *Cattaveri* hatten die Agenten des Ghettos beauftragt, in der ganzen Region die Steuern einzuziehen: Die Aufteilung der schweren Steuerlast war oft Gegenstand von Kontroversen, und zwar nicht nur zwischen der Gemeinde von Venedig und den übrigen venetischen Gemeinden, sondern auch unter den deutschen, levantinischen und ponentinischen Juden des Ghettos. So protestierten etwa 1596 die Levantiner gegen die Todeschi und sagten, diese seien nur in Venedig, „weil es ihnen um die Geschäfte gehe“, und behaupteten, sie selbst hätten nicht dieselben Rechte wie diese, und deshalb dürfe man sie nicht denselben Pflichten unterwerfen. Hier müsste man unbedingt unterscheiden zwischen den jüdischen Levantinern, die Einwohner von Venedig und Bürger der Republik waren, und jenen Juden, die „als levantinische Wanderhändler dem türkischen Sultan untertan“ waren.

Die Juden des Ghetto Novo hatten außerdem seit 1580 wiederholt eine neue Vereinbarung angestrebt, die es ihnen ermöglichen sollte, eine Bank zu gründen, welche höhere Beträge gegen höhere Zinsen hätte ausleihen dürfen. 1591 richteten sie eine Petition an die *Cattaveri*, in der sie ihren Standpunkt darlegten, und die *Cattaveri*, die dieses Ersuchen prüften, ehc sie es an den Senat weiterleiteten, empfahlen, die Banken zu ermächtigen, für Kredite über drei Dukaten einen Zinssatz von 12 % zu verlangen. Bevor diese Frage endgültig geklärt wurde, wurden andere Patrizier in die Ämter der *Cattaveri* eingeführt, und der Antrag wurde auf Eis gelegt, so dass der Bankkredit zu 5% Zinsen von 1573 bis 1618 unverändert blieb und überhaupt nicht mehr den Bedürfnissen der Armen entsprach, denen ja angeblich geholfen werden sollte. Erst 1618 erhielten die Juden aus dem Ghetto Novo die Erlaubnis, in den neuen Kreditbanken einen über 5% liegenden Zinssatz zu fordern. Die Geldverleiher waren allerdings der Meinung, dass nicht einmal ein Zins von 10% ausreichen würde, um aus einer Bank ein aktives Wirtschaftsunternehmen zu machen.

Als zwischen den verschiedenen venezianischen Behörden die heikle Frage nach einer Erhöhung der Zinsen erörtert wurde, wurden die Bedingungen, die dem Senat gestellt werden sollten, heftig diskutiert: Da standen auf der einen Seite die recht gestrengen *Cattaveri* und auf der anderen die *Sopraconsoli* und die *Cinque Savi alla Mercanzia*, die eher geneigt waren, den Standpunkt der Juden zu akzeptieren. Die *Cinque Savi* sprachen sich für die Autorisierung neuer Kreditbanken aus, die 10%

Zinsen verlangen sollten, eben um die illegalen Auswüchse heimlicher Kreditgeschäfte – sowohl auf Seiten der Juden als auch bei den Christen – einzuschränken. Die venezianischen Behörden befleißigten sich auch, die erlassenen Verordnungen zu verteidigen, und zwar gegen einen möglichen Missbrauch seitens der Juden, die allerdings streng kontrolliert wurden, wie auch gegen die Drohungen „einer großen und berüchtigten Bande von Christen, die vor den Toren des Ghettos und in der Nähe der Banken herumlungerten und den Armen anboten, den Abschluss ihrer Geschäfte zu beschleunigen". Die *Sopraconsoli* richteten ihr Augenmerk oft auf diese unehrlichen Vermittler, die „dreimal so hohe Provisionen kassierten wie die Banken" und beim Fälschen von Pfandscheinen und Quittungen der jüdischen Bankiers äußerst geschickt vorgingen.

Zu Beginn des 17. Jahrhunderts war der Umfang des in die Banken gesteckten Kapitals stark angewachsen (viele Experten schätzen, dass es sich um etwa 200 000 Dukaten gehandelt habe).

Dieser Umstand veranlasste den Vertreter der Bankiers zu folgender Reaktion: „Euer Durchlaucht möge davon Kenntnis nehmen, dass dieses ungewöhnliche Wachstum nicht von einer größeren Menge armer Leute stammt, sondern von bedeutenden Persönlichkeiten, die einen hohen Geldbetrag für ihre Pfänder fordern, sowie von dem abscheulichen Usus von Kaufleuten und Ladenbesitzern, ganze Ballen von Tuch, Kamelottstoffe und andere, ähnliche Dinge zu verpfänden. Auf diese Weise entziehen sie den Banken im Sommer Geld für ihre Winterware und im Winter für die Sommerware, was wir ihnen nicht verweigern können, und wir nehmen Pfänder gegen je drei Dukaten entgegen. Ebenso wenig können wir uns weigern, jenen Geld zu leihen, die zu Gewalt und Drohungen greifen, und obwohl wir uns schon mehrfach an die höchsten Gerichte gewandt haben, findet unser Elend doch kein Ende."

Zwischen dem 16. und 17. Jahrhundert neigten die Juden in den Ghettos tatsächlich dazu, sich zunehmend in das Wirtschaftsleben der Stadt zu integrieren, indem sie immer öfter kleine Handwerksbetriebe eröffneten, während die Leihbanken sich nunmehr völlig von denen der Anfangszeit unterschieden. Aus den kleinen Gruppen von Marranen war unterdessen eine organisierte und geschätzte Gemeinschaft geworden, eben die „Natione Ponentina", die zu Beginn des 17. Jahrhunderts einen Faktor darstellte, der sich mit seinem Reichtum allmählich im Ghetto behauptete.

Gerade zu dem Zeitpunkt, als die Situation der Marranen, jetzt Ponentiner, legalisiert wurde, lockerte das Heilige Offizium seinen Griff, zumal sich in den Jahren um die Jahrhundertwende eine tiefe Kluft zwischen Venedig und Rom aufzutun begann. Da die politischen Interessen Venedigs und Roms auseinanderstrebten, erschien eine Überschneidung von Kompetenzen und ein Zusammenstoß zwischen der römischen Inquisition einerseits und den venezianischen Behörden der *Esecutori alla Bestemmia* und der *Ufficiali del Cattaver* andererseits unvermeidlich. Nach den achtziger Jahren mischten sich die Richter der Inquisition selten in Dinge ein, die innerhalb der Mauern des Ghettos geschahen. Die *Cattaveri* jedoch, deren Aufgabe es war, in jedem Augenblick des täglichen Lebens die Distanz zwischen Juden und Christen zu gewährleisten, intervenierten oft, indem sie, zusammen mit den *Esecutori alla Bestemmia*, die unerwünschten sexuellen Beziehungen zwischen Juden und Christen überwachten. Erst nach 1641 kam es zu einer einmaligen Aufteilung der Kompetenzen: Die *Cattaveri* befassten sich nur mit den sexuellen Beziehungen zwischen jüdischen Männern und christlichen Frauen, die *Esecutori* dagegen mit denen zwischen christlichen Männern und jüdischen Frauen.

Der Gesandte Paolo Paruta, der dem Papst gegenüber all jene Privilegien hatte verteidigen müssen, die die Levantiner und Ponentiner in Venedig genossen, stellte 1594 fest, dass der Papst gegenüber Ancona keineswegs eine andere Politik verfolgte als Venedig: Die Ränke und Nachstellungen gegen die Levantiner waren auch dort an der Tagesordnung. Jedenfalls konnten sich die Venezianer leicht gegen die Beschuldigungen Roms und der papstfreundlichen Partei verteidigen, die in der Lagunenstadt allerdings nur mit großer Vorsicht agierte. Leonardo Donà, der Wortführer der „Jungen" und spätere Doge, der sich gegen den Einfluss des Papstes zur Wehr setzte, bewies in aller Offenheit, welche Position Venedig in jenen Jahren gegenüber den Marranen bezog. Donà, der lange Zeit in Spanien gelebt hatte, tadelte das Verhalten der Spanier, die sich weigerten, die getauften Juden zu akzeptieren. Die Prinzipien der „limpieza del sangre" hätten es, seiner Ansicht nach, erlaubt, die Erinnerung an judenchristliche Einzelpersonen wachzuhalten, die sich, wenn man sie nicht verfolgt hätte, den anderen Christen hätten assimilieren können. Als er Doge geworden war, wies Leonardo Donà den Apostolischen Nuntius darauf hin, dass die Marranen Juden waren, und sagte zu ihm: „Bei sich zu Hause und im Grunde ihres Herzens leben sie wie Juden, haben einen türkischen oder jüdischen Namen, bei dem sie innerhalb ihrer vier Wände gerufen werden, und außerhalb tragen sie einen christlichen Namen, und wenn du ihre Kinder fragst, dann sagen sie: Daheim nennen sie mich Abramo und auf der Straße Francesco." Donà meinte, es sei besser, mit solchen Juden zu tun zu haben, die den gelben Hut trugen, als mit falschen Christen, die mit einem schwarzen Hut umhergingen und es nicht aufrichtig meinten, wenn sie die Kirche besuchten. Diese Art und Weise, Christ zu sein, beleidige Gott und gereiche der Stadt zur Schande. In dieser Auffassung des neuen Dogen spiegelt sich die Vorliebe der Venezianer für klar definierte soziale Positionen wider.

Die neuen Vereinbarungen mit den Ponentinern hatten endgültig alle Zweifel ausgeräumt, und damit war das Ziel erreicht, neue Kräfte zur Förderung des Handels in die Stadt zu holen. Dass insbesondere die Juden des Ghettos selbst, vor allem die alteingesessenen Angehörigen der Natione Todesca, die italienischen und deutschen Ursprungs waren, der Zuwanderung neuer Ponentiner aus psychologischen, religiösen und auch aus ökonomischen Gründen ablehnend gegenüberstanden, ist vielleicht paradox, aber nicht allzu verwunderlich. Die Neuankömmlinge unterschieden sich durch ihre Sitten, ihre Sprache und ihre Erfahrungen von den Ortsansässigen und stellten mit ihren fremdländischen Gewohnheiten und ihren Wunderlichkeiten die Rabbiner vor ernste Probleme. Außerdem waren sie in den Genuss von Freiheiten gekommen, die den alten Ghettobewohnern niemals zuteil geworden waren, und lösten Eifersüchteleien und Rivalitäten aus, zumal sie sich weigerten, zum schwierigen Unterhalt der Banken beizutragen. Deshalb blickten viele Juden mit wenig Zuneigung und Sympathie auf die Marranen. Doch da es wenige Häuser im Ghetto gab, waren die Kontakte mit den Neuankömmlingen zwangsläufig eng. Nur ganz langsam akzeptierten auch die italienischen die sephardischen Juden, die Marranen. Die letzteren hielten lange und hartnäckig an ihren Gewohnheiten und an ihrer Sprache fest, integrierten sich aber doch zu guter Letzt erfolgreich in die italienischen Gemeinden und passten sich der jüdischen Tradition an. Dieser Verschmelzungsprozess sollte sich über das ganze 17. Jahrhundert hinziehen.

Doch mit der *Condotta* des Jahres 1589 ließen sich nicht alle Probleme und Fragen klären. Waren alle Neuchristen, die am Judentum festhielten, nach 1589 ins Ghetto gezogen? Das ist wohl kaum anzunehmen. Pullan hat scharfsinnig bemerkt, dass den Widerständen verschiedene Überlegungen zugrunde lagen: Das Ghetto blieb eine sowohl in psychologischer als auch in physischer Hinsicht geschlossene Welt. Diese neue Identifizierung mit dem Judentum bedeutete für viele Marranen, ihre Verwandten in Spanien und Portugal fast mit Sicherheit Repressalien auszusetzen; die Namensänderung und das damit verbundene Bekenntnis zu einer neuen jüdischen Identität war nicht unbedingt leicht, vor allem in Anbetracht der Tatsache, dass gerade diese Marranen bereits einen sehr langen Weg hinter sich hatten, auf dem sie zahlreichen Einflüssen ausgesetzt waren, die sich allmählich über den ursprünglichen, jüdischen Kern gelagert hatten.

In Venedig war ihnen allerdings eine wichtige Chance eingeräumt worden: Wer es wünschte, konnte zum Judentum zurückkehren, mit dem gelben Hut, im Ghetto und in Einklang mit den Gesetzen der Serenissima leben. Venedig war also wieder einmal die Stadt dramatischer Lebensentscheidungen, die Stadt der Begegnungen und der Auseinandersetzungen nicht nur für die unschlüssigen Individuen, die zwischen Christentum und Judentum hin und her schwankten, sondern auch innerhalb der Judenschaft des Ghettos, der zwar einerseits neue Kräfte zuwuchsen, die aber andererseits während des schrittweisen Anpassungsprozesses beträchtlichen Unannehmlichkeiten ausgesetzt war.

Anfang des 17. Jahrhunderts vollzogen sich rasche Änderungen. In Venedig war dies die Zeit des Interdikts, aber auch die Blütezeit des Handels. Im Juni 1606 wurde die Kontroverse zwischen *Cattaveri* und den *Cinque Savi* über die Aufbewahrung der Schlüssel zum Ghetto, in dem die levantinischen und die ponentinischen Juden wohnten, dem *Collegio* unterbreitet. „Die weiße Wahlurne wurde für die besagte Behörde [die *Cinque Savi*] aufgestellt, die grüne für die *Cattaveri* und die rote für die

Unentschlossenen. Man entschied sich für die weiße Wahlurne.“ Dieser Beschluss, wonach die *Cinque Savi* die Schlüssel zum Ghetto verwahren sollten, wurde im Dezember 1609 bestätigt.

Die Schwierigkeiten in den Beziehungen zwischen Rom und Venedig wollten jedoch noch nicht abreißen. 1605 wurde Kardinal Camillo Borghese zum Papst gewählt und nahm den Namen Paul V. an. Er stand in dem Ruf, ein Freund Spaniens, des traditionellen Feindes von Venedig, zu sein. Im Januar 1606 wurde Leonardo Donà, der gestrenge Verfechter der Unabhängigkeit Venedigs von der Macht der Kirche, zum Dogen gewählt, und noch vor seiner Wahl hatte er mit nahezu prophetischen Worten den Vertreter des Papstes gewarnt, er solle sich davor hüten, Exkommunikationen vorzunehmen, „weil das etwas zur Folge haben könnte, was dessen Verursacher sehr bereuen könnte“, Was das Fass aber zum Überlaufen brachte und was Sarpi den „Vorfall“ nannte, war die Verhaftung zweier Geistlicher auf dem Gebiet der Serenissima, denen Verbrechen verschiedener Art zur Last gelegt wurden. Der Heilige Stuhl intervenierte und verlangte, dass die beiden nach Rom geschickt werden sollten, um dort vor ein Kirchengericht gestellt zu werden, und dass einige Gesetze abgeschafft werden sollten, die die Rechte der Kirche beschnitten. Noch andere Faktoren trugen dazu bei, dass die Position der beiden Parteien sich verhärtete, bis Paul V. nach einem Ultimatum, auf das Venedig nicht eingegangen war, im Mai 1606 den Senat exkommunizierte und das gesamte Territorium der Republik mit einem Interdikt belegte.

Dazu bemerkte Gaetano Cozzi: „Zu jener Zeit war das politisch-religiöse Gleichgewicht aufs äußerste gefährdet. Damals munkelte man, dass man in Venedig von der durch das Interdikt hervorgerufenen Verwirrung profitieren und eine reformierte venezianische Kirche ins Leben rufen wollte, die von reformierten Fürsten und Gruppen jenseits der Alpen unterstützt worden wäre – eine Kirche, die in Fra Paolo Sarpi ihren Paladin gefunden hätte.“ Es war eine geheime Angelegenheit, von der die Regierung der Republik nichts wusste, und als der Päpstliche Stuhl sie deswegen zur Rechenschaft ziehen wollte, beeilte sie sich, alles in Abrede zu stellen. In seiner *Abhandlung über das Interdikt* hatte Paolo Sarpi gesagt, dass in Venedig „niemals eine Häresie Fuß gefasst“ habe, was im Übrigen nicht ganz zutrifft, denn es gab in der Stadt eine große Anzahl von Protestanten oder Ketzern unterschiedlichster Art, und diese verfügten ihrerseits wiederum über zahlreiche Anhänger und Sympathisanten. Als Ort der Begegnung verschiedener Völker und Kulturen war Venedig auch ein ideales Zentrum für die religiöse Propaganda. Sarpi zufolge gab es in Venedig 10 000 Protestanten, von denen aber die meisten Ausländer waren; die Zahl der Griechen belief sich auf 12 000. Diese Kolonien waren also bei weitem umfangreicher als die jüdische, die jedoch enger mit den Geschicken der Serenissima verbunden war.

Diese Auseinandersetzung, die in dem Interdikt gipfelte, hinterließ eine klaffende

Wunde in den Beziehungen zwischen der Republik Venedig und dem Papsttum. Hauptexponent auf venezianischer Seite war in diesen Jahren Fra Paolo Sarpi, ein tief religiöser Mensch, der sich aber unermüdlich gegen die Einmischungen der Kirche wandte und der, als Theologe und Ratgeber des Senates, die Politik der Lagunenstadt in den entscheidenden Augenblicken des Konfliktes mit Rom beeinflusste. Das Klima war dermaßen angeheizt, dass Sarpi im Oktober 1607 sogar Opfer eines Anschlags wurde und im Stadtteil Cannaregio, nahe der Brücke von Santa Fosca, durch mehrere Dolchstiche schwer verletzt wurde. Insbesondere verteidigte Sarpi Marranen und Juden vor den wiederholten Forderungen der Inquisition. Die wesentlichen Prinzipien, die seiner politischen Position zugrunde lagen, werden deutlich, wenn man die Gutachten der „Consilia“ untersucht, die der Mönch im Auftrag der venezianischen Regierung in den Jahren zwischen 1614 und 1617 anfertigte. Sarpi unterschied klar zwischen dem Status von Ketzern, die der Inquisition unterworfen waren, und dem der Juden, die zwar als Ungläubige betrachtet wurden, aber den weltlichen Behörden unterstanden. Was die Marranen anging, so konnten sie, seiner Ansicht nach, nicht als Christen angesehen und der Inquisition unterstellt werden, da ihre Vorfahren zwangsgetauft worden waren. Keine Maßnahme konnte gegen sie ergriffen werden, auch wenn sie – selbst nach mehreren Generationen – zu ihrem alten Status als Juden zurückkehrten. Die Marranen erfreuten sich außerdem eines „Schutzbriefes“, der es ihnen ermöglichte, im Herrschaftsgebiet der Serenissima zu leben, es nach Belieben zu verlassen, den gelben Hut zu tragen, um nicht bedroht zu werden, und ihre Riten und Zeremonien durchzuführen. Und diese Erlaubnis war ihnen im Interesse des Wohls der Christenheit garantiert, damit sie „viel Reichtum und Fleiß aus den Ländern der Türken bringen“ konnten. Das sind Worte, in denen sich nicht nur Sarpis politischer Standpunkt widerspiegelt; sie fanden auch in die *Condotte* von 1589, 1598 und 1611 Eingang, die zum Teil von Sarpis Vorstellungen inspiriert waren. Sarpi erblickte in der venezianischen Marranenpolitik einen Nutzen für die Stadt und rechtfertigte sie, indem er sich auf das Verhalten der Päpste – vor der Einleitung der gegenreformatorischen Maßnahmen – berief: „Und die Gewährung des Schutzbriefes ist legitim und stimmt mit dem Gesetz überein. Sie kann schon deshalb nicht verurteilt werden, weil viele Päpste es den Marranen erlaubten, nach Ancona zu ziehen und dort, mit Privilegien ausgestattet, zu leben, die größer waren als die, die durch die venezianische Politik garantiert werden.“

Die Serenissima Signoria berücksichtigte also das Gutachten des Theologen ihres Vertrauens und legte der Inquisition systematisch Steine in den Weg, wenn diese versuchte, Strafmaßnahmen nicht nur gegen die Juden einzuführen – was übrigens ziemlich selten vorkam –, sondern auch gegen solche Marranen, die an den jüdischen Traditionen festhielten. In mehr als einem konkreten Fall griff Sarpi ein: In einem im Dezember 1615 verfassten „Consilium“ verneinte er, dass man gegen einen portugiesischen Flüchtling namens Simon Gómez vorgehen könne, der jetzt als Jude im venezianischen Ghetto wohnte und der einer Anzeige seitens des Inquisitionsgerichts von Pisa zufolge früher in jener Stadt als Christ gelebt hatte.

Ein besonders wichtiges „Consilium“ Sarpis ist vom Juni 1616 datiert und bezieht sich auf den Fall eines jüdischen Knaben, der insgeheim und gegen den Willen seiner Mutter getauft worden war. Cozzi hat die offenkundige Missverständlichkeit des Gutachtens des Theologen Sarpi hervorgehoben; denn dieser habe zwar im ersten Teil seines „Consiliums“ behauptet, dass es „ein Akt der Ungerechtigkeit und eine Sünde“ sei, „die eine Strafe verdiene, wenn man ein unmündiges Wesen ohne die Zustimmung des Vaters oder der Mutter taufe“, und er erinnerte daran, dass man niemals die Möglichkeit in Erwägung gezogen habe, einer geheimen Taufe den Wert eines Sakramentes beizumessen. Doch andererseits behauptete er auch, dass die Kirche im Zusammenhang mit den Zwangstaufen in den überseeischen Missionen dazu neigte, die Taufe „pro bono religionis“ für gültig zu halten. Nachdem er so jene Mitglieder des *Collegio* zufriedengestellt hatte, die diese Ansicht hören wollten, zog er den Schluss, dass in dem betreffenden Fall keine konkreten Beweise für den Vollzug der Taufe vorlägen. Cozzi weist auf die kalkulierte rhetorische Zweideutigkeit hin; denn Sarpi habe einerseits dem formalen Anspruch des Respektes vor der Kirche, der im *Collegio* vorhanden war, genügt und andererseits de facto mit großem argumentativen Geschick die Unabhängigkeit des Urteils betont und sich zugunsten der armen jüdischen Mutter ausgesprochen.

Als es am 18. Dezember 1618 um die Verlängerung der *Condotta* der Natione Todesca ging, fügte Venedig, dem Rat Sarpis folgend, einen Artikel ein, wonach Fälle, bei denen es bezüglich der Taufe von jüdischen Kindern zu kontroversen Auffassungen kommen würde, an die *Avogadori di Comun* zurückverwiesen werden sollten. „Die *Avogadori di Comun*“, merkt Cozzi richtig an, „waren nicht irgendeine Behörde: Ihre institutionelle Aufgabe war es, die korrekte Anwendung des Gesetzes des venetischen Staates gegen jeden und für jeden zu verteidigen; bei der Erfüllung dieser Aufgabe waren sie zum Symbol der Verteidigung der Prärogativen des venetischen Staates gegenüber den Ansprüchen des Päpstlichen Stuhles avanciert.“

Zu den religiösen Problemen gesellten sich die Schwierigkeiten, die sich aus der Anpassung der patrizischen Oligarchie, die eifersüchtig ihre alten Privilegien verteidigte, an die neuen handelspolitischen und industriellen Entwicklungen ergaben. Die *Cinque Savi* hatten auf Aufforderung des Senats hin vorgeschlagen, die Politik der Öffnung fortzusetzen, die dann 1589 in der *Condotta* für die Ponentiner gipfelte. Erst im Sommer 1610 kam es im Senat zu einer offenen Debatte über einen Antrag, die Gesetze bezüglich der Zuerkennung des venezianischen Bürgerrechts „de intus et de extra“ tiefgreifend zu ändern. Für die Konzessionen kämpften Nicolò Contarini und Nicolò und Antonio Donà, die mit großer Beredsamkeit die Gepflogenheiten der Venezianer mit folgenden Worten beschrieben: „Die Fremden sind, auch wenn sie eine andere Religion und andere Bräuche besitzen, nie von diesem Staat abgeschreckt worden, und man hat den Deutschen, den Türken, den Juden und den Marranen ihren Fondaco zugestanden.“ Ihre Widersacher, darunter der Patrizier Duodo, hatten Angst vor der Vorherrschaft der in technologischer Hinsicht überlegenen Holländer und Engländer und befürchteten, dass eine neue, vom Freihandelsgedanken getragene Politik unvorhersehbare gesellschaftliche Folgen nach sich ziehen würde. Diese Partei setzte sich durch. Doch ihr Sieg konnte nur von kurzer Dauer sein. Die Zeichen der Zeit standen auf Veränderung. Der Freihandelsgedanke kam auf als eine Ideologie mit Eigendynamik, die zwar gebremst, aber nicht unterdrückt werden konnte. Das 17. Jahrhundert, das Jahrhundert der Ketzerei, stand vor der Tür, und Venedig war mit seinen Galeeren nicht mehr die unumstrittene Beherrscherin der Meere. Die nordeuropäischen Schiffe durchpflügten immer häufiger die Gewässer des Mittelmeers. Sie mochten lästig sein, und man hätte sie am liebsten fortbeschworen, aber um überleben zu können, hätte Venedig sich von einer Eiche in eine Binse verwandeln müssen. Dieses weitverbreitete Gefühl der Unabwendbarkeit musste einfach stolze Reaktionen auslösen: Holländer, Spanier, Franzosen, Engländer, Türken – all diese fremden Kaufleute waren aus gutem Grund nicht nur wegen ihrer Tüchtigkeit gefürchtet, sondern weil hinter ihnen jeweils eine fremde Macht stand, deren verlängerter Arm sie waren. Die Juden marranischer Abkunft, die Ponentiner und Levantiner – dynamische, effiziente und nützliche Vermittler – erweckten zwar Argwohn in menschlicher und religiöser Hinsicht, aber keine starken politischen Ängste; denn sie waren im Grunde die akzeptabelsten unter den Fremden, jene, die man am wenigsten fürchten musste, weil keine Großmacht hinter ihnen stand. Nicht, dass man sie widerstandslos akzeptiert oder gern gelitten hätte. So hatte sich 1603 Alvise Sanudo, der Wortführer einer Gruppe venezianischer Kaufleute, dafür eingesetzt, dass den jüdischen Händlern keine monopolistischen Privilegien eingeräumt würden, denn „da Venedig jeden levantinischen oder ponentinischen Juden in diese Stadt einlädt und ihm verspricht, in Bezug auf Zölle und Schifffahrt wie venezianische Bürger behandelt und wegen seiner Religion von keiner Behörde belästigt zu werden, sind so viele von diesem ungläubigen Volk zusammengeströmt, die sich nunmehr zu den üblichen Stunden auf der Piazza am Rialto tummeln, wo man mehr abtrünnige Juden und gelbe Hüte sieht als Christen. Das geschieht zur großen Verwunderung der vielen Völker, die es in diese Stadt verschlägt. . .“ Derselbe Sanudo bemerkte, dass in Konstantinopel einmal von hundert Kaufleuten fünfundsiebzig Venezianer und fünfundzwanzig Juden gewesen seien und dass sich dieses Verhältnis jetzt umgekehrt habe. Vielleicht übertrieb er, aber fest steht, dass er den Finger auf die Wunde legte: Venedig hatte selbst keine eigenen merkantilen Kräfte mehr und war auf fremde angewiesen. Dieses immer akuter werdende Problem verschärfte die Gegensätze zwischen den beiden venezianischen Behörden, die sich mit den Ghettos beschäftigten, und das waren die *Cattaveri,* die das Ghetto Novo überwachten, und die *Cinque Savi alla Mercanzia,* die für das Ghetto Vecchio zuständig waren, und diese beiden waren bereits wegen des Besitzes der Schlüssel zu den Gittertoren des Ghetto Vecchio mehrmals aneinandergeraten.

Als sich 1607 die levantinischen Juden an die *Cinque Savi* wandten und sie baten, von den Abgaben befreit zu werden, die zur Deckung der Ausgaben der Leihbanken gedacht waren, rechtfertigten sie ihr Ersuchen damit, dass der Gewinn, den die Levantiner aus der Zollpacht zogen, größer war als der aus den Darlehen, die die Juden des Ghetto Novo anboten. Damit riefen sie die *Cattaveri* auf den Plan. Als diese 1609 wieder die berühmten Schlüssel zum Ghetto Vecchio verlangten, waren es die *Cinque Savi*, die reagierten und behaupteten, dass die *Cattaveri* die Beschlüsse des Senats nicht gebührend respektierten. Und so mussten die *Cattaveri* aufhören, Schwierigkeiten zu machen. Die *Cinque Savi* schrieben damals: „Dies ist ein Augenblick, in dem tatsächlich alle die Juden benötigen."

Venedig brauchte seine Fremden in der Tat immer dringlicher. Die Rivalitäten und Spaltungen im Inneren des Ghettos, die Unentschlossenheit des Patriziats und das widersprüchliche Verhalten der *Cattaveri* und der *Cinque Savi* in dieser Frage hatten de facto jedoch eine Art Erstarrung zur Folge, die im Gegensatz stand zu den wachsenden Erfordernissen einer neuen, modernen Dynamik in Wirtschaft und Industrie.

1609 rückte der Zeitpunkt, zu dem die *Condotta* der Levantiner ablaufen sollte, immer näher, und zwischen den *Cattaveri* und den *Cinque Savi* kam es zu einem erneuten Zusammenstoß: Auf der einen Seite standen die *Cattaveri*, die beabsichtigten, ihren Einfluss über das Ghetto Novo hinaus auch auf das Ghetto Vecchio auszudehnen, auf der anderen die *Cinque Savi* und die levantinischen Juden. Diese letzteren wollten ihre Privilegien nach wie vor mit niemandem teilen, weigerten sich, zu den Ausgaben der Banken einen Beitrag zu leisten, und wollten unter der Rechtsprechung der *Cinque Savi* bleiben, die für die besonderen Anforderungen des Handels ein feineres Gespür hatten.

1611 wurde dieses Problem erneut diskutiert. Einer der *Savi* hob noch einmal die Rolle der levantinischen Juden im Woll- und Seidenhandel mit Spalato und Konstantinopel hervor und behauptete, dass man Privilegien aufrechterhalten müsse, die auch Kaufleute aus den Niederlanden anziehen würden. Da drängte die Natione Todesca darauf, dass auch die Levantiner zur Zahlung der Steuern der Banken beitrügen, und bat darum, selber einen nutzbringenden Handel mit der Levante beginnen zu können. Diese Forderung trugen ihre Vertreter 1618 mit noch größerem Nachdruck vor, als die *Cinque Savi* die Absicht bekundeten, den Handel auch in die flämischen Gebiete hinein auszudehnen.

In jener Zeit spielten die jüdischen Kaufleute eine äußerst wichtige Rolle, und der Senat war sich dessen so sehr bewusst, dass er 1620 den wiederholten Anträgen auf eine Abschaffung der *Sanseria*-Steuern stattgab. 1622 schlugen Moise Israel und Davide Navarro vor, neue Handelsbeziehungen mit dem Westen aufzubauen und Waren im Wert von 10 000 Dukaten über den Landweg durch Frankreich und Spanien nach Tunis und Algier zu exportieren. Die *Cinque Savi* und der Senat befürworteten dieses Vorhaben und kamen darin überein, die administrativen Genehmigungen für den Handelsverkehr weniger bürokratisch zu handhaben. Es sind dies kleine Änderungen, die den Sieg einer freiheitlicheren und weniger protektionistischen Politik bezeugen. Im Interesse eines ungehinderten Warenflusses nahm man einige zusätzliche Zollschwindeleien in Kauf.

In Spalato hatte die Zahl der Juden 1621 so sehr zugenommen, dass aus den ursprünglich „zwei oder drei Häusern der Konsuln" eine Gemeinde von ungefähr zweihundert Juden entstanden war. Ihre Rolle erregte Eifersucht, und nach Venedig drangen Nachrichten über „Unruhen, die darauf zurückzuführen waren, dass die Juden sich über die Stadt verbreitet hatten". Es hieß, man müsse sie in ein Ghetto sperren und ihnen „einige Steuern zugunsten des Gemeinwohls" auferlegen.

Auch die große jüdische Gemeinde von Korfu erlebte eine Blüte, kaufte Immobilien auf und nahm Baronien und Ländereien in Pacht. Giust' Antonio Bellagno, der *Procuratore generale* von Dalmatien, bemerkte im November 1622, dass es auf Korfu siebenhundert Juden gab, von denen aber nur hundert Alteingesessene waren, während es sich bei den übrigen sechshundert Juden um spanische Zuwanderer handelte.

In Venedig lief unterdessen die *Condotta* ab, die „den Juden, die in dieser Stadt leben und Tedeschi genannt werden", am 14. Dezember 1618 für die Dauer von fünf Jahren gewährt worden war. Der Senat befasste sich am 16. Dezember 1624 wieder mit ihrer Verlängerung, nachdem „die Juden demütig darum gebeten hatten", und dazu konsultierte er die verschiedenen Behörden, die für das Ghetto zuständig waren, nämlich die *Cattaveri*, die *Sopraconsoli* und die *Cinque Savi alla Mercanzia*. Die vorhergehende *Condotta* wurde im Wesentlichen bestätigt, allerdings wurde ihr eine Warnung hinzugefügt, wonach es fürderhin jeder Behörde ausdrücklich verboten sei, auf dem Verordnungsweg oder durch sonstige Maßnahmen die vorstehenden Abmachungen umzuinterpretieren, zu ergänzen oder in Teilen zu streichen.

Exakt wurde der – nicht neue – Mechanismus festgelegt, nach dem die Banken durch die Beiträge der Levantiner und Ponentiner finanziert werden mussten, das heißt, alle Juden, die jetzt und in Zukunft auf venetischem Boden lebten, waren – ausnahmslos – gehalten, zum Unterhalt der drei Banken Venedigs beizutragen. Die alten Kreditregelungen blieben unverändert; es wurde aber noch einmal mit größerem Nachdruck bestätigt, dass, wenn die Banken aus irgendeinem Grund geschlossen hatten, auch die übrige wirtschaftliche Tätigkeit des Ghettos (Handel und Trödel) ruhen müsse. Außerdem: „In dieser Zeit darf kein Jude das Ghetto verlassen, unter welchem Vorwand auch immer; widrigenfalls droht ihm eine Gefängnisstrafe von einem Monat." Auf diese Weise wurden die Juden des Ghettos unmissverständlich und nachdrücklich aufgefordert, ihre Banken stets offenzuhalten, wenn sie größere Schwierigkeiten vermeiden wollten. Es wird deutlich, dass die Kredittätigkeit nunmehr eine lästige Pflicht war und sonst weiter nichts. Auch der Mechanismus der Steuereinziehung wurde akribisch genau festgelegt. Nur solche Bankiers, die selber Banken führten, konnten „Wucher nehmen oder mit den Christen Zinsgeschäfte tätigen", und bei solchen Geschäften durfte kein *Sanser* oder Makler – ob Christ oder Jude – anwesend sein. Zugelassen waren Abmachungen unter Juden innerhalb des Ghettos, wenn es um die Beschaffung des Kapitals ging, das für das gute Funktionieren der Banken notwendig war. Im Eingangslokal der Banken mussten auf einer Tafel, mit großen Lettern gedruckt, die Kreditbedingungen bekanntgegeben werden. Auch einige Verbote blieben in Kraft: „Kein Jude darf als Schneider arbeiten, auch nicht für seinen eigenen Bedarf, und er darf nicht einmal im Ghetto etwas für andere zuschneiden oder nähen. Wird er dabei erwischt, droht ihm eine Strafe von fünfzig Dukaten." Da die *Università* die jüdische Gemeinde, viele Fälle von Erpressungen angezeigt hatte, wurde beschlossen, „dass die Diener der *Sopraconsoli* nur dann die Häuser der Juden und ihre Werkstätten betreten dürfen, wenn sie einen von der Mehrheit derselben *Sopraconsoli* unterzeichneten Befehl bei sich tragen, auf dem der Name der Person und der angezeigte Ort erklärt werden und der nur für einen einzigen Besuch gültig ist". Die Makler, die vor den Toren des Ghettos herumlungerten und zahlreiche Betrügereien zum Schaden jener begingen, die sich dorthin begaben, um den Banken Gegenstände zu verpfänden, wurden streng davor gewarnt, als Vermittler aufzutreten: Wenn sie nicht gehorchten und ertappt würden, riskierten sie, an Ort und Stelle, im Ghetto, ausgepeitscht zu werden oder für sechs Monate ins Gefängnis zu wandern. Bestätigt wurden einige aus früherer Zeit stammende Verfügungen: Die Juden mussten während des ganzen Gründonnerstags im Hause bleiben, durften nicht als Drucker arbeiten und keine Bücher drucken lassen, und wenn sie es dennoch taten, riskierten sie eine Strafe von hundert Dukaten. Außerdem drohten ihnen drei Jahre „auf den Galeeren", wenn sie einen Christen als Diener in ihrem Haus beschäftigten. Es wurden auch bereits traditionelle Pflichten bestätigt, wie die, für die Ausschmückung des Palazzos zu sorgen, in dem Seine Durchlaucht, der Doge, „seine üblichen öffentlichen Banketts veranstaltet". Sie mussten auch traditionsgemäß die notwendigen Verzierungen für die Einrichtung seines Hauses liefern, das Fürsten oder sonstigen hohen Persönlichkeiten zur Verfügung gestellt wurde, wenn sie als Gäste der Stadt in Venedig weilten, und zwar „ohne irgendeine Bezahlung für die Nutzung oder Vermietung derselben" zu verlangen. Ferner sorgten sie für den Schmuck der Prunkbarke des Dogen, des *Bucintoro*, bei Festen oder anderen besonderen Anlässen. Die Autonomie der *Università* des Ghettos wurde unterstrichen: „Besagte *Università* darf – ebenso wie die levantinischen Juden – ihre Beamten, Amtsdiener und Abgeordneten selbst in ihre Ämter wählen, ohne dass man ihr bei einer solchen Wahl Schwierigkeiten entgegensetzen kann; denn die *Università* darf nach ihrem alten Brauch verfahren."

In den Berichten der *Savi alla Mercanzia* und der Vorsteher der jüdischen Gemeinde war außerdem das Wachsen der Ausgaben hervorgehoben worden, welche die Juden für den Unterhalt der Banken bestritten hatten: Von den 50 000 Dukaten, die die letzte *Condotta* vorgesehen hatte, waren sie, als die Verlängerung der *Condotta* anstand, auf 200 000 Dukaten geklettert – ein sehr hoher Betrag, der nicht nur mit der zunehmenden Armut in der Stadt zusammenhing, sondern auch mit der Tatsache, dass zahlreiche Personen Kredite in einer Höhe suchten, die über den vorgesehenen drei Dukaten lag.

Die *Esecutori alla Bestemmia* wurden beauftragt, jene zu bestrafen, die unberechtigterweise versuchten, von den Bankiers ein Darlehen von über drei Dukaten zu erhalten. Die Behörden der Republik legten, nach Aufforderung durch die *Cinque Savi*, die Summe, die für die Finanzierung der Banken von der *Università* der Juden zur Verfügung gestellt werden musste, auf 100 000 Dukaten fest. Dabei wurden die Juden verpflichtet, Darlehensanträgen bis zu drei Dukaten stattzugeben und Anträge auf höhere Darlehen abzulehnen. Sollte es jemand wagen, sie wegen dieser Weigerung zu bedrohen, müssten sie sich an die *Cattaveri* wenden. Falls die Summe von 100 000 Dukaten nicht ausreichen sollte, die Bedürfnisse der Armen zu befriedigen, sollten die *Cattaveri* informiert werden, die ihrerseits nach einer Überprüfung der Rechnungsbücher dem Senat Bericht erstatten sollten.

Am 15. März 1625 wurde die *Condotta* für die Levantiner verlängert. Aus dem Bericht, den die *Cinque Savi* für den Senat erstellten, wird deutlich, in welcher Verfassung sich der venezianische Handel damals befand. Der Warenaustausch müsse unbedingt gefördert werden, und dies sei gerade mit Hilfe der ponentinischen und levantinischen jüdischen Familien möglich. Deshalb müsse man ihnen entgegenkommen und sie von jeder Besteuerung befreien. Sie hätten mit ihrem eigenen Kapital den Handel mit Persien über den Hafen von Spalato angekurbelt, und die Gewinne, die sie dabei erzielten, kämen letztlich dem Gemeinwohl sehr zugute.

Als die deutschen Juden 1629 erneut um eine Handelslizenz baten, wurde ihre *Condotta* auf Anraten der *Cinque Savi,* der *Cattaveri* und der *Sopraconsoli* verlängert, doch die Handelslizenz wurde nur denjenigen unter den deutschen Juden erteilt, die „geeignet sind, Handel zu treiben, über eigenes Kapital verfügen und von unserem Magistrat für tauglich erachtet werden". Die *Condotta* wurde in derselben Form wie die vorhergehenden, aus dem Jahr 1624 stammenden, bestätigt, jedoch mit einigen Zusätzen, wobei der erste auf einen Finanzausgleich zwischen den drei Banken des Ghettos abzielte, während der zweite Zusatz sich mit der Ausstattung der Unterkünfte für die Gäste der venezianischen Regierung befasste.

Seit der Gründung des Ghettos waren hundert Jahre vergangen, und damit waren drei verschiedene Phasen abgeschlossen. Die erste Phase, die der eigentlichen Ansiedlung, führte nach der Ankunft der Natione Todesca zur Gründung des Ghettos. Es war die Zeit der jüdischen Bankiers und der hohen Steuern, mit denen sie Venedigs Investitionen für das Arsenal, den Ausbau der Flotte und dringende oder außergewöhnliche Ausgaben finanzierten. Das Betreiben der Banken war eine ausdrückliche Forderung der Republik, und die Juden erfreuten sich einer recht großzügigen unternehmerischen Autonomie.

TERMINATIONE
Et Ordini
DELL' ILLVSTR.MI ET ECCELL.MI
Signori Eſſecutori contra la Biaſtemma,
Eletti dall'Eccelſo Conſeglio di X.
1619. Adì 23. Marzo.
In materia delle eſtorſioni, & violenze vſate
à Banchieri del Ghetto.



Stampate per Antonio Pinelli,
Stampator Ducale.
A S. Maria Formoſa, In Cale del Mondo Nouo.

*Urteil gegen die Rufschädigung bezügl. der Erpressung und Gewaltanwendung gegen Bankangestellte des Ghettos vom 23. März 1619*

Nach 1540 begann dann eine zweite Phase, die mit der Niederlassung der Natione Levantina ihren Höhepunkt erreichte. Zu jener Zeit war Venedig bestrebt, den Wohlstand der jüdischen Gemeinde einzuschränken, indem es sie unter einen zunehmenden steuerlichen und religiösen Druck setzte. Auch die Christen, die bei den Banken zunächst große Summen eingelegt hatten, damit sie durch die Kreditvergabe angemessene Zinsen abwarfen, entzogen ihnen ihr Geld und Vertrauen.

Nach dem Sieg von Lepanto, mit dem die dritte Phase einsetzt, waren die venezianischen Juden nach der 1589 erfolgten Aufnahme der Natione Ponentina bis zur großen Pest des Jahres 1630 gezwungen, einige Banken für die Armen zu führen, eine Art von nichtkirchlichen *Monti di Pietà*, die weitgehend mit Verlusten arbeiteten und denen sie aufgrund der Vereinbarungen ihrer *Condotta* das Betriebskapital stellen müssten; ebenso waren sie verpflichtet, für den Ausgleich der Defizite dieser Einrichtungen zu sorgen. Die neuen jüdischen Kaufleute, Ponentiner und Levantiner, befanden sich zwar in einem ständigen Niedergang, halfen jedoch, den Handelsaustausch mit der Levante wieder anzukurbeln, und sie trugen, trotz zahlreicher Widerstände, dazu bei, die chronischen Defizite der Kreditbanken des Ghettos zu decken. Ende des 16. Jahrhunderts waren die Juden in der Stadt nur noch nominell Bankiers, da sie von Institutionen ohne administrative Autonomie abhängig und strengen Kontrollen durch die Regierung unterworfen waren.

Zu Beginn des 17. Jahrhunderts hatten sich die Natione Todesca, die Natione Levantina und die Natione Ponentina in den Ghettos von Venedig fest etabliert, und nun begann die Geschichte eines einzigartigen Ghettos, eines Schmelztiegels vieler Welten und Kulturen.

# Das Ghetto von Venedig hundert Jahre nach seiner Gründung: Gesellschaft, Religion und Kultur

*Der etymologische Ursprung des Wortes „Ghetto" – Das Leben im Ghetto – Die Synagogen – Die innere Organisation – Die Regelung für die Scola Italiana – Die Kulturdebatte – Die jüdischen Ärzte in Padua – Das* Libro Grande *– Die Notariatsurkunden – Die Bevölkerung*

Im Laufe seiner hundertjährigen bewegten Geschichte hatte das jüdische Ghetto im Leben der Stadt Venedig eine genau definierte Rolle übernommen. Zaccaria Dolfin, der venezianische Patrizier, der, wie Marin Sanudo in seinen *Diari* festhielt, erklärt hatte, dass „es den Juden auf dem Lande schlecht erging" und dass es gut wäre, „sie alle ins festungsähnliche Ghetto Novo zu schicken, Zugbrücken zu errichten und Mauern hochzuziehen" – dieser Zaccaria Dolfin hätte sich nie träumen lassen, welch weitreichende Folgen sein beiläufiges, politisches Plädoyer haben sollte. Noch weniger hätte er geahnt, welches Schicksal dem Terminus „Ghetto" beschieden sein würde, der sich in der ganzen Welt verbreiten und unter Geschichts- und Sprachwissenschaftlern lebhafte Debatten über seinen Ursprung auslösen würde. Gemeinhin wird angenommen, dass Ghetto ein venezianisches Wort ist, das einen geschlossenen Bezirk bezeichnet, in dem die Juden zu leben gezwungen wurden. Auf dem Areal der venezianischen Ghettos hatte es in den Jahrhunderten zuvor eine Gießerei gegeben, die auf venezianisch *getto* genannt wurde (von *gettare* = gießen). In einem Anfang des 20. Jahrhunderts erschienenen Artikel bestätigt Emilio Teza, der sich auf einige Angaben der *Antica Pianta dell'inclita città di Venezia* von Tommaso Temanza stützt, dass man in Venedig seit vielen Jahrhunderten Ghetto sagte, und im 15. und 16. Jahrhundert *geto* oder *getto* schrieb. Temanza hatte geschrieben: „Jener große Gebäudekomplex, der der Mehrzahl der Juden Obdach gewährt, Ghetto Novo genannt wird und dem Rio di San Girolamo benachbart ist, war bis zum Beginn des 15. Jahrhunderts eine Gießerei und ein Tümpel. Der andere Block, nahe Cannaregio, der Ghetto Vecchio heißt, war für die staatlichen Gießereien bestimmt und der Sitz der für sie zuständigen Behörde. Daher wurde dieser Ort Getto genannt. Es gab dort zwölf Öfen, deren Verbrennungsrückstände sich bis zur nächsten Gießerei ausbreiteten. Auf diese Weise wurde jenes Gelände urbar gemacht, auf dem dann jene Häuser errichtet wurden, die man heute dort sieht und die, ehe die Juden 1516 ihren Fuß dorthin setzten, zahlreiche christliche Familien beherbergt hatten."

Giuseppe Tassini erinnert in seinen *Curiosità veneziane* an die Meinung Temanzas und behauptet, dass solche Gießereien seit dem 14. Jahrhundert existierten, und er zitiert eine Parte vom 29. Mai 1306, in der von einem „officialis ad ghettum" die Rede ist. Tassini fährt fort: „Anfang des 15. Jahrhunderts waren die Gießereien aber nicht mehr in Betrieb, weil 1418 ein gewisser Gasparino de Lon, der in einem Rechtsstreit zwischen der Pfarrei San Geremia und der von San Ermagora e Fortunato im Alter von vierzig Jahren als Zeuge aussagte, von dem Ort namens *Getto* sprach, wo es zwölf Öfen gegeben habe, die er noch in seiner Kindheit gesehen habe." Tassini sagt, dem Ghetto Vecchio sei das Ghetto Novo als Materiallager für die Abfälle der Gießerei angefügt worden. Die jüdischen Ansiedlungen erfolgten dagegen in umgekehrter Reihenfolge, nämlich zuerst im Ghetto Novo und dann im Ghetto Vecchio.

In seinem Werk *Venetia città nobilissima e singolare* hatte Francesco Sansovino ebenfalls das Ghetto erwähnt. 1604 behauptete Giovanni Stringa in der zweiten Ausgabe des Buches von Sansovino, dass das Wort *getto* mit *gettare*, „gießen", in einer Gießerei zu tun hätte – ein Hinweis, der aber in der nächsten Ausgabe von 1663 wieder gestrichen wurde.

Der Ursprung von *ghetto* und *giudecca* verursachte den renommiertesten Gelehrten, Venezianern und Nichtvenezianern, wie Muratori und Vettor Sandi, viel Kopfzerbrechen und veranlasste sie zu mehr als einer falschen Zuordnung der Quellen.

Von den zeitgenössischen Historikern hat Ravid bemerkt, dass sich in den Originaldokumenten der Gründung des Ghettos aus dem Jahre 1516 die Begriffe *geto* und *getto* finden, während ab 1541 *ghetto, gheto, geto* und *getto* vorkommen. Er folgert daraus, dass der Ursprung des Wortes klar sei; wenn es überhaupt einen Zweifel gäbe, dann ginge es um die Verbindung zwischen *getto* und *gettare.*

Erst im Oktober 1984 hat der venezianische Gelehrte Marco Morin einige Archivdokumente publiziert, die solche Zweifel auszuräumen scheinen: Am 2. September 1360 legte das *Collegio* fest, dass das nach Venedig gebrachte Kupfer zunächst zur Raffinierung in das *geto* gebracht werden müsse und erst dann zum Verkauf freigegeben werden dürfe. In einem Beschluss, der am 2. März 1414 vom *Collegio* gefasst wurde, erscheint im gleichen Zusammenhang Ghetto, diesmal aber mit „h" geschrieben.

Geht man davon aus, dass das Wort Ghetto aus Venedig stammt, dann verbreitete es sich rasch in zahlreichen Städten Italiens. 1562 spricht Pius IV. in seiner Bulle davon und unterlegt ihm genau die Bedeutung eines geschlossenen Bezirkes, in dem die Juden zu leben gezwungen waren. In einer früheren Bulle Pauls IV., einem sehr berühmten Werk mit dem Titel *Cum Nimis Absurdum*, das auf die fünfziger Jahre des 16. Jahrhunderts zurückgeht, ist noch nicht von einem „Ghetto", sondern bloß von einem „Serail" der Juden die Rede.

In den siebziger Jahren des 16. Jahrhunderts taucht Ghetto mit derselben Bedeutung in öffentlichen Urkunden aus der Toskana auf, und in den achtziger Jahren in Padua und Mantua.

Trotz zahlreicher Belege ist die Etymologie des Wortes Ghetto bis in unsere Tage hinein umstritten. Zu den scharfsinnigsten Interpretationen gehört die von Joseph Baruch Sermoneta, der nach der Entdeckung einer neuen literarischen Quelle einige Fragen neu stellt. Sermoneta erinnert sich an den Sprachgebrauch Zaccaria Dolfins, an Tezas Artikel und an die ersten Erfolge des Wortes, das im 16. Jahrhundert in den offiziellen Schriftstücken der wichtigsten Staaten auftauchte, und stellt andere Hypothesen auf: Das Wort Ghetto würde vom hebräischen *get* (Scheidebrief) oder von anderen, altgermanischen, syrischen oder jiddischen Wörtern abstammen.

Er räumt ein, dass die von den Historikern generell akzeptierte Theorie ziemlich glaubwürdig erscheint, aber als Sprachwissenschaftler bemerkt er, dass für die Linguisten „die Interpretation des Wortes Ghetto als Fortentwicklung eines ursprünglich *getto* oder *geto* lautenden Wortes zweifelhaft bleibt, weil sie vor allem phonetisch wenig plausibel ist". Sermoneta gelangt zu folgendem Schluss: „Mit anderen Worten, die historische Tatsache, die die Entstehung des Wortes Ghetto als genau definierte soziokulturelle Institution markierte, konnte nicht mit der gleichen Leichtigkeit auf die Regeln der Phonetik angewandt werden; denn diese letztere kennt in der Regel keinen Wandel vom palatalen *dsch* zum gutturalen *g.*"

1961, also erst in jüngerer Zeit, hat der Gelehrte S. A. Wolf versucht, den Nachweis zu erbringen, dass Ghetto sich von einem provenzalischen Wort ableitet: Für „Wächter" habe man in jener Sprache *gaita* gesagt, und tatsächlich wurde das Ghetto von vier Wächtern überwacht. Einige Juden aus der Provence hätten diesen Sprachgebrauch ja in Venedig einführen können. Die Juden nannten ihr Ghetto jedenfalls – in Venedig wie in den anderen Orten Italiens – *Chatzer* (was auf Hebräisch so viel bedeutet wie „Hof", „eingefriedeter Raum") und auf venezianisch *Hasser.*

Auch wenn hier zahlreiche Hypothesen ausgebreitet werden, muss betont werden, dass die Mehrzahl der Gelehrten an einen venezianischen Ursprung des Namens Ghetto glaubt. Hinzu kommt, dass jenseits der linguistischen, historischen und etymologischen Streitereien eben hier, zwischen Venedigs *Calli* und Kanälen, das zarte Pflänzchen „Ghetto" gedieh, seine einmalige Gestalt annahm und wirtschaftliche, kulturelle, soziale und religiöse Aspekte großer Originalität ausprägte, und zwar im Hinblick auf seine Beziehung sowohl zur Serenissima als auch zur damals bekannten Welt des Ostens und des Westens.

Das Leben des Ghettos von Venedig war sich in den ersten hundert Jahren nie ganz gleich: Es war ständigen Veränderungen und einigen heftigen Erschütterungen unterworfen, nicht nur infolge der aufeinanderfolgenden Wellen von Zu- und Abwanderungen kleiner Gruppen von Individuen, sondern auch als Folge der Niederlassung der drei wichtigsten historischen Gruppen des Ghettos, der Natione Todesca, der Natione Levantina und der Natione Ponentina. Diese drei „Nationen"

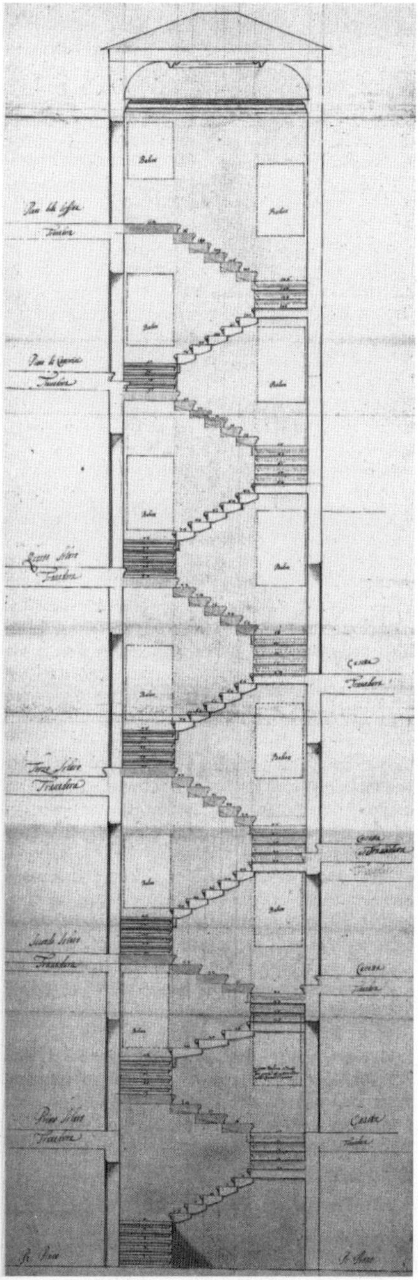

*Schnittzeichnung eines für das Ghetto typischen hohen Gebäudes*

unterschieden sich in allem - in der Sprache, in ihren religiösen Riten und in ihren Lebenserfahrungen, aber auch in ihrem rechtlichen Status gegenüber den venezianischen Behörden, unter deren Rechtsprechung sie sich aufgeteilt sahen. Diese Teilung erfolgte nicht nur im Hinblick auf ihre ökonomische Rolle, das Kreditgewerbe und den Handel, sondern auch in Bezug auf die Privilegien, die die Republik den Neuankömmlingen großzügiger einräumte, während die Banken unter dem Gewicht der ständigen Steuerlasten zusammenbrachen.

Isoliert, marginal und peripher zur Stadt gelegen, ist das Ghetto die jüdische Lebenssphäre, die Bühne, auf der sich das Leben der Juden abspielt. Das Ghetto Novo, den Standort der Banken, konnte man über lange schmale *Sottoportici* betreten, regelrechte Stollen, die unter riesig hoch aufragenden Häusern durchführtern die, wie aus einigen Katasterurkunden aus dem 18. Jahrhundert hervorgeht, bis zu neun Stockwerke aufweisen konnten. Alle Fenster der Häuser waren dem Mittelpunkt des Ghettos, dem weitläufigen, kreisförmigen *Campo*, zugewandt. Diese Kreisform kann man noch heute bewundern, doch auf der einen Seite erhebt sich an der Stelle, wo früher Häuser gestanden hatten, die *Casa Israelitica di Riposo*, das jüdische Altersheim. Ein Teil des ehemaligen Bühnenraums, nämlich der, der an den Rio di San Girolamo grenzte, ist folglich verlorengegangen. Die hohen Gebäude stachen vielleicht noch deutlicher ins Auge als heute, weil ringsum viel weniger Häuser standen und weil sie von zahlreichen Gärten, Klöstern und Straßen voller Kot und Morast umgeben waren. Die gemeinschaftlichen Treppenhäuser waren ebenso aus Holz wie fast alle Trennwände und sonstigen Strukturelemente, die die Räume voneinander trennten; ebenfalls aus Holz waren die Dachböden und die kleinen Altane zwischen den winzigen Wohnungen mit ihren niedrigen Decken und gemeinschaftlich benutzten Wasch- und Toilettenräumen.

Im Ghetto vernahm man die unterschiedlichsten Klänge: Nicht nur die hebräischen Gesänge oder die verstümmelten Idiome der Mittelmeerländer, sondern kräftige spanische, türkische, portugiesische, levantinische und griechische Mundarten, ganz zu schweigen von der Sprache mancher Polen oder deutschen Flüchtlinge und den verschiedenen italienischen Dialekten. Es war ein regelrechtes Babel von Sprachen und Menschen, unter denen vor allem Abenteurer und etwas dubiose Marranen auffielen, die sich in allem von ihren Mitbewohnern unterschieden, selbst was die Farbe und den Zuschnitt ihrer Kleider betraf, die ihre Herkunft aus fernen Ländern bezeugten.

Das Alltagsleben wurde durch den Rhythmus der traditionellen Gebete am Morgen, am Nachmittag und am Abend bestimmt und dadurch in regelmäßige Abschnitte aufgeteilt. Nachts kam dann die Schließung der Tore und die Barke, die ihre Runden durch die Kanäle drehte. Der große Platz, der nur tagsüber Mittelpunkt des jüdischen und christlichen Lebens war, wurde nachts zu einer Art exterritorialem Gebiet, zu einer unabhängigen Republik der Juden mitten im Herzen von Venedig. Nachts leerte sich die Bühne des Ghetto Novo und ließ die Käufer von Gebrauchtwaren und jene, die tagsüber vor den Leihbanken Schlange gestanden hatten, vor den Toren zurück. Alles blieb auch im Ghetto Vecchio still, einer sehr langen Gasse, die von kurzen, gewundenen Gässchen, wie der Calle Storta, der Corte del Moresco, der Corte dell' Orto, der Calle Barucchi, dem Campiello delle Scole und der Corte della Scala Matta geschnitten wurde. Weiter unten lag, mit dem Ghetto Novo durch eine schmächtige Brücke verbunden, das 1633 gegründete Ghetto Novissimo mit seinen schönen Palazzi, ein Bezirk ohne Geschäfte und ohne Synagogen, ein reines Wohnviertel für die zuallerletzt Eingetroffenen. Jeder dieser drei Orte hatte seine besonderen Eigenheiten; die physische Nachbarschaft verhüllte einen möglichen Konflikt zwischen eingewurzelten Gewohnheiten.

Im Ghetto Novo mit seinem trapezförmigen Grundriss waren die ersten Synagogen gebaut worden, eingezwängt zwischen die Häuser und von ihnen fast erdrückt. Das waren die Scola Grande Todesca (1528), die Scola Canton (1531) und die Scola Italiana (1571).

Die Scola Todesca erkennt man auch heute noch von außen an der Reihe von fünf großen, breiten Bogenfenstern, von denen jetzt zwei zugemauert sind. Ihr Innengrundriss ist asymmetrisch; die unterhalb der Decke umlaufende Empore mildert diese Unregelmäßigkeit ab und verleiht ihr die Form einer Ellipse. Die Gebetsbänke gehen auf die Renaissancezeit zurück, während die prunkvolle Vergoldung

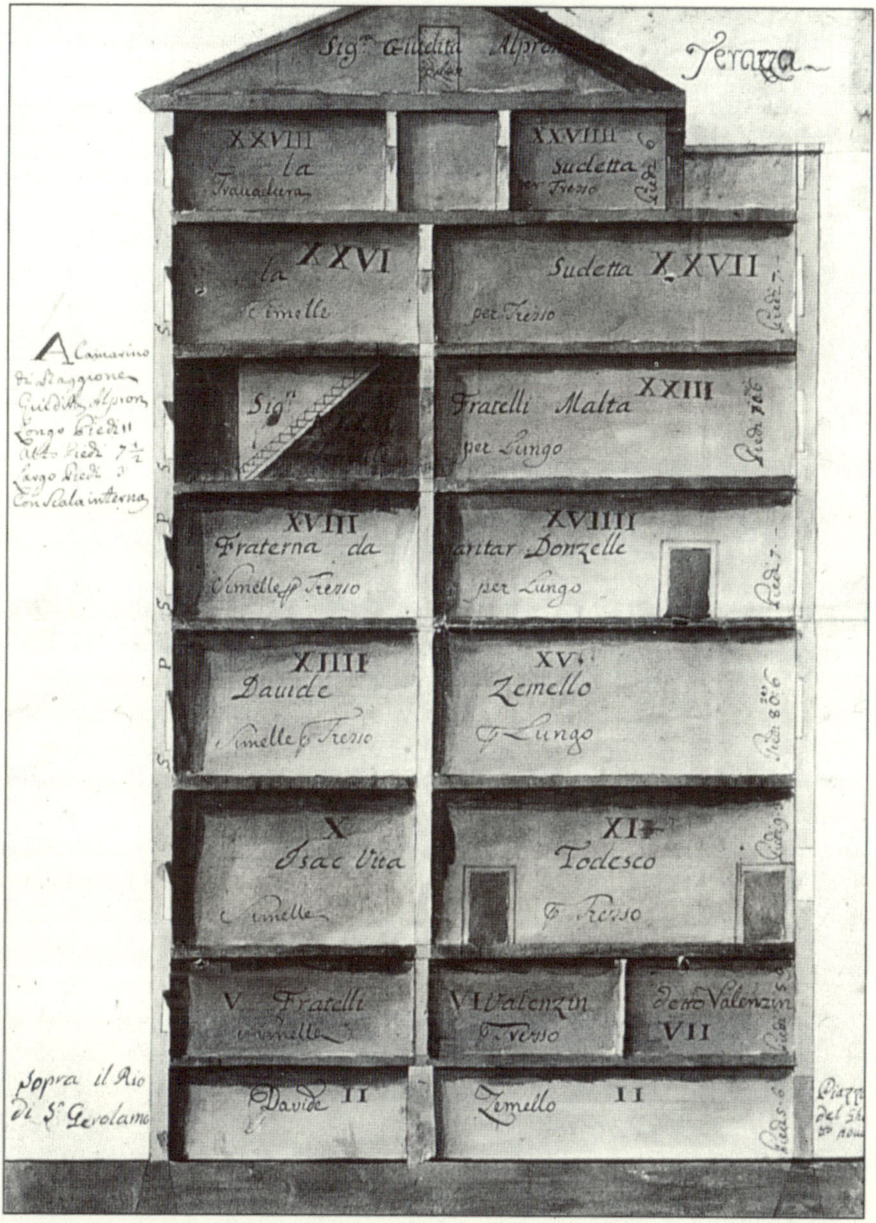


*Aus der Schnittzeichnung lässt sich erkennen, wie klein und niedrig die Wohnungen waren.*

der Wände aus späterer Zeit stammt. An den Wänden befinden sich Gedenk- und Lobinschriften. Der von zwei breiten Fenstern flankierte *Aron* (Schrein) erhebt sich über vier rosafarbenen Stufen, die den Namen des Stifters tragen. Die *Bima* (Kanzel) ist stilisiert, fügt sich aber gut in diesen Bau bewegter Formen ein, der optisch einen Saal mit regelmäßigen Proportionen vortäuscht.

Die ebenfalls den Anhängern des aschkenasischen Ritus gehörende Scola Canton wurde mehrfach restauriert; daran erinnern die Marmortafeln in ihrem Inneren. Der Name *Canton* könnte entweder auf die Familie zurückgehen, die ihren Bau finanzierte, oder auf ihren Standort an einer Ecke (auf venezianisch bedeutet „canton" so viel wie „Ecke", „Winkel"). Möglicherweise lässt dieser Name sich damit erklären, dass die Synagoge von Juden gebaut wurde, die zwar Deutsche, aber französischer Herkunft waren. Auf einer alten topographischen Karte, die im 17. Jahrhundert in Paris erschien, wird das Pariser Ghetto nämlich als „Canton des Juifs" bezeichnet. Die *Bima* wurde oft restauriert und stammt in ihrer heutigen Gestalt aus dem 17. Jahrhundert; sie ruht auf fünf Holzstufen über dem Boden des Saales und wird von einem halbelliptischen Bogen eingerahmt, der seinerseits auf beiden Seiten von einem Säulenpaar getragen wird. Diese Säulen sind mit geflochtenen Zweigen, die sich nach oben winden, verziert.

Auch die Scola Italiana erkennt man an ihren fünf großen Fenstern, über denen ein Wappen mit der Inschrift „Santa Comunità italiana 1575" angebracht ist, sowie an einer kleinen Kuppel, die sich über der Kanzel emporwölbt. Eine kleine, an die Wand gemauerte Tafel erinnert an die Zerstörung des Tempels von Jerusalem.

Im Ghetto Vecchio sind die beiden Synagogen, die als letzte errichtet wurden, die geräumigsten. Es handelt sich um die Scola Levantina und die Scola Spagnola, die sich am sogenannten Campiello delle Scole gegenüberstehen.

Die Scola Levantina wurde beinahe zeitgleich mit der Gewährung des Wohnrechts für die levantinischen Wanderhändler erbaut. Sie ist die einzige, die durch ihr Äußeres auffällt, weil ein mehreckiger Erker, *Diagò* oder *Liagò* genannt, aus der Fassade hervorragt – ein für die venezianische Architektur typisches Bauelement. Von eindrucksvoller Schönheit ist im Inneren das Lesepult *(Tewa)* aus Holz mit reichgeschnitztem Blumendekor und gestützt auf hohe spiralförmige Säulen, die dem berühmten, aus Belluno stammenden Bildhauer Andrea Brustolon zugeschrieben werden. Auf der gegenüberliegenden Seite befindet sich der *Aron* aus schlichtem Marmor. Diese Scola ist ein typischer Renaissancebau, auch wenn das Innere im folgenden Jahrhundert restauriert wurde.

Die Scola Spagnola, die größte der venezianischen Synagogen, geht auf die zweite Hälfte des 16. Jahrhunderts zurück; sie versammelte die in Venedig gelandeten Juden und Marranen spanischer Herkunft. Im Jahre 1635 wurde sie vollständig renoviert, und zwar der Überlieferung zufolge von Baldassarre Longhena. Andere Eingriffe erfolgten im 19. Jahrhundert und haben teilweise ihre frühere Harmonie stark beeinträchtigt. Die Einfachheit ihres Äußeren steht im Gegensatz zu der Erlesenheit der Messingleuchter und der vergoldeten Holzgegenstände. *Aron* und *Bima* befinden sich vorne an der kürzeren Seite des rechteckigen Grundrisses. Die Vielfarbigkeit des Marmors und die Dekoration an der Balustrade der eiförmigen Empore bilden ein erlesenes Beispiel venezianischen Barocks.

Im Ghetto Novo befanden sich die berühmten Leihbanken – die schwarze, die rote und die grüne – und rund um den Platz zu ebener Erde die Altwarenlager. Im Ghetto Vecchio hatten die Levantiner ihre Warenlager, und dort gab es etliche Gemüsehändler, einige Verkäufer von koscherem Fleisch und ein paar Bäcker. Im Ghetto Novo wurden höchstwahrscheinlich alle Erdgeschosse handelsgewerblich genutzt: Von den 60 000 Quadratmetern, die in jenen Jahren wohl zur Verfügung standen, mussten mindestens 25 000 für Geschäfte und der Gemeinschaft dienende Räume, einschließlich der Synagogen, dienen. Wenn auf einem Gelände von 35 000 Quadratmetern tatsächlich 5 000 Personen lebten (das war die maximale Zahl, und auch das nur für eine kurze Zeit), dann kann man den durchschnittlichen Raum pro Person auf 7 Quadratmeter berechnen. Das ist vielleicht keine genaue Rechnung, hat aber den Vorteil, deutlich vor Augen zu führen, welch beengte Raumverhältnisse hier damals herrschten. Diese Beengtheit stand in einzigartigem Gegensatz zur Geräumigkeit und großzügigen Anlage der Gebetsstätten, die nicht nur von der Freigebigkeit und dem Handelsglück der zuletzt Angekommenen zeugen, sondern auch von der Bedeutung, die die Juden im alltäglichen Leben gewonnen hatten, und der Rolle der Synagogen, die auch und vor allem Orte der Begegnung und der Gelehrsamkeit waren. In einer Quelle heißt es im Zusammenhang mit der Bevölkerungsdichte der Ghettos: „Acht oder zehn Personen wohnten an einem Ort, dicht zusammengedrängt und in schrecklichem Gestank.“ Eine Folge dieser unerträglichen Situation war, dass 1633 ein neuer Block gebaut wurde. Das war das Ghetto Novissimo, das sich von den beiden älteren Bezirken unterschied, denen es zwar benachbart, jedoch durch einen Kanal abgetrennt war. Mit der Einrichtung des Ghetto Novissimo ist die städtebauliche Entwicklung der drei Ghettos abgeschlossen.

Die Häuser des Ghettos gehörten nicht den Juden, denen, wie gesagt, der Besitz von Immobilien verboten war. Man hatte ihnen aber ein ganz eigenartiges Privileg eingeräumt, das „Jus gazakà“ genannt wurde – ein Ausdruck, der einen lateinischen Begriff mit einem leicht verballhornten Wort aus dem Talmudhebräischen (eigentlich: *Chasaka*) verbindet. Der Terminus „Jus gazakà“ erhielt die Bedeutung von „ein Recht auf einen bestimmten Ort und auf ein bestimmtes Haus haben“ – nicht ein Recht auf Eigentum, sondern ein garantiertes Recht auf ein Mietverhältnis zugunsten einer bestimmten Person, ein Recht auf eine Mietwohnung, das vererbt, als Mitgift gegeben, verschenkt oder verkauft werden konnte.

Gegen Ende des 17. Jahrhunderts, nach der Einrichtung der drei Ghettos – des Ghetto Novo, des Ghetto Vecchio und des Ghetto Novissimo –, erkannte die Republik Venedig nunmehr die Vorsteher der *Università* der Juden als ihre üblichen Verhandlungspartner an; die *Università* war, wie bereits erwähnt, das Organ, in dem die drei Nationen – Todeschi, Levantiner und Ponentiner – zusammengefasst waren.

Die Vorsteher oder *Parnassim* wurden von einer Versammlung, dem *Kahal gadol*, gewählt; die zahlenmäßige Zusammensetzung und die Repräsentanz der verschiedenen konstituierenden Gruppen variierte im Laufe der Jahre. In der zweiten Hälfte des 16. Jahrhunderts gab es zwölf Vorsteher; 1585 setzte die Versammlung ihre Zahl von zwölf auf sechs herab. Diese sechs bildeten einen „Kleinen Rat" *(Waad katan)*. Dieser Kleine Rat entschied nur mit Zweidrittelmehrheit. Die Wahl in die höchsten Ämter der jüdischen Gemeinschaft galt wohl als Beweis der Wertschätzung, aber auch als moralische Verpflichtung: Die Vorsteher sahen sich tatsächlich häufig zwischen den dringenden, oft erpresserischen Forderungen der Serenissima und der Kritik und der Streitlust der eigenen Glaubensbrüder in eine peinliche Lage gezwängt. Dazu berichtet Pullan: „Einige prominente Juden weigerten sich 1585, dieses Amt anzunehmen, und drohten mit ihrer Auswanderung, wenn man versuchen würde, sie zur Annahme zu zwingen, und um die Ernsthaftigkeit ihrer Drohungen zu untermauern, gaben sie beträchtliche Summen aus. Drei Jahre später sprachen die Vorsteher von der langen Zeit, in der sie für die *Università* den Kopf hinhalten mussten."

Zu Beginn des 17. Jahrhunderts wurde die *Università* der Juden vom Kleinen Rat (*Waad katan)* regiert, der alle zweieinhalb Jahre von einer größeren Generalversammlung *(Kahal gadol)* gewählt wurde, der ein *Parnas* (Vorsteher) vorstand und die von all jenen gebildet wurde, die eine Steuer in Höhe von zwölf Dukaten zu zahlen in der Lage waren. 1594 setzte sich die Versammlung, laut Pullan, aus ungefähr siebzig venezianischen Juden zusammen sowie aus den sechs Vorstehern der jüdischen Gemeinde und elf Juden von der Terraferma, die einen Großteil der jüdischen Ansiedlungen auf dem flachen Lande vertraten. Im 17. Jahrhundert bestand diese Versammlung aus sechzig Ponentinern, zwölf Levantinern und vierzig Todeschi, also aus gut hundert Personen, die, angesichts der Zahl der Juden des Ghettos, kaum für die ganze Gemeinschaft repräsentativ waren.

In das Amt des *Parnas* oder Vorstehers konnte jeder gewählt werden, aber nicht mehr als zweimal und stets unter Berücksichtigung der zahlenmäßigen Stärke der verschiedenen Nationen in der Generalversammlung. Jede Nation hatte außerdem noch eine eigene Versammlung: Die Todeschi und die Levantiner nannten die ihre *Kahal*, die Ponentiner *Talmud-Tora*. In diesen Versammlungen wurden die internen Angelegenheiten der Gruppe besprochen, und zwar nicht nur die wirtschaftlichen und rechtlichen etwa im Zusammenhang mit den Beziehungen zu den entsprechenden Kontrollbehörden, sondern auch Fragen hinsichtlich des Ritus und der Religion unter Berücksichtigung der ursprünglichen Traditionen der verschiedenen Gruppen. Die Versammlung des Ghettos beschäftigte sich mit allgemeinen Dingen, etwa mit der Hygiene, der koscheren Schlachtung, den dienstlichen Angelegenheiten der christlichen Wächter und den Beihilfen für die bedürftigeren Familien. Die *Università* genoss also im Inneren des Ghettos eine recht große Autonomie mit weitreichenden sozialen, religiösen und zivilen Befugnissen, zum Beispiel im Hinblick auf die Steuern, die internen Ausgaben, die Synagogen, den Friedhof und die Fürsorge – aber sie durfte auf keinen Fall eine politische Aktivität ausüben.

Die Erhebung der Vermögens- und Einkommenssteuer war schwierig; sie wurden vor allem aus einer moralischen Verpflichtung heraus gezahlt. Die einzige Möglichkeit von Sanktionen war drastisch: Es war die Ausstoßung aus der Gruppe. Die Steuern dienten teilweise zur Deckung der laufenden Ausgaben im Inneren und zum Unterhalt des festangestellten Personals, etwa des Schächters, *Schochet*, des Kantors, *Chasan*, und des Synagogendieners, *Schammasch*. In erster Linie aber wurde daraus die Steuer bestritten, zu deren Zahlung die *Università* aufgrund ihrer Vereinbarungen mit dem venezianischen Staat verpflichtet war. Die Steuerfrage, seit jeher der Nerv der Beziehungen der Juden zu Venedig, war von lebenswichtiger Bedeutung, und die innere Organisation der Steuereintreibung war Gegenstand besonderer Aufmerksamkeit, weil man versuchen musste, die übertriebenen Forderungen der Republik gleichmäßig auf die Mitglieder der Gemeinde zu verteilen. Um Ausbrüche von Unmut zu vermeiden, wurden die mit der Steuereinnahme beauftragten *Tansadori* immer sorgfältig ausgewählt; sie legten in der Synagoge vor der Gesetzesrolle, der Tora, einen feierlichen Eid ab und verpflichteten sich, ihre Aufgabe mit besonderer Gewissenhaftigkeit zu erfüllen. 1589 waren in Venedig offensichtlich 200 von 1 700 Personen steuerpflichtig. Die *Tansadori* ließen sich manchmal beim Eintreiben der Steuern von den *Cattaveri* begleiten, die die Aufgabe hatten, sie im Notfall zu verteidigen. Die *Cattaveri* verlangten hin und wieder auch die Mitarbeit der Juden, unter anderem, um herauszufinden, ob im Ghetto gestohlene Waren verkauft wurden.

1663 war die Integration zwischen den verschiedenen Gruppen des Ghettos schon ziemlich weit gediehen. Dem aus sieben Mitgliedern bestehenden Exekutivrat oder *Waad katan* gehörten drei Todeschi, drei Ponentiner und ein Levantiner an. Die Aschkenasim oder Todeschi blieben diejenigen, die zahlenmäßig in der Mehrheit waren, aber die Besteuerung führte dazu, dass sich ihr Gewicht im *Waad katan* schließlich verringerte. Der Prozess der Verschmelzung der verschiedenen jüdischen Gruppen erhielt einen entscheidenden Impuls, als Zwischenheiraten häufiger wurden und die Unterschiede zwischen den einzelnen Gruppen sich langsam verwischten, ohne jedoch gänzlich zu verschwinden.

Die Rabbiner, deren Amt lange Zeit unter den Nationen je nach Einfluss und Bedeutung aufgeteilt worden war, wurden nun aufgrund ihres Bekanntheitsgrades und ihrer persönlichen Verdienste zur spirituellen Führung der ganzen Gemeinde berufen. Ja sogar die Rolle der Rabbiner hatte sich innerhalb des Ghettos allmählich gewandelt: Aus Lehrern waren sie zu Predigern und Richtern und einflussreichen

Interpreten des Gesetzes geworden. Vielleicht nahmen das Gewicht der Rabbiner selbst und die Bedeutung ihrer Auslegung der Lehre gerade in dem Maße zu, wie das allgemeine kulturelle Niveau der im Ghetto lebenden Juden sank; denn dadurch wuchs das Bedürfnis nach gebildeteren und fähigeren Führungspersönlichkeiten. Der Rabbiner wurde von der Gemeinde bezahlt, und sein Einstellungsvertrag war befristet; mehrere Aufseher und Schreiber halfen ihm bei der Erledigung der laufenden Angelegenheiten. Natürlich war es ein Privileg, Rabbiner in Venedig zu sein – schon allein wegen des Einflusses, den die venezianische Gemeinde auf direktes Betreiben des Senats der Stadt auf die übrigen jüdischen Gemeinden Venetiens ausübte. Eifersüchtig auf ihre Autonomie bedacht, versuchten vor allem die jüdischen Gemeinden von Verona und Padua mehrmals, diese allzu gönnerhafte und eigennützige Vormundschaft sowohl im Hinblick auf die heiligen religiösen Gebote als auch auf strikt fiskalischem Gebiet abzuschütteln.

Die rote, die grüne und die schwarze Leihbank, deren Verluste der *Università* aufgebürdet wurden, wurden nicht direkt von dem Gemeinschaftsorgan verwaltet, sondern an jüdische Bankiers verpachtet. Diese mussten sich einer doppelten, sich teilweise überschneidenden Kontrolle unterziehen, und zwar sowohl einer inneren, von der *Università* selbst vorgenommenen, wie auch einer äußeren, die die Behörde der *Sopraconsoli* für den venezianischen Staat ausübte. Trotz der Vollmacht lastete die Verantwortung für das gute Funktionieren und die finanzielle Korrektheit der Geschäftsführung in erster Linie auf der *Università,* und zwar im Sinne der vom venezianischen Senat minuziös festgelegten Vorschriften.

Eine Verordnung für die Scola Italiana, datiert von 1664, enthält ein in hebräischer Sprache verfasstes Register oder *Pinkas,* ein wichtiges Dokument über das gesellschaftliche Zusammenleben im Ghetto. Die Handschrift wurde vor einigen Jahrzehnten vom Rabbiner Riccardo Pacifici entdeckt; sie befand sich damals noch in der Bibliothek der *Talmud-Tora* der Scola Italiana, doch ein paar Jahre später verschwand sie bedauerlicherweise und wurde nicht wiedergefunden. Das Register enthielt Verordnungen oder Satzungen, „Regolationi", Versammlungsprotokolle der italienischen Juden in Venedig, sowie das 1644 verabschiedete Statut, zusammen mit einer Liste der Namen des italienischen *Kahal*, mit Niederschriften früherer Beschlüsse, die verlorengegangen sind, und zugleich auch eine Liste mit den Namen der von 1650 bis 1763 amtierenden *Parnassim.* Die Vermutung, dass auch die anderen Gruppen Dokumente dieser Art benutzten, die in der Folge verlorengingen, ist zulässig. Das Statut war zehn Jahre lang in Kraft. Die Versammlung oder *Kahal* hatte es nach Ablauf der Frist zu verlängern und einige Sachbearbeiter zu ernennen, die über mögliche Veränderungen entscheiden müssten.

Was die Gemeinschaft der italienischen Juden anbetrifft, so bestand – wie aus dem Statut von 1644 hervorgeht – ihr *Waad* oder Rat entweder aus Mitgliedern von Rechts wegen, die die Scola Italiana besuchten und ihre Steuern ordnungsgemäß entrichteten, oder aus solchen Mitgliedern, die von der Versammlung selbst, in Anwesenheit von mindestens drei Vierteln ihrer Mitglieder, gewählt worden waren. Auch die Söhne der ehemaligen Mitglieder wurden – gemäß einer späteren Verordnung aus dem Jahre 1654 – nach Vollendung ihres dreißigsten Lebensjahres und nach einer Bestätigung durch die Versammlung aufgenommen. Als nicht zur Gemeinde gehörig galt, wer in einer anderen Synagoge seinen Sitz genommen und an den Riten der höchsten Feiertage oder an zehn aufeinanderfolgenden Sabbaten nicht an den Gottesdiensten teilgenommen hatte. Die Versammlungen müssten, um als vollgültig anerkannt zu werden, von mindestens zwei Dritteln der Mitglieder besucht werden.

Die *Parnassim* wandten sich an die *Schammaschim*, damit diese die Mitglieder zur Teilnahme aufforderten. Wer sich verspätete oder abwesend war, zahlte einen halben Dukaten, und wer nicht abstimmte, wurde mit einer Geldstrafe von fünf Dukaten belegt. Das Stimmrecht konnte nicht durch Vollmacht auf andere übertragen werden, und kein Außenstehender wurde zu den Versammlungen zugelassen. Eine Hälfte des Fonds aus den Strafgebühren ging an die *Cattaveri*, die andere Hälfte kam der Synagoge zugute, für die die *Parnassim* verantwortlich waren. Es mussten immer drei *Parnassim* sein, die für die Dauer eines Jahres im Amt blieben, und sie leisteten ihren Amtseid auf die Torarolle. Sie hatten die Ehre, die Aufrufe zur Lesung der Tora und der *Tefilla* zu erteilen. Die öffentliche Lesung der *Tefilla* hatte oft schwierige Diskussionen über den Ritus zur Folge: Jene, die, durch Los ermittelt, es ablehnten, öffentlich ihres Amtes zu walten, riskierten hohe Geldstrafen. Die *Parnassim* waren auch regelrechte Buchhalter von Spenden und Abgaben; wer nicht zahlte, dessen Name wurde am Abend von Jom Kippur in aller Öffentlichkeit bekanntgegeben. Nach Ablauf ihrer Amtszeit mussten sie eine genaue Abrechnung vorlegen.

Weitere Ehrenämter wurden von den *Gabbaim* bekleidet, die die Aufgabe von Sekretären hatten, und von dem *Parnas* des *Schemen la-Maor,* der die Öl- und Geldspenden für die Beleuchtung der Synagoge verwaltete, sowie von dem *Parnas*, der die Spenden für die armen Juden in Safed und im übrigen Palästina einsammelte. Der *Chasan* (Kantor) und der *Schammasch* (Synagogendiener) hatten bezahlte und öffentlich ausgeschriebene Ämter inne.

Andere fragmentarische und aus späterer Zeit stammende Satzungen der Scola Italiana sind vor einigen Jahren vom Rabbiner Abramo Piattelli entdeckt worden. Darin wurde ebenfalls betont, dass die Mitglieder der Scola Italiana durch die Androhung hoher Geldstrafen vom Besuch anderer Synagogen abgehalten werden sollten.

Im Ghetto gab es nicht nur die Synagogen als Orte des Gebetes, der Versammlung und der Gelehrsamkeit, sondern auch die *Midraschim* (Talmudschulen) und die Akademien, die von Privatleuten finanziert und getragen wurden beziehungsweise von jenen Familien, die den Wissenschaften gegenüber besonders aufgeschlossen waren. Zu besonderer Berühmtheit gelangten damals die *Midraschim* Luzzatto, Vivante und Meschullamim.

Überaus zahlreich waren auch die Bruderschaften, die sich der Fürsorge widmeten und farbige Namen hatten: „Jungfrauen-Verheiraten", „Sklaven-Befreien", „Wöchnerinnen-Helfen". So wurde jeder Aspekt des jüdischen Alltagslebens von einer entsprechenden Vereinigung überwacht. Als wichtige Momente im sozialen Leben der Juden galten vor allem die Beschneidung eines Knaben, die Besuche von Kranken und die Vorbereitungen eines Begräbnisses.

Im Ghetto wurden neben dem bereits öfter erwähnten Trödelhandel viele andere Gewerbe ausgeübt: Es gab Handwerker, Kleingewerbetreibende und Färber; unterdrückt wurde dagegen die Ausübung des Schneider- und Druckerhandwerks sowie sämtlicher produktiven Tätigkeiten, die den venezianischen Zünften ein Dorn im Auge hätten sein können. Auch wenn sie fast niemals selber Buchdrucker werden konnten, arbeiteten in den Buchverlagen der venezianischen Adligen doch viele Juden als Schriftsetzer, Korrektoren oder Buchbinder. Andere widmeten sich der Produktion von Öl, Wein und koscheren Speisen, destillierten Wein oder betrieben Gasthäuser für jüdische Reisende.

In einer kulturbesessenen Gesellschaft wie der jüdischen gab es immer berühmte Humanisten, Schriftsteller – die vielleicht, wie es auch heute noch oft der Fall ist, in den Verlagen tätig waren –, daneben auch Künstler und Ärzte. Der Ärzteberuf war unter den Juden nicht nur wegen der materiellen Vorteile, die er bot, sehr populär, sondern weil er unter den prekären Lebensumständen der Juden eine nicht geringe Sicherheit bedeutete dank der Privilegien, die dieser Berufsstand seit jeher genoss.

An der Universität von Padua legten zwischen 1517 und 1721 zweihundertfünfzig jüdische Studenten ihre Doktorprüfung ab, und zahlreiche andere besuchten die Lehrgänge in Padua, ohne bis zur Promotion zu gelangen. Viele von ihnen sind noch heute bekannt, etwa Josef del Medigo, Josef Hamuz, Tobias Cohen, David Nieto, Isaac Contarini und Salomon Conegliano. Die Universität von Padua war Venedig unterstellt, und die für jene Zeiten ganz ungewöhnlichen liberalen Verhältnisse und die Zulassung jüdischer Studenten gehören zu einem neuen Kapitel in der Politik Venedigs, die häufig den Rahmen des seinerzeit Üblichen sprengte. Sie kamen natürlich nicht nur aus dem Ghetto von Venedig, sondern aus ganz Italien und auch aus den Ländern des Ostens, wohin sie nach ihrer Promotion oft wieder zurückkehrten. Die Universität erfreute sich in ganz Europa eines ausgezeichneten Rufes, und an der medizinischen Fakultät lehrte man nicht nur spezifisch medizinische Fächer, sondern auch Philosophie; denn die frischgebackenen Doktoren waren zugleich Doktor der Medizin und der Philosophie. Erst im 17. Jahrhundert nahm die Anzahl solcher Fächer zu, die mehr mit der ärztlichen Praxis zu tun hatten.

In Padua sahen sich die jüdischen Studenten niemals mit einer Absonderung konfrontiert, sondern waren völlig in die studentische Welt integriert. Der junge Jude, der in diese Stadt kam, um an der Universität zu studieren, erlebte eine geradezu traumatische Integration, indem er plötzlich aus dem geschlossenen Ghetto in eine offene studentische Gemeinde aufgenommen wurde, wo ihn allerdings noch einige Schwierigkeiten sprachlicher, kultureller und religiöser Natur erwarteten – etwa bedingt durch die Einhaltung des Sabbats und den Genuss koscherer Speisen – und wo er höhere Gebühren zu entrichten hatte als die übrigen Studenten. Um die eigene, eher statische und konservative jüdische Identität zu wahren, waren diese Studenten gezwungen, eine große Anpassungsfähigkeit an den Tag zu legen.

Die Erfahrung, die den jüdischen Studenten in Padua zuteilwurde, nahm mit allen sich daraus ergebenden Vorteilen und Schwierigkeiten die weiter reichende geistige Revolution der Juden vorweg, die in Europa zuerst während der Aufklärung einsetzte und später dann in der Emanzipation des Ghettos, als die endlich befreiten Juden sich als Gruppe und als einzelne mit der Außenwelt jenseits der Ghettomauem messen mussten, gipfelte.

Im April 1616 befasste sich der Senat der Republik, gestärkt durch ein Gutachten von Paolo Sarpi, aufs Neue mit den in Padua abgelegten Doktorprüfungen. Dort wurde den jüdischen beziehungsweise den griechischen Studenten kein Glaubensbekenntnis abverlangt, und das bildete eines der zahlreichen ungelösten Probleme in den Beziehungen zwischen Venedig und dem Papsttum.

Gerade die jüdischen Studenten polnischer und levantinischer Herkunft, die in Padua studierten, zeigten eine besondere Vorliebe für das kabbalistische Ideengut. In den siebziger Jahren des 16. Jahrhunderts, die, wie man zu Recht meint, für das Schicksal des Ghettos kritische und entscheidende Jahre waren, erwies sich die große Durchschlagskraft der Kabbala, während zugleich das Studium des *Sohar* sehr weit verbreitet war. Die Auseinandersetzungen zwischen Kabbalisten und Talmudisten wurden immer erbitterter. Todeschi und Levantiner verbündeten sich in einem erbitterten Streit gegen das Buch *Meor enajim* von Asarja de Rossi, einem Gelehrten, den man beschuldigte, den Versuchungen des *Sohar* erlegen zu sein. De Rossi schlug zuerst zurück, akzeptierte aber schließlich zahlreiche Änderungen an seinem eigenen Werk mit einem Zusatz im Anhang, in welchem er die polemische Ladung seines Buches entschärfte. Das trug zur Beruhigung der Gemüter bei und besänftigte auch den Rabbiner Samuel Judah Katzenellenbogen, einen seiner schärfsten Kritiker. Diese Episode markierte den Höhepunkt des Einflusses, den die aschkenasische Gemeinschaft in den religiösen Angelegenheiten des Ghettos ausübte.

Gegen Ende des 16. Jahrhunderts propagierte Asarja da Fano, der für seine ausgeprägte Neigung zur Kabbala bekannt war, eine tiefgreifende Veränderung des öffentlichen Ritualwesens, indem er ein Formelbuch mit Gebeten nach dem italienischen Ritus drucken ließ, das sogar den *Kaddisch*, das Gebet für die Toten, einen der Höhepunkte der religiösen Dichtung in hebräischer Sprache, in überarbeiteter Form enthielt. Symbolisch kann der zunehmende Einfluss kabbalistischen Gedankenguts auf den vom Talmudismus beherrschten Gebieten des täglichen Gebetes als ein regelrechter Augenblick des Übergangs in der damaligen jüdischen Kultur betrachtet werden. Im Laufe eines Jahrhunderts hatte die jüdisch-venezianische Gesellschaft ihr Gesicht gewandelt: Aus einer monolithischen Gesellschaft hatte sie sich infolge der ständigen Zuwanderung von neuen Gruppen und Kleingruppen ins Ghetto zu einem Musterbeispiel des Pluralismus entwickelt; aus einer statischen Gesellschaft mit dem gleichförmigen und geregelten Dasein von Läden und Banken hatte sie sich durch die plötzlichen Abreisen, die ausgedehnten Wanderschaften und die langen Mußezeiten der levantinischen Kaufleute in eine dynamische verwandelt. Die ausgeprägte ethnische Vielfalt im Inneren der Ghettowelt mit ihrem Hang zur Zersplitterung spiegelte sich auch in den unterschiedlichen Positionen wider, die die Gruppen gegenüber der ringsum lebenden christlichen Gesellschaft einnahmen: Die tiefer in Venedig verwurzelten Todeschi und Italiener waren eher zum Dialog bereit, während die zuletzt angekommenen Juden ponentinischer Herkunft verschlossener und misstrauischer waren. Die Aschkenasim waren ihrerseits wieder in sich gespalten: Da gab es einerseits die Todeschi, die seit Jahrzehnten eigentlich Venetier und Venezianer waren, und auf der anderen Seite standen die kurz zuvor aus dem Osten eingewanderten Gruppen. Die Sephardim – Levantiner und Ponentiner – waren noch von ihren längere oder kürzere Zeit zurückliegenden Erfahrungen in Portugal und Spanien geprägt; daneben machte sich ein oberflächlicher türkischer Einfluss bemerkbar. Es hat sogar den Anschein, als ob im Ghetto die hebräische Sprache das einzige verbindende Element der verschiedenen Gruppen gewesen sei und dass ein Dialog zwischen Individuen unterschiedlicher Herkunft eigentlich nur durch den Gebrauch der Sprache der Bibel hätte ermöglicht werden können. Selbst diese Sprache wurde noch mit unterschiedlichem Akzent und unterschiedlicher Aussprache gesprochen, auch wenn bald alle die singende Intonation des venezianischen Dialektes übernahmen. Die Sephardim bedienten sich eine Zeitlang des Ladino oder Judenspanischen, während die Aschkenasim mehrere Formen des Jiddischen verwendeten, die allerdings schon sehr bald in Vergessenheit gerieten und Ende des 17. Jahrhunderts praktisch ausgestorben waren. In den ersten Jahren des 17. Jahrhunderts jedoch wurde das Jiddische, eine Sprache mit deutschen und hebräischen Elementen, noch von den Aschkenasim im Ghetto benutzt, wie Leone da Modena persönlich in seiner *Historia de' Riti Ebraici* bezeugt. Der gelehrte Rabbiner beschwert sich in diesem Zusammenhang unter anderem darüber, dass die venezianischen Juden zu wenig Hebräisch konnten. Allmählich begann sich auch ein jüdisch-venezianisches Idiom herauszubilden, von dem heute nur noch wenige Spuren im Gedächtnis der Ältesten geblieben sind. Gekennzeichnet war es durch die Einfügung hebräischer Wörter oder Ausdrücke in den venezianischen Dialekt und die Bildung teils hebräischer, teils venezianischer Wörter. Dieses Idiom wurde niemals zu einem Dialekt oder einer Sprache wie das Jiddische, sondern blieb ein lokaler Jargon, dessen man sich vor allem dann bediente, wenn man von den Christen nicht verstanden werden wollte.

Leone da Modena und Simone Luzzatto, Abkömmlinge der Gründerväter des Ghettos, kritisierten oft Gebräuche, Sitten und Verhaltensweisen der Exponenten all jener in jüngerer Zeit eingewanderten Gruppen. Aber Joseph Ha Cohen entrüstete sich in seinem *Emek ha-Bacha* (Das Tränental) über die Aschkenasim, deren Laster er aufbauschte und für das Unglück verantwortlich machte, das sie getroffen hatte. Die marranischen Sephardim wirkten noch lange Zeit als Störenfriede: Sie stellten neue Fragen und sahen die Welt aus neuen Blickwinkeln; in ihrem kulturellen und religiösen Gepäck fanden sich zu viele Reminiszenzen und Keime häretischer Philosophien.

Diese zusammengewürfelte Welt war so recht der Nährboden für originelle Ideen. Ein Beispiel für diese große Komplexität von Riten und Gepflogenheiten ist eine *Haggada,* die in drei verschiedenen Versionen – einer italienischen, einer spanischen und einer jiddischen Übersetzung – erschien, damit die Pessachlegenden auch von allen verstanden werden konnten. Es gibt Bücher mit rituellen Gebeten, die in mehrere Sprachen übersetzt sind. Die Tatsache, dass die drei Nationen auf so engem Raum zusammenlebten, machte strenge und detaillierte Bestimmungen erforderlich: Die innere Organisation des Ghettos war derart minuziös geregelt, dass manche Gelehrte paradoxerweise von einer „Republik in der Republik" sprechen. Wollte man den vielen offiziellen Akten der venezianischen Behörden Glauben schenken, dann hätte es wirklich eine vollständige Trennung zwischen Juden und Christen geben müssen. Aber trotz aller Anstrengungen und aller erlassenen Gesetze fanden zwischen Juden und Christen in ihrem alltäglichen Leben häufig Kontakt statt, und ihre Gewohnheiten unterschieden sich letztendlich nicht so gravierend voneinander. Wie die Christen, so pflegten auch die Bewohner des Ghettos oft zusammenzukommen, um sich Geschichten zu erzählen, und sie übten sich auch in einigen populären Sportarten wie dem Ballspiel, so dass sich die Rabbiner wiederholt mit der Frage befassen mussten, ob man am Sabbat Ball spielen dürfe oder nicht. Wie viele Christen damals glaubten auch die Juden an den Einfluss der Sterne; einige Rabbiner beklagten, dass sie sich nicht genügend ins Gebet versenkten und auf Amulette vertrauten, und manche Rabbiner wiesen mit dem Finger auf das Ghetto von Venedig und nannten es einen Sündenpfuhl und einen Ausbund an lockeren Sitten. Wie übrigens fast alle italienischen Juden waren die venezianischen nicht sehr orthodox: Sie liebten das Wohlleben und versuchten, am venezianischen Leben und den Festen teilzuhaben. In diesem Zusammenhang ist ein denkwürdiger Brief Leone da Modenas zu erwähnen, der uns erhalten geblieben ist. Er war eine Zeitlang von Venedig abwesend und bat in diesem Brief einen Freund, er möge ihm einen Platz reservieren, von dem aus er bequem einer Regatta zuschauen konnte, obwohl diese Veranstaltung an einem der Bußtage vor dem *Aw*-Fasten stattfinden sollte. Der Rabbiner entschuldigt sich für diesen seinen Wunsch und meint, dass man einen fröhlichen Anlass wie diesen über die Tatsache stellen dürfe, dass man sich in einer Periode der Trauer befinde.

Ovadia da Bertinoro sah sich zu der Behauptung veranlasst, dass die Juden ihren Glauben so behandelten wie die Christen ihre Heiligen; das heißt, sie hätten ihren strengen Monotheismus vergessen, um abergläubischen Bräuchen zu huldigen, Gelübde abzulegen und an Geister und Dämonen zu glauben. Zu Beginn des 17. Jahrhunderts, als das Papsttum erneut und verstärkt Druck ausübte, sorgten die Exponenten der Kabbala im Inneren des Ghettos für eine neue religiöse Spannung, die durch die Predigten eines Menachem Asarja da Fano noch geschürt wurde.

Auch die christliche Kultur und das Studium der klassischen Texte machten nicht vor den schweren Toren des Ghettos halt.

Allmählich wurde die Lektüre jiddischer oder spanischer Texte durch Romane, Gedichte und Aufsätze verdrängt, die in lateinischer oder italienischer Sprache verfasst waren, und trotz der jüdischen Sichtweise machte die Integration der beiden benachbarten Welten Fortschritte. Leone da Modena, Simone Luzzatto und Sara Coppio Sullam, bekannte Persönlichkeiten aus dem Ghetto des 17. Jahrhunderts, bewiesen in ihren Werken, wie tief der gegenseitige Einfluss zwischen der christlichen und der jüdischen Welt schon reichte.

In Nachahmung des berühmten venezianischen Karnevals gab es auch einen jüdischen Karneval, das Purimfest, bei dem die Juden Masken aufsetzten und sich verkleideten. Das Glücksspiel war auch im Ghetto verbreitet, und nicht nur Leone da Modena war ihm verfallen. Juden und Christen begegneten sich bei Hochzeiten und zahlreichen anderen feierlichen Anlässen. Tanz, Musik und Theater wurden in Venedig großgeschrieben, und gerade die einschlägigen Erlasse und Verbote sind der beste Beweis für diese ständigen Kontakte. Besonders bekannt ist das aus dem Jahr 1592 stammende Verbot, mit dem den Juden die Erteilung von Gesangs- und Tanzunterricht untersagt wurde.

Selbst in den Synagogen machten sich nichtjüdische Einflüsse bemerkbar; so wurden etwa die Wände mit Blumen und Vögeln bemalt. Der Rabbiner Archivolti, der Lehrer Leone da Modenas, protestierte gegen die Einführung von Bildern, weil er meinte, sie könnten die Gläubigen von der für das Gebet notwendigen Konzentration ablenken.

Die heiligen Bücher wurden stets mit Stichen und Zeichnungen von großer Schönheit verziert. Mosè da Castellazzo, vielleicht der berühmteste Maler und Stecher des Ghettos, versah eine Ausgabe des Pentateuch mit wunderschönen Illustrationen.

Im Ghetto wurden Theateraufführungen sehr geschätzt. Aus dem Jahr 1531 stammt ein Hinweis auf eine Komödie mit dem Titel *Ester von* Salomon Usque, die im Ghetto Novo uraufgeführt und noch 1559 und 1592 gespielt wurde; sie wurde achtzig Jahre später vom vielseitig begabten Leone da Modena höchstpersönlich überarbeitet. Über ihre Premiere besitzen wir einen Bericht von Marin Sanudo:

„Heute Abend wurde von den Juden im Ghetto eine wunderschöne Komödie aufgeführt ..."

Zu Beginn des 17. Jahrhunderts erfreute sich eine Sängerin namens Rachele in den venezianischen Salons großer Berühmtheit, und Leone da Modena verfasste zur selben Zeit das Schäferspiel *Rachel e Jacob*, von dessen Existenz man nur Kenntnis hat, weil der Autor genötigt war, sein einziges Exemplar einem Freund zu verpfänden.

Die Orthodoxen, die bereits daran Anstoß genommen hatten, dass Juden und Christen gemeinsam an Theateraufführungen teilnahmen, protestierten gegen die Verwendung von Musik in der Synagoge. 1605 verschärfte sich der Streit: In der Scola Grande Spagnola trat ein Männerchor mit ungewöhnlichen stimmlichen Qualitäten auf. Kämpferisch wie immer, antwortete Leone da Modena jenen, die sich darüber empörten, mit einem formalen rabbinischen Respons, in dem er behauptete, es sei nichts Schlimmes daran, wenn man die eigene Stimme benutze, um Gottes Lob zu singen. Das war nicht alles, was er zur Verteidigung der Musik vorbrachte. In seinem Vorwort zu Salomon de Rossis *Schir ba-Schirim* und in einem späteren Respons behauptete Rabbi Leone da Modena, die Integrität des jüdischen Kultes würde nicht durch die Verbindung von Worten und Musik gefährdet und es sei auch nicht blasphemisch, den Namen Gottes in den Gesängen zu wiederholen. Giulio Morosini alias Samuel Nahmias schreibt als aufmerksamer Beobachter der Geschehnisse seiner Zeit: „Ich erinnere mich gut an das, was zu meiner Zeit – um 1628 herum, wenn ich mich nicht irre – in Venedig passierte, als die Juden infolge des Krieges aus Mantua nach Venedig flüchteten. Da in der Gemeinde von Mantua jede Art von Studien gepflegt worden war, wandten sich bei dieser Gelegenheit auch die Juden der Musik und den Instrumenten zu. Nachdem diese nach Venedig gekommen waren, entstand im Ghetto eine Musikakademie, in der gewöhnlich zweimal in der Woche abends gesungen wurde, und dort versammelten sich nur einige wenige prominente und reiche Bewohner jenes Ghettos, die für ihren Unterhalt sorgten, darunter auch ich, während mein Lehrer Rabbi Leone da Modena sich als Kapellmeister betätigte." In jenem Jahr, so erzählt er, wurden in der Spanischen Synagoge, der Scola Spagnola, Gesänge mit Musikbegleitung aufgeführt, Stücke in hebräischer Sprache und mehrere Psalmen „mit feierlicher Musik, die einige Stunden dauerte, während der Nacht, wo viele Angehörige des Adels, Herren und Damen, zusammenströmten und viel Applaus spendeten. An den Toren waren viele Polizisten und Büttel postiert, damit alles ruhig ablief. Unter den Instrumenten, die in die Synagoge gebracht wurden, war auch eine Orgel, aber sie wurde von den Rabbinern nicht zugelassen, weil dieses Instrument gewöhnlich in unseren Kirchen gespielt wird. Aber was sollte das alles bedeuten? All das war ja nur ein Strohfeuer. Mit der Akademie und der Musik war es bald vorbei, und alles sank wieder in seinen früheren Zustand zurück."

Die Zunft der Musiker im Ghetto nannte sich „Akademie der Verhinderten" und hatte auch einen hebräischen Namen – *Besochrenu et Zion* –, der sich von den einleitenden Worten des Psalms 137 herleitete: „An den Flüssen von Babel saßen wir und weinten, da wir Zions gedachten. An den Weiden in jenem Lande, da hängten wir unsere Harfen auf . . .“

Die liturgische und synagogale Musik, die zu Beginn des 17. Jahrhunderts aufkam, bürgerte sich erst um die Mitte des Jahrhunderts ein. Von besonderem Interesse ist eine hebräische Kantate in Form eines Zwiegesprächs von Carlo Grossi, einem venezianischen Komponisten, einem Nichtjuden. Sie ist uns als einziges Beispiel für diese Art von Komposition aus der zweiten Hälfte des 17. Jahrhunderts erhalten geblieben.

Da die Mauern des Ghettos durchlässig waren, waren also alle Voraussetzungen für einen starken kulturellen Dualismus gegeben: So studierten die Juden das Lateinische ebenso eifrig wie die Tora, Nichtjüdisches ebenso wie Jüdisches.

Die jüdische Kultur blieb jedoch von grundlegender Bedeutung: Die begehrteste Anerkennung war der Titel eines Rabbiners. Im Ghetto strebten viele junge Männer, vor allem unter den Todeschi, nach Titeln und Ehren und wollten als *Chawer di Raw*, „Hilfsrabbiner“, oder gar als „Rabbi“ angesprochen werden. Die Sephardim standen solchen Schwächen der Aschkenasim kritisch gegenüber. Schon Don Isaac Abravanel hatte Anfang des 16. Jahrhunderts sarkastisch bemerkt: „Als ich nach Italien kam, habe ich gesehen, dass es vor allem unter den Aschkenasim üblich war, wahllose Ordinationen vorzunehmen. Alle ordinieren hier oder sind ordinierte Rabbiner. Ich kann mir diese Freiheit nur damit erklären, dass sie auf die Praktiken der Ungläubigen neidisch sind, die jedem ein Doktorat verleihen, der es will.“

Für die Juden war es verdienstvoll, den Titel eines Rabbiners zu erwerben. Es sind allerdings Fälle bekannt, in denen bei der Erlangung dieser begehrten Würde Korruption im Spiel war. Auch im Ritualwesen spiegelten sich sowohl die Differenzen zwischen den verschiedenen jüdischen Gruppen im Ghetto als auch ihre spätere langsame Verschmelzung wider.

Als im Mai 1631 gerade die Pest in der Stadt wütete, geschah etwas, was nicht nur ein Licht auf die Probleme der inneren Autonomie des Ghettos wirft, sondern den Historikern der späteren Jahrhunderte ein sehr umfangreiches dokumentarisches Material zu liefern vermochte: Ein *Avogador di Comun* wurde über einige Meinungsverschiedenheiten zwischen der Bruderschaft der Ladenbesitzer des Ghettos und den Vorstehern der *Università* informiert, die die Geschäftsbesitzer nachdrücklich und unter Androhung der Exkommunikation ermahnt hatten, jeden Streitfall innerhalb des Ghettos ohne Einschaltung der venezianischen Behörden zu lösen. Da beschloss der *Avogador* Morosini, der über die Angelegenheit in Kenntnis gesetzt wurde und den Verdacht hegte, dass die Souveränität der Gesetze der Serenissima nicht respektiert würde, einzugreifen. Er berief einen der Vorsteher der *Università* Isaach Levi, und Leone da Modena zu sich. Der erste stritt ab, dass eine solche Warnung ausgesprochen worden sei, während Leone da Modena, den Informationen des *Avogador di Comun* zufolge, der Bruderschaft der Ladenbesitzer die Beschlüsse der Vorsteher der *Università* mitgeteilt haben soll. Isaach Levi gab zu, dass man früher Leute, die ihre Streitfälle nicht aus eigener Kraft lösen konnten, exkommuniziert habe. Doch er vertrat die Ansicht, dass man damit auf keinen Fall die venezianischen Behörden habe umgehen wollen. Auch ein anderer Vorsteher, David Baseve, vormals Abram hebreo, der als Zeuge vorgeladen wurde, bestätigte, dass keiner der Vorsteher Leone da Modena ermächtigt habe, mit der Exkommunikation zu drohen. Vielmehr habe ein paar Tage zuvor der gelehrte Rabbiner, der zu jenem Zeitpunkt als Schreiber im Nebengebäude der Scola Italiana arbeitete, jenen Teil des *Libro Grande* sehen wollen, in dem die alte Anwendung der Exkommunikation behandelt wurde. Die *Avogadori* beschlossen nun, zwei verschiedene Übersetzungen der Abschnitte aus dem *Libro Grande* anfertigen zu lassen, die Anstoß erregt hatten, und beauftragten Leone da Modena und Jacob Levi mit der Arbeit. Dann entschied der Senat im September 1631, dass das *Libro Grande* als Ganzes übersetzt werden müsse. Diese Übersetzung wird heute im Fundus der *Ufficiali al Cattaver* im Staatsarchiv von Venedig aufbewahrt und ist eine wahre Fundgrube, die bislang noch nicht vollständig ausgeschöpft wurde. Sie enthält zahlreiche Hinweise, die Aufschluss geben über das Alltagsleben der jüdischen Gruppen im Hinblick auf ihre Riten, ihre Besteuerung, die Ernennung von Rabbinern, *Schammaschim* und *Schochetim*, innere Streitigkeiten (insbesondere ging es dabei um das Ausheben der Kanäle rund um das Ghetto) sowie die mehr oder weniger wichtigen Entscheidungen der Gemeindeversammlung. Das Original war von den Vorstehern der *Università* der drei Nationen in Hebräisch verfasst und „auf Befehl des Hochwohlgeborenen Ser Zuane Morosini, *Avogador di Comun*, von Sebastiano Venier, dem bestallten Dolmetscher des Hochverehrten Ersten Inquisitors", ins Italienische übersetzt worden. Der Senat wollte Fra Fulgenzio Micanzio zu Rate ziehen, der über diesen Auftrag nicht begeistert war und wenig geneigt gewesen zu sein schien, ihn zu übernehmen. Er ließ wissen, dass er sich für einen Ratgeber halte, „der mehr Bereitschaft als die tatsächliche Fähigkeit zum Dienen" aufbringe. Laut Cozzi hatte Micanzio zwar tatsächlich in seinen Überlegungen behauptet, die souveränen Befugnisse der Serenissima müssten auch im Ghetto respektiert werden, und seitenweise Ratschläge im Interesse einer vollen Ausübung der staatlichen Souveränität erteilt, doch er habe keine Neigung verspürt, sich gegenüber der *Università* der Juden auf die hundertprozentige Anwendung dieser Prinzipien zu berufen.

Die ganze rechtliche Frage, die die Interpretation der Übersetzung des *Libro Grande* aufwarf, wurde Gaspar Lonigo, einem Dozenten der Rechte, vorgelegt, der nach aufmerksamer Überprüfung der Frage dem Dogen einen Bericht sandte, in welchem er unter anderem folgendes bemerkte: „Es besteht kein Zweifel, dass die Juden im zivilen wie im strafrechtlichen Bereich den Gesetzen und Satzungen jener Fürsten und Städte unterworfen sind, in denen sie wohnen, und dass sie gemäß diesen selben Gesetzen und Satzungen beurteilt und bestraft werden müssen wie jede andere Person, ja vielleicht strenger als die anderen, weil sie gegenüber allen anderen einen untergeordneten Rang einnehmen. Aber es mag sein, dass die Vorsteher der besagten Gemeinden dieses Kapitel ausgearbeitet haben, um ihr Ansehen zu bewahren und zu vermehren, und dass sie so eine von jeder anderen Oberherrschaft losgelöste Republik bilden und eine absolute Rechtsprechung über die ganze israelitische Nation an sich reißen wollen.“ Und er folgerte, dass „die genannten Vorsteher sich zu Fürsten jener Nation auf schwingen wollten, ohne jemanden anderen über sich anzuerkennen“. Diese Vorsteher würden sich also nicht nur selbst zu Richtern erheben und Urteile fällen, sondern diese sogar noch für unanfechtbar halten.

Unter den vielen Dokumenten, die im *Libro Grande* enthalten sind, weckt auch eine Verordnung gegen den Luxus aus dem Jahr 5377 (22. Dezember 1616) unsere Neugier. Die Vorsteher und Gehilfen der Ghettogemeinden fassten damals folgenden Beschluss: „Angesichts der ungewöhnlichen und überflüssigen Prunksucht, der man unter den Juden frönt, und der Tatsache, dass wegen der unerträglich hohen Ausgaben viele Arme ihre Töchter nicht verheiraten können, haben wir, bewegt von gerechtem Zorn und Gottesfurcht und zum Wohle der Allgemeinheit, beschlossen, die hier unten beschriebenen Dinge zu regeln, um jenen Missständen abzuhelfen, die Folge anmaßender Protzerei sein können: Keine Frau, von welchem Stand und Rang auch immer sie sein möge, soll es wagen, in Samt, Plüsch oder mit irgendeiner Rüsche außer Haus zu gehen; zugelassen ist auf dem Kleid nur eine schmale Samtlitze. Aber in ihren Treppenhäusern dürfen sie die Wohnung ihrer Nachbarin in Kleidern betreten, die ihnen gefallen . . .“ Verboten für alle waren Kleider aus Gold- und Silberstoffen, auch Stickereien aus Gold und Silber. Erlaubt war nur „ein Bändchen aus Gold oder Silber“, das außer Haus allerdings nur unter dem Kleid zu tragen war. Keinerlei Kopfputz war erlaubt: „Sie dürfen über ihrem Gesicht auch keine Perücke aus Haaren, Wolle oder Seide noch aus irgendeinem anderen denkbaren Material tragen, und wenn sie das Haus verlassen, müssen sie mit bedecktem Busen gehen, damit man ihn nicht sieht.“ Die Vorsteher der Ghettos hatten den Frauen auch untersagt, sich die Haare zu blondieren und allzu hohe Absätze zu tragen. Auch die Kinder durften nicht übermäßig pompös gekleidet werden. Weiter hieß es: „Und damit der Aufwand, der bei Hochzeiten getrieben wird, sich in vernünftigen Grenzen hält, wird verfügt, dass man bei diesen Banketten nicht mehr als zwanzig Personen – Männer und Frauen – an die Tafel setzen darf, und neben diesen Personen noch fünf Arme . . .“ Die für März 1616 anberaumte Durchführung der zitierten Bestimmungen wurde einen Monat davor annulliert.

Ebenfalls im *Libro Grande* findet sich ein Befehl der Vorsteher des Kleinen Rates, dem zufolge jeder Jude seine Spende abliefern musste, aus der der Trompeter bezahlt wurde, der am Freitagabend den Sonnenuntergang und den Beginn der Sabbatfeiern ankündigte.

Cozzi betont, dass die Frage der Zivilgerichtsbarkeit „ein wichtiges Element darstellt, mit dessen Hilfe sich die innere Entwicklung des Lebens der jüdischen Gemeinde Venedigs, die Beziehungen zwischen der einen und der anderen Nation sowie die Beziehungen der Gemeinde zum venezianischen Staat studieren lassen …" Die Autonomie des Ghettos, einer „Republik in der Republik", ist in diesem Bereich vielleicht der auffälligste Aspekt, der mit der *Libro-Grande*-„Affäre" an den Tag kam. De facto aber hat es diese Autonomie in unterschiedlichen Formen und Ausprägungen immer gegeben, solange das Ghetto bestand. Allerdings existierten, wie bereits erwähnt, im Hinblick auf Kompetenz und Souveränität Unterschiede zwischen den einzelnen Ghettos; denn das Ghetto Vecchio unterstand den *Cinque Savi*, das Ghetto Novo den *Sopraconsoli.* Die *Savi* waren gemäß der *Condotta* von 1589 „höchste und nicht anfechtbare" Richter in möglichen Zivilprozessen zwischen den ponentinischen Juden und anderen Juden beziehungsweise Türken. Bei der Autonomie des Ghettos ging es nicht um eine abstrakte Grundsatzfrage; vielmehr stellte sie sich vor allem dann, wenn eine Kontroverse ungelöste oder auf unbefriedigende Art gelöste Probleme an den Tag brachte. Sowohl Venedig als auch die jüdischen Nationen des Ghettos vertraten kohärente Rechtsauffassungen, die aber oft zueinander im Widerspruch standen. Cozzi zitiert hierfür den Fall des Paolo Gradenigo als typisches Beispiel: Dieser war als Jude zur Welt gekommen und einer der Vorsteher der *Università* geworden; doch irgendwann einmal beschloss er, zum Christentum überzutreten. Cozzi schreibt dazu: „Bei seiner Flucht aus dem Ghetto hinterließ er eine Menge von Gerichtshändeln, die sich alle an seinem Anspruch entzündet hatten, jene Güter mitzunehmen, die er als Jude besessen hatte, und an der Weigerung der *Università* diese ihm auszuhändigen. Gradenigo meinte, er teile das Schicksal vieler Neugetauften, und all jene, die sich in seiner Lage befänden, würden sich darüber beschweren, dass ihre ehemaligen Glaubensbrüder sich an die zivile Gerichtsbarkeit der Republik wandten, sie „mit langen Streitereien, Verwirrspielen und Spitzfindigkeiten verfolgten und sie schließlich dazu zwängen, entweder nachzugeben oder einen Vergleich anzustreben."

Unter historischem Gesichtspunkt sind die fast dreihundert Jahre bestehenden Rechtsverhältnisse zwischen Venedig und seinem Ghetto und jene, die innerhalb des Ghettos, zwischen den verschiedenen Nationen, herrschten, noch nicht mit der hinreichenden Gründlichkeit untersucht worden, die ein so interessantes Thema verdienen würde. Das Mittel der Exkommunikation, das zur Zeit der Übersetzung des *Libro Grande so* großes Aufsehen erregte, war der venezianischen Obrigkeit wahrscheinlich auch früher schon bekannt gewesen. Es ist unvorstellbar, dass das Ghetto ein derartiges Geheimnis, über das jedermann redete, hätte strikt für sich behalten können. Eine Zeitlang wurde dieses Instrument vielleicht sogar nicht ungern gesehen, weil es den Vorstehern des Ghettos erlaubte, die soziale Kontrolle aufrechtzuerhalten und innere Spannungen zu verringern.

Eine andere Quelle, der noch unbekannte Details über das Alltagsleben der Juden im Ghetto entnommen werden können, ist die Aktensammlung des Notars Bracchi, die im Staatsarchiv von Venedig aufbewahrt wird und sechsundsechzig Testamente von Juden umfasst. Sie war Gegenstand einer Monographie, die einige wesentliche Erkenntnisse zutage gefördert hat. Der Notar wohnte in engster Nachbarschaft zum Ghetto, im angrenzenden Bezirk San Marcuola, und seine Sammlung enthält Informationen über die persönlichen, wirtschaftlichen und religiösen Verhältnisse innerhalb des Ghettos. Die Akten sind fast alle in italienischer Sprache abgefasst; manche aber sind in einer fremden Sprache geschrieben mit angefügter Übersetzung. Einige Testamente sind auch in linguistischer Hinsicht von großem Interesse: Zum Beispiel drückte sich Rachele, die Witwe Samuel Namias', die iberischer Herkunft war, „in einer Sprache aus, die ein Gemisch zwischen Italienisch und Spanisch war. . . ein lebendiges Beispiel für die Sprache, die die ponentinischen Bewohner des Ghettos sprachen". Als Stichproben scheinen diese Testamente einen Beweis dafür zu liefern, dass das Bildungsniveau ziemlich hoch war; denn die Juden, die den Notar Bracchi konsultierten, schrieben fast alle in korrektem Italienisch. Die Tatsache, dass die christlichen Zeugen aus Bezirken stammten, die dem Ghetto benachbart waren – wie etwa die Fondamenta degli Ormesini, San Girolamo, Ponte dell' Aseo –, und Fährleute, Obstverkäufer oder Weber waren, zeugt von einer gewissen Integration in das Leben, das außerhalb des Ghettos pulsierte. Einige Verfasser solcher Testamente beschrieben sogar das Äußere und die Beschaffenheit ihres Grabsteins ganz genau und trafen Verfügungen über die Art der Rezitation des Totengebetes, des *Kaddisch*, legten detailliert fest, wieviel sie jeweils für die Bruderschaften, für den Freikauf jüdischer Sklaven, für die Fürsorge der Verwandten im Heiligen Land und für die Mitgift armer Mädchen hinterlassen wollten. In jedem Nachlass waren die religiösen Bücher von großer Bedeutung.

Da die Juden aus den bekannten Gründen fast niemals Immobilien besaßen, lässt sich feststellen, dass die Juden besondere Aufmerksamkeit auf die Vererbung von kostbaren Gegenständen und Rechten, wie dem *Jus gazakà*, verwandten, und es finden sich dabei auch einige Kuriositäten. So überließ etwa ein Jude seiner einzigen Tochter testamentarisch die Wahl zwischen ihren beiden Vettern und legte fest, dass der eine die Tochter zur Frau bekäme, der andere eine Geldsumme erhalten sollte.

Lässt sich bezüglich der Bevölkerung des Ghettos während des ersten Jahrhunderts seines Bestehens irgendeine zuverlässige Zahl rekonstruieren? Ein paar amtliche Zahlen liefern Contento mit seinem *Il censimento della popolazione sotto la Repubblica Veneta* und Beloch in *La popolazione di Venezia nei secoli XVI e XVII*. Beloch zufolge lebten 1550 fast tausend Juden in Venedig; zwischen 1556 und 1563 gab es einen Zuwachs von ungefähr 923 auf 1424, der mit der Einwanderung der 1559 von Paul IV. aus Rom vertriebenen Juden erklärt werden kann. Contentos und Belochs Zahlen, die im Grundsatz akzeptiert werden, stimmen weitgehend überein.

Der venezianische Zensus aus dem Jahre 1586 ging davon aus, dass 1694 Juden im Ghetto lebten, halb so viele wie in Rom, wo zur selben Zeit 3 500 Juden wohnten. In Padua und in Verona waren anscheinend insgesamt vierhundert Juden ansässig. In Venedig war nach der denkwürdigen Pest von 1640 von 2 600 Juden die Rede, in Verona 1599 von ungefähr dreihundert, und in Padua lebten 1615 ungefähr 665 Juden, die zwei Prozent der Gesamtbevölkerung ausmachten. 1630 gab es vor der Pest etwa 590 Juden, danach nur noch dreihundert.

Andere Historiker haben darauf hingewiesen, dass 1555 anscheinend 932 Personen im Ghetto wohnten und dass die Gesamtzahl bis 1646, trotz zweier schrecklicher Pestepidemien, auf 4 870 gestiegen war. Sie vermuten, dass dieses Anwachsen nicht nur auf die ständigen Zuwanderungen von Ponentinern zurückzuführen war, sondern auch auf einen Einwandererzustrom aus den Ländern des Ostens. Dort waren die Juden Verfolgungen ausgesetzt, und deshalb übersiedelten viele nach Venedig.

Hinter diesem Zahlengewirr taucht ein Datum von besonderem Interesse auf: Gegen Ende des 16. Jahrhunderts belief sich die jüdische Bevölkerung der Venetischen Republik, einem Staat mit mehr als anderthalb Millionen Einwohnern, auf insgesamt 3 000 Personen.

Ravid geht zwar von Belochs und Contentos Daten aus, meint aber, dass man auch die Folgerungen von Harris im Auge behalten müsse, einem Gelehrten, der die demographischen Aspekte der italienischen Ghettos mit besonderer Sorgfalt analysiert hat. Deshalb hat Ravid folgende Zahlen als glaubwürdig akzeptiert:

| Jahr | Anzahl der Juden |
|---|---|
| 1516 | 700 |
| 1536 | 1 424 |
| 1581 | 1 043 |
| 1630 | 5 000 |
| 1642 | 3 300 |
| 1655 | 4 870 |

Es ist nicht klar, ob in diesen Zahlen auch die levantinischen Wanderhändler eingeschlossen sind, die nur mit Unterbrechungen in der Stadt anwesend waren. Man kann feststellen, dass 1642 einige Quellen von 3 300 Personen, andere dagegen von 549 Familien berichten – ein Zahlenverhältnis, das nicht ohne weiteres einleuchtet.

Beltrame, der eine sehr umfangreiche Untersuchung über Venedigs Demographie vorgelegt hat, kommt außerdem für das Jahr 1642 auf 2 671 Juden – eine Zahl, die allzu auffallend mit jener übereinstimmt, die andere Quellen für das Jahr 1766 nennen. Die Zahl für 1655, das heißt 4 870 Personen, mag übertrieben hoch erscheinen.

Beloch hält offensichtlich eine ganz andere Zahl für glaubwürdig, nämlich 1870.

Für die Jahre zwischen 1655 und 1766 fehlen Kontrolldaten. Bei Roth ist davon die Rede, dass sowohl Juden aus dem Osten als auch aus dem Westen nach Venedig einwanderten.

Zwei andere Quellen verdienen, hier erwähnt zu werden: Thomas Coryat, ein englischer Reisender, der Venedig 1608 besuchte und seine Eindrücke von der Reise und vom Ghetto in seinem Buch *Coryat's Crudities* (London, 1611) festhielt, spricht von einer jüdischen Bevölkerung zwischen 5 000 und 6 000 Personen. Außerdem stellt Menasse ben Israel in *Humble Addresses* das Ghetto mit bewundernden Worten als Vorbild hin und sagt, es gäbe dort 1 400 bewohnte Häuser. Vielleicht handelte es sich nicht im wörtlichen Sinn um Häuser, sondern um Familien: wenn man diese Zahl mit vier multipliziert, käme man auf 5 600 Personen.

Zum Schluss muss noch einmal an Harris erinnert werden, der bemerkte, dass im 16. Jahrhundert die Juden in Venedig zwischen 0,6% und 1,2% der Gesamtbevölkerung ausmachten; im 17. Jahrhundert zwischen 2,5% und 3,3% und im 18. Jahrhundert 1,2 % mit einer vermutlichen Höchstzahl von 5 000 Juden auf 150 000 Einwohner im Jahr 1630, und 4 780 auf 159 000 im Jahr 1655. Harris hat einige Daten von Beltrame übernommen. Demnach betrug 1630 die Anzahl der Juden, die in den beiden Ghettos, im Ghetto Novo und im Ghetto Vecchio, wohnten, 1 015 Personen pro Hektar (im Rest der Stadt betrug die Dichte 236 Personen pro Hektar), und 1642 lebten in den drei Ghettos, dem Ghetto Vecchio, dem Ghetto Novo und dem Ghetto Novissimo, zusammen 897 Personen pro Hektar.

*Bevölkerungsdichte pro Hektar im 16. und 17. Jahrhundert*

| Jahr | 1581 | 1586 | 1633 | 1642 |
|---|---|---|---|---|
| Ghetto Vecchio | 502 | 826 | 1 127 | 568 |
| Ghetto Novo | 420 | 662 | 903 | 1 023 |
| Ghetto Novissimo | - | - | - | 1 100 |
| Durchschnitt in den drei Ghettos Venedigs | 461 | 744 | 1015 | 897 |

Auch im Laufe des 17. Jahrhunderts blieb das Raumproblem ungelöst. Der Adlige Loredan, der sich 1659 im Senat für die Juden einsetzte, sagte: „Wo zwanzig Juden hausen, würden höchstens vier bis acht Christen wohnen ... Bis auf drei oder vier gehen sie alle ihren Geschäften nach und leben dort in dem winzigen Bezirk des Ghettos, wo sie auch ihre Gottesdienste feiern und einige Rabbiner ihnen die Grundsätze ihrer Religion erläutern und sie zur Buße, zum Fasten, zu Enthaltsamkeit und Nächstenliebe ermahnen; das in den Fesseln seiner Bedürfnisse und besonderen Interessen liegende Volk toleriert sie. Sie selbst sind freudlos, kraftlos, hilflos, mutlos, willenlos . . ."

Auf die Serenissima, die sich bereits an vielen anderen Fronten großen Schwierigkeiten gegenübersah, hatte die schreckliche Pest des Jahres 1630 schlimmere Auswirkungen als eine verlorene blutige Schlacht. Auf Befehl der Adligen Pietro Soranzo und F. Morosini und des Prokurators Gieronimo Corner erstellte Joschua Chabiglio, ein jüdischer Arzt aus dem Ghetto, einen Bericht für die venezianische Obrigkeit; denn die Venezianer hatten bemerkt, dass die Juden sich einigermaßen erfolgreich gegen die Krankheit schützten, da sie strikte Isolationsregeln anwandten, und ahmten ihr Verhalten schließlich nach. Doch trotz aller Vorsichtsmaßnahmen blieb auch das Ghetto nicht von der Pest verschont: Einem zeitgenössischen Chronisten, Abraam Catalano, zufolge, starben daran 454 Personen, und etwa 2000 flüchteten aus der Stadt.

# Leone da Modena oder Der Widerspruch

*Jugendwerke, Träume und Heirat – Spielleidenschaft und Predigerlaufbahn – Das Studium der Alchimie – Die* Diffesa da quello che scrive Fra' Sisto Senese *– Der Erlass der Vorsteher der jüdischen Gemeinde gegen das Glücksspiel – Die* Historia de' Riti Hebraici *– Der* Kol Sachal *oder* Die Stimme des Toren

„Seit meiner Kindheit habe ich mich darum bemüht, jede Kenntnis zu erwerben, und ich habe, obwohl ich nicht imstande bin, mehr zu lernen als ein Mann, der versucht, das ganze Meer auszutrinken, meinen Verstand niemals daran gehindert, das zu erfassen, was immer er zu erfassen wünschte. Deshalb bin ich stets anderer Meinung gewesen als Rabbenu Ascher, der Gott dafür dankte, dass er sich auf keine weltliche Wissenschaft verstand, weil sie, seiner Ansicht nach, die Menschen nur von Gott wegführt. Was mich selber anlangt, so sage ich: Wollte der Himmel, dass ich fähig wäre, Gott zu danken, Ihn zu preisen und rühmen, damit Er mir hilft, das gesamte Wissen der Welt zu erwerben. Ich habe mir nicht nur die Lehren . . . der Tora angeeignet, sondern Tag und Nacht die Bücher der Häretiker und Ungläubigen und der Hauptexponenten der anderen Religionen studiert, um zu lernen, wie man die Häretiker widerlegt, und daher habe ich auch in den Büchern über Magie und Hexerei geforscht, nicht um das, was sie verkünden – das möge Gott verhüten –, in die Tat umzusetzen, sondern um zu begreifen, zu lehren, (zwischen Gut und Böse) unterscheiden zu können und um wachsamer zu sein (um das Gute zu tun und das Böse zu meiden)."

Diese Sätze stammen von Leone da Modena, hebräisch: Jehuda Ar je da Modena, dem berühmtesten und umstrittensten unter Venedigs Rabbinern. Hier legt Rabbi Leone bereits seine Weltanschauung dar, die von großer Modernität und Aufgeschlossenheit gekennzeichnet war. „Ich habe meinen Verstand niemals daran gehindert, das zu erfassen, was er zu erfassen wünschte . . . obwohl ich nicht imstande bin, mehr zu lernen als ein Mann, der versucht, das ganze Meer auszutrinken." Dieses moralische Vermächtnis findet sich in seinem beißendsten und am meisten verdächtigten antikabbalistischen und antihäretischen Werk *Ari Nohem* (Der brüllende Löwe), auch *Scha'agat Arje* (Das Gebrüll des Löwen) genannt, von dem wenige Fragmente erhalten geblieben sind. Er hat es als Erwiderung auf die im *Kol Sachal* (Die Stimme des Toren) enthaltenen Thesen geschrieben, in denen ein angeblicher Anonymus gegen die Macht der Rabbiner und die Mündliche Lehre gewettert hatte.

Leone da Modena wurde im April 1571 in Venedig geboren. Seine aus Ferrara stammende Familie hatte infolge eines Erdbebens vorübergehend in der Lagunenstadt Zuflucht gefunden. Nach einiger Zeit, die sie im Ghetto verbrachte, kehrte sie bald nach der Geburt des kleinen Leone in ihre Heimat Ferrara zurück, wo Vater Isacco 1578 wegen Auseinandersetzungen über ungeklärte Fragen mit dem Kardinal Alvise d'Este aneinandergeriet, woraus ihm große Unannehmlichkeiten erwuchsen. Leone war ein frühreifes Kind: Bereits mit zweieinhalb Jahren las er die *Haftara*, und mit drei war er anscheinend schon imstande, einige einfache Abschnitte der Tora vom Hebräischen ins Italienische zu übersetzen. Er hatte anerkannt gute Lehrer, unter anderen den Rabbiner Finzi, den Rabbiner Samuele Archivolti und Mosè della Rocca, den Neffen des Rabbiners von Ancona, Mosè Basola.

Noch in seinen Jugendjahren schrieb er *Sur Mera* (Reich des Bösen). Mit diesem in der Form eines Dialogs abgefassten Werk wollte er die Spielleidenschaft bekämpfen, die zwei seiner Stiefbrüder befallen hatte. Widerspruchsvoll, wie Leone da Modena im Leben wie in seinem Denken war, wurde er kaum ein paar Jahre später selbst vom Strudel und der Lust am Glücksspiel erfasst und blieb sein ganzes Leben lang hoffnungslos dem Spiel verfallen.

Seine *Autobiographie* enthält viele Hinweise und Episoden, die nicht nur seine Person, sondern auch sein Ambiente betreffen, also die Welt des Ghettos. Er erinnert an manche schwierigen Augenblicke und vor allem an einige Träume voller warnender Vorzeichen, denen der Verfasser große Bedeutung beimaß.

1589 kehrte Leone mit seiner Mutter nach Venedig zurück. Sie hatte beschlossen, die Ehe zwischen Leone und der älteren Tochter einer ihrer Schwestern zu arrangieren. Leone kannte seine Cousine und hielt sie für sehr schön und klug: „Nach Schawuot reisten wir glücklich und frohgemut nach Venedig." Dort fanden sie die Verlobte krank vor, dachten aber, dass sie bald genesen würde. Doch der Zustand der Ärmsten verschlechterte sich: „Die Krankheit verschlimmerte sich von Tag zu Tag, bis sie dem Tod nahe war, aber ihr Herz war stark wie das eines Löwen, und sie verzagte nicht. Im Angesicht des Todes rief sie nach mir, umarmte und küsste mich und sagte mir, sie wisse genau, dass sie jetzt etwas getan habe, was bei anderer Gelegenheit vielleicht unschicklich gewesen wäre. Der Herr aber wusste, dass wir uns während des Jahres unserer Verlobungszeit nicht einmal mit dem kleinen Finger berührt hatten und dass erst der Tod ihr, als sie im Sterben lag, die Erlaubnis dazu gab." Kurz darauf verschied Ester, seine Verlobte. Leone linderte seinen Schmerz, indem er nur vierzehn Tage später ihre Schwester Rachel heiratete. Am Tag nach der Hochzeit sprach ihn der Rabbiner Salomon Sforno nach einer kurzen Predigt in der Synagoge als *Chawer* (Genosse, Gehilfe des Rabbiners) an; das war ein heiß begehrter Titel für einen blutigen Anfänger.

Dem jungen Gelehrten war kein Friede gegönnt: 1591, in dem Jahr, in dem eine schlimme Hungersnot in Venedig herrschte, musste die ganze Familie zahlreiche Krankheiten durchmachen, die sowohl Leone selbst als auch seine Frau und seinen

Vater Isacco heimsuchten. Im September kam sein Sohn Marco zur Welt, und im Dezember starb sein Vater Isacco da Modena im Alter von zweiundsiebzig Jahren. Leone erzählt in seiner *Autobiographie,* er habe den Vater im Traum gesehen und mit ihm gesprochen, obgleich er wusste, dass er es nicht mit einem Lebenden zu tun hatte. Wie viele seiner Zeitgenossen glaubte er, der Traum enthalte wichtige, zum Teil warnende Botschaften, die es zu deuten gelte, und er bilde eine Brücke zu den Sternen, die das Leben der Menschen beeinflussten.

1593 hielt er an dem Sabbat nach dem *Aw*-Fasten, genannt *Schabbat Nahamu*, in der Scola Grande Todesca vor zahlreichen Zuhörern eine Predigt. Damit begann er seine lange, über vierzig Jahre dauernde Karriere als Prediger im venezianischen Ghetto, wohin, glaubwürdigen Zeugenaussagen zufolge, Menschen aller Art kamen, um ihm zuzuhören, vor allem venezianische Edelleute, Botschafter europäischer Länder, Priester und Mönche. Innerhalb des Ghettos genoss er hohes intellektuelles Ansehen, und man übertrug ihm auch die Leitung der von Calonimos Belgrado gegründeten *Jeschiwa.*

Keineswegs so glücklich war in jenen Jahren sein Familienleben, das von Trauerfällen überschattet war. Es starben nämlich seine Mutter und seine beiden Söhne (der zweite war im Oktober 1593 zur Welt gekommen). Vielleicht um den Schmerz zu vergessen, ließ er sich vom Spielfieber hinreißen, das er in seiner Jugend so verabscheut hatte: „Und an den Chanukka-Tagen des Jahres 5355 (1595) trieb der Teufel sein Spiel mit mir und fügte mir nicht geringen Schaden zu, indem ich 100 Dukaten verlor.“ Von da an war das Spiel ein Teil seines Lebens, ein Leiden mit Phasen der Besserung, Rückfällen und ständigen, schmerzlichen Schwankungen. „Und an den Chanukka-Tagen drängten sie mich zu spielen, und bis Schawuot habe ich mehr als dreihundert Dukaten verloren. Daher habe ich mich bis zum Ende des Chanukka-Festes dem Studium hingegeben, habe achtzehn Monate lang studiert und all meine Schulden bezahlt.“ Bald darauf beginnt er wieder zu spielen und verliert, wie er selbst zugibt, viel Geld, nämlich 300 Dukaten in sechs Monaten.

Seine literarische Tätigkeit war unterdessen fast so intensiv wie sein Wunsch, durch wiederholtes Spielen destruktive Gefühle auszuleben. Er begeisterte sich für die Alchimie, auch weil er die Bekanntschaft eines jungen Arztes, Abramo di Camis, gemacht hatte, der sich auf der rastlosen Suche nach dem Stein der Weisen gesundheitlich und finanziell ruinierte. Für kurze Zeit begab er sich nach Ferrara, wo er mit seinen Predigten allgemeine Bewunderung erregte. Notgedrungen nahm er eine Stelle als Privatlehrer bei der Familie Zelman an, aber ihn plagte, wie er selbst eingesteht, großes Heimweh nach Venedig, und nach Zelmans Tod beschloss er 1607, in seine geliebte Stadt zurückzukehren – auf der Suche nach seinen ehemaligen Schülern und nach dem eitlen Glück im Spiel.

Im Frühjahr 1609 wurde er nach Florenz eingeladen, aber es war ihm unmöglich, lange von Venedig getrennt zu sein, und so kehrte er im Herbst desselben Jahres zurück und erhielt von der Bruderschaft der Talmudschule der Todeschi eine Arbeit und ein Gehalt. Zu jener Zeit heiratete seine Tochter Diana, während sein anderes Kind, Marco, Venedig aus uns nicht genau bekannten Gründen verließ. Im Mai 1615 kehrte Marco zurück und baute im Ghetto Vecchio ein kleines chemisches Laboratorium auf, in dem er sich, mit Hilfe seines Vaters Leone, Experimenten widmete, deren Ziel es war, aus neun Unzen Blei und einer Unze Silber zehn Unzen Silber herzustellen. Leone da Modena hegte keine Zweifel am Gelingen des Experiments und schrieb: „Zweimal habe ich mit eigenen Augen diese Sache glücken sehen, und ich und kein anderer kaufte das Silber, nachdem ich den Versuch mit dem Schmelztiegel gemacht hatte." Er war überzeugt, eine unerschöpfliche Quelle des Reichtums entdeckt zu haben, und schätzte, 1 000 Dukaten im Jahr mit dieser Erfindung verdienen zu können.

Leone da Modenas Hoffnungen wurden natürlich enttäuscht; sein Sohn erkrankte plötzlich „mit häufigen Blutungen, verursacht durch die Arsensalze und die anderen Substanzen, mit denen er in seinem Laboratorium hantiert hatte". Diese Beschwerden zwangen ihn, das Studium der Alchimie aufzugeben, und in den beiden Jahren, die im noch zu leben blieben, war er infolge seiner Krankheit für jede ernsthafte Beschäftigung untauglich.

Im Herbst 1616 starb der Rabbiner Salomone Sforno, sein Ratgeber und Freund, und hinterließ eine Tochter im heiratsfähigen Alter. Im Laufe einer berühmt gewordenen Predigt gelang es Leone da Modena, 500 Dukaten einzusammeln, die die Tochter seines Freundes als Mitgift erhalten sollte. Die Nachricht drang über die Mauern des Ghettos hinaus, und ein Priester der San-Geremia-Kirche, der seinen Gläubigen voller Bewunderung über diese Geschichte berichtete, erblickte Leone da Modena unter seinen Zuhörern und deutete mit dem Finger auf ihn.

In jenen Jahren war er rastlos mit seinen Predigten und seiner editorischen Tätigkeit beschäftigt. Man hatte ihm das Projekt einer neuen großen Bibel mit einer chaldäischen Übersetzung anvertraut. Er kommentierte mit Genugtuung: „Mit dem Wort gelang es mir, 500 Dukaten für eine Waise zu sammeln, und der Herr ließ mich ebenso viel verdienen."

Bald darauf starb sein Sohn Marco. Ihm blieben noch Isacco, der einen ungeordneten Lebenswandel führte, und Sebulun oder Marino, der einen streitsüchtigen Charakter hatte. Leone da Modena befand sich ständig in finanziellen Nöten; er musste Ester verheiraten und hatte kein Geld für ihre Mitgift und war deshalb gezwungen, wieder in der Talmudschule zu unterrichten. 1619 wurde das einzige Drama des berühmten venezianischen Rabbiners, *Ester*, in Venedig gedruckt.

Trotz der Anerkennungen und Erfolge blieb Leones Privatleben in jenen Jahren von großem Kummer überschattet: 1620 kehrte sein umhervagabundierender Sohn Isacco aus der Levante zurück. Doch um ihn wiederzubekommen, hatte der arme Rabbi dem Kapitän seines Schiffes Lösegeld zahlen müssen.

Leone verbrachte täglich viele Stunden als Lehrer in der Talmudschule der Todeschi, fühlte sich aber niedergedrückt und traurig: „Ich bin in ein Gefängnis gesperrt, menschliche Kraft vermag nicht meine Ketten zu sprengen.“

Im April 1621 wurde Leones Familie noch immer, trotz seiner eifrigen Lehrtätigkeit, von Schulden geplagt. Im Mai wurde der Rabbiner Großvater: Seine Tochter Diana schenkte ihm einen Enkelsohn, Isacco. Auf dieses freudige Ereignis folgte etwas, was ihm große Sorgen bereitete: Sein Sohn Marino wurde auf Befehl der *Cinque Savi* eingekerkert.

Seine Arbeit als Gelehrter bot ihm eine natürliche Zuflucht: 1622 arbeitete er am Talmudtraktat *Ketuwot* (Über die Eheurkunden), und in demselben Jahr hielt er in der Scola Grande Todesca achtzehn Predigten unter großer Anteilnahme des Volkes, umrahmt von einem Chor junger Sänger, und auch Marino, gewiss kein Ausbund an synagogaler Tugend, trug ein Lied vor. Im gleichen Jahr kam es im Hause da Modena zu einer neuen Familientragödie: Marino besaß einen Feind, einen gewissen Sabbatai Benincasa, mit dem er häufig Händel und Meinungsverschiedenheiten austrug, und einmal hatte dieser ihn sogar mit einem Schlachtermesser bis vor das Ghetto verfolgt, und der junge da Modena hatte sich nur durch ein Wunder retten können, denn es gelang ihm, seinen Angreifer in den Kanal zu stoßen. Rabbi Leone da Modena hatte versucht, etwas zu bewirken, und sogar den Adligen Alvise Giustinian eingeschaltet, der ergebnislos vermittelte. An einem Abend im März weilten Sabbatai Benincasa und sein Bruder in Begleitung eines gewissen Isacco im Ghetto. Dieser Isacco war der uneheliche Sohn einer Frau mit dem Spitznamen „la Spagnoletta“. In ihrer Gesellschaft befanden sich außerdem noch ein gewisser Abramo, genannt Ciompo, der uneheliche Sohn einer Frau namens La Bella, sowie noch vier andere junge spanische Juden, nämlich Davide Mocato, Mosè Emmanuele Giacobbe, Isacco Montalti und Elia Muciación. Dieser letztere war eifersüchtig auf eine „schamlose“ Frau, mit der Marino da Modena verkehrte. An jenem Abend nun hielt sich der junge da Modena im Hause einiger Levantiner auf. Da täuschten die jungen Leute eine Rauferei vor und erweckten durch Gebrüll und Geschrei den Eindruck, von Nichtjuden angefallen worden zu sein. Ahnungslos eilte Marino die Treppen hinunter und fand sich von den üblen Kerlen umringt, die ihn meuchlings ermordeten. Sein Begräbnis auf dem Friedhof der Juden war sehr traurig; daran nahm auch ein junger Edelmann aus dem Hause Dolfin teil, der, von tiefer Rührung ergriffen, so niedergeschlagen war, dass „er sich zu Bett legte und starb“. Der alte Rabbi fiel in einen Zustand augenscheinlich tiefer Trauer und grübelte über die prophetischen Worte des Senators Lorenzo Sanuto nach: „Wenn dein Sohn sein haltloses Temperament nicht zügelt, wird man ihn dir schon bald umbringen.“ Seine Depression hinderte ihn aber nicht am Handeln: Er wandte sich an den Rat der Zehn und erreichte, dass die Schuldigen vor das *Tribunale della Bestemmia* gestellt und zu einer zehnjährigen Verbannung verurteilt wurden.

Da er jetzt allein war, drangen sein Schwiegersohn Jacob Levi und seine Tochter Diana darauf, dass er bei ihnen und seinem Enkel Isacco im Ghetto Vecchio leben sollte, und Leone stimmte zu.

Doch dort erwarteten ihn neue Abenteuer. Als er im Mai 1623 eine junge Braut mit einer Eskorte von sechsunddreißig Arkebusieren zu einer Hochzeitszeremonie nach Mantua begleiten sollte, wurde er, zusammen mit anderen aus seiner Gruppe, Opfer eines Überfalls durch einen Trupp Wächter, aber während des Getümmels gelang es ihm, mit der erschrockenen Braut querfeldein zu entkommen.

Einige Jahre später, nämlich 1625, begab sich der Rabbiner Leone da Modena an einem Montag nach San Cassiano, und weil er sich verspätet hatte, wollte er Zeit gewinnen und vermied daher, durch eine bestimmte *Calle* zu gehen, sondern nahm statt dessen eine Abkürzung. Unmittelbar darauf krachte ein vom heftig wehenden Wind abgerissener Schornstein genau auf die Gasse, die da Modena nicht hatte durchqueren wollen. Da dachte der weise Rabbi daran, wie oft das Leben des Menschen von den lächerlichsten Dingen abhängt.

1626 stellten ihn die Vorsteher der *Talmud-Tora* wieder als Lehrer ein und halfen ihm, seine Spielschulden zurückzuzahlen, indem sie jeden Monat sechs Dukaten einbehielten, um so eine Schuld von 152 Dukaten zu begleichen. In Gegenwart zweier Zeugen gelobte Rabbi Leone feierlich, in den folgenden fünfundzwanzig Monaten nicht zu spielen.

In den ersten Maitagen des Jahres 1627 vollendete Rabbi Leone da Modena die Niederschrift seiner *Diffesa da quello che scrive Fra' Sisto Senese nella sua Biblioteca Santa.* Dieser Mönch namens Sisto hatte ein abenteuerliches Leben geführt. Er war offensichtlich jüdischer Herkunft, in seiner Jugend aber zum Christentum übergetreten. Er war darauf zunächst Franziskaner, dann Dominikaner geworden, blieb jedoch stets ein überzeugter Neophyt und Verfechter der Überlegenheit des christlichen Glaubens. In seinem apologetischen Traktat hatte Fra Sisto den Talmud verleumdet und behauptet, dass darin zum Inzest, zur Lästerung der christlichen Religion und zum Betrug der Christen angestiftet werde, und bemerkte, dass die Talmudisten verlangten, die Christen als „vernunftlose Tiere" anzusehen, dass es genaue rechtliche Bestimmungen zum Schaden der Christen gäbe und auch nicht an noch bösartigeren Versprechungen mangele, wie etwa Straffreiheit für solche, die einen Christen ermorden oder Kirchen und die Bücher des Evangeliums zerstörten. Leone da Modena hielt es daher für angebracht zu reagieren, obwohl er sich der großen Risiken bewusst war, die er einging, wenn er versuchte, eine derart einflussreiche Persönlichkeit öffentlich zu widerlegen. Er verfasste eine Handschrift von 23 Seiten und legte sie der venezianischen Obrigkeit vor, um eine Druckgenehmigung zu erhalten. Diese reichte sie, wie es üblich war, an ihren Berater in Rechtsfragen, den *Consultore in Iure*, weiter, damit dieser sich über die Zweckmäßigkeit einer Drucklegung äußerte. Sein Gutachten fiel negativ aus, und die Schrift lag bis in unsere Tage im Staatsarchiv von Venedig.

Leone da Modena schreibt, er wolle die „falschen und grundlosen Verleumdungen eines gewissen Fra' Sisto Senese" widerlegen. Er gesteht, dass er viele Male daran gedacht habe, „ein paar Zeilen zu erwidern, um sich gegen diese Infamien zu verwahren". Er macht aber auch eine realistisch-bittere Bemerkung: „. . . Dass man mir nicht erlauben wird, sie [ebenso wie Fra' Sistos Schriften] in Druck erscheinen zu lassen; denn die Menschen, welche das, was sie gedruckt sehen, als etwas Heiliges betrachten, könnten das eine gegen das andere halten und die Wahrheit erkennen. Doch das ist nicht der erste Nachteil, den der arme Jude bei all seinen Verteidigungsreden hat."

Fra Sisto hatte die Juden der Anstiftung zum Inzest beschuldigt. Darauf erwidert der Rabbiner empört: „Wann hat man schon je davon gehört, dass ein Jude seine Tochter oder seine Schwester zur Frau genommen hat und dass er mit ihnen auch ohne Ehe geschlechtlich verkehrte?" Er stellt dann fest, dass Fra Sisto den Text des Talmud verfälscht habe, um „einem sein giftiges und verpestetes Denken entgegenzuspeien". Im Zusammenhang mit der Beschuldigung, es werde zum Betrug gegenüber den Christen angestachelt, verschießt der Rabbiner da Modena sein ganzes polemisches Pulver. Er weist jede Beschuldigung des Betrugs zurück, ist sich aber darüber im Klaren, dass er mit seiner Verteidigung dann, wenn es um den Wucher geht, einen besonders schweren Stand hat: „Wenn im Talmud darüber disputiert wird, ob es erlaubt sei, den Nichtjuden zu betrügen, gelangt man in jedem Fall zu dem Schluss, dass es nicht erlaubt ist, und viele andere sagen, dass es eine größere Sünde sei, den Nichtjuden zu betrügen oder zu übervorteilen, als den Juden, weil der Jude es dem anderen Juden, der ihn betrügt, als unbarmherzigen Akt auslegt, während der Nichtjude sich gleich über die ganze Nation und das Gesetz des Juden empört, von dem er glaubt, dass es ihm, dem Juden, das erlaube. Und wenn Gott in den Zehn Geboten sagt, du sollst nicht stehlen, dann hat er kein Volk davon ausgenommen. Wenn man nun heute viele Juden antrifft, die versuchen, die Christen zu betrügen und zu übervorteilen, dann nicht, weil das Gesetz es ihnen erlaubt oder befiehlt... Es trifft vielmehr zu, dass es von gewissen Juden nicht respektiert wird: Ja, in jedem Volk gibt es viele, die wenig Gewissen haben, obgleich die Not und das Elend, in dem die jüdische Nation sich während dieses langen Exils befindet, ihm im Innersten eine gewisse – allerdings weder gerechte noch erlaubte – Freiheit erteilen, gegen das Gewissen zu handeln, nur um leben und überleben zu können."

In seiner eloquenten Verteidigung fügt er hier eine persönliche Erfahrung ein, die er 1605 in Ferrara gemacht hatte. „Ein Jude forderte von einem ferraresischen Edelmann für ein hohes Darlehen viele Hunderte von Dukaten an Zinsen, und jener Edelmann behauptete nun, dass es dem Juden auch nach seinem eigenen Gesetz nicht erlaubt sei, vom Christen Wucher zu nehmen. Und von einem Rabbi war eine Aussage gemacht worden, die vor Gericht zugunsten des Christen zitiert wurde, während andere Rabbiner zugunsten des Juden plädiert hatten. Da ließ der hochverehrte Herr Kardinal mich rufen und begehrte, meine Meinung zu hören, ob ich glaubte, dass es dem Juden erlaubt sein, von Christen Wucher zu nehmen oder nicht. Ich antwortete ihm: ‚Ja und nein, mein Herr.' Er sagte: ‚Erklärt Euch genauer!' Da sagte ich: ‚Ich glaube, ja, weil es in dem betreffenden Abschnitt des Deuteronomiums heißt: Du darfst von deinem Bruder keinen Zins nehmen, weder Zins für Geld noch Zins für Nahrungsmittel etc. Von dem Ausländer darfst du Zins nehmen, aber von deinem Bruder darfst du keine Zinsen nehmen etc. Und mit dem Ausländer ist gewiss niemand anderer gemeint als die sieben dort erwähnten Völker. Die anderen werden als Brüder verstanden, zumal die Talmudisten die Christen bisweilen als Edomiter ansehen und es etwas weiter oben im selben Kapitel heißt: Einen Edomiter sollst du nicht verabscheuen; denn er ist dein Bruder. Also ist der Christ ein Bruder, und man darf keinen Wucher von ihm nehmen. Aber ich habe auch nein, mein Herr, gesagt; denn wenn der Christ uns als Brüder behandelte und uns wie seine Brüder und Untertanen leben ließe und uns nicht jede Unterhaltung auf jedem öffentlichen Platz, das Kaufen von Gebäuden und vielen Waren verböte und wie in einigen Orten, so zum Beispiel in Venedig, sogar den Zugang zu den mechanischen Künsten und unzähligen anderen Dingen verschlösse, wären wir gleichfalls verpflichtet, ihn als Bruder anzuerkennen. Aber da er uns wie Sklaven behandelt, halten wir es – um leben und überleben zu können – für statthaft, das zu tun, was man nicht tun dürfte, nämlich auch Zinsen zu nehmen. Und deshalb bejahte ich Ihre Frage auch.' Der hochverehrte Herr Kardinal lachte, legte mir eine Hand auf die Schulter und verabschiedete mich; später fällte er sein Urteil zugunsten des Juden."

1627 kehrte Leones Sohn Isacco noch einmal nach Hause zurück, doch er blieb nur acht Monate und reiste dann wieder ab. Der arme, alte, gelehrte Rabbiner musste sich selbst bedauern: Von drei Söhnen war einer infolge einer Vergiftung gestorben, einer ermordet worden, und der andere befand sich im Exil.

Auch 1629 war kein glückliches Jahr. Zu seinen Predigten in der Scola Grande Spagnola kamen venezianische Adlige, Geistliche und Vertreter der europäischen Diplomatie. Sein öffentlicher Erfolg war glänzend, aber sein Familienleben qualvoll: Zwar brachte seine Tochter Diana noch kurz nach dem Tode ihres Mannes Giacobbe eine Tochter zur Welt, aber Leone verlor diese Enkelin schon bald nach ihrer Geburt, und bei ihm blieben nur noch Diana und sein Enkel Isacco Levi.

Im Jahr darauf, 1630, musste der gelehrte Rabbiner, der die Juden gegen die Angriffe von Fra Sisto da Siena verteidigt hatte, sich selbst verteidigen. Die Vorsteher der Gemeinde hatten einen Erlass gegen das Glücksspiel herausgegeben und dabei all jenen, die ihn nicht befolgten, Sanktionen angedroht.

Tief getroffen antwortete Leone da Modena in seiner üblichen polemischen Art und zögerte nicht, Stellung zu beziehen. Er bestritt, dass man von einer für die ganze *Università* repräsentativen Mehrheit sprechen könne, wenn deren Vorsteher unter jenen hundert Personen ausgewählt waren, die zwölf Dukaten zahlten und zu denen vielleicht auch vierzehnjährige Knaben gehörten. Wäre es vielleicht nicht konsequenter, mit diesem Problem die sechshundert Familienoberhäupter zu befassen, die einzig und allein aus fiskalischen Gründen aus der Versammlung ausgeschlossen waren? Woher nähmen einundsiebzig Personen den Mut, zweitausend zu exkommunizieren? „Können solche Missbräuche vielleicht dem Höchsten, Besten Gott gefallen?" In seiner *Autobiographie* schreibt er: „Ich nahm Stellung, nicht, um das Glücksspiel zu rechtfertigen, sondern um ihnen zu beweisen, dass sie nicht die Macht und das Recht hatten, Verbote auszusprechen." Im Zusammenhang mit seiner eigenen, unheilvollen Leidenschaft deutet er an, dass er die Sterne am Himmel für das Schicksal des Menschen verantwortlich hält: „Ich war immer davon überzeugt, dass niemand sie täuschen und sich ihrer Macht und ihrem Zorn entziehen kann . . . und von ihnen leitet sich ein großer Konflikt ab, der zu dem Streit zwischen den Schwierigkeiten und der Notwendigkeit führt, und das ist der Grund, der mich jeden Tag meines Lebens auf den Irrweg des Spieles zwingt."

Bei der Verteidigung seiner schwachen These, die ihm jedoch besonders am Herzen liegt, ist dem Rabbiner jedes Argument recht: Er erinnert daran, dass in Venedig mehr als in jeder anderen Stadt Italiens die Christen Tausende von Zechinen verspielten und dass, dank dem Spiel, Juden und Christen häufige Kontakte pflegen konnten: „In der Tat geschieht es öfters, dass die ersteren mit den letzteren an jenen Orten sprechen, wo gespielt wird, beziehungsweise in den Spielhäusern oder gar in den Palästen der Adligen, wo ebenfalls gespielt wird. In all diesen Fällen wird der Jude eingeladen und fast gezwungen mitzuspielen, und wenn er sich weigert, läuft er Gefahr, hart gescholten zu werden oder seine Kundschaft zu verlieren . . . Gibt es etwa nicht das *Tribunale della Bestemmia*, das sich in Übereinstimmung mit weisen und angemessenen Gesetzen in bestimmten Fällen mit den Spielern befasst? Warum sollten wir Israeliten von zwei verschiedenen Gerichten gerichtet werden und uns zweifach verurteilen lassen? Wo bleibt da die Gerechtigkeit?" Bei dieser Gelegenheit lehnte der gelehrte Rabbiner jene rechtliche Autonomie des Ghettos ab, die die Juden wiederholt und so eindringlich gefordert hatten, dass sie zahlreiche, endlose Kontroversen mit den Behörden des venezianischen Staates auslösten. Dazu gehörte nicht zuletzt auch die Angelegenheit, die zur Übersetzung des *Libro Grande* der *Università* geführt hatte und in die auch Leone da Modena persönlich verwickelt gewesen war. In diesem Fall löste er sich von einer rabbinischen Tradition, die den Anspruch auf Autonomie geltend gemacht hatte, und hielt es paradoxerweise für opportun, sich mit den Gesetzen der Serenissima zu verteidigen. Doch es muss eingeräumt werden, dass sein Zorn sich nicht gegen die Rabbiner oder die Gesetze der Tora richtete, sondern gegen die Laien der *Università,* gegen die von der Kleinen Versammlung gewählten Vorsteher. „Ich erkläre, dass nur der Respekt vor der menschlichen Würde, die von ihnen [den Vorstehern der *Università* schwer verletzt wurde, mich bewog, diesen Protest zu schreiben. Es sind 38 Jahre vergangen, seit man mich zum Prediger der Gemeinde ernannte und mir freie Rede zugestand, und ich pflege in meinen Predigten manchmal den Satz aus dem Buch der Sprüche so zu übersetzen: ‚Ihr gebt mir meinen Sold, damit ich euch gute Ratschläge gebe, aber meinen Tadel wollt ihr nicht hören'. . ." Ferner habe er mit der Hilfe des Herrn darlegen wollen, wie wenig das Aufrechterhalten oder Aufheben der Exkommunikation gegen das Glücksspiel ausrichten könne . . .

Andere, viel schwerwiegendere Tragödien bedrohten nun das Ghetto und die ganze Stadt. Lassen wir Leone da Modena selbst berichten: „Und da begann die Pest sich überallhin und auch über das Volk Israel zu verbreiten. Gottes Hand lag sehr schwer auf Italien; denn es gab Krieg, Hunger und die Seuche . . . Die Pest hatte Venedig erreicht, ehe die Vorbereitungen zu den hohen jüdischen Festtagen begannen . . . Das erste Opfer war Moisè Sarfatti, und während der Tage von Sukkot starb Giacobbe Kohen. Die Epidemie breitete sich derart aus, dass bis heute, den 1. Adar 5391 (Herbst 1631), 170 Personen gestorben sind."

In Venedig war die Pest eine wahre Geißel, der 50 000 von 150 000 Einwohnern zum Opfer fielen. Die Seuche erschütterte das ganze städtische Leben und auch das des Ghettos. Die Banken nahmen nur Metallgegenstände als Pfand an, und ein großer Teil der Waren in den Lagern der Levantiner wurde vernichtet, um Ansteckungen zu vermeiden. Zu den wirtschaftlichen Schwierigkeiten kam noch die außerordentliche Steuer in Höhe von 120 000 Dukaten hinzu, die vom Senat auferlegt wurde. Leones bitterer Kommentar lautete so: „Die Reichen sanken in die Mittelschicht ab, die aus der mittleren Schicht wurden arm, und die Armen hatten niemanden mehr, der Mitleid mit ihnen gezeigt hätte, denn es gab kein Geld mehr."

Im Winter 1631 war die Epidemie vorüber. In allen Synagogen wurde die Befreiung von der Gefahr mit einem Bußfasten gefeiert, und mit den Spenden wurden Silbergegenstände für den Gottesdienst erworben. Leone und seine Angehörigen waren davongekommen. Wie es oft bei neurotischen Persönlichkeiten der Fall ist, wirkte sich die Not heilsam auf die Moral des spielsüchtigen Rabbiners aus, der in jener Zeit rastlos schrieb und 500 Dukaten verdiente, von denen er bequem leben konnte, ohne wie üblich auf die Unterstützung von Freunden und Gönnern angewiesen zu sein. Seine Tochter Diana ging eine zweite Ehe ein, und zwar mit einem Mann, dessen Frau an der Pest gestorben war und der Mosè Fano da Padova hieß. Sie überließ dem Vater die Verantwortung für die Erziehung seines Enkels Isacco. Zur gleichen Zeit kehrte auch der andere Isacco, der umherziehende Sohn, aus Livorno zurück und erfüllte so den immer drängenderen Wunsch seines Vaters, der ihn in seiner Nähe haben wollte.

Der alte Rabbiner spürte bereits die Last der Jahre und verstärkte seine literarische Aktivität, fast als hätte er vorausgeahnt, dass die Zeit, in der er all das niederschreiben konnte, was er wollte, zu Ende ging. Der Druck von *Bet lechem Jehuda*, einer Sammlung moralischer Lehrstücke voll reformistischer Einflüsse, verursachte ihm einige Unannehmlichkeiten. Ein Jude machte nämlich vor dem Tribunal der *Cattaveri* eine Aussage, und daraufhin wurde die Druckerei Vendramin für sechs Monate geschlossen und der Schriftsetzer des Buches verhaftet. Es handelte sich ausgerechnet um Leones Enkel Isacco, den seine Tochter Diana in seiner Obhut zurückgelassen hatte. Es dauerte zwei weitere Monate, bis die *Quarantia al Criminal* die Unschuld des jungen Mannes bestätigte und seine Freilassung anordnete. Im Zusammenhang mit dem Buch, das so viele Kontroversen ausgelöst hatte, schreibt Leone in seiner *Autobiographie:* „Es hat nie etwas gegeben, auf das ich alle Tage meines Lebens so sehr gewartet und das ich so sehr ersehnt habe, wie dieses Buch gedruckt, vertrieben und unter den überall verstreuten Kindern Israels verbreitet zu sehen, weil ich sicher war, dass mir dieses Werk Verdienst, Ehre und dauerhaften Ruhm einbringen würde . . . Die Druckerei wurde versiegelt und blieb ungefähr sechs Monate geschlossen ... am Mittwoch, dem 6. Ijar (16. Mai 1635), betraten plötzlich einige Polizisten die Druckerei; sie suchten meinen Enkel, genannt Isacco, und zwei seiner Freunde, brachten ihn in das Gefängnis und schlossen die Druckerei aufs neue. Ich war äußerst beunruhigt, weil es mir trotz meiner Bemühungen nicht gelang, der Sache ein Ende zu bereiten und ihn freizubekommen ... bis Gott sich gnädig zeigte ... er wurde ohne Strafe entlassen."

1636 war zu Purim, dem jüdischen Karneval, die Stimmung wieder fröhlich, die Pest hatte das Leben der Männer und Frauen auf eine harte Probe gestellt, und jetzt brachen sich der Wunsch nach Vergnügungen und die Lebensfreude wieder neue Bahn. Moisè Soave, der seine Informationen aus der *Autobiographie* da Modenas bezieht, beschreibt die damals dort herrschende Atmosphäre so: „. . . Unter Verwandten, Freunden und Bekannten tauschte man Geschenke aus, zumeist Kuchen, Konfekt und anderes Naschwerk. Die Frauen grüßten sich mit heiterer Miene von ihren Fenstern und plauderten mit beneidenswerter Naivität von den Geschenken, die sie verteilt und erhalten hatten, vom guten Essen, das sie erwartete, und von dem Abend, der amüsant zu werden versprach. Die Kinder tollten in ihren Festtagskleidchen ausgelassen in den Ghettos herum mit Trommeln und Trompeten, die selbst einem Tauben in den Ohren dröhnen mussten, mit ihren Schwertern, Pistolen und Puppen, Stühlchen, Schränken und Spiegeln, die in diesem unschuldigen Alter die größte Wonne darstellen ... In jenen drei Bezirken wimmelte es von Leuten; an Lächeln, Händeschütteln und Küssen herrschte kein Mangel. Ein Fremder hätte geglaubt, sich unter Menschen zu befinden, die mit ihrem Los zufrieden und in vielerlei Hinsicht zu beneiden waren. Und an jenem Morgen war es tatsächlich so."

Doch an die Stelle der allgemeinen Fröhlichkeit sollte schon bald wieder das Bewusstsein um eine ständig prekäre Position treten. Die von Leone da Modena inspirierte Chronik des Moisè Soave dokumentiert diesen Stimmungsumschwung am besten: „Es läutete gerade Mittag, als viele wohlbewaffnete Polizisten eilends die

Tore des Ghettos schließen ließen und sich mit jenem Feingefühl, das die öffentliche Gewalt fast immer auszeichnete, daranmachten, alle Häuser – ausnahmslos – zu durchsuchen und einen gewissen Sabbadin Catalano festzunehmen. In der Merceria war zum Schaden eines reichen Händlers namens Brigonzi ein Diebstahl im großen Rahmen begangen worden. Der Wert der gestohlenen Waren – Seidenballen, Seidenkleider mit Goldbrokatverzierungen und andere Wertgegenstände – belief sich auf insgesamt siebzigtausend Dukaten. Ein jüdischer Spitzel des Magistrats beteuerte, dass es sich bei den schuldigen Käufern und ‚Besitzern' der gestohlenen Waren um Catalano und einen gewissen Scaramella handelte, der hatte entkommen können, und er sagte die Wahrheit. Man fand alles in einem Raum, den Catalano nach seiner Festnahme angegeben hatte; unter der Drohung, der Folter unterzogen zu werden, gestand er seine Schuld und die seiner Gefährten." Auch der arme Leone wurde indirekt in die Sache hineingezogen; denn Scaramella, der im Gefängnis saß, beschuldigte – vielleicht nur aus Rache – zwei jüdische Familienoberhäupter der Bestechung zweier Richter der *Quarantia al Criminal*. Leone da Modenas Schwiegersohn, der sich nicht genügend in Sicherheit fühlte, floh mit anderen Männern nach Ferrara. Im ganzen folgenden Jahr verbrachte Leone Tage der Sorge und des Bangens. Nicht, dass er sich schuldig fühlte, aber die Luft, die er ringsum atmete, war spannungsgeladen: „. . . In jener Zeit genügte ein bloßer Verdacht, um auch einen Ehrenmann als Schuldigen vor die Tribunale zu schleppen. Isacco Vigevano di Rovigo hielt man im Verlies, weil er angeklagt war, die Stimmen einiger Richter seiner Stadt gekauft zu haben, mit dem Ziel, für die Juden der Stadt eine Aufenthaltsverlängerung zu erhalten."

Der Rabbiner da Modena hatte erfahren, dass Vigevano vor Gericht seinen Namen genannt hatte. Zu den Adligen, die in jener Angelegenheit der Korruption bezichtigt worden waren, gehörte auch einer seiner persönlichen Freunde. Von Panik ergriffen, dachte Leone daran, von Venedig nach Padua zu gehen, und war jedenfalls entschlossen, die Herrschaftsgebiete der Serenissima zu verlassen. Doch eine Flucht konnte wie ein stillschweigendes Schuldbekenntnis aussehen und hätte nicht nur für jene lebenslängliche Verbannung nach sich gezogen, die direkt betroffen zu sein schienen, sondern auch für seine Familienangehörigen. Deshalb beschloss er mutig und stolz, in seinem geliebten Venedig zu bleiben. Doch es wartete eine neue Überraschung auf ihn.

In seiner *Autobiographie* vermerkt Leone da Modena, dass er in den Jahren 1616–1617 auf Anregung des englischen Botschafters in Venedig, Sir Henry Wotton, eine Sammlung von jüdischen Riten, Gewohnheiten und Geboten zusammengestellt hat. Dieser wollte nach seiner Rückkehr in die Heimat ein Exemplar davon seinem König Jakob I. schenken. Das handgeschriebene Werk Leone da Modenas wurde von vielen gelesen und geschätzt, darunter auch von Sir William Boswell, einem englischen Diplomaten, der es dem Rechtsgelehrten John Seiden schenkte.

Dieser wiederum erwähnt es in seinem Traktat *De Successionibus* und bezeichnet Rabbi Leone dort als „Archisynagogus“. Eine der wenigen handschriftlichen Kopien landete in der Hand des Franzosen Jacques Gaffarel, und dieser schrieb 1637 an Leone da Modena: „Vielleicht mit größerer Verspätung als nötig schicke ich Dir die Geschichte Deines Volkes, deren Drucklegung ich endlich veranlasst habe.“ Als der Rabbiner Gaffarels Brief erhielt, beeilte er sich, fast von einer Vorahnung ergriffen, sein Manuskript neu zu lesen; denn möglicherweise hatte er vergessen, etwas auszustreichen. Das hätte gerade in einer so unruhigen Zeit unangenehme Folgen haben können, nicht nur für ihn selbst als Rabbiner, sondern für alle Juden des Ghettos.

Im Zusammenhang mit seiner *Historia del' Riti Hebraici – so* lautete der Titel des Werkes – schrieb Leone, dass er sich, außer sich vor Erregung, „ohne dass einer meiner Freunde mich hätte trösten können“, freiwillig und auf göttliche Eingebung hin zum Zensor begeben habe. Dieser habe ihn freundlich behandelt und ihm geraten, eine Abschrift des Manuskripts dem Tribunal des Heiligen Offiziums vorzulegen, mit einer beigefügten schriftlichen Erklärung, in welcher er anbot, jeden Satz beziehungsweise jedes Wort des Buches zu streichen, das als Verstoß gegen die christliche Religion betrachtet werden konnte. Die Sorgen des Rabbiners erwiesen sich als begründet. Der Mönch Ferro aus dem Kloster San Giovanni e Paolo fand in dem Text viel zu beanstanden, insbesondere auf jenen Seiten, die sich mit der Seelenwanderung, den dreizehn Glaubensartikeln und der Körperlosigkeit Gottes befassten.

Einen Monat nach der freiwilligen Vorlage seiner *Historia de Riti Hebraici* bei der Inquisition erzählt Leone da Modena: „Ein paar Tage darauf traf jener Franzose in Rom ein und sandte mir von dort ein in Paris gedrucktes Exemplar, und ich bemerkte, dass er klug und verständig vorgegangen war und jene vier oder fünf Stellen entfernt hatte, die mich so beunruhigt hatten. Er hatte dem Buch auch eine Einführung vorangestellt, in der er mich sehr lobte. Das Werk war einem adligen Botschafter des Königs von Frankreich gewidmet, der nach Rom gezogen war. Dieser schickte mir dann persönlich einen Brief, in dem er mir mitteilte, dass das Werk sowohl dem König als auch ihm selbst sehr gut gefallen habe. Da legte sich der Schreck, der sich meiner bemächtigt hatte.“

Die venezianische Ausgabe der *Historia de' Riti Hebraici. Vita e osservanza degli Hebrei di questi tempi di Leon da Modena rabbi hebreo da Venezia, già stampata in Parigi et hora da lui corretta e riformata* erschien kurze Zeit später, nämlich 1638, in Venedig. In der Vorrede erzählt er, er habe dieses Buch geschrieben, um die Neugierde jener Christen zu stillen, die die Riten der Juden kennenlernen wollten, und er bemerkt dazu: „Da ich mich leicht von meinen Freunden überreden lasse und bereit bin, auf die größeren Geister zu hören, fiel es mir nicht schwer, ihnen gefällig zu sein. Ich habe es analog zu den fünf Büchern des von Moses geschriebenen Gesetzes in fünf Teile geteilt. Beim Schreiben habe ich tatsächlich vergessen, dass ich Jude bin, und mir vorgestellt, ein einfacher und neutraler Berichterstatter zu sein.“

Seine *Historia* ist ein knapp zusammengefasstes deskriptives Werk. Er weist darauf hin, dass nicht alle Riten gleichgewichtig sind: Es gibt 613 *Mitzwot*, gesetzliche Bestimmungen, davon 248 Gebote und 365 Verbote. Es gibt Vorschriften, die eingehalten und von solchen überliefert werden, die in der Mündlichen Lehre bewandert sind, sowie einfache Bräuche, genannt *Minhagim.* Die Vorschriften der Geschriebenen und der Mündlichen Lehre sind gemeinsames Erbe aller Juden und gelten auch für die, die „untereinander verschieden" sind, wie Leone da Modena bemerkt, wobei er wohl sein Ghetto vor Augen hatte. Er berichtet, dass die drei Gruppen der Levantiner, Todeschi und Italiener sich in erster Linie im Hinblick auf ihre Gebräuche voneinander unterscheiden. Über die Synagogen oder Scole sagt er folgendes: „Davon gibt es eine, zwei, sechs oder zehn in einer Stadt, je nach der Anzahl der Juden, die an jenem Ort leben, und [es gibt auch deswegen so viele Synagogen] damit die Nationen – die Levantiner, Deutschen und Italiener – die Gebete verstehen können, die sich mehr als alles andere voneinander unterscheiden; denn jeder möchte die Gebete so haben, wie er sie gewohnt ist." Er betont, dass die besagten Nationen die Gebete auch sehr unterschiedlich vortragen. „Am meisten singen die Deutschen; bei den Levantinern und Spaniern machen sich türkische Einflüsse bemerkbar, und die Italiener rezitieren schlichter und ruhiger." Der Rabbiner mit seinem steten Augenmerk für die venezianische Realität schreibt: „Es gibt in den großen Städten auch noch verschiedene Bruderschaften für viele fromme Werke wie etwa die, die sich mit der Pflege der Kranken oder der Bestattung der Toten befassen und die meistens *Gemilut Cbassidim* genannt werden; oder solche, die ein einfaches Almosen, *Tzedaka* genannt, zur Befreiung der Sklaven sammeln und *Pidjom Schewuim* heißen, oder zur Verheiratung von Jungfrauen, *Chassi Betulot*, und viele andere mehr oder weniger, je nach der Anzahl der Juden, die an jenem Ort wohnen." Er legte besonderen Nachdruck auf die frommen Werke und die Aspekte einer modernen Sozialfürsorge, wie sie innerhalb des Ghettos praktiziert wurde.

Natürlich kann es bei seinem polemischen Wesen nicht an Kritik fehlen: „Heute gibt es wenige Juden, die einen ganzen Gedankengang auf Hebräisch formulieren können, weder in der heiligen Sprache, die sie *Laschon ha-Kodesch* nennen und in der die vierundzwanzig Bücher des Alten Testaments abgefasst sind, noch gar in der chaldäischen Sprache, genannt *Targum*, die sie normalerweise sprechen . . . weil sie die Sprache des Landes gelernt haben, in dem sie geboren und aufgewachsen sind; wenn das Italien war, dann Italienisch, wenn in Deutschland, dann Deutsch, wenn in der Levante, dann Berbertürkisch oder Maurisch und ähnliches. Ja, sie haben sich jene fremden Sprachen so gut angeeignet, dass viele, die aus Deutschland nach Polen, Ungarn und Russland auswanderten, sich für sich selbst und all ihre Nachkommen eine deutsche Sprache geschaffen haben, und die, die aus Spanien in die Levante zogen, bedienen sich des Spanischen. In Italien verwenden die Juden beide Sprachen – je nachdem, von woher ihre Väter stammen. Und so neigt das Volk dazu, sich den Leuten aus der Gegend anzupassen, wo es selber wohnt, und sie fügen, wenn sie miteinander reden, nur einige verballhornte hebräische Wörter ein. Die Gelehrten haben zwar die Schrift ein bisschen besser im Kopf, aber von ihnen gibt es außer den Rabbinern wenige, die es verstehen, eine längere elegante Rede in hebräischer Sprache zu halten. Und im Hinblick auf die Aussprache dieses Hebräisch gibt es so große Unterschiede, dass die Deutschen kaum von den Italienern und den Levantinern verstanden werden, und es gibt auch niemanden, der sie klarer und grammatikalisch korrekter spricht als die Italiener (die die richtige Grammatik *Dikduk* nennen)."

Das Studium, eines der grundlegenden Elemente des jüdischen Lebens, wird in jeder Einzelheit beschrieben. Es gibt Leute, die die Kabbala studieren, und solche, die den Talmud studieren. „Daher gründet man Akademien, genannt *Jeschiwot*, wo sich Rabbiner und Schüler versammeln, um miteinander zu disputieren, aber sie schreien derart ungeordnet durcheinander, dass man den Eindruck gewinnt, es läge am Thema selbst, und meistens bricht darüber der nächste Tag an . . ."

Die jüdische Hochzeitszeremonie – venezianisch oder nicht – wird mit eindrucksvollen Worten geschildert: „Wenn dann die Brautleute sich unter einem Baldachin und unter Musikklängen in einen Saal oder ein Zimmer begeben sollen, gehen manchmal einige Knaben mit angezündeten Fackeln in der Hand umher und singen. Die Leute laufen ringsum zusammen, und man bedeckt das Haupt des Bräutigams und der Braut mit einem jener viereckigen Schals mit Quasten, genannt *Tallit.* Die Rabbiner des Ortes oder der Kantor der Synagoge oder der nächste Verwandte nimmt eine Schale oder Karaffe mit Wein in die Hand und spricht eine Lobpreisung Gottes aus, der Mann und Frau geschaffen und die Ehe eingesetzt hat, und er gibt dem Bräutigam und der Braut vom Wein zu trinken. Dann steckt der Bräutigam ihr in Gegenwart zweier Zeugen – in der Regel die Rabbiner – den Ring an den Finger und sagt zu ihr: ‚Jetzt bist du mit mir verheiratet, gemäß dem Ritus von Moses und Israel. . .' Und dann singen sie mit einem anderen Gefäß voller Wein sechs weitere Segenssprüche, also insgesamt sieben, und geben beiden Brautleuten noch einmal zu trinken. Dann gießen sie den Wein als Ausdruck ihrer Freude auf die Erde, und das leere Gefäß wird dem Bräutigam in die Hand gedrückt, der es zu Boden schleudert, um inmitten all der Fröhlichkeit an den wie Glas brechenden und splitternden Tod zu erinnern und keinen Hochmut aufkommen zu lassen. Und nun ruft das ganze Volk: *Masal-Tow*, was so viel bedeutet wie ‚viel Glück!', und zieht sich dann zurück."

Die *Historia de' Riti Hebraici* wurde über alle Zufälligkeiten hinaus sehr freundlich aufgenommen und in zahlreichen Ausgaben und mehreren Übersetzungen aufgelegt: Unter anderem erschien eine französische, eine englische, eine holländische, eine lateinische und, um die Mitte des 19. Jahrhunderts, eine hebräische Übersetzung.

Im Übrigen war es unvermeidlich, dass ein Mann wie Leone da Modena auch innerhalb der Judenheit Debatten und Kontroversen auslöste; besonders hart verurteilte ihn, eben wegen seiner *Historia de' Riti Hebraici*, der deutsche Historiker Graetz, ein Gelehrter des 19. Jahrhunderts und Verfasser einer monumentalen Studie über die jüdische Geschichte.

Ein anderer, faszinierender und in vielerlei Hinsicht ungelöster Streit, in dessen Mittelpunkt wiederum Leone da Modena stand, entzündete sich an der Veröffentlichung eines Buches, das 1852 unter dem Titel *Bechinat ha-Kabbala* (Prüfung der Überlieferung) in Görz gedruckt und von Rabbiner Isacco Reggio herausgegeben wurde und das zwei kleine unbekannte Werke enthielt. Reggio schrieb sie beide Leone da Modena zu, und zwar aufgrund zahlreicher formaler und konzeptueller Übereinstimmungen zwischen den beiden Werken und auch mit anderen Aufsätzen Modenas.

Das erste Werk, der *Kol Sachal* (Die Stimme des Toren), ist eine Kritik an der talmudischen Tradition; das zweite, *Scha'agat Arje* (Das Gebrüll des Löwen), bei dem es sich um eine Widerlegung des *Kol Sachal* handelt, ist nicht vollständig erhalten geblieben und steht gedanklich in der philosophischen Nachfolge von *Bet lechem Jehuda*, einem früheren Werk Leone da Modenas. Allein schon die Persönlichkeit des Rabbiners, Gelehrten und Würfelspielsüchtigen, die Gegensätze, die in seiner Seele koexistieren, scheinen geeignet, Neugier und Polemik herauszufordern. War der Verteidiger der rabbinischen Machtstellung in Wirklichkeit ein verkappter Ketzer? Zog er es vor, sich hinter einem anonymen Autor zu verstecken, um seine geheimsten und gefährlichsten Ideen ungehindert darlegen zu können?

Zu Beginn des 17. Jahrhunderts übernahm das Ghetto von Venedig wegen seines gefestigten Rufes und seiner kulturellen Tradition eine führende Rolle vor vielen europäischen Gemeinden (wie etwa Amsterdam, Hamburg), wo sich infolge Zuwanderung heterogener Gruppen ohne einheitliche Tradition und mit unterschiedlichen Lebenserfahrungen Bedingungen herauskristallisiert hatten, die das Entstehen großer Divergenzen in Glaubensfragen begünstigten. Diese Denker – oft Marranen – stellten einige der Grundprinzipien des Judentums, wie die Gültigkeit der Mündlichen Lehre, in Frage und wurden von den Rabbinern als regelrechte Ketzer angesehen. Es genügt, an die berühmten Fälle Baruch Spinoza und Uriel da Costa zu erinnern. Bei ihren Bemühungen, den manchmal brisanten Einfluss der marranischen Dissidenten einzudämmen, baten die Vorsteher vieler europäischer Gemeinden die gelehrten venezianischen Rabbiner um Hilfe. So stellten sie sich 1618 gegen die Leugner der Mündlichen Lehre und belegten sie mit der Exkommunikation.

Der *Kol Sachal* ist ein aufschlussreiches Werk, ein Produkt dieser Zeit voller Verdächtigungen und religiöser Spannungen. Der geheimnisvolle Verfasser des *Kol Sachal* greift die Mündliche Lehre an und verlangt, dass man zu den ursprünglichen Lehren der Bibel zurückkehren und den Rabbinern die Macht entziehen solle, da sie, wie er behauptet, im Laufe der Jahrhunderte Hunderte von Vorschriften erfunden und so den ursprünglichen Sinn des biblischen Textes verfälscht hätten. Die jüdische Religion sollte, diesem Anonymus zufolge, Frucht einer neuen Begegnung zwischen Ratio und Offenbarung sein.

Ist der *Kol Sachal* Leone da Modenas Denken entsprungen oder nicht? Der Rabbiner selbst stellt in seiner kurzen Einführung zum Buch seine Version der Tatsachen vor: „Im Monat Sivan 5382 (1622) war ich, ungefähr drei Monate nach der Ermordung meines Sohnes Sebulun, sehr niedergeschlagen und ging in Venedig an den Ufern der Kanäle entlang. Ich weinte gerade über mein trauriges Schicksal und das Unglück, das mich seit dem Tag meiner Geburt bis heute verfolgt, als mir ein Gelehrter entgegenkam, ein Bekannter von mir." Dieser Freund sei es gewesen, der dem Rabbiner den anonymen Text gab, welcher Angriffe auf die Rabbiner und die Mündliche Lehre enthielt und als dessen Erwiderung er *Das Gebrüll des Löwen* abgefasst habe. Kann diese Darstellung der Tatsachen als ausreichendes Dementi der Schlussfolgerungen Reggios angesehen werden, der Leone da Modena von allem Anfang an für den Verfasser des *Kol Sachal* hielt? Oder ist dies nicht viel eher eine Kompromissformel, die sehr dazu geeignet ist, die Zweifel noch weiter zu nähren? Kann Leone da Modena überhaupt der Verfasser dieses Buches sein? Schrieb Leone den *Kol Sachal*, bereute es später und bekam Angst vor seinen eigenen Ideen? Verwendete er öfter diesen Kunstgriff, um sich frei und ohne Repressalien befürchten zu müssen ausdrücken zu können? Gelang es ihm eben aus diesem Grund nicht, *Das Gebrüll des Löwen* zu vollenden? Über dieses ungelöste Dilemma, so modern, so attraktiv und symbolträchtig, haben sich die jüdischen Kommentatoren natürlich zerstritten.

In einem späteren Werk, dem *Magen wezinna* (Schild und Panzer), das im Auftrag der Vorsteher der spanischen und portugiesischen „Nation" kompiliert wurde, um auf die elf Thesen zu antworten, die der Häretiker Uriel da Costa 1616 an die venezianische Gemeinde geschickt hatte, bedient sich der Rabbiner keiner Invektiven, sondern nur der Argumentation. Damit legte er gegenüber einigen Beobachtungen Uriel da Costas eine gewisse Flexibilität an den Tag und verteidigte hier mit besonderem Nachdruck die Gültigkeit der Mündlichen Lehre. Seine beiden Thesen lauteten, kurz zusammengefasst, so: Der Text der Tora ist ohne Vokale erhalten geblieben, und deshalb würde man ohne die Mündliche Lehre, die sie interpretiert, ihren Inhalt gar nicht kennen. Die Tora ist kurz und knapp, und wenn es keine vertiefende und kommentierende Überlieferung gäbe, könnten sich die Juden in den Schwierigkeiten des Textes verfangen. In der Tora hätten auch unklare und nicht erläuterte Stellen eine Bedeutung, und jede Generation brächte ihre eigenen Gelehrten und Lehrer hervor, die sich mit ihnen auseinanderzusetzen hätten. Die Mündliche Lehre sei also eine notwendige Interpretation, eine Richtschnur, die beschützende Funktion habe. Trotz des Exils und der Diaspora hätten sich die Worte der Lehrer über die Jahrhunderte nicht viel verändert, und alle Juden der Welt hätten dieselbe Mündliche Lehre befolgt. Diese grundlegende Homogenität sei an sich schon ein Beweis für ihre Wahrheit. Die Unterschiede in den Ritualen und Gebeten seien sicherlich nicht erheblich, meinte Leone da Modena. Der Rabbiner möchte zwar seinen Leser überzeugen, versucht aber, Zusammenstöße innerhalb der jüdischen Welt zu ertragen, ohne jemanden durch seinen Bannstrahl auszuschließen. Sein Wunsch besteht darin, die Machtstellung der Rabbiner und den Wert der Mündlichen Lehre zu bestätigen.

Ist es möglich, dass er innerlich derart gespalten und widerspruchsvoll war und so sehr zwischen Orthodoxie und Heterodoxie hin und her schwankte, dass er im *Kol Sachal* genau das Gegenteil von dem behauptete, was er im *Magen wezinna* gesagt hatte?

Was den *Kol Sachal* anlangt, so haben einige Kommentatoren in dieser Schrift das verschollene Werk von Uriel da Costa mit dem Titel *Examen das tradições phariseas* sehen wollen, das vielleicht von Leone da Modena selbst überarbeitet und neu redigiert wurde. Da Costa, der 1581 als Kind einer marranischen Familie im portugiesischen Porto geboren wurde, war, bevor er zum Judentum zurückkehrte, ein glühender Katholik gewesen. Nach seiner Rückkehr zum Judentum wurde er dann wegen seiner häretischen Bücher exkommuniziert und verübte nach einer öffentlichen Buße im Jahre 1640 Selbstmord. Hegte Leone da Modena vielleicht, wenn schon nicht für alle, so doch wenigstens für einen Teil seiner antikonformistischen Ideen Sympathie?

In seinem Testament wandte sich Leone an jenen Mann, der seine Begräbnisrede halten sollte, und bat ihn, hervorzuheben, „dass er nicht zu den Heuchlern gehört hatte, dass das Innerste seines Herzens seinem Äußeren entsprach, dass er gottesfürchtig war und vor dem Bösen insgeheim mehr zurückschreckte, als er sich das anmerken ließ“. Bis zu seinem letzten Gruß haftet Leone also etwas Rätselhaftes an. Im Übrigen bezeichnete er sich in seiner *Autobiographie* selbst als lebenden Anachronismus. Er war ein Jude der späten Renaissancezeit und sah sich von der vorherrschenden gegenreformatorischen Atmosphäre umgeben: Zwischen dem 16. und dem 17. Jahrhundert war er Zeuge tiefgreifender Veränderungen.

Das 17. Jahrhundert war eine Zeit rascher ökonomischer Expansion, begleitet von einer geistigen Entwicklung, in deren Verlauf die alte, noch mittelalterlich geprägte Gesellschaft in Bezug auf Ideologie und Religion eine Wandlung durchmachte. Es änderte sich auch die Beziehung des Menschen zu Gott, und verallgemeinernd lässt sich sagen, dass, dem Zeitgeist entsprechend, die Idee von der allmächtigen Gottheit und dem völligen Ausgeliefertsein des Menschen durch ein neues Konzept vom „konstitutionellen“ Gott abgelöst wurde, der an die Gesetze der Natur gebunden ist. Spinoza besaß dann – aus der Sicht der Juden – die sträfliche Kühnheit, noch einen Schritt weiter zu gehen, indem er den persönlichen Gott der Juden abschaffte und durch die pantheistische Vision einer Harmonie mit der Natur ersetzte.

Das Judentum des 17. Jahrhunderts – eine Summe alter talmudischer Lehren und den Prinzipien der Rabbiner entsprechend von einem Verteidigungs- und Schutzwall, einem sogenannten „Zaun", umgeben – musste es nun mit der erwachenden geistigen Unruhe aufnehmen, während die Lebensart des Ghettos dafür sorgte, dass sich der Widerstand gegen alles Neue verschärfte, vor allem dann, wenn es von außen, von jenseits der Mauern des Ghettos, kam. Der Angriff auf das offizielle Rabbinat als Vertreter des überkommenen, des Alten, kam also nicht unerwartet. Nicht zufällig gingen ausgerechnet von Amsterdam, jenem dynamischen Zentrum des neuen Kapitalismus, die stärksten Impulse hierzu aus. Die Neuankömmlinge widersetzten sich der Autorität der Mündlichen Lehre. Diese war in der Mischna und im Talmud kodifiziert, in verschiedenen übereinander gelagerten Schichten, zu denen Generationen von Rabbinern mit ihren Diskussionen beigetragen hatten.

Auch in Italien gab es Häretiker, die die Mündliche Lehre und das rabbinische Supremat attackierten und so die gefestigte Orthodoxie derjenigen bedrohten, die als Juden geboren waren. Aufschlussreich ist in diesem Zusammenhang der Text des bereits erwähnten Erlasses, den die Vorsteher der *Università* der Juden 1618 veröffentlichten: „Und jetzt vernimmt man bisweilen das schreckliche Gerede dieser Männer, die Gottes Gesandte beleidigen, die Gelehrten, die Gottes Wort aus den Versen der Heiligen Schrift auslegen ... In unserem Land wie im Ausland . . . gibt es wenige Bösewichte und gemeine Sünder, die die Worte der Weisen, ihre allegorischen Interpretationen und ihre Worte für nichts erachten . . . Wie eine Schar von Propheten . . . ziehen sie in der Stadt umher, um [andere] mit ihren Worten zu überzeugen. Sie glauben, jene zu sein, die in Israel viel gelten ... Sie halten die Tora für Trugwerk, und in ihren Augen ist derjenige weise, der die Worte der Weisen verhöhnt... Sie stürzen die Gitter um, die vor der Tora errichtet wurden. Die Worte der Weisen sind für sie Worte ohne Wert. Sie glauben, als einzige im Besitz des Heils zu sein . . ."

Dieser Auszug macht deutlich, dass die Identifizierung des Autors des *Kol Sachal* zu jener Zeit nicht nur eine Frage der Neugier oder eine rein akademische Angelegenheit war. Vielmehr wäre es zum Skandal gekommen, wenn die vermutete Identität Leones irgendwie nachgewiesen worden wäre.

Ob der *Kol Sachal* aus der Feder eines anonymen, unbekannten Autors stammte oder ein von dem venezianischen Rabbiner umgeschriebenes oder sein eigenes Werk war, das er jedoch nicht verfasst hatte, um der Häresie Vorschub zu leisten, sondern um sie zu bekämpfen, oder ob es gar das Zeugnis einer uneingestandenen und uneingestehbaren ideologischen Verwirrung ist – das Buch stellte in jedem Fall einen heftigen Angriff gegen das offizielle Judentum dar. In seiner Antwort geht Leone da Modena mit dem Verfasser des *Kol Sachal* (also wahrscheinlich mit sich selbst) streng ins Gericht und sagt, dass er eine Polemik über die Grundprinzipien akzeptieren könne, nicht aber die gegen die Rabbiner vorgebrachte Beschuldigung, sie würden den Sinn der Tora entstellen. Die Tora sei kein von Menschen verfasstes Dokument. Da sie von Gott komme, habe jeder ihrer Buchstaben eine Bedeutung und brauche eine Mündliche Lehre an ihrer Seite, mit der sich das rabbinische Denken seit Jahrhunderten befasst habe.

Auch wenn mit gewissen Zweifeln und von sehr unterschiedlichen Standpunkten her, sind mehrere Gelehrte des 19. Jahrhunderts, Isacco Reggio aus Görz, Abraham Geiger aus Breslau und N. S. Libowitz, der, wie Geiger, Verfasser einer Biographie über Leone da Modena war, immer davon ausgegangen, dass die beiden Werke, das heißt der *Kol Sachal* und der *Scha'agat Arje,* einander ergänzten. Ihre These untermauerten sie mit zahlreichen Beweisen, die sich sowohl auf stilistische Eigenheiten als auch auf die darin enthaltenen Vorstellungen bezogen. Reggio ging sogar so weit, die Niederschrift eines derart brisanten Werkes wie des *Kol Sachal* als eine Möglichkeit zu interpretieren, das Rabbinat zu kritisieren, ohne negative Folgen befürchten zu müssen.

Der amerikanische Wissenschaftler E. Rivkin, Verfasser des Buches *Leone da Modena and the Kol Sachal*, das 1952 in den Vereinigten Staaten gedruckt wurde, hat eine Reggio diametral entgegengesetzte These aufgestellt und vor allem Zweifel an Reggios Interpretation einiger missverständlicher Worte von Leone da Modena geäußert, die, korrekt gedeutet, folgendermaßen lauten würden: „Die Widerlegung, die ich gegen das häretische Werk *Kol Sachal* geschrieben und die den Titel *Das Gebrüll des Löwen* trägt, ist gar keine Widerlegung; denn es hat nur den Anschein, dass in jenem Werk ich [Leone] brülle. Die Stimme, die ihr im *Kol Sachal* hört, ist aber nicht die Stimme eines Toren, sondern tatsächlich die Leones [des Löwen].“ Der Titel würde eine zweifache Lüge enthalten, nämlich dass die Widerlegung keine Widerlegung und die Häresie nicht die Erfindung eines Toren ist.

Stützte Leone da Modena, dem zwei antithetische Werke zugeschrieben werden, das, was er zu zerstören wünschte, und versuchte er, das zu festigen, was er zerstören wollte? Stellte hier ein Mann des 17. Jahrhunderts seine extreme Modernität unter Beweis? Handelte es sich um Widersprüche eines verstockten Spielers, der seit jeher innerlich gespalten war und in heftigem Widerspruch zu sich selbst stand? Rivkin, der sich bemüht, eine Hürde zwischen Leone da Modena und dem anonymen Autor zu errichten, macht zahlreiche Gegensätze zwischen den beiden Texten ausfindig. Doch genügen formale Widersprüche – in Bezug auf die Liturgie, das Ritual, die Chorgebete –, um diese Debatte zu beenden?

Leone da Modena war vielleicht der erste jüdische Gelehrte, der sich mehr darum bemühte, die Normen und Gesetze des jüdischen Lebens darzustellen, als sie zu interpretieren – dies ist eine Neigung, die nicht nur aus seinen Schriften deutlich hervorgeht, sondern auch aus seinen intensiven Kontakten mit Vertretern der nichtjüdischen Welt, nämlich hohen Geistlichen, Adligen, Botschaftern und katholischen Intellektuellen ... Er zeigte eine besondere Vorliebe für zwei christliche Schüler,

Giovanni Vislingio (ursprünglich Johann Weßling) und Vincenzo Noghera, einen Theologen des Kardinals Sacchetti, des Erzbischofs von Bologna. Rabbi Leone kannte sicherlich Giovanni Argoli, einen berühmten Hebraisten, und den Bischof von Lodève, Jean Plantavit de la Panse, den bereits erwähnten Jacques Gaffarel sowie Sir William Boswell und Sir Henry Wotton und John Selden. In einem Brief an den Bischof von Lodeve macht er sich mit folgenden Worten Luft: „. . . Mein unglücklicher Zustand zwingt mich, Ihnen das zu sagen, was ich sonst verschweigen würde. Jedenfalls wird das Papier nicht erröten . . . Ich bin alt, arm und gebrechlich, von meinen Kindern und Verwandten verlassen, der Gemeinde meiner Juden wohlbekannt, aber wenig von ihr anerkannt, weshalb ich in nicht geringem Elend lebe."

Moisè Soave berichtet über Leone da Modenas letzte Jahre: „. . . von Asthma gequält, wechselte er oft die Wohnung; er wurde Tag und Nacht von seiner Frau vexiert, deren Körper nicht einen gesunden Teil aufwies außer ihrer Zunge, die sie meisterlich einsetzte, um den armen Greis schrecklich zu peinigen und ihm das Leben zu vergällen. Zweimal glaubte er sich dem Ende nahe, aber als er 74 Jahre alt war, musste er für einige Wochen nach Ferrara reisen, um mit den Schwägern seiner Tochter einen Streit über die Rückerstattung ihrer Mitgift vom Zaun zu brechen, die er schließlich auch mit Ach und Krach zurückerhielt."

Im Februar 1648 schrieb er seinen Letzten Willen nieder, verkaufte ein paar Bücher und schenkte andere seinem Enkel Isacco und einigen Verwandten. Er starb Ende März 1648 im Alter von siebenundsiebzig Jahren nach viermonatigem Krankenlager an Katarrh und Fieber. Er selbst erzählt in seiner *Autobiographie*, dass er in seinem Leben sechsundzwanzig Berufe ausgeübt habe: 1. Lehrer für jüdische Schüler, 2. Lehrer für nicht jüdische Schüler, 3. Schreiblehrer, 4. Prediger, 5. Schreiber von Predigten für andere, 6. Kantor für die ganze Gemeinde, 7. Schriftsteller in verschiedenen Materien, 8. Tätigkeit als Rabbiner, 9. Richter in religiösen Angelegenheiten, 10. Richter, 11. *Jeschiwa*-Lehrer, 12. Vergeber des Titels Rabbiner-*Chawer,* 13. Schreiber von Briefen an ausländische Partner, 14. Komponist, 15. Verfasser von Gedichten für Hochzeiten und Grabsteine, 16. Dichter von italienischen Sonetten, 17. Komödienschriftsteller, 18. Dramaturgielehrer, 19. Abfasser von Urkunden, 20. Übersetzer, 21. Drucker der eigenen Kompositionen, 22. Druckfahnenkorrektor, 23. Forscher und Lehrer in Sachen Amulettdeutung, 24. Buch- und Amulettverkäufer, 25. Vermittler und Händler, 26. Ehevermittler.

In seinem Testament verfügte er unter anderem: „Heute, am Dienstag, dem 3. Sivan 5394, sind mir sowohl der Kopf als auch die Glieder schwer, und ich spüre in mir eine Schwäche, die mich mit Angst erfüllt angesichts dessen, was mir widerfahren kann . . . Die Grundplatte meines Sarges muss viereckig sein, und er darf sich nicht nach oben hin verbreitern. Auf ihn soll man nur die Bücher legen, die ich selbst geschrieben habe, gedruckte wie handgeschriebene, und man soll dafür Sorge tragen, dass die Manuskripte nicht in die Hände von Nichtjuden gelangen; deshalb soll man darauf achten, dass nur die großen und gut gebundenen Bücher dort deponiert werden. Die *Chasanim* dürfen nicht, an die anderen gerichtet, Ermahnungen hinter dem Sarg hersingen, sondern nur einen von meinem Enkel Isacco Levi vertonten Abschnitt aus dem Buch der Psalmen . . . Man möge alsdann zusehen, einige meiner eigenen Interpretationen biblischer Verse und aus einigen meiner Schriften zu rezitieren und mich vor dem Eingang des Friedhofs, beim Ausgang zum Feld hinüber, neben meiner Mutter, meinem Großvater und meinem Onkel zu begraben. Dass man um meinen Sarg herum wandeln möge, wie es bei den Levantinern Brauch ist. Dass mein Sohn Isacco das ganze Jahr hindurch in die italienische Synagoge kommen möge, um den *Kaddisch* zu sprechen."

Von dem gelehrten Rabbiner ist ein Verzeichnis seiner Besitztümer erhalten geblieben, das einzige, das – dem Gelehrten Clemente Ancona zufolge – von einem venezianischen Juden jener Zeit bekannt ist und das seine Tochter Diana seinerzeit veröffentlichte – möglicherweise, um den Forderungen seiner Gläubiger zuvorzukommen. Es landete später im Staatsarchiv von Venedig. Über eine Aufzählung vieler armseliger gebrauchter Gegenstände, wie etwa ein altes eisernes Bettgestell, „zwei Bettsäcke, ein paar Betttücher und drei gebrauchte Herrenhemden", hinaus ist diese Liste vor allem deshalb interessant, weil sie eine Aufzählung der jüdischen und nichtjüdischen Bücher enthält, die sich im Besitz des Rabbiners befunden hatten: Bücher über die Lehre, die Kabbala, das jüdische Ritualwesen und die formale Erziehung, aber auch Bücher über Uhren und über die Predigten des Savonarola sowie ein Exemplar von Boccaccios *Decamerone* und einige Texte über Kosmographie, um nur ein paar Beispiele zu nennen.

Leone da Modena war und bleibt eine kontroverse Persönlichkeit, seinem Wesen und seiner unentrinnbaren Berufung nach ein Polemiker, ausgestattet mit großem Talent und reichen geistigen Ressourcen, die er nie ganz ausschöpfte, sondern zum großen Teil im Spiel vergeudete. Er war lange Zeit als Lehrer tätig, aber ohne irgendeine Freude an diesem Beruf zu empfinden; was ihn interessierte, war nur seine schriftstellerische Tätigkeit. Auch die Korrektur der Druckfahnen war ihm zuwider.

Ein großer Teil seiner Widersprüche ließ sich durch sein Ambiente erklären. Er war äußerst wissbegierig und polemisierte gegen die Kabbala, glaubte aber an die Macht der Amulette und der Sterne, bewies eine große Treue gegenüber dem Judentum, war aber zugleich der Außenwelt gegenüber aufgeschlossen und an den Ursprüngen des Christentums zutiefst interessiert. Er versuchte oft, die jüdische Tradition mit der Kultur Venedigs in Einklang zu bringen, einer Stadt, die er liebte und von der er sich nur wegen dringender Angelegenheiten entfernte, in die er aber immer wieder zurückkehrte. Allein die Mannigfaltigkeit seiner Interessen bewog ihn zu großer Toleranz. Er war intelligent, unvoreingenommen und sarkastisch und schreckte nie davor zurück, sich selbst zu widersprechen.

# Die Dichterin Sara Coppio Sullam

*Der Briefwechsel mit Ansaldo Cebà – Die Kontroverse mit Baldassarre Bonifacio über die Unsterblichkeit der Seele – Der* Codice *von Giulia Soliga*

„Sara war bildschön, mit ihrem blonden Haar und ihrem sanften Blick . . . doch sie war zart gebaut und kränklich." So beschreibt Emanuele Antonio Cicogna, der berühmte Venedig-Forscher des 19. Jahrhunderts, Sara Coppio Sullam, jene einzigartige Frauengestalt, Dichterin und Schriftstellerin, die Ende des 16. und Anfang des 17. Jahrhunderts im venezianischen Ghetto lebte.

Sara heiratete 1612 Giacobbe Sullam und zeichnete sich weniger durch ein vorbildliches Leben als durch einige Streitschriften aus, in denen sich die zeitgenössische Kultur – und nicht nur die des Ghettos – anschaulich widerspiegelt.

Besondere Neugier weckte ihr Briefwechsel mit Ansaldo Cebà, einem Genueser Edelmann, Dichter, Übersetzer klassischer Texte und Verfasser eines epischen Gedichts mit dem Titel *La Reina Ester* (1615). Die beiden korrespondierten vier Jahre miteinander, doch die beiden Briefpartner begegneten einander niemals persönlich.

Sara schrieb im Mai 1618 als erste an Cebà und brachte ihr Interesse und ihre Bewunderung für den Verfasser des Epos sowie den Wunsch nach einem Briefwechsel mit ihm zum Ausdruck. Cebà ging sofort darauf ein und forderte seine Briefpartnerin auf, den 19. Gesang seines Gedichtes zu lesen, über die Worte der Königin Esther nachzudenken und sich dem Christentum zuzuwenden. Cebà sandte Sara auch ein selbstgedichtetes Sonett.

Einige Monate später sandte der Dichter ihr ein Porträt von sich, begleitet von weiteren Versen. Sara schickte ihm daraufhin ihrerseits ein Bildnis von sich, dem sie ein schwärmerisches Sonett beilegte.

Auf die Ermahnungen Cebàs, der beabsichtigte, sie der christlichen Religion zuzuführen, erwiderte Sara: „Wer den alten Weg um eines neuen willen verlässt, geht oft in die Irre und bereut seine Entscheidung." Nach vier Jahren vergeblicher Versuche schrieb Cebà an Sara: „Wenn Ihr nicht gedenkt, Euch zu bekehren, legt Eure Feder aus der Hand; denn ohne diesen Beweggrund vermag ich die meine nicht zu führen." Und so endete der umfangreiche Briefwechsel zwischen der jungen venezianischen Jüdin und dem fast dreißig Jahre älteren genuesischen Edelmann, der ihr dreiundfünfzig Briefe gesandt hatte. Im darauffolgenden Jahr erschien bei Giuseppe Pavoni in Genua ein Band mit den *Lettere d'Ansaldo Cebà scritte a Sara*

*Coppio e dedicate a Marco Antonio Doria.* Von dieser seltenen Briefsammlung existiert eine Kopie in der Bibliothek des Civico Museo Correr in Venedig. Von Saras Briefen ist hingegen keine Spur erhalten geblieben; möglicherweise hat Cebà sie alle vernichtet.

Diese Briefsammlung, die wohl ganz dem literarischen Geschmack der damaligen Zeit entsprach, musste einfach das Interesse und die Neugierde der Historiker wecken. Wer unterstützte die junge Sara bei ihrem Versuch, dem erfahrenen Cebà die Stirn zu bieten? Einer ihrer Freunde, der Mönch Angelico Aprosio, schrieb ihr selbst nicht so viel Geist zu, und Cicogna meinte, hinter all dem Scharfsinn verberge sich Numidio Paluzzi, ein Prosaist und Dichter, der in Saras literarischem Salon im Ghetto verkehrte. Für Moisè Soave stand zweifelsfrei fest, dass der berühmte Talmudkenner Leone da Modena, einer der wirkungsvollsten Polemiker und ein Freund der Coppio, Sara zu ihren gelehrten, bedachtsamen, aber lebhaft vorgetragenen Antworten verhalf. Tatsächlich vermuteten sowohl Cebà selbst als auch ein anderer Priester, Baldassarre Bonifacio, dass hinter der couragierten Sara ein gelehrter Rabbiner stand. Es ist historisch verbürgt, dass Leone da Modena in Saras literarischem Salon verkehrte und 1619 das Trauerspiel *Ester* von Salomon Usque nach einer weitgehenden Überarbeitung in Venedig veröffentlichte und es der Dichterin widmete.

1621 musste Sara Coppio Sullam sich in einem schwierigen Wettstreit mit einem anderen Literaten, Baldassarre Bonifacio (1584–1659), dem Erzdiakon von Treviso und späteren Bischof von Capodistria, messen, der zuerst ein eifriger Besucher von Saras Akademie war und später zu ihrem erbittertsten Verleumder wurde. In seinem *Discorso sull' immortalità dell' anima,* der 1621 von Antonio Pinelli in Venedig publiziert wurde, beschuldigte Bonifacio Sara der Ketzerei und der Leugnung der Unsterblichkeit der Seele. Da das Heilige Offizium zu jener Zeit für alle eine Bedrohung darstellte, sah sich die Coppio zu einer raschen Reaktion gezwungen und verfasste das *Manifesto di Sara Copio Sulam Hebrea nel quale è da lei ripro- vata e detestata l'opinione negante l'immortalità dell' anima, falsamente attri- buitale dal Signor Baldassare Bonifaccio.* Dieses Manifest, das 1621 in Venedig, und zwar ebenfalls bei Pinelli, erschien, widmete sie dem Andenken ihres Vaters, Simone Coppio. Es ist das einzige vollständige, gedruckte Werk der Dichterin, das uns erhalten geblieben ist.

In ihrem Vorwort schreibt Sara:* „Ich wage zu glauben, dass es den geehrten Lesern merkwürdig Vorkommen muss, wenn mein in dieser Stadt wahrhaftig nicht unbekannter Name zum ersten Mal gedruckt erscheint im Zusammenhang mit einer ganz anderen Materie, als man vielleicht aus meiner Feder erwarten könnte. Aber ein anderer hat mich, sei es aus Böswilligkeit, Einfalt oder Unbedachtheit, dazu gezwungen . . . diese kurze Schrift in aller Eile herauszugeben, nicht mit dem Ziel

* In Auszügen zitiert nach der deutschen Übersetzung in Emuna, Sonderheft 1975, S. 38 ff.

MANIFESTO
DI
SARRA COPIA
SVLAM HEBREA.

Nelquale è da lei riprouata, e deteſtata l'opinione negante l'immortalità dell'Anima, falſamente attribuitale dal

*SIG. BALDASSARE BONIFACCIO.*

Con Licenza de' Superiori.

IN VENETIA, M. DCXXI.

*Appreſſo Giouanni Alberti.*

*Mit ihrem "Manifesto di Sara Copio" von 1621 reagierte Sara Sullam darauf, dass man sie der Ketzerei und der Leugnung der Unsterblichkeit der Seele angeklagt hatte.*

oder in der Hoffnung auf irgendwelchen Ruhm, sondern einzig, um mich gegen die Verleumdung des Signor Baldassarre Bonifaccio zu verteidigen . . . Die Seele des Menschen, Signor Baldassarre, ist unverwesbar, unsterblich und göttlich, von Gott geschaffen und in unseren Körper gegeben in dem Augenblick, da die Kreatur im Schoß der Mutter entsteht und sie aufnehmen kann; und diese Wahrheit lebt so gewiss, so unzerstörbar und unbezweifelbar in mir wie, glaube ich, in jedem Juden und Christen . . . Demnach war Eure Verleumdung zweifellos unüberlegt, und sie hätte verdient, dass ich mich auf andere Weise als mit der Schreibfeder verteidigte, nämlich durch Äußerung meines Unwillens, wodurch Euer Buch den Ruf einer Schmähschrift hätte erhalten können. Aber die Barmherzigkeit meiner Religion hilft mir, Mitleid zu haben mit Eurer Einfalt. . . Wie vollkommen falsch, ungerecht und unvollkommen grundlos die Anklage ist, die Ihr in Eurem *Discorso* gegen mich erhebt: Ich hätte die Unsterblichkeit der Seele geleugnet. . . Um jeden Zweifel bezüglich meiner Einstellung auszumerzen, müsste letztlich mein Bekenntnis zum Judentum genügen, denn wenn ich das glauben würde, was Ihr mir ankreidet, und daher nicht fürchten würde, die Seligkeit im anderen Leben zu verlieren, hätte es mir nicht an Gelegenheiten gemangelt, die Religion zu wechseln, um meine Lage zu verbessern; das können viele hochgestellte Personen bezeugen, die es unentwegt versuchten.

Um über die Unsterblichkeit der Seele zu verhandeln, mein Herr, ist etwas anderes als der Titel *Juris utriusque Doctor* notwendig . . . Betrachten wir nur einmal, mit wieviel Kenntnis der jüdischen Sprache Ihr Euch das Wort *Ruacb* zunutze macht. Ihr sagt, eben dieses Wort bedeute in der Heiligen Schrift den *menschlichen, engelhaften und göttlichen Geist*. . . Wenigstens in dieser Einzelheit hättet Ihr Euch, da Ihr zu einer Jüdin sprecht, besser informieren müssen bei jemandem, der etwas davon versteht, denn *Ruach* heißt nichts anderes als Luft, Wind, der Atem, durch den wir leben . . ." Nachdem sie andere Punkte des *Discorso* verworfen und Bonifacio der Unredlichkeit bezichtigt hatte, schloss Sara Coppio mit der an ihn gerichteten Aufforderung, er solle sich mit Philosophen von anderem Format messen als mit ihr, einer Frau, die gleichwohl „einiges studiert hat".

Weitere Informationen über Sara Coppio Sullams Leben lassen sich bei einem Mönch, Angelico Aprosio, einem Franzosen, nachlesen, der nach Venedig reiste, „weil ihm der Ruf Saras und ihrer Akademie zu Ohren gekommen war und er begehrte, dort eingeführt zu werden". Der Erzieher und Lehrer Numidio Paluzzi erkannte, dass Sara von dem Ausländer beeindruckt war, und plante, von diesem Umstand zu profitieren. Er ließ einen Brief schreiben, in dem er, der vermeintliche Franzose, sie an ihre Liebschaften erinnerte, „die sie, wie sie sagte, verheimlicht hatte", und verlangte von ihr eine sofortige Antwort, die mit Hilfe magischer Kräfte innerhalb weniger Stunden in Paris eintreffen würde. Die Dichterin ging in die Falle, befolgte, wie der Mönch Aprosio behauptet, Paluzzis Anregungen, überreichte diesem 400 Goldscudi, damit er Geschenke kaufte und ein Porträt von Sara selbst bezahlte, das sie bei dem Maler Berardelli in Auftrag gegeben hatte. Der Pädagoge garantierte, dass alles „mittels eines Luftgeistes" nach Paris befördert würde und dass dieser „nicht mehr als drei Stunden benötigte, um von Venedig nach Frankreich zu fliegen und von dort wieder zurückzukehren". Diese ganze Geschichte taucht auch in einer Handschrift auf, die unter dem Namen *Codice di Giulia Soliga* bekannt ist und heute in der Biblioteca Correr aufbewahrt wird; früher hatte sie sich einmal im Besitz des bereits erwähnten venezianischen Bibliophilen Cicogna befunden.

Wer diese Giulia Soliga war, ist beim heutigen Stand der Forschung immer noch ein Rätsel. Auch der Grund für ihre leidenschaftliche Verteidigung der venezianischen Dichterin ist unbekannt. Fest steht, dass diese Miszellen nicht nur ein wertvolles Beispiel für den literarischen Geschmack der Barockzeit darstellen, sondern einige merkwürdige Aspekte aufweisen. So erzählt Giulia Soliga in dem *Codice* auch die Vorgeschichte ihrer ganzen Streitschrift: Paluzzi, der wegen seiner Arroganz und Ignoranz aus dem Amt eines Sekretärs bei einem Adligen entlassen worden war, fand bei Sara Hilfe, die ihm, als sie ihn so in Lumpen gekleidet sah, neue Kleider, eine Unterkunft und ein Gehalt von 6 Zechinen im Monat verschaffte und „morgens und abends ihm selbst wie auch seinem Diener eine üppige Ration" zukommen ließ. Giulia Soliga berichtet, dass Paluzzi nach sechs Jahren plötzlich seine Stelle aufgab und, bevor er Venedig in Richtung Friaul verließ, „in aller Ruhe das Haus ausplünderte und das mitnahm, was die Jüdin ihm geliehen hatte; doch nicht, ohne sie zuvor um das Gehalt für drei Monate zu erleichtern – ein Betrag, der sich auf hundert Dukaten und mehr belief. Dann trat er, ohne Lebewohl zu sagen, die Flucht an." Sein Abenteuer in Friaul endete mit einem Fiasko. Paluzzi kehrte „elender denn je" nach Venedig zurück. Die Dichterin nahm ihn wieder auf, pflegte ihn und gab ihm zwei Jahre lang „ein Zimmer in ihrer Nähe". Sie stellte ihn unter die Obhut von Paola „la Furlana", der „Friaulerin". Diese war eine ihrer besten Dienerinnen, die sie „wie eine Mutter schätzte". Allerdings begann Paola schon recht bald, gemeinsam mit der Mora, einer dunkelhäutigen Marranin aus Granada, sie systematisch auszurauben und dafür einen imaginären Luftgeist verantwortlich zu machen. Paluzzi, der im Hause von Paola la Furlana lebte, tat sich mit den beiden Frauen zusammen „und machte das infame Trio komplett. Die beiden Frauen nahmen ihn gern auf, weil sie hofften, mit Hilfe seines Einflusses große Dinge zu vollbringen. Und so geschah es auch." Die arme Dichterin, die den Leuten vertraute, denen sie Wohltaten erwiesen hatte, und sich für jedes Phänomen mit magischen und außerirdischen Aspekten interessierte, tappte in die aufgestellte Falle. Inzwischen hatten sich auch noch mit der Komplizenschaft Berardellis die drei Kinder der Furlana dem Trio zugesellt. Nun nahmen die Betrügereien übergroße Ausmaße an, zumal es den Gaunern leichtgemacht wurde. Sie stahlen Schmuckstücke und Haushaltsgegenstände, und da die Dichterin offensichtlich keinen Argwohn schöpfte, beschlossen sie, sie um ihr Gold und ihren Schmuck zu erleichtern, wobei ihnen der bereits vom Mönch Aprosio erwähnte Briefwechsel mit dem französischen Edelmann als Vorwand diente.

Dazu schreibt die Soliga: „Da wollte Gott, dass die geschädigte Jüdin diesen schandbaren Betrug aufdeckte und sich an die Justiz wandte. Sie führte nun privat und öffentlich darüber Klage, dass jene ehrlosen Gesellen Schriften herausgäben, die ihren guten Ruf schädigten." Paluzzi und Berardelli hatten sich für die Anzeige, die Sara bei den *Signori della Notte al Criminal* gegen sie erstattet hatte, gerächt, indem sie im Ghetto gegen Sara gerichtete Schmähschriften, genannt *Sarreidi*, verteilten.

Paluzzi, der seit langem an Syphilis gelitten hatte, starb kurz nachdem die Dichterin ihn angezeigt hatte und es zum Skandal gekommen war. Um sich gegen die Beschuldigungen der Sullam zu verteidigen, sammelte sein Freund und Komplize Berardelli im Juli 1625 die verstreuten Briefe seines verstorbenen Freundes und ließ einige seiner Gedichte unter dem Titel *Rime del signor Numidio Paluzzi allo illustre ed eccellentissimo Signore Giovanni Soranzo* drucken. Im Vorwort zu diesen *Rime* erhob der Maler Plagiatsvorwürfe gegen Sara.

Im Mittelpunkt des *Codice di Giulia Soliga* steht ein imaginärer Prozess gegen Paluzzi vor dem Appellationsgericht des Parnass. Vor diesem Tribunal, das von Apollon beherrscht und mit herausragenden Persönlichkeiten – Künstlern, Literaten und Staatsmännern – besetzt ist, wird Paluzzis Geist aufgefordert, Rechenschaft über seine Missetaten abzulegen.

Vor dem Parnassgericht wird Paluzzi vorgeworfen, er habe mit beispielloser Undankbarkeit und Perfidie dem Ruf einer tugendhaften und ehrsamen edlen Dame geschadet. Die Ermittlungen leiten Vittoria Colonna, die Markgräfin von Pescara, und Veronica Gambara von Carreggio, denen Sappho und Korinna aus Tanagra assistieren. Die beiden Damen zitieren, nachdem sie die Prozessakten, Briefe und Urkunden überprüft haben, den Pädagogen Paluzzi vor Gericht. Nach ein paar Augenblicken des Zögerns gesteht der Mann seine Schuld, schildert die zahlreichen, bereits bekannten Betrügereien in allen Einzelheiten, erklärt aber, mit der Verteilung der Schmähschriften, die als *Satire Sarreidi* bekannt sind, nichts zu tun zu haben, und bezichtigt statt dessen seinen Komplizen, den Maler. Nun trifft der Staatsanwalt in der Person von Pietro Aretino ein, ein Dichter, der für seine spitze Feder und seine schlüpfrigen Verse berühmt war. Sein Plädoyer ist streng: Am Ende gilt Paluzzi als derjenige, der die ganze Intrige in jeder ihrer Phasen verschuldet hat, und er wird mit einem Brandmal auf der Stirn bestraft. Berardelli, der sich noch nicht im Totenreich des Parnass eingefunden hat, wird ebenfalls auf der Stirn gezeichnet, aber nur symbolisch auf einer Effigies. Zusammen mit den anderen Schuldigen wird er auf dem Gipfel eines hohen Berges gefesselt und dem Volk ausgeliefert, das ihn zerfleischt. An dem abschließenden Festmahl nehmen alle Parnass-Bewohner teil, über fünfhundert Personen, und bei dieser Gelegenheit werden zahlreiche unterhaltsame Sonette vorgetragen.

Die jüdisch-venezianische Dichterin Sara Coppio Sullam, die im Mittelpunkt des *Codice* stand, starb, wie es heißt, im März 1641 an „Fieber".

# Simone Luzzatto

*Luzzatto und der Mythos von Venedig – Der* Discorso circa il stato de gl' Hebrei et in particolar dimoranti nell' inclita città di Venezia – *Die Rezeption des* Discorso

Isaac Abravanel, David de Pomis und Simone Luzzatto gehörten, im Lauf von fast einhundertfünfzig Jahren, zu jenen venezianischen Juden, die dem Mythos von Venedig am meisten huldigten. Abravanel kam zu Beginn des 16. Jahrhunderts in die Stadt, nachdem er mit sämtlichen Häfen des Mittelmeers Bekanntschaft gemacht hatte und als das Ghetto noch gar nicht existierte. De Pomis, durch päpstliche Intoleranz aus Perugia vertrieben, wurde in der Lagunenstadt gastfreundlich aufgenommen und kam dort zu Ehren, obgleich damals die Erinnerung an die Ereignisse von Lepanto noch ganz frisch war. Es ist daher verständlich, dass sie ihrer neuen Heimat, die sie aufgenommen hatte, eine Dankesschuld ab tragen wollten. Simone Luzzatto jedoch, der der Natione Todesca entstammte – also jener Gruppe von Juden, die das Ghetto gegründet hatte –, machte sich zwar zum Interpreten des venezianischen Mythos, erkannte aber schon Anfang des 17. Jahrhunderts die ersten Anzeichen eines möglichen Niedergangs. Mit der Ausarbeitung einer teilweise recht originellen Wirtschaftstheorie beabsichtigte er, das Idealbild noch durch eine Synthese zu stützen, in der er ein Schlaglicht auf das unauflösliche Band zwischen den venezianischen Juden und der Lagungenstadt warf.

Der Mythos von Venedig, den Abravanel und de Pomis mit metaphysischen Konnotationen versehen hatten, wurde von Simone Luzzatto aufgrund der wirtschaftlichen Realität seiner Zeit und mit Hilfe historisch-politischer Betrachtungen interpretiert. Er war in der Kultur der Renaissance aufgewachsen, und deshalb enthalten seine Werke viele Verweise auf Machiavelli und Paruta sowie auf die Theorie der Staatsräson; aber es findet sich auch eine Fülle von Hinweisen auf die Klassiker – Platon, Aristoteles, Tacitus usw.

Luzzatto, der seine Gedanken zu Politik und Wirtschaft mit Gefühl und Leidenschaft, aber auch mit Mäßigung und Rationalität zu formulieren verstand, schrieb den *Discorso circa il stato de gl' Hebrei et in particolar dimoranti nell' inclita città di Venezia* mit dem Ziel, den Leser mit Hilfe konkreter Daten davon zu überzeugen, dass die Anwesenheit der Juden in der Stadt Vorteile mit sich brachte.

Luzzatto bereichert die messianische Idee um einen politischen Inhalt, wenn er die jüdische Existenz in der Diaspora im machiavellistischen Sinne einer Notwendigkeit deutet oder wenn er hervorhebt, dass der Mensch nicht nur aus freiem

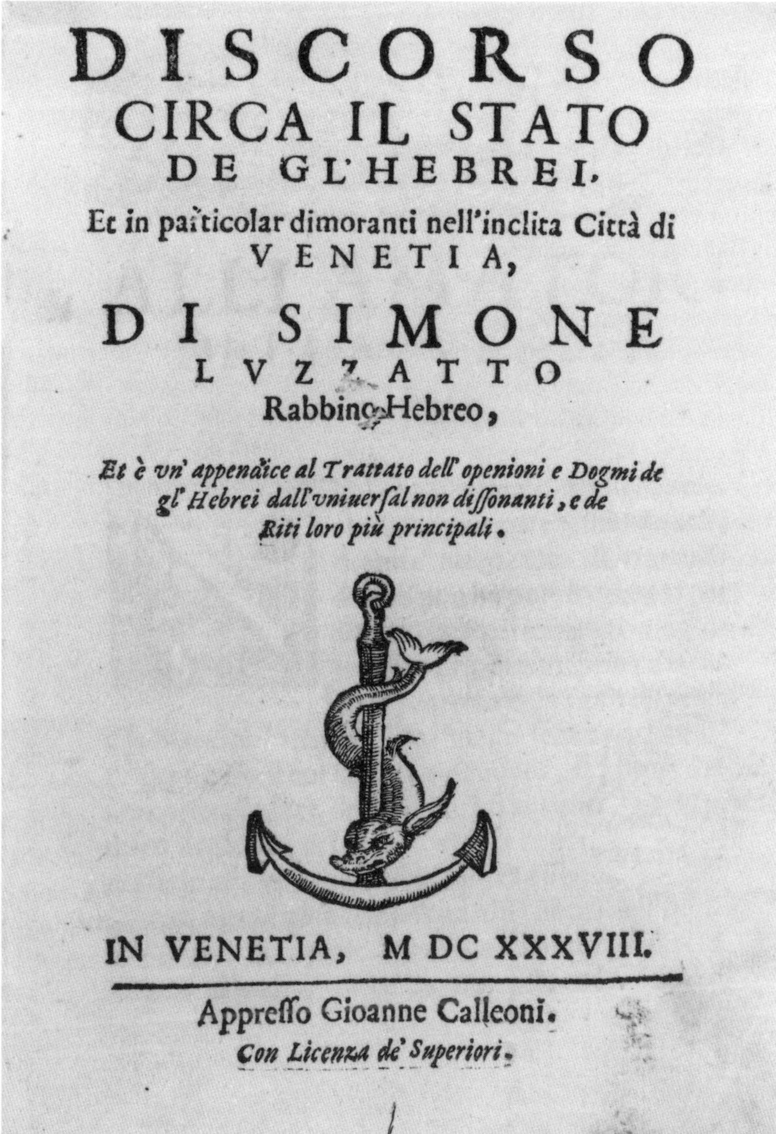

DISCORSO
CIRCA IL STATO
DE GL'HEBREI.
Et in particolar dimoranti nell'inclita Città di
VENETIA,
DI SIMONE
LVZZATTO
Rabbino Hebreo,

*Et è vn' appendice al Trattato dell' openioni e Dogmi de gl' Hebrei dall'vniuersal non dissonanti, e de Riti loro più principali.*

IN VENETIA, M DC XXXVIII.

Appresso Gioanne Calleoni.
*Con Licenza de' Superiori.*

*Im "Discorso circa il stato de gl' Hebrei et in particolar dimoranti nell' inclita città di Venezia" versucht Simone Luzzatto seine Leser davon zu überzeugen, dass die Anwesenheit von Juden der Stadt Vorteile bringe.*

Willen handeln kann, sondern unter dem Druck steht, den Kampf ums Überleben zu gewinnen. Machiavellis Einfluss findet sich auch in jenem Passus, in dem er, unter Zuhilfenahme eines typisch humanistischen Vergleiches, verlangt, das, was von der jüdischen Nation übriggeblieben ist, genauso respektvoll zu behandeln wie ein archäologisches Fundstück – etwa eine Statue des Phidias.

Abravanel und de Pomis hatten sich damit begnügt, die Verwandtschaft und Ähnlichkeit zwischen der Verfassung des Moses und der von Venedig festzustellen. Luzzatto hingegen, der sich über die neuen merkantilistischen Erfordernisse des 17. Jahrhunderts im Klaren ist, entwirft kein statisches und zeitlich unverändertes Bild, sondern ein dynamisches, in dem die Wirtschaft sich den Bedürfnissen des Augenblicks anpasst, und so bestimmen Wirtschaft und Politik über Größe und Niedergang der Stadt. Der venezianische Rabbiner betont die besondere Disposition der Republik zur Stabilität, ihre beispielhafte Rechtspflege, die Strenge ihrer Gesetze, die im Gegensatz zu den Ungewissheiten der Zeit steht, aber erklärt diese Voraussetzung für den Wohlstand weniger mit metaphysischen Vorstellungen als mit dem guten Funktionieren der Wirtschaft und einer vernünftigen Lenkung der öffentlichen Angelegenheiten. Bei der Untersuchung der Gründe für die Größe der Serenissima, der Symptome ihres Niedergangs und der möglichen Abhilfen beweist er deduktiv, wie gewichtig die Rolle der Juden in der Stadt ist. Darin liegt die Neuheit seines Werkes, und damit erweist sich Luzzatto als Mann des 17. Jahrhunderts, ein Mann der neuen Zeit und der neuen Wissenschaft.

Warum schrieb er überhaupt den *Discorso?* War dieser vielleicht eine Reaktion auf eine bestimmte Situation, die die venezianischen Juden durchlebt hatten? John Toland, der 1714 die Naturalisierung der Juden in Großbritannien befürwortete, machte deutlich, in welch schwieriger Lage sich die Juden gegen Ende der dreißiger Jahre des 17. Jahrhunderts in Venedig befanden. Und in seiner *Autobiographie* schrieb Leone da Modena im Zusammenhang mit den Ereignissen des Jahres 1636: „Alle Bewohner der Stadt, die vornehmen Bürger wie alle gemeinen Leute, stürzten sich auf die Juden, wie es üblich war; denn wenn einer eine schlechte Tat begeht, richtet sich ihr Zorn immer gleich gegen die ganze Gemeinde." Luzzatto wollte fast den gleichen Gedanken zum Ausdruck bringen, als er schrieb: „Aus jeder Nation gehen böse Individuen hervor, aber aufgrund ihrer schlechten Führung darf nicht die ganze Gruppe beurteilt werden."

Als M. A. Shulvass 1949 eine anonyme Chronik mit dem Titel *Storia delle disgrazie che hanno colpito gli ebrei d' Italia* bekanntmachte, die in einem bildreichen Stil wahrscheinlich in den Jahren zwischen 1640 und 1663 verfasst wurde, um, dem Brauch entsprechend, während des Fastens am 9. Aw in den italienischen Synagogen vorgelesen zu werden, erfuhr man zahlreiche bis dahin unbekannte Einzelheiten zur Vorgeschichte des *Discorso.* Im September 1635 war es, wie bereits erwähnt, im Herzen der Stadt, in der Merceria, zu einem sensationellen Diebstahl gekommen. Als ein Teil der Diebesbeute im Ghetto gefunden wurde, wuchs sich die Angelegenheit zu einem handfesten Skandal aus. Die Schuldigen wurden verhaftet, darunter auch etliche Juden. Einige sehr hoch gestellte Aristokraten und Richter wurden wegen mutmaßlicher Bestechung in den Skandal verwickelt. Rachefeldzüge und Theaterdonner verliehen der Sache allmählich den Charakter einer regelrechten Staatsaffäre, mit Auseinandersetzungen und Spannungen, von denen die ganze *Università* der Juden betroffen war. Das Ghetto fühlte sich schließlich in seiner Gesamtheit bedroht. Der Rat der Zehn und der Doge Francesco Erizzo versuchten, die drohende Vertreibung der Juden aus den Gebieten der Republik zu verhindern, die in der Stadt verbreitete Erregung zu dämpfen und die Wogen zu glätten, und sie ernannten drei Vermittler: Aus Verona wurde Schemuel Meldola berufen, der mit dem Dogen persönlich bekannt war; die *Università* entsandte Simone Luzzatto, den Vorsteher der *Jeschiwa* des *Kahal gadol* von Venedig; der Dritte war Israel Conegliano, ein Busenfreund des Ministers Marco Giustiniano.

Simone Luzzatto (1583–1663) war damals Haupt der Rabbiner der Stadt. Bereits zu Beginn des 17. Jahrhunderts erfreute er sich großer Popularität und verfasste vielbeachtete Responsen zu zahlreichen Fragen von religiösem Interesse. Er verfügte über eine umfassende Bildung, die sich keineswegs nur auf jüdische Themen beschränkte; Joseph del Medigo pries seine gründlichen Kenntnisse in der Mathematik, und Giulio Morosini alias Samuel Nahmias erinnerte in seiner *Via della fede* daran, dass Luzzatto seines Wissens wie seiner Beredsamkeit wegen nicht nur im Ghetto, sondern auch außerhalb bekannt und geschätzt war.

In seinem Vorwort zu dem 1638 in Venedig gedruckten *Discorso* erläutert Luzzatto die Grundlinien seiner Apologie und bedauert, dass „die jüdische Nation, die in früheren Jahrhunderten so berühmt und ruhmreich war, sich jetzt im Elend befindet“ und dass es ihr an jener Bildung und Gelehrsamkeit mangelt, die sie dringend bräuchte, um sich selbst dem ehrlichen Urteil der Weisesten zu stellen und um gegen die Infamien und Lügen anzukämpfen, die ihr im Laufe der Zeiten angedichtet wurden. Der venezianische Rabbiner beabsichtigte, „einige Vorteile“ herauszuarbeiten, die die jüdische Nation, sofern sie in der edlen Stadt Venedig ansässig ist, dieser selben verschafft. Dabei wollte er ihre Rolle nicht überbewerten, „sondern nur nachweisen, dass besagte Nation kein unnützer Teil der Bevölkerung jener Stadt ist“, und verfolgte „die Absicht, jenen, die in den Dingen der Welt weniger gut bewandert sind, klarzumachen, welche die Motive und Impulse sind, die die überaus weise und gerechte Republik veranlassten, dieser Nation unter ihrem väterlichen Schutz eine sichere Heimstätte zu bieten und sie vor den schlimmsten Beleidigungen zu schützen“.

Auf die jüngsten gegen das Ghetto gerichteten Feindseligkeiten anspielend, schreibt er: „Wenn man den menschlichen Schwächen entsprechend in dieser Nation einige Missetäter und Bösewichte gefunden hat, so darf man deshalb nicht die aufrichtige Zuneigung in Zweifel ziehen, die die *Università* der Juden gegenüber ihrem Allergnädigsten Fürsten empfindet." Auch ein wohlbestelltes Feld brächte neben der guten Ernte Unkraut hervor, aber der Bauer gäbe deshalb sein Feld nicht gleich auf. Im Zusammenhang mit seiner Verteidigung der Rolle, die die Juden in der Stadt spielten, behauptet er: „Manche Verbrechen, die einige wenige Angehörige dieser Nation begangen haben, wurden zum untragbaren Unglück und unmenschlichen Unheil aufgebauscht, während das Alltägliche, die Vorteile und die Gewinne, die auf sie zurückzuführen sind, als kaum wahrnehmbare und unbekannte Dinge übergangen und übersehen wurden . . ." Die Juden brächten der edlen Stadt Venedig einen beachtlichen Wohlstand und könnten zu den „wesentlichen Bestandteilen ihrer Einwohnerschaft" gerechnet werden.

Der Weltanschauung der ersten griechischen Philosophen gedenkend, schreibt unser Autor: „Also sei es der jüdischen Nation gestattet und erlaubt, sich mit den Atomen des Demokrit zu vergleichen . . . Die Reiche ähneln der Milchstraße, die unseren Augen wie eine Ansammlung winziger Sterne erscheint, von denen jeder für sich allein genommen unseren Augen unsichtbar bleibt; doch alle zusammen bilden sie Licht und Glanz. Ebenso setzen sich die großen Reiche aus den Teilchen verschiedener Völkerschaften zusammen." Die jüdische Bevölkerung Venedigs sei einer dieser winzigen Sterne, doch ihre Bedeutung sei für die Wirtschaft der Serenissima groß. Die zahlreichen Zollabgaben, die sie entrichten, befreien das Volk von der drückenden Steuer- und Abgabenlast zur Deckung der dringenden Bedürfnisse und Ansprüche des Fürsten; denn „die Alltagserfahrung lehrt, dass in jenen Städten, in denen der Handel blüht, das Volk zum großen Teil von außerordentlichen Steuern und übertrieben hohen Abgaben befreit wird." Er erinnert lobend an die venezianische Großzügigkeit, da Venedig „üblicherweise nur die gewerbliche Tätigkeit der Menschen besteuert und nicht ihre Existenz selbst und die Laster bestraft, statt von ihnen zu profitieren; das ist hauptsächlich seiner toleranten Regierung zu verdanken, zum Teil aber auch der Höhe der Gewinne, die der Handelsverkehr und der Überseehandel abwerfen"

In der ersten der achtzehn Betrachtungen, in die der apologetische Text eingeteilt ist, befasst sich Luzzatto mit den „aus dem Handel erzielten Gewinnen. Die menschliche Gesellschaft ist nichts anderes als eine Anhäufung wechselseitiger Bedürfnisse oder Wünsche und ein Wechselspiel von Fülle und Knappheit und dem, was die Moralisten Überfluss, Luxus und eitle Objekte unserer Habgier nennen." Der venezianische Rabbiner, der eine ökonomisch motivierte Toleranz fordert, schreibt ferner: „Um zu meinem eigentlichen Thema zu kommen, sage ich, dass zu den Vorteilen und Gewinnen, die die jüdische Nation der Stadt Venedig einbringt, in erster Linie der Profit gehört, der sich aus der Ausübung der Handelsaktivität ergibt. . . aus dieser Tätigkeit ergeben sich fünf wichtige Vorteile für die Stadt." Zusammengefasst handelte es sich dabei um 1. eine Erhöhung der staatlichen Einfuhr- und Ausfuhrzölle; 2. um den Transport von Waren aus entfernten Ländern, mit denen nicht nur die Bedürfnisse der Menschen befriedigt werden, sondern die auch das Leben der Bürger verschönern; 3. um die sichere Beschaffung von Rohstoffen, zum Beispiel Wolle und Seide für die Handwerker (und das wiederum bewirkt, dass diejenigen, die damit arbeiten, friedlich und ruhig sind und es nicht aus Mangel an Nahrung zu Gefühlsaufwallungen und Unruhen kommt); 4. um die Ausfuhr von Fertigprodukten und den Absatz vieler Manufakturwaren, die in der Stadt hergestellt und verarbeitet werden; und 5. um den Handel und den gegenseitigen Warenaustausch als Fundament für den Frieden und die Ruhe zwischen benachbarten Völkern. Zu alldem tragen, wie Luzzatto bemerkt, die Juden bei mit „dem Fleiß ihrer Leute und dem Einsatz ihres Vermögens“. Einige sagen, die Juden seien keine Importeure von Gütern, sondern nähmen Plätze ein, die ihnen nicht gehörten, und schädigten so die christlichen Bürger der Stadt. Sie fügen hinzu, dass es nicht die Juden seien, die dafür sorgten, dass der venezianische Handel blüht, sondern dass Venedig von vornherein über günstige Voraussetzungen für den Handelsverkehr verfüge mit seinem einmaligen Standort, den bequem erreichbaren, nahe gelegenen schiffbaren Flüssen, mit seinen unproblematischen Verkehrsverbindungen, mit seiner Freiheit und der Sicherheit für Leib und Leben und mit seinem hochentwickelten Handwerk. Luzzatto nimmt all das zur Kenntnis, liefert aber in seiner zweiten Betrachtung eine Erklärung für die Tatsache, dass in Venedig ein großer Teil des Handels in der Hand von Fremden liegt. Die Handelstätigkeit, nützlich für denjenigen, der sie ausübt, und gewinnbringend für die Stadt, ist mühevoll und mit vielen Gefahren – sowohl für die Personen, die sich damit befassen, als auch für die Waren – verbunden. Nach so vielen Anstrengungen strebt der Kaufmann nach Ruhe und unbeweglichen Gütern: Nicht ohne Grund entstehen in den Städten, deren Reichtum sich vom Handel herleitet, prunkvolle, üppig ausgestattete Paläste. Je mehr der Reichtum einer Stadt wächst, umso weniger wünschen ihre Bürger, auf das Meer hinauszufahren, und überlassen deshalb den Platz den Fremden, die es aufgrund der erbärmlichen Lebensbedingungen, die andernorts herrschen, hierhertreibt. Vorbei ist für Venedig die Zeit der Unternehmungen eines Quirini, Da Mosto, Barbaro oder Marco Polo, die nach Osten und Westen, nach Norden und Süden zogen und auf ihren kühnen Reisen bis nach Moskau und in die Tatarei gelangten. Jetzt ziehen die Venezianer das Landleben und den Ackerbau auf dem Festland vor und wollen sich nicht mehr den Winden und den Launen der Natur aussetzen. Franzosen und Engländer, Flamen und Genuesen haben sie im Handel mit der Levante, von Dalmatien bis Konstantinopel, verdrängt. Das Wachstum der Städte ist dem der Körper zu vergleichen, die sich zuerst nähren und groß werden, sich dann auf einem gewissen Niveau stabilisieren und langsam zu verfallen beginnen. Statt mehr Wohlstand zu produzieren, denken die satten Bürger nur daran, ihn zu konsumieren, und dann kommen eben die Fremden, die Gewinne erzielen und dann ebenfalls nach Hause zurückkehren, um die Früchte ihres Handels zu genießen. Und das verursacht schwere Schäden, weil die Stadt so ihren Lebenssaft und Reichtum verliert. Was ist also zu tun? Die Fremden in die Stadt zu integrieren ist nicht leicht und auch nicht immer möglich. Da gibt es ihre Verbundenheit mit der fernen Heimat und den Wunsch, das Leben dort zu beenden, wo es begonnen hat. Um Franzosen, Genuesen und Deutsche auf die Dauer anzulocken, müsste man ihnen die Möglichkeit eröffnen, zu denselben Bedingungen wie die venezianischen Bürger Häuser und Grundstücke zu erwerben. Doch in Venedig ist das nicht möglich, da es von der Lagune und von Sumpfland umgeben ist, von einem Gelände also, das sich nicht zum Anbau eignet. Die reichen Kaufleute würden sich, um ständigen Aufenthalt in der Stadt zu nehmen, nicht mit einfachen Besitztümern zufriedengeben, sondern nach neuen Vorrechten streben – Ämter, Titel, Eigentum –, um ihrer Position mehr Glanz zu verleihen. All diesen Missständen könnte durch die Juden abgeholfen werden, „da sie selbst keine eigene Heimat haben, in die sie ihre in der Stadt [Venedig] erworbenen Reichtümer bringen könnten, und da sie an keinem Ort Immobilien erwerben können und dürfen". Und selbst wenn sie es dürften, würde es gar nicht in ihrem Interesse liegen, das zu tun und ihr Hab und Gut einzusperren. Ferner trachten sie auch nicht nach Würden, Titeln und Besitztümern, auch weil sie, wenn sie einmal in einer Stadt Aufnahme gefunden haben, fest entschlossen sind, nicht mehr von dort wegzugehen . . . Hinzu kommt, dass der Jude, der in Venedig wohnt, kein anderes Betätigungsfeld hat als den Handel, und es schwierig für ihn wäre wegzuziehen, da er nicht hoffen kann, sich irgendwo sonst mit irgendeinem Beruf oder einer Kunst über Wasser zu halten. – „Und es gibt keinen Zweifel, dass sich unter allen Staaten und Orten der Welt die jüdische Nation der Allergnädigsten Regierung der Serenissima Repubblica erfreut dank ihrer stabilen Herrschaft, die sich nicht durch das wankelmütige Denken eines einzigen Fürsten verändern lässt." Die Juden sind also ihrer natürlichen Eigenschaften wegen für die Stadt Venedig nützlicher als die übrigen Fremden. Eben wegen dieser besonderen Beziehung zur Lagunenstadt begünstigten sie den Zufluss von Waren, die ohne sie leichter in die anderen Häfen, besonders in die am Tyrrhenischen Meer gelegenen, strömen würden, weil diese sich besser für den Handelsaustausch mit jenen Nationen eigneten, die auf der anderen Seite des Mittelmeers leben . . .

Aber „taugen die Juden denn zur Handelstätigkeit" ? In seiner vierten Betrachtung stützt Luzzatto seine These mit zahlreichen – teils psychologischen, teils anthropologischen – Beobachtungen. Er bemerkt, dass „Not und Elend die wahren Triebfedern und Anreize zur Erfindung und Entdeckung der lebendigsten und hervorragendsten Künste sind". Er fügt hinzu, dass „in der Schule der Entbehrung unter der strengen Zucht dieser Not die Juden mehr als jede andere Nation belehrt und gebildet wurden, da sie keine Immobilien besitzen und keine mechanischen Künste ausüben dürfen, von städtischen Ämtern fernbleiben und mehr Familienpflege wahren müssen, weil ihnen aufgrund ihrer Bräuche die Ehelosigkeit verboten ist". – „Wo die Juden eine

Wohnstatt finden, blühen Handel und Verkehr, wofür Livorno ein Beweis ist, und im Übrigen erinnert sich Venedig daran, dass der Gründer des Hafens von Spalato ein Jude war und der Hafen seit damals für jeden Handel mit der Levante eine Anlaufstelle ist." Die politische Stabilität der Republik begünstigt den Zufluss von Kapital der Verwandten von Juden im Ghetto, die in anderen Städten wohnen und an einem sicheren Ort investieren möchten. Die Juden bauen kein Land an, sind keine Schiffseigentümer und werden aufgrund ihrer Lebensbedingungen zum Handel gezwungen. Von Not getrieben, verspürt der venezianische Jude mehr als jeder andere die Notwendigkeit, sein Kapital auf die Reise durch die Welt zu schicken, nicht nur „in die den Venezianern zugänglichen Häfen", sondern vor allem in jene, in die die Venezianer nicht vordringen können, während sie, die Juden, dorthin gelangen, und zwar nicht wegen einer größeren Vertrautheit mit dem Risiko, sondern weil sie unter der türkischen Herrschaft Beziehungen mit anderen Juden unterhalten, die – aber nur für sie – zuverlässige Partner sind.

Der venezianische Rabbiner gibt einen Überblick über den damaligen Handelsverkehr und den Aufstieg neuer Handelsnationen, allen voran Portugiesen, Flamen und Engländer, die die Häfen von Lyon, Antwerpen und Amsterdam beherrschten. Ihm genügt es nicht, den Schluss zu ziehen, dass einige Branchen des Handels den Juden gehörten, ja, „an ihre Person gebunden" sind und dass „blühende Industriezweige von ihnen abhängen". Vielleicht war er sich bewusst, dass eine derartige Behauptung sich als zweischneidiges Schwert erweisen könnte, und beeilte sich, ihre Bedeutung und potentielle Gefährlichkeit herunterzuspielen. In seiner fünften Betrachtung befasst er sich mit der Bereitschaft der Juden zur Unterordnung: „Die führungs- und schutzlose jüdische Nation ist über die ganze Welt verstreut und passt sich immer den Verfügungen der öffentlichen Autorität an, und wenn ihnen besondere Lasten aufgebürdet werden, hört man sie nicht protestieren, ja nicht einmal eine einfache Klage äußern." Mit einem weiteren Lob für die Republik Venedig, „die besser geordnet ist als jede andere", bemerkt Simone Luzzatto, dass ihre so wenig flexible innere Schichtung und die strikte Trennung zwischen dem gemeinen Volk, den Bürgern und den Adligen und zwischen den verschiedenen Körperschaften und Zünften in der Stadt zahlreiche positive Folgen mit sich bringe: Das Handwerk bewahrt seine Perfektion und verbessert sich von einer Generation auf die andere durch eine immer subtilere Spezialisierung. Im Volk herrscht Eintracht, weil jeder seinen Platz hat und nicht der eine dem anderen seine Arbeit wegnimmt, und so wird jede Regung des Neides und der Missgunst unterbunden. Da das Volk geteilt ist, gehorcht es den Befehlen seiner Führer leichter und neigt weniger zu Verschwörungen und Aufständen.

Wie also lässt sich in ein so wohlgeordnetes Gefüge wie das venezianische, das so sehr auf Perfektion, Einigkeit und Gehorsam bedacht ist, ein potentieller Fremdkörper – für den manche das Ghetto halten – integrieren? Auch die Juden, sagt Luzzatto, haben einen Beruf, der sich von allen anderen unterscheidet; sie sind von den Handwerkern getrennt und anders als die Bürger; zudem sind sie nicht befugt, Immobilien zu besitzen; sie können ihr Kapital nicht konvertieren, auch weil sie es für ihre Reisen verwenden müssen, „und das hat einen übergroßen Gewinn aus den Zollabgaben zur Folge“. Luzzatto stellt auch einen Vergleich her zwischen der Investition der Gelder in Immobilien und der in Handelsreisen und gelangt zu dem Schluss, dass die Investition in Immobilienbesitz zwar einerseits weniger riskant ist, andererseits aber auch weniger Rendite bringt. Reisen sind natürlich mit mehr unbekannten Größen verbunden, ermöglichen aber Gewinne, die sich in Friedenszeiten für alle Venezianer als vorteilhaft erweisen und die es erlauben, eine große Menge an gerüsteten, stets auslaufbereiten Schiffen für Kriegszeiten zu halten.

„Im gesellschaftlichen Körper“, schreibt der Rabbiner, „mag der Jude wie jener Teil des Fußes erscheinen, der auf den Boden tritt und der, da er der unterste aller Körperteile ist, keinem anderen zur Last fällt, sondern alle anderen noch trägt.“ Und er fährt fort: „Ich sage das, weil der Jude, dem jede Tätigkeit außer dem Handel verboten ist, niemandes Stellung bedroht, keinem – keinem Handwerker und keinem Fremden – Schaden zufügt und nicht einmal für die handeltreibenden Bürger eine große Belastung darstellt. . .“ Mit der Seefahrt sind viele unkalkulierbare Risiken verbunden; sicher, es gibt reiche Kaufleute, aber viele von ihnen erleiden unerwartete Zusammenbrüche, doch hat in den letzten hundert Jahren keiner von ihnen im Augenblick seines Glücks Venedig verlassen. Luzzatto beharrt wiederholt auf der Tatsache, dass die Juden über keinerlei politischen Einfluss verfügten, und zitiert, zur Untermauerung seiner Behauptung, einige besonders zuverlässige Zahlen: „Ich schätze, dass die Zahl der Juden nahe bei 6000 liegt.“ Nach seiner Berechnung beläuft sich der für Lebensmitteleinfuhren gezahlte Zoll auf 48 000 Dukaten (8 Dukaten pro Kopf). Er meint ferner, dass die Anwesenheit von Juden einen wirtschaftlichen Einfluss auf die Stadt gehabt hat, und errechnet, dass viertausend Personen diesen Einfluss durch ein auf 32 000 Dukaten zu schätzendes Zollaufkommen indirekt zu spüren bekommen. Die Juden zahlen einen direkten und effektiven Zoll in Höhe von ca. 70 000 Dukaten. Dem allen muss man die Steuern auf die Banken hinzurechnen sowie die außerordentlichen Steuern, die Verbindlichkeiten im Zusammenhang mit der Unterbringung ausländischer Botschafter, und „man könnte noch gewisse Bagatellen anführen, wie etwa den Salzkonsum, der meiner Schätzung nach [bei den Juden] viermal so hoch ist wie bei den Christen, wegen des Ritus, den sie befolgen, wenn sie das Fleisch vor dem Auslaufenlassen des ihnen verbotenen Blutes einsalzen . . .“ Luzzatto kommt schließlich auf einen Betrag von 205 000 Dukaten, und dann schwächt er, beinahe erschrocken über eine so beträchtliche Zahl, deren Wirkung ab, indem er schreibt: „Ich wage zu behaupten, dass die obenerwähnte Berechnung nicht zu beanstanden und zu korrigieren ist; die politischen Angelegenheiten sind immer Wandlungen unterworfen. . .“ Trotz dieses Vorbehalts macht er keinen Rückzieher. Der zuerst genannten Summe wird noch der Betrag der außerordentlichen Steuern hinzugefügt, und weiter: „Die Steuer auf die Mieten, die den Juden, die im engen Bezirk des Ghettos zusammengedrängt sind, sehr ungerecht vorkommt, da die Häuser entsprechend der Enge ihrer Wohnungen geschätzt werden." Die Miete für die Häuser im Ghetto wird dreimal höher geschätzt als die für Häuser in anderen Stadtteilen und bringt eine Belastung von weiteren Tausenden von Dukaten. Der Betrag von ungefähr 220 000 Dukaten, der spesenfrei eingezogen wird, bedeutet eine Nettoeinnahme für die Kassen der Republik.

Ravid untersucht die Bilanz, die Luzzatto in seinem *Discorso* aufgestellt hat, und bemerkt, dass der Betrag von 220 000 Dukaten die Nettoeinnahmen fast jeder Stadt auf der Terraferma, in der Levante und selbst in Candia übertraf – zumindest bezogen auf das Jahr 1633. Diese zuletzt genannte Kolonie und der große „Übersee-Staat" sollten sich ein paar Jahre später eben aufgrund der immer höheren Militärausgaben als Belastung für Venedig erweisen. Doch das Nettosteueraufkommen von 220 000 Dukaten des Ghettos setzte keine besonderen Maßnahmen voraus: „. . . Der Ghetto-Bezirk benötigt keine Garnison zu seiner Bewachung, keine Festung zu seiner Verteidigung, keine Unterdrückungsmaßnahmen und keine Seeflotte, die an ihm entlangfährt, um plötzlichen Korsarenüberfällen vorzubeugen. Es gibt keine Eifersucht von Fürsten, die es überraschen könnten, keine Angst vor innerer Unruhe, keine Gefahr, dass es vom Meer überschwemmt oder in einem wilden Fluss versenkt wird. Es besteht keine Notwendigkeit, seine Mauern ständig wiederherzustellen und auszubessern, noch muss es mit Kriegsmaschinen versorgt werden. Man muss sich nicht um den Mangel an Nahrung Gedanken machen, noch bedarf es einer eigenen Regierung, eines Polizeichefs oder eines Kämmerers, der die Steuern einzieht; die jüdische Nation ist für sich demütig, untergeben und dem Willen ihres Fürsten untertan, da sie, wie man sagen kann, im Zentrum der emsigen und regen Stadt allein steht und mit großer Pünktlichkeit die Rechte achtet und die Zahlungen entrichtet, die sie der Öffentlichkeit schuldet. . ." Und – so fügt Luzzatto hinzu – sie möchte auch gern im Umgang mit den Waffen geübt sein, weil sie bereit ist, für die Serenissima nicht nur ihr Geld großzügig einzusetzen, sondern auch ihr Blut zu vergießen.

Obgleich Luzzatto einen großen Teil seines *Discorso* Problemen des Handels widmet, vergisst er nicht die Fragen, die sich im Zusammenhang mit den Leihbanken ergeben: „Den Juden ist es zur Pflicht gemacht worden, den Ansprüchen und Bedürfnissen der Armen und Notleidenden gegen einen Gewinn von nur fünf Prozent im Jahr Abhilfe zu schaffen. Dieser Betrag ist so gering, dass die Ausgaben für die Anmietung der Räumlichkeiten, die Geschäftsführer, Agenten und für anderes den Gewinn aus einem so niedrigen Zins übersteigen." Er bemerkt, dass „dieser Zinsfuß nur der Stadt Venedig eigen ist und dass in anderen Orten Italiens bei den Juden zu einem Zinssatz bis zu achtzehn Prozent geliehen wird".

Bei seinem systematischen Versuch, jedes mögliche polemische Argument seiner

Widersacher im Keim zu ersticken (man muss sich immer vergegenwärtigen, dass der *Discorso* kein abstrakt gelehrtes Werk ist, sondern ein Buch mit einer gehörigen Ladung Polemik) und die Position der jüdischen Minderheit zu stärken, die von der Vertreibung aus dem Ghetto bedroht ist, stellt Luzzatto in seiner elften Betrachtung fest, wie schwierig es ist, „die Gewohnheiten der Juden allgemein zu definieren, und dass sich ihre Vergehen und Verbrechen leicht unterbinden ließen . . . Und wenn es schon so schwierig ist, die inneren Gewohnheiten eines einzigen Menschen zu bestimmen“, wie kann man da erst die Gewohnheiten einer ganzen Nation definieren? „Und besonders von der in alle Weltgegenden verstreuten jüdischen [Nation] lässt sich unmöglich etwas mit Gewissheit und Entschiedenheit aussagen, da die Juden über die Welt verstreut sind, und gleich einem Fluss – der über eine lange Strecke durch das Land fließt, dessen Wasser aber von den Eigenheiten der verschiedenen Länder bestimmt wird, durch die er fließt – übernehmen die Juden von den anderen Nationen verschiedene Gewohnheiten. Deshalb unterscheidet sich der venezianische Jude in seiner Art von dem aus Konstantinopel und der Damaszener von einem Juden aus Cagliari, und alle miteinander unterscheiden sich von den Deutschen und den Polen . . .“ Und wenn jemand trotzdem nach einem gemeinsamen Nenner sucht, „könnte man sagen, dass es sich um eine schwache, demoralisierte Nation handelt, die in ihrer gegenwärtigen Verfassung zu jeglicher politischer Regierung unfähig ist“. Offensichtlich möchte der Rabbiner seine künftigen Leser zufriedenstellen und beruhigen, indem er einige negative Aspekte der jüdischen Situation hervorhebt. Fast als Zugabe offeriert er also eine Musik, die angenehm in ihren Ohren klingen muss: Die Juden – sagt er – sind fast ausschließlich um ihre eigenen Interessen besorgt, sind sparsam bis zum Geiz, bewundern das Altertum und kümmern sich nur wenig um die Gegenwart. Sie haben ungehobelte Manieren und sind wenig beflissen in der Gelehrsamkeit, der Befolgung des Gesetzes und im Gebrauch von Sprachen. Um ein Gegengewicht zu diesen Behauptungen zu schaffen, die vielleicht eher opportunistisch als aufrichtig gemeint waren, sagt er dann, dass die Juden standhaft und mit unbeschreiblicher Zähigkeit an den Glaubensvorstellungen und Vorschriften ihrer Religion, entsprechend den Lehrsätzen ihres Glaubens, festhielten, obgleich sie seit eintausendfünfhundert Jahren in alle Winde verstreut lebten, „mit menschlicher Nächstenliebe und Gastfreundschaft gegenüber jedem, der ihrer Nation angehört, sei er ein Fremder oder ein Ausländer: So teilt der persische Jude den Schmerz des italienischen und leidet mit ihm . . .“

Vielleicht mit der Verteidigung seines Volkes zufrieden, lässt sich der venezianische Rabbiner im abschließenden Teil seines *Discorso* zu Abschweifungen über Kultur und Philosophie hinreißen.

In der fünfzehnten Betrachtung arbeitet er die Irrtümer des Tacitus bezüglich der Juden heraus; die sechzehnte handelt von den verschiedenen Kategorien jüdischer Gelehrter, wobei er drei Gruppen unterscheidet: die Rabbiner und Talmudisten an der Spitze, dann die Theologen und Philosophen und zu guter Letzt die Kabbalisten. In der siebzehnten Betrachtung erklärt er die politischen Ursachen der unterschiedlichen Behandlung, die den Juden in den verschiedenen Ländern ihres Exils zuteilwird; die achtzehnte enthält schließlich statistische Daten.

Ravid hat vermutet, dass viele der Themen der letzten Betrachtung gegen die *Biblioteca Sancta* des mutmaßlichen Konvertiten Sixtus Senensis oder Sisto de Siena gerichtet sind, die 1566 in Venedig erschien – ein Buch, das den Rabbiner Saul Levi Mortera und selbst Leone da Modena zu heftigen Reaktionen reizte.

Luzzattos *Discorso* weckte nicht nur in Venedig Interesse und Aufmerksamkeit. Viele Gelehrte haben zahlreiche Übereinstimmungen mit einem 1655 in London erschienenen Werk *De fidelitate et utilitate Judaicae gentis libellus anglicus* von Menasse ben Israel, dem berühmten Rabbiner von Amsterdam, festgestellt. Während Luzzatto in seinem Buch das Recht der Juden, in Venedig zu bleiben, verteidigte, versuchte ben Israel stattdessen, die Rückkehr der Juden nach England nach einer 350 Jahre währenden Verbannung zu beschleunigen. Sie verfolgten jedoch die gleiche Absicht, und die Argumente, deren sich beide bedienen, sind so auffallend ähnlich, dass sich in beiden Texten fast gleichlautende Passagen entdecken lassen. Menasse ben Israel berief sich jedoch nie ausdrücklich auf Luzzatto.

Luzzatto hatte auch einen gewissen Einfluss auf James Harrington, einen englischen Aristokraten, der um die dreißiger Jahre des 17. Jahrhunderts die Gelegenheit hatte, Venedig zu besuchen. In seinem 1656 gedruckten Buch *Oceana* geht er ausführlich auf die Verfassung Venedigs ein, die erstaunliche politische Stabilität der Republik und ihre Fähigkeit, sich über die Jahrhunderte hinweg unverändert zu erhalten.

Obgleich Luzzatto nur die Probleme in Betracht zog, die auf den Mikrokosmos des venezianischen Ghettos beschränkt waren, stand er unter dem starken Einfluss all jener kulturellen Stimmungen, die sich damals in Europa regten und deren Exponenten oft als berühmte Reisende nach Venedig kamen.

Außer Harrington und ben Israel wurden auch Isaac Cardoso und ben Zion Frizzi, ein Gelehrter des 18. Jahrhunderts, von Simone Luzzatto beeinflusst. John Toland, der sich, wie bereits erwähnt, 1714 für die Naturalisierung der englischen Juden einsetzte, bediente sich derselben Argumente wie der venezianische Rabbiner, mit denen dieser zuvor auch Harrington beeindruckt hatte.

1651 veröffentlichte Luzzatto in Venedig ein anderes Werk in italienischer Sprache, nämlich *Socrate o dell'umano sapere*, das er dem Senat von Venedig und dem Dogen widmete. Es handelt sich um eine hochgelehrte und eigenartige Abhandlung, die, wie einige Historiker feststellten, in keinerlei Hinsicht die jüdische Identität ihres Verfassers verraten würde, wenn diese nicht ausdrücklich auf dem Titelblatt kenntlich gemacht wäre – ein Beleg dafür, wie sehr das Ghetto und sein damaliger geistiger Führer, der berühmte Rabbiner, gegenüber allen von außen kommenden

Einflüssen aufgeschlossen waren.

Simone Luzzatto erweist sich als Freidenker und Antikonformist. Er glaubt nicht an das Überleben der zehn Stämme Israels und äußert sich skeptisch und ohne jede Wertschätzung über die Kabbala und die Mystik im Allgemeinen. Die Originalität seiner religiösen Überzeugungen wird auch aus einem langen *Pessak* deutlich, in dem er behauptet, dass es nach dem Talmud erlaubt sei, am Sabbat eine Gondel zu benutzen, wenn man den besonderen Eigenheiten der Stadt Venedig Rechnung trägt. Der Kleine Rat oder *Waad katan* der *Università* der Juden beschloss, nachdem er diese Meinung des gelehrten Rabbiners überprüft und dabei auch seinen Scharfsinn gewürdigt hatte, auf den Rat anderer Rabbiner hin, doch lieber Vorsicht walten zu lassen, und verneinte die Gültigkeit eines solch außergewöhnlichen Zugeständnisses.

Höchstwahrscheinlich handelt es sich bei dem Verfasser der 1605 geschriebenen *Benedizione ai Dogi di Venezia* gleichfalls um den Rabbiner Simone Luzzatto. Eine Kopie dieser *Benedizione* tauchte Anfang des 20. Jahrhunderts im Britischen Museum zu London auf, und zwar in einer hebräischen Handschrift, die der israelitischen Gemeinde von Korfu gehört hatte. Die Übersetzung lautet folgendermaßen: „Der Neujahrstag des Jahres 5366 fiel auf Dienstag, den 13. September 1605. Der, der unsere Väter Abraham, Isaak und Jakob, Moses, Aaron, David und Salomon und alle starken und mächtigen Könige, die seit alters Berühmtheit genießen, segnete, möge die ruhmreiche Serenissima und vor allem unseren hochverehrten Herrn Dogen Marino Grimani nebst dem ehrenwerten Rate segnen. Der Heilige, gelobt sei er, errette sie aus der Hand derer, die sie hassen, erhöhe ihren Ruhm und vermehre ihre Ehre, festige ihre Herrschaft durch den Frieden und bewege ihre Herzen, damit sie das Wohl Israels suchen und danach trachten, es in Ruhe leben zu lassen. Amen."

# Giulio Morosini alias Samuel Nahmias: Die unvollkommene Identität und die antijüdische Polemik

*Die* Via della fede: *Ein spiritueller Wegweiser, der zwischen Ablehnung der jüdischen Riten und Anfällen von Nostalgie schwankt – Leone da Modena: Der alte Lehrer und geistige Dialogpartner – Die Beschneidung, das Fest der Gesetzesfreude, der jüdische Karneval oder Purim, der koschere Wein und der Sabbat*

*Via della fede (Derech Emuna) mostrata a' gli ebrei da Giulio Morosini veneziano scrittore della Biblioteca Vaticana nella lingua ebraica e lettore nel Collegio di Propaganda fide, Opera non meno curiosa che utile per chi conversa o tratta con gli ebrei o predica loro:* So steht es auf dem Titelblatt eines am 1. August 1683 in Rom gedruckten Buches, das zu Recht als eine der ergiebigsten Quellen über das Leben und die Sitten der damaligen Juden und insbesondere all jener gilt, die im Ghetto von Venedig lebten.

Morosini, dessen ursprünglicher Name Samuel Nahmias gelautet hatte, trat im Jahre 1649 zum Christentum über und nahm bei dieser Gelegenheit seinen neuen venezianischen Patriziernamen an. Sein 1 500 Seiten umfassendes Buch *Via della fede* ist zweifellos ein detaillierter Text voller antijüdischer Polemik, scheint aber zahlreiche Widersprüche zu enthalten und erweckt den Eindruck, dass es Morosini-Nahmias niemals gelang, das Problem seiner Identität ganz zu lösen, und dass er – wenn auch vielleicht nicht bewusst, so doch zumindest in seinem Unbewussten – fortfuhr, ständig zwischen Christentum und Judentum zu schwanken.

In der Einleitung legt er vor allem seine offiziellen Absichten dar. Der Autor erinnert an seine eigene Bekehrung zu Christus und erklärt, den ungläubigen Juden beweisen zu wollen, dass er seine Meinung nicht geändert habe und als guter Christ sterben wolle. Dieses öffentliche Glaubensbekenntnis sei, so meint er, für die Leser nützlich, weil die Juden von all jenen, die sich zum Christentum bekannt hätten, behaupteten, sie würden mit dem Gesetz Mosis im Herzen sterben. Er gibt ferner seiner Hoffnung Ausdruck, dass sein Buch mit der Schilderung der Überlegenheit der christlichen Religion dazu dienen möge, einige Juden zu erleuchten. Das dritte Motiv, das ihn zur Abfassung der *Via della fede* bewog, sei der Wunsch gewesen, „den Verkündern des Evangeliums“ eine Darstellung der jüdischen Riten „zu ihrem Gebrauche“ an die Hand zu geben.

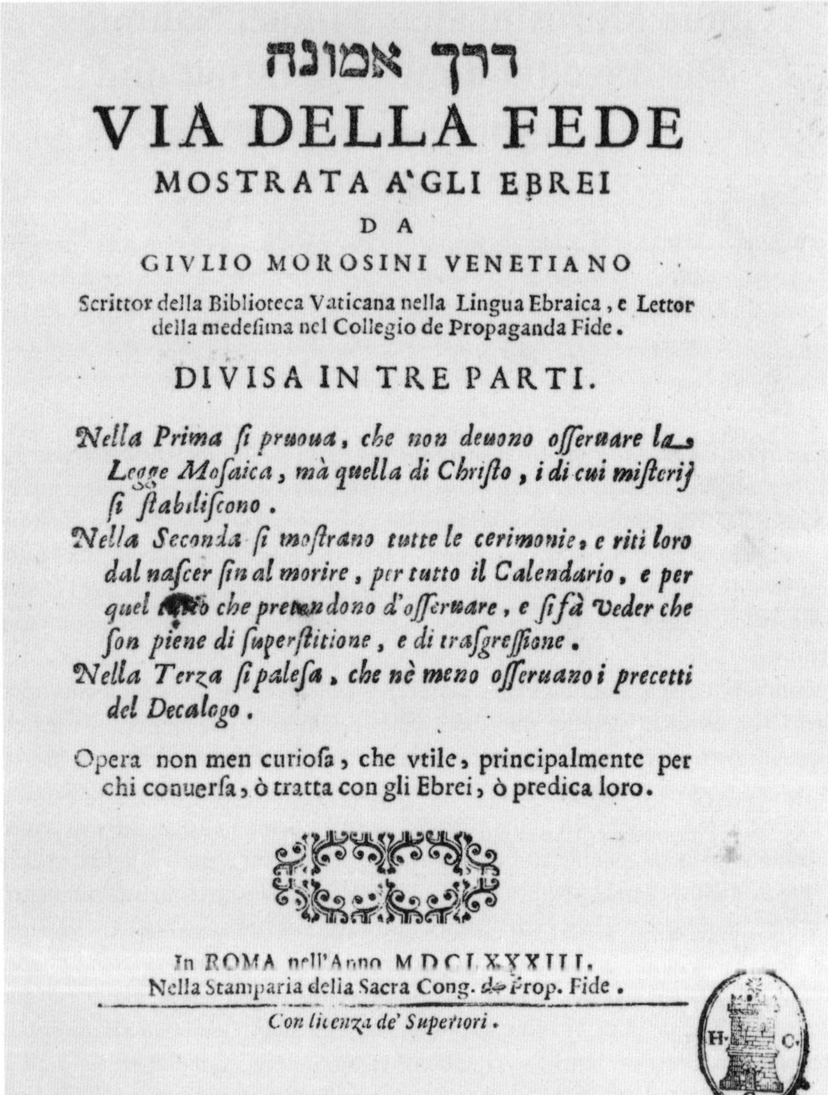

דרך אמונה

VIA DELLA FEDE

MOSTRATA A'GLI EBREI

DA

GIVLIO MOROSINI VENETIANO

Scrittor della Biblioteca Vaticana nella Lingua Ebraica, e Lettor della medeſima nel Collegio de Propaganda Fide.

DIVISA IN TRE PARTI.

*Nella Prima ſi pruoua, che non deuono oſſeruare la Legge Moſaica, mà quella di Chriſto, i di cui miſterij ſi ſtabiliſcono.*

*Nella Seconda ſi moſtrano tutte le cerimonie, e riti loro dal naſcer ſin al morire, per tutto il Calendario, e per quel [illegible] che pretendono d'oſſeruare, e ſi fà veder che ſon piene di ſuperſtitione, e di traſgreſſione.*

*Nella Terza ſi paleſa, che nè meno oſſeruano i precetti del Decalogo.*

Opera non men curioſa, che vtile, principalmente per chi conuerſa, ò tratta con gli Ebrei, ò predica loro.

In ROMA nell'Anno MDCLXXXIII.

Nella Stamparia della Sacra Cong. de Prop. Fide.

*Con licenza de' Superiori.*



*Titelblatt eines 1683 in Rom gedruckten Buches, das über das Leben und die Sitten der Juden Venedigs ausführlich Auskunft gibt.*

Morosini-Nahmias erinnert an die marranischen Ursprünge seiner Familie: Sein Urgroßvater David verließ, um nicht als Getaufter im Untergrund zu leben, Altkastilien zu Zeiten Ferdinands des Katholischen und wandte sich darauf den Häfen Albaniens zu. Hier beschloss er, offen zum Judentum zurückzukehren, sich beschneiden zu lassen und nach Saloniki zu gehen, wo er vierzig Jahre lang blieb und Handel trieb. Isaak, der Sohn Davids, kam als levantinischer Wanderhändler nach Venedig, machte dort sein Glück und hinterließ seinen Nachkommen Reichtümer und Geld. Morosini ist daran gelegen, dieses letztere besonders herauszustreichen, um klarzustellen, dass seine Bekehrung weder von Opportunismus noch von wirtschaftlicher Not diktiert war. Um seinen eigenen Schriften größeren Nachdruck zu verleihen, erklärt er, die hebräische Sprache sei ihm sehr vertraut, und man muss tatsächlich anerkennen, dass seine jüdische Bildung, wie aus der Lektüre dieser sehr gedrängten Seiten hervorgeht, eine umfassende war.

Warum also hat er sich bekehrt? Da er unter Christen lebte, habe er den richtigen Weg erkannt. Im Übrigen erinnert er daran – aber solche Behauptungen sind für die antijüdischen Polemiker, die unter den Juden Zwietracht säen wollten, charakteristisch –, dass selbst Leone da Modena mit schmeichelhaften Worten von der christlichen Religion gesprochen habe. Wenn man die freiheitsliebende und antikonformistische Denkungsart des venezianischen Rabbiners kennt, so ist es nicht unwahrscheinlich, dass er tatsächlich solch offene Erklärungen über die vorherrschende Religion gemacht hat. Allerdings hatte Morosini ein Interesse daran, solchen Worten mehr Gewicht beizulegen und ihren Sinn zu verdrehen. Eine ähnliche Vergewaltigung scheint auch im Zusammenhang mit all dem deutlich zu werden, was ein anderer unter den berühmtesten venezianischen Rabbinern, Simone Luzzatto, von sich gegeben hatte. Morosini erzählt von einem einzigartigen Disput zwischen ihm selbst und seinem Bruder, beide Juden marranischer Herkunft, aber zum Zeitpunkt des Streitgesprächs war der eine Jude und der andere Christ, wobei jeder der beiden von der Überlegenheit seiner Wahl überzeugt war und den anderen davon überzeugen wollte. Sie hatten lange miteinander diskutiert, ohne zu einem Ergebnis zu gelangen, und schließlich beschlossen, den Streit abzubrechen, indem sie sich auf die Interpretation der Prophezeiung Daniels einließen und sich darauf einigten, dass der Besiegte die Religion des Siegers annehmen müsse. Der Bruder ging zu dem berühmten Rabbiner des Ghettos, Simone Luzzatto, und bat ihn, ihm mit seiner ganzen Beredsamkeit zur Seite zu stehen. Da beauftragte Luzzatto die Rabbiner der Gemeinde, über die Frage nachzudenken. Morosini berichtet, Luzzatto habe, als er sah, dass der Christ im Begriff war, den Sieg davonzutragen, plötzlich in die Hände geklatscht und gesagt: „Der Text, über den ihr diskutiert, löst bei allen Rabbinern so viel Erstaunen und Verwirrung aus, dass sie nicht mehr wissen, ob sie im Himmel oder auf der Erde sind.“ Er legte den Finger auf die Lippen und erklärte, aus der Tatsache, dass sie immer noch über die Weissagung Daniels disputierten, könne man schließen, dass alle zum Christentum übertreten würden. Unser Autor legt Luzzatto noch kompromittierendere Sätze in den Mund, wie zum Beispiel: „Man kann nicht leugnen, dass von ihr [der katholischen Religion] eindeutig bewiesen wird, dass der Messias bereits in der Zeit gekommen ist. Ob dieser aber Jesus von Nazareth war, möchte ich nicht ohne weiteres behaupten." Die Gebrüder Nahmias beschlossen daher beide, sich mit ihren Kindern zum christlichen Glauben zu bekehren.

Giulio Morosini blieb zehn Jahre lang in Venedig. Dann zog er nach Rom, wo er Alexander VII., Klemens IX. und Klemens X. kennenlernte, unter deren Einfluss er schließlich dem Kapuzinerorden beitrat und beschloss, ein Buch zu schreiben, das ein vollständiges Zeugnis seines spirituellen Weges sein sollte, nämlich die *Via della fede*.

Das Interesse des Buches liegt vorwiegend darin, dass es sich um eine Polemik „von innen heraus" handelt und von einer Person stammt, die Fakten und Glaubensvorstellungen zurückweist, die sie einmal internalisiert hatte. Außerdem liefert es, wie gesagt, eine umfassende und detailreiche Beschreibung des Lebens im Ghetto. Die ablehnenden Teile sind – abgesehen von einigen Kapiteln voller antijüdischer, im traditionellen Ton gehaltener Polemik – so eng mit den deskriptiven verflochten, dass sie sich nicht voneinander trennen lassen.

Im Zusammenhang mit „dem Ende des Gesetzes Mosis aufgrund der Ankunft des Messias, unseres Herrn Christus", spricht Morosini über die vom Volke Israel begangenen Sünden und behauptet, diese seien die Ursache für seine seit Jahrhunderten andauernde Zerstreuung in alle Welt und seine gegenwärtige Knechtschaft.

Wenn er auf die Vorschriften zu sprechen kommt, greift er an einer bestimmten Stelle seinen einstigen Lehrer, Leone da Modena, an und bemerkt zu dessen *Historia de' Riti Hebraici*, es sei sein Ziel gewesen, der christlichen Welt die Bräuche der Juden als akzeptabel erscheinen zu lassen, indem er nur jene Seiten ihrer Frömmigkeit hervorhob, die „Wertschätzung und Respekt" verdienten, und „das verbarg, was wirklich lächerlich ist". Die alte Zuneigung, die ihn mit seinem ehemaligen Lehrer verband, war, trotz der Distanz der Jahre, noch nicht ganz erloschen. Morosini schreibt dazu: „Da ich lange Zeit ein im Irrtum befangener Schüler von ihm war, kenne ich seine Qualitäten ganz genau, und ich glaube aufrichtig, dass ihm viele Dinge missfielen, die anderen von seiner Art genehm sind ... In seinen vertraulichen Gesprächen sagte er uns, seinen Schülern, dass die Christen tugendhaft seien, und er sagte sogar, dass Christus ein guter Mensch und wahrscheinlich der verheißene Messias war, da schon zu viel Zeit seit dem von den Propheten angegebenen Zeitpunkt verstrichen sei, und er bestätigte nur, es falle ihm schwer zu glauben, dass Christus fleischgewordener Gott sei. Unter anderem waren es diese mehrfach von ihm wiederholten Worte, die mich bewogen, den christlichen Glauben anzunehmen." Und so beendet Morosini-Nahmias dieses Kapitel: „Ich meinerseits werde nicht nur von den schönen Dingen sprechen wie Leone da Modena, sondern auch von den weniger schönen, und ich bin kein Fälscher, denn ich habe 37 Jahre als Jude gelebt." Da er die Bedeutung der alltäglichen und nicht formalen Bindung zwischen dem Juden und seinen Riten kennt, ist er bestrebt, eine Kluft zu schaffen und dieses Band zu zerreißen, in der Überzeugung, dass der Jude sich erst dann bekehren kann. Diese Überzeugung wurde im Übrigen von vielen Rabbinern geteilt, die von der entgegengesetzten Seite her behaupteten, dass die Kraft des Judentums eben in der alltäglichen Praxis liege und dass Inhalt und religiöse Form die zwei Gesichter derselben jüdischen Idee seien. Um sich bei seinem Zerstörungswerk als kompetent zu erweisen, analysiert Morosini daher die verschiedenen Riten, die das Leben der Juden begleiten – die Beschneidung, die Auslösung der Erstgeborenen, die Art, Feste zu feiern und das Fasten einzuhalten –, und hebt deren abergläubische Aspekte hervor. „Der Aberglauben ist in Wirklichkeit ein unnötiger, nicht mehr gebotener Kult. Ihr seid abergläubisch, weil ihr die Zeremonien des Pentateuch und des Alten Testaments befolgt, die keine Gültigkeit mehr haben. Ihr seid abergläubisch, weil euer Gerichts- beziehungsweise Zeremonialwesen von einem Tempel abhängt, den ihr gar nicht besitzt, und von einer Regierung, die ihr ebenfalls nicht habt. . . Gott will das alles nicht mehr von euch. Ihr begreift nicht, dass für euch die Verpflichtung durch das Gesetz nicht mehr gilt. . .“

*Morosini, ehemals Samuel Nahmias, war 1649 zum Christentum übergetreten. Sein Buch „Via della fede“ steckt voller antijüdischer Polemik.*

Morosinis Beschreibung der Beschneidungszeremonie ist denkwürdig: Er berichtet, dass sich in dem Haus, in dem der neugeborene Knabe wohnt, in der Nacht vor dem achten Lebenstag außer dem Vater und der Mutter noch eingeladene Verwandte und Freunde versammeln. Anwesend sind auch der Pate, der das Kind während der Beschneidung hält, und der *Mohel*, der ihn beschneidet. Sie halten Wache bei dem „Knäblein", um es vor dem Schaden zu bewahren, der ihm von Hexen verursacht werden könnte. Die schön gekleidete Mutter hält sitzend das Kind zwischen ihren Schenkeln. Rundherum sind nur die engsten Verwandten, die nicht zulassen, dass sich ihm irgendjemand nähert, der nicht zu den guten Bekannten und Vertrauten gehört. Um dann den Schlaf fernzuhalten, wird ständig Lärm gemacht und getanzt, und jeder bringt dem Knaben nach seinen Möglichkeiten Geschenke. Man isst Süßigkeiten und trinkt Wein. „Am darauffolgenden Morgen, dem achten Tag nach der Geburt, wäscht man den Knaben, ehe man ihn zur Beschneidung bringt, gewöhnlich mit verschiedenen wohlriechenden Substanzen, und nachdem man ihn gewaschen hat, taucht man ihn dreimal in ein anderes Becken mit sauberem und lauwarmem Wasser. Dann wird er in feinste Wickeltücher und bestickte Windeln gewickelt und in ein Mäntelchen aus Brokat und Seide gehüllt. . . Dann legt man ihn dem Paten in den Arm und bringt ihn zur Beschneidung. In der Synagoge oder im eigenen Haus oder wo immer man die Zeremonie abhalten möchte, werden zwei Stühle in gutem Abstand voneinander aufgestellt: Der eine, auf dem eine aufgeschlagene Bibel liegt, ist für Elias reserviert. Während sie die Bibel dorthin legen, sagen sie: ‚Dies ist der Stuhl des Elias. Und auf ihm darf kein anderer sitzen.' Das tun sie, weil sie fest daran glauben, dass der Prophet sich zu allen Beschneidungen, in allen Teilen der Welt, einfindet, um an ihr teilzunehmen. Auf dem anderen Stuhl sitzt der Pate, der den Knaben während der Beschneidung auf den Knien hält. Wenn die Stunde der Beschneidung gekommen ist, strömen viele Leute beiderlei Geschlechts zusammen, und während die Vorbereitungen für die Zeremonie an dem Kind vorgenommen werden, singen die Kantoren im üblichen Ton die dazu gehörenden Hymnen. Dann erscheint der Beschneider, und hinter ihm ein anderer mit einer Schüssel oder einem Kelch in der Hand, in dem sich sämtliche Instrumente befinden, die bei dem feierlichen Akt gebraucht werden: ein gut schneidendes Rasiermesser, eine Silberzange, mit der man anzeigt, wieviel von der Vorhaut abgeschnitten werden muss, ein Pulverfass voll Drachenblut und anderen blutstillenden Pulvern sowie zwei Tässchen oder kleine Schüsseln, in denen sich einige Baumwollstückchen befinden, die eigens aufgeschnitten und in Balsamöl oder Rosenöl getaucht werden, um damit die Schnittwunde zu heilen. Ein Gefäß ist voller Erde oder Sand; darin wird jener Teil der Vorhaut begraben, der abgeschnitten wurde . . . Alle Anwesenden rufen *Baruch Habba*, was so viel heißt wie ‚Gesegnet sei, der da kommt'. Und das sagen sie nicht so einfach, wie es klingt, sondern so, als wäre es ein Geheimnis, das sie bewahren, während ich es jetzt verraten werde: Nach Meinung der Kabbalisten steht das Wort

*Habba*, ‚Der, der gekommen ist', praktisch für drei andere hebräische Wörter, die so viel bedeuten wie ‚Elias ist gekommen'. Sie glauben nämlich, dass Elias während der ganzen Beschneidungszeremonie anwesend war."

Im Zusammenhang mit den Synagogen schreibt Morosini: „In Venedig gibt es sieben Synagogen, von denen eine berühmt ist und den Spaniern und Portugiesen gehört, und eine andere befindet sich im Besitz der Levantiner, die die gleichen Bräuche haben wie die Spanier. Die anderen fünf gehören teils den Italienern und teils den Deutschen, die die Bräuche ihrer jeweiligen Länder befolgen. In Konstantinopel, in Saloniki und in anderen ähnlichen Städten gibt es eine Synagoge der Griechen, und in anderen gibt es Synagogen der Aragonier und der Lissabonner. Die Unterschiede, die zwischen ihnen bestehen, beschränken sich auf unerhebliche Dinge; sie entspringen den Launen der Rabbiner der verschiedenen Nationen. Jede Nation unterhält ihre eigene Talmudschule mit Lehrern, die ihrer eigenen Nation entstammen. Diese lehren und interpretieren die Heilige Schrift in ihrer eigenen Sprache und werden von den Angehörigen der jeweiligen Nation finanziert."

Seine überaus detailreiche Darstellung wirkt fast, als wolle er die Fülle seiner Erinnerungen bannen, und so berichtet er der Reihe nach über die Rituale aller jüdischen Feste.

Über das Fest Simchat Tora (Gesetzesfreude) etwa schreibt Morosini: „Wenn bei den Juden überhaupt einmal Freude herrscht, dann an jenem Tag. Der Grund dafür ist, dass in ebendieser Woche die Lektüre des gesamten Pentateuch, genannt Tora, das heißt Gesetz, beendet wird; denn die fünf Bücher Mosis wurden von ihnen in ebenso viele *Paraschijot* oder Abschnitte eingeteilt, wie es Wochen im Jahr gibt. In der Synagoge werden sie jede Woche derart verlesen, dass nach einem Jahr, nach zwölf Monaten, alle fünf Bücher gelesen sind. Und diese *Paraschijot* spielen eine große Rolle und werden in ihren Kalendern oder Lunarien festgehalten . . . wenn sie am Ende anlangen, feiern sie ein ganz besonderes Fest, weil sie die Lektüre der Tora beendet haben und erneut mit ihr beginnen." In allen Synagogen werden zwei Juden ausgewählt, von denen der eine das Privileg besitzt, die erste „Lesung des Pentateuch" vorzunehmen, und der andere die letzte. Diese beiden werden *Chatanim* (Bräutigame) genannt, der eine „Bräutigam der Tora" und der andere „Bräutigam *‚Bereschit'*" (weil die erste Lesung mit dem Wort „Anfang" oder *„Bereschit"* beginnt). An zwei Sabbaten, dem, an dem die Lesung beendet wird, und dem, an dem sie wieder von vorne beginnt, bringt man ihnen in den Synagogen tiefe Verehrung entgegen; sie werden von ihren Freunden und Verwandten flankiert, die sie mit ausgesuchter Höflichkeit behandeln. Dann werden alle Gesetzesrollen, die sich im *Hechal* oder *Aron*, das heißt „Heiliger Schrein", befinden, herausgenommen und nebeneinander aufgereiht; alle reich in Seide und Goldbrokatdecken gehüllt, verziert mit goldenen und silbernen Pyramiden und Kronen und unter dem Klang vieler Glöckchen und unter Freudenbekundungen mit großem Pomp ausgestellt. Den

„Bräutigamen der Tora“ werden mehrfach Ehren erwiesen: „Wenn sie in die Synagoge gehen, werden sie von den meisten der dort Anwesenden empfangen. Daher verlassen die Vorsteher und Rabbiner zur Stunde der wesentlichen Gebete die Synagoge: Ihnen folgen jene, die die ‚Bräutigame‘ ehren wollen, sowie ihre Freunde und Verwandten und bringen sie zu den Häusern der besagten ‚Bräutigame‘ und begleiten jeden einzeln zur Synagoge. An diesen beiden Tagen sitzen sie auch unmittelbar neben den Gesetzesrollen, noch vor den Rabbinern. Dieselbe Prozedur wiederholt sich nach Beendigung der Gebete; denn auf dem Rückweg werden sie von allen bis zur Haustür begleitet. Allen voran gehen die Kantoren, die Hymnen und Psalmen singen; die vertrautesten Freunde und Verwandte betreten, wie sie es in der Levante zu tun pflegen, das Haus, wo alle empfangen und mit Süßigkeiten und Schnaps bewirtet werden. Viele bleiben zum Essen.“

Das Werk Morosinis besticht durch ein außerordentliches filmisches Gedächtnis, eine Lebendigkeit, hinter der sich eine noch nicht verblasste innere Anteilnahme zu verbergen scheint. Manchmal schlägt er mit seiner religiösen Polemik harte Töne an, die erst dann moderater und milder werden, wenn die Lust an der Darstellung sich Bahn bricht, ja fast unwiderstehlich wird. In seinem Werk wird ein schrecklicher innerer Zwist deutlich, der die tiefe seelische Spaltung widerspiegelt, welche der Konvertit marranischer Herkunft nicht überwinden kann, die ihn wie ein Fluch ein ganzes Leben lang begleitet. Bei der Lektüre seiner Beschreibung vermeint man noch heute, in einem Abstand von Hunderten von Jahren, einer langsam ablaufenden jüdischen Zeremonie beizuwohnen. Wir zitieren ein Beispiel für dieses Erzähltempo: „Nachdem dies unter großem Beifall geschehen ist, wird der erste Bräutigam vom Vorsänger namentlich aufgerufen und unter verschiedenen Belobigungen und Titelnennungen aufgefordert, die letzte Lesung aus dem Pentateuch vorzunehmen. Auf seinem Gang folgen ihm und begleiten ihn zum Zeichen der Verehrung, die man seiner Würde an jedem Tag schuldet, sämtliche Rabbiner, die sich in der Synagoge befinden, sowie auch seine Freunde, Verwandte und andere, die ihm die Ehre erweisen wollen. Während er mit großem Ernst und gemessenen Schrittes vorangeht, singen die Sänger Loblieder auf ihn. Wenn sie beim Lesepult angelangt sind, befreit jemand das Buch, das der Bräutigam im Arm hält, von der Decke. Dann nähert er sich dem auf dem Pult niedergelegten Buch und trägt die ganze obenerwähnte Lesung mit all ihren Akzenten und Noten vor – falls er lesen kann. Wenn nicht, dann besorgt das der Vorsänger für ihn. Nach der Lesung zollt der Sänger dem Bräutigam mit weiteren Hymnen und Gesängen lobend Beifall und segnet ihn wieder und wieder. . . Dann spendet der Bräutigam, entsprechend seinen Möglichkeiten und seiner Freigebigkeit, Geld für die Synagoge, für Almosen anderer Art, für die Bruderschaft und für wohltätige Zwecke. Und dann hebt er das Buch wieder auf und kehrt an seinen Platz zurück, begleitet von denselben Leuten, aber anderen Gesängen. Dann beginnt das gleiche mit dem anderen Bräutigam, dem Bräutigam ‚Bereschit‘ (des

Anfangs), der die erste Lesung des Pentateuch vornimmt."

Auch das Purim-Fest wird farbig geschildert: „Wir sehen jetzt eine andere Vorbereitung für Purim, und außerhalb der Synagoge herrscht Jubel und Trubel. Die jungen Männer veranstalten Jagden, ähnlich wie die auf Stiere, nur diesmal auf Hammel und andere Tiere. Die Jungverheirateten und die Bräute und andern Jungfern maskieren sich am Abend, begeben sich in die Häuser ihrer Verwandten und Freunde und tanzen und essen dort. So ist es jedenfalls in Venedig Brauch, und man nennt das den Karneval der Juden. Man merkt auch keinen großen Unterschied, weil man sich ja an jenem Ort befindet, wo auch wir Christen den Karneval feiern, auch wenn dieser nicht zur gleichen Zeit endet. Einen Tag vor Purim, das heißt am 13. des Monats Adar, der in den Februar oder März fällt, fasten die Juden in der üblichen Weise . . . zum Gedächtnis an das Fasten der Esther, die Haman verfolgte, der, wie man in der Heiligen Schrift nachlesen kann, ein tragisches Ende nahm. Das alles geschieht unter ständigem Lob der besagten Königin, der überaus ruhmreichen Befreierin ihres Volkes. In manchen Orten gibt es Frauen, die, um noch frömmer zu erscheinen, dieses Fasten auf drei aufeinanderfolgende Tage und Nächte ausdehnen, ohne irgendetwas zu essen oder zu trinken."

In seiner bald harschen, bald nostalgischen Polemik gegen das jüdische Ritualwesen beruft sich Morosini wiederholt auf seinen Lehrer Leone da Modena. Er erinnert an das jüdische Verbot, Blut zu essen, und bemerkt, dass sich der Brauch, Fleisch einzupökeln, eingebürgert habe und fortbestehe: „Und sie lassen es eine Stunde stehen, ehe sie es in den Topf oder den Tiegel tun, um es zu kochen, damit das Blut tatsächlich herausfließt; sonst können sie es nicht essen, nur in gebratener Form. Daher darf man Leber, die gänzlich aus Blut besteht, überhaupt nicht kochen, wenn sie nicht zuvor auf dem Bratrost oder auf einer Holzglut gut durchgebraten wurde. Was haltet ihr von so einer hübschen Doktrin? Die Leber, die . . . durch und durch aus Blut besteht, darf man essen, wenn sie gebraten ist. Warum also darf man das Fleisch mit dem Blut nicht essen, während man ein Stück geronnenes, hart gewordenes oder gebratenes Blut essen darf? Und mit einer so verrückten Idee soll man nun Gottes Gebot umgehen! Entweder ist die Leber Blut oder nicht. Wenn sie Blut ist, dann verbietet sie Gott tatsächlich im Gesetz Mosis an vielen Stellen. Wie kann sich also das jüdische Volk vor der Gesetzesübertretung bewahren, indem es gebratene Leber isst? Wenn sie kein Blut ist, warum sagt dann Leone da Modena, dass sie zur Gänze aus Blut besteht? Und gewiss, hätte er das Gegenteil behauptet, so hätte er etwas Falsches gesagt, weil die Substanz stets die gleiche bleibt, auch wenn man sie in ihrer Konsistenz auf die eine oder andere Weise zufällig verändert. Ja, es existiert im Zusammenhang mit dem Verbot, Blut zu essen, ein Aberglaube, wonach sein Verzehr sogar Teil eine Kulthandlung ist."

Die jüdischen Speisegesetze, die sowohl innerhalb der Judenheit als auch zwischen Juden und Christen ständiger Gegenstand von Diskussionen und Auseinandersetzungen sind, bieten dem Polemiker ein weites Angriffsfeld. Insbesondere verweilt er lange bei der Trennung des Geschirrs; damit ist gemeint, dass es den Juden verboten ist, dieselben Töpfe oder Gefäße jeder Art für Speisen auf fleischlicher Grundlage und zugleich für jene mit milchlicher Basis zu verwenden. Noch einmal ist es der Lehrer, Leone da Modena, den Morosini herausfordern möchte: „Und wenn die Juden sich damit begnügten, die Gefäße abzuspülen oder zu zerbrechen, wenn sie durch eines der besagten Dinge unrein geworden sind, so könnte man das noch hinnehmen, denn es findet sich im Gesetz die Vorschrift, die Gefäße zu zerbrechen und zu waschen. Sie aber möchten das schon beim geringsten Anflug eines Verdachts tun, wie Modena selbst bezeugt." Wenn es sich um ein irdenes Gefäß handelt, das Warmes enthalten hat – fährt Morosini fort –, wollen sie es wegwerfen, weil sie befürchten, dass die darin aufbewahrte Speise verboten oder in die porösen Wände eingedrungen sein könnte. Wenn es keine warme Speise enthalten hat, aber von anderen benutzt wurde, wollen sie es im Zweifelsfall ebenfalls wegwerfen. „Jene Gefäße, die für Milch verwendet werden, dürfen, wie bereits erwähnt, nicht für Fleisch benutzt werden. Jene Gefäße, die für die Küche bestimmt sind, können nicht für jede Speise verwendet werden. Jene, die für Pessach verwendet werden oder für die Küche oder den Tisch, dürfen nicht bei anderen Gelegenheiten benutzt werden. Ihr Juden, ich schreibe euch keine Lehren zu, die nicht die euren sind; es ist euer Modena selbst, der all das in Druck veröffentlicht hat. Aber seid bitte so gütig und sagt mir, wie arm und elend ihr seid! Und diese Grundsätze, die nicht aus der Heiligen Schrift stammen, sondern auf Grillen der Rabbiner zurückgehen, zwingen euch, soviel Geld auszugeben, nur weil ihr ihnen anhängen wollt."

Unterschwellig ist Morosinis Polemik gegen Leone da Modena im ganzen Werk präsent, stets bereit, an die Oberfläche zu dringen. In seiner *Historia de' Riti Hebraici* spricht der venezianische Rabbiner vom Trinken, was von Morosini folgendermaßen kommentiert wird: „Es gibt einige, die auf Anordnung alter Rabbiner meinen, es sei den Juden verboten, Wein zu trinken, der von einem Nichtjuden hergestellt und berührt worden sein könnte, und deshalb befolgen die Levantiner und die Deutschen dieses Gebot. Aber in Italien achten sie nicht darauf . . ." Morosini erzählt, dass die Juden keinen von Christen berührten Wein trinken. Gewiss halten sie die Türken wie die Christen gleichermaßen für Götzendiener; dennoch haben sie in der Levante, wo diese Vorschrift genau und streng eingehalten wird, keinerlei Bedenken, wenn ihr koscherer Wein „vom Türken" berührt wurde. Er behauptet, dass die Juden der Levante sich mit folgenden Worten an ihre Söhne zu wenden pflegten: „Wenn ihr je euren Glauben wechseln wollt, dann werdet lieber Türken als Christen." Dazu schreibt Morosini: „Es lehrt der besagte Rabbi Leone, dass man es in Italien nicht so genau nehme und dass es vielleicht von jenen Rabbinern zur Vorschrift gemacht worden sei, die zu den Götzendienern gehörten, um den Handel mit ihnen zu verbieten. Ich weiß nicht und kann mir nicht denken, aus welchem Grund oder mit welcher

Begründung dieser so große Mann das gegen seine Heimat sagt, während er doch sehr wohl wusste, dass es in Italien keine Stadt gibt, in der die Juden nicht öffentlich oder privat koscheren Wein herstellen, wenn schon nicht aus anderen Gründen, dann zumindest, um ihn, wie hier dargelegt, bei ihren Kulthandlungen zu verwenden. Und in den Ghettos der Stadt Venedig unterhält man zum Beispiel ständig ein großes Lager koscheren Weines, der von den Juden selbst mit größtem Eifer für die Juden hergestellt wird, und von ihm darf nichts an Christen verkauft werden, nur an Juden. Und darüber hinaus werden alljährlich von jener *Università* Leute gewählt – das heißt zwei aus der Nation und Synagoge der Levantiner, zwei von den Spaniern und Portugiesen und weitere zwei von den Deutschen und Italienern –, die sogenannten *Parnassim de Mezonot*, Vorsteher oder Verpfleger der Gemeinden. Diese wachen mit der größten Aufmerksamkeit und Emsigkeit nicht nur über den koscheren Wein, über die Molkereiprodukte und den produzierten Käse, sondern auch über all die anderen Esswaren, die man in gekochtem oder rohem Zustand verkauft. . .“

Morosinis Erzählung wird im Stil eines orientalischen Märchens fortgesetzt: „Als ich um etwa 1635 in der Stadt Konstantinopel weilte, erließ Sultan Amurat [Murad IV.], der zu jener Zeit regierte, ein Dekret, das jedem die Todesstrafe androhte, der Wein in der Stadt Konstantinopel aufbewahrte oder trank; außerhalb der Mauern dieser Stadt durfte er jedoch davon trinken. Und so mussten die Juden, wenn sie Koscheres trinken wollten, bis Pera oder in andere Orte jenseits des Wassers gehen, wo es viele Juden gibt, die dort ihre Gast- und Lagerhäuser haben. Und für ihre Gottesdienste und Zeremonien schaffen sie den koscheren Wein heimlich und auf Schmuggelwegen unter Lebensgefahr und mit Bestechung herbei. Daher beschlossen sie, nachdem sie untereinander viele Beratungen und Versammlungen abgehalten hatten, mit reichen und kostbaren Geschenken beim Großwesir vorstellig zu werden und ihm die folgende Bitte vorzutragen: Sie seien von den früheren Königen in Konstantinopel akzeptiert worden und hätten das Privileg erhalten, ihr Gesetz und die Riten nach ihrem Brauch zu befolgen. Doch nun, da auf Anordnung Seiner Majestät des Königs Amurat der Wein, mit dem sie ihre wichtigsten Gottesdienste feierten, verboten worden sei, wüssten sie nicht, wie sie sie künftighin abhalten könnten. Deshalb würden die meisten in andere Staaten ziehen. Der Großwesir schickte angesichts der kostbaren, reichen Geschenke vor die Tore der Stadt und befahl, dass man, wenn ein Jude mit zugedecktem Wein vorbeikäme und man nicht erkennen könnte, ob es sich um Wein handelte, ihn passieren lassen sollte, ohne ihn weiter zu durchsuchen. Der Befehl wurde einige Monate lang befolgt; dann wurden die Geschenke immer größer und reicher, und derselbe Sultan erlaubte ihnen wieder den ungehinderten Konsum von Wein. Es war komisch anzusehen, welch kluge Maßnahmen und Kniffe sie vor dieser großzügigen Konzession ergriffen, nur um den Wein für diejenigen, die davon trinken wollten oder ihn für irgendeine ihrer Kulthandlungen benötigten, heimlich nach Konstantinopel zu schaffen.“

Morosinis gelehrtes Buch enthält Hinweise auf Konstantinopel und Venedig, Attacken gegen die Türken und Aufrufe, man solle sich zum Christentum bekehren, und es finden sich dort sehr viele Verweise auf die Bibel und theologische Schriften sowie eine Unmenge lebendiger Schilderungen des Alltags im Ghetto von Venedig. „Am späten Freitagnachmittag lassen die Rabbiner oder andere die Geschäfte schließen und die Tore zusperren, damit man die Arbeit niederlegt, die Lampen anzündet und den Sabbat feiert. In Venedig aber lassen sie darüber hinaus noch einen von ihnen besoldeten christlichen Trompetenbläser in ein mitten im Ghetto stehendes Haus kommen, der ungefähr zwei Stunden vorher dreimal lange die Trompete bläst, wobei zwischen einem Trompetenschall und dem nächsten eine halbe Stunde vergeht, und wenn der dritte Trompetenstoß verklungen ist, gibt er ein Zeichen, als sagte er: ‚Guten Abend, guten Abend.' Nun begrüßen alle den Sabbat, und sämtliche Frauen entzünden ihre Lampen, eine jede in ihrem Haus. Und sie halten den Sabbat und stellen jede Tätigkeit ein. Dieser Trompetenschall ist für die Juden wirklich praktisch. So verpassen sie die Stunden nicht und können ihren Ritus befolgen; denn jene, die sich fern vom Ghetto aufhalten, fragen, wenn sie einen anderen Juden treffen, der aus dem Ghetto kommt, ob der erste oder der zweite Trompetenstoß erklungen sei, um dann rechtzeitig zum dritten einzutreffen und die Arbeit stehenzulassen . . . In Erfüllung ihrer Pflichten bereiten die Frauen mit der größten Emsigkeit die Öllampen und die Kerzen vor . . . An diesem Freitagabend und Sabbatbeginn decken sie den Tisch schön mit einem frischen Tischtuch, stellen das Salzfass in die Mitte und legen wenigstens zwei Brote auf den Tisch . . . Die besagten Brote werden mit einem zweiten Tuch bedeckt, zum Gedächtnis an das Manna, das täglich – mit Ausnahme des Sabbats – vom Himmel fiel und von oben wie von unten mit Tau benetzt war. Nach alledem veranstalten die Männer am frühen Abend den ‚Sabbatsempfang' oder den wahren ‚*Kabalat Schabbat*' . . . Dann sprechen sie die Gebete . . . darunter den feierlichen Gesang ‚Auf mein Freund, der Braut entgegen . . . Königin Sabbat wollen wir empfangen', um den Sabbat willkommen zu heißen. Statt ‚Guten Abend' sagt man ‚Guten Sabbat'. Die Kinder gehen zu ihrem Vater und ihrer Mutter und zu ihren älteren Geschwistern, küssen ihnen die Hand und empfangen ihren Segen. Wenn sie nach Hause zurückkehren, finden alle den Tisch geschmückt und in der beschriebenen Weise beleuchtet vor. Sie tafeln fröhlich: Zuerst führen sie eine von ihren Zeremonien durch, ein Glas Wein in der Hand haltend, und rezitieren die ersten drei Verse aus dem zweiten Kapitel des Buches Genesis und andere Segenssprüche, sogenannte *Kiddusch,* die Weihe oder Heiligung bedeuten, und sie sprechen eine Lobpreisung Gottes, der die Frucht des Rebstocks schuf und den Sabbat heiligte."

Nur wenige überzeugte, fromme Juden könnten ein ähnlich idyllisches und liebevolles Bild entwerfen. Aber Morosini schien sich nicht bewusst zu sein, dass seine Kindheitserinnerungen ihn zur Rührung hinrissen.

Harte Töne schlägt er an, wenn er den Rabbiner Simone Luzzatto angreift, dem gegenüber er nicht denselben tiefen Respekt und dieselbe Zuneigung zu empfinden scheint wie gegenüber seinem Lehrer Leone da Modena. Er erinnert an Luzzattos Worte, wonach ein Bauer nicht darauf verzichtet, sein Feld zu bestellen, nur weil er hin und wieder darauf einige Unkräuter findet. Luzzatto hatte diese Metapher benutzt, um an die Vorteile zu erinnern, die die Juden durch ihre bloße Anwesenheit der christlichen Gemeinschaft brachten, auch wenn es manchmal unter ihnen Leute gibt, die die Gesetze missachten. Laut Morosini jedoch sind alle Juden schlecht und würden, wenn man den Worten des Rabbiners Achtung schenkt, allesamt bestraft. Und im übrigen hätten viele Herrscher sie aus ebendiesem Grund bis auf den letzten Mann aus ihren Ländern vertrieben. Die Juden legen wenig Klugheit an den Tag; denn wenn sie wenigstens über ein bisschen Weisheit verfügten, würden sie den christlichen Glauben annehmen. Er vergleicht sie nicht wie Luzzatto mit dem Unkraut, sondern vielmehr mit einem asphalthaltigen Sumpf, dem schädliche Dämpfe entsteigen. Luzzatto hatte in einer seiner letzten Betrachtungen des *Discorso* geschrieben, dass die Güte der Fürsten gegenüber ihrem Volk daran gemessen werden könnte, welche Behandlung sie den Juden angedeihen ließen. Morosini erwidert mit der Feststellung, dass viele berühmte Könige alles darangesetzt hätten, um die Juden aus ihren Reichen zu verjagen, dass er diese Könige aus ebendiesem Grunde für tugendhaft halte und dass ja ohnehin jede Stadt und jedes Land ihre eigenen Methoden und Gesetze hätten: „Es hat keinen Sinn, mit Beispielen und der Autorität zu argumentieren; denn wenn das stimmte, könnte man folgern, dass die überaus kluge und weise Republik Venedig die Juden hält und deshalb auch andere sie halten müssten; aber die Republik Venedig hält sie zwar in Venedig, doch nicht in Brescia, Bergamo, Crema und anderen Städten ihres Staates."

Gegen Ende seines Buches berührt Morosini ein klassisches Thema unter dem Titel: „Über die Vorschrift, niemandem etwas gegen Wucher zu verleihen, die im achten Gebot enthalten ist, und darüber, wie sie bei den Juden befolgt wird". Er beginnt so: „Die Vorschrift, nicht gegen Wucher zu verleihen, wird, wie jedermann weiß, von den Juden nicht eingehalten; und so lassen jene, die es besitzen, mit ihrem Geld nur wirtschaften, wenn sie ein Pfand in der Hand haben. Und sie glauben, dabei nicht die Sünde des Diebstahls zu begehen, wie wir sagen. Aber sehen wir uns das einmal näher an. Wenn es so ist, warum halten sie es dann so unter sich, während sie das eine – wie andere Sünden – erlauben und das andere verbieten? Oh, es ist ein großes Privileg dieses Volkes, die heiligen Schriften nicht nur nach Lust und Laune zu interpretieren, sondern sie sogar umzumodeln . . ." Dies ist nur der Beginn einer langen, harschen Anklagerede. Morosini erinnert daran, dass Simone Luzzatto bemerkt hatte, die Juden hätten keine andere Möglichkeit, ihren Unterhalt zu verdienen, da ihnen „die Ausübung der mechanischen Künste, der Besitz von Landgütern und Immobilien" verboten seien und sie andererseits „mit Steuern und Abgaben belastet" würden. „Aber genau das gleiche behaupten auch die Marketenderinnen, die nicht anders leben können und deshalb noch nicht entschuldigt sind. Man darf nicht Böses tun, um etwas Gutes zu bekommen." Morosini folgt mit seiner Polemik gegen Luzzatto dem althergebrachten Muster der antijüdischen Polemik. Auch er begreift nicht die Neuheit, die in Luzzattos Argumentationen steckt, weil er versäumt, die Bedeutung der jüdischen Gemeinde für die Wirtschaft der Stadt in Betracht zu ziehen.

Bücher mit antijüdischer Polemik wurden bis zur Mitte des 17. Jahrhunderts weiter veröffentlicht. Das berühmteste stammte von einem Florentiner Juden namens Paolo Sebastiano Medici, erschien 1746 und trug den Titel *Riti e costumi degli Ebrei.* Aber keine dieser Abhandlungen kann es im Hinblick auf Umfang, Detailreichtum und Lebendigkeit der Darstellung mit dem Werk Morosinis aufnehmen.

# Venedig und sein Ghetto im 17. Jahrhundert: Von der Blüte zum Niedergang

*Die drei jüdischen Nationen und ihr Verhältnis zu den venezianischen Behörden der* Sopraconsoli, *der* Cinque Savi alla Mercanzia *und der* Cattaveri

Der Pest, die Venedig im Jahre 1630 heimsuchte, fielen 50 000 von 150 000 Einwohnern zum Opfer, und sie hatte tiefgreifende Veränderungen im wirtschaftlichen und sozialen Leben der Stadt zur Folge. Es war ein harter Schlag, dessen Auswirkungen insbesondere die jüdischen Kaufleute zu spüren bekamen, denen die günstige internationale Konjunktur und die guten Beziehungen zu den Türken bis dahin zum Vorteil gereicht hatten und die nun plötzlich gezwungen waren, Exporte und Importe einzustellen, weil die Stadt so grausam von der Seuche heimgesucht wurde. Sie verloren große Mengen an Waren, die als infiziert galten und deshalb verbrannt wurden, und mussten zusammen mit den deutschen Juden außerordentliche Steuern in Höhe von über 120 000 Dukaten entrichten.

Nach dem schrecklichen Jahr 1630 schien das Ghetto zu einem raschen ökonomischen Niedergang und einer unaufhörlichen Verringerung seiner Einwohnerzahl verurteilt zu sein; denn es waren nicht nur viele Ghetto-Bewohner der Pest erlegen, es hatten auch zahlreiche Juden in anderen Städten Zuflucht gesucht. Doch es kam anders: Der Mythos von Venedig, seine erstaunliche Anziehungs- und Absorptionskraft waren trotz allem ungebrochen geblieben. Von ständigen Verfolgungen getrieben, richteten viele Juden aus Ost und West ihre Hoffnungen auf die Lagunenstadt, der sie ihr Schicksal anvertrauten.

Einige Dokumente belegen diese neue Entwicklung sehr deutlich. Im März 1633 teilten die Vorsteher der levantinischen und ponentinischen Juden den *Cinque Savi alla Mercanzia* mit, dass einige jüdische Familien aus dem Ausland nach Venedig kommen und dort Handel treiben würden, wenn man für sie angemessene Häuser und neue Warenlager fände. „Da sich in der Nähe des Ghettos, hinter den Häusern von Ca' Zanoli, eine Anzahl von Häusern befand, welche die Juden selbst miteinander verbunden haben und für die man eine noch leichtere und günstigere Verbindung schaffen könnte, wenn man eine Brücke über den Kanal baute", beriet sich der Senat mit den *Cinque Savi* und beauftragte sie, zwanzig Häuser ausfindig zu machen, die geeignet wären, zwanzig Familien jüdischer Kaufleute zu beherbergen. Voraussetzung war, dass diese „zwei Jahre nicht in dieser Stadt gewesen sind, also neue Bewohner sind und ihren Wohnsitz, ebenfalls zwei Jahre lang, nicht in unserem Staat gehabt haben“. Der Senat beschloss auch, dass drei Jahre lang kein Bewohner des Ghettos „in die Häuser jener Neuzuwanderer ziehen“ durfte und dass es erst nach Ablauf dieser Frist den neuen und den alten Familien gestattet werde, die Häuser so zu tauschen, „wie es ihnen beliebt“. Die levantinischen und ponentinischen Vorsteher wurden verpflichtet, die zwanzig versprochenen Familien nach Venedig zu holen, und für den Fall, dass diese nicht kommen wollten, hatten sie 3 000 Dukaten Strafe zu entrichten „und entsprechend weniger, wenn mehr Familien kommen“. Für all das waren die *Cinque Savi alla Mercanzia* verantwortlich, und sie hafteten auch dafür. Der Antrag wurde mit großer Mehrheit angenommen. Das war die Geburtsstunde des letzten Teils des Ghettos, des sogenannten Ghetto Novissimo.

Der Versuch, wenige Familien in die Stadt zu locken, scheint uns ein Indiz für die deutlicher zutage tretenden wirtschaftlichen Schwierigkeiten der Republik, die im Mittelmeerhandel allmählich ins Hintertreffen geriet. Die Adligen, in deren Händen das Schicksal der Serenissima lag, wussten um diese Probleme und versuchten, eine harte protektionistische Politik gegenüber allen anderen Adriahäfen zu verfolgen. In dieser so schwierigen Situation kamen ihnen die Juden gelegen: Die *Cinque Savi alla Mercanzia* erteilten den Rat, „den Hafen von Spalato nicht zu stören, der immer gute Gewinne abgeworfen hatte“. Darüber hinaus empfahlen sie, dass Joseph Penso, der Rodrigas Platz eingenommen und sich der Republik gegenüber stets sehr loyal gezeigt hatte, mit der Zuteilung zweier Häuser und einer Verkaufslizenz für das Ghetto belohnt werden sollte. Das sei ein Beispiel für die Dankbarkeit gegenüber allen, die der Republik mit ebensolcher Ergebenheit gedient hätten.

Ende Dezember 1634 konsultierte der Senat die wichtigsten mit der Sache befassten Behörden, nämlich die *Cinque Savi alla Mercanzia*, die *Ufficiali al Cattaver*; die *Sopraconsoli* und die Beamten des Rechnungshofes, und beschloss, die *Condotta* für die deutschen Juden um fünf Jahre zu verlängern, wobei keine Änderungen im Vergleich zu den früheren *Condotte* der Jahre 1624 und 1629 vorgenommen wurden. Bei dieser Gelegenheit protestierten die Juden dagegen, dass sie verpflichtet waren, Material und Arbeitskräfte für die Einrichtung der Häuser von Botschaftern, Fürsten und prominenten Besuchern der Stadt zu liefern. Sie behaupteten, man habe sie gezwungen, eine Anzahl von Zimmern „über den eigentlichen Bedarf hinaus zur Verfügung zu stellen, die auch dem niedrigen Dienstpersonal zugewiesen“ worden seien. Der Senat blieb ihren Klagen gegenüber nicht gleichgültig und befahl der zuständigen Behörde, dem Rechnungshof, seine Kontrollfunktion mit größerer Sorgfalt auszuüben.

Einige Sätze aus diesem Beschluss sind von besonderem Interesse, weil sie eine Wende im traditionellen Verhalten der politischen Machthaber Venedigs anzeigen, die die Unterschiede zwischen den verschiedenen „Nationen“ des Ghettos stets hervorgehoben und sich bis dahin an dem vorteilhaften Grundsatz „Divide et impera“ orientiert hatten. Nun wird nicht mehr so scharf getrennt: „Die *Cinque Savi alla*

*Mercanzia* können und müssen es jüdisch-deutschen Kaufleuten erlauben, ebenso wie die Levantiner und Ponentiner in der Levante Handel zu treiben . . ." Dieses Dokument kam den Juden zudem auf einem Gebiet entgegen, auf dem sie seit jeher bekriegt worden waren; denn es wurde ihnen formal eingeräumt, „jene Bücher offen zu revidieren, die sie zur Durchführung ihrer Riten benötigen und die notwendigerweise neu gedruckt werden müssen" – jedoch nur „im Einklang mit den Verfügungen der Inquisition, der *Reformatori dello Studio di Padova* [eine Art Unterrichtsministerium; A. d. Ü.] und der Behörde der *Cattaveri*".

Mittlerweile hatten sich die Deutschen, Levantiner und Ponentiner auch über ein heikles Thema geeinigt, das immer schon zu Spannungen Anlass gegeben hatte, nämlich „die Abgabe und Einziehung der Steuern", das heißt des proportionalen Anteils jeder der drei Nationen.

Da die *Condotta* der Levantiner und der Ponentiner ablief, richtete der Senat, der sich angemessen auf die Vereinbarung vorbereiten wollte, eine Anfrage an die *Cinque Savi alla Mercanzia* und bat sie um Auskunft darüber, ob ihre Verlängerung opportun und eine Erhöhung der Steuerlast möglich sei. Die *Savi* erwiderten, dass es nicht nötig sei, die Verlängerung der *Condotta* weiter hinauszuschieben, „da die Juden all ihre Verpflichtungen stets erfüllt haben", und sie fügten hinzu, dass außer den zwanzig Familien, denen man das Ghetto Novissimo zur Verfügung gestellt habe, „weitere Familien aufgenommen worden wären, wenn es nicht Kriegswirren gäbe, die sie andernorts festhielten, weil sie ihr Kapital und die Personen nicht auf Reisen Gefahren aussetzen wollten".

Auf den einstimmigen Rat der *Cinque Savi* und der *Ufficiali al Cattaver* hin wurde die *Condotta* „für jeden jüdischen Kaufmann levantinischer und ponentinischer Herkunft, der sich seit 1589 hier befindet", um zehn Jahre verlängert; für den Fall, dass keine ausdrückliche Kündigung vorlag, war eine automatische Verlängerung vorgesehen, und zwar zu den zuvor festgelegten Bedingungen. „Sie können, zusammen mit ihren Leuten und Familien, Waren und Besitztümern, ohne Gefahr und irgendeine Belästigung in dieser Stadt leben ebenso wie in jeder anderen unseres Staates, auf der Terraferma wie in Übersee, nach Belieben kommen, bleiben und gehen, ohne dass man sie auf irgendeine Art und Weise daran hindern wird. Auf Reisen dürfen sie den schwarzen Hut tragen und bis zu ihrer Rückkehr nach Venedig Waffen tragen. Sie können auch ungehindert zur See fahren, so, wie sie es derzeit tun, und brauchen keine höheren Zölle oder Steuern zu zahlen als die, die sie gegenwärtig entrichten, und als die, die unsere Untertanen künftig zu zahlen haben. Aber sie müssen mit der *Università* der deutschen Juden, wie bisher, zu den Abgaben der Banken und deren Filialen beitragen, was nur gerecht und angemessen ist. Ausgenommen sind nur die jüdisch-levantinischen Wanderhändler und ebenso die Juden von Korfu, gemäß ihren Privilegien." Die *Cinque Savi* wurden beauftragt, alle Befreiungen und Privilegien zu überprüfen, vor allem im Hinblick auf die Entrichtung von Zollabgaben; sie sollten jeden einzelnen Fall untersuchen und dafür „sorgen, dass sie in der Zukunft gesetzlich definiert würden in Übereinstimmung mit den Normen dieses Rates", der die Meinung vertrat, dass mit Ausnahme der levantinischen Wanderhändler – die türkische Untertanen waren – alle Juden ohne Unterschied zu den Ausgaben der Banken der Armen beitragen müssten und dass jene, „die nicht nach dem Jahr 1589 hierhergekommen sind", verpflichtet werden sollten, „mit der ganzen *Università* zu allen Steuern" beizutragen. Die *Cinque Savi* mussten erklären, warum sie einige Befreiungen für angebracht hielten, und überprüfen, was von ihnen verlangt wurde. Levantiner und Ponentiner durften nicht für andere Kaufleute als Strohmänner fungieren. Ein solcher Verstoß hätte den Verlust aller Rechte und vorteilhaften Bedingungen zur Folge gehabt. Die Juden wurden ermächtigt, völlig unabhängig die Inhaber der Ämter innerhalb ihres Ghettos zu wählen. „Und damit in diese Nationen nur gesittete Männer mit gutem Leumund und keine unredlichen Leute aufgenommen werden, die entweder betrügen oder rauben oder sonst irgendwie schlecht handeln und die Sicherheit der Kaufleute gefährden, gegen die Ehre und die guten Sitten verstoßen, die zu respektieren sie vorgeben, [aus diesem Grunde] dürfen nur solche Leute in den Genuss der besagten Vorteile kommen, die zuvor von den anderen in die *Università* aufgenommen wurden und die zu ihren Gunsten mindestens drei Stimmen der *Savi alla Mercanzia* auf sich vereinigten."

Der Senat musste sich noch im gleichen Jahr, nämlich im November 1636, mit den Problemen des Ghettos befassen. Es ging um ein Gesuch der Juweliere und Diamantenhändler der Stadt, die sich als Körperschaft durch die Konkurrenz der jüdischen Handwerker geschädigt fühlten, welche weniger in Venedig als vor allem in Padua mit „Mühlen" arbeiteten. Durch den Senatsbeschluss wurde all jenen, die nicht zu der betreffenden Zunft gehörten – und natürlich durften die Juden dort nicht Mitglieder werden –, jegliche Herstellung von Schmuck und jeder Handel damit verboten, insbesondere in der zentral gelegenen Ruga degli Orefici nahe dem Rialto.

Der Senat respektierte die Meinung der *Cinque Savi*, die hervorgehoben hatten, dass die Steuerlast für Levantiner und Ponentiner nicht erhöht werden dürfe, da sie bereits zahlreichen Steuerpflichten unterworfen seien. Doch kurze Zeit darauf wurden Adlige in das Amt der *Savi alla Mercanzia* gewählt, die für die Interessen der venezianischen Patrizier aufgeschlossener waren. Diese wollten dem jüdischen Handel eine Lektion erteilen, der sich nach den schweren Jahren der Pest erholt hatte und gedieh. Sie brachten die Steuer auf „ein Drittel der *Sensaria*" wieder zur Sprache, die sich bereits früher einmal als Hindernis erwiesen hatte und die durch die zuvor amtierenden *Cinque Savi* abgeschafft worden war. Von protektionistischer Kurzsichtigkeit gedrängt, übertrieben die Neugewählten vielleicht, als sie folgendes schrieben: „Wir sind uns bewusst, dass die Juden sich im Geschäftsleben durchgesetzt haben, dass sie sich – wie wir sagen könnten – alles angeeignet haben, da sie die Häuser Eurer Bürger leer geräumt haben und diese Nation sehr angewachsen ist, seit Eure Exzellenz der Erweiterung des Ghettos zugestimmt hat." (Mit dieser Übertreibung wurde auf den Einzug der zwanzig Familien ins Ghetto Novissimo angespielt.) „Man weiß, dass der Levantehandel tatsächlich zum großen Teil in ihrer Hand liegt, und dasselbe gilt auch für den Handel mit dem Westen."

Levantiner und Ponentiner ihrerseits gaben nicht auf und erhoben zahlreiche formale und ökonomische Einwände. Mit der Serenissima jedoch war die Beziehung nicht von gleich zu gleich: Das hatte Ascher Meschullam wohl richtig erkannt, als er im fernen Jahr 1516 ins Ghetto zog und sagte: „Wenn der Wille mit der Macht ringt, siegt die Macht."

Die venezianischen Juden, die von fast allen produktiven handwerklichen Tätigkeiten ausgeschlossen waren, versuchten oft, diese Hindernisse zu umgehen. Im September 1638 machte sich der Adlige Bembo zum Wortführer neuer und wiederholter Beschwerden der venezianischen Juwelenhändler und schlug neue Maßnahmen vor, um den Einfluss der Juden auf diesem Sektor einzudämmen. Bembo räumte ein, dass es nicht nur die Juden waren, die den venezianischen Goldschmieden Schwierigkeiten bereiteten; denn es beteiligten sich immer mehr Länder an Handel und Verarbeitung von Juwelen. Er aber meinte, dass die Juden diese misslichen Zustände noch verschlimmerten. Der Senat akzeptierte Bembos Ausführungen und verabschiedete im Mai 1638 ein Gesetz, das den Juden den Handel mit geschliffenen Edelsteinen verbot, in der Absicht, „das Geschäft und den Handel mit Juwelen zur alten Blüte zurückzuführen". Die Frage wurde 1671 wieder aufgeworfen, weil sich die örtlichen Handwerker erneut an die städtischen Behörden wandten und um Schutz baten; sie versuchten auf diese Weise, die unliebsame Konkurrenz auszuschalten und zu verhindern, dass die Juden im „Handel mit Rohlingen" mitmischten. Die *Cinque Savi* unterstützten diese Proteste, indem sie behaupteten, dass die Juden eine übertriebene Monopolstellung einnahmen. Nur einer der *Cinque*, der Adlige Gritti, vertrat eine gegenteilige Auffassung: „Den Handel einzuschränken ist ein Mittel, das dem Zweck völlig zuwiderläuft. . . Wenn der Wettbewerb auf dem Edelsteinmarkt in Venedig zum Erliegen kommt, wird auch die Einfuhr jener anderen Waren aufhören, die aus denselben Ländern importiert werden; dann werden auch keine Seidenstoffe mehr verkauft, weil diese Waren zumeist gegen Edelsteine eingetauscht werden." Dennoch akzeptierte der Senat die Meinung der Mehrheit der *Savi* und schränkte die Aktivitäten der jüdischen Händler ein.

Aufgrund der neuen produktiven Tätigkeiten wurde der Platz im Ghetto unterdessen immer enger: Als Illustration dafür mag die von Nachman Giuda an die *Cinque Savi* gerichtete Anfrage dienen, der seine Sublimatfabrik vor die Tore des Ghettos verlegen wollte; seinem Gesuch wurde, wenn auch mit einigen Auflagen, entsprochen.

Der Einfluss der *Cinque Savi* beschränkte sich nicht auf den Bereich der Stadt, sondern erstreckte sich so weit, dass sie sich mit allen möglichen Streitigkeiten in den Gebieten des venezianischen Herrschaftsbereichs befassten: Als etwa 1639 in Zante ein Streit zwischen einigen levantinischen Kaufleuten und dem örtlichen *Provveditore* der Serenissima ausbrach, der sich eines Missbrauchs schuldig gemacht hatte, indem er ungerechtfertigterweise einige Warenladungen beschlagnahmt hatte, griffen die *Cinque Savi* ein. Dieser weitreichende Einfluss der *Cinque Savi* verschärfte ihre traditionelle Rivalität mit der Behörde der *Cattaveri*. Die letzteren führten häufig Prozesse gegen solche Juden, die zu einer unerlaubten Zeit außerhalb des Ghettos aufgegriffen wurden, während diese protestierten und entsprechende Ausnahmegenehmigungen verlangten, um ihren Geschäften nachgehen zu können. Im September 1639 brachen die *Cinque Savi* eine Lanze für die Juden, nachdem man sich im Ghetto nicht mit äußerster Disziplin an den verordneten Zeitplan hielt; sie wiesen darauf hin, dass dieser Zeitplan den Handel der Levantiner beeinträchtigte und dass „jene Gesetze, die den Juden die Zeit vorschreiben, in welcher sie im Ghetto bleiben müssen, aus dem Jahr 1516 stammen – aus einer Zeit also, zu der es noch keine levantinischen und ponentinischen Juden gab, sondern nur deutsche". Auf diese Weise wird eingeräumt, ja sogar deutlich hervorgehoben, dass es im Ghetto eine andere Zeiteinteilung gab: Die der Kaufleute, die von Unregelmäßigkeit und Unwägbarkeiten bestimmt war, unterschied sich von dem Arbeitsrhythmus der Geldverleiher, deren Tätigkeitsablauf regelmäßig und gleichförmig war.

Wie schon öfter in der Vergangenheit kündigten sich auch jetzt die Feindseligkeiten zwischen Venedig und den Türken durch zahlreiche Scharmützel an, die zur Folge hatten, dass es immer gefährlicher wurde, das von Piraten heimgesuchte Mittelmeer zu befahren. Eine Spur von diesen Missständen findet sich in den Berichten der *Cinque Savi alla Mercanzia*, die im September 1641 mitteilten, einem Hilfsgesuch jüdischer Kaufleute entsprochen zu haben, die der Ladung eines Schiffes verlustig gegangen waren, nachdem sich maltesische Korsaren ihrer bemächtigt hatten. Um einen Präzedenzfall zu vermeiden, lehnten sie es dagegen im März 1643 ab, Waren auf Kriegsschiffe zu laden, um sie vor Überfällen aus dem Hinterhalt zu schützen.

Der Mittelmeerhandel wurde durch die aufs neue aufgeflammte Spannung zwischen Venedig und den Türken gestört. Die jüdischen Kaufleute versuchten, den Warentransport über den Landweg wieder aufleben zu lassen, indem sie die Blockade der Verbindungswege mit Hilfe einiger Tricks umgingen: So luden sie ihre Waren in Livorno oder Ancona auf englische Schiffe, um sie von dort aus in die Levante zu schicken. Doch dieser Kniff konnte nicht lange angewandt werden; denn der *Bailo* in Konstantinopel bemerkte recht bald zu seiner größten Verwunderung, dass englische Schiffe venezianische Waren aus Livorno einführten, und erstattete der Regierung der Serenissima Bericht.

1645 standen sich Venezianer und Türken, die noch einmal verbissen um die Vorherrschaft im Mittelmeer kämpften, von Angesicht zu Angesicht gegenüber. Dieses Mal sollten sich die Feindseligkeiten über nicht weniger als fünfundzwanzig Jahre hinziehen, wobei sich Zeiten größerer und geringerer Intensität miteinander abwechselten, mit einer langen Folge von Schlachten und Scharmützeln auf jeder Ebene, die ihren Höhepunkt in der kräftezehrenden Verteidigung der zwanzig Jahre lang von den Türken belagerten Insel Candia fand. Mit dem 1699 unterzeichneten Frieden fiel die Insel schließlich an die Hohe Pforte. Für Venedig bedeutete dieser Verlust nicht nur eine Niederlage, sondern das Ende einer ganzen historischen Epoche.

Diese lange Zeit der Krisen hatte tiefgreifende Auswirkungen auf Venedig, seine Finanzen, auf den Handel der Stadt und auf sein Ghetto. Für die Juden nahm einerseits die Steuer- und Abgabenlast zu, andererseits büßten sie mit dem Rückgang des Handels auch ihre natürliche Rolle als Vermittler im Handel ein.

Mit der wachsenden Armut in der Stadt verstärkte sich auch der Druck auf die Leihbanken.

Die Führung der Banken gestaltete sich angesichts des Niedergangs der venezianischen Wirtschaft immer schwieriger. Levantiner und Deutsche boten ihrerseits der Serenissima eine sofortige Zahlung von 50 000 Dukaten frei an, oder 70 000 – zur Hälfte frei und zur Hälfte gebunden –, wenn dafür die bisher auf zehn Jahre befristeten *Condotte* unbefristet gelten und die jährlichen Zahlungen von 3 000 Dukaten eingestellt würden. Eine kleine Gruppe ponentinischer Juden, insgesamt vier Familien, bot dagegen eine riesige Summe an und verlangte, von den Abgaben für die Banken befreit zu werden und den schwarzen Hut tragen zu dürfen; ferner forderten sie einige Steuerbefreiungen. In dem ersten Antrag konnte man die Linie des Strebens nach Stabilität wiedererkennen, die die verschiedenen jüdischen Gruppen seit Gründung des Ghettos verfolgt hatten. Der zweite war wohl eher von dem Reichtum einiger Familien bestimmt und ließ eine unmittelbare politische Perspektive vermissen. Dennoch fanden die *Cinque Savi* eine vernünftige Interpretation für diesen letzten Antrag: Würde er angenommen, so „könnte dies die Angehörigen der Gemeinde des Ghettos sehr verwirren, die sich wegen des Unterhalts der Banken und der Zahlung der Steuern in großen Schwierigkeiten befanden; denn dann würden ihnen gerade die Abgaben dieser Familien fehlen, die zu den reichsten gehörten, und es sei gerade der Hilfe einer dieser Familien zu verdanken gewesen, dass die *Università* eine Bank habe weiterführen können". Sie fügten noch hinzu, dass durch das Anbieten eines Privilegs an eine kleine Gruppe von Ponentinern die Regeln des freien Wettbewerbs unterhöhlt werden könnten und dass dadurch mehr Schaden als Nutzen und Verwirrung zwischen jenen gestiftet werden könnte, die davon ausgeschlossen würden. Diese Auseinandersetzungen beweisen unter anderem, dass es unter den Juden des Ghettos nur wenige Familien gab, die mit besonderer Machtfülle ausgestattet waren.

Im Februar 1681 wurden im *Pregadi* der *Savio Cassier del Collegio* und drei *Deputati sopra la Provision del Denaro* beauftragt, „die Vorsteher der *Università* der

Juden zu sich zu rufen sowie andere reiche Leute . . ." und von ihnen ein Darlehen von 150 000 Dukaten innerhalb von drei Monaten zu fordern. Noch einmal wurde im Senatsbeschluss die „Liebe zum Dienst an der Allgemeinheit" hervorgehoben und „die Chance, durch öffentliche Wohltaten neue Vorteile erwerben zu können". 1686 wandten sich die politischen Machthaber Venedigs ungefähr mit denselben liebenswürdigen Worten an die Vorsteher der *Università*, um unter den gleichen Voraussetzungen erneut eine Summe von 150 000 Dukaten anzufordern.

Die Kassen der Republik leerten sich immer mehr: 1684 begann Venedig, nachdem es ein Bündnis mit Österreich geschlossen hatte, einen neuen Krieg gegen seine traditionellen Feinde, die Türken, und die erhöhte Steuerlast und die Gefahren der Seefahrt wirkten sich nicht nur auf die Wirtschaft Venedigs, sondern auch auf die Finanzen des Ghettos negativ aus. Durch diese Spannungen verschärften sich auch die Kontroversen und Streitigkeiten zwischen den einzelnen Nationen – den Ponentinern, den Levantinern und den Todeschi –, die sich wachsenden Schwierigkeiten gegenübersahen, wenn sie die Gelder eintrieben, die die Serenissima von ihnen forderte. Die Lagunenstadt befand sich am Rande der Not, und dieser Not stellte sich Venedig mit eiskaltem Pragmatismus, indem es jeden seiner Bürger auspresste. Zu den ergriffenen Maßnahmen gehörte auch, dass jedem Venezianer, der bereit war, 100 000 Dukaten zu zahlen, die Erhebung in den Adelsstand angeboten wurde. Siebenundvierzig Familien nahmen dieses Angebot an.

Das schwierigste Problem für das Ghetto war es, ein gerechtes System der Besteuerung zu entwickeln. Die Methode, die man bis dahin angewandt hatte (die Steuerzahler wählten die Steuereintreiber und verpflichteten sich, ihre Entscheidungen zu respektieren), wurde 1685 auf Vorschlag der *Cinque Savi* durch eine neue ersetzt: Zuerst wurden die Steuern zwischen den einzelnen Nationen aufgeteilt, und dann sorgten diese intern für eine weitere, individuelle Unterteilung. Dieses System wurde in der Überzeugung gewählt, dass eine kleinere Gruppe bessere Steuerkapazitäten und größere Möglichkeiten hätte, auf eine wirklich gerechte Verteilung der Steuerlasten hinzuwirken

Die Häufigkeit, mit der sich die *Sopraconsoli* an die Banken des Ghettos wandten, verdeutlicht die wachsende wirtschaftliche Krise: 1682 nahm die venezianische Behörde die Beschwerden solcher Leute zur Kenntnis, die ihre Sachen ausgeliehen und dafür andere zurückerhalten hatten. Die Bankiers wurden deshalb davor gewarnt, „besagte Pfänder unter irgendwelchen Vorwänden auszutauschen", ja sie müssten „zum Zeitpunkt der Einlösung derselben die Bündel in Gegenwart der Betroffenen auspacken und die Dinge, die sie auslösten, Stück für Stück zählen . . ." Die *Sopraconsoli* veröffentlichten im Oktober 1683, im November 1684 und im September 1685 neue Aufrufe.

1688 wandten sich die Todeschi, die Levantiner und die Ponentiner an den Senat und baten um eine Bestätigung der sieben neuen Kapitel über die *Università* mit deren Hilfe die Einziehung der Steuern erleichtert werden sollte. Nach den üblichen Beratungen mit den *Savi* und *Cattaveri* beauftragte der Senat die letzteren, darüber zu wachen, dass das eingesammelte Geld zuerst zur Begleichung der „öffentlichen Abgaben" und dann der übrigen Schulden verwendet werde.

Ein Jahr später, am 27. Juli 1689, beschloss der Senat, dass „jedem levantinischen und ponentinischen Juden für zehn Jahre" ein Schutzbrief gewährt werde, sofern er hierherkomme und „mit seiner Familie in dieser Stadt leben, sich hier frei aufhalten, den gelben Hut tragen und im Ghetto Novo mit den anderen Juden wohnen" wolle. Die alten Konzessionen ließ er unverändert in Kraft: „Sie können ebenso ungehindert zur See fahren, wie es derzeit die jüdisch-levantinischen Wanderhändler tun. Im Fall eines Krieges mit irgendeinem Fürsten darf keiner der besagten Kaufleute zurückgehalten werden, und ihr Besitz darf keinen Vergeltungsmaßnahmen zum Opfer fallen; ebenso wenig dürfen ihre Familien behelligt werden. Vielmehr mögen sie ihre Sicherheit behalten, kaufen und verkaufen, Handel treiben und ihre Waren über den See- oder den Landweg befördern." Diese Privilegien blieben jenen levantinischen und ponentinischen Juden vorbehalten, die ihren festen Wohnsitz in Venedig hatten, in die *Università* auf genommen und von den *Cinque Savi alla Mercanzia* anerkannt worden waren.

Die Bedrängnisse des Krieges mit den Türken ließen weder Venedig noch die Juden zur Ruhe kommen. Im Mai 1691 beauftragte der Senat den *Savio Cassier del Collegio* und die *Deputati sopra la Provision del Denaro*, nach angemessenen Möglichkeiten zu suchen, von den Juden ein Darlehen in Höhe von einhunderttausend Dukaten für den Staat, zahlbar innerhalb eines Monats, zu fordern. Der Senat ließ jedoch erkennen, dass er sich bewusst war, welche „beträchtliche Summe Geldes dem Ghetto von Zeit zu Zeit genommen wurde und immer noch entzogen wird". Er wies auch darauf hin, dass das Ghetto selbst „in größte Bedrängnis gestürzt. . . sehr niedergeschlagen und bedrückt" sei, und beschloss, „die Aufmerksamkeit der drei *Deputati sopra la Provision del Denaro*" auf diese Tatsachen zu lenken, damit sie sich ein Bild von der finanziellen Lage und davon machten, „wie viele Schulden die jüdische Gemeinde" hat. Zweck dieser Untersuchung war, die Ursachen der wachsenden Verschuldung herauszufinden und die Möglichkeiten auszuloten, die sich anboten, „um die *Università* von den ihr entstandenen Schulden und der Verpflichtung zum Schuldendienst zu befreien". Der Senat wollte die Resultate dieser Untersuchung veröffentlichen und alles Mögliche tun, „um dem Ghetto seine alte Stärke zurückzugeben und die Juden ihren Handel auch zum Vorteil der Öffentlichkeit weiter treiben zu lassen".

Im November 1696 betonten die zur üblichen Anhörung einberufenen *Cinque Savi* und die *Ufficiali al Cattaver* vor dem *Pregadi,* dass die Probleme im Zusammenhang mit der Auferlegung und Einziehung der Steuern immer schwieriger wurden. Da beschloss der Senat, dass das Problem der im Ghetto einzutreibenden

Steuern auf die Juden abgewälzt werden sollte, die als einzige „sichere Kenntnisse über Vermögen und Geschäfte“ jedes einzelnen Steuerzahlers besäßen. Die wirtschaftlichen Schwierigkeiten der jüdischen Gemeinde schienen eine fortschreitende Abwanderung der Juden aus dem Ghetto von Venedig zu begünstigen, auch wenn sie gemäß den Dekreten von 1630, 1669 und 1695 vor Verlassen der Stadt in die Hand der Vorsteher ihrer Nation „ihre ordentlichen und außerordentlichen Steuern“ zahlen oder unter genau formulierten Garantien die Bedingungen der tatsächlichen Zahlung vereinbaren mussten.

Nun näherte sich ein schwieriges Jahrhundert seinem Ende. Im Dezember 1696 wurde den „deutschen Juden“ die *Condotta* um weitere fünf Jahre verlängert, und zwar auf der Grundlage jener Kapitel, auf die man sich 1658 geeinigt und die man 1668 auf den neuesten Stand gebracht hatte. Am 6. Adar 5457 (Februar 1697) versammelten sich folgende Vorsteher der jüdischen Gemeinde: Moisè Coen, vormals Simon dal Medico, Jacob di Samuel Baruch, „der illustre Doktor“ Salomon Conegliano, Moisè Alfarin, Isach Mugnon Soares, Emanuel Levi dal Banco und Emanuel Lunel. Von ihrer Sitzung ist eine Kopie des Protokolls erhalten geblieben. Darin heißt es: „Der Niedergang der Geschäfte und das Ausbleiben von Gewinnen auf diesem Markt, die erheblichen Schuldenbeträge, unter denen unsere *Università* leidet, und der höchste Befehl des hochverehrten Senats bezüglich der pünktlichen Einziehung der vielen gegenwärtig aufzubringenden Steuern und auch das Füllen neuer Lücken – die Steuern müssen von einer immer kleineren Anzahl von Steuerzahlern entrichtet werden, da leider viele Familien sich entweder im Niedergang befinden oder diese Stadt verlassen haben –, all das macht die Last für uns überaus schwer und fast untragbar. Aus diesen Gründen achte ein jeder von uns darauf, den Luxus und die überflüssigen Ausgaben einzudämmen, die in unserem Ghetto Einzug gehalten haben, und die diesbezüglichen Exzesse in Schranken zu halten, um die üppigeren Mittel, die man zweifelsohne gewinnbringender anlegen könnte, für den Dienst am Allergnädigsten Fürsten einzusetzen . . .“

In der Überzeugung, dass ein maßvolleres Leben „angesichts der Bedrängnisse unserer Nation“ angebracht sei, verboten die Vorsteher der *Università* „jeder jüdischen Person, welchen Geschlechts, Alters und Standes sie auch sei“, unter Androhung der Exkommunikation, „Gold- und Silber- und Seidenstickereien zu tragen, ohne jede Ausnahme. Untersagt ist auch das Umändern, Durchstechen oder Ausschmücken von Stoffen und jede sonstige Verzierung jeglicher Art aus Seide, Silber und Gold, unter welchem Namen sie auch immer gehandelt werden mögen – Borten, Spitzen, Tressen, Fransen, Schnüre oder Schleifen – oder was es auch immer sein möge . . .“ Sie beschlossen ferner, dass ihre Entscheidung innerhalb des Ghettos bekanntgegeben werden sollte, um den Luxus einzudämmen und vielmehr jede Anstrengung zu unternehmen, um eine Tilgung der Schulden zu erreichen und „unsere Kinder von solch großen Belastungen zu befreien“.

1699 mobilisierte der Senat den *Savio Cassier del Collegio* und drei zur *Provvisione del Denaro* gehörige *Deputati* und legte unter Verwendung der üblichen, unerlässlichen Höflichkeitsfloskeln fest, dass die *Università* der Juden zur Zahlung eines Zwangsdarlehens in Höhe von 150 000 Dukaten verpflichtet werden sollte. Der Friedensschluss mit den Türken war gerade unterzeichnet worden, aber in Venedig herrschte nach wie vor ein finanzieller Notstand. Der fünfzehn Jahre dauernde Krieg, der 1699 zu Ende gegangen war, war für die Stadt sehr hart gewesen: Mit der Eroberung von Morea sollte der alte Glanz verblassen und ein unaufhaltsamer Niedergang einsetzen.

# Die Hölle und die Ankunft des Messias

*Mosè Zacuto, der Dante der Juden – Das Ghetto der Juden und die Fieberschauer der messianischen Erwartung*

Wie wir gesehen haben, erlebte das Ghetto in der ersten Hälfte des 17. Jahrhunderts sowohl in wirtschaftlicher als auch in geistiger Hinsicht eine Blütezeit: Mit der Levante wurde ein schwunghafter Handel getrieben, und die rege, geistige Atmosphäre des Ghettos brachte Persönlichkeiten wie Leone da Modena, Sara Coppio Sullam und Simone Luzzatto hervor.

In der zweiten Hälfte des 17. Jahrhunderts begann sich die Atmosphäre aufgrund der langen, kräfteverzehrenden und wiederholten Zusammenstöße mit den Türken zu wandeln. Das machte sich in erster Linie im ökonomischen Bereich bemerkbar – sowohl für Venedig, dessen Finanzen zerrüttet waren, als auch für die Kaufleute des Ghettos, die unter der Blockade der klassischen Handelswege in der Levante und der wachsenden Steuerlast litten, die die Serenissima ihnen infolge der kriegerischen Auseinandersetzungen auferlegt hatte. Auch die kulturelle und religiöse Atmosphäre war Veränderungen unterworfen, in denen sich die neuen Schwierigkeiten widerspiegelten.

Die Zusammenstöße zwischen Venedig und Rom hatten sich abgeschwächt, und die Wiederannäherung der beiden Staaten wirkte sich auf die jüdische Gemeinde Venedigs nicht gerade vorteilhaft aus. Die zahlenmäßig rasch gewachsene Gemeinde der Ponentiner erlebte Zeiten großen Wohlstandes, und daher war auch die Spanische Synagoge die größte und prächtigste des Ghettos. Für diese verstärkte spanische und portugiesische Präsenz gibt es einige weitere Zeugnisse. So versicherte etwa der Pfarrer eines benachbarten Kirchensprengels 1651 nachdrücklich, dass viele der ponentinischen Juden in Portugal Christen gewesen seien. Wenige Jahre zuvor hatte sich ein spanischer Jude, dessen Name unbekannt geblieben ist, der aber fraglos ein boshafter Mann war, ein Vergnügen daraus gemacht, einen venezianischen Mönch zu erschrecken, indem er ihm sagte, dass die Kirche in Spanien vom Kryptojudaismus unterwandert sei; dass viele religiöse Praktiken in Händen der Juden lägen, die sich hinter einer Priestersoutane oder einer Mönchskutte versteckten; dass deshalb auch viele Taufen gar nicht gültig wären, da sie von Juden gespendet worden seien. Er gelangte zu folgendem Schluss: „Dieses sind Übel und Missstände, die aus dem Wunsch entstehen, uns gewaltsam zu Christen zu machen und uns unserer Gewissensfreiheit zu berauben." Die Rückkehr zum Judentum wurde oft unter aufsehenerregenden Umständen vollzogen; denn es gab Männer, die am spanischen Hof eine hervorragende und ehrenvolle Stellung genossen hatten und die, sobald sie in Italien – oftmals direkt im Ghetto von Venedig – landeten, ihre Identität wechselten. Duarte Pereira nahm den Namen Jehuda Lombroso an; aus Andrea Falliero wurde Emanue le Aboab; Daniel Ribeiro Enriques änderte seine Identität in Samuel Mocatta um, Alonso Nuñez da Errera in Abraham Cohen Errera.

Nach Venedig kamen auch die Caravaglio, eine der herausragendsten Familien des Ghettos, nicht nur wegen ihrer erheblichen finanziellen Mittel, sondern auch wegen der hartnäckigen Streitlust, die die beiden Brüder Abraham und Isaac Cardoso und Roderigo (Jacob) Mendes da Silva auszeichnete. Isaac Cardoso, eine sehr prominente Persönlichkeit, war der Verfasser der *Excellentias das Hebreos,* eines der interessantesten apologetischen Aufsätze, die Ende des 17. Jahrhunderts erschienen. Cardoso bemerkte, dass in Venedig jede Gemeinde eine kleine Republik bildete, die sich selbst mit Hilfe der Gesetze regierte, welche Gott ihr gegeben hatte. Roderigo Mendes da Silva, der am spanischen Hof als offizieller Geschichtsschreiber gedient hatte, kam als Sechzigjähriger nach Italien, ließ sich beschneiden und trat unter dem Namen Jacob zum Judentum über, heiratete eine Achtzehnjährige, war kein besonders eifriger Besucher der Synagoge, äußerte moderne Ansichten über die Bibel und behielt manche zweifelhafte Gewohnheit bei, die die übrigen Bewohner des Ghettos in Erstaunen versetzte: So lüftete er jedes Mal, wenn er die Namen Jesus und Maria hörte, den Hut und küsste sogar das Gewand eines mit ihm befreundeten Mönches, und damit löste er unter den orthodoxeren Juden keine geringe Empörung aus.

Unter den berühmteren Marranen, die in diesem Abschnitt des Jahrhunderts in Venedig lebten, ist insbesondere Mosè Zacuto zu erwähnen, der den Beinamen „Dante der Juden“ erhielt. Zacuto wurde 1625 in Spanien geboren, zog dann nach Amsterdam, war Schüler von Benjamin Levi, der seinerseits ein Schüler des Chajim Vital aus Safed war. Er studierte die Kabbala und lebte von 1645 bis 1673 in Venedig, um dann nach Mantua überzusiedeln, wo er 1692 starb. Er schrieb *Jesod Olam* (Die Gründung der Welt) und *Tofte Aruch* (Die vorbereitete Hölle), die beide erst nach seinem Tod veröffentlicht wurden.

Im Mittelpunkt von *Jesod Olam*, in dem sich die marranische Denkungsart des Verfassers sehr stark widerspiegelt, steht Abramo, die Gestalt eines *Tzadik*, eines „Gerechten“, umbraust vom Sturm der Geschichte. Es handelt sich um einen paradigmatischen Text, der vom Denken des Maimonides beeinflusst ist und in dem sich Interpretationen der *Haggada* finden. Er ruft die Erinnerung an die tragischen Geschicke seiner spanischen Glaubensgenossen wach und preist in diesem Teil des Buches den Glauben derer, die zum Martyrium bereit sind. Bei Zacuto finden sich auch Elemente der Kabbala von Luria und die Vorstellung, wonach der Mensch als Individuum an jenem apokalyptischen Prozess teilnehmen kann, ja muss, der die Ankunft des Messias beschleunigt. Diese vom Messianismus durchdrungenen Gedanken bewogen Zacuto, gegenüber dem falschen Messias Sabbatai Zwi unklare und zweifelhafte Positionen zu beziehen. In Abramo, dem Protagonisten von Zacutos Werk, spiegelt sich jedenfalls viel von der marranischen Problematik wider. Eine seiner eindrucksvollsten Ideen, in der die Mystik von Isaak Luria anklingt, war, dass es in der kosmischen Ordnung einen Bruch gegeben habe und dass der Mensch sich das Ziel setzen müsse, diesen zu überwinden. Das sei umso eher möglich, je mehr man sein Verhalten dem des idealen *Tzadik*, des idealen Weisen, annähere.

Gegenstand seines zweiten, in reiferem Alter verfassten Werkes, des *Tofte Aruch* (Die vorbereitete Hölle), ist die Situation eines Sünders, der nach seinem Tod in die Hölle kommt. Der Titel ist einem Vers des Jesaja entnommen, und ebendieses sein Gedicht war es, das ihm den Beinamen „Dante der Juden" eintrug. Dieses Gedicht wurde 1819 in italienischer Übersetzung neu gedruckt, und zwar unter folgendem Titel: *L'infemo preparato, poema ebraico del rabbino veneto Moise Zacuto trasportato in versi italiani da Salomone Isacco Luzzati di Casal Monferrato.* Im Mittelpunkt stehen zwei Personen: der Sünder, der stirbt, und ein Dämon, dem er in der Hölle begegnet. Der Sünder erwacht in seinem Bett, wird sich aber nicht bewusst, dass er schon tot ist, beschimpft die Ärzte, legt sich mit seinen so wenig fürsorglichen Verwandten an, beklagt sich über die Widrigkeiten des Lebens und hofft, dass der Tod ihn von seinen Leiden befreien möge. Erst als man ihn begräbt, dämmert es ihm, dass er eigentlich schon längst tot ist.

Der Anblick, der sich dem armen Sünder bietet, ist schrecklich: Er begegnet einem bösen Dämon, der ihm zu verstehen gibt, dass er nunmehr rettungslos in der Hölle verloren ist. Zacuto hebt mit Nachdruck die *Conditio humana* dessen hervor, der sich, solange er lebt, seines eigenen Lebens nicht bewusst wird und erst im Tod über das eigene Schicksal nachzusinnen beginnt. Es folgt ein ungleicher Dialog zwischen dem Sünder und dem Verderber, der dem ersteren zunächst wenige, aber bedeutungsschwere Worte entgegenschleudert: Du Nichtigkeit, Staub, Nichts, Null. Dann lässt er ihn sein Herz ausschütten und erwidert darauf mit einer langen Folge von Strophen, die er, um ihn an die frühere, unwiederbringliche Situation zu erinnern, mit dem Wort „gestern" einleitet und unter Hinweis auf die tragische Gegenwart mit dem Adverb „hier" enden lässt. Die Schilderung der Hölle entnimmt der Dämon in Teilen dem Buche *Sohar*, und er beschreibt, wie das Böse dem Gottlosen auf unterschiedliche Weise den Garaus macht.

Bei Zacutos Gedicht handelt es sich also um eine einmalige Synthese: Da ist einerseits die düstere und pessimistische Sicht des jenseitigen Lebens, in der sich die katholischen Vorstellungen des 17. Jahrhunderts, vor allem die spanischen, widerspiegeln und die entfernt an Dante erinnert; andererseits finden sich darin Einflüsse aus dem Talmud, dem *Sohar;* der Kabbala, überlagert von marranischen und spanischen Einflüssen, die an Calderón de la Barca gemahnen.

Zacuto spielte auch eine wichtige Rolle im Ghetto, als die Lehre des Sabbatai Zwi, des betrügerischen Messias, und der Venedig-Besuch seiner rechten Hand, des

Propheten Nathan aus Gasa, große Probleme aufzuwerfen begannen. Sabbatai Zwi aus Smyrna hatte sich in der Tat 1665 zum Messias ausgerufen und viele Anhänger um sich geschart und so den Anstoß zu einer religiösen Bewegung gegeben, die nach ihm benannt wurde. Grundlage dieser Bewegung, die im Widerspruch zur rabbinischen Orthodoxie stand, war ein Wiederaufleben der ewigen Messiaserwartung der Juden. Sie fand beträchtliche Verbreitung im ganzen Mittelmeerraum und verschwand nicht einmal dann, als Sabbatai zum Islam übertrat. Bei dieser Gelegenheit spielten die Rabbiner des venezianischen Ghettos noch einmal eine besondere Rolle, und zwar in einer Angelegenheit, die mit Spannungen und irrationalen Emotionen geladen war. Die messianische Bewegung verlangte ein strengeres religiöses und moralisches Verhalten, forderte zur Buße auf und maß der Frömmigkeit und der Askese einen hohen Wert bei.

In den sechziger Jahren des 17. Jahrhunderts kamen zahlreiche Gesandte aus Safed, dem bedeutendsten Zentrum der mystischen Kultur Palästinas, und aus Jerusalem nach Italien und lösten erneute messianische Erwartungen, Begeisterung, Unruhe und widersprüchliche Gefühle aus; denn obwohl die messianische Idee immer eine Konstante des Judentums war, zögerten viele und äußerten ihre Skepsis. Dennoch flammte nun im gesamten Mittelmeerraum erneuter religiöser Eifer auf.

Nach den Aussagen eines Reisenden manifestierte sich dieses Erwachen des religiösen Bewusstseins 1666 in Venedig durch einen Verzicht auf Purim, den jüdischen Karneval, die Abschaffung der Vergnügungen, Maskeraden, Aufführungen und Lustspiele. Die Rabbiner zeigten keine Neigung, einen echten, ungewohnten religiösen Eifer einzudämmen, der mit ihrer religiösen Weisung in Einklang stand, ließen aber Vorsicht walten. So erlaubten sie zum Beispiel nicht, dass – wie in Amsterdam und Livorno – Bücher gedruckt wurden, in denen die Rettung angekündigt wurde. In der Lagunenstadt führte die Sache mit dem falschen Messias vielmehr dazu, dass die nie ganz erloschenen internen Streitigkeiten zwischen den Laienvorstehern der Gemeinde und den lokalen Rabbinern erneut auf flammten. Diese waren zwar aufgrund starker Meinungsunterschiede voneinander getrennt, jetzt jedoch in dem Wunsche einig, nicht die Kontrolle über eine konservative und aristokratische Gemeinde zu verlieren, die nun, angesichts der Botschaft von der bevorstehenden Erlösung, in große Erregung geraten war.

Die Bewohner des Ghettos reagierten nicht einhellig, statt dessen wurden neue Gräben auf gerissen, die noch durch die Begeisterung der einen und die starke Skepsis der anderen vertieft wurden.

Baruch d' Arezzo, ein Zeitgenosse, der an Sabbatai glaubte, hat uns folgendes Zeugnis hinterlassen: Ihm zufolge meinten die meisten, dass Gott sein Volk aufgesucht habe, um ihm das Brot der Rettung zu bringen. Man kann nicht abstreiten, dass dies für die Juden eines Ghettos eine äußerst verlockende Aussicht war. Baruch d' Arezzo schrieb, dass die Gelehrten und die Führungspersönlichkeiten unter den

Laien im Rahmen einer um Einheit bemühten Sitzung beschlossen, eine große Bußübung anzukündigen, wie man sie zuvor noch nie in dieser Stadt erlebt hatte, die immer wegen ihres fröhlichen Lebens bekannt gewesen war. Die jüdische Obrigkeit, die Bekundungen des Glaubenseifers und der Buße förderte, versuchte, Exzesse zu unterbinden. Samuel Aboab, der polyglotte, gelehrte und geschätzte Rabbiner marranischer Herkunft, ging umsichtig vor. Er glaubte weder an den falschen Messias noch an all die Ankündigungen von Wundern, schlug sich aber weder auf die eine noch auf die andere Seite. Er war der Meinung, dass eine große, einmütige Buße für das Volk Israel in jedem Fall gute Früchte tragen würde. Dem Rabbiner von Verona, der sich in diesem Zusammenhang an ihn wandte, äußerte Aboab seine Sorge über mögliche Erhebungen und antijüdische Revolten, riet zur Mäßigung und betonte, dass jedes Mittel recht sei, um die Erregbarkeit der Juden zu dämpfen; denn diese Stimmung, aufgeheizt von widernatürlichen Erwartungen, sei gefährlich und würde die neugierig gewordenen und irritierten Nichtjuden zu Reaktionen herausfordern. An die durch andere Pseudomessiasse ausgelösten Exzesse erinnernd, empfahl er abschließend ein abwartendes Schweigen. Die von den venezianischen Behörden einberufenen Vorsteher des Kleinen Rates der *Università* hatten sich genau an diese Richtschnur gehalten, die Tatsachen heruntergespielt und bestritten, irgendetwas Genaues zu wissen. Aboab wollte nicht, dass man gegen den falschen Messias zu Felde zog, dass das Ghetto sich spaltete und dass so nicht zu kittende Risse zwischen den jüdischen Gruppen entstünden. Daher brachte er dem Rabbiner von Verona, Sasportas, gegenüber seine Besorgnis zum Ausdruck; denn dieser hatte ihm einen sorgenerfüllten Brief geschrieben und Ratschläge und Klärungen erbeten. Aber er wollte keine Bedingungen schaffen, die eine Spaltung begünstigt hätten. Die Zeit würde jeden Exzess einebnen, und vielleicht würde der neue Eifer wirklich die Hoffnungen auf Erlösung nähren: Auch eine schlechte Ursache könne eine gute Wirkung haben.

Die abwartende Haltung der venezianischen Rabbiner sowie der Mangel an gesicherten Informationen aus Konstantinopel und Jerusalem bewirkten, dass die Erwartungen wuchsen und sich von Tag zu Tag mehr verkrampften. Diese offenkundige Erstarrung bot Nährstoff für Gerüchte und Schlussfolgerungen jeder Art. Die Rabbiner schrieben und berieten sich ohne großen Erfolg. Der Rabbiner Saraval aus Venedig schrieb seinem Kollegen in Prag, Israel Isserles, mit dem Ersuchen, ihn über alles zu informieren, auch wenn das, was er mitzuteilen habe, bitter sein könnte. Mosè Zacuto hatte zusammen mit den anderen Rabbinern des Ghettos – Jacob Mose Treves, Salomone Hai Saraval und Josef Valensi – einige Briefe geschrieben, die von einer zögernden Haltung und gesundem Menschenverstand zeugen, obgleich sich ihre Ansichten wahrscheinlich nicht ganz deckten. Aboab dagegen unterschrieb keinen Brief und blieb konsequent bei seiner abwartenden Haltung. Zacuto aber, der als Hauptexponent der Kabbalisten in Italien galt und an diese messianischen

Erwartungen glaubte, weigerte sich, einige Änderungen im Ritus zu befürworten, die Sabbatais Anhänger vorgeschlagen hatten, und ließ sich nicht zum Führer der Sabbatai-Anhänger im Ghetto machen.

Im Gegensatz zu diesen vorsichtigen Positionen standen die wundergläubigen Erwartungen, die in den niederen Schichten der jüdischen Bevölkerung vorherrschten. Ein Zeugnis von dieser verworrenen Lage stammt von dem Rabbiner Isaac ben Jacob de Levita, dem Enkel von Leone da Modena und einem entschiedenen Gegner der messianischen Bewegung. Er hatte einen kleinen autobiographischen Traktat verfasst, der sich auf einigen Seiten mit dem Fall des falschen Messias befasst, dessen Namen er nicht einmal nennt. Dieser Rabbiner, der sicherlich nicht zu den einflussreichsten zählte, aber in seinem Urteil unerschütterlich war, erzählte, er habe oft das Wort ergriffen, ohne jedoch von seinem gläubigen Publikum gehört zu werden. Isaac de Levita berichtet auch von einer stürmischen Zusammenkunft des Kleinen Rates mit den Rabbinern, die am 2. Juli 1666 stattfand und bei der man in erster Linie über einen verschlüsselten Brief aus Konstantinopel geredet habe, der sich zugunsten von Sabbatai aussprach. Die Alten, an der Spitze Simone Parenzo, wollten, dass dieses Schreiben geheim gehalten werde, aber eine Flut an Nachrichten führte dazu, dass sich die Situation überstürzte. Zu den umstrittenen Themen gehörten die Bitten der Sabbatai-Anhänger, das Fasten am 17. Tamus abzuschaffen, sowie das Wiederaufflammen von erbitterten Zwisten zwischen den Vorstehern der *Università* und den Rabbinern. Während die ersteren meinten, die Rabbiner sollten sich mit religiösen Angelegenheiten befassen und mit nichts anderem, machten letztere ihren Anspruch auf völlige Unabhängigkeit geltend und gaben „im Namen der *Jeschiwa*" einen Erlass heraus, der am 2. Tamus (4. Juli) zur Stunde der Schließung der Gittertore des Ghettos bekanntgemacht wurde. In der an die Juden des Ghettos gerichteten Mitteilung spiegelten sich Aboabs Sorgen wider: Es wurde um Ruhe, Verschwiegenheit gegenüber den Christen und um Zeit zum Nachdenken gebeten.

Es herrschte aber nur scheinbares Schweigen; denn in Wirklichkeit redeten, schrieben und diskutierten alle. Auch Aboab selbst war sich der Unzulänglichkeit der Maßnahmen bewusst. So tun, als ob nichts wäre, während alle von der Anwesenheit des Messias redeten? Die Christen waren neugierig und beunruhigt: Was ging im Ghetto vor? Und wenn Sabbatai nun wirklich ein Vorbote der Erlösung wäre und kein Betrüger?

Rabbiner und Gemeindevorsteher setzten ihren heftigen Streit fort. Die Vorsteher erklärten den Erlass der Rabbiner für ungültig, verkündeten ihrerseits ein Dekret und drohten Exkommunikationen an. Die Anwesenheit eines ebenso möglichen wie wahrscheinlichen Retters hinderte die Menschen nicht daran, ihren Lastern zu frönen. Isaac Levita, der in seinem Buch über diese Dinge berichtet, bemerkt, dass sich der Streit zwischen Gläubigen und Ungläubigen zu einer Auseinandersetzung zwischen Laien und Theologen entwickelt hatte, zwischen denen schon immer eine

Kluft geklafft hätte.

Unterdessen traf in Venedig ein Brief von Samuel Primo, dem Sekretär Sabbatais, ein. Der Inhalt des Schreibens schürte nur die Zwietracht: Der angebliche Messias, den man in Konstantinopel ins Gefängnis gesteckt hatte, schickte in dem eigenhändig unterzeichneten Brief Befehle nach Art eines Königs, unterbreitete Vorschläge, wie die Ungläubigen zu bestrafen seien, und fügte noch viele politische und spirituelle Überlegungen hinzu. Wenn er damit den Zweck verfolgte, die Gemüter seiner Anhänger zu entflammen, so ging seine Rechnung voll auf: Im Ghetto kam es zu Zwischenfällen und Gewalttätigkeiten, aber angesichts dieser Exzesse traten die wahren Gegner aus ihrer Reserve heraus. Unter ihnen befanden sich auch Jacob und Emmanuel ben David, orthodoxe und hartnäckige Widersacher des falschen Messias.

Die Nachricht, dass Sabbatai sich zum Islam bekehrt habe, ergoss sich wie ein eisiger Regen über die Häupter der armen Ghetto-Juden, und jede Schwärmerei gefror zu Eis, auch wenn es einige Standhafte gab, die in der allgemeinen Aufregung an einen marranischen Messias dachten (dies war der Fall bei einigen Spaniern, die ihre persönlichen Erfahrungen auf diese Angelegenheit projizierten). Andere beriefen sich in ihrer bewundernswerten Ergebenheit auf das Beispiel der Esther, die ihr Judentum verleugnet hatte, um ihr Volk zu retten. Doch Sabbatai verdiente solch großes Vertrauen überhaupt nicht, und die Rabbiner begriffen, wenn auch reichlich spät, dass der Augenblick gekommen war, in dem sie trachten mussten, die Situation wieder in den Griff zu bekommen. Mit großem Pathos ordneten sie an, dass die Bußübungen, an denen ihnen so gelegen war, eingestellt werden sollten, und beschlossen, sämtliche Dokumente über den Fall zu verbrennen. Sie taten dies mit einem Eifer, der eindeutig die Verwirrung der Stunde und den Wunsch verrät, mit einem einzigen Schlag jeder erniedrigenden und blamablen Situation zuvorzukommen. Die Trauer darüber, wieder Juden ohne einen Messias zu sein, war eine bittere Realität, auch wenn die ewige Hoffnung noch nicht erloschen war, dass die wahre Rettung früher oder später kommen würde. Samuel Aboab schrieb acht Jahre später in einer seiner Responsen, dass damals alle ihren Irrtum eingesehen hätten, und bestätigte, dass sie alles verbrannt hatten, um die Wunde, die ihnen Sabbatai geschlagen, vergessen zu machen.

Sabbatais Prophet, Nathan aus Gasa, traf kurz vor dem Pessachfest des Jahres 1668 in Venedig ein, und wie vorauszusehen war, sorgte sein Besuch für ein weiteres Aufheizen der Leidenschaften. Nathans Anhänger beschuldigten ihre Gegner, ihm nicht erlauben zu wollen, im Ghetto zu wohnen, und nur die Intervention einiger venezianischer Adliger führte zur Lösung des Problems. Baruch d' Arezzo, der bereits zitierte Zeitzeuge, erzählt in seiner Chronik, dass die Rabbiner versuchten, um Nathan aus Gasa herum verbrannte Erde zu schaffen, und jedem die schwerste Form von Exkommunikation androhten, der ihm Unterschlupf bieten und mit ihm reden würde. Nur der einflussreiche und gemäßigte Rabbiner Samuele Aboab ging zu Nathan und sagte ihm, dass er keine Aufnahme im Ghetto finden würde; denn man wolle Unruhen vermeiden. Es scheint, dass Nathan seinen Worten kein großes Gewicht beimaß und sich zu einem „Vagabund Gottes" ausrief. Baruch d' Arezzo, ein Anhänger Nathans, behauptet, der Prophet habe das Verbot, das Ghetto zu betreten, akzeptiert, da er nicht erwünscht gewesen sei.

Mosè Zacutos Besuch bei Nathan, der eben einen Tag vor Pessach erfolgte, und seine anschließende Erklärung, er habe zwar achtunddreißig Jahre lang den *Sohar* studiert, doch seine Kenntnis der Kabbala sei geringer als die des Nathan, legt die tiefen Meinungsverschiedenheiten offen, die Sabbatais Bekehrung zugedeckt, aber eben nicht völlig ausgeräumt hatte.

Trotz allem gelang es Nathan, das Ghetto zu betreten, und zwar mit Hilfe zweier venezianischer Behörden, die seine Aufnahme anordneten. Sein Aufenthalt dauerte vierzehn Tage. Die Neugierde, die er weckte, war groß, und es kam, entgegen dem Wunsch der Rabbiner, zu zahlreichen und wiederholten Kontakten. Die Rabbiner veröffentlichten ein Schreiben – ein regelrechtes Memorandum – für die Kinder Israels, aus dem hervorging, dass sie Nathan einer Prüfung unterzogen hatten, deren Ergebnis negativ ausgefallen war. Nathan hatte selbst das Protokoll des Kolloquiums unterzeichnet. Doch in einem an Caleb Coen gerichteten Brief behauptete er, man habe ihn zu dieser Unterschrift gezwungen. Die Rabbiner hielten sich nunmehr für die Sieger: Diejenigen, die das messianische Zeitalter erwarteten, hatten ihren charismatischen Führer verloren. Im April 1668 brachten sie zwar ihre Sorge über die häretische Gefahr zum Ausdruck, beglückwünschten sich aber dazu, einer Veränderung der Rituale damals nicht zugestimmt zu haben.

Es gibt keine Zeugnisse über kritische und sarkastische Reaktionen der Gläubigen, aber man kann sie sich leicht vorstellen. Und nun antwortete die religiöse Obrigkeit mit tröstenden Briefen und lächelnden Mienen und erwartete Gehorsam. Doch der Schlag saß tief.

Aboab, Treves und Saraval mussten sowohl innerhalb des Ghettos als auch gegenüber den Nichtjuden wieder Boden gewinnen, und das war eine schwierige, undankbare Aufgabe. Es galt, zumindest das Image von Nathan aus Gasa zu zerstören. Kurz bevor der Prophet freiwillig abzog, am 9. April 1668, unternahmen also Vorsteher und Rabbiner des Ghettos alle gemeinsam den großen Schritt und klagten Nathan an: Sie stellten fest, dass seine religiöse Bildung ungenügend war und dass er sich in großer Verlegenheit befunden habe. Sie ließen ihn sagen, dass er von einem bösen Geist besessen gewesen sei und alles nur aufgrund seiner krankhaften, überspannten Phantasie gesehen habe. Seine Irrtümer seien nicht die Frucht vorsätzlicher Boshaftigkeit, sondern Auswüchse eines kranken Geistes gewesen. Sie beschlossen, ihn nicht streng zu bestrafen, sondern sich durchaus milde zu erweisen, und gelangten zu folgendem Schluss: „Möge Gott jenen verzeihen, die ihre Stimme gleich am Anfang gegen ihn hätten erheben können." Sie bezogen sich natürlich nicht auf sich selber, sondern kritisierten die Rabbiner von Jerusalem, von deren Schweigen Nathan profitiert hatte. Sie exkommunizierten Nathan nicht, sondern begnügten sich damit, sein Charisma zu zerstören. Die Begegnung zwischen den Rabbinern und Nathan wurde von beiden Seiten in antithetischer Weise gesehen. Nathan ließ eine andere Interpretation seiner Worte erkennen: „Sie haben mich um ein Wunder gebeten, aber ich habe gesagt, dass ich nicht die Macht besitze, es zu wirken." Baruch d'Arezzo und Mosè Zacuto bestätigten die ganze Zweifelhaftigkeit der Begegnung. Der Erlass der Rabbiner, der den Propheten angriff, forderte die Reaktion seiner Anhänger heraus, insbesondere die von Meir da Mestre, der die von dem falschen Messias enttäuschten Anhänger aufforderte, ihre Bußübungen fortzusetzen und die Diskussion nicht als einfache Polemik zwischen verschiedenen Menschen aufzufassen, sondern sie auf der höheren Ebene einer religiösen Auseinandersetzung zu führen. Meir da Mestre schoss seine Pfeile auch gegen Mosè Zacuto, der mit den Anhängern Sabbatais gebrochen hatte, sobald er von der Bekehrung des falschen Messias erfahren hatte. Zacuto hatte als Kabbalist spontan Sympathie für den religiösen Eifer dieser neuen Gläubigen empfunden, doch von Nathan trennte ihn seine konservative Einstellung, die ganz im Gegensatz zur starken innovatorischen Kraft des Propheten stand, der das Ghetto von Venedig als Besiegter verließ. Es blieben die Rabbiner. Zacuto allerdings sollte schon kurze Zeit später nach Mantua übersiedeln.

Aboab blieb bis in die achtziger Jahre in der Lagunenstadt. Dann zwang ihn eine obskure Verfolgung, eine Zeitlang auf der Terraferma Zuflucht zu suchen, und er erhielt erst nach einigen Jahren vom Dogen die Erlaubnis, wieder nach Venedig zurückzukehren. Im Sommer 1694 fühlte Samuel Aboab im Alter von vierundachtzig Jahren den Tod nahen. Da rief er seine Söhne zu sich und erteilte ihnen seine letzten Ratschläge. Er ermahnte sie, den Namen Gottes nicht ohne Not auszusprechen, ehrlich zu sein, sich um die Erziehung der Jugend zu kümmern und pünktlich und häufig in die Synagoge zu gehen. Er starb am 12. August 1694. Das ganze Ghetto trauerte um ihn. Zum Zeichen der Trauer wurden sämtliche Geschäfte geschlossen, und ihm wurde ein feierliches Begräbnis zuteil.

# Der Bankrott der jüdischen Gemeinde: Chronik 1700-1750

*Die Verschuldung des Ghettos – Die* Cattaveri *und die öffentliche Moral – Das Steuerproblem – Eine neue Behörde: Die* Inquisitori sopra l'Università degli Ebrei – *Pläne zur Sanierung der Finanzen des Ghettos – Die neue* Condotta *von 1738*

Der lange und kostspielige Feldzug gegen die Türken, der von 1684 bis 1699 dauerte, fand zwar eine scheinbares Ende mit dem Vertrag von Karlowitz, der Venedig den Besitz von Morea garantierte, ihm aber sonst keine Vorteile brachte. Seine Finanzen waren durch den Krieg zerrüttet, und der so erhoffte Aufschwung ließ auf sich warten. Den Venezianern blieb nur mehr die Herrschaft über die Adria, der bloß noch eine Nebenrolle zukam, da sie von den neuen Handelsrouten abgeschnitten war. Die Serenissima war Opfer eines langsamen, aber nicht aufzuhaltenden Niedergangs, der auch ihre ewigen Feinde, die Osmanen, erfasst hatte, während England, Österreich, Holland und Deutschland an Einfluss gewannen und den Handel immer mehr dominierten. Auch die Hegemonie über die Adria war bald bedroht: 1714 griffen die Türken Venedig an und nahmen ihm in der Ägäis einen Vorposten nach dem anderen ab und zwangen es so, gemeinsame Sache mit Österreich zu machen. Der Frieden von Passarowitz vom Juli 1718 bestätigte Venedigs Niederlage und sein Verschwinden aus der Ägäis sowie seinen Abzug aus Morea; aber er wurde hauptsächlich zu einem Symbol für einen Verfall, der nicht nur Venedig, sondern auch die Hohe Pforte, seinen uralten Feind, betraf. Abseits der großen europäischen Krisen und immer weiter isoliert von allen, versank die Serenissima Dominante in einer glanzvollen Abenddämmerung. Prophetisch meinte Lord Chesterfield, dass Venedigs Freiheit so lange dauern würde, wie sich in Italien das Gleichgewicht der großen Mächte hielte.

Wie bereits in der Vergangenheit verflochten sich wieder einmal die Schicksalsstränge von Venedig und der *Università* seiner Juden, und diese neue Entwicklung sollte ein weiteres Jahrhundert, ja bis zum Ende beider, der Serenissima und des Ghettos, dauern.

In den Jahren zwischen 1669 und 1700 zahlte die jüdische Gemeinde in Befolgung der entsprechenden Senatserlässe die immense Summe von 800 000 Dukaten in die Kassen des Dogen.

Am 6. Januar 1700 nahm der Senat die „ergebene Bereitwilligkeit" der Vorsteher der *Università* zur Kenntnis und verfügte unter dem Druck der wirtschaftlichen

# IL SERENISSMO PRENCIPE
## FA' SAPER,

*Et è per deliberatione degl'Illuſtriſs. & Eccellentiſs. Signori*

# CATTAVERI.

CHE eſſendo diſpoſto con varij Decreti dell'Eccellentiſſimo Senato, e ſpecialmente di 18. Settembre 1683., e 23. Decembre 1712., e Capitoli delle Condotte, che ſia prohibito à cadaun Ebreo il tener Caſe, ò Poſſeſſioni ad Affitto nella Terra Ferma, oltre quelle del loro Ghetto per quei giuſti, e religioſi riguardi, che ben ſpiccano dai Decreti ſudetti, & eſſendo peruenuto à publica notitia, che ciò non oſtante vadano ſerpendo le tranſgreſſioni, che meritano opportuni compenſi, per ciò gl'Illuſtriſſimi, & Eccellentiſſimi Signori Cattaueri, riſſoluti d'eſtirpar vna volta abuſo ſi pernicioſo, che può produr qualche graue ſconcerto alla religione, fanno con il preſente Proclama publicamente ſapere.

Che non vi ſia alcun Ebreo, ſia di che grado, ſtato, ò conditione eſſer ſi voglia, che ardiſca ſotto alcun color, ò preteſto, ne per ſe, ne per interpoſte perſone tener Caſe, ò Poſſeſſioni ad Affitto, Liuello, ò per qualunque altro modo nella Terra Ferma, oltre quelle de loro Ghetti, ne meno habitar in cadauna Villa del preſente Sereniſſimo Dominio ſotto tutte le pene loro cominate dai Decreti dell'Eccellentiſs. Senato 18. Settembre 1683., e 23. Decembre 1712., e Capitoli delle loro Condotte in tal Materia diſponenti.

In caſo poi, che foſſe alcuno ſi ardito di contrauenire, ò haueſſe contrauenuto à così ſalutari, e neceſſarie preſcrittioni, ſarà da Sue Eccellenze proceduto con le forme più valide, e vigoroſe, per il qual effetto ſi riceueranno anco denoncie ſecrete, ſecondo il rito del loro Eccellentiſs. Magiſtrato, & il Denontiante, oltre eſſer tenuto ſecreto, conſeguirà la quarta parte della pena pecuniaria cominata à delinquenti.

Et il preſente ſia ſtampato, publicato, & affiſſo ne luoghi più coſpicui della Città, e traſmeſſo alli Rettori di fuori per la ſua pontual, & inuiolabile eſſecutione.

Data dal Magiſtrato di Cattauer li 16. Gennaro 1712.

[ *Andrea Moroſini Cattauer.*

[ *Antonio Lazari Cattauer.*

[ *Lunardo Querini Cattauer.*

Gio: Maria Marinoni Nod.

Adi 26. Gennaro 1712. Publicato ſopra le Scale di S. Marco, e di Rialto.

Stampato per Pietro Pinelli, Stampator Ducale.

*Ratsbeschluss der Cattaveri vom 26. Januar 1712*

Verhältnisse, dass diese unverzüglich 150 000 Dukaten in die Staatskasse zu zahlen habe, obwohl er zugleich feststellte, dass das letzte Darlehen erst ein Jahr zuvor angefordert worden war.

Damit beginnt ein neuer paradoxer historischer Abschnitt in den Beziehungen zwischen Venedig und seinen Juden, dessen typische Merkmale sich ganz langsam herauskristallisieren sollten. Eines dieser Kennzeichen, vielleicht das augenfälligste, war die riesige Menge von Gesetzen, Verfügungen, Erlässen, Befehlen und Beschlüssen, die von den verschiedenen Behörden und Regierungsorganen der Serenissima bezüglich ihrer Juden herausgegeben wurde. Diese anschwellende Gesetzesflut verrät sofort, wie wenig wirksam die Anwendung aller Vorschriften war.

Die Krise der Leihbanken im besonderen und die der Finanzen der *Università* im allgemeinen, die während der letzten dreißig Jahre des 17. Jahrhunderts infolge der drückenden „Zwangsanleihen" überaus stark geschröpft worden war, sollte für viele Jahrzehnte eine Konstante im politischen Leben Venedigs bleiben und zu paradoxen Situationen führen, die noch ein paar Jahre zuvor undenkbar gewesen wären. Die nunmehr tief verschuldeten Juden, die keine Immobilien besaßen, liefen nicht mehr Gefahr, vertrieben zu werden. Im Gegenteil, es stellte sich heraus, dass ihre Schulden für sie zu einem sichtbareren Schutzschild wurden als all die großen Vermögenswerte, die sie früher einmal ihr eigen genannt hatten.

Natürlich blieb es bei den üblichen Diskriminierungen. So erließen die *Esecutori contro la Bestemmia* wiederholt Verordnungen über die öffentliche Moral: Unter Androhung der strengsten Strafen „war es allen Christen unter sechzehn Jahren verboten, die Häuser von Juden zu betreten". Auf dem an die Tore des Ghettos gehefteten Erlass stand geschrieben, dass „den christlichen Mädchen und Frauen nicht nur das Übernachten im Ghetto verboten ist, sondern auch die Übernahme eines jeglichen Dienstes für einen Juden oder eine Jüdin im Ghetto". Eine Warnung richtete sich auch an jene Juden, „die Christen geworden sind": „Es ist streng verboten, sich – unter welchem Vorwand auch immer – in die Ghettos der Stadt zu begeben und sich dort aufzuhalten oder die Privatwohnungen einiger Juden zu betreten. Im Fall der Zuwiderhandlung drohen Tod durch Erhängen, Kerker, Galeere, Auspeitschen oder Pranger."

Die größten Kopfschmerzen bereitete den venezianischen Behörden allerdings immer noch die prekäre Finanzlage der jüdischen Gemeinde.

Die Vorsteher der Nazione Todesca reichten im Oktober 1706 beim Senat ein Gesuch ein und baten darum, dass man für eine befristete Zeit fremde Juden im Ghetto auf nehmen sollte, die man zur Zahlung jährlicher Abgaben verpflichten würde, sofern die Vorsteher der Nazione ihre Mittel für ausreichend erachteten. Das Gesuch wurde einer eingehenden Überprüfung für würdig befunden, so dass zu diesem Zweck die *Avogadori di Comun*, die *Cinque Savi alla Mercanzia* und die *Cattaveri* konsultiert wurden, die daraufhin detaillierte Berichte erstellten und sich im wesentlichen für diese Maßnahme aussprachen.

Diese Verschuldung der *Università* als öffentliches Organ spiegelt keine entsprechende wirtschaftliche Bedrängnis der einzelnen jüdischen Familien wider, die im Ghetto lebten, weil die individuellen Vermögen sich in einer solideren Verfassung befanden als die kollektiven. Dennoch konnte man feststellen, dass vor allem die Reicheren zur Abwanderung getrieben wurden, weil sie vermeiden wollten, die Bürde der allgemeinen Schuldenlast allein zu tragen. Der Senat versuchte, dieser Tendenz Einhalt zu gebieten: Er hatte 1630 beschlossen, dass nur derjenige, der seinen Anteil an den ordentlichen und außerordentlichen Steuern gezahlt hatte, aus dem Ghetto ausziehen dürfe, sofern er die Genehmigung der Vorsteher der *Università* und des Senats dazu erhalten habe. 1669 hatte diese, wie aus einer Abschrift eines Registers der *Università* hervorgeht, erneut eingegriffen. Wer wegziehen wollte, musste von den Vorstehern der Gemeinde ein Mandat erhalten, „da es nur gerecht ist, dass sie den Schulden unterworfen werden, die von dieser *Università* gemacht wurden“. Ende der neunziger Jahre des 17. Jahrhunderts – 1695, 1696 und 1697 – kam es immer häufiger zu Senatsbeschlüssen in dieser Angelegenheit. Es wurde betont, dass man jeden Wegzug von Juden grundsätzlich ablehne: Genehmigungen konnten ausnahmsweise jenen erteilt werden, die nicht nur die Zahlung ihrer Steuern garantiert, sondern sich auch verpflichtet hatten, eine von den Vorstehern der *Università* festgestellte Quote individueller Schulden zu entrichten, die bereits eine beachtliche Höhe erreicht hatten. In den ersten Jahren des 18. Jahrhunderts beauftragte der Senat einen Magistrat, eine Untersuchung durchzuführen, um „die wahren Ursachen, die diese Familien zu einem solchen Entschluss veranlassen könnten“, herauszufinden. Die Situation hatte sich also inzwischen umgekehrt: Die Juden, die bis dahin ständig von der Ausweisung bedroht und gezwungen waren, hohe Abgaben zu zahlen, um ihr zu entgehen, wurden jetzt, da sie schuldenbeladen waren, unter jedem erdenklichen Vorwand zurückgehalten, und ihre Abwanderung wurde erschwert.

Die finanziellen Schwierigkeiten hatten zahlreiche Konsequenzen: Insbesondere traten die latenten Streitigkeiten immer deutlicher zutage, die nicht nur zwischen der einen und der anderen Nation innerhalb des Ghettos herrschten – was ein bekanntes Phänomen war –, sondern auch Streitfälle einzelner Juden, die ständig gegen die Entscheidung ihrer Zugehörigkeitsgruppe oder gegen die ganze *Università* anrannten. Sie riefen auch ihre christlichen Gläubiger auf den Plan, die versuchten, das Geld zurückzubekommen, das sie der *Università* geliehen hatten und das aufgrund der enormen Steuern in den letzten Jahrzehnten des 17. Jahrhunderts in die Kassen des venezianischen Staates geflossen war. Charakteristisch für die zahlreichen Auseinandersetzungen dieser Art ist diejenige, die zwischen der *Università* und der Familie Gentili stattgefunden hatte, die beschlossen hatte fortzuziehen und der sich die Vorsteher in den Weg gestellt hatten. Daraufhin verpflichteten sich die Gentili, Steuern in Höhe von 4 300 Dukaten zu entrichten. Dokumente aus späterer Zeit belegen, dass sich die Sache zwischen Anordnungen und Beschlüssen bis 1731 hinzog, als Anselmo Gentili, einer der zurückgebliebenen Verwandten, seine Zahlungsbereitschaft bekundete. Er bat aber darum, mit seiner Familie nach Venedig zurückkehren zu dürfen und nur 500 Dukaten einzahlen zu müssen. Er erinnerte an die im Jahr 1723 festgelegten Steuerbefreiungen und ersuchte schließlich darum, „den Status eines auswärtigen Juden zuerkannt zu bekommen".

Diese Zu- und Abwanderungen nach Belieben hatten ein tiefsitzendes Missbehagen nicht nur wirtschaftlicher, sondern auch psychologischer Natur zur Folge, da die *Università* bereits stark verschuldet war. Ein Senatserlass aus dem Jahre 1706 untersuchte noch einmal die Umstände, unter denen Juden, die das Ghetto verlassen wollten, ausreisten: „Man darf sie nicht wegziehen lassen, ohne dass sie zuvor in die Hände der Vorsteher ihrer Nation effektiv jene Summen eingezahlt haben, die sie sowohl an ordentlichen wie an außerordentlichen Steuern schulden. Um jedoch eine mögliche Parteilichkeit auszuschalten, müssen diese Rechnungen von den allgemeinen Vorstehern [der *Università*] und von denen jeder einzelnen Nation unterschrieben werden. So muss verfahren werden, bis alle eingeforderten Beiträge tatsächlich gezahlt sind. Wer zurückkehrt, entgeht der Besteuerung nicht, und er muss die bereits bekanntgegebenen Steuern, die während der Zeit seiner Abwesenheit angelaufen sind, nachzahlen."

1714 begannen militärische Operationen, die dann 1718 mit dem Frieden von Passarowitz endeten. In Venedig hatte sich die Spannung sowohl in politischer als auch wirtschaftlicher Hinsicht noch verschärft. Der Senat, gedrängt von der altbekannten Not, die Staatskassen wieder aufzufüllen, verfügte, dass der *Savio Cassier* und der *Magistrato sopra la Provision del Denaro* nach bereits bewährtem Muster die Vorsteher der *Università* der Juden von Venedig zu sich rufen und sie veranlassen solle, „der Allgemeinheit zum frühestmöglichen Termin ein Darlehen von 80 000 Dukaten zu gewähren".

Auch die *Cattaveri* intervenierten in Angelegenheiten der öffentlichen Moral und denunzierten öffentlich „einen skandalösen, widerwärtigen Missbrauch in den Ghettos dieser Stadt, denn eine Menge Christen jeden Alters und Geschlechtes soll in die Häuser der Juden gehen, dort essen, trinken und andere Dinge tun, welche gegen die öffentlichen Beschlüsse in Religionsangelegenheiten und die in der *Condotta* festgelegten Regeln verstoßen". Und dass die Alltagsbeziehungen zwischen Christen und Juden enger waren, als den Behörden lieb war, geht aus einem anderen Dokument hervor, das von den *Cinque Savi alla Mercanzia* einige Jahre später, am 18. September 1720, veröffentlicht wurde. Im Zusammenhang mit dem „Wein, der gemäß dem Brauch und Ritus der Juden hergestellt" wird, gaben sie öffentlich bekannt, dass es sich um ein Erzeugnis handelte, das ausschließlich an Juden verkauft werden dürfe, und sie untersagten den Verkauf dieses Weines an Christen.

אנכי ה' אלהיך | לא תרצח
לא תעשה לך | לא תנאף
לא תשא | לא תגנב
זכור את יום | לא תענה
כבד את אביך | לא תחמד

Regulacẽo
E ORDENS
Pellas quais se haverà
de Governar à
חברת עזרת אחים
Istituida no Anno 5472.
no K. K. de Talmud
Thorah.

IN VENEZIA, 1712.
Per Gioanni de'Paoli.
*Con Licenza de' Super.*

אהרן

משה

*Rechts Moses, links Aaron, darüber die Gesetzestafeln, Titelblatt aus dem Jahr 1712*

Doch es genügte nicht, den Christen den Ausschank koscheren Weines oder Besuche in den Häusern von Juden zu verbieten, um Individuen voneinander zu trennen, die dicht nebeneinander das gleiche Leben lebten. Venedig war – vor allem im 18. Jahrhundert – die Stadt der Versuchungen. Und so beschlossen während des Karnevals 1720 einige Juden in der Hoffnung, dass ihnen die Nacht und die Masken Straffreiheit garantierten, allen Proklamationen und Erlässen zu trotzen und sich unter das festliche Getümmel zu mischen. Doch sie wurden entdeckt, festgenommen, vor Gericht gestellt und verurteilt. Wegen ihres harmlosen Spieltriebes sind ihre Namen in Erinnerung geblieben: Es handelte sich um Abram Foniga, Vita Sachi, Samuel Zevi, Iseppo Almeda und Salomon Conegliano.

1716 – zu einer Zeit, als der Krieg mit den Türken seinen Höhepunkt erreicht hatte, musste sich der *Consiglio della Quarantia al Criminal*, der Rat des Strafsenats, mit der „sehr misslichen Lage der Leihbanken" beschäftigen, und es wurden neue Satzungen verabschiedet, die „zur unmissverständlichen Kenntnisnahme aller an die Tür einer jeden Bank" geheftet wurden.

Trotz der wiederholten Interventionen der *Sopraconsoli* und der *Quarantia al Criminal* in den Jahren 1718 bis 1721 blieb die Leitung der Leihbanken ein ungeklärtes Problem: Im Juni 1721 billigte der Senat eine kurzfristige Erhöhung des Zinssatzes um ein halbes Prozent, aber die immer drückenderen Finanzprobleme bewogen die Vorsteher der *Università* – Josef Pincas Calvo, Abram Abenacar, David di Salomon Valenzin, Isach Hai di Moise Baruch Caravaglio, Aron di David Uziel, Haim Hai di Bignamin und Baruch Alfarin –, einstimmig und ohne Widerspruch, mehr Verantwortung und größere Befugnisse in ihrer Leitung zu übernehmen, „um der Not zu begegnen . . . mit besonderer Genehmigung unserer *Università* öffentliche wie private Schriftstücke abzufassen und sie im Namen besagter *Università* zu unterschreiben".

Die finanzielle Lage der *Università* besserte sich nicht. Ein im Staatsarchiv befindliches Dokument der *Magistratura alla Mercanzia,* das sich fast mit Sicherheit auf den 4. August 1722 datieren lässt, zeigt, dass die *Cinque Savi* versuchten, eine Analyse der allgemeinen Finanzlage des Ghettos vorzunehmen, indem sie die Vorsteher der *Università* und der einzelnen Nationen einberiefen, um von ihnen alle möglichen Informationen über Kosten, Einnahmen und *Mas* (Gemeindesteuer) zu verlangen. In dem Bericht der *Savi* ist insbesondere von den Methoden die Rede, die bei der Eintreibung der Steuern „von den *Tansadori* der *Università* und der Nationen" angewandt wurden, die bis 1685 befugt waren, jeden Bewohner des Ghettos seinem Stand und seinem Vermögen entsprechend zu besteuern. Später, 1698, wurde die originelle und raffinierte Methode der „versiegelten Bücher" eingeführt: Man bereitete ebenso viele Säckchen und Bücher vor, wie es für jede Nation eingetragene Steuerzahler gab. Jedes Säckchen enthielt ein kleines versiegeltes Buch, und jeder Steuerzahler erhielt eines davon und musste von der Annahme ausgehen, selbst einer der *Tansadori* (Steuereinnehmer) zu sein. Nur sieben insgeheim gekennzeichnete Büchlein waren für die tatsächliche *Tansa* bestimmt, die übrigen wurden nicht berücksichtigt. Alle im Verzeichnis Eingetragenen mussten sich aber persönlich betroffen fühlen, einerseits um ihr Verantwortungsbewusstsein zu stärken, andererseits jedoch sollten so die Namen der sieben *Tansadori* geheim bleiben. Alle mussten die Büchlein ausfüllen, indem sie jedem der Steuerzahler die Steuer zuwiesen, die sie ihrem Gewissen nach für angemessen hielten. Die Büchlein mussten in die versiegelten Säckchen gelegt und den „Vertrauens-*Tansadori*" übergeben werden.

Diese öffneten dann die Säckchen, machten die sieben gekennzeichneten Büchlein ausfindig, eliminierten das mit den höchsten und das mit den niedrigsten Steuern, ermittelten anhand der fünf restlichen Büchlein für jeden einzelnen Steuerzahler den Durchschnitt und stellten so die Summe fest, die sie jeden Juden des Ghettos über einen Zeitraum von dreißig Monaten zahlen ließen.

Diese ausgeklügelte Methode wurde 1720 aufgegeben, als man das neue System der *Cassella* einführte, das zuerst von den Ponentinern, dann von den Deutschen und schließlich auch von den Levantinern übernommen wurde.

Nachdem die *Cinque Savi* die Abrechnung der *Università* überprüft hatten, äußerten sie unmissverständlich ihre Besorgnis. Sie bemerkten, dass die alten Schulden zwar getilgt wurden, dafür aber stets neue hinzukamen; dass die Aufrechterhaltung der Banken sich als schwierig erwies; dass die Anleihen die Situation komplizierten; dass zu den Schulden der *Università* – knapp 600 000 Dukaten – auch noch die Schulden der einzelnen Nationen – der Ponentiner, Levantiner und Deutschen – dazugezählt werden mussten und dass man dann schließlich auf eine Gesamtsumme von über einer Million Dukaten, einigen Quellen zufolge sogar fast auf 1 200 000 Dukaten kam. Die *Cinque Savi* nannten dem Senat einige mögliche Gegenmaßnahmen: einen Ausgabestopp und ein an die Vorsteher gerichtetes Verbot, „ohne staatliche Genehmigung Geld zu verleihen". Sie meinten ferner, dass man gleich einem Handelsregister ein regelrechtes Verzeichnis sämtlicher Schulden aufstellen müsse, um aus einer solch verfahrenen Situation wieder herauszukommen. Insbesondere schlugen sie vor, dass das ganze Geld, das infolge der Vereinbarungen mit den auswärtigen Juden eingenommen worden war, einzig und allein zur Tilgung der Schulden verwendet werden müsse. Man sollte einen Notar für die *Università* und ihre drei Nationen einsetzen, um die finanzielle Situation jener Juden zu überprüfen, die Venedig verlassen wollten. Nur die Durchführung einer strikten Kontrollpolitik könne helfen, das akkumulierte Defizit auszugleichen.

Im September 1722 nahm der Senat die Berichte der *Cattaveri*, der *Cinque Savi* und der *Deputati alla Provision di Denaro* zur Kenntnis, die ihn „über eine schwerwiegende und höchst bedeutsame Angelegenheit" informiert hatten. Es ging darum, publik zu machen, in welche großer Unordnung sich die *Università* der Juden dieser Stadt und ihre drei Nationen – die Levantiner, Ponentiner und Deutschen – befinden . . .", und der Öffentlichkeit wurde so mitgeteilt, dass das Ghetto unter seiner Steuerlast ächzte. Die Situation der *Università* machte nun außergewöhnliche Maßnahmen erforderlich. Man beschloss, eine übergeordnete Behörde einzurichten, nämlich die *Inquisitori sopra l'Università degli Ebrei,* von der all die anderen Organe abhängen sollten, die für die verschiedenen Funktionen des Lebens im Ghetto zuständig waren. In dieses Amt konnten drei Adlige, die bereits Mitglieder des Senats der Republik waren, für die Dauer eines Jahres gewählt werden. Die Juden mussten ihnen über jedes Detail der Lage Rechenschaft ablegen, und diese

*Inquisitori* sollten nach einer umfassenden Überprüfung aller Fragen bezüglich der Schulden, der Steuern, der Steuerbefreiung und der Leitung der Banken jenes Verzeichnis anfertigen, das die *Cinque Savi* vorgeschlagen hatten. Ferner sollten sie einen Notar für das Ghetto beauftragen. Mit weitreichenden und besonderen Befugnissen ausgestattet, sollten sie versuchen, die Voraussetzungen für eine durchgreifende Sanierung der Finanzen zu schaffen.

Im November desselben Jahres kam es sowohl zu einer erneuten Intervention der *Sopraconsoli,* die einen Erlass herausgaben, als auch zu einer Verfügung der Vorsteher des Rates der *Quarantia al Criminal,* die versuchten, der chaotischen Lage dadurch abzuhelfen, dass sie zu einer abwechselnden Schließung der drei Banken rieten.

Ein Dokument aus dem Januar des Jahres 1723, abgefasst von den Richtern der *Corte dei Procuratori,* macht deutlich, dass die venezianischen Juden eine neue Haltung an den Tag legten: Als *Università* arbeiteten sie gezwungenermaßen zusammen, aber auf individueller Ebene suchten sie nach jeder möglichen Ausflucht, um durch die Maschen der öffentlichen Verschuldung zu schlüpfen. Die Prokuratoren entdeckten eines der Systeme, die sie sich ausgedacht hatten, um die minuziösen venezianischen Vorschriften zu umgehen: Im Einverständnis mit ihren schuldenbeladenen Ehemännern und Erben brachten die Frauen nur noch wenige Einrichtungsgegenstände als Mitgift in die Ehe und hielten andere Güter sowie bedeutendere Geldmittel geheim. Die kurz zuvor ernannten *Inquisitori* wurden aufgefordert, wachsam zu bleiben und gegenüber den Vorstehern der *Università* darauf zu bestehen, dass sie mit den venezianischen Behörden zusammenarbeiteten und diese in ihren Bemühungen, Ordnung in das Ghetto zu bringen, unterstützten. „Als wie schwierig und kompliziert erweist sich doch die Sache mit dem Ghetto! Was für ein heikles Thema . . .“, das „vorsichtige Rücksichtnahmen“ erfordert. – Das scheint der Stoßseufzer eines Adligen zu sein, dem das Ghetto Tausende von Dukaten schuldete, ist in Wirklichkeit aber ein Satz, der sich in einer offiziellen Akte des Senats vom 13. Mai 1723 findet. Den *Inquisitori* wurde in demselben Beschluss erneut befohlen, die Lage mit außergewöhnlichen Mitteln zu sanieren, um „weitere, sehr schlimme Folgen“ zu vermeiden. Man suchte nach einer entsprechenden Quelle, um sofort an 500 000 Dukaten heranzukommen und dem Ghetto eine Atempause zu gönnen. Man meinte, es könne einen beträchtlichen Gewinn bedeuten, „wenn mehr auswärtige Juden zuzögen“, denen man zehn Jahre Aufenthalt gegen die jährliche Zahlung von 500 Dukaten anbieten würde oder auch weniger – je nach Vereinbarung mit der *Università,* bei welcher sie sich jedoch niemals verschulden dürften. Der Erlass ermächtigte die *Inquisitori,* „jeglichen Missstand im Ghetto zu regeln und jede Anordnung zu treffen“, auf dass dieses nur ja wieder „zu Kräften komme“. Die dem *Inquisitorato* eingeräumten Befugnisse waren also außergewöhnlich und weitreichend.

Im Mai ließen die *Inquisitori* wieder von sich hören. Am 22. dieses Monats gaben sie einen Erlass heraus, mit dem der Vorschlag des *Pregadi* über die umstrittene Frage des Aufenthalts auswärtiger Juden in die Tat umgesetzt wurde.

Kaum eine Woche später billigte der Senat die Maßnahmen seines eigenen ausführenden Organs, „das unermüdlich nach Möglichkeiten der Sanierung der öffentlichen Finanzen Ausschau hielt“. Er dachte darüber nach, ob es angebracht sei, die Zahlung einiger Schulden um acht Jahre zu stunden, und prüfte jeden gangbaren Weg, um dem Ghetto eine Ruhepause einzuräumen – nicht so sehr wegen einer plötzlichen Anwandlung von judenfreundlicher Wohltätigkeit, sondern um einen Zusammenbruch und schlimmere Übel zu vermeiden, denn es waren ja eben die venezianischen Adligen, die dem Ghetto einst diese Kredite eingeräumt hatten.

Die *Inquisitori* schlugen ein kompliziertes und radikales ökonomisches Manöver zur Sanierung vor; aber es war vielleicht schon zu spät. Die Serenissima und die *Università* versuchten, ein Minimum an Ordnung zu schaffen und so einen sensiblen und komplizierten Mechanismus wieder in Gang zu setzen. Doch je mehr sie sich bemühten, um so weniger Erfolg schien ihnen beschieden zu sein. Da waren auf der einen Seite die venezianischen Adligen, die sahen, dass das Geld, auf das sie warteten, nicht in ihre Taschen zurückkehrte, und die immer argwöhnischer wurden. Auf der anderen Seite standen die Juden selbst, die überzeugt waren, dass die *Università* eine unerträgliche, bereits zu schwere Last sei, und die versuchten, sich um ihres eigenen, persönlichen Vorteils willen aus dem Dschungel der ihnen zugestandenen Privilegien zu befreien.

Die Vorschriften über den Aufenthalt der auswärtigen Juden, die anfänglich sinnvoll erschienen waren, um neue Leute und frisches Kapital anzulocken, fruchteten bei näherer Betrachtung nicht viel; denn sie waren sehr konfliktträchtig und vertieften die Spaltungen innerhalb des Ghettos. Ein Beispiel für die einer solchen neuen Regelung innewohnende Schwäche liefert das Ersuchen, das Isaac di Mandolin Treves an die Herren des *Maamad* (des Entscheidungsorgans) der Natione Todesca richtete: Dieser aus Padua stammende Mann erbat für sich und seine Familie die Anwendung der Vorschriften, die für die auswärtigen Juden galten, und wollte die Höhe der vorgesehenen Steuern für sich selber alle drei Jahre neu aushandeln. Sich zum auswärtigen Juden zu erklären war also – ob es der Wahrheit entsprach oder nicht – eine andere legale Möglichkeit, weniger Steuern zu zahlen.

Bei ihrem Versuch, sich neue Lockmittel auszudenken, verteilten die *Inquisitori* Abgabebefreiungen und sonstige Privilegien. Auch die *Presidenti sopra gli Offizij del Consiglio della Quarantia al Criminal* intervenierten mit einigen Verfügungen, doch das Gefühl der Spannungen, das zu jener Zeit herrschte, lässt sich eben durch ihre Unschlüssigkeit verdeutlichen – kaum hatten sie am 11. September entschieden, ihren Beschluss vom 13. August infolge einer Intervention der *Cattaveri* zu annullieren, erließen sie am 16. und am 26. September bereits zwei neue Anordnungen.

1728 trat keine Besserung der Schuldenlage ein. Im März nahm der Senat die

Nutzlosigkeit der Experimente in finanzieller Alchimie zur Kenntnis und beschloss, die Gläubiger größerer Beträge einzuberufen und das Vermögen der *Università* zu vinkulieren, um seine Verstreuung in alle Winde zu verhindern. Im Juli räumte er ein, dass die Sache schwierig sei, und äußerte seine Genugtuung über die Vereinbarung zwischen den lebenslänglichen Schuldnern und der *Università* die auf eine stetige Verminderung der Schulden abzielte.

Mit der Intervention des Rates der *Quarantia al Criminal* im August 1729 wurde noch einmal unterstrichen, dass die Situation der Banken nach wie vor ungeordnet war. Die Mitteilung des Senats vom Mai 1730 enthält noch andere Kommentare: „Es sei den Vorstehern des Rates der *Quarantia al Criminal* aufgetragen, [uns] baldigst darüber in Kenntnis zu setzen, wie groß gegenwärtig das Kapital der Banken des Ghettos ist, wie es verwaltet wird, wer die Schiedsrichter außerhalb der besagten Banken sind und ob Wucher praktiziert wird, der jene Gewinne überschreitet, die sie in ihrer Klugheit für angemessen halten würden." Das bedeutet, dass die Situation trotz aller Bemühungen ernst war und der Senat trotz seiner zahlreichen und wiederholten Untersuchungen keine klaren Vorstellungen über das angebrachte Vorgehen und die Art der durchzuführenden Interventionen hatte.

Im Laufe der dreißiger Jahre wurde die bereits verzwickte Lage immer komplizierter. Ein Beweis dafür ist die wachsende Anzahl der Berichte, die das *Inquisitorato* an den Senat lieferte. Ferner waren die Juden des Ghettos zunehmend geneigt, ihren Status formell zu wechseln und sich aus Angehörigen der *Università* in „auswärtige Juden" zu verwandeln, in der Absicht, sich trotz der liebevollen Bemühungen der Serenissima der Bürde der immer noch gewaltigen Steuerlast zu entziehen. Diese Tendenz erboste nicht nur die Gläubiger, die sich in ihrem berechtigten Argwohn bestätigt sahen; sie hatte auch zur Folge, dass der Steuerdruck ausschließlich auf den Schultern der verbleibenden Juden lastete.

Im April 1732 traten die *Cattaveri* in Aktion. Sie wandten sich an den Dogen und hoben mit Nachdruck hervor, dass es der jüdischen Nation, die man einmal erfolgreich in Schach gehalten hatte, mit der Zeit gelungen war, immer neue Konzessionen an sich zu reißen: „Mit Verwunderung stellt man heutzutage fest, dass zwischen dem Christen und dem Juden keine Unterscheidung mehr getroffen wird." Sie erklärten, dass die Juden ihre Klausurvorschriften umgingen, nicht „ohne Anschaffungen beziehungsweise Grundstücke beziehungsweise Mieteinkünfte" seien und blutjunge Christen als Dienstpersonal beschäftigten. Die *Cattaveri* erinnerten ferner daran, dass den Juden früher einmal auch der Druck von Büchern verboten war, dass es jetzt aber „eine öffentliche, für die hebräische Sprache geöffnete Druckerei" gebe, wo sie, wie geargwöhnt wurde, ungehindert Bücher über ihre Religion drucken ließen, zumal ja auch schon das Papsttum die zuständigen venezianischen Behörden über diesen Missbrauch informiert hatte.

An die Stelle des Korrektors Benetelli, so berichten die *Cattaveri*, der bis 1724 im Amt gewesen sei, wäre ein gewisser Serafin Serati getreten, ein Konvertit, der vielleicht von den Juden selbst ausgesucht worden sei. Die Richter sagten, dass sie sich immer auf Benetelli verlassen hätten. Er habe die Texte sorgfältig kontrolliert, und sie hätten sie nur zu ratifizieren brauchen. Serafin Serati dagegen erregte ihr Misstrauen. „Dieser ist von niedriger Herkunft", schrieben sie, „und besitzt keine literarischen Kenntnisse." Sie bestätigten, dass sie kein Vertrauen in seine Arbeit hätten und nicht wüssten, ob in den von ihm kontrollierten Büchern auch weiterhin Verstöße gegen die Religion stehenblieben. Sie meinten, er sei korrumpierbar, und zogen folgenden Schluss: „Die Druckerei befindet sich in einem Patrizierhaus, der Schriftsteller ist ein Jude, und der Korrektor war einer. . . welche Ärgernisse daraus schon erwachsen sind und noch erwachsen können, weiß nur Gott allein." Sie berichteten schließlich, dass sie ihn gerügt hätten und dass Serati ihnen geantwortet habe, die Juden dürften schreiben, was sie wollten. Daraus schlossen sie, dass man einen neuen Korrektor brauche, da „die hebräische Sprache auch ein Mittel zum Betrug, zur Bosheit und zur Gefühlsentladung für dieses ungläubige Volk ist".

Im August desselben Jahres sandte Jacob Levi Muia, der Schreiber der *Università* der Juden, im Auftrag der Vorsteher des Ghettos ein Schreiben an das *Inquisitorato sopra l'Università.* Das Dokument enthielt einen ausführlich begründeten Plan, mit dessen Hilfe die Schulden in Höhe von 900 000 Dukaten, die auf den Erben lasteten, vermindert werden sollten, indem man unter anderem neue Formen von öffentlichen Einlagen schuf. All das erschien möglich trotz der Schwierigkeiten, die die abwandernden Juden bewirkt hatten. In den Sanierungsplan waren auch die jüdischen Gemeinden von Verona und Padua einbezogen. Der Senat billigte das Vorhaben, nachdem er sich mit allen Behörden beraten hatte, dieses Mal insbesondere mit den *Avogadori di Comun* und den *Deputati* und *Aggiunti alla Provision di Denaro.* Er machte sich zum Sprachrohr all jener, die um ihr bestes Kapital fürchteten, das sie seinerzeit Juden des Ghettos anvertraut hatten, und beschloss, alle Verträge oder Schulden jeder Art für sechs Monate auszusetzen, um Klarheit zu schaffen und das Projekt zu verwirklichen.

Diese schmerzliche Maßnahme wurde in der Absicht ergriffen, Gläubiger und Schuldner sowie die Höhe der Kredite und Schulden festzustellen. Mit der Zustimmung von zwei Dritteln der Gläubiger und mit Deckung von zwei Dritteln der Summe konnte man versuchen, einen echten Sanierungsprozess in Gang zu setzen, indem man das restliche Drittel verpflichtete, die Tatsachen zu akzeptieren. Wenn diese Fragen einmal geklärt waren, sollten die *Inquisitori* diese Vereinbarung dem Rat der *Quarantia al Criminal* unterbreiten. Die Operation gelang: Zu den wichtigsten Gläubigern, die sich in diese Maßnahmen fügten, gehörten Francesco Labia, Marc' Antonio Venier und Nicolò Bembo. Die gedeckte Summe betrug, wie vorgeschrieben, über 600 000 Dukaten.

Der Rat der *Quarantia al Criminal* rief, um das sowohl vom *Inquisitorato* als auch von den obersten Behörden, dem Senat und dem Großen Rat, gutgeheißene Projekt zu verwirklichen, im Mai sämtliche Erbgläubiger der *Università* zusammen, stellte die zwei Drittel fest, die auch zwei Drittel der ausstehenden Summe abdeckten, und verfügte dann, dass die übrigen, nicht zufriedengestellten Gläubiger per Gesetz die vorgeschlagene Transaktion zu akzeptieren hatten. Im August 1736 wurde der *Università* als Folge dieses neuen Sanierungsversuches die Befugnis übertragen, „sich mit all ihren abwesenden Steuerpflichtigen zu einigen“, und zwar nicht nur im Hinblick auf die ausstehenden Schulden, sondern auch hinsichtlich der Belastungen, die sich aus den neuen Vereinbarungen zwischen der *Università*, den verschiedenen Nationen und den Gläubigern ergeben hatten.

IL SERENISSIMO PRENCIPE

F A' S A P E R E,

*Et è d'Ordine degl' Illuſtriſſimi, & Eccellentiſſimi Signori*

C A T T A V E R I.

CHE reſtando per più Leggi a loro Eccellenze comeſſa la ſovraintendenza nelli Sanſeri del Ghetto, commandata perciò con Decreto 1563. Primo Zugno à loro Preceſſori l'elettione di dodeci Sanſeri Ordinarij nel Ghetto ſteſſo, quali Carichi benche in forza di poſteriori ordinazioni venduti al Publico Incanto, & eſercitati in parte da Proprietarij, & in parte da Soſtituti con il peſo delle Decime anneſſe, e dovute, mai però poſſano da veruno eſſercitarſi ſenza un Mandato di Sue Eccellenze, & eſſendo a queſti tempi invalſo graviſſimo abuſo, che molti Ebrei ſi fanno lecito di far li Sanſeri in pregiudizio delli dodeci, ~~che con titolo legittimo~~ s'eſercitano, e ſoccombono a ſuoi aggravij, e che oltre a queſto alli ſteſſi dodeci Sanſeri non vengono corriſpoſte quelle Utilità, che dalle Leggi, e da Publiche Tariffe ſono permeſſi; il che cauſa la deſolazione delli dodeci Sanſeri ſteſſi; & è contro la Publica intenzione. Perciò

Fanno Sue Eccellenze publicamente ſapere, & intendere, che non vi ſia Perſona alcuna così Ebreo, come d'altra condizione che ardiſca di far il Senſale nel Ghetto, e molto meno, che da chi incombe, non ſiano corriſpoſte l'Utilità tutte legittime, e particolarmente eſpreſſe nell'ultima Tariffa a ſtampa eſiſtente nel loro Eccellentiſſimo Magiſtrato gia formata dagl'Illuſtriſſimi, & Eccellentiſſimi Signori Inquiſitori ſopra le Tariffe alli dodeci Ebrei Sanſeri Ordinarij nel Ghetto, come è di tutta Giuſtizia, e ciò ſotto quelle pene, che a Sue Eccellenze pareranno in conformità delle traſgreſſioni che ſi rilevaſſero.

Il preſente per la ſua eſſecuzione ſia ſtampato, e publicato, e reſti pur affiſſo ne luochi più coſpicui nel Ghetto ad univerſale notizia; Ne ſia anco conſignata Copia alli Capi di Strazzaria acciò non ſe ne finga in tempo alcuno ignoranza per la ſua eſſecuzione.

Dat. dal Magiſtrato Eccellentiſſimo di Cattaver li 26. Gennaro 1732.

( *Lunardo Querini Cattaver.*
( *Iſeppo Minio Cattaver.*

Gio: Maria Marinoni Nod.

Adi 30. Gennaro 1732. M. V. Publicato nelli Ghetti di queſta Città.

Stampato per Z. Antonio, & Almorò Pinelli Stampatori Ducali.

*Im Frühjahr 1732 wiesen die Cattaveri den Dogen deutlich darauf hin, dass es den Juden mit der Zeit gelungen sei, immer mehr Konzessionen an sich zu reißen.*

Dieses Projekt – das erste, das großzügig angelegt war – schien einige Chancen auf eine, wenn auch nicht vollständige, Verwirklichung zu haben. Im September intervenierte das *Inquisitorato* mit einer Reihe von technischen Vorschriften, die endlich das Funktionieren der Banken bewirken sollten.

Im März und April 1737 überprüfte der Senat einige Berichte, die der Rat der *Quarantia al Criminal* und die Behörde der *Sopraconsoli* über die finanzielle Lage des Ghettos erstellt hatten, und auch eine Beschwerde des Ghettos, das die Schließung mindestens einer der Leihbanken verlangte. Das lehnte der Senat ab, weil er diese Maßnahme nur für eine optische Erleichterung hielt und sich Sorgen machte, sowohl wegen der möglichen Überlastung der anderen Banken als auch wegen der möglichen Spannungen, die unter der armen Bevölkerung der Stadt entstehen könnten.

**Nota degl'Esborsi fatti dall'Università degl'Ebrei dopo l'accomodamento 1736. sino in presente ad' estinzione de' Debiti, e ciò oltre il pagamento de Prò Vitalizj, Publiche Gravezze, spese de' Banchi, e del Ghetto.**

Per affrancati a' Creditori ad Eredès per saldo del resto de loro Capitali in summa di D. 321000. in ordine al Decreto dell'Eccell. Senato 22. Gennaro 1755., & altri susseguenti con Capitali nel Deposito alla regolazione del Ghetto, & investiti nei Banchi del Ghetto — D. 160000:—

Per estrazione delle 4. Grazie annue, dall'anno 1737. 31. Luglio sino 28. Settembre 1776. in ordine all' Accordo 24. Maggio 1736. del Conseglio Seren. di 40. al Criminal, sono anni 40. in ragione di D. 2000. P. V. all'anno — D. 80000:—

Per pagati alli N.N. H.H. Labia in ordine all'Accordo 27. Maggio 1736., oltre il rilascio di porzione de' Prò fatto con altro Accordo per anticipazione — D. 141722:—

Per Capital di Duc. 13333:8. repristinato in Zecca di ragione del Legato Carauaglio, di cui sono partecipi li Neofiti in ordine a Terminazione dell' Eccell. Inquisitorato 21. Marzo 1764. — D. 7600:—

Per pagati alla Dita Aron Vxiel in ordine all' Accordo 6. Giugno 1774. approuato dall' Eccell. Inquisitorato li 7. detto — D. 17599:19

D. 406921:19

*Versuch eines "Sanierungsprozesses", Auszahlungsregister von 1736*

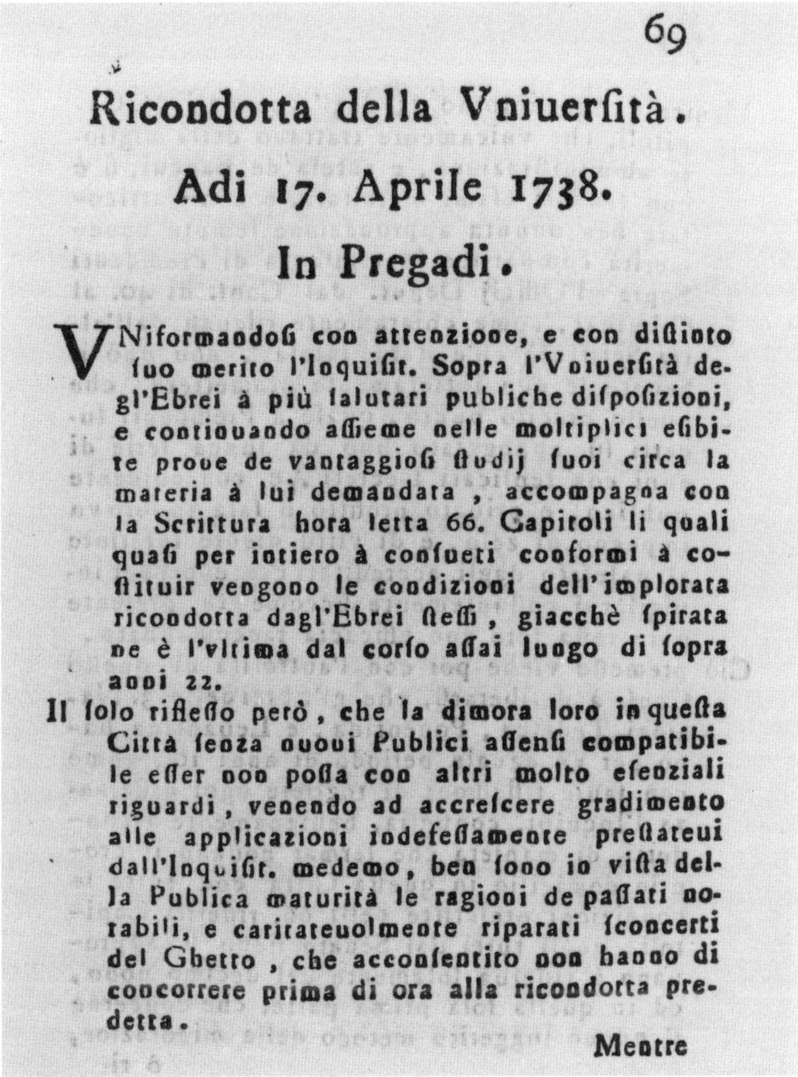

69

Ricondotta della Vniuerſità.

Adi 17. Aprile 1738.

In Pregadi.

VNiformandoſi con attenzione, e con diſtinto ſuo merito l'Inquiſit. Sopra l'Vniuerſità degl'Ebrei à più ſalutari publiche diſpoſizioni, e continuando aſſieme nelle moltiplici eſibite proue de vantaggioſi ſtudij ſuoi circa la materia à lui demandata, accompagna con la Scrittura hora letta 66. Capitoli li quali quaſi per intiero à conſueti conformi à coſtituir vengono le condizioni dell'implorata ricondotta dagl'Ebrei ſteſſi, giacchè ſpirata ne è l'vltima dal corſo aſſai lungo di ſopra anni 22.

Il ſolo rifleſſo però, che la dimora loro in queſta Città ſenza nuoui Publici aſſenſi compatibile eſſer non poſſa con altri molto eſenziali riguardi, venendo ad accreſcere gradimento alle applicazioni indefeſſamente preſtateui dall'Inquiſit. medemo, ben ſono in viſta della Publica maturità le ragioni de paſſati notabili, e caritateuolmente riparati ſconcerti del Ghetto, che acconſentito non hanno di concorrere prima di ora alla ricondotta predetta.

Mentre

*Im April 1738 wird die neue, aus 66 Paragraphen bestehende Condotta der Università degli Ebrei vom Senat gebilligt.*

Im September trafen die *Inquisitori* eine wichtige Verfügung, die die Lage des Ghettos wieder normalisieren helfen sollte, indem frühere Privilegien und Ausnahmen abgeschafft werden sollten. Ferner sollten für alle Juden – allerdings nur schrittweise – die Beziehungen sowohl zur *Università* als auch zu den Behörden als den Vetretern Venedigs vereinheitlicht werden. Die *Inquisitori* betonten jedoch, dass

„all jene die Klugheit der Öffentlichkeit falsch einschätzten, die ihre Kompetenzen überschritten und so täten, als ob sie abreisten, und dann in der Stadt blieben und sich als Fremde ausgäben, um in den Genuss von deren privilegierter Behandlung zu gelangen". Wer blieb, würde, ungeachtet aller Schwindeleien, als Mitglied der *Università* betrachtet werden. Der Aufruf wurde zwölf Tage später vom Senat gebilligt. Die Regierung der Serenissima nahm zur Kenntnis, dass die Zahl der im Ghetto ansässigen Familien zurückgegangen war und dass es immer schwieriger wurde, die zu entrichtenden Steuern einzutreiben. Schließlich äußerte sie ihre Besorgnis über die finanzielle Lage des Ghettos. Trotz der Flut neuer Gesetze waren die Resultate in der Tat mager ausgefallen.

Im April 1738 wurde die neue, aus 66 Paragraphen bestehende *Condotta* der *Università degli Ebrei* vom Senat gebilligt. Von diesen 66 Paragraphen bezogen sich nicht weniger als 33 auf die Finanzierung der Banken. Die Struktur des Ghettos erfuhr zum ersten Mal in seiner Geschichte eine tiefgreifende Veränderung: In der Regelung der *Condotta* wurden die drei Nationen als gleich behandelt. Die *Università* blieb als ganze für den Unterhalt der Banken verantwortlich, und „alle Juden, aus denen sich dieses Ghetto von Venedig zusammensetzt, sowie jene, die im Staat der Terraferma wohnen oder dorthin ziehen wollen, sind zum Unterhalt der besagten Banken verpflichtet".

1739 wurde die seit langem auf Eis gelegte Frage nach der Einrichtung eines *Monte di Pietà* wieder aktuell. Der Grund dafür lag vor allem in der Tatsache, dass die Leihbanken unter Schwierigkeiten litten, die bereits als unüberwindlich angesehen wurden. Und so beauftragte der Senat die Vorsteher der *Quarantia al Criminal* und die *Inquisitori sopra l'Università degli Ebrei*, entsprechende Untersuchungen und Sondierungen vorzunehmen. Jeder praktikable Plan, der zur Lösung der Finanzkrise der Banken und der *Università* hätte führen können, wurde geprüft: Selbst das Kapital der Gesellschaft für den Loskauf der Sklaven wurde im Dezember 1742 von den *Inquisitori sopra l'Università degli Ebrei* beschlagnahmt, und die Vorsteher der drei Nationen, der Levantiner, der Ponentiner und der Deutschen, mussten 2 500 Dukaten zahlen, die die Gesellschaft für den Freikauf der Sklaven in die Kassen der Banken eingezahlt hatte. Diese aufsehenerregende Operation löste heftige Reaktionen aus, da sie diese wohltätige Institution jeder Möglichkeit beraubte, den in Gefangenschaft geratenen Juden zu helfen.

Auch wenn zu dieser Zeit die *Inquisitori* und die *Sopraconsoli* wegen des Bankenproblems besonders aktiv waren, darf man nicht glauben, dass es im Hinblick auf den Schutz der öffentlichen Moral eine Lockerung gegeben hätte. Vielmehr griffen die *Cattaveri* häufig ein, obschon es sich um ziemlich belanglose Fälle handelte; dies beweist aber, dass ihre Aufmerksamkeit nicht nachgelassen hatte. Einem David Jacob Cholona aus Rovigo war es gestattet worden, acht Tage lang den schwarzen Hut zu benutzen; doch der Mann hatte damit Missbrauch getrieben und schließlich den Zorn der Ordnungswächter auf sich gezogen. Eine Frau, Luceta Dorsi, die etwa vierzehn Monate in einem eheähnlichen Verhältnis mit einem Ölhändler aus Zante in einem Haus an der Riva del Vin gelebt hatte, erklärte den Richtern, sie habe nicht geargwöhnt, dass der Mann, Costantino Cona, Jude sei. Ihr wurde der Prozess gemacht. 1749 stellten die *Cattaveri* Jacob Alpron und Abraam Posteler unter Anklage. Der erste wurde unter der Beschuldigung verhaftet, eine Färberei im Bezirk Piove di Sacco eröffnet zu haben, der zweite scheint einer jungen Frau die Ehe versprochen zu haben, und nachdem herausgekommen war, dass er Jude war, beschloss er anscheinend, zum Christentum überzutreten. Dann aber war er aus dem Haus der Katechumenen verschwunden, ohne irgendeine Spur zu hinterlassen.

*Ein Sarg wird eingeschifft und unter reger Anteilnahme zum jüdischen Friedhof transportiert. Kupferstich von Giovanni de Pian, Venedig um ca. 1784*

Als die Frage nach einer Erneuerung der *Condotta* aufgeworfen wurde, reagierte der Senat im Dezember 1750 mit den bereits traditionellen Konsultationen der zuständigen Behörden. Er bekräftigte dabei die „Notwendigkeit, Maßnahmen zu ergreifen mit dem Ziel, diese *Università* am Leben zu erhalten“. Er bekundete seine Absicht, die *Condotta* zu verlängern; gleichzeitig aber brachte er den Wunsch zum Ausdruck, dass man endlich geeignete Methoden finden möge, damit „die öffentlichen Abgaben, denen die Juden unterworfen sind, und die ihnen gewährte Freiheit, in der Dominante und im Staate zu wohnen und Handel zu treiben, gerecht verteilt würden, und zwar so, dass alle Juden, unter Berücksichtigung der Kräfte jedes einzelnen, diese Last tragen müssen . . ."

Im darauffolgenden Januar wurde mit einer Verfügung der *Presidenti sopra gli Offizij del Consiglio della Quarantia al Criminal* der Beschluss des Senates rechtswirksam. Er enthielt dreiunddreißig Paragraphen technischen Inhalts, die sich mit den Banken befassten. Einige Tage später folgte ein neuer Beschluss, der sich ausführlich mit den ausstehenden Fragen in Bezug auf das Leben im Ghetto auseinandersetzte. Insbesondere wurde eine Vorschrift erlassen, wonach ein Buch mit dem Titel *Hebraeorum* eingeführt werden sollte, in das alle die Juden des Ghettos betreffenden Angelegenheiten einzutragen waren.

# Mosè Chaim Luzzatto und Simone Calimani: Ein Vergleich zwischen zwei Rabbinern

*Die mystischen Visionen und die Invektiven der Rabbiner – Was es im 18. Jahrhundert bedeutete, in Venedig Rabbiner zu sein*

„Das achtzehnte Jahrhundert war für die Juden der italienischen Halbinsel im Hinblick auf ihre universale Kultur und das Studium ihrer Muttersprache ein Zeitalter der Stagnation, wenn nicht gar des Rückschritts." So drückte es der venetische Judaist Lelio dalla Torre in einem Artikel aus, der 1866 im *Corriere Israelitico* erschien. Und er bemerkt ferner, dass die Rabbiner, die sich im vorhergehenden Jahrhundert als Gelehrte und Schriftsteller italienischer Sprache hervorgetan hatten, sich hauptsächlich in das eifrige Studium des jüdischen Ritualwesens geflüchtet hätten, und zwar nicht so sehr aus Abneigung gegen die profane Literatur und die Wissenschaft denn aus Furcht, dass die neuen Ideen sie vom rechten Weg abbringen könnten. Die Rabbiner verfassten nach wie vor Gedichte auf Hebräisch, studierten die Bibel und den Talmud, predigten aber in italienischer Sprache mit einer altmodischen, überbordenden Rhetorik voller absurder Metaphern, kindischer Wortspielereien und lächerlicher Schwülstigkeit. Trotzdem schreibt Lelio dalla Torre: „Es gab in Italien vielleicht niemals so tüchtige Rabbiner wie zu jener Zeit – scharfsinnige Geister, die sich auf dem Gebiet der Kasuistik sehr bewährten und stets eine vernünftige religiöse Erziehung befürworteten."

In Venetien und in Venedig selbst zeichneten sich vor allem zwei illustre Rabbiner aus. Der berühmteste von allen war Mosè Chaim Luzzatto, eine kontroverse und umstrittene Persönlichkeit. Als Spross einer venezianischen Familie 1707 in Padua geboren, starb er mit nur neununddreißig Jahren in Palästina. Er hatte zwei sehr gute Lehrer: Isaac Chaim Cohen Cantarini, den Mystiker und Kabbalisten, und Isaia Bassan, einen Talmudgelehrten. Rav Mosè Chaim Luzzatto, der unter Verwendung der Initialen seines Namens „Ramchal" genannt wurde, erwarb als Dichter und Dramaturg bald Berühmtheit und widmete sich mit großem Eifer dem Studium des *Sohar*. Er sammelte treue Schüler und Verehrer um sich, darunter Israel Treves, Isaac Marini, Jacob Israel Forti, Shelomoh Dina und Jacob Chaim Castelfranco. Die Mitglieder dieses Zirkels hatten per Statut festgelegt, dass das Studium des *Sohar* ununterbrochen betrieben würde, und man wechselte sich emsig ab, um sich wirklich vierundzwanzig Stunden lang damit zu befassen. Ihr mystisches Ziel war es, jene Übel auszuräumen, unter denen Israel litt, und in der derzeit noch unvollkommenen

Welt die Harmonie des Göttlichen einzurichten. Ihre Regeln waren streng; neben einigen Gesundheitsregeln wurde auch ein striktes Schweigegebot befolgt. Sie verpflichteten sich, stets die Wahrheit zu sagen, alle zehn Tage zu fasten und asketische Übungen durchzuführen. Sie bedienten sich jeden Tag kabbalistischer Formeln, die die Rückkehr zu einer verlorenen Einheit des Kosmos durch eine mystische Verbindung zwischen Himmel und Erde fördern sollten.

In diesem vielleicht überhitzten Klima geistiger Spannung vermeinte Luzzatto einmal, merkwürdige Stimmen zu hören. Über diese seine Erlebnisse berichtete er selber in einem Brief an Rabbi Beniamin Coen vom Sivan 5487 (1727): „Ich war, über eine kabbalistische Formel nachsinnend, eingeschlafen. Als ich erwachte, vernahm ich eine Stimme, die auf aramäisch zu mir sagte: ‚Ich bin abgestiegen, um die verborgenen Geheimnisse des Heiligen Königs zu offenbaren.' Ich zitterte, doch dann fühlte ich mich ermutigt, und die Stimme hörte nicht auf, mir geheimnisvolle Dinge zu offenbaren. Tags darauf, zur selben Stunde, achtete ich genau darauf, allein im Zimmer gelassen zu werden. Da kam die Stimme herab und offenbarte mir ein weiteres göttliches Geheimnis. Bis sie mir eines Tages sagte, sie sei ein aus dem Paradies entsandter *Maggid*, und dieser gab mir einige Formeln, die ich mir einprägen sollte, bis er wiederkehren würde. Ich sah nichts von ihm, hörte aber seine Stimme, die aus meinem Mund sprach. Dann gestattete er mir, ihm Fragen zu stellen. Ungefähr drei Monate später gab er mir weitere Formeln, die ich mir jeden Tag einprägen sollte, bis ich verdiente, von Elias aufgesucht zu werden, und er befahl mir, einen Kommentar zum Buch *Kohelet* zu verfassen, in Übereinstimmung mit den kabbalistischen Erläuterungen jedes Verses, die er mir geoffenbart hatte, und dann kam Elias und teilte mir die göttlichen Geheimnisse mit. Und nachdem er das getan hatte, sagte er mir, dass *Metatron*, der große Fürst des Paradieses, zu mir kommen würde. Ich wusste dann, dass er es war, weil Elias es mir gesagt hatte. Seither kann ich jeden von ihnen erkennen. Es gibt auch selige Geister, die kommen, deren Namen ich aber nicht kenne, und sie erzählen mir neue Dinge, die ich aufschreibe. Dies alles tue ich, während ich mein Gesicht zur Erde neige und im Traum die seligen Geister in menschlicher Gestalt erblicke . . ." Solche Visionen waren für jüdische Mystiker nichts Ungewöhnliches: In Safed, der Stadt für mystische Studien schlechthin, hatten auch Josef Caro (1488–1572), der Verfasser des *Schulchan Aruch*, Isaak Luria (1534–1572) und Chajim Vital (1543–1620) Visionen dieser Art gehabt.

Natürlich berichtete der Mystiker Luzzatto seinen Schülern über die Erfahrungen, die er in diesen Jahren zwischen 1727 und 1730 gemacht hatte. Einer von diesen, Jequtiel Gordon, der 1732 an der Universität Padua seinen Doktor in Medizin gemacht hatte und bei dieser Gelegenheit „Dominus Jequtiel Sperodeum Gordon hebreus, filius quondam domini Leonis de Civitate Viena in Lithuania" genannt worden war, behielt das Geheimnis ebenfalls nicht für sich und erzählte die Geschichte in einigen Briefen den Rabbinern von Wilna weiter und auch einem Anhänger von

Sabbatai Zwi, Mordechai Jaffe, der in Wien lebte. Mit dieser Indiskretion brachte er eine wahre Lawine ins Rollen.

Am Ende gelangte der Brief in die Hände des vorübergehend in Altona bei Hamburg lebenden Rabbiners von Jerusalem, Mosche Hagis, eines Sohnes von jenem Mosche Hagis, der im Zusammenhang mit Sabbatai Zwi die Ketzerei bekämpft hatte. Hagis verlor keine Zeit und schrieb an die Rabbiner von Venedig: „Ihr, Berge Israels, meine Lehrer und Schüler, Ihr weisen Männer, Rabbiner und Vorsteher der Gemeinde! Nachdem Ihr Eure Kleider zum Zeichen der Trauer zerrissen habt, liegt es nun an Euch, die Wurzeln dieser niederträchtigen Schar aufzuspüren, ehe diese ihre Gemeinheiten unter die Masse der Leute bringen kann, und sämtliche Anhänger dieser Bewegung als Feinde Israels zu verurteilen. Ich aber habe meine Seele gerettet. So spricht in Demut Mosche Hagis aus Jerusalem. Bitte unterrichtet mich über die weiteren Entwicklungen." Der auf geschreckte Rabbiner schickte also den Rabbinern von Venedig eine Kopie des inkriminierten Briefes, in der Überzeugung, dass es aufgrund ihrer Autorität und territorialen Befugnis ihre Sache sei, diesen zweifelhaften, sehr gefährlich erscheinenden Eifer zu bremsen. Um darüber mehr in Erfahrung zu bringen, sandten die Rabbiner von Venedig Hagis' Brief sowie den von Gordon an den Rabbiner Bassan, der unterdessen von Padua nach Reggio Emilia übersiedelt war. Ihr Wunsch war es, dass die Sache nicht überall bekannt wurde und keine Reaktionen unter den Christen auslöste; denn sie entsannen sich der enttäuschenden und bitteren Erfahrung mit Sabbatais Häresie. Der Rabbiner Bassan verteidigte in einem an die venezianischen Rabbiner gerichteten Brief vom 24. Januar 1730 seinen Schüler Luzzatto und unterstrich dessen seelische Reinheit. Luzzatto leistete zu Beginn der Kampagne gegen ihn Widerstand und verlor nicht allzu sehr die Fassung, sondern setzte trotz seines jugendlichen Alters – er war erst dreiundzwanzig Jahre alt – seine Vorlesungen und die Begegnungen mit seinen Schülern regelmäßig fort. Er wiederholte des Öfteren, dass die Niedertracht nur existiere, solange Gott sie zulasse, und wenn er unter ihren Auswirkungen leide, so bedeutet das eben, dass es so sein müsse. Ein Rückzug erschien ihm nicht möglich. Er schrieb dem Rabbiner Katzellenbogen aus Hamburg, einem Freund von Hagis, einen Brief, in dem er erklärte, sich weder als Messias noch als Prophet zu fühlen. Auch Hagis selbst sandte er ein in demütigem Ton gehaltenes Schreiben, in welchem er dieselbe These aufrechterhielt und darlegte, dass sein Schüler Gordon einen strikt privaten Brief geschrieben habe, der nicht für die Veröffentlichung bestimmt gewesen sei. Er äußerte seinen Respekt vor den Rabbinern und ihren Lehren und nahm für sich nur ein Mindestmaß an Unabhängigkeit in Anspruch. Seine Selbstverteidigung zeitigte jedoch nicht die erhoffte Wirkung, sondern löste nur neue Reaktionen aus. Am Ende überzeugte man ihn, einen Kompromiss anzunehmen, und er schickte seine Schriften dem Rabbiner Bassan. Doch im geheimen setzte er seine Studien fort und verfasste einen Text, in welchem er Leone da Modenas Angriffe auf das Buch *Sohar* kritisierte.

Da beschlossen die Rabbiner von Venedig, ihn für seine Halsstarrigkeit zu bestrafen, und belegten ihn 1734 mit dem Bann. Mosè Chaim Luzzatto bekundete selbst sein Einverständnis mit diesem Schritt, indem er seine Unterschrift unter das entsprechende Schriftstück setzte. Er war in der Tat der Meinung, dass jeder Jude den Befehlen der Lehrer zu gehorchen habe, „selbst wenn diese behaupten sollten, links sei rechts und umgekehrt". Er stimmte zu, seine eigenen Werke in hebräischer Sprache abzufassen und sie nicht ohne Genehmigung seines Lehrers und Freundes Rav Bassan drucken zu lassen. Dieser erhielt eine Holzkiste mit sämtlichen früheren Werken, zum größten Teil kabbalistische Schriftstücke, die somit einer der einflussreichsten Persönlichkeiten der Gemeinde von Padua anvertraut wurden.

Die Exkommunikation und andere persönliche Schläge zwangen Luzzatto ins Exil. Er ging zuerst nach Frankfurt und dann nach Amsterdam. Außerdem hatte er zwei weitere folgenschwere Bedingungen akzeptiert: Er sollte das Studium des *Sohar* erst nach dem Erreichen des vierzigsten Lebensjahres wiederaufnehmen, und auch das nur im Heiligen Land.

In Amsterdam fand der Verbannte viele Freunde, erfreute sich großer Wertschätzung und wandte sich mit frischem Enthusiasmus seiner Arbeit zu. Er schrieb den *Dialogo tra un filosofo e un cabbalista,* eine Verteidigung der Esoterik, und schickte das Manuskript dem Rabbiner Bassan, der nach einigem Zögern seine Genehmigung zur Veröffentlichung erteilte.

Die Polemiken und Beschuldigungen gegen den Rabbiner und Mystiker nahmen wieder zu, und zwar in verstärktem Ausmaß. Das venezianische Rabbinat überzeugte sich davon, dass es angebracht sei, eine direkte Kontrolle über ihn auszuüben und ihn zu verpflichten, ganz auf seine esoterischen Studien zu verzichten. Es forderte ihn auf, sich unter Eid zu verpflichten, kein Buch zu veröffentlichen, das nicht zuvor vom Rabbinat überprüft worden wäre. Dieses Mal erklärte sich Luzzatto nicht zu einer Unterwerfung bereit und sprach den Rabbinern von Venedig das Recht ab, über einen Juden aus Padua Kontrolle auszuüben. Daraufhin beschuldigten sie ihn magischer Praktiken und des Exorzismus, bis dann in sämtlichen Synagogen von Venedig seine Exkommunikation im Namen der Rabbiner von Italien, Deutschland, Polen, Holland und Dänemark verkündet wurde. Luzzatto erfuhr von der schwerwiegenden Entscheidung, als er in Amsterdam eintraf. Hier fand er – trotz aller Stürme – noch einmal eine freundliche Aufnahme in der portugiesischen Gemeinde, die ihn samt seiner Familie beherbergte und ihm gestattete, sowohl seinen Unterricht als auch seine Lieblingsstudien fortzusetzen. In dieser Zeit schrieb er die Abhandlung über Ethik *Mesillat Jescharim* (Weg der Frommen), die als sein bedeutendstes Werk gilt und sich einer weiten Verbreitung und großer Popularität erfreute: Selbst Gaon Elija aus Wilna (1720–1797), ein Talmudist und Gegner der Kabbala, äußerte sich lobend über dieses Werk.

Als Luzzatto die Schwelle der Vierziger erreicht hatte, beschloss er, nach Palästina überzusiedeln, wo er sich, von allen Fesseln befreit und unter Erfüllung aller eingegangenen Verpflichtungen, seinen mystischen Studien widmen wollte. Aber wenige Monate nach seiner Ankunft dort raffte eine Pestepidemie ihn und all seine Angehörigen dahin.

Die aufsehenerregende Nachricht aus Tiberias verbreitete sich bis nach Italien und Venedig: Im Alter von kaum vierzig Jahren war eine der umstrittensten und farbigsten Persönlichkeiten des 18. Jahrhunderts von der Bühne abgetreten.

Der bereits erwähnte Gelehrte Lelio della Torre, der im 19. Jahrhundert lebte, vermerkte trotz seines negativen Urteils über das Niveau der jüdischen Kultur im 18. Jahrhundert deren Licht- und Schattenseiten: „Einige Schimmer jedoch hellen gelegentlich diesen verdunkelten Himmel auf. Manch ein erwählter Geist verstand es nicht nur, sich die von ihren Glaubensgenossen im allgemeinen vernachlässigte italienische Literatur anzueignen, sondern auch, sich einen hervorragenden Ruf als Schriftsteller zu erwerben." Della Torre erinnert insbesondere an Giacobbe Saraval, den venezianischen Rabbiner, der 1782 starb, und an Simone Calimani, gestorben 1784. In ihrer Jugend übersetzten die beiden Rabbiner gemeinsam und zum ersten Mal die *Pirke Awot* (Sprüche der Väter) ins Italienische, und bis zur Mitte des 19. Jahrhunderts war diese die einzige Übersetzung, die es in Italien davon gab.

Die kritischen Urteile über Simone Calimani sind nicht ganz einhellig: Einig ist man sich über sein Engagement und Werk als Lehrer und Erzieher, während die Stimmen über sein dichterisches Werk meist weniger enthusiastisch sind.

Über sein Leben ist nicht viel bekannt. Er entstammte einer aschkenasischen Familie, die sich höchstwahrscheinlich zu Beginn des 16. Jahrhunderts, also kurz vor der Gründung des Ghettos, in Venedig niedergelassen hatte. Der Dichter, Schriftsteller und Rabbiner wurde 1699 geboren und starb als Fünfundachtzigjähriger in Venedig. Als Lehrer an der *Talmud-Tora* der Gemeinde widmete er seine Kräfte hauptsächlich dem Schreiben von nutzbringenden Büchern für die Schulen und die Erziehung jüdischer Kinder. Außerhalb des Ghettos unterrichtete Calimani auch junge Nichtjuden und einige venezianische Edelleute (zu seinen Schülern zählte unter anderen auch der bereits mehrfach zitierte Gelehrte Gallicciolli). Er verfasste zahlreiche poetische Werke für Hochzeiten oder andere freudige Ereignisse sowie einige Elegien.

Calimani, dem die ideologischen und existentiellen Erschütterungen eines Luzzatto fremd blieben, war ein gelehrter Rabbiner, der sein maßvolles Gelehrtenleben ausschließlich innerhalb der Mauern des Ghettos verbrachte, ohne irgendwelche Höhen und Tiefen und ohne Polemiken. Er befasste sich mit einer kritischen Bibelausgabe und ließ einige Bücher über Grammatik und Gedichtbände drucken.

Während ein Luzzatto sich unwiderstehlich von der Mystik angezogen gefühlt hatte, interessierte sich Calimani – allerdings unter strenger Befolgung der rabbinischen Orthodoxie, die auf die großen und die kleinen *Mitzwot* achtet – für die neuen, aufklärerischen Strömungen, die in ganz Europa auftraten und auch die jüdische Welt erfassten. Das machte sich vor allem in Holland bemerkbar, wo David Franco Mendes der bedeutendste Vertreter dieser Richtung war. Calimani schrieb ein Buch mit eindeutig antikabbalistischem Inhalt, den *Tochachat Megulla* (Offene Zurechtweisung), einen Dialog zwischen zwei aufgeklärten Bürgern, die über die in der Gesellschaft ihrer Zeit verbreiteten Laster diskutierten, wie etwa die Heuchelei, den Hochmut und die Niedertracht.

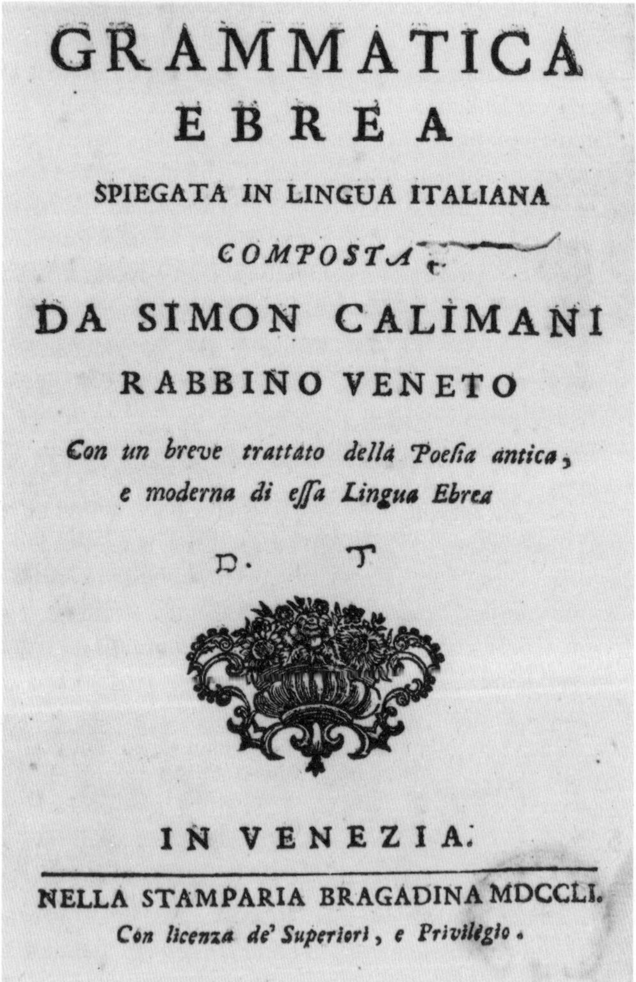
GRAMMATICA
EBREA
SPIEGATA IN LINGUA ITALIANA
COMPOSTA
DA SIMON CALIMANI
RABBINO VENETO
*Con un breve trattato della Poesia antica, e moderna di essa Lingua Ebrea*

ב· ד

IN VENEZIA.

NELLA STAMPARIA BRAGADINA MDCCLI.
*Con licenza de' Superiori, e Privilegio.*

*Simone Calimani, der gelehrte Rabbiner aus dem Ghetto, ließ einige Bücher über Grammatik sowie Gedichtbände drucken.*

Die in Form eines Dialogs zwischen Lehrer und Schüler verfasste und in zehn Abschnitte eingeteilte *Prüfung eines jungen Israeliten (Esame o sia catechismo ad un giovane israelita)* schrieb der Rabbiner 1782 im reifen Alter, zwei Jahre vor seinem Tod. Dieses Werk spiegelt einerseits sehr gut die Atmosphäre des venezianischen Ghettos im 18. Jahrhundert wider. Andererseits finden sich darin die beinahe konstanten pädagogischen Anliegen wieder, die das gesamte Werk des Lehrers Simone Calimani durchziehen. Er versucht, eine Synthese zwischen den wesentlichen Ideen und den entscheidenden Momenten der religiösen Erziehung des Juden herzustellen. In dem anscheinend linearen Dialog wird in Wirklichkeit eine komplexe Weitsicht zusammengefasst, die sich nach und nach in einer zirkulären Sequenz artikuliert. Der Lehrer beginnt, indem er seinen Schüler fragt, welches der wichtigste Glaubensgrundsatz des Israeliten sei, und der ganze erste Abschnitt befasst sich mit Gott, eben um mit Nachdruck hervorzuheben, dass der Monotheismus Grundlage und Quelle der gesamten jüdischen Tradition ist. Alles übrige ergibt sich daraus: das Studium und die Definition der göttlichen Attribute, die Bedeutung der fortwährenden Beziehung zwischen Gott und dem Menschen während der ganzen jahrhundertelangen geschichtlichen Entwicklung des Judentums, seine Offenbarung durch Moses vor dem ganzen jüdischen Volk. Im zweiten Abschnitt werden diese Themen nachdrücklich, aber unter Verwendung von mehr Details vertieft und mit anderen Grundpfeilern des Judentums verknüpft: Es geht in erster Linie um die Feier des Sabbats, das wichtigste Fest, und dann um alle anderen jüdischen Feste, deren historisch-religiöse Merkmale ausführlich beschrieben werden. Der dritte, relativ kurze Abschnitt ist den Gebeten gewidmet. Das Gebet bildet eine Konstante in dem Buch, während die Beziehung zwischen Gott und dem Menschen erst in dem vierten Abschnitt ausgeleuchtet wird. Im fünften Abschnitt werden sechs der Zehn Gebote, die sich auf unseren Nächsten beziehen, beschrieben und analysiert. Vielleicht enthält dieser Teil die meisten Hinweise auf die Kultur und lässt sich am besten auf die Alltagsethik anwenden.

Das ganze Werk ist von dem Bemühen durchdrungen, sich gegen die Vorurteile zu verteidigen, wie es typisch ist für die Rabbiner, die Bücher schreiben, um von den Juden gelesen zu werden, die aber wissen, dass zu ihren Lesern auch und vor allem Nichtjuden zählen werden. Diese besondere Sensibilität ist bei Calimani präsent, wenn er etwa die Bezeichnung *„Gojim"* für die Christen und den Unterschied zwischen diesem Terminus und dem anderen Wort, mit dem sie bezeichnet zu werden pflegen, *„Arelim"*, erklärt.

Im siebten Abschnitt ist von der Beschneidung und ihrer Bedeutung in der Tradition und Kultur des jüdischen Volkes die Rede. Es wird hervorgehoben, dass diese Zeremonie, wie fast alle jüdischen Riten, kein individuelles oder persönliches, sondern auch und vor allem ein soziales und gemeinschaftliches Ereignis ist. Im achten Abschnitt steht dagegen das Gewissen des einzelnen und sein Verhältnis zur Religiosität, zur Sünde, zur Überschreitung der Gebote und zur Sühne im Vordergrund. Im Lichte dieser Gefühle und Probleme beginnen Lehrer und Schüler die Diskussion über das Fest Jom Kippur, das Versöhnungsfest.

Mit den beiden letzten Abschnitten schließt sich der Kreis des idealen Dialogs zwischen den beiden Gesprächspartnern. Bezeichnend ist, dass gerade jetzt der Schüler mehr Raum zur Verfügung hat, um die Perspektive auszuweiten, die sich, ausgehend von einer Reihe einzelner Antworten, in eine reifere, weniger didaktisch angelegte religiöse Vision umwandelt. Lehrer und Schüler reden nun auf gleicher Ebene miteinander, nicht mehr in einer Prüfungssituation, sondern im Rahmen eines angenehmen Gesprächs zum gegenseitigen Nutzen. Die Fragen des Lehrers sind nun kürzer, die des Schülers nuancierter. Beide diskutieren über die konzeptuellen Säulen des Judentums, die im mosaischen Gesetz zusammengefasst sind.

Der zehnte und letzte Abschnitt ist durch einen kurzen Austausch von Fragen und Antworten gekennzeichnet. Der Kreis, der mit der Frage begonnen hatte, welches der wesentliche Glaubensgrundsatz des Judentums sei, schließt sich, indem der Verfasser das zitiert, was Gott zum Menschen gesagt hat: „Die Frucht der Weisheit ist die Furcht vor Gott, und die Frucht der Klugheit ist das Zurückweichen vor dem Bösen."

Während die *Prüfung eines jungen Israeliten* ein direktes Zeugnis für die Art und Weise darstellt, wie Lehrer und Schüler Ende des 18. Jahrhunderts miteinander redeten, so gibt es auch andere Dokumente, die von nicht geringerem Nutzen sind, wenn man die pädagogischen und didaktischen Vorstellungen verstehen möchte, die Simone Calimani voll akzeptierte und die ihm, im Gegensatz zu dem, was Mosè Chaim Luzzatto widerfuhr, keine besonderen existentiellen Schwierigkeiten verursachten.

Simone Calimani lebte, wie es seine Familie übrigens schon seit Generationen tat, im Ghetto, das er niemals verließ, und er passte sich in jeder Hinsicht seiner Umgebung an. Wie jeder jüdische Knabe studierte er in der Talmudschule.

Die Satzung der Talmudschulen-Bruderschaft der deutschen Juden enthielt übrigens unter anderem eine interne Regelung, die auf das Jahr 1714 zurückging und in der die für die venezianischen Juden zu Beginn jenes Jahrhunderts typischen Ansprüche an die religiöse Unterweisung erläutert werden. In dieser Satzung spiegeln sich die Ergebnisse einer über Jahrhunderte geführten Debatte wider, die vor allem die Erziehung und die Einbindung des Knaben in seine kulturelle und geistige Umgebung zum Gegenstand hatte. Ihr Ziel war es, den jüdischen Knaben zu formen und dadurch zu stärken, dass man ihm ermöglichte, letzten Endes dank einer umfassenden religiösen Erziehung, die auf jede seiner Fragen eine Antwort liefern konnte, von der Position einer Minderheit aus dem Druck und den Angriffen der Außenwelt standzuhalten. Das Erziehungsmodell war dementsprechend streng, festgefügt und wachte mit großer Aufmerksamkeit selbst über anscheinend ganz banale Details.

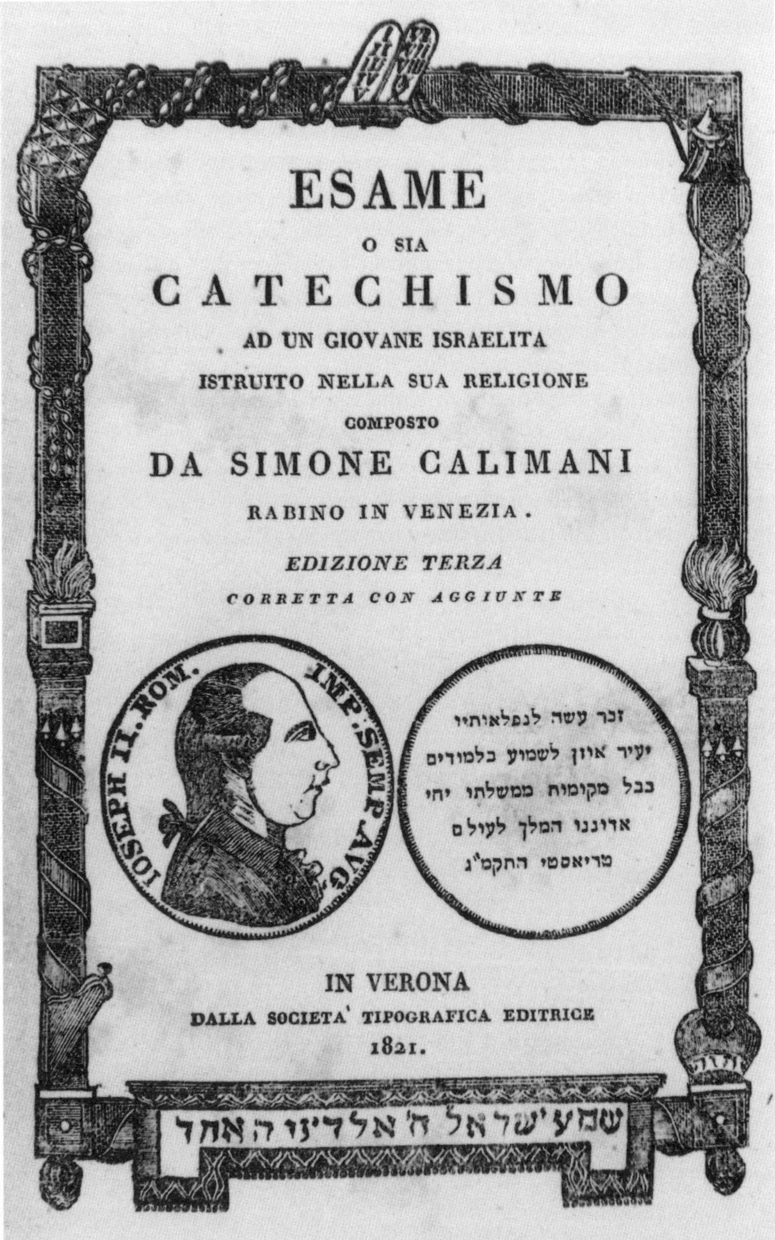

ESAME

O SIA

CATECHISMO

AD UN GIOVANE ISRAELITA

ISTRUITO NELLA SUA RELIGIONE

COMPOSTO

DA SIMONE CALIMANI

RABINO IN VENEZIA.

*EDIZIONE TERZA*

*CORRETTA CON AGGIUNTE*



IN VERONA

DALLA SOCIETA' TIPOGRAFICA EDITRICE

1821.



*Ein pädagogisches Werk in Form eines Dialogs zwischen Lehrer und Schüler, niedergeschrieben von Simone Calimani, zwei Jahre vor dessen Tod*

Die erwähnte Satzung sah für die Schüler Strafen vor, die je nach Verstoß verschieden ausfielen; im schlimmsten Fall drohte die Exkommunikation. Weniger qualifizierte Lehrer wurden bei ihrer Arbeit von den höher qualifizierten kontrolliert, deren Pflichten im Übrigen ganz genau festgelegt waren. Alle Befugnisse und Pflichten waren exakt geregelt: Die Schullehrer waren verpflichtet, morgens die Synagoge zu besuchen und die gemeinsamen Gebete der Schüler zu überwachen. Schule und Religionsunterricht waren nicht voneinander zu trennen. Dennoch wurden zahlreiche Fächer unterrichtet: Italienisch, Hebräisch, Geographie, Rechnen, aber vor allem wurden die Bibel, die Mischna und der Talmud studiert. In den oberen Klassen wurden spezialisierte Studien betrieben: Dazu gehörten die Lektüre der *Pirke Awot* und der *Haggada*, die Beschäftigung mit den Riten der jüdischen Feste sowie das Studium des Talmud mit seinen Kommentaren.

Das hier deutlich zutage tretende Anliegen, den Kindern eine sichere jüdische Identität zu geben und sie so zu befähigen, sich gegen die Angriffe und die Kritik der Nichtjuden zu verteidigen, ist auch ein Zeugnis für die Besorgnis, die der immer enger werdende Kontakt zwischen den Juden und den übrigen Bürgern Venedigs auslöste: Die Mauern des Ghettos bekamen die ersten Risse.

# Das Ende des Ghettos: Eine Chronik der Jahre von 1750 bis 1797

*Die wirtschaftlichen Schwierigkeiten der* Università degli Ebrei – *Die Kontroverse zwischen Physiokraten und Merkantilisten – Die* Condotta *von 1777*

Zu Beginn des Jahres 1751 zog die „große Unordnung", von der die Administration der Banken und die ganze *Università* der Juden betroffen war, ständig die Aufmerksamkeit des Senats und des Rates der *Quarantia al Criminal* auf sich. Die venezianischen Adligen – die Gläubiger der *Università* – versuchten noch, ihre Dukaten zurückzubekommen, aber dieser ihr begründeter Anspruch blieb unerfüllt. Es war der Wunsch der Venezianer selbst gewesen, dass die Juden keine Immobilien besitzen sollten, und ihr Kapital war flüssig. Es gab also nicht viel zu beschlagnahmen, und die Republik konnte auch nicht weiter vordringen, „Verwirrung" schaffen und unpopuläre Maßnahmen ergreifen, die, statt den Patienten zu heilen, angetan waren, zum großen Schaden aller seinen Tod herbeizuführen. Welche Vorteile hätte eine harte Haltung mit sich bringen können? Ein starker Druck gegen die *Università* hätte den plötzlichen Verlust jedes Kredits zur Folge gehabt und auch jede Hoffnung auf die Zukunft zunichte gemacht. Außerdem hätte eine Schließung der Banken die Serenissima in Bedrängnis gebracht, weil ihr dadurch die Kontrolle über die Armen verlorengegangen wäre.

Der Senat war sich wahrscheinlich seiner Ohnmacht bewusst. Deshalb fuhr er fort, Gesetze zu erlassen und einen Kompromiss anzustreben. Seine Bemühungen wären vielleicht auch von einem gewissen Erfolg gekrönt worden, wenn sich die Republik im 18. Jahrhundert in einer besseren Lage befunden und der unaufhaltsame Niedergang nicht alles kompliziert hätte. Der Senat sah sich empörtem Druck ausgesetzt. Im August hatten die Gläubiger eine Denkschrift an die *Quarantia al Criminal* gerichtet und die Intervention des Großen Rates und heue Garantien verlangt.

Aus der Denkschrift der Familie Labia, die 1752 an die *Quarantia al Criminal* geschickt worden war, wird die Unzufriedenheit mit den bestehenden Zuständen ganz deutlich. Die Familie Labia erinnerte daran, dass sie als erste die Vereinbarungen unterschrieben hatte, welche die *Università degli Ebrei* ausgearbeitet hatte und in dem vom Senat angenommenen Projekt enthalten waren. Sie betonte jedoch, dass die für März 1751 vorgesehene Zahlungsfrist nicht eingehalten worden war, und erklärte, gegen die *Università* der Juden einen Prozess anstrengen zu wollen.

Die Vorsteher der jüdischen Gemeinde gaben sofort zu, ihren Verpflichtungen nicht nachgekommen zu sein, und führten eine Reihe von negativen Fakten an, die sie an der Einhaltung der Fristen gehindert hatten. „Unter Tränen flehten sie um Erbarmen", und sie sagten auch noch, dass ihnen die Familie Labia mehr am Herzen läge als alle anderen. Das Dokument war von den Vorstehern des Ghettos – Iseppo Belilos, Abram Sezzi, Moise di Marco Malta, Jacob Mende und David Vita Uziel – unterzeichnet. Der Rechtsstreit zog sich lange hin, und der Prozessverlauf gehört zu den interessantesten Zeugnissen dafür, wie die Verwaltungsjustiz der Serenissima Repubblica funktionierte.

Im August wurden einige Gläubiger des Ghettos mit 2000 Dukaten entschädigt. Die Glücklichen wurden, gemäß den in den früheren Vereinbarungen festgelegten Kriterien, durch Los ermittelt.

Im September 1754 und im August 1755 erfolgten zwei weitere Auslosungen über je 2000 Dukaten, die zur Verringerung der Außenstände der *Università* beitrugen. Im Januar 1756 erließ der Senat eine an die *Università* der Juden gerichtete Verfügung: Innerhalb von sechs Monaten müsse sie unter Anwendung „der angemessensten Methoden" 160000 Dukaten zahlen.

Im August 1757 kam es zur sechsten Auslosung zugunsten der Gläubiger, und im darauffolgenden Januar mieteten die Vorsteher der *Quarantia al Criminal* auf Antrag der *Capi generali* der *Università* ein neben einer Bank stehendes Haus des Colomba Saraval an, um das Pfanddepot zu erweitern.

Im März 1758 wurde die *Condotta* um zehn Jahre verlängert, wobei an den wichtigsten Abschnitten keine bedeutsamen Änderungen vorgenommen wurden. Im April beschloss der Senat „in seinem Bestreben, dieses Ghetto von seiner Bedrängnis zu erlösen", ihm eine Reihe von Befreiungen und Erleichterungen anzubieten.

Im März 1760 entschieden die Senatoren, erneut eine sorgfältige Untersuchung über die finanzielle Gesundheit der *Università* durchführen zu lassen. Zum ersten Mal nach vielen Jahrzehnten bekundeten sie einen gewissen Optimismus und erteilten einige Weisungen bezüglich der nächsten *Condotta*. Da hieß es unter anderem, dass man den Juden „ein anderes Gewerbe als den Trödel gestatten" könne, „ohne dadurch die Christen zu schädigen". Die neue *Condotta* , die, wie vorgesehen, auf zehn Jahre befristet war, wurde im August ratifiziert. Bei dieser Gelegenheit geruhte der Senat – wohl zum ersten Mal seit Jahrzehnten –, seine Genugtuung über das allgemeine Funktionieren der Wirtschaftstätigkeit des Ghettos auszudrücken sowie darüber, dass es gelungen sei, in das Chaos, das Dutzende von Jahren geherrscht hatte, wieder einen Anschein von Ordnung zu bringen. Natürlich blieb die Kontrolle sehr streng. Der Senat bestand darauf, neue finanzielle Möglichkeiten zu erkunden, die den Zuzug fremder Juden in die Stadt begünstigten; denn die *Università* sollte auch zahlenmäßig gestärkt werden. Er betonte, welche Vorteile die Republik den Juden einräumte und unter welch günstigen Bedingungen diese hier lebten. Die Republik habe schon im fernen Jahr 1502 mit wahrer Barmherzigkeit dafür gesorgt, dass kein Jude unter vierzehn Jahren getauft werden dürfe, und habe die heikle Angelegenheit durch zahlreiche Gesetze geregelt. Noch einmal wurde den Juden feierlich und mit besonderem Nachdruck „die freie, friedliche und ungestörte Ausübung ihrer Riten und ihrer Religion – für sie und ihre Kinder“ bestätigt und garantiert.

Mit der *Condotta* des Jahres 1758 waren neue Regelungen eingeführt worden: Es handelte sich um einige Zusätze im Zusammenhang mit den Möglichkeiten der Schifffahrt und des Handels, um weitere Zugeständnisse auf religiösem Gebiet sowie um neue Vorschriften bezüglich der Öffnungs- und Schließungszeiten des Ghettos. Es wurden auch einige andere Ausnahmen gemacht, die in dringenden Fällen die Anstellung von christlichem Dienstpersonal ermöglichten.

Die Frage nach der Ausübung anderer Gewerbe als dem Trödelhandel war dagegen den *Cinque Savi* zu Überprüfung vorgelegt worden.

Die *Università* gab ihrerseits ein vom 9. Dezember 1760 datiertes Memorandum für den internen Gebrauch heraus. In diesem Dokument befasste sie sich mit den Fremden, den Abgaben, die von den beiden privilegierten Gruppen, den Juden aus Korfu und den jüdisch-levantinischen Wanderhändlern, zu entrichten waren, den Steuerterminen, den vorgeschriebenen Strafen für Widersetzliche sowie den Pflichten und Rechten ihrer eigenen Vorsteher, zu denen auch die Anwendung der Exkommunikation gehörte.

Der Optimismus, den der Senat an den Tag gelegt hatte, verflog indessen sehr rasch, weil die Senatoren im September 1761 eine weitere Analyse der Finanzlage des Ghettos bekanntmachten und dabei erkannten, dass die Situation alles andere als rosig war. Daher beschlossen sie, das Mandat der Vorsteher um zwei Jahre zu verlängern, damit es in diesem schwierigen Augenblick, während der Sanierungsversuch im vollen Gange war, keine Sprünge und Unterbrechungen gab. Die vorgesehenen Auslosungen im Zusammenhang mit der Zahlung aufgelaufener Schulden wurden fortgesetzt.

1762 erlaubten die Schlussfolgerungen der Konferenz, die der *Savio Cassier alla Provision del Denaro* und das *Inquisitorato* einberufen hatten, eine Bilanz der Schulden der *Università* zu ziehen, die sich auf 300 000 Dukaten beliefen. Sie gelangten daher zu dem Schluss, dass man der *Università* kein neues Geld abpressen konnte.

Zwar war in den letzten Jahren die prekäre Finanzlage des Ghettos die Hauptsorge gewesen, doch man kann nicht sagen, dass sie das einzige Problem darstellte: Zum Beispiel kam es in Venedig häufig zu Feuersbrünsten, gerade im Ghetto, wo die Zusammenballung der Bevölkerung beträchtlich war und die verschachtelten Häuser sehr hoch und zum großen Teil aus Holz gebaut waren. Aus Furcht vor ruinösen Bränden wurden deshalb öfter vorbeugende Kontrollen durchgeführt. Im Februar 1764 berichteten die Vorsteher des Rates der *Quarantia al Criminal* vor dem *Pregadi* über die Ergebnisse einer dieser Inspektionen, und der Senat, der sich mit der

Sicherheit des Ghettos im Falle einer Feuersbrunst und möglicher Volkserhebungen befasste, befahl der Direktion des Arsenals, den Vorstehern der *Università* ein hydraulisches Feuerlöschgerät und eine ausreichende Anzahl von „Bottichen und Rinnen" zur Verfügung zu stellen; die Instrumente sollten nicht nur dem Ghetto, sondern auch den angrenzenden Bezirken zur Verfügung stehen.

Was die Handelstätigkeit anlangt, so sorgte unterdessen der allgemeine Niedergang des Adriahandels dafür, dass der Hafen von Venedig zunehmend in Schwierigkeiten geriet. Das galt insbesondere im Hinblick auf den Handel mit Lebensmitteln und Öl. Einige Adlige, darunter Francesco Tron und Zuan Alvise Emo, verlangten, dass man die jüdischen Kaufleute daran hindern müsse, Erzeugnisse – vor allem Öl – aus Korfu und innerhalb des venetischen Staates zu erwerben. Man dürfe ihnen lediglich erlauben, solche Waren aus dem Ausland einzuführen. Der Senat akzeptierte diese protektionistischen Forderungen und beschloss, diese Maßnahme im Januar 1771 in Kraft zu setzen. Den Juden blieben bis zum Dezember 1770 nur noch wenige Monate, um ihre Handelsgeschäfte abzuwickeln, auch wenn ihnen im letzten Augenblick einige Aufschübe gewährt wurden. Auf die Entscheidungen des Senats reagierte der Markt zuerst mit Unruhe und dann mit einem jähen Preisanstieg.

Im August 1772 nahm, nachdem die jüdischen Kaufleute aus dem Geschäft gedrängt waren, der Ölschmuggel überhand, und gleichzeitig ergaben sich unter der bäuerlichen Bevölkerung von Korfu Probleme. Der *Provveditore* Andrea Querini hatte übrigens bereits einige Monate zuvor diese Konsequenzen vorausgesehen und eilends angekündigt, dass eine große „Verwirrung" entstehen würde, wenn die Subventionen, die die Juden den lokalen Bauern traditionell gewährten, plötzlich ausblieben; und er bestritt schließlich auch, dass es in jener Region je eine Art von jüdischem Monopol gegeben habe.

Der so vorgewarnte Senat beauftragte die *Cinque Savi* und die *Provveditori agli Oli,* der Sache nachzugehen. Diese Diskussion hatte zwei gegensätzliche Berichte zur Folge. Die *Provveditori* Vincenzo Barsizia und Agostin Sagredo sowie die beiden *Savi* Prosporo Valmarana und Sebastian Zustinian waren gegen antijüdische Maßnahmen und sprachen sich für den freien Wettbewerb aus; den physiokratischen Tendenzen nahestehend, hielten sie es, insbesondere in dem Fall von Öl, für schädlich, den Handel mit dieser Ware vom Konsum zu trennen. Ihrer Meinung nach konnte man die Dynamik der Juden einsetzen, um die Schwächen der venetischen Kaufleute auszugleichen, die immer weniger geneigt waren, Risiken einzugehen, und ohne wirkliche Initiative waren. Der *Provveditore* Zuan Alvise Emo und die drei *Savi* Antonio Zulian, Andrea Giulio Corner und Lorenzo Alessandro Marcello hingegen befürworteten die bereits im November 1770 und im Juni 1771 getroffenen Entscheidungen und meinten, der Preisanstieg gehe zum großen Teil auf das Konto der Schmuggler und der Juden. Obwohl sie die Grundsätze des freien Marktes akzeptierten, stellten sie außerdem fest, dass man schon früher protektionistische

Maßnahmen ergriffen habe, und sie erinnerten daran, dass erst vor kurzem der An- und Verkauf von Getreide verboten worden war, um die Veneter zu begünstigen und den jüdischen Kaufleuten das Wasser abzugraben. Dieser Zusammenprall zwischen zwei Richtungen war ein Vorbote dessen, was man 1777 und 1779 innerhalb des venezianischen Patriziats erleben sollte, als davon die Rede war, den Juden eine ungehinderte Tätigkeit als Reeder zu gestatten und ihnen Schifffahrtspatente zu gewähren.

Der Anstieg des Ölpreises und die Unruhe unter der bäuerlichen Bevölkerung von Korfu konfrontierten den venezianischen Senat erneut mit einem Dilemma. Tron und seine Partei stellten einen Antrag, der darauf abzielte, die jüngsten Entscheidungen zu bestätigen, und in dem, unter anderem, stand, dass der Senat fand, dass es weder mit „seinen Interessen noch mit seiner Würde, noch mit seinem Gerechtigkeitssinn zu vereinbaren sei, an den festgelegten Prinzipien auch nur ein Jota zu verändern". Ihnen wurde eine Abfuhr erteilt: Der Senat erklärte die Erlasse aus den Jahren 1770 und 1771 für unwirksam und übte eine Art Selbstkritik, indem er beschloss, die ganze Angelegenheit den *Deputati aggiunti* zur Überprüfung vorzulegen. Deren Antwort ließ bis Ende 1772 auf sich warten. Sie schlugen vor, sowohl den Juden als auch den anderen Fremden Handelsfreiheit zu gewähren, allerdings zugleich für eine strenge Überwachung der Preise zu sorgen.

Die siebziger Jahre begannen turbulent. Im April 1771 wiesen die Vorsteher des Rates der *Quarantia al Criminal* in einem barsch formulierten Beschluss darauf hin, dass die Banken sich nach wie vor in einem schlimmen, ungeordneten Zustand befanden. Im August 1773 machten dieselben Vorsteher deutlich, dass die Bankiers des Ghettos nicht nur gegen die Gesetze des Staates verstoßen hätten, sondern auch gegen die Vereinbarungen, die sie selbst mit der *Università* getroffen hätten, und sie verfügten daher angemessene Sanktionen. Über das Handelsproblem hatte sich unterdessen die Spaltung innerhalb des Patriziats vertieft. Tron verfocht immer noch seinen protektionistischen Plan, der sich im Wesentlichen gegen die Juden und die Fremden richtete, während Pesaro, Memo, Sebastiano Foscarini und Gabriele Marcello sich diesen Absichten hartnäckig widersetzten, die sie als kurzsichtig einschätzten, und meinten, man müsse eine geschmeidigere Politik betreiben.

Aufgrund einiger Dokumente lässt sich eine umfassende quantitative Bewertung der Rolle vornehmen, die die Juden in jenen Jahren spielten: Von 1770 bis 1775, also bis zur Einführung der Restriktionen, hatten sie einen Marktanteil an den Zöllen (bei Ein- und Ausfuhr zu bezahlen) inne, der sich um sechs oder sieben Prozent des gesamten Handelsvolumens bewegte.

Im April 1774 richteten die Vorsteher der *Università* die sich vielleicht der heraufziehenden Schwierigkeiten bewusst waren, eine Bittschrift an den Dogen, in der sie die wichtigsten Fragen von gemeinsamem Interesse zusammenfassten: Nach dem Lob für die Milde der venezianischen Politik und die Wirksamkeit der Maß

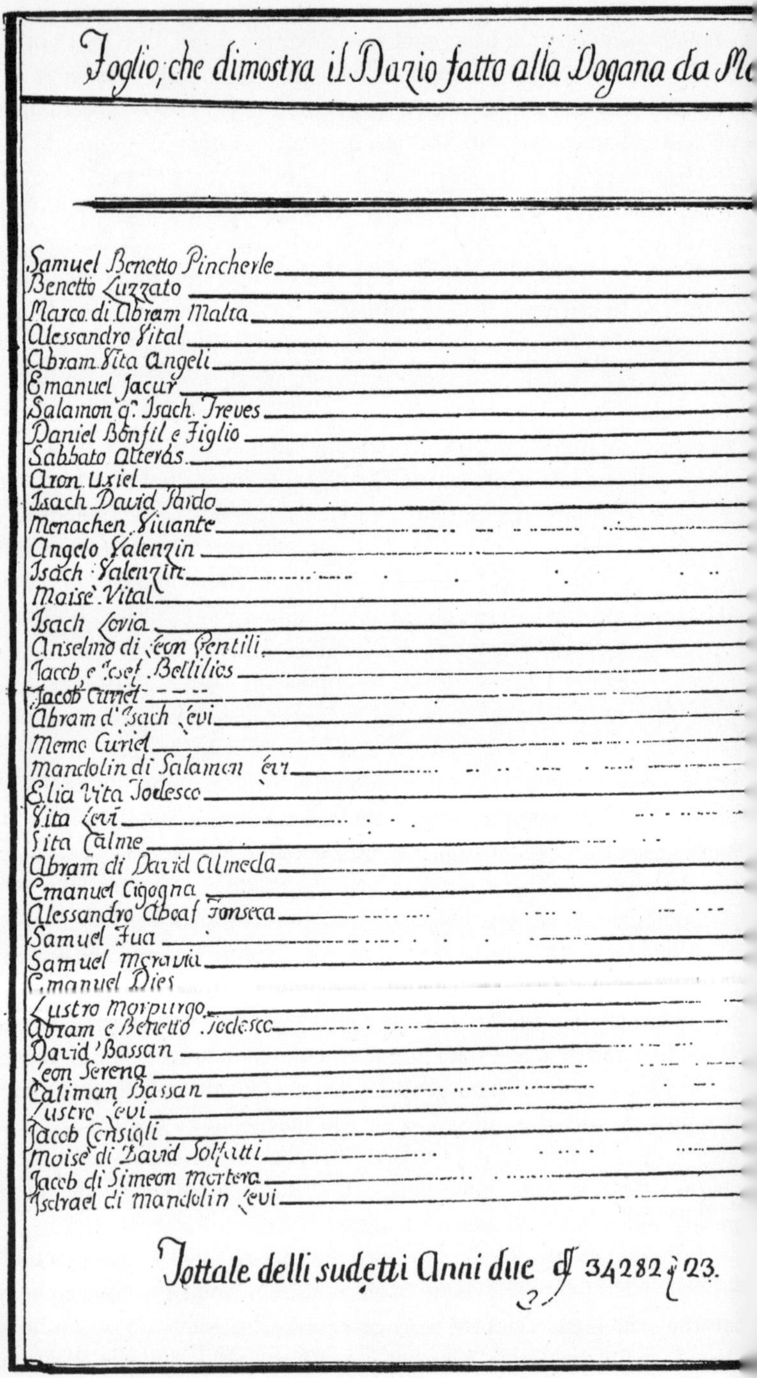

Foglio, che dimostra il Dazio fatto alla Dogana da Me[…]

Samuel Benetto Pincherle
Benetto Luzzato
Marco di Abram Malta
Alessandro Vital
Abram Vita Angeli
Emanuel Jacur
Salamon q[m]. Isach. Treves
Daniel Bonfil e Figlio
Sabbato Alteràs
Aron Uziel
Isach David Pardo
Menachen Viuante
Angelo Valenzin
Isach Valenzin
Moisè Vital
Isach Lovia
Anselmo di Leon Gentili
Jacob e Iosef Bellilios
Jacob Curiel
Abram d'Isach Levi
Memo Curiel
Mandolin di Salamon Levi
Elia Vita Todesco
Vita Levi
Vita Calme
Abram di David Almeda
Emanuel Cigogna
Alessandro Abeaf Fonseca
Samuel Fua
Samuel Moravia
Emanuel Dies
Lustro Morpurgo
Abram e Benetto Todesco
David Bassan
Leon Serena
Caliman Bassan
Lustro Levi
Jacob Consigli
Moisè di David Solfatti
Jacob di Simeon Mortera
Isdrael di Mandolin Levi

Tottale delli sudetti Anni due ₫ 34282 : 23.

Register der Zollzahlungen der jüdischen Firmen von März 1777 bis Februar 1779

…due da p.mo Marzo 1777. à tutto Febb.o 1779. dalle infraste Ditte

| …p.mo Marzo 1777. sin tutto Febbraro 1778 | | | | | | | | Da p.mo Marzo 1778 sin tutto Febb.o 1779. | | | | | | | |
|---|---|---|---|---|---|---|---|---|---|---|---|---|---|---|---|
| …uante | | Ponente | | X.ri p c.to | | In Tutto | | Levante | | Ponente | | X.ri p c.to | | In Tutto | |
| 2322 | | 255 | 10 | 139 | 23 | 2719 | 9 | 1167 | 10 | 103 | 10 | 189 | 18 | 1460 | 14 |
| 178 | 14 | | | 3 | 8 | 181 | 22 | 249 | 5 | | | 5 | 23 | 255 | 4 |
| 196 | 6 | | | | | 196 | 6 | 60 | 22 | 9 | 20 | | | 70 | 18 |
| 259 | 19 | | | 18 | 14 | 278 | 9 | 969 | 11 | 135 | 17 | 125 | | 1230 | 4 |
| 182 | | 33 | 6 | | | 215 | 6 | 417 | 7 | 150 | 2 | | | 567 | 9 |
| 910 | 7 | 81 | 15 | 261 | 22 | 1253 | 20 | 333 | 20 | 257 | | | | 590 | 20 |
| 593 | 17 | 8275 | 21 | 93 | 18 | 9963 | 8 | 2088 | 5 | 534 | 21 | 1036 | | 3659 | 2 |
| 340 | 15 | 2443 | 1 | | | 2783 | 16 | 625 | 10 | 646 | 14 | | | 1272 | |
| 73 | 10 | 97 | 9 | | | 170 | 19 | 644 | 18 | 53 | 23 | | | 698 | 17 |
| 23 | 8 | | | | | 23 | 8 | | 14 | | | | | | 14 |
| 468 | 16 | | | | | 468 | 16 | 318 | 8 | | | | | 318 | 8 |
| 808 | 16 | | 16 | | 6 | 809 | 14 | 1296 | 3 | | | | | 1296 | 3 |
| 18 | 12 | | | | | 18 | 12 | | | | | | | | |
| 48 | 6 | | | | | 48 | 6 | | | | | | | | |
| 64 | 15 | | | | | 64 | 15 | | | | | | | | |
| 1 | 17 | 622 | 14 | | | 624 | 7 | 4 | 5 | 321 | 14 | | | 325 | 19 |
| 337 | 21 | | | | | 337 | 21 | 447 | 7 | | | | | 447 | 7 |
| 249 | 18 | | | | | 249 | 18 | 411 | 18 | | | | | 411 | 18 |
| 34 | 21 | 117 | 8 | | | 152 | 5 | 17 | 18 | 59 | 19 | 49 | 15 | 137 | 4 |
| 12 | 20 | | | | | 12 | 20 | | | | | | | | |
| 19 | 8 | | | | | 19 | 8 | 26 | 19 | | 6 | | | 27 | 1 |
| 3 | 17 | | | | | 3 | 17 | 38 | 4 | | | | | 38 | 4 |
| 89 | 19 | | | | | 89 | 19 | | | | | | | | |
| 173 | | | | | | 173 | | 151 | 21 | | | | | 151 | 21 |
| 31 | 9 | | | | | 31 | 9 | | | | | | | | |
| 35 | 7 | | | | | 35 | 7 | 89 | 11 | | | | | 89 | 11 |
| 1 | 13 | | | | | 1 | 13 | | | | | | | | |
| | | 25 | 17 | | | 25 | 17 | | | | | | | | |
| | | | | | 6 | | 6 | 38 | 1 | | | | | 38 | 1 |
| | | | | 19 | 20 | 19 | 20 | | 6 | | | | | | 6 |
| | | | | | | | | 1 | 20 | | | | | 1 | 20 |
| | | | | | | | | 7 | 13 | | | | | 7 | 13 |
| | | | | | | | | 2 | 16 | | | | | 2 | 16 |
| | | | | | | | | 30 | 4 | | | | | 30 | 4 |
| | | | | | | | | 7 | 6 | | | | | 7 | 6 |
| | | | | | | | | | 18 | | | | | | 18 |
| | | | | | | | | 6 | | | | | | 6 | |
| | | | | | | | | 1 | 2 | | | | | 1 | 2 |
| | | | | | | | | | | 6 | 22 | | | 6 | 22 |
| | | | | | | | | | | | 6 | | | | 6 |
| | | | | | | | | | | 161 | 10 | | | 161 | 10 |
| …79 | 19 | 11952 | 21 | 537 | 21 | 20970 | 13 | 9454 | 10 | 2451 | 16 | 1406 | 8 | 13312 | 10 |

Giacomo Marchetti Quad.t

nahmen, die zur Sanierung der Wirtschaft des Ghettos ergriffen worden waren und die auf ein ausgeglichenes Verhältnis zwischen der Rückzahlung der Schulden und der Zahlung der Steuern abzielten, wurde darauf hingewiesen, dass die Gewährung von Privilegien an die auswärtigen Juden zu einer Entspannung der Finanzlage der *Università* geführt habe. Auf lange Sicht habe sie aber keine entscheidenden Verbesserungen bewirkt, ja vielleicht habe sie sogar dazu beigetragen, die Konfliktbereitschaft zwischen den Nationen des Ghettos zu erhöhen.

Im Januar 1776 forderte der Senat die Behörden auf, ihm die Berichte mit den Vorschlägen und Klauseln für die neue *Condotta* vorzulegen. In jenem Jahr lässt sich infolge der politischen Auseinandersetzungen zwischen dem Reformflügel und dem konservativen Lager des Patriziats Widersprüchliches feststellen: Auf der einen Seite errangen die Reformbefürworter einen kurzlebigen Sieg; denn die antijüdische Gesetzgebung wurde abgeschafft und eine neue Wirtschaftspolitik eingeführt, die sich den Beitragszahlungen durch Fremde öffnete. Auf der anderen Seite standen wieder einmal die *Cattaveri* mit neuen Erlassen, in denen sie die unüberwindlichen Trennungslinien hervorhoben, die die Juden nicht überschreiten durften.

In der Überzeugung, dass man antijüdische Maßnahmen gegen das Ghetto vorbereitete, verfassten die Vorsteher der *Università* der Juden im März 1776 eine zweite Bittschrift und versuchten, dem Schlag zuvorzukommen. Die fünf Vorsteher des Ghettos baten darum, über die Details der neuen *Condotta* angehört zu werden, ehe der Senat die zuständigen Behörden beauftragte, die üblichen Berichte zu erstellen. Das Gesuch blieb, wie es scheint, ohne unmittelbares Ergebnis.

Im Februar 1777 wurde in einem Dekret des Senats „der öffentliche Wille" bekundet, „den Juden nicht das Recht auf die Staatsangehörigkeit zuzugestehen", und es wurde ausdrücklich betont, dass jegliche Aufenthaltsgenehmigung in den Gebieten der Dominante für sie zeitlich befristet und durch die in den *Condotte* enthaltenen Bedingungen geregelt sei, und man verfügte, dass angesichts der Tatsache, dass „die restlichen Schulden der *Università* einzig zu Lasten von deren anwesenden Mitgliedern geht, eine Strafbestimmung erlassen würde und dass die jährlichen Belastungen für alle gleich sein müssten".

Physiokraten und Merkantilisten, das heißt die Vertreter dieser beiden unterschiedlichen wirtschaftspolitischen Richtungen innerhalb des venezianischen Patriziats, stießen erneut und dieses Mal noch heftiger zusammen, als im August 1777 die Erneuerung der *Condotta* anstand. Mehr als das unverkennbar antijüdische Edikt von Pius VI. aus dem Jahre 1775 spielten hier kommerzielle und ökonomische Überlegungen eine wichtige Rolle. Der Konferenz, zu der sich die traditionellen Behörden versammelt hatten, gelang es – trotz monatelanger Versammlungen und mehrerer Aufschübe – nicht, dem Senat einen gemeinsamen Entwurf vorzulegen. Vielmehr zeigte sich am 8. August 1777 im Senat, dass die Konferenz sich in zwei gleich große Lager aufgespalten hatte. Sie reichten zwei Berichte ein, die beide von jeweils acht Amtspersonen unterzeichnet waren. Auf der einen Seite standen drei *Cattaveri*, zwei *Savi Cassieri*, ein *Inquisitor* in jüdischen Angelegenheiten sowie ein Mitglied der *Provision del Denaro;* sie verlangten eine sofortige Entscheidung ohne weitere Untersuchungen oder Verzögerungen. Im anderen Lager befanden sich die übrigen vier *Savi alla Mercanzia*, zwei *Deputati alla Provision del Denaro*, ein *Aggiunto* derselben Behörde und ein *Inquisitor* in jüdischen Angelegenheiten, die alle darauf bestanden, dass kein Beschluss gefasst werden dürfe, ohne zuvor die Konferenz der „zurückgekehrten *Baili*" zu Rate zu ziehen, das heißt jener Senatoren, die die Republik in Konstantinopel vertreten hatten. Der Vorschlag mit der Einberufung der *Baili*-Konferenz wirkte wie ein Verzögerungsmanöver, um Francesco Tron, dessen Position im Senat zu diesem Zeitpunkt besonders stark war, an einem Sieg zu hindern.

Am 23. August schritt der Senat zur Tat und beauftragte die *Cattaveri*, die Konferenz vorzubereiten, die die Kapitel der neuen *Condotta* ausarbeiten sollte. Bereits am 19. September wurden dem Senat erneut zwei Berichte vorgelegt: Der eine enthielt die sechsundneunzig Artikel der *Condotta*, der andere heftige, entschiedene Proteste. „Wir sind entsetzt und überrascht über die neue und ungewohnte Art, wie die Konferenz einberufen wurde, die über die immense Menge von sechsundneunzig Kapitel entscheiden soll", schrieben die Gegner, die auf zahlreiche Pressionen aufmerksam machten, denen sie ausgesetzt waren, und sie fuhren fort: „Die vorgeschlagenen Kapitel. . . sind ohne Veränderungen dem hochverehrten Senat vorzulegen, und entweder muss jedes persönlich abgezeichnet werden, oder innerhalb von drei Tagen müssen in getrennten Schreiben die Grundlagen der geglaubten Gegenpositionen unterbreitet werden." Tatsächlich hatten die *Cattaveri* einen bereits vorbereiteten Text eingereicht und gutheißen lassen, ohne mögliche Veränderungen zuzulassen, und auf diese Weise einen regelrechten Handstreich verübt. Die Minderheit schien nicht nur wegen des Streitgegenstands beunruhigt zu sein, sondern äußerte auch ihre Besorgnis über die ungewöhnliche von den *Cattaveri* angewandte Methode und meinte, dass ein solches Vorgehen Verwirrung stiften würde. Der Senat musste gewarnt werden: Allein schon der Inhalt des Gesetzes sei potentiell gefährlich und könnte „einen verstärkten Niedergang des restlichen, flauen Handels auf diesem Markt" bewirken, „dessen schädliche Auswirkungen sich dann nicht so einfach und rasch aus der Welt schaffen lassen" würden.

Der Bericht der Konferenz, die den Text der neuen *Condotta* von 1777 vorbereiten sollte, befasste sich nicht nur mit den Grenzen, die den Juden im See- und Überlandhandel zu setzen waren. Sie hatte sich auch einige Restriktionen ausgedacht, die gegen die Kaufleute und Fabrikanten anzuwenden waren (die die Manufakturarbeit pachteten, um die Produkte dann direkt zu verkaufen). Einschränkungen unterworfen werden sollten auch die Manufakturbetriebe, „die entweder aufgrund willkürlicher oder staatlicher Konzession in Venedig und im [venetischen] Staat und im Namen und auf Kosten von Juden bestehen“. Die Konferenz sah vor, dass die eigenmächtig errichteten Fabriken innerhalb von zwei Jahren demoliert werden sollten: „Was ferner die Fabriken anlangt, die aufgrund öffentlicher Dekrete bestehen, müssen diese mit Erlöschen der Konzession beziehungsweise innerhalb von zwei Jahren ihren Betrieb einstellen.“ Man machte aber eine Ausnahme bei jenen privilegierten Fabriken, „die auf ihre Initiative zurückgingen und zuvor nicht von Christen benutzt worden waren“ und deren Betrieb für rechtmäßig erklärt wurde, sofern ihre Konzession mit einer Vierfünftelmehrheit vom *Collegio* und vom Senat gutgeheißen würde. Die jüdischen Fabrikanten verkauften zu stark konkurrenzfähigen Preisen, weil sie gleichzeitig Exporteure und Einzelhändler waren, und so schädigten sie die Angehörigen der städtischen Zünfte.

Der *Inquisitor* in jüdischen Angelegenheiten Piero Emo distanzierte sich vom Vorgehen der *Cattaveri* und ging, zusammen mit dem *Deputato alla Provisione di Denaro* Sebastiano Foscarini, zur Opposition über. Obwohl die Mehrheit der Konferenz – es waren zehn gegen sieben Stimmen – die Kapitel der neuen *Condotta* nicht billigte, verabschiedete der Senat sie am 27. September 1777 mit 98 von 160 Stimmen als ganzes Paket. Am darauffolgenden Tag machten die *Cattaveri* den Inhalt bekannt. Es lag in der Absicht der Gesetzgeber, eine einheitliche, fast vierzig Seiten umfassende Sammlung von Normen zu erstellen, die viele Jahre lang als angemessener Bezugsrahmen dienen sollte. „. . . Alle Juden jeglichen Standes, die sich für ein künftiges Jahrzehnt in Venedig niederlassen wollen, müssen gleichen Gesetzen der Disziplin und der jährlichen Besteuerung unterworfen werden und auch als Mitglieder der neuen, vereinigten und reformierten Gruppe der *Università* von Venedig“ als gleich betrachtet werden. So lautet ein Teil des ersten Punktes der *Condotta.* Die ersten dreiundsechzig Artikel beschäftigen sich mit den Banken und deren Leitung sowie mit den Regeln für das Leben innerhalb des Ghettos (Friedhof, Häuser, Riten und Bräuche), den Verpflichtungen bezüglich der Ausschmückung und Dekoration der Palazzi und den Zahlungsmodalitäten der Steuern. Dieser erste Teil der *Condotta*, der der Besteuerung der Juden und den Möglichkeiten gewidmet ist, wie sich „die Lenkung und Disziplin der Leihbanken“ verbessern ließe, rief im Senat keine besonderen Reaktionen hervor.

Die Artikel 64 bis 96 bezogen sich auf die Juden von Venedig und des Staatsterritoriums „zu Wasser und zu Lande“, mit der Ausnahme der auf Korfu lebenden Juden, die sich besonderer Privilegien erfreuten. Hier leisteten einige Adlige Widerstand: „Als diese Kapitel der Konferenz vorgelegt wurden, überraschte uns die Absicht einiger, sie verbrennen zu wollen“, denn „wenn die Juden von der Leitung der Manufakturen ausgeschlossen würden, wäre das Volk allein den Zünften ausgeliefert“.

Den in der neuen *Condotta* enthaltenen Einschränkungen der kommerziellen wie der produktiven Tätigkeiten der Juden lagen weniger religiöse als ökonomische

Motive zugrunde. Sie gehen auf ein Gesellschaftsmodell zurück, das hauptsächlich von Tron inspiriert war: In einer langen venezianischen Tradition stehend, meinte er, dass der Gesellschaftskörper in Klassen gegliedert sein müsse und dass jede dieser Klassen „innerhalb des eigenen Bereichs bleiben müsse, ohne sich der Arbeit und der Gewinne zu bemächtigen, die durch die Tätigkeit anderer erzielt würden". Jeder Arbeiter müsse bestrebt sein, „die eigene Arbeit schneller und genauer zu erledigen, um in seiner Stellung gegenüber den anderen, seinen Nächsten, bevorzugt zu werden". Den Initiatoren der *Condotta* von 1777 zufolge gab es eine unanfechtbare Grundlage der sozioökonomischen, aber vor allem der moralischen Ordnung. Das heißt, dass jeder seine ökonomischen Funktionen ausüben musste, ohne in den Bereich anderer einzudringen. Waren herzustellen war eine Sache, sie in den Handel zu bringen eine andere. Die Juden, die nun beides in einer Person taten, stellten die ursprüngliche Idee, die die ganze Geschichte der Republik inspiriert hatte, auf den Kopf.

CAPITOLI
DELLA RICONDOTTA
DEGLI EBREI
DI QUESTA CITTA', E DELLO STATO,
*Estesi in esecuzione de' Decreti*
DELL' ECCELLENTISS. SENATO
DE DI' 22. FEBBRARO 1776. E 23. AGOSTO 1777.
*ED APPROVATI*
COL SOVRANO DECRETO
*Del dì 27. Settembre 1777.*

MDCCLXXVII.

PER LI FIGLIUOLI DEL QU. Z. ANTONIO PINELLI
STAMPATORI DUCALI.

*Senatsdekret von 1776 und 1777, veröffentlicht am 27. September 1777*

Die neue *Condotta*, die den Aktivitäten der Juden enge Grenzen setzte, bewirkte gewisse Veränderungen in den Beziehungen zwischen den Juden und ihrer *Università* da sie die Großkaufleute begünstigte, von jeder Fessel befreite und a priori gegen jeden Versuch seitens der *Università* mit Auflagen und Besteuerung zu intervenieren, schützte. So konnte etwa keiner von ihnen gezwungen werden, „den *Tansadori* sein Vermögen und seine Umsätze offenzulegen". Kein Betrieb konnte, über ein gewisses Maß hinaus, besteuert werden; das heißt, man neigte auch innerhalb des Ghettos zu einer Wiederbelebung des oligarchischen venezianischen Modells.

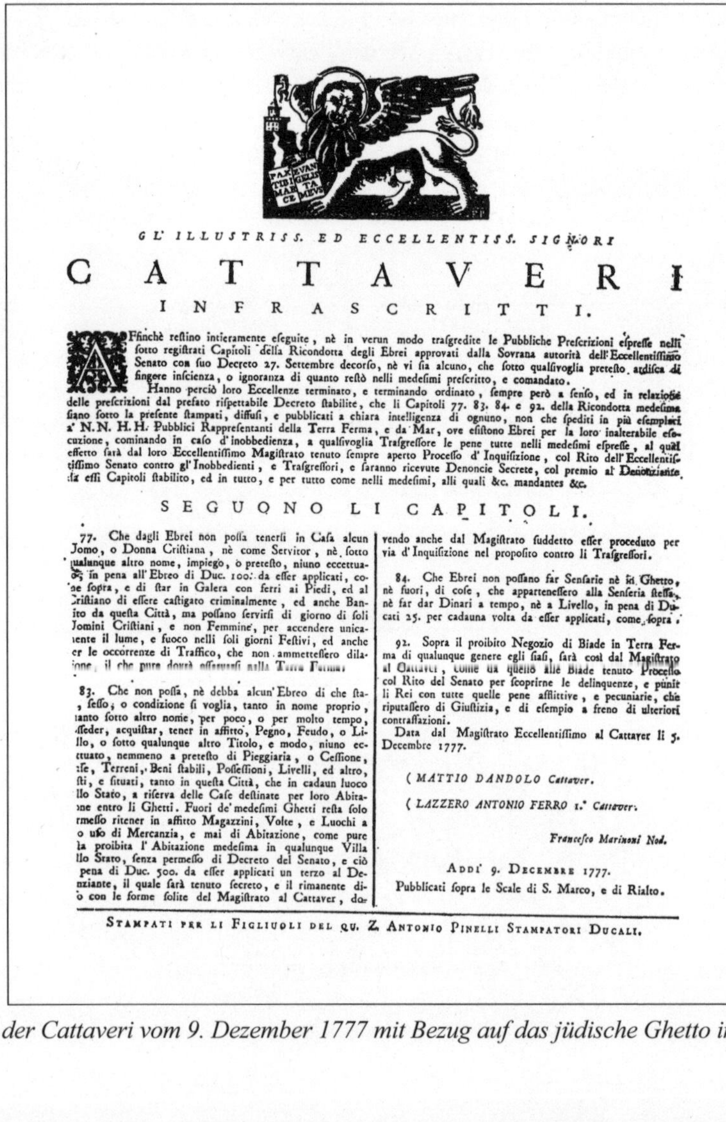

GL' ILLUSTRISS. ED ECCELLENTISS. SIGNORI

CATTAVERI

INFRASCRITTI.

Affinchè restino intieramente eseguite, nè in verun modo trasgredite le Pubbliche Prescrizioni espresse nelli sotto registrati Capitoli della Ricondotta degli Ebrei approvati dalla Sovrana autorità dell' Eccellentissimo Senato con suo Decreto 27. Settembre decorso, nè vi sia alcuno, che sotto qualsivoglia pretesto ardisca di fingere inscienza, o ignoranza di quanto restò nelli medesimi prescritto, e comandato.

Hanno perciò loro Eccellenze terminato, e terminando ordinato, sempre però a senso, ed in relazione delle prescrizioni dal prefato rispettabile Decreto stabilite, che li Capitoli 77. 83. 84. e 92. della Ricondotta medesima siano sotto la presente stampati, diffusi, e pubblicati a chiara intelligenza di ognuno, non che spediti in più esemplari a' N.N. H.H. Pubblici Rappresentanti della Terra Ferma, e da Mar, ove esistono Ebrei per la loro inalterabile esecuzione, cominando in caso d' inobbedienza, a qualsivoglia Trasgressore le pene tutte nelli medesimi espresse, al qual effetto sarà dal loro Eccellentissimo Magistrato tenuto sempre aperto Processo d' Inquisizione, col Rito dell' Eccellentissimo Senato contro gl' Inobbedienti, e Trasgressori, e saranno ricevute Denoncie Secrete, col premio al Denonziante da essi Capitoli stabilito, ed in tutto, e per tutto come nelli medesimi, alli quali &c. mandantes &c.

SEGUONO LI CAPITOLI.

77. Che dagli Ebrei non possa tenersi in Casa alcun Uomo, o Donna Cristiana, nè come Servitor, nè sotto qualunque altro nome, impiego, o pretesto, niuno eccettuato; in pena all' Ebreo di Duc. 100. da esser applicati, come sopra, e di star in Galera con ferri ai Piedi, ed al Cristiano di essere castigato criminalmente, ed anche Bandito da questa Città, ma possano servirsi di giorno di soli Uomini Cristiani, e non Femmine, per accendere unicamente il lume, e fuoco nelli soli giorni Festivi, ed anche per le occorrenze di Traffico, che non ammettessero dilazione, il che pure dovrà osservarsi nella Terra Ferma.

83. Che non possa, nè debba alcun' Ebreo di che stato, sesso, o condizione si voglia, tanto in nome proprio, quanto sotto altro nome, per poco, o per molto tempo, possèder, acquistar, tener in affitto, Pegno, Feudo, o Livello, o sotto qualunque altro Titolo, e modo, niuno eccettuato, nemmeno a pretesto di Pieggiaria, o Cessione, Case, Terreni, Beni stabili, Possessioni, Livelli, ed altro, posti, e situati, tanto in questa Città, che in cadaun luoco dello Stato, a riserva delle Case destinate per loro Abitazione entro li Ghetti. Fuori de' medesimi Ghetti resta solo permesso ritener in affitto Magazzini, Volte, e Luochi a solo uso di Mercanzia, e mai di Abitazione, come pure resta proibita l' Abitazione medesima in qualunque Villa dello Stato, senza permesso di Decreto del Senato, e ciò in pena di Duc. 500. da esser applicati un terzo al Denonziante, il quale sarà tenuto secreto, e il rimanente diviso con le forme solite del Magistrato al Cattaver, dovendo anche dal Magistrato suddetto esser proceduto per via d' Inquisizione nel proposito contro li Trasgressori.

84. Che Ebrei non possano far Sensarie nè in Ghetto, nè fuori, di cose, che appartenessero alla Senseria stessa, nè far dar Dinari a tempo, nè a Livello, in pena di Ducati 25. per cadauna volta da esser applicati, come sopra.

92. Sopra il proibito Negozio di Biade in Terra Ferma di qualunque genere egli siasi, sarà così dal Magistrato al Cattaver, come da quello alle Biade tenuto Processo col Rito del Senato per scoprirne le delinquenze, e punir li Rei con tutte quelle pene afflittive, e pecuniarie, che riputassero di Giustizia, e di esempio a freno di ulteriori contraffazioni.

Data dal Magistrato Eccellentissimo al Cattaver li 5. Decembre 1777.

( MATTIO DANDOLO Cattaver.

( LAZZERO ANTONIO FERRO 1.° Cattaver.

Francesco Marinoni Nod.

ADDI' 9. DECEMBRE 1777.

Pubblicati sopra le Scale di S. Marco, e di Rialto.

STAMPATI PER LI FIGLIUOLI DEL QU. Z. ANTONIO PINELLI STAMPATORI DUCALI.

*Erlass der Cattaveri vom 9. Dezember 1777 mit Bezug auf das jüdische Ghetto in Venedig*

Die neue *Condotta* des Jahres 1777 gab also Anlass zu einem Zusammenstoß nicht nur zwischen konkurrierenden Gruppen, sondern auch zwischen zwei Denkweisen, die vielleicht beide nicht mehr ganz mit der Zeit Schritt hielten.

Die neuen Restriktionen lösten im Ghetto keine große Verwirrung aus, und nur wenige Juden entschlossen sich fortzugehen. 1766 gab es vierhundertzweiundzwanzig jüdische Familien in Venedig, 1780 waren es vierhundertacht, und 1785 zählte man vierhundertzehn – ein nicht besonders fühlbarer Rückgang also, der durch andere Daten bestätigt wird, welche bezeugen, dass die Präsenz der Juden auf der Terraferma annähernd konstant blieb. In Verona lebten 1766 einhundertsiebenundsiebzig Familien, 1780 einhundertzweiundsiebzig Familien und 1785 einhundertfünfundsechzig Familien. In Padua waren es 1766 einhundertsieben, 1780 einhundertelf und 1785 einhundertvier Familien.

Tron selbst hatte übrigens einem in Venedig akkreditierten Botschafter gegenüber die Ansicht vertreten, dass die strengen Bestimmungen der neuen *Condotta* die Juden nicht zum Wegzug bewegen würden; weder die Treves noch die Bonfil, die mächtigsten jüdischen Familien, die fast als Symbol für die ganze Gemeinde standen, würden Venedig verlassen. Und seine Ahnungen sollten sich bestätigen.

Durch die Annahme der *Condotta* waren die Gegensätze in wirtschaftlicher und politischer Hinsicht, die innerhalb der oligarchischen Klasse Venedigs herrschten, nicht gemildert worden. Ein Beispiel für dieses ständige Unbehagen war der Schritt, den die *Avogadori di Comun* vollzogen, als sie im Februar 1778 sogar die Anwendung der *Condotta* aussetzten, um dem Großen Rat eine Möglichkeit zu geben, die Lage mit verstärkter Aufmerksamkeit zu prüfen. Tron gelang es, sich diesem Manöver erfolgreich zu widersetzen, aber „das Thema Juden", wie er es nannte, war noch nicht endgültig vom Tisch.

Man hatte versäumt, mit der neuen *Condotta* von 1777 einen heiklen Punkt zu regeln, nämlich das Recht der Juden, Schiffe zu besitzen, die unter der Flagge der Serenissima fuhren. Obwohl sich im Senat Widerspruch regte, nahm die Zahl der in jüdischer Hand befindlichen Schiffe im Laufe des 18. Jahrhunderts stetig zu. Im September 1779 schlugen die *Savi agli Ordini* im Zuge der neuen restriktiven Politik vor, man solle die den Juden eingeräumte Lizenz zurückziehen. Die anschließenden Auseinandersetzungen gestatteten weder die Billigung der Initiative noch ihre Ablehnung. Die *Cinque Savi alla Mercanzia* äußerten nach einigen Konsultationen eine Meinung, die im Widerspruch zu der der *Savi agli Ordini* stand. Diese hatten den Senat daran erinnert, dass die Juden in ihrer neuen *Condotta* nicht als eigentliche Untertanen betrachtet wurden, sondern als Händler, die unter staatlichem Schutz auf dem Markt von Venedig agierten. Über die Rolle der jüdischen Schiffseigner gerieten die venezianischen Patrizier also in immer tieferen Streit. Am 19. September 1779 schrieb Tron an Francesco Donà: „Der Marcello (Gabriel) kennt keine andere Genugtuung, als den Juden Lizenzen zu gewähren."

Die Konferenz der *Cinque Savi alla Mercanzia* und der von der Hohen Pforte zurückgekehrten *Baili* wurde – trotz des Einspruches von Tron und seiner Partei – im Mai 1779 einberufen. Sie sollte die Lage überprüfen und mögliche Änderungen an den Kapiteln der neuen *Condotta* von 1777 vorschlagen, die auf der Terraferma zahlreiche Unruhen ausgelöst hatte und, gemäß den öffentlichen Verordnungen, die Einstellung und Liquidation sämtlicher von Juden geleiteten Industriebetriebe zur Folge gehabt hatte. Es wurden für die Republik lebenswichtige Fragen angeschnitten. So ging es etwa um die Schiffbauindustrie, die Freiheit des Seehandels und die Privilegien der Untertanen. Tatsächlich gelangte diese neue Versammlung nach einer harten Debatte zu aufsehenerregenden Ergebnissen; denn es kam zu einer regelrechten Umkehrung der restriktiven Verfügungen, die die *Condotta* von 1777 eigentlich vorgesehen hatte. Den venezianischen Juden wurde jetzt nicht nur eine Beteiligung am Handel, sondern auch an der Rüstungsindustrie und am Eigentum von Handelsschiffen eingeräumt.

Während der Konferenz wurde die mögliche Rolle der Juden ausführlich erörtert: „Wenn man also den reichsten jüdischen Familien die Erlaubnis entzöge, Schiffanteilseigner zu werden – der einzige Wirtschaftszweig, der unseren Handel beleben könnte –, so hieße das, unserer Wirtschaft, die sich in arger Bedrängnis befindet, noch weiter zu schaden."

Eine von Gino Luzzatto durchgeführte Analyse der Register der Behörde der *Cinque Savi alla Mercanzia,* die die Monate zwischen März 1778 und März 1779 umfassen, bestätigt diese Überzeugung weitgehend. Es gingen vierzehn Schiffe aus verschiedenen Gründen verloren, während nur ein einziges durch ein neues ersetzt wurde und die Zahl der Anträge auf Patente sich um achtzehn verringerte.

Im Laufe der konferenzinternen Debatte hatte sich eine Meinung herausgebildet, die vordringlich zu werden schien, dass man nämlich die solidesten Betriebe belohnen müsse. Dem Senat wurde vorgeschlagen, dafür Sorge zu tragen, dass die Patente nur solchen Familien übertragen würden, die, der alle zwei Jahre fälligen Besteuerung durch die *Università* gemäß, mehr als 150 Dukaten zahlten: Sechzehn Familien zahlten zwischen 150 und 499 Dukaten, vierzehn über 500 Dukaten; es handelte sich also insgesamt um dreißig Familien.

1780 gaben die *Presidenti sopra gli Offizij del Consiglio della Quarantia al Criminal* einige Beschlüsse bekannt, in denen sie daran erinnerten, dass die Leihbanken sich immer noch in einem kritischen Zustand befanden. Nachdem sie eingeräumt hatten, dass ihre zuverlässige Kontrolle in Ermangelung eines entsprechenden Archivs schwierig sei, und „da den armen Leuten keine authentischen legalen Dokumente als dauerhafte Belege" zur Verfügung standen, beschlossen sie, dass jedes Stück Papier, das etwas mit den Banken zu tun hatte – „Scheine, Bücher, Aktenbündel, Papiere" – aufgehoben und vor der Vernichtung gerettet werden müsse. Man habe sie ordentlich in einem eigens dafür eingerichteten Archiv aufzubewahren. Von nun an war die

*Università degli Ebrei* verpflichtet, alles aufzubewahren und natürlich die entstehenden Kosten selbst zu decken. Die Eingangstür zum Archiv musste mit zwei verschiedenen Schlössern versehen sein; ein Schlüssel musste der *Magistratura della Quarantia* ausgehändigt werden und der andere den Vorstehern der *Università*. Die von der *Quarantia* bestimmten Schreiber hatten die Aufgabe, Aktenbündel, Scheine und Bücher zu inventarisieren. Im März 1784 fand man schließlich im Ghetto Novo den richtigen Ort für die Einrichtung des Archivs der Banken des Ghettos: Es handelte sich um ein Haus, dessen Fenster auf den „Aguis“ genannten Kanal blickten.

Im Juni 1786 erinnerte sich der Senat nach einer Anhörung des *Savio Cassier* und einer gebührenden Überprüfung der Bittschrift der Vorsteher der *Università*, die um die Erneuerung der *Condotta* gebeten hatten, an den Erlass vom 22. März 1760 und berief eine Konferenz ein, an der das *Inquisitorato degli Ebrei,* die *Deputati Aggiunti alla Provision del Denaro,* die *Cattaveri*, die *Savi Cassieri,* die *Cinque Savi alla Mercanzia* und das *Inquisitorato alle Arti* teilnehmen sollten. Die *Presidenti sopra gli Offizij Deputati del Consiglio di Quarantia al Criminal* sollten sich mit den Artikeln befassen, die sich den Banken widmeten, während den *Cattaveri* die Aufgabe zufiel, die Beschlüsse in die Tat umzusetzen.

*4. Juni 1797, ein "Baum der Freiheit" mitten auf dem Markusplatz, die Napoleonischen Truppen sind in Venedig präsent.*

Das Protokoll dieser Konferenz ist erhalten geblieben, wenn auch nicht vollständig. Es verrät, dass die Unruhekeime der Aufklärung bereits auf gingen. So schwangen in den Erklärungen des Adligen Nicolò Erizzo neue Untertöne mit: „Wäre die Angelegenheit der Juden gemäß den tatsächlichen Prinzipien geregelt worden, würde jetzt keine Konferenz stattfinden." Er sagte ferner, dass die Juden Menschen wie alle anderen auch seien und dass ihm „jede Unterscheidung zwischen den Religionen zuwider" sei. Die Worte des venezianischen Edelmanns fielen auf einen wieder etwas fruchtbareren Boden. Viele Verbote, die aus alter Zeit stammten, wurden aufgehoben und die Juden zu den staatlichen Monopolen und Lieferungen zugelassen. Der Adlige Gabriel Marcello sah sich zu der folgenden Äußerung veranlasst: „Es ist allen bekannt, dass es in den Parteien, in den Monopolen immer Juden gegeben hat, [und zwar] zum Nutzen aller und ohne irgendeine Störung auf privater Ebene." Er fügte hinzu, persönlich davon überzeugt zu sein, dass einige Gesetze aus jüngerer Zeit besonders schädlich gewesen, aber auch nie befolgt worden seien.

Noch einmal tauchte die alte Frage nach dem Getreideverkauf auf der Terraferma auf. Denen, die protektionistische Maßnahmen zum Nachteil der Juden beibehalten wollten, antwortete der Adlige Erizzo: „Wer Getreide hat, wird es mit umso mehr Gewinn verkaufen, je größer die Zahl seiner Konkurrenten ist. Wenn es dieses Gut im Überfluss gibt, freut man sich, dass es gekauft wird, und wenn es eine Knappheit oder ein Monopol gibt, wird man eher den Getreidespeicher des Juden öffnen als den des Christen." Und weiter: „Das alte System des Getreidehandels hat sich geändert. Früher war es verboten, Getreide über die Grenzen des Staates zu schicken, jetzt aber werden diejenigen, die das tun, sogar belohnt." Die Konferenz akzeptierte diese am Freihandel orientierten Thesen und beschloss, dass man es den Juden gestatten solle, Getreide auf der Terraferma anzukaufen – allerdings nur, um es zu exportieren, und nicht, um es innerhalb des Staatsgebietes zu speichern.

Im Juni 1788 entschied die Konferenz, deren Einberufung bereits 1786 beschlossen worden war, über eine neue, aus vierundneunzig Abschnitten bestehende *Condotta*. Dreiundsechzig davon bezogen sich auf die Banken und die mit ihnen verbundenen Fragen, während sich dreiunddreißig mit den Problemen befassten, die sich aus der Anwesenheit der Juden in der Stadt ergaben. Diese *Condotta* sollte ein Jahrzehnt gültig sein, und obgleich die *Condotte* schon eine lange Tradition hatten, enthielt auch sie die übliche, drohende Wendung: „. . . die stets nur befristet bewilligte *Condotta*". Der Senat bestätigte „die vorliegenden Kapitel" am 5. Juni 1788.

Für die Beziehungen zwischen der Serenissima und der *Università degli Ebrei* läutete 1797 die Totenglocke, und binnen kürzester Zeit sollten beide verschwunden sein. In jenem Jahr ächzte die Republik unter dem Druck der Napoleonischen Armeen; die Juden des Ghettos spendeten Silbersachen und Geld, um der ausgepowerten Dominante zum letzten Mal unter die Arme zu greifen. Am 6. April erließ der venezianische Senat – und das war eine seiner letzten Amtshandlungen – ein Dankesdekret, in dem es unter anderem hieß: „Zu den vielen Beweisen der Anhänglichkeit und der Treue gegenüber unserer Republik, die die jüdische Gruppe, die sich in dieser Stadt aufhält, allzeit und mit beträchtlichen Geschenken und Darlehen

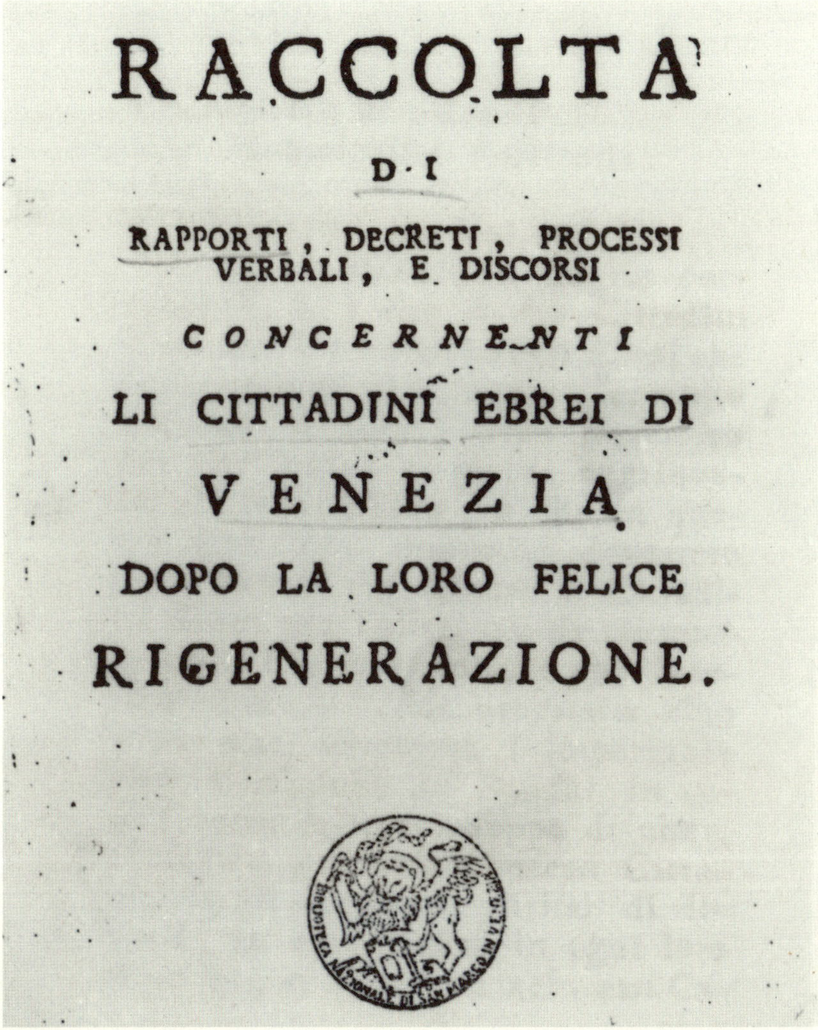

RACCOLTA

DI

RAPPORTI, DECRETI, PROCESSI VERBALI, E DISCORSI

CONCERNENTI

LI CITTADINI EBREI DI

VENEZIA

DOPO LA LORO FELICE

RIGENERAZIONE.

*Titelblatt der Sammlung aller neuen Anordnungen das jüdische Leben in Venedig betreffend*

unter Beweis gestellt hat, kommt jetzt noch eine freiwillige Spende von Silbergegenständen im Gewicht von circa 6214 Unzen hinzu. Diese befanden sich im Besitz der Scuole (Synagogen) dieses Ghettos und waren nicht zum unmittelbaren kultischen

Gebrauch bestimmt, gemäß den Auflagen des Dekrets vom 18. März dieses Jahres. Wie aus dem werten Schreiben der Vorsteher der *Università* hervorgeht. Dieser erneute Treuebeweis verdient gewiss öffentliche Wertschätzung und Anerkennung. Der Rat nimmt ihn entgegen und beauftragt den *Cassiere del Collegio*., den vorliegenden Beschluss den Vorstehern der *Università degli Ebrei* in einer Kopie mitzuteilen und zugleich deutlich zu machen, welche Dankbarkeit ihre zahlreichen, eindeutigen Treuebekundungen in den Herzen der Senatoren geweckt haben, und derselbe *Cassiere del Collegio* hat festzustellen, wie hoch die angemessenen Haftungssummen für jede dieser Scuole sein müssen. Der Senat ist sich bewusst, dass er mit immer größeren Beweisen der Anhänglichkeit aus dieser Schicht rechnen kann."

Am 12. Mai brach in Venedig die Revolution aus. Eine neue Epoche begann – für Venedig wie für seine Juden.

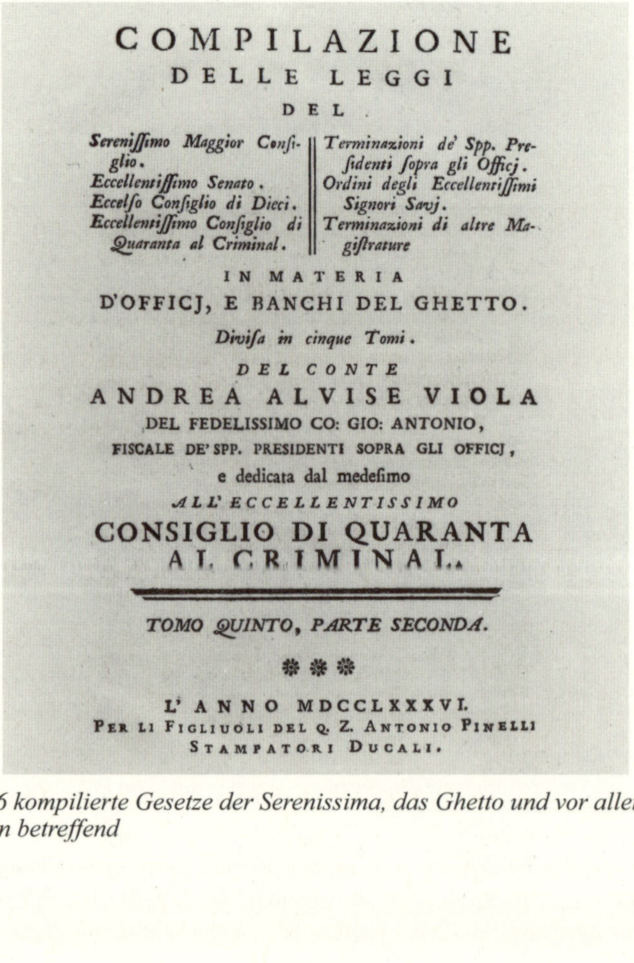

COMPILAZIONE
DELLE LEGGI
DEL

*Sereniſſimo Maggior Conſiglio.*
*Eccellentiſſimo Senato.*
*Eccelſo Conſiglio di Dieci.*
*Eccellentiſſimo Conſiglio di Quaranta al Criminal.*

*Terminazioni de' Spp. Preſidenti ſopra gli Officj.*
*Ordini degli Eccellentiſſimi Signori Savj.*
*Terminazioni di altre Magiſtrature*

IN MATERIA
D'OFFICJ, E BANCHI DEL GHETTO.

*Diviſa in cinque Tomi.*

*DEL CONTE*
ANDREA ALVISE VIOLA
DEL FEDELISSIMO CO: GIO: ANTONIO,
FISCALE DE' SPP. PRESIDENTI SOPRA GLI OFFICJ,
e dedicata dal medeſimo
*ALL' ECCELLENTISSIMO*
CONSIGLIO DI QUARANTA
AL CRIMINAL.

*TOMO QUINTO, PARTE SECONDA.*

L' ANNO MDCCLXXXVI.
PER LI FIGLIUOLI DEL Q. Z. ANTONIO PINELLI
STAMPATORI DUCALI.

*Im Jahr 1786 kompilierte Gesetze der Serenissima, das Ghetto und vor allem die jüdischen Banken betreffend*

# Die Freiheit in der Contrada dell' Unione

*Die Tore des Ghettos werden eingerissen – Der Bericht des Bataillonführers Pier Gian Maria de Ferrari – Die Chronik der* Gazzetta Veneta Urbana – *Die Reden der Bürger Vivante und Grego – Der Ghetto-Zensus aus dem Jahre 1797*

„. . . Damit sichtbar wird, dass es keine Trennung zwischen ihnen und den anderen Bürgern dieser Stadt [mehr] gibt, sollen sofort jene Tore entfernt werden, die in der Vergangenheit den Bezirk des Ghettos einschlossen . . ." Diese Worte, die wie das genaue Gegenteil von dem klingen, was Zaccaria Dolfin in dem längst vergangenen Jahr 1516 verkündet hatte, sind in einem Dokument der Provisorischen Munizipalität enthalten und an den Wohlfahrtsausschuss gerichtet. Mit ihnen endet die Geschichte des Ghettos. Wenige Tage darauf, am 19. Messidor (7. Juli) 1797, wurden die Tore eingerissen.

Das in Aufruhr geratene Venedig durchlebte nun eine ebenso einmalige wie kurze Phase. Von den französischen Armeen bedrängt, von der absoluten Überlegenheit des Generals Bonaparte überzeugt und in seinem Inneren von den Befürwortern der revolutionären Ideen unterhöhlt, hatte sich die Serenissima ergeben. Am 12. Mai 1797 dankte die Regierung ab und erklärte sich mit der Besetzung der Stadt durch die französischen Truppen einverstanden. Am 17. Mai wurde eine Provisorische Munizipalität ins Leben gerufen, eine Regierung, die in Wirklichkeit keine echten Befugnisse hatte und die sich nur als ein Instrument in der Hand der Besatzer erweisen sollte.

Die Serenissima Repubblica war endgültig dahin. Es waren schlimme Zeiten, die der Historiker Samuele Romanin zutreffend folgendermaßen beschrieb: „Zeiten äußerster Entmutigung, die Unabhängigkeit zur Illusion herabgesunken, Zeiten des Untergangs öffentlicher und privater Reichtümer, den man in einem künstlichen Freudentaumel zu verbergen suchte . . . Zeiten, in denen man alles erneuern wollte und die Vertreter der öffentlichen Sache, Betrogene oder Betrüger, sich in weitschweifigen Deklamationen überboten und aus der Regierung ein Puppentheater machten."

Der Wohlfahrtsausschuss unterbreitete den Vorschlag, die jüdischen Bürger in die „Scuola" des Ghettos einzuberufen, um sie einerseits in den Genuss neuer Bürgerrechte zu bringen und um andererseits den weiteren Betrieb der Banken sicherzustellen. Er richtete folgende Worte an die Provisorische Munizipalität: „. . . vor allem, um sie an die demokratischen Formen zu gewöhnen, hält [der Wohlfahrtsausschuss]

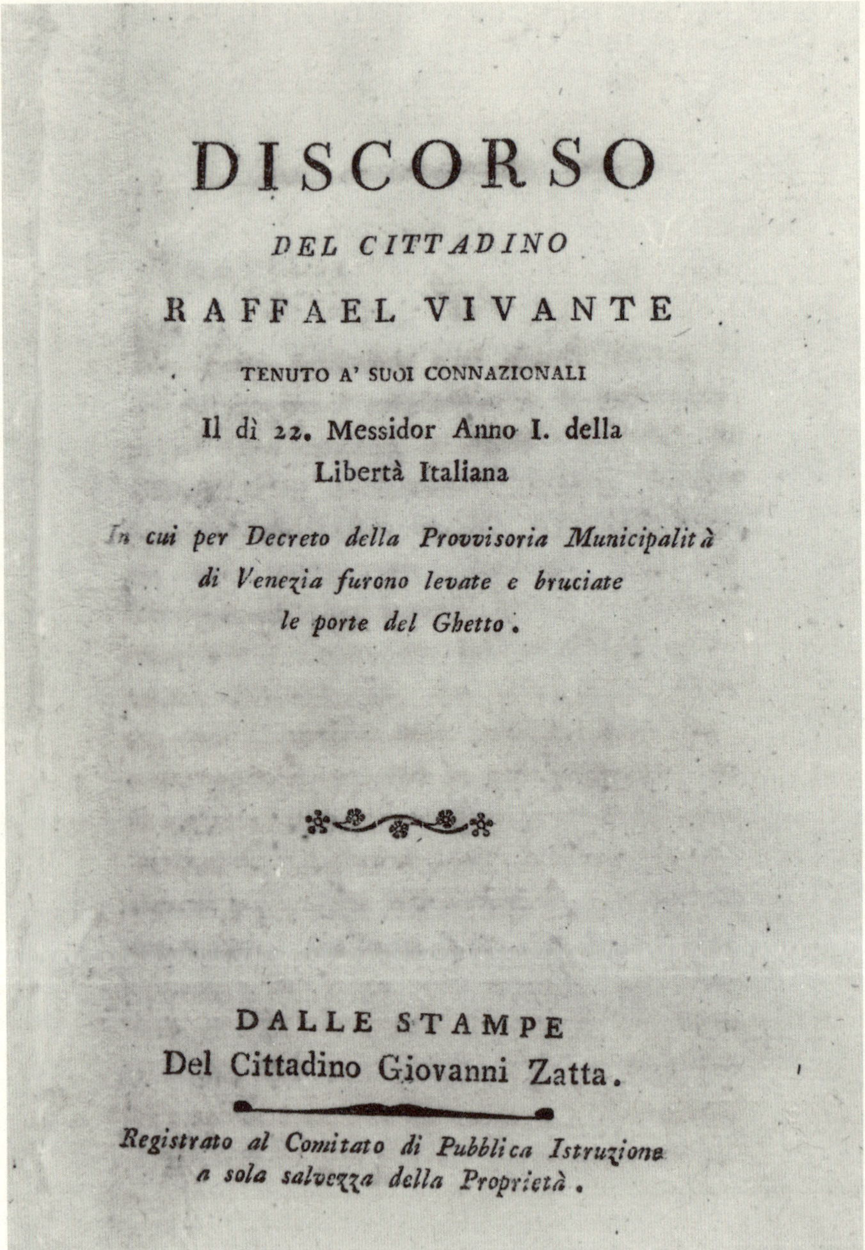

# DISCORSO

*DEL CITTADINO*

RAFFAEL VIVANTE

TENUTO A' SUOI CONNAZIONALI

Il dì 22. Messidor Anno I. della
Libertà Italiana

*In cui per Decreto della Provvisoria Municipalità
di Venezia furono levate e bruciate
le porte del Ghetto.*

DALLE STAMPE
Del Cittadino Giovanni Zatta.

*Registrato al Comitato di Pubblica Istruzione
a sola salvezza della Proprietà.*

*Die Reden des Bürgers Rafael Vivante, Titelblatt*

es für angebracht, dass die besagten Vorsteher der *Università degli Ebrei* nicht mehr als solche bezeichnet werden sollten, sondern als „Deputierte der jüdischen Bürger. Damit sichtbar wird, dass es keine Trennung zwischen ihnen und den anderen Bürgern dieser Stadt [mehr] gibt, sollen sofort jene Tore fallen, die in der Vergangenheit den Bezirk des Ghettos einschlossen . . ."

Die jüdischen Bürger wurden „am 21. Messidor (9. Juli) im Ersten Jahr der Italienischen Freiheit" in die Spanische Synagoge einberufen, und das Protokoll dieser Versammlung ist in einem archivierten Register erhalten geblieben. Wir zitieren hier aus dem letzten Abschnitt dieses Protokolls:

„Der Bürger Vorsitzende hielt eine wortgewaltige Ansprache und erklärte der Nation die Rechte und Pflichten des Menschen und ermahnte sie zu Liebe, Eintracht und Brüderlichkeit und legte ihnen die Spende von Almosen für alle Bedürftigen nahe. Er stellte den Antrag, dass man den morgigen Tag, an dem zusammen mit den Toren des Ghettos jedes äußere Zeichen der entsetzlichen Trennung fallen wird, mit einer Liebesgabe von 200 Dukaten feiern sollte, die hauptsächlich unter den Armen, die nicht der Nation angehören und die in den benachbarten Pfarreien von S. Geremia und S. Marcuola leben, zu verteilen seien. Dem Antrag wurde mit Begeisterung zugestimmt, und es wurden 314 Dukaten an freiwilligen Spenden eingesammelt. Dieser Betrag wurde in gleiche Teile aufgeteilt. Zu Einsammlern wurden die Bürger Almeda, Morpurgo und Mortera gewählt. Das Geld wird morgen an die Pfarrer der betreffenden Stadtbezirke geschickt. Die Sitzung wurde aufgehoben unter lauten Rufen: ‚Es lebe die Brüderlichkeit, die Demokratie und das italienische Volk!'"

Kaum zwanzig Jahre waren vergangen, seit man noch folgenden Satz in die *Condotta* von 1777 aufgenommen hatte: „. . . dass kein Jude von Venedig und aus dem [venetischen] Staat und kein sonstiger Jude je irgendein Bürgerrecht fordern oder genießen kann und zu keiner Zeit und an keinem Ort irgendein Privileg genießen darf, das einzig und allein venetischen Untertanen vorbehalten ist, und folglich nie und nirgendwo und irgendwann als ein solcher betrachtet werden kann".

Die Rabbiner des Ghettos von Venedig waren zu jenem Zeitpunkt Jacob Emanuel Cracovia, der 1746 in Venedig geboren war und 1820 starb und der wahrscheinlich ein Schüler von Simone Calimani war, und Abramo Jona, der in Spalato geboren und 1784 nach Venedig gekommen war, um eben die Nachfolge des im selben Jahr verstorbenen Rabbiners Calimani anzutreten. Jona, der im Rufe eines Gelehrten und Kabbalisten stand, ließ sich weder vom Ausbruch der Freiheit noch von dem neuen napoleonischen Kurs verführen, der zu Beginn des 19. Jahrhunderts in der Einberufung des Großen Sanhedrin nach Paris gipfelte. Über Jona, waren viele Legenden im Umlauf. Eine besonders farbige erzählt der Rabbiner Ottolenghi, der sich eingehend mit diesem historischen Moment befasste. „Wenige Tage vor dem Fall der Venetischen Republik und der Verfassung der demokratischen Regierung hieß es, dass eine Gruppe von Schiavoni ins Ghetto eindringen wollte, und schon bemächtigte sich eine große Erregung der Juden, als der Rabbiner, wie es im Volksmund heißt, angeblich drei besondere *Mesusot* (vielleicht die üblichen *Kemiot* mit Zeichen und Worten von kabbalistischer Bedeutung) geschrieben und an die drei Tore des Ghettos angebracht haben soll. Man munkelte, dass sie damals das Zurückweichen der gefürchteten Angreifer bewirkt hätten. Eine weitere dieser vom Rabbiner Jona geschriebenen *Kemiot* ist von einer alten venezianischen Familie eifersüchtig gehütet worden, und der gegenwärtige Besitzer hat sie, den Letzten Willen seines Vaters erfüllend, in seinem Haus eingemauert, so dass es mir nicht möglich war, sie persönlich in Augenschein zu nehmen. Aber kehren wir zu der Legende über die Schiavoni zurück, die angeblich das Ghetto angreifen wollten. Sie hat ihre historische Grundlage. In der Tat berichtet Romanin in seinem überaus aufschlussreichen Werk, dass am Abend des 5. Mai 1797, Freitag, den 13. Ijar 5557, ein Trupp Schiavoni das Ghetto umzingelt hatte, aber nicht eigenmächtig, sondern auf Befehl von Morosini, dem Kommissar für die innere Sicherheit der Stadt, und dieser Befehl scheint nur aus Sicherheitsgründen erfolgt zu sein. Aber das Volk, das für gewöhnlich nichts weiß und – besonders in bestimmten Augenblicken – auch nicht alles wissen kann, hat in diesem Fall seine Phantasie arbeiten lassen: Es hat sich schnell und vielleicht über das Maß hinaus geängstigt, sich aber auch rasch wieder beruhigt, als der ehrwürdige Rabbiner mit überzeugenden Worten eingriff und die *Mesusot* an die Tore heftete und so die Hilfe des Himmels über diese außerordentlich beunruhigten Seelen herabflehte." So kehrte wieder Ruhe im Ghetto ein.

Die Munizipalität, ein provisorisches Regierungsorgan, zu dessen Mitgliedern auch drei Juden gehörten – Mosè Luzzatto, Isaac Grego und Vita Vivante –, übermittelte einen Befehl an den Bürger Ferrari, den Bataillonschef der Nationalgarde: „Die Provisorische Munizipalität hat mit ihrem Erlass vom 19. Messidor (7. Juli) beschlossen, dass die Tore des Ghettos entfernt werden müssen, um dieses Zeichen der Trennung zwischen den jüdischen Bürgern und den übrigen Bürgern zu beseitigen, da keine solchen Zeichen mehr existieren dürfen. Ihr aber bedient Euch jener Mittel, die Ihr für notwendig haltet, um besagte Operation unter allen Vorsichtsmaßnahmen ausführen zu lassen, damit daraus keinerlei Unannehmlichkeiten entstehen . . ."

Über diesen Tag – für das Ghetto und seine Bewohner ein Freudentag – existieren zwei Augenzeugenberichte. Bei dem ersten handelt es sich um den Bericht von Pier Gian Maria de Ferrari, dem Chef des dritten Bataillons, zweite Brigade Bucchia, der, nach Erhalt des Befehls, über die Ereignisse folgenden Bericht erstattete:

„Ich ging am 22. eilenden Schrittes, um die drei Deputierten der jüdischen Nation, die Bürger Daniel Levi Polacco, Vidal d' Angeli und Moisè di David Sullam, abzuholen, mit denen ich alle möglichen Maßnahmen erörterte, damit sich die angeordnete Demolierung der Ghettotore, die an jenem Tag durchzuführen war, in zugleich gesitteter und ruhiger Art bewerkstelligen ließe. Um fünf Uhr nachmittags brach das Offizierskorps meines Bataillons Nr. 3, zweite Brigade Bucchia, vom Lager auf, wo man gewöhnlich während der Manöver exerzierte, und es begab sich unter Trommelwirbel und Musikbegleitung mit mir zu jenem Tor des Ghettos, das zu den Fondamenta di San Girolamo blickt und das wie die drei anderen Tore von Cannaregio, Caleselle und Aggui mit französischen Truppen besetzt war. Auf der Piazza des Ghettos war bereits eine erhebliche Anzahl französischer Wachsoldaten versammelt, und mein Offiziersbataillon bezog in der Mitte des besagten Platzes Stellung, begleitet von vielen Offizieren anderer Bataillone der Nationalgarde und von einer großen Ansammlung von Mitgliedern der Patriotischen Gesellschaft. Dazwischen stand dichtgedrängt das Volk, Männer und Frauen, die durch alle Tore herbeiströmten. Da traten die drei Bürger Deputierten der jüdischen Nation hervor, denen von meinem Bataillonsadjutanten Goldoni mit lauter Stimme sogleich der Befehl eures Ausschusses vorgelesen wurde . . . Nachdem sie euren Befehl angehört hatten, überreichten mir die jüdischen Deputierten die Schlüssel aller vier obengenannten Tore des Ghettos, und ich gab sie weiter an Handwerker, die bereitstanden für den Abriss derselben, darunter mehrere Werftarbeiter. Die Genugtuung und Zufriedenheit des ganzen zusammengelaufenen Volkes lässt sich nicht in Worte fassen, das unter freudigen Rufen wie ‚Es lebe die Freiheit !‘ nicht müde wurde, jene Schlüssel auf dem Boden zu schleifen und die Stunde und den Augenblick der Wiedergeburt zu segnen. Diese hellen Hochrufe wurden fast eins mit dem Geräusch, das entstand, als nacheinander alle vier Tore unter der Leitung des Adjutanten Goldoni, der sich mit dem Eifer eines Patrioten hervortat, niedergerissen wurden ... In dem Augenblick, als man die Tore schliff, begannen Personen beiderlei Geschlechts inmitten des Platzes, der von der Nationalgarde gedeckt wurde, demokratische Freudentänze aufzuführen. Es bleibt festzuhalten, dass auch die nach jüdischer Art gekleideten Rabbiner tanzten, was die jüdischen Bürger in noch größeren Schwung versetzte.

Unterdessen liefen die beiden Pfarrer von San Geremia und San Marcuola herbei, und ihre Anwesenheit wurde von ihren Pfarrkindern mit Beifall zur Kenntnis genommen, weil sie auf diese Weise anerkannten, dass die mit den heiligen Prinzipien einer reinen Volksherrschaft nicht vereinbaren Vorurteile einer solch strengen Absonderung ausgeräumt waren.

Dann gab es einige Ansprachen von Seiten des Volkes, die sicherlich der Erwähnung wert wären . . . Unterdessen wurden von der Volksmenge, die zu den Toren geeilt war, um sie den Bürgern zu entreißen, die demolierten Tore mit den ausgewählten Arbeitern im Triumph getragen und auf der Piazza del Ghetto Novo im Angesicht der Nationalgarde zertrümmert; dort wurden sie vor den Augen aller und mit Freudenschreien dem Feuer übergeben das sie rasch verzehrte. Daraufhin stellten die Bürger Goldoni und Momolo Grego, von patriotischen Gefühlen bewegt, fest, dass sich ein Baum der Freiheit auf diesem Platz gut ausnehmen würde. Das genügte, um alle ungeduldig nach einem passenden Gegenstand suchen zu lassen. Die Nationalgarde rückte ab und zog in einen benachbarten Garten, wo im Handumdrehen ein Baum gefällt und im Triumph und unter dem Gesang patriotischer Hymnen in die Mitte des vorerwähnten Platzes gebracht wurde, wo man ihn aufpflanzte. Und dort befand sich eine wackere Bürgerin, die sich ihres Kopfschmucks, einer Jakobinermütze, beraubte, um den Baum der Freiheit damit zu krönen. In einem Hochgefühl patriotischer Gesinnung wollten die patriotischen Tänze kein Ende nehmen.

Schließlich klang der Tag aus mit der strahlenden Beleuchtung von der Scola Spagnuola aus, wo der Bürger Massa, der Vorsitzende der Patriotischen Gesellschaft, sein Versprechen einlöste und vor dem zahlreich herbeigeströmten Volk eine Rede hielt, die seiner Talente würdig war. . .

Nun habe ich euch das kleinste und genaueste Detail berichtet, ihr Bürger. . . und zur Vollendung des Werkes von eurer Seite würde jetzt nur noch fehlen, dem Ghetto einen neuen Namen zu geben, damit dieses unliebsame Zeichen der alten Trennung zerstört wird, das sich noch in der Bezeichnung ‚Ghetto' widerspiegelt, und ich würde euch vorschlagen, diese durch den Namen ‚Contrada della Riunione' zu ersetzen. Heil und Brüderlichkeit! Venedig, den 24. Messidor im Ersten Jahr der Italienischen Freiheit.

Pier Gian Maria de Ferrari. Chef des Dritten Bataillons. Zweite Brigade Bucchia."

„Das Ghetto feiert seine Befreiung aus der politischen Sklaverei, in welcher die Aristokratie es gehalten hat" – so überschrieb die *Gazzetta Veneta Urbana* ihren Nachrichten teil vom 24. Messidor (12. Juli) 1797.

Das Korps der Bürgerwehr zog ins Ghetto ein und „bildete einen Kreis, wobei die Einheit der Uniformen und der Glanz der gezückten Waffen einen schönen Anblick boten". Es gab einen großen festlichen Volksauflauf, bestehend aus französischen Soldaten, Juden und Christen. Musik erfüllte die Luft, und viele tanzten. Die Tore des Ghettos wurden in die Mitte des Platzes getragen, in Stücke gehauen und verbrannt. Der Chronist schrieb, dass es schön war, zuzusehen, wie „die Axt geschickt gehandhabt wurde bei der Zerstörung dieses niederträchtigen Sinnbilds eines barbarischen Vorurteils. Der Bürger Vivante sprang über eine Pfütze und hielt eine Ansprache vor der Menge. Doch die Musik, der Lärm der Axthiebe, das Durcheinander und die Erregung der Leute erlaubten es nicht allen, diese zu Herzen gehenden Worte zu hören." Am Schluss erinnert die Chronik der *Gazzetta* daran, dass am Abend eine große Versammlung in der Spanischen Synagoge und ein Fest im Hause von Vivante stattgefunden hatten. Die „Gesellschaft für öffentliches Unterrichtswesen" von Venedig hatte per Akklamation beschlossen, dass Vivantes Rede abgedruckt werden solle.

„Brüder!

Endlich ist jener glückliche Tag gekommen, an dem Vorurteil und Aberglauben niedergerungen und Ungerechtigkeiten und Beleidigungen gerächt wurden, unter denen wir ungerechterweise so lange gelitten haben. Das Licht der Philosophie strahlte von Frankreichs glücklichen Gestaden bis in unser Land, wo eine herzlose Aristokratie unsere Fesseln und unsere schändlichen Ketten fest in den Händen hielt. Jene gewaltige Kluft, die uns von den anderen Nationen trennte, ist völlig überwunden, und nun sind auch hier jene abscheulichen Tore umgestoßen worden, die unsere Nation fast in einem abgeschlossenen Kerker hielten und die durch Tausende von eisernen Riegeln verstärkt waren, welche die abscheulichste Präpotenz erfunden hatte. Ja, meine Brüder, dieselben Menschen, die früher gleichgültig zusahen, wie wir erniedrigt und unterdrückt wurden, geben uns nun die Möglichkeit, aufzuerstehen, uns aufklären zu lassen und uns zu läutern; sie fordern uns auf, sie zu lieben und sie nicht mehr als unsere widerwärtigen Verfolger anzusehen . . ."

Isaac Grego, einer der bekanntesten Protagonisten dieser Tage, sprach sogar im venezianischen Dialekt.

„Bürger!

Die Demokratie fußt auf der Tugend und der Gerechtigkeit, und aus diesen gehen die Freiheit und die Gleichheit hervor. Es ist aber notwendig, diese beiden heiligen Namen gut zu verstehen, um nicht – wie es leicht geschieht – die Freiheit mit Zügellosigkeit, die Gleichheit mit Gewalttätigkeit zu verwechseln . . . Handlungsfreiheit für jeden Menschen, jeden Bürger, all das zu tun, was den anderen keinen Schaden verursacht. . . Die Gleichheit stellt alle Bürger auf die gleiche Stufe . . . Die Trennung der Bürger war für die Aristokratie notwendig, um die Kräfte und die Interessen des Volkes zu spalten . . . Dies sind die Gründe, die eure Provisorische Munizipalität veranlasst haben, die Niederreißung der Tore dieses Bezirks zu befehlen, dieses euch aufgezwungene Denkmal der Tyrannei, das Bürger von Bürgern getrennt hielt. Religion hat nichts mit den Bürgerrechten zu tun. Alle Menschen sind gleich in ihren Rechten, und jeder Mensch kann das Höchste Wesen mit den Zeremonien verehren, die ihn am besten dünken ... So seht ihr, dass es unter den Juden gewiss ehrbare Menschen gibt, die eure Liebe verdienen, und wenn ihr schlechte kennt, zeigt sie bei der verfassungsmäßigen Obrigkeit an, und ihr werdet sehen, dass es, entsprechend zur Schuld, zu einer Ahndung ihres Vergehens kommt. Ich selbst mache es mir zur Pflicht, vor allen anderen zu ihrer Bestrafung zu schreiten. Ich kenne die Milde dieses venezianischen Volkes gut genug, um nicht an eurer Liebe für eure wiedererstandenen Brüder zu zweifeln. Es genügt, an den schicksalhaften 12. Mai zu denken, um die Lernbereitschaft dieses Volkes zu begreifen: Obgleich es von jenen aufgehetzt wurde, die an der Unordnung interessiert sind, und zu Exzessen getrieben war, ließ es sich durch die Veröffentlichung eines einzigen Aufrufs beruhigen und dazu bewegen, freiwillig den größten Teil der entwendeten Effekten zurückzugeben. Das ist der beste Beweis für eure Güte und dafür, dass ihr trotz der Tyrannei eure

Tugend nicht verloren habt.“

Auch der Vorsitzende der Patriotischen Gesellschaft, Massa, sprach am gleichen Tag in der Spanischen Synagoge. In seiner Rede betonte er, in welch trauriger Lage sich die Juden in den anderen Städten Italiens noch befanden, und sagte unter anderem: „Ich spreche hier nicht von fremden Ländern. Ich weiß, dass jenseits der Alpen der Einfluss des Vatikans nicht so groß gewesen ist; ich beschränke mich vielmehr auf unser Italien. Die Juden sind aus Neapel verbannt worden. Die Juden sind verspottet worden. In Rom sind sie dann beleidigt und ungestraft verhöhnt worden. O grausame Verstiegenheiten! Ein Türke wird respektiert und ein Jude geschmäht! Hinzu kommt noch das Zeichen der Schande. In Rom werden die Juden wie Vieh auf dem Markt gezeichnet. Aber alles ist letztlich der Entwicklung der Vernunft, dem Fortschritt des menschlichen Geistes gewichen . . . Richten wir also unseren Dank an den unsterblichen Bonaparte, der die Wurzeln der italienischen Sklaverei ausriss! Dank sei der unbesiegbaren Italienarmee, die uns den Weg zur Freiheit bahnte! Dank dem hochverdienten Minister Lallement und dem überaus tugendhaften Bürger Villetard, den beiden Säulen der venezianischen Revolution! Dank den emsigen Munizipalisten, die das Zeichen der durch und durch ungerechten Teilung zerstörten, indem sie diese infamen Tore, die Trophäen der Ignoranz, einreißen ließen.“

Am folgenden Tag wurde beschlossen, den Namen „Ghetto“ in „Contrada dell' Unione“ umzuändern.

Der Historiker Samuele Romanin schreibt dazu: „Ein Zeichen des Fortschritts war die Gleichstellung der Juden mit den anderen Bürgern. Es saßen nicht nur drei von ihnen unter den Munizipalisten, neben ehemaligen Adligen und Geistlichen, sondern man wollte am 11. Juli die Tore des Ghettos niederreißen. Dieser Name, der an barbarische Zeiten erinnerte, wurde abgeschafft und durch ‚Contrada dell' Unione‘ ersetzt.“

Im Sommer 1797 musste sich die Demokratische Munizipalität nach den ersten Augenblicken der Begeisterung der Wirklichkeit stellen und den Bedürfnissen der Stadt und ihrer Besatzer, der französischen Armee, Rechnung tragen, und sie erlegte neue Steuern auf. Die Kaufleute und Händler, Venezianer wie Fremde, mussten 867 900 Dukaten zahlen. Von dieser Summe wurde etwa ein Viertel, nämlich 223 100 Dukaten, von den Juden übernommen. Die jüdischen Firmen Vivante, Treves und Bonfil zahlten mehr als alle anderen in der Stadt. Nur noch ein weiterer Fremder, Racek, leistete einen ebenso hohen Beitrag, nämlich 50 000 Dukaten. Der Grieche Angelos Papadopoli entrichtete 4 400 Dukaten. Die Art, wie die Last der außerordentlichen Abgabe aufgeteilt wurde, lässt auf einen gewissen Wohlstand schließen. Das scheint im Gegensatz zu dem zu stehen, was einer kritischen Analyse des Einwohnerverzeichnisses zu entnehmen ist, deren Durchführung am 28. Juni 1797 vom Wohlfahrtsausschuss der Provisorischen Munizipalität beschlossen wurde. Diese Untersuchung wurde im Sommer desselben Jahres vorgenommen, und die Ergebnisse wurden von den jüdischen Deputierten des Ausschusses am 5. Oktober, wenige Tage bevor dieses Erlebnis der Freiheit sein Ende fand, eingereicht.

Die Kopie des Einwohnerverzeichnisses (die im Staatsarchiv von Venedig in der Abteilung „Atti della Municipalità Provvisoria" aufbewahrt wird) enthält eine regelrechte Bestandsaufnahme des Ghettos, seiner Bewohner und durchreisender Fremder. Es wurden insgesamt 820 Männer und 806 Frauen gezählt. Jede Familie machte Angaben über ihre Behausung, die verwandtschaftlichen Beziehungen zwischen denen, die zusammenlebten, und ihre wirtschaftliche Lage. Levi Mortera verwendet eine etwas abstrakte Einteilung in elf Kategorien, die nicht ganz zu der untersuchten sozialen Gruppe passt:

A – Besitzer von Grund und Eigentum: 0 (was nicht verwundert, wenn man sich die Gesetze der Serenissima vor Augen hält). B – Vermögende Besitzende: Isaac Todesco.

C – Vermögende Händler und Kaufleute: 98.

D – Leidlich vermögende Kaufleute und Handwerker: 121.

E – Tagelöhner: 165.

F – Künstler ohne Anstellung und Einkünfte: 10.

G – Nichtkünstler ohne Anstellung und Einkünfte: 127.

H – Besitzende Geistliche: 0.

L – Nichtbesitzende Geistliche: 1.

M – Makler und Trödler: 133.

N – Fremde unbekannte Bettler: 20.

Trotz der Unvollkommenheit und Ungenauigkeit dieses Schemas entsteht ein ziemlich detailliertes Bild von der Lage, wie sie sich zum Zeitpunkt der Abschaffung des Ghettos darstellte. Isacco und Giuseppe Treves, bekannte Bankiers und Reeder, hielten zwölf Personen in ihren Diensten. Leon Vita, Jacob Vita und Lazzaro Vivante, reiche Händler, hatten siebzehn Angestellte. Wohlhabend waren Marco und Gabriele Malta, Isacco Morpurgo, Beniamino Errera, Abramo Motte und Salomone Curiel. Nur wenig mehr als etwa dreißig Familien – insgesamt also rund zweihundert Personen – scheinen wohlhabend gewesen zu sein, und das ist nicht viel angesichts einer Gesamtbevölkerung von 1620 Personen. In der Kategorie D (leidlich vermögende Kaufleute und Handwerker) fasst Levi Mortera Agenten von Handelsfirmen oder der Leihbanken zusammen, Lebensmittelhändler, einen Buchhändler, einen Chirurgen, einen „Briefverkäufer", aber vor allem Trödelhändler. Die Kategorie der Tagelöhner umfasst nicht so sehr Arbeiter wie Angestellte, die unter anderen in den verschiedenen jüdischen Einrichtungen tätig waren, wie etwa *Chasanim*, Pedelle und Schullehrer. Unter die Rubrik „Künstler ohne Anstellung" – das sind 127 Personen – sind, wie manche Gelehrte bemerkt haben, auf recht kuriose Weise Leute zusammengebündelt worden wie Ärzte, Lehrer, Händler, ein Brunnenwärter, ein Bauer, ein Giuseppe Sullam, der Dokumente abfasste, sowie einige Bettler. Der nichtbesitzende Geistliche ist der Rabbiner Abramo Jona aus Spalato, der einzige Rabbiner, der erwähnt wird, obgleich es im Ghetto viele Synagogen gab. Insgesamt wurden 473 Familienoberhäupter und nur 55 Händler gezählt.

Der bekannte Gelehrte und Experte für die Wirtschaftsgeschichte Venedigs Gino Luzzatto hat auf einige Ungereimtheiten zwischen den Angaben im Einwohnerverzeichnis und denen in der Verteilungsliste der außerordentlichen, von der Provisorischen Munizipalität beschlossenen Steuern hingewiesen und dazu bemerkt: „Dass diese Zahl fast nur halb so hoch ist wie die, die sich in der gleichzeitig vorgenommenen Aufteilung der Steuern findet, lässt sich auf verschiedene Art erklären. Das heißt, die niedrigste Zahl geht zum Teil auf die Tatsache zurück, dass in dem Zensus nur die Familienoberhäupter gezählt wurden, während die Besteuerung sich auch auf mehrere Mitglieder ein und derselben Familie beziehen kann. Aber in größerem Umfang muss die Abweichung auf den Umstand zurückgeführt werden, dass zur Zahlung der außerordentlichen Steuer auch fremde Kaufleute und Reeder herangezogen wurden, die nicht zur Gemeinde gehörten und deshalb auch nicht im Zensus registriert sind.“ Mit dem Groß- und Einzelhandel scheinen etwa 213 Familienoberhäupter verbunden gewesen zu sein, zu denen man höchstwahrscheinlich noch 141 Privatagenten hinzuzählen muss. Es gab nur wenige Handwerker: acht Schneider, drei Buchdrucker, drei Maler, einen Stuhlrestaurateur und einen Stecher. Hier seien noch andere Zahlen genannt: Man zählte fünfzehn Schullehrer, einundzwanzig Geistliche, fünf Ärzte, drei Chirurgen, eine Hebamme, fünf Träger, zwei Wachen des Armenspitals und drei Briefträger. Zahlreich ist das Dienstpersonal – vierundachtzig Hausdiener und Köche. Es gab neunzehn Tagelöhner, neunundzwanzig Bettler und einen einzigen Landwirt, nämlich Aron Vita Latis.

Gegen Ende des 18. Jahrhunderts gibt es also Belege für die soziale Zusammensetzung des Ghettos: Demnach erfreute sich ein Drittel der Bevölkerung eines mehr oder weniger großen Wohlstandes; der Rest befand sich am Rand der Bedürftigkeit.

Die politische Lage änderte sich unterdessen rasch in Venedig. Napoleon hatte die Stadt an Österreich abgetreten. Der Traum, der am 12. Mai 1797 begonnen hatte – zunächst mit der Ankunft der Franzosen, dann mit der Niederreißung der Ghettotore, die als Symbole der Unterdrückung gewertet wurden –, war von kurzer Dauer. Am 17. Oktober desselben Jahres wurde der Friede von Campoformio unterzeichnet, und in der Folge zogen die österreichischen Truppen in Venedig ein. Am 18. Januar 1798 erhielt das Ghetto wieder seinen alten Namen zurück; damit verschwand die kurzlebige Bezeichnung „Contrada dell' Unione“. Die Juden verloren fast sofort ihre völlige bürgerliche Gleichheit und mussten sich erneut einigen Beschränkungen seitens der österreichischen Regierung unterwerfen. Doch nie wieder sollten die Tore des Ghettos das Judenviertel von den anderen Stadtteilen ab trennen.

# Zwischen Österreich und Italien: Venedig und die Juden im 19. Jahrhundert

*Die Juden und die Republik von Daniele Manin – Der Prozess Castillero-Ravenna – Die Integration der Juden in das Alltagsleben – Die Eingliederung Venedigs in das Königreich Italien*

Das Ende der Republik Venedig und der Fall der alten Ghettotore besiegelten auch das Ende der *Università degli Ebrei.* Damit endete die Geschichte des Ghettos, während die Geschichte der Juden nun in einer neuen Konstellation weiterging. Sie waren jetzt einfache venezianische Bürger, denen allerdings noch für kurze Zeit die vollen Bürgerrechte vorenthalten wurden. Die alten Leihbanken wurden aufgelöst und das gewonnene Kapital als Beitrag der Juden zur Gründung eines *Monte di Pietà* für die Lagunenstadt dem Staat geschenkt.

Die österreichischen Truppen zogen am 18. Januar 1798 in die Stadt ein. Die völlige bürgerliche Gleichstellung, die die Juden erlangt hatten, erwies sich als ein kurzer Tagtraum, und sie mussten bis zur Rückkehr der Franzosen im Jahr 1806 etliche Einschränkungen hinnehmen.

Eben in jenem Jahr wurde die „Fraterna Generale di Culto e Beneficenza“ gegründet, die die Aktivitäten der jüdischen Institutionen koordinieren sollte.

Trotz allem erfreuten sich die venezianischen Juden einer gewissen Freiheit. Sie waren nicht mehr einer drückenden Besteuerung unterworfen und auch nicht gezwungen, im Ghetto zu wohnen. Sie konnten vieles tun, was wenige Jahre zuvor noch undenkbar gewesen wäre: Sie durften Immobilien erwerben, freie Berufe ausüben, Militärdienst leisten, öffentliche Schulen besuchen, öffentliche Ämter bekleiden und Mitglied in berühmten kulturellen Einrichtungen wie dem *Ateneo Veneto*, dem *Istituto Veneto* und der Akademie der Schönen Künste werden. Es bestanden allerdings noch einige anachronistische Einschränkungen: So konnten sie etwa nicht den Apothekerberuf ausüben (selbst während der letzten Jahre der Serenissima hatte es jüdische Apotheker gegeben) und blieben von den politischen Gremien der Stadt ausgeschlossen. Die *Riunite Sezioni della Fraterna Generale Israelitica* (der Kleine Rat der neuen jüdischen Institution) versuchten im Laufe der ersten Jahrzehnte des 19. Jahrhunderts mehrfach, diese Hindernisse, die ihrer vollständigen Emanzipation im Wege standen, zu überwinden. Einige bekannte Exponenten jener Zeit, Cesare della Vida und Isacco Pesaro Maurogonato, beschlossen in den ersten Tagen des Jahres 1848, sich an Daniele Manin zu wenden, dessen politischer Einfluss unbestritten war, und ihn zu bitten, sein Ansehen in der *Congregazione Centrale* zugunsten der Juden spielen zu lassen. Manin versprach es, und am 8. Januar 1848 schlug er, an die *Congregazione Centrale Veneta* gewandt, vor, dass die „ungerechten und abscheulichen Diskriminierungen aufgrund unterschiedlichen Kultes" aufgehoben werden sollten. Alle Israeliten sollten also „emanzipiert und sämtlicher politischen und bürgerlichen Rechte gleich jedem anderen Bürger teilhaftig werden". An dem Treffen zwischen Della Vida, Maurogonato und Manin hatte auch der zufällig dazugestoßene Nicolò Tommaseo teilgenommen. Dieser hatte versprochen, sich die Sache der Juden zu eigen zu machen, und gemeint, dass es angebracht sei, eine Bittschrift an die Regierung zu schicken, die, um mehr Gewicht zu haben, von zahlreichen Christen unterschrieben werden sollte. Und er selbst, der als strenger Katholik galt, versprach, die Petition durch ein Begleitschreiben zu unterstützen. Doch Tommaseo und Manin wurden wenige Tage darauf als Verschwörer festgenommen, und die Österreicher schöpften Verdacht, als sie die Papiere mit den Notizen und den Bemerkungen zugunsten der vollständigen Emanzipation der Israeliten fanden. Hinzu kam, dass Manin jüdischer Herkunft war. Ein Beleg dafür findet sich im Register des *Priorato dei Catechumeni* von Venedig, aus dem hervorgeht, dass Manins Großeltern – Samuel Medina im Alter von vierundzwanzig Jahren und Allegra Moravia, zwanzig Jahre alt – im April 1759 die Taufe empfangen hatten.

In den wenigen Tagen, die zwischen dem Gespräch mit Manin und seiner Verhaftung auf Veranlassung der Österreicher lagen, verfasste Tommaseo sein *Diritto degli Ebrei alla Civile Uguaglianza*, eine leidenschaftliche, von starkem moralischen und religiösen Engagement getragene Rede.

Auch wenn die völlige Emanzipation noch auf sich warten ließ, muss anerkannt werden, dass viele Juden bereits vollkommen integriert waren und sich in den intellektuellen Kreisen Venedigs hoher Wertschätzung erfreuten. Zu ihnen zählten der Historiker Samuele Romanin, einige noch heute berühmte Ärzte wie Giacinto Namias und Michelangelo Asson, die Dichterin Eugenia Pavia Gentilomo, der Anwalt Leone Fortis, der Baron Treves de' Bonfili, der Rabbiner Abramo Lattes und Girolamo Latis, ein Fachmann für die Urbarmachung von Sumpfgebieten.

Indessen wuchs sich überall in Italien die im Volk gärende Unruhe zu Aufständen aus: Am 11. Februar brachen in Neapel schwere Unruhen aus; es wurden Barrikaden errichtet; Turin folgte am 4. März, Florenz am 17. März, Rom am 18. März – ein Lauffeuer, das sich von Paris bis Wien ausbreitete. In Venedig wurden Manin und Tommaseo durch eine Volkserhebung am 17. März 1848 befreit und im Triumph nach San Marco gebracht. Kaum fünf Tage danach räumten die österreichischen Truppen die Stadt – die österreichische Zivil- und Militärregierung war gestürzt.

So entstand die provisorische Regierung der Republik Venedig unter dem Vorsitz von Manin. Zu den sieben, die sie aus der Taufe gehoben hatten, gehörte auch ein Jude, Leone Pincherle, der zum Landwirtschafts- und Handelsminister ernannt wurde. Als eine der ersten Amtshandlungen verkündete die neue Regierung am 29. März die bürgerliche Gleichheit aller venezianischen Bürger: Damit hatten die Juden ihre vollständige Emanzipation erlangt.

Sie hatten bei der Revolte eine wichtige Rolle gespielt, auch wenn nun seit dem Ende der *Università degli Ebrei* jede politische Handlung Ergebnis persönlicher Entscheidungen war und keine Institution mehr existierte, die alle Juden repräsentierte. Dennoch gab es eine starke Beteiligung angesichts der Tatsache, dass in ihnen die Gefühle von Unabhängigkeit und Zugehörigkeit zum italienischen Volk sehr lebendig waren. Die venezianischen Juden entdeckten nämlich nach Jahrhunderten der Enthaltsamkeit die Faszination von Politik und Patriotismus. Ihr bekanntester Vertreter, der Rabbiner Lattes, forderte sie am 5. April auf, sich zur Bürgerwehr zu melden, und klärte zugleich auch seine eigene religiöse Position hinsichtlich der Einhaltung des Sabbats und der Feste:

„An seine Mitbrüder und Glaubensgenossen.

Gewiss besteht nicht die Notwendigkeit, euch nahezulegen, bereitwillig herbeizueilen, um euch der Bürgerwehr anzuschließen, die sich jetzt so sehr um unser liebes Vaterland verdient macht; denn ihr seid bereits in großer Zahl herbeigeströmt, um euch unter ihren ehrenvollen Fahnen zu versammeln.

Was aber vielleicht einige wissen müssen, ist, ob und inwiefern der Dienst in der Miliz der Pflicht zur Heiligung des Sabbats und unserer Feste entgegensteht. Ich kann deswegen eure Gewissen beruhigen und vom leisesten Hauch eines Zweifels befreien und erkläre hiermit klar und deutlich, dass nicht nur von Seiten unserer Religion nichts dagegen einzuwenden ist, wenn man an diesen Tagen pünktlich zum Militärdienst erscheint, gemäß den Aufgaben und Befehlen, die man erhalten hat. Es ist vielmehr so, dass man auch der Religion selbst in hervorragender Weise dient, wenn man sein eigenes Werk zum Nutzen des Vaterlandes in der bestmöglichen Weise erfüllt."

Es kam zu einer tiefgreifenden Mobilisierung aller Kräfte. Im Mai organisierte der Rabbiner Lattes einen Abend mit einer Aufführung von Laienspielern im Hause des Bürgers Girolamo Levi und übersandte den Erlös dem Wachkommando.

Dass sich das Klima für die Juden wirklich gewandelt hatte, bezeugt eine Episode am Rande, die aber bezeichnend war. Der Kardinal Jacopo Monico, der Patriarch von Venedig, hatte die Zentralpräfektur für öffentliche Sicherheit gebeten, einige Verfügungen der Österreicher für ungültig zu erklären, die die Bischöfe daran hinderten, Juden leichtfertig der Taufe zu unterziehen. Diese Bestimmungen erlaubten den Neophyten erst dann, den Glaubensübertritt vorzunehmen, wenn sie vier Monate im Haus der Katechumenen verbracht hatten, keine Mitteilung an die Polizeidirektion ergangen war und eine vorbeugende Gegenüberstellung mit Verwandten und mit dem Rabbiner stattgefunden hatte. Der Patriarch verlangte nun mit Berufung auf eine erweiterte Religionsfreiheit, dass diese Erschwernisse beseitigt werden sollten.

Darauf antwortete ihm Tommaseo – vielleicht eben mit Berufung auf sein Christentum – in einem Brief vom 16. April 1848 folgendes: „Es ist für die Verteidigung der Religionsfreiheit, die auch unbedingt der Verbreitung der Wahrheit und Würde des katholischen Klerus dienen kann, wichtig, dass bei der Taufe von Katechumenen jeder Verdacht auf Zwang oder Betrug ausgeschlossen ist. Doch bis ein neues Gesetz über dieses wichtige Thema verabschiedet wird, das die minuziösen Vorsichtsmaßnahmen der Österreicher von 1817 aufhebt, ist es richtig, diese ebenso wie die italienische aus dem Jahr 1803 vollgültig zu belassen, sie großzügig anzuwenden und sich in Zweifelsfällen an die Regierung zu wenden, die, im Einverständnis mit der kirchlichen Obrigkeit, stets für eine freiere Auslegung plädieren wird."

In der ersten ständigen Versammlung, die am 3. Juni 1848 eingerichtet wurde und die vom 3. Juli 1848 bis zum Februar 1849 bestand, saßen Isacco Pesaro Maurogonato als Finanzminister, Jacopo Treves de Bonfili als Postminister und der Rabbiner Samuele Salomon Olper. In der zweiten Versammlung kamen zu den Genannten noch der Rabbiner Abramo Lattes, der Sohn von Jacob Levi, Angelo Abramo Errera und Leone Pincherle hinzu. Auch andere Mitglieder der Familie Levi waren sehr aktiv, vor allem Alessandro und Gabriele, die Söhne von Abramo.

Die Stadt litt unter sehr großen Problemen. Um an die nötigen Mittel heranzukommen, legte die Ernährungskommission eine Anleihe über anderthalb Millionen Lire auf. Angelo Levi, der Sohn von Jacob und Regina Greco, steuerte eine Summe von 100 000 Lire bei. Cesare della Vida, der Sohn von Samuele und Regina Pincherle, unterstützte die Revolution mit so viel Geld, dass er sein eigenes, respektables Vermögen ernsthaft in Gefahr brachte. Auch die Familien Errera und Treves ließen sich besteuern, um Venedigs Freiheit zu verteidigen. Zum Kanonierstrupp *Bandiera e Moro* meldeten sich viele begeisterte junge Juden, darunter Alessandro Levi mit seinem Bruder Gabriele, Giuseppe Ancona, Moise Ravenna, Leone Tedesco, Isacco Gabriele Finzi und Giuseppe Bassani.

Am 3. Juli 1848 votierte die Nationalversammlung für die Angliederung an Piemont. Manin trat zurück. Doch mit der militärischen Niederlage von König Albert von Sardinien bei Custoza änderte sich die Lage schlagartig: Am 11. August bereits standen sich Venedig und die Österreicher von Angesicht zu Angesicht gegenüber. Die Königlichen Kommissare legten am 31. August ihr Amt nieder. In dieser verzweifelten Situation wurde Daniele Manin zum Diktator ausgerufen. Damals wurden zugunsten der Stadt zahlreiche Spendenaktionen durchgeführt, an denen sich natürlich auch viele Juden als Einzelpersonen beteiligten. Einige dieser Unterzeichnungslisten sind erhalten geblieben; sie enthalten die Namen Cesare Levi, Abramo Levi, Anna da Zara, Vita Vivante, die Familien Orefice, Clerle, Franchetti, Vivante, Coen, Levi und Sullam. Andere Hilfsaktionen wurden ausschließlich von Frauen organisiert, etwa von Regina della Vida, Rosina Namias, Giuditta Lattes, Allegra Curiel Sarfatti und Nina Mondolfo geb. Levi.

Die Beziehungen zwischen Manins Revolutionsregierung und den venezianischen Juden waren also sehr freundlich. Davon zeugt auch die Tatsache, dass die Rabbiner Olper und Lattes sowie Pesaro Maurogonato, Treves, Fortis und Namias vom Vorsitzenden des Rates der Rechtsgelehrten aufgefordert wurden, angemessene Vorschläge zur Form der Eidesleistung für Juden und zur Eidesformel selbst zu unterbreiten. Im März 1849 einigte man sich auf folgendes:

1. Die Gerichtskommission nimmt die erste Belehrung des israelitischen Eidesleistenden gemäß den Vorschriften vor, die auch für die Christen gelten; eine Intervention des Rabbiners ist nicht erforderlich.

2. Die Eidesformel ist für die Israeliten die gleiche wie für die Christen. Das heißt, es handelt sich um eine Anrufung Gottes mit den Worten: So wahr mir Gott helfe.

3. Der Israelit leistet den Eid mit bedecktem Haupt, die Hände auf die Tora gelegt.

Die Niederlage von König Albert bei Novara im Februar 1849 machte jede Illusion zunichte, tat aber dem Willen zu einem verzweifelten Widerstand keinen Abbruch. Die Revolutionsversammlung gab dem österreichischen General, der die Kapitulation gefordert hatte, in einem Dekret vom 2. April 1849 eine abschlägige Antwort: Venedig würde um jeden Preis Widerstand leisten.

Manin hatte unbeschränkte Befugnisse erhalten, doch die Stadt war Ende April bereits von allen Seiten umzingelt. Am 1. Mai fiel der junge Isacco Finzi. Tommaseo gedachte seiner mit den Worten: „Er sollte als erster würdig für Venedig sterben." Der österreichische Marschall Radetzky bot eine ehrenhafte Kapitulation an, aber Venedig hatte beschlossen, bis zum letzten Mann zu kämpfen. Eine merkwürdige Begebenheit vermag den verzweifelten Kampf seiner Verteidiger zu illustrieren: In Marghera kämpfte unter anderen auch Alessandro Levi. Die Art, wie er mit seiner Mutter, Enrichetta Levi, kommunizierte, die in einem Palazzo in San Felice wohnte, war einzigartig: Sie bedienten sich nämlich eines Hundes, den sie zwischen Marghera und Venedig hin und her schickten und der in seinem Halsband Nachrichten beförderte. Ende Mai fiel auch Marghera, und Venedig blieb abgeschnitten in seiner Lagune. Enrichetta Levi erhielt keine Botschaften mehr von ihrem Sohn; denn der Hund war abgefangen und erschossen worden. Besorgt über die Nachrichten, die von der nahen Front eintrafen, machte die Mutter die Runde durch die Spitäler und fand ihren Sohn schließlich mit verbundenem Kopf und Gesicht. Doch sie erkannte ihn an den *Arba kanfot*, dem kleinen *Tallit,* den sie ihm selbst in die Kleider eingenäht hatte.

Im Juli fielen die ersten österreichischen Bomben auf die Stadt. Eine landete ausgerechnet in der Küche des Palazzos von San Felice, und Enrichetta Levi zog mit ihren Kindern an einen sicheren Ort in San Marco, nahe dem Ponte dell' Angelo, in den Palazzo Levi, den Hauptsitz des bedeutenden Bankhauses Jacob Levi & Söhne. Auch die Spanische Synagoge wurde getroffen. Auf den Stufen des *Aron ha-Kodesch* wurde ein hebräisches Epigraph eingemeißelt, das in deutscher Übersetzung ungefähr so lautet: „Hier schlug eine Bombe ein / und bohrte sich durch. / Doch sie verursachte keine Schäden. / Sie schlug zwar ein, ließ dabei aber eine gewisse Vernunft walten.". Der Rabbiner Abramo Lattes widmete dem Ereignis ein besonderes Gedenkgebet, das alljährlich am letzten Freitagabend des Monats Aw zur Erinnerung an die Bombe rezitiert werden sollte, die einigen Zeugenaussagen zufolge am 17. August 1849 einschlug. Dieser Freitag wurde seither „der Freitag der Bombe" genannt. Die *Gazzetta* berichtete so über die Ereignisse: „Der Feuerregen lässt nicht nach, er fällt vielmehr jeden Tag noch dichter vom Himmel. . . Der Hunger, die Krankheiten sowie die Tatsache, dass die Einwohner auf die Hälfte des Stadtgebietes zusammengedrängt sind – das sind Dinge, die man später einmal nicht glauben wird. Zu anderen Zeiten, die man dennoch als barbarisch bezeichnet, hätte ein solches Leiden das Erbarmen der Mächtigen erweckt und einen Waffenstillstand bewirkt. Heutzutage regt sich kaum Sympathie; man bleibt kalt und unbeteiligt."

Am 13. August, wenige Tage vor der Kapitulation, hielt Manin eine Rede auf dem Platz, konnte sie aber nicht beenden, da ihm übel war. Am 23. August kam es zur Kapitulation. Französische und englische Schiffe nahmen viele Flüchtlinge an Bord, die ausreisen zu lassen Österreich sich verpflichtet hatte. Manin ging am 27. August ins Exil nach Paris. Samuele Olper begab sich zuerst nach Florenz, dann nach Livorno und schließlich nach Casale. Pesaro Maurogonato entschied sich für Korfu, die Vettern Alessandro und Giacomo Levi flüchteten nach Turin. Manchen gelang es, ins freie Venedig zurückzukehren, einige andere sollten im Exil sterben.

Die Österreicher vergaßen die Zusammenarbeit zwischen den Juden und der Republik von Manin und Tommaseo nicht so schnell. Sie hielten die Gemeinde unter strikter Kontrolle: Eine österreichische Wache war sogar bei den Gottesdiensten in der Synagoge zugegen. Wer blieb, tat das nicht ohne Risiken und Beschwernisse. So wurden beispielsweise Angelo Levi und Jacob Levi wegen ihrer Äußerungen in der Öffentlichkeit mit einer Geldstrafe von 3 000 Gulden belegt. Obwohl Jacob später zum Gemeinderat gewählt wurde, wurde er von der österreichischen Regierung zurückgewiesen, weil er als zu liberal galt. Auch Cesare della Vida und Abramo Errera hatten Probleme. Insbesondere della Vida geriet wegen seiner großzügigen Unterstützungszahlungen an die Republik in private finanzielle Schwierigkeiten. Errera dagegen beschäftigte sich immer mehr mit der jüdischen Gemeinde, deren Vorsitzender er dreißig Jahre lang blieb. Manin starb 1867 fern der Lagunenstadt im Pariser Exil.

Nach dem Ende der heroischen Zeit begann die Zeit des grauen Alltags. Österreich erwies sich allerdings nicht als reiner Unterdrücker, ja, es versäumte keine

Gelegenheit, seine Minderheiten zu umschmeicheln, indem es bei mehreren Anlässen versuchte zu suggerieren, dass antisemitische, antiösterreichische und revolutionäre Gesinnung verschiedene Facetten ein und derselben politischen Ausrichtung seien.

Großes Aufsehen erregte in den Städten und Dörfern Venetiens eine scheinbar belanglose Begebenheit. Im Sommer 1855 beschuldigte eine Bäuerin, Giuditta Castillero, einen jüdischen Kaufmann aus Badia Polesine, Caliman Ravenna, sie entführt und ihr Blut ausgesogen zu haben, um es bei seinen religiösen Zeremonien zu verwenden. In Venedig, in den Städten Venetiens, in den Dörfern auf dem Lande, insbesondere im Polesine, verbreitete sich – wie der Polizeidirektor an das Präsidium der Statthalterschaft schrieb – „das Gerücht mit Varianten und löste insbesondere in den unteren Schichten Empörung gegen die Juden aus". Zu Beginn gab es diffuse, von Antisemitismus geprägte Reaktionen; anonyme Briefe wurden an die Juden von Venedig und die Rabbiner der Stadt geschickt. „Tod den Juden! Feuer in die Ghettos! Möge euer Volk durch den Dolch ausgelöscht werden! Ihr irrt auf der Erde herum auf der Flucht vor dem Zorn der Katholiken . . ." Der Polizeidirektor schickte am 7. Juli 1855 eine Kopie dieses Briefes an das Präsidium der Statthalterschaft, und die Polizei blieb nicht untätig. Sie leitete Untersuchungen ein, um die Verfasser der anonymen Briefe zu ermitteln, und bemühte sich, den genauen, tatsächlichen Hergang bekanntzumachen und „. . . die Gerüchte aus der Welt zu schaffen". Sie war der Überzeugung, dass es eine gezielte Kampagne gebe, die beabsichtigte, „die Gemüter gegen die Juden aufzuhetzen".

Während die antiösterreichischen Gefühle sich in jeder Form manifestierten und sich, wo immer möglich, gegen eine Minderheit richteten, die einen bequemen Sündenbock abgeben konnte und die Phantasie des Volkes beflügelte, nahmen die österreichischen Behörden die Juden zwar gegen diese gemeinen Gerüchte in Schutz. Sie versäumten aber nicht, politischen Vorteil aus der Sache zu ziehen, indem sie jene der Subversion bezichtigten, die zur Verleumdung anstachelten und in irgendeiner Weise die öffentliche Ordnung störten.

Der Rabbiner Lattes – derselbe, der sich so leidenschaftlich für das Venedig Manins geschlagen hatte – meldete sich am 9. Juli 1855 in der *Gazzetta Ufficiale* als Autor eines umfangreichen Artikels über dieses Thema zu Wort. Darin verlangte er von der Obrigkeit, etwas zugunsten der Juden zu unternehmen, die mehr als zuvor Zielscheibe des antisemitischen Vorurteils und einer boshaften Kampagne seien. In der Tat: Während man früher im Ghetto mit jeder antijüdischen Maßnahme eine Gruppe in ihrer Gesamtheit und Geschlossenheit getroffen hatte, entluden sich die Spannungen jetzt über einzelne Personen und Familien, die nicht mehr gezwungen waren, nach den alten Vorschriften zu leben, sondern sich auf dem Weg einer raschen Integration in die zeitgenössische Gesellschaft befanden. Die plötzlichen politischen Veränderungen hatten ebenso plötzliche soziale Veränderungen zur Folge gehabt, deren Gesamtzusammenhänge von der modernen Geschichtsforschung noch gar nicht untersucht worden sind. Nach der Emanzipation und der Erlangung der vollen bürgerlichen Rechte waren die reicheren und vermögenderen Familien aus dem Ghetto weggezogen, und die fortschreitende Herausbildung einer Gruppe jüdischer Berufstätiger hatte zur Folge, dass die nun mit vollen bürgerlichen Rechten Ausgestatteten zum ersten Male die Bühne des städtischen Lebens betraten.

Die Zahl der venezianischen Juden wurde 1821 auf etwa 2 500 geschätzt; 1857 ermittelte die österreichische Volkszählung 2 023 Juden (von insgesamt 114 164 Einwohnern), während der italienische Zensus von 1869 2 415 Juden registrierte. Von diesen lebten 64% im Ghetto oder in den benachbarten Kirchensprengeln und 23% im Stadtteil San Marco. Die wohlhabenden Juden, die dem mittleren oder gehobenen Mittelstand zuzurechnen waren, zogen also ins Zentrum der Stadt, während die ärmeren im Ghetto blieben. Am Vorabend des Ersten Weltkrieges hatte die israelitische Gemeinde eine Mitgliederzahl von ungefähr 3 000 Personen erreicht.

Gegen Ende des 19. Jahrhunderts existierte keine gezwungenermaßen geschlossene jüdische Gruppe mehr. Vielmehr gab es einzelne venezianisch-jüdische Bürger, die voll in das Leben der Stadt integriert waren. Einige prominente jüdische Persönlichkeiten verbanden ihre Namen mit ganz bestimmten Projekten. So gründete etwa Luigi Luzzatti, der zu Beginn des 20. Jahrhunderts als erster Jude italienischer Regierungschef werden sollte, das „Istituto Commerciale Superiore", die heutige Ca' Foscari. Moisè Raffaele Levi rief das Ospizio Marino ins Leben, und Michele Treves war für einige wichtige Arbeiten verantwortlich, wie die Reorganisierung der Wasserversorgung und der Gasgesellschaft.

Dennoch behaupten zahlreiche Juden übereinstimmend, dass es zwar eine Integration zwischen Juden und Christen gegeben habe, aber nur auf der Ebene des Bürgertums. Die unteren Schichten der Ghettobevölkerung hätten mit Eifersucht und geringerer Toleranz reagiert, und vielleicht war es auch ihrer größeren Schwäche zuzuschreiben, dass sie sich gegenüber der antisemitischen Propaganda auch als weniger widerstandsfähig erwiesen.

Die Behörden ihrerseits kümmerten sich in der Zeit, in der Österreich die Macht innehatte und in den venetischen Provinzen und in Venedig selbst die Kontrolle ausübte, vor allem um die Aufrechterhaltung der öffentlichen Ordnung und waren bestrebt, soziale Spannungen jeder Art und jede Versuchung einer subversiven Aktion zu vermindern. Und da sie sich vielleicht erinnerten, dass viele venezianische Patrioten leidenschaftlich gegen Österreich gekämpft hatten, bemühten sie sich, den Status quo durch eine Politik der Mäßigung zu bewahren.

Der Prozess Giuditta Castillero–Caliman Ravenna und die Reaktionen der Österreicher waren kennzeichnend für eine von Spannungen und Unzufriedenheit geprägte Situation. Die Verhandlung, die von September bis November 1856 dauerte und großes Aufsehen erregte, fand vor dem Provinzgericht von Rovigo statt. Die

Anklage lautete auf Verleumdung aufgrund falscher Anschuldigungen, auf persönliche Freiheitsberaubung und „Blutsaugerei“. Caliman Ravenna hatte man sechzehn Tage lang im Gefängnis festgehalten, doch in der Folge wurde die Unhaltbarkeit der Anklage offenkundig, und die Castillero zog sie selbst zurück, indem sie sie „zuerst gegen einen nicht bekannten Herrn, dann gegen einen unbekannten Fuhrknecht richtete, der sie angestiftet habe, das auszusagen, was sie tatsächlich gegen Ravenna ausgesagt hatte“. Das Gericht verkündete das Urteil: Giuditta Castillero di Lorenzo, dreiundzwanzig Jahre alt, gebürtig aus Barucchella, wohnhaft in Nasí, ledige Bäuerin, wird der Verbrechen der Verleumdung und des Diebstahls für schuldig befunden und zu sechs Jahren verschärfter Kerkerhaft verurteilt.

Während dieser Prozess einen Moment besonderer Spannung darstellte und eine für die ganze Geschichte des 19. Jahrhunderts relevante Episode war, lassen sich auch im Alltagsleben der Lagunenstadt, das aus tausend Kleinigkeiten bestand, zwischen Juden und Christen widersprüchliche Verhaltensweisen und Reaktionen feststellen. So schrieb in den fünfziger Jahren der Pfarrer von San Marcuola im Zusammenhang mit dem sittlichen Zustand seiner Pfarrei, die zu denen gehörte, die dem Ghetto am nächsten lagen: „Großen moralischen Schaden bedeutet für eine christliche Pfarrgemeinde die Mischung mit israelitischen Familien“, und er betonte die Gefahr, die von gewissen Freundschaften ausgehe, sowie seine Sorge, dass der Hunger der Armen und die kleinen gegenseitigen Dienstleistungen die christliche Moral unterhöhlen könnten. Die Beichtväter wurden aufgefordert, solchen Christinnen, die mit Juden zusammenlebten, jüdische Kinder stillten und nach jüdischem Brauch lebten, die Sakramente zu verweigern. Die in jüngerer Zeit erfolgte Vermischung bereitete den Pfarrern Sorgen, zumal die Zahl der illegitimen Verbindungen zunahm, und diese Tatsache wurde als ein Indiz für einen Verfall der Sitten gewertet. In den zentraler gelegenen Pfarreien der Stadt, in San Marco, Santo Stefano und Santa Maria Formosa, kamen solche Fälle häufig vor und lösten Beunruhigung und Sorgen aus, die sich infolge der Ereignisse im Sommer 1855 und des Prozesses gegen Caliman Ravenna verstärkten und nicht einmal durch die strenge Bestrafung der Castillero gedämpft wurden.

Die Unsicherheit des Klerus äußerte sich einerseits in defensiven Reaktionen, andererseits fand sie ihren Ausdruck in einer Intensivierung der Bekehrungstätigkeit, die Juden und im allgemeineren die Nichtchristen im Visier hatte. Dreihundert Jahre nach seiner Gründung war das Haus der Katechumenen immer noch ein bedrohliches Gespenst, das allerdings nicht übermäßig erfolgreich arbeitete. Die provisorische Regelung bezüglich einer Bekehrung von Juden stellte nach wie vor einen Schutz und ein Hindernis gegen mögliche Missbräuche dar. Wie Gabriella Cecchetto bemerkt hat, sind zwischen 1850 und 1866 im Verzeichnis der getauften Katechumenen fünfunddreißig jüdische Personen registriert worden – fünfzehn männliche und zwanzig weibliche im Alter zwischen siebzehn und vierundfünfzig Jahren. Alle waren unverheiratet, mit Ausnahme eines vierundfünfzigjährigen Mannes und einer zweiundfünfzigjährigen Frau und Mutter von fünf Neophyten. Die Hälfte waren Venezianer, die anderen kamen aus verschiedenen Gegenden, von Ungarn bis Prag, von Galizien bis Wien und auch aus Verona, Rovigo, Modena und Ancona. Zum großen Teil handelte es sich um sehr arme Leute. Der Leiter des Hauses hatte Anlass zu schreiben: „Die Erfahrung von dreihundert Jahren hat, wie die Akten im Archiv und die Testamente beweisen, gezeigt, dass jene Personen, die sich zu uns begeben, fast alle im Elend und ohne Unterstützung leben und dass einige sich sogar an diese Anstalt wenden, weil sie hoffen, hier ihr Glück zu finden."

Die jüdische Gemeinde fühlte sich von jedem Fall einer Konversion tief getroffen und leistete hartnäckig legalen und psychologischen Widerstand. Einerseits verlangten die Juden die Respektierung jener Garantien, die die Regelung von 1803 vorsah und die 1817 durch Allerhöchsten Beschluss bestätigt worden wären (Einbeziehung des Rabbiners und der Verwandten und eine obligatorische Wartezeit von vier Monaten). Andererseits bemühten sich die kirchlichen Organe, einen Widerruf dieser Garantien zu erwirken, weil sie eine möglichst rasche Konversion der Neophyten wünschten.

Unterdessen brachte ein neuer Krieg zwischen Österreich und Piemont auch in Venedig die politischen Leidenschaften zum Kochen, und am „Zug der Tausend" von 1861 nahmen von den venezianischen Juden Giuseppe Ancona, Enrico Uziel, Davide Cesare Uziel und Alessandro Levi teil.

Derselbe Levi, den Garibaldi mit einer kühnen Mission in Neapel beauftragt hatte, wurde übrigens zum Helden eines gefährlichen Abenteuers: Das kleine Schiff, das ihn in die Stadt bringen sollte, wurde zwar eskortiert, aber schließlich von den bourbonischen Soldaten versenkt. Einige Fischer eilten ihm zu Hilfe, und sobald seine Kräfte es zuließen, versuchte er, als Fischer verkleidet, nach Neapel zu gelangen. Er wurde verhaftet, zum Castello dell' Ovo geführt, einem Schnellverfahren unterzogen, der Spionage angeklagt und zum Tode verurteilt. Nur das unerwartete Eintreffen Garibaldis rettete ihm das Leben.

Im Palazzo der Familie Levi bereitete seine Mutter Enrichetta unterdessen Kokarden mit den italienischen Landesfarben vor, die sie im doppelten Boden eines Schlafzimmermöbels versteckt hielt. Trotz mehrfacher Durchsuchungen fand die Kaiserlich-Königliche Polizei niemals etwas.

1866 war ein entscheidendes Jahr. Die damaligen Geschehnisse lassen sich anhand eines Briefwechsels zwischen einem Juden tripolitanischer Herkunft namens Vita Arbib, der Venedig zu seiner Wahlheimat gemacht hatte, und Simone Vivante, einem venezianischen Juden, der für die Glasschmuckfabrik Bonlini & Arbib tätig war, nachvollziehen.

Arbib, türkischer Untertan mit einem sardinischen Pass, war nach Tripolis gereist, um seinen Onkel zu treffen, und der plötzliche Ausbruch der Feindseligkeiten hatte ihn an einer Rückkehr nach Venedig gehindert. Nachdem die Österreicher am 3. Juli in Sadowa besiegt worden waren, schrieb Simone Vivante am 11. Juli an seinen Arbeitgeber: „In der Politik herrscht ein derartiges Durcheinander, dass es sich unmöglich entwirren lässt. Man glaubte schon, alles sei zu Ende, und da ergeht heute ein Befehl, dass man sich für vier Monate mit Proviant eindecken solle, und nicht nur für drei Monate, wie es im ersten Befehl geheißen hatte."

Und am 18. Juli schrieb er:

„Bis zu einem neuen Befehl setzen die Lloyd-Dampfer ihre Ausflugsfahrten von Triest nach hier und in umgekehrter Richtung fort, aber der Landweg ist von jeder Verbindung abgeschnitten; und seit gestern ist die Fahrt nach Mestre – auch mit dem Schiff – verboten. Wir wissen hier über gar nichts Bescheid. Alle Fabriken haben seit Samstag die Arbeit eingestellt. . ."

Das sind Worte, aus denen man herausfühlt, dass sich ein Sturm über der Stadt zusammenbraute. Vivante, der während Arbibs Abwesenheit mit der Überwachung der Geschäfte betraut war, schrieb diesem am 25. Juli: „. . . und es erscheint mir auch nicht klug, den Abschluss dieses Geschäftes noch weiter hinauszuzögern . . ." Er berichtete, dass die Blockade der Landwege begonnen hatte und auch die auf dem Meer bevorzustehen schien, was eine unvermeidliche Unterbrechung jeder Handelstätigkeit zur Folge haben würde.

Der Waffenstillstand zwischen Italien und Österreich wurde am 11. August unterzeichnet. Giacomo Sarfatti, ein Freund von Arbib und Angestellter in derselben Firma, schrieb ihm am 26. September: „Wir hoffen, dass bald wieder eine zufriedenstellende Ordnung einkehrt, vor allem dann, wenn die verdammte Cholera, die uns bedroht und uns jeden Tag schlimmer heimsucht, vollkommen ausgerottet sein wird. Unterdessen bereitet man hier für die italienischen Truppen und den König außergewöhnliche Festlichkeiten vor, an denen, wie ich glaube, auch Du teilnehmen möchtest." Einige Tage später klingt Vivante pessimistischer: „Man hat immer mehr Grund zur Angst, da die Cholera nicht nachlässt, sondern täglich schlimmer wütet."

Anfang Oktober begannen die Österreicher mit der Räumung der Stadt, die am 19. Oktober, dem letzten Tag der Herrschaft des Habsburgerkaisers über Venedig, abgeschlossen war. Die italienischen Soldaten zogen drei Tage später ein. In seinen Briefen erzählt Simone Vivante, dass die Preise für Reis übertrieben hoch seien, auch aufgrund der Notwendigkeit, die Soldaten zu verköstigen, und dass die Lloyd-Dampfer trotz der stürmischen Ereignisse wieder zwischen Venedig und Triest verkehrten.

Vita Arbib traf gerade rechtzeitig in Venedig ein, um den angekündigten Feierlichkeiten anlässlich der Ankunft von Viktor Emanuel II. am 7. November beizuwohnen. Bianca Nuñes Vais Arbib, eine Enkelin von Vita Arbib und der Familie Levi (ebenjener Levis aus dem Palazzo in San Felice, wo man die italienischen Kokarden angefertigt hatte), berichtete viele Jahrzehnte später über jene Augenblicke: „Viktor

Emanuel II. traf am 7. November in Venedig ein und wurde mit großem Beifall, Zurufen und endlosen Festen gefeiert. Darunter war auch ein großer Empfang im Palazzo Levi bei San Marco (wo das Bankhaus Jacob Levi & Söhne seinen Hauptsitz hatte), den Angelo Levi, Deputierter der Venetischen Versammlung, und seine Frau Giovanna Kaula arrangierten. Anwesend war auch Giuseppina, ihre Tochter, die ihren Vetter Cesare, den Sohn von Abramo und Enrichetta Levi, geheiratet hatte, der allmählich seinen Schwiegervater in der Leitung der Bank ablöste. Es werden wohl auch Giacomo Levi di Angelo mit seiner Frau Nina Mondolfo und alle Mitglieder der Familie Levi zugegen gewesen sein. Von einem Balkon wehte die von österreichischen Kugeln durchlöcherte Fahne. Sie wehte noch viele Jahre an den patriotischen Festtagen und erinnerte die Nachkommen der Levis an die heroischen Ereignisse der Vergangenheit. Auch ich sah sie als Kind, wenn ich zu den Großeltern Levi ging."

Damit hatte für einige jüdische Familien der patriotische Taumel vielleicht seinen Höhepunkt erreicht. Doch während uns von den Gefühlen dieser Familie Levi eine Spur erhalten geblieben ist, fiel über andere venezianische Juden der Schleier des Vergessens; denn es gab nun, wie gesagt, keine gemeinschaftlichen Organe mehr, welche umstrittene, aber einheitliche Entscheidungen für alle trafen, und außerdem stößt die historiographische Forschung auf besondere Schwierigkeiten, wenn sie ein einheitliches Bild von einer bereits sehr stark im sozialen Gefüge Venedigs integrierten Gruppe entwerfen will.

Auch die Protagonisten des Jahres 1848 segneten indes das Zeitliche: Abramo Lattes starb 1875, Samuele Olper kurz danach, 1877, in Turin, Leone Pincherle 1882 in Paris. Cesare della Vida, der aus dem Exil nach Venedig zurückgekehrt war, war sowohl Gemeinderat als auch Berater der Sparkasse und der Handelskammer geworden und trat dann die Nachfolge seines Vaters an, indem er den Posten des Direktors der Versicherungsgesellschaft *Assicurazioni Generali* übernahm, wo er mit Isacco Pesaro Maurogonato zusammenarbeitete. Er starb 1876. Ihn überlebten seine Mutter Regina Pincherle geb. della Vida und seine Schwester Adele della Vida, die den ersten Fröbelschen Kindergarten gründete, einen Levi heiratete und zwei Töchter hatte. Die erste heiratete Enrico Castelnuovo, einen zu jener Zeit ziemlich bekannten Schriftsteller, die zweite Luigi Luzzatti, einen Professor für Verfassungsrecht, der Parlamentsabgeordneter und später Finanz- und Innenminister und schließlich Ministerpräsident wurde.

Während bis 1797 die Geschichte von Gruppen und Grüppchen beherrscht wurde, die den drei wichtigsten Nationen – Todeschi, Levantiner und Ponentiner – entsprangen, kehrte sich mit der Integration und der Erlangung der vollständigen Emanzipation die Perspektive um. Nun tauchten Geschichten und Schicksale einzelner, namentlich bekannter Familien auf, während die jüdische Gemeinde als solche in den Hintergrund trat.

Nur für kurze Zeit sollte das Schicksal der Gruppe noch einmal das der Individuen überschatten, nämlich während der finsteren Jahre des Faschismus, der Rassengesetze und der Deportationen.

# Kann ein Jude Minister des Königreichs Italien werden?

*Das Telegramm eines venetischen Abgeordneten an den König – Eine heftige Pressekampagne – Die Intervention des Anwalts Diena und des Senators Musio – Der Rabbiner Mortara – Die Ablehnung durch Isacco Pesaro Maurogonato*

Der Abgeordnete Francesco Pasqualigo aus Lonigo, der gemeinhin als „reger und aufrichtig gesinnter Liberaler" angesehen wurde, der dreißig Jahre lang als Anwalt in Venedig tätig war und die Republik in den Jahren 1848–1849 verteidigt hatte, fasste im Sommer 1873 einen festen Entschluss: Er würde sich in einem Telegramm direkt an den König wenden. Soeben war die Regierung Lanza gestürzt worden, und dem war eine kurze Regierungskrise gefolgt. Es hatte kaum vierzehn Tage gedauert, bis am 10. Juli die Regierung Minghetti eingesetzt wurde. In jenen Tagen waren Pasqualigo unerträgliche Gerüchte zu Ohren gekommen: Isacco Pesaro Maurogonato wurde als Kandidat für den Posten eines Finanzministers in Betracht gezogen. Nun hieß es handeln.

Der venetische Abgeordnete aus Lonigo sandte mit einem gewissen Mut das Telegramm ab, über das man sehr viel reden sollte, ohne dass man den Text, der wahrscheinlich in den Königlichen Archiven schlummert, je wieder auf gefunden hätte. Darin behauptete er jedenfalls, dass die Berufung eines Juden an die Spitze des Finanzministeriums nicht angebracht sei.

Am Anfang fand die Nachricht kein Echo in der durch die Krise abgelenkten Presse, doch dann entfesselte sich eine regelrechte Kampagne, die viele Monate dauerte und die auch heute noch ein Schlaglicht auf den ideologisch-kulturellen Hintergrund der problematischen jüdischen Integration in Italien in jener Zeit wirft. Sie stieß insbesondere in Venetien und in Venedig auf Interesse, wo auch ihre Protagonisten, zwei berühmte Persönlichkeiten, herstammten – sowohl Pasqualigo als auch Maurogonato waren nämlich Bürger von Venedig. Pasqualigo stand nicht in dem Ruf eines klerikalen Antisemiten, vielmehr war er ein Liberaler, der sich für die Emanzipation von der feudalen Verfassung in den venetischen Provinzen ausgesprochen und sich dem Garantiegesetz widersetzt hatte und sogar als antiklerikal galt. Maurogonato, Ökonom, Geschäftsführer und späterer Direktor der *Assicurazioni Generali*, war Finanzminister der Venetischen Republik unter Daniele Manin, im Königreich Italien Abgeordneter von Mirano, Vorsitzender des parlamentarischen

Haushaltsausschusses und viermal Vizepräsident der Kammer.

Es war Venedigs politische Tageszeitung *La Stampa*, die am 15. Juli 1873 den Stein ins Rollen brachte, indem sie einen Leitartikel mit dem Titel „Ein venetischer Abgeordneter" veröffentlichte. Dort las man unter anderem: „Die Intoleranz, die manchmal durch die Blindheit eines unwissenden Pöbels gerechtfertigt wird, welcher von jenen betrogen wird, die ihn zum Werkzeug ihrer Herrschaft und Macht machen wollen, ist nicht vereinbar mit den Gefühlen, von denen sich ein Vertreter des Volkes inspirieren lassen sollte." *La Stampa* beschuldigte Pasqualigo einer wahnhaften Intoleranz und der Anmaßung, weil er versucht hatte, die Krone zu nötigen, und zudem habe er noch seine Unkenntnis über die Befugnisse eines konstitutionellen Monarchen bewiesen. In dem nicht firmierten Leitartikel wurde gespottet über den „lächerlichen Rahmen der sonderbaren Sendung, die einen Hauch von Inquisition verströmte, welcher sicherlich süß in die Nasen sämtlicher Reaktionäre Italiens gestiegen ist". Die Wähler von Lonigo wüssten das gewiss hochzuschätzen!

Das offizielle Organ der liberalen Linken, *Il Diritto* aus Rom, meldete sich am 31. August mit einem drei Druckspalten umfassenden Leitartikel zu Wort: „Die Tatsache ist alt, aber gewisse schmerzliche Erinnerungen und bestimmte Behauptungen lassen sie neu erscheinen. Seit einiger Zeit ist das Gerücht im Umlauf, dass der Abgeordnete Maurogonato berufen würde, die Finanzen Italiens zu verwalten ... In jenen Tagen, als solche Gerüchte die Runde machten, gab es jemanden, der Viktor Emanuel per Telegramm beschwor, sein königliches Siegel nicht unter die Ernennungsurkunde eines israelitischen Ministers zu setzen. Man hielt das zunächst für einen Scherz . . . Dann aber kam die Bestätigung, und man erfuhr, dass es ernst gemeint war und dass es sich bei dem Verfasser des Telegramms nicht um einen Kanoniker, sondern um einen Abgeordneten handelte. Pasqualigo, ein wahrlich kaum bekannter Mann, zögerte nicht zu behaupten, er sei fest davon überzeugt, dass in einem katholischen Staat Israeliten nicht in die Regierung des Staates berufen werden dürften. Die Behauptung würde keine Entgegnung verdienen, wenn sie nicht von einem der fünfhundert Gesetzgeber stammte. Man hatte geglaubt, dass die Wähler, die aus Lonigo in Venetien kommen, ihrem intoleranten Abgeordneten gleich ihre Missbilligung aussprechen würden. Aber das ist nicht geschehen; für den Abgeordneten Pasqualigo wurde vielmehr in Venedig ein großes Bankett veranstaltet, und wenn wir gewissen Briefen und bestimmten Zeitungen Glauben schenken dürfen, bereiten jetzt die Wähler von Lonigo eine Botschaft für ihn vor. Nun ist also die Lawine am Rollen. Das, was man für den Wahn oder die Laune eines einzelnen halten könnte, wird dann, wenn es von vielen vertreten wird, eine ernstzunehmende Meinung, die die Liberalen bekämpfen müssen, wenn sie sie nicht durchgehen lassen und sich selber geschlagen geben wollen . . . Die Frage lautet: Welcher Zusammenhang besteht zwischen der Regierung eines Staates und der Religion der Regierten? Die Israeliten, so wurde früher behauptet, könnten den Staat nicht regieren, weil er nicht der ihre sei; sie hätten ein größeres, ein ideales Vaterland und übergroße, vom Kastengeist beherrschte Eigeninteressen."

Pasqualigo, der sich bis dahin ausgeschwiegen hatte, erwiderte mit einem langen Brief, der am 8. September in *Il Diritto* erschien und drei Tage später in ungekürzter Form vom *Giornale della Provincia* aus Vicenza übernommen wurde. Er bestritt, dass seine Opposition etwas mit religiöser Intoleranz zu tun habe. Sie sei rein politisch motiviert. Er schrieb unter anderem: „Die Meinung, die ich als ein Mann der Politik vertrete, ist, dass die Regierung eines Volkes ein einziges, unzersetzbares Vaterlandsgefühl braucht . . . daher glaube ich, dass die hohen Aufgaben eines Ministers nur *reinen* Italienern anvertraut werden dürfen. Meine Ansicht ist, dass die Juden, die bereits über andere Völker verstreut lebten, als es noch gar kein Christentum gab, dass die Juden also immer schon eine eigene politisch-religiöse Gemeinschaft gebildet haben. Und deshalb sind die Interessen der eigenen Nation bei ihnen stärker als die des Staats, dessen Bürger sie möglicherweise sind, [und ich glaube ferner], dass es zu der angeblich vollständigen Gleichsetzung ihrer Interessen mit denen des italienischen Volkes – vielleicht aufgrund der kurzen Zeit, die seit ihrer Emanzipation vergangen ist – noch nicht gekommen ist und – wie einige behaupten – vielleicht auch nie kommen wird. Deshalb bin ich der Ansicht, dass ein Jude nicht in das Amt eines Ministers des Königreichs Italien berufen werden sollte. Wie kann man zwei Herren dienen? Das hat nichts mit einem religiösen Vorurteil, mit Hass oder Intoleranz zu tun, die ich nie gekannt habe." Der Abgeordnete aus Lonigo erinnerte daran, dass einer seiner Kollegen, ein jüdischer Abgeordneter, seine Söhne hatte taufen lassen, um bessere Italiener aus ihnen zu machen, und rief aus: „Das ist ein Mann, den ich, obschon er Jude ist, ohne Zögern in die Räte der Krone aufnehmen würde. Aber ist das nicht eine Ausnahme?"

*La Stampa* erwiderte am folgenden Tag, dem 9. September, mit einem zwei Kolumnen umfassenden Leitartikel unter der Überschrift „Der Abgeordnete Pasqualigo hat gesprochen": „Er will die Juden nicht als Bürger irgendeines Teils der Welt anerkennen, oder, besser gesagt, er glaubt, dass jene, die, wenn es um die Besteuerung, die Rekrutierung, den Dienst in der Provinzmiliz etc. geht, Bürger sind, diese ihre Eigenschaften dann verlieren, wenn es um den Geschäftsbereich irgendeines Ministeriums geht. Und all das, weil der Vertreter der Versammlung aus Lonigo überzeugt ist, dass die Israeliten – er spricht aus Reverenz vor der Geschichte von ‚den Juden' – weder Italiener noch Franzosen, noch Deutsche sind, sondern in erster Linie Juden, die bereit sind, jede Sache zu opfern, wenn es um den Triumph ihrer religiösen Zugehörigkeit geht." Und noch einmal wurde nicht nur der unangemessene Inhalt des Telegramms hervorgehoben, sondern auch der unpassende formelle Rahmen, in dem dies geschah, dass Pasqualigo es nämlich an den König geschickt hatte und noch dazu in dem heiklen Augenblick einer Regierungskrise.

Ein jüdisch-venezianischer Anwalt, Marco Diena, ein glühender Patriot, der bis

1866 gegen Österreich gekämpft hatte und dann Gemeinde- und Provinzialrat von Venedig gewesen war, meldete sich in der entflammten Debatte mit zwei offenen, an den Abgeordneten Pasqualigo gerichteten Briefen zu Wort. Sie waren vom 12. September datiert und erschienen in *La Stampa.* Diena wandte sich in freundschaftlichem Ton an seinen Gesprächspartner, den er wohl auch deshalb duzte, weil die beiden sich gut kannten: „Oft habe ich Lausebengel ‚Jude! Jude!' rufen hören, aber da ich vor meinem Gewissen wusste, dass ich mir nichts vorzuwerfen hatte, habe ich die Achseln gezuckt und vor mich hin gemurmelt: ‚Spar dir den Atem, denn mit Fanatikern argumentiert man nicht.'" Wenn die Attacke nun von einem Klerikalen käme – so argumentierte Diena –, würde er ihm nicht antworten. „Aber da ich weiß, dass Du kein Klerikaler bist und dass Du außer dem Telegramm und dem Brief im *Diritto* ein Buch schreiben möchtest, und da mir Dein Beharren auf der jetzt von Dir verkündeten Meinung, offen gestanden, ein reiner und schlichter Irrtum zu sein scheint, halte ich es für meine Freundespflicht, zu versuchen, Dich von diesem Unheil zu befreien." In dem zweiten Brief nahm Diena die Behauptung des Abgeordneten von Lonigo unter die Lupe, wonach die Juden eine politisch-religiöse Gemeinschaft bildeten: „Was den Mosaismus anlangt, so besteht kein Zweifel, dass ihm die nationale Idee zugrunde liegt. Aber die Juden leben seit Jahrhunderten in der Verstreuung und haben sich die Bräuche jener Völker zu eigen gemacht, die sie aufgenommen haben. Wo und wie sollten sie also jene politische Gemeinschaft finden, deren Existenz Du Dir einbildest, wenn es doch weder ein Handelszentrum noch eine ordnende Autorität, noch eine Verfassung, noch ein Gesetz gibt, die es den Israeliten erlaubten – wenn sie das wollten –, jene Verbindungen zu knüpfen, die eine wirksame politische Aktion erst ermöglichen würden, wo doch diese Gemeinschaft nicht einmal eine Raison d' être hat? Mit wohltätigen Organisationen allein kann man noch keine Politik machen!" An Pasqualigo gewandt, schloss Diena: „Deine politische Gemeinschaft ist ein Traum und ein vollkommener Anachronismus. Und warum sollte man sich dann nur auf das Amt eines Ministers beschränken und nicht das des Abgeordneten oder Bürgermeisters oder womöglich das des Gerichtsschreibers oder Amtsdieners mit einschließen?" Diena ermahnte Pasqualigo: „Du wirst Dich an eine Verfügung erinnern, die man in der österreichischen Verfahrensordnung zum Paragraphen 207 lesen konnte, den Österreich vor vielen Jahren abgeschafft hat. Darin hieß es, dass Juden, die zugunsten eines Juden beziehungsweise zum Nachteil eines Christen aussagten, zu untauglichen Zeugen erklärt wurden. Denke ein wenig darüber nach, und Du wirst sehen, dass die Logik Dich zwingt, diesen Grundsatz wieder in die modernen Prozessordnungen einzuführen, ja, ihn dadurch zu perfektionieren, dass solche Zeugen unter diesen Umständen nicht als untauglich, sondern faktisch als unglaubwürdig zu betrachten sind." Und an Pasqualigos Absicht, ein Buch zu schreiben, erinnernd, warnte er ihn: „Du wirst sehen, dass Du mit Deinen Ansichten Männer wie Cattaneo, D' Azeglio, Michelet, Simon . . . Renan auf den Plan rufst."

Die Angelegenheit, die nun weitgehend in aller Öffentlichkeit ausgetragen wurde, forderte nach wie vor zu Reaktionen heraus. Ende September erschien im *Giornale della Provincia di Venezia* ein langer mit D. G. firmierter Artikel unter der Überschrift: „Eine christliche Antwort auf den jüdischen Brief des Abgeordneten Pasqualigo aus Lonigo". Der Leser D. G. erinnerte daran, dass viele Freidenker und auch viele Christen eher ihr persönliches Interesse im Auge hätten als das des Vaterlandes und dass dennoch niemand im Traum daran dächte, sie in Massen aus den öffentlichen Ämtern zu verbannen. Dann schnitt er die Frage nach der jüdischen Integration an und gelangte zu folgendem Schluss: „Dass die Juden – wie die aktuellen Geschehnisse beweisen – noch sehr weit davon entfernt sind, sich dem Christentum zuzuwenden, verwundert nicht, wenn wir sehen, dass die Christen ja selbst keine allzu große Hingabe für den Glauben ihrer Väter an den Tag legen."

Der Senator Giuseppe Musio, der frühere Staatssekretär von Sardinien und Erster Vorsitzender des Appellationsgerichtes, der für seine politischen und moralischen Qualitäten bekannt war, meldete sich dazu mit einer langen Reihe von Briefen zu Wort, welche im römischen *Paese* abgedruckt und im Oktober 1873 von zahlreichen Zeitungen veröffentlicht wurden. Konnten Juden einen Ministerposten bekleiden? Senator Musios Antwort fiel sehr ausführlich aus: „Wenn ich es recht sehe, dann würde die Frage auf folgendes hinauslaufen: Hat ein Jude, der italienischer Staatsbürger geworden ist und folglich wie alle anderen Bürger. . . den Pflichten unserer Verfassung unterworfen ist und ihre Wohltaten genießt, auch wie jeder andere Bürger die Fähigkeit und das . . . unbeschränkte und unterschiedslose Recht, jedes zivile und militärische Amt zu bekleiden? Oder muss man ihn einzig aufgrund der Tatsache, dass er der jüdischen Religion anhängt, als ‚Bürger zweiter Klasse' ansehen und sagen, er sei zu einigen niederen Ämtern befähigt, aber unfähig, die höchsten Ämter des Staates zu übernehmen und in den Räten der Krone zu sitzen?" Musio behauptete, dass einer Gleichheit der Pflichten auch eine Gleichheit der Rechte entsprechen müsse, und bemerkte, dass Pasqualigos Idee, den Juden nur dann eine wirkliche soziale und politische Gleichheit zu gewähren, wenn sie durch Assimilierung aufgehört hätten, Juden zu sein, einige grundlegende Schwächen aufwies.

In *Il Rinovamento* vom 18. Oktober schrieb Musio: „Der Abgeordnete Pasqualigo . . . stellt sich eine Art politischen Katechumenats vor, das den neugetauften jüdischen Bürgern Zeit geben solle, sich mit uns zu identifizieren. Er sagt: ‚Sie sollen nur immer weiter zum Besseren schreiten, die alten Bande zerreißen [auch wenn sie der Religion anhängen, die ihnen mehr zusagt], sich in allem an das italienische Volk anpassen, und wenn diese Assimilation für abgeschlossen erklärt werden kann, werde ich der erste sein, der das feiert und sein heutiges Votum zurückzieht.' Der Abgeordnete Pasqualigo möge sich aber darüber im Klaren sein, dass er einerseits dem Juden alle Pflichten eines italienischen Staatsbürgers aufbürden will, andererseits jedoch in ihm doch nur den Juden sieht, dem die weiter reichenden Rechte des italienischen Staatsbürgers wieder abzusprechen sind. Mir scheint also, dass das Katechumenat, das sich der Abgeordnete Pasqualigo vorstellt, etwas Unmögliches ist, das zu nichts führt beziehungsweise dann, wenn es möglich wäre, nur zur Ungerechtigkeit führte . . ." Musio erhielt allgemeine Zustimmung: Die Alliance Israélite Universelle und die jüdische Gemeinde von Venedig schickten ihm Dankesschreiben.

In diese Polemik, die bezeichnend ist für ein kulturelles und politisches Klima und mehr noch für die Schwierigkeiten und Probleme, mit denen sich die italienischen Juden konfrontiert sahen, welche ja erst vor ein paar Generationen aus den Ghettos herausgetreten waren, griffen auch andere Persönlichkeiten ein. Dazu gehörten der Rabbiner Marco Mortara aus Mantua und – wenn auch nur am Rande – Isacco Pesaro Maurogonato selbst, dessen erwogene Ernennung zum Minister der Finanzen Anlass zu dem denkwürdigen Telegramm an den König gegeben hatte.

Während Dienas Entgegnung vom Standpunkt eines Laien aus geschrieben war, war Mortaras Antwort von einer reformistischen Strömung innerhalb des italienischen Judentums inspiriert. Der Rabbiner aus Mantua richtete im Oktober 1873 persönliche Briefe an Pasqualigo, von denen er erst im darauffolgenden Monat einige im *Diritto* unter dem Titel „Della nazionalità e delle aspirazioni messianiche degli ebrei" veröffentlichte. Mortara ließ sich darauf ein, mit seinem Gegenspieler über ebendieses – vorgeschobene oder tatsächliche – Problem der doppelten Nationalität zu diskutieren. Er selber vertrat die Meinung, dass die Juden in alter Zeit eine Nation gebildet hätten, dass sie aber jetzt, nach so vielen Jahrhunderten, jedes nationale Streben aufgegeben hätten. Gewiss sei das Judentum seiner Auffassung nach mehr als nur eine Religion, aber das besondere Band, das die Juden vereinte, könne man nicht im modernen Sinne als national bezeichnen, da sich eine Nation aufgrund eines geographischen Raums, einer Sprache, ihrer Traditionen und einer bürgerlichen Verfassung definierte. Mortara erinnerte daran, dass sich die Juden in ihren Sitten und Gebräuchen sowohl im Hinblick auf ihre Speisen als auch ihre Sprache – man denke an das Jiddische und das Spaniolische – an ihre Gastvölker angepasst hätten. Der jüdische Messianismus, der Pasqualigo als Zeichen eines transitorischen Glaubens erschienen war, war Mortara zufolge ein religiöses Trachten nach dem Sieg der monotheistischen Idee. Getreu der Lehre von Moses Mendelsohn, einem der Hauptvertreter der deutschen Aufklärung, betrachtete Mortara das Judentum voller Stolz als die Religion, die sich am besten für die modernen Zeiten eignete, und meinte, dass ein Jude sich vollkommen italienisch fühlen könne, ohne deshalb im geringsten auf sein Judentum verzichten zu müssen. Die jüdische Lehre eigne sich also zu einer vollständigen bürgerlichen Erziehung und zu einer vollkommenen Integration in ein Italien, das nach einer politischen Emanzipation liberalen Zuschnitts strebte.

Beinahe zur gleichen Zeit wie der Rabbiner Marco Mortara griff auch die Florentiner Zeitung *La Nazione* mit einem Leitartikel in die Debatte ein. Unter der Überschrift „Ob ein Jude in Italien Minister sein kann?“ schrieb sie: „Heute steht im *Diritto* eine sehr lange Abhandlung des Signor Marco Mortara aus Mantua über die Frage, die der Abgeordnete Pasqualigo aufgeworfen hat. Um die Wahrheit zu sagen: Wir hatten immer den Eindruck, als existierte diese Frage nicht und hätte auch gar keine Daseinsberechtigung. Auf jeden Fall sollte sie durch Artikel 24 der Verfassung beantwortet sein, der da lautet: ‚Alle Bürger sind, ungeachtet ihres Titels oder Ranges, vor dem Gesetz gleich. Alle genießen gleichermaßen die bürgerlichen und politischen Rechte und können mit den vom Gesetz bestimmten Ausnahmen in zivile und militärische Ämter gewählt werden.‘ Die Zeitung zitierte dann *L' Unità Cattolica* und druckte unter anderem den Schluss eines langen Artikels ab, der in jener Zeitung erschienen war: ‚Die Juden von Rom wollten Papst Pius IX. einmal einen Kelch schenken, ein altes Kunstwerk, das man seit zwei Jahrhunderten im Ghetto aufbewahrt hatte.‘ Balleydier erzählt in seinem Werk *Roma e Pio IX,* dass der Kelch am 13. Juli 1846 im Quirinal von einer israelitischen Abordnung überreicht wurde und dass der Heilige Vater die Juden mit dem größten väterlichen Wohlwollen empfing. Er sagte: ‚Ich nehme dieses euer Geschenk mit großer Freude an, und ich danke euch dafür. Wie viele Scudi mag es wert sein?‘ – ‚Der Kelch wiegt so viel wie fünfhundert römische Scudi‘, antwortete der Leiter der Abordnung. Pius IX. . . . legte das erste Blatt Papier, das ihm zwischen die Finger kam, auf seinen Schreibtisch und schrieb darauf: «Gutschein für 1 000 Scudi. Pius P. P. IX.» Dann fügte er, an die Juden gewandt, hinzu: ‚Nehmt diese bescheidene Summe an, und verteilt sie unter den bedürftigen jüdischen Familien von Rom!‘ Doch genug mit den Anekdoten! Beginnen wir mit der Diskussion. Die Minister sind die Ärzte des Staates. Wenn die Päpste manchmal ihre Ärzte unter den Juden auswählten, warum kann dann das Königreich Italien nicht seine Minister unter den Juden suchen? Wenn ein Jude Abgeordneter sein und die Gesetze mitgestalten kann, wieso sollte er kein Minister sein und für ihre Durchführung sorgen? Wenn die Juden als Journalisten die öffentliche Meinung vertreten und so die vierte Gewalt des Staates bilden können, warum können sie dann nicht die zweite, die exekutive Gewalt bilden? Nur keine Skrupel! Die Juden können Minister werden, und wir möchten sogar, dass sie es werden!“

Die Argumente der *Unità Cattolica* fielen, um die Wahrheit zu sagen, nicht alle positiv für die italienischen Juden aus, aber diese, die wenig daran gewöhnt waren, von katholischer Seite Lob zu hören, schätzten den Inhalt und legten großen Nachdruck auf einige Behauptungen, die in diesen Artikeln enthalten waren, deren wahres Ziel ein Angriff auf die italienischen Liberalen war, aus deren Reihe Pasqualigo stammte.

Die Sache, die durch das unbedachte Telegramm ins Rollen gekommen war, ließ sich natürlich politisch trefflich ausschlachten: Das intransigente klerikale Organ *Veneto Cattolico* beteiligte sich an dieser Polemik, um Pasqualigo auch wegen seiner ganzen bisherigen Politik anzugreifen; denn die Zeitungen *Unità Cattolica* und

*Veneto* verfolgten keineswegs eine judenfreundliche Linie.

Es ist aber interessant, darauf hinzuweisen, dass bei dieser Art von Polemik die beiden Parteien nie klar definiert waren und auch nicht zwei genau umrissene politische Standpunkte widerspiegelten: Der Antisemitismus trieb im liberalen wie im klerikalen Lager seine Blüten, ebenso wie es in beiden Lagern Strömungen gab, die eine tolerante Politik befürworteten. Was nun den Inhalt der Polemik anlangt, so vermengten diejenigen, die abstritten, dass die Ernennung eines Juden zum Minister angebracht sei, oft Motive politischer Opportunität mit emotionalen Reaktionen und religiösen Vorurteilen. Jene, die in der Tatsache, dass Pesaro Maurogonato Minister werden konnte, keinen Anlass für einen Skandal sahen, vertraten zwei grundlegende Positionen, nämlich zum einen die im Artikel der *Nazione* proklamierte Richtung, die sich auf die Gleichheit aller Bürger vor dem Gesetz berief, und zum anderen die des Rabbiners Mortara aus Mantua. Dieser beabsichtigte zwar nicht, auf sein Judentum zu verzichten, versuchte jedoch, es dadurch akzeptabler zu machen, dass er die Assimilierung der Juden, ihren Patriotismus und das Fehlen einer nationalen Idee herausstrich. Diese Position, die sich auf die Theorien von Mendelsohn stützte und dann in Italien während des ganzen 19. Jahrhunderts ausgebaut wurde, war für einen großen Teil des italienischen Judentums bis 1938 kennzeichnend, bis zu jenem Zeitpunkt also, als die Rassengesetze erneut seine Identität erschütterten. Noch früher aber, in den ersten Jahrzehnten des 20. Jahrhunderts, begann innerhalb der jüdischen Gemeinde zwischen den Verfechtern und den Verleumdern des aufkommenden Zionismus der Streit über die Frage der doppelten Nationalität.

Und was tat indessen Isacco Pesaro Maurogonato? Auch er reagierte, aber besonders taktvoll und gemäßigt. Als Ministerpräsident Minghetti ihm 1873 das Finanzministerium anbot, lehnte der Abgeordnete aus Mirano ab. Er hatte schon einmal, im Jahr 1869 – angeblich aus familiären Gründen –, auf das bedeutende Amt verzichtet. Im Dezember 1873 jedoch legte er dem König die wahren Gründe für seine Ablehnung dar: „Ich hätte mich gewiss nicht dazu verstiegen, den Befehlen Eurer Majestät keinen Gehorsam zu leisten, wenn mir nicht mein Gewissen gesagt hätte, dass es nicht richtig sei, einen Mann, der sich nicht zum katholischen Glauben bekennt, dazu zu berufen, das Gesetz über die religiösen Körperschaften in Rom zur Durchführung zu bringen. Die weise Haltung, die die Regierung Eurer Majestät eingenommen und stets so vorteilhaft bewahrt hat, lässt es geraten erscheinen, alles zu vermeiden, was – zu Recht oder zu Unrecht – als weitere Verschärfung von Maßnahmen interpretiert werden könnte, die an sich schon viel zu streng sind."

Aus edleren, aber paradoxerweise ebenfalls von politischer Opportunität diktierten Gründen hielt es also auch Pesaro Maurogonato für schädlich, wenn in jenem besonderen Augenblick ein Jude Minister würde und die geplanten antiklerikalen Maßnahmen zur Anwendung brächte.

Die Polemik, die sich an den wenigen Worten eines Telegramms entzündet hatte, trug – obwohl es sich um ein sekundäres Phänomen handelte – ein besonderes Kennzeichen: Obgleich die heterogene jüdische Gruppe bereits in die ganze Nation integriert war, wurde sie immer noch als separate Einheit angesehen, und so war sie auch von der Frage, ob ein Jude Minister des Königreichs werden könne, als ganze betroffen.

# Das 20. Jahrhundert: Verfolgung und Niedergang

„In dem Stück Venedig, von dem ich erzähle, sind nur arme tägliche Geräusche, die Tage gehen gleichförmig darüber hin, als ob es nur ein einziger wäre, und die Gesänge, die man dort vernimmt, sind wachsende Klagen, die nicht aufsteigen und wie ein wallender Qualm über den Gassen lagern. Sobald es dämmert, treibt sich viel scheues Gesindel dort herum, unzählige Kinder haben ihre Heimat auf den Plätzen und in den engen kalten Haustüren und spielen mit Scherben und Abfällen von buntem Glasfluss, demselben, aus dem die Meister die ernsten Mosaiken von San Marco fügten. Ein Adliger kommt selten in das Ghetto."

Diese Schilderung stammt aus der Feder des Dichters Rainer Maria Rilke, der Venedig zu Beginn des 20. Jahrhunderts besuchte und seine Eindrücke in einer Sammlung kurzer Erzählungen festhielt, welche im Jahr 1900 unter dem Titel *Geschichten vom lieben Gott* erschien.

Etwa um dieselbe Zeit geriet der englische Schriftsteller Israel Zangwill in den Bann des venezianischen Ghettos und ließ einige seiner besten Geschichten in dessen verwunschener Atmosphäre spielen. Eine davon, *Chad Gadja*, erzählt von einem jungen Juden, der sich, nachdem er nach Venedig zurückgekehrt war, um mit seiner Familie den Sederabend vor Pessach zu feiern, in selbstmörderischer Absicht in den Canal Grande stürzt. Zangwill versucht zu zeigen, wie die Identitätskrise des jungen Mannes und seine Unfähigkeit, den Sinn der Traditionen zu begreifen, ihn am Ende überwältigen. Vor seinem Tod fragt er sich, warum seine Brüder „die friedliche Knechtschaft des Ghettos" hinter sich ließen, warum sie sich überhaupt emanzipieren wollten und warum seine Familie die Orte seiner Kindheit verließ, um in einen Palazzo am Canal Grande zu ziehen.

Nach dem Niederreißen der Tore wurde das Ghetto, das nun nicht mehr abgeschlossen war, als sicherer und heimeliger Hort verklärt, während die Außenwelt als feindlicher und unbekannter Ort erschien. Darüber hinaus galt das Ghetto lange Zeit als ein Viertel, in dem man die eigene Identität und Freiheit bewahren konnte, während nun der Abschied von seinen Gassen und Plätzen als Gefahr und Entfremdung erlebt wurde, denn indem er die Assimilation an die sie umgebende Gesellschaft begünstigte, brachte er zugleich den Verlust der kulturellen, religiösen und psychologischen Identität der venezianischen Juden mit sich.

Bis kurz zuvor hatte das Ghetto von Venedig seine alten Charakteristika fast unverändert bewahrt. In einem vom Juli 1887 datierten und mit F.S. firmierten Reisebericht, der in der Zeitung *Il Vessillo Israelitico* unter dem Titel „Ein Abstecher ins Veneto“ erschien, findet sich ein farbiges Porträt der venezianischen Gemeinde, wie sie sich Ende des 19. Jahrhunderts präsentierte:

„Die israelitische Gemeinde Venedigs ist ohne Zweifel eine der bedeutendsten Italiens, insbesondere im Hinblick auf die Wohltätigkeit, die man dort unter der Führung des geistlichen Oberhaupts großherzig übt. Ermöglicht wird ihm das durch die außerordentlich großen Spenden, mit denen er völlig selbständig und ohne den Zwang, die Meinung anderer anzuhören, nach seinem eigenen Ermessen viel Not lindern kann ... Im Städtischen Krankenhaus wurde, wie man uns versicherte, auf Kosten der Gemeinde eine besondere Abteilung für die Israeliten eingerichtet, damit diese nach unseren Riten essen und ungehindert unsere Religion praktizieren können ... In der israelitischen Gemeinde von Venedig gibt es, dank der hochherzigen Vermächtnisse und der großzügigen Spenden der bedeutendsten Familien — unter denen vor allem die Treves erwähnt seien —, so viele Institutionen, dass jedem Mangel abgeholfen werden kann. So gibt es das Armenhaus, das die bedürftigen Israeliten mit Arbeit versorgt und die jungen Leute in die Gewerbe- und Handwerksberufe einführt. Es gibt das „Pio Stabilimento Hanau“, das Ausstattung und Unterstützung bei der Ausbildung gewährt; es gibt die „Fondazione Console Treves“, die die Not der alten Menschen lindert; es gibt Schulen für Mädchen und Knaben und einen ausgezeichneten Kindergarten nach dem Fröbelschen Modell; für die Mitgift der unverheirateten Mädchen wird gesorgt ... und dennoch gibt es in Venedig auch arme Israeliten ... Und alle Millionen der Millionäre Hirsch und Rothschild und weiterer hundert Wohltäter würden nicht genügen, um so manche Leute von der Armut zu befreien ... in Venedig, in Italien und auf der ganzen Welt.„

1871 hatte Venedig 128 901 Einwohner; davon waren 2 667 Juden; sie machten also ungefähr zwei Prozent der Gesamtbevölkerung aus. 1901 war ihre Zahl weiter geschrumpft, und zwar auf 2 474, 1931 auf 1 814, und 1938 lebten nur noch 1 471 Juden in Venedig. Dieser fortschreitende Schwund war vielfältigen Ursachen geschuldet und kann insbesondere mit der steigenden Anzahl der Mischehen zwischen Juden und Christen erklärt werden, die in den Jahren 1932-35 bereits über vierzig Prozent der geschlossenen Ehen ausmachten. Zu Beginn des 20. Jahrhunderts lebten auf dem Gebiet des Ghetto Vecchio und des Ghetto Novo nur noch 342 Juden.

In den ersten Jahren des 20. Jahrhunderts wurde in Venedig auf Betreiben von Angelo Sullam der *Gruppo Zionistico del Veneto* gegründet. Diese Zionisten-Gruppe hatte 70 sehr aktive Mitglieder, darunter Alessandro Levi, Alberto Musatti, Guido Camerino, Giuseppe Morpurgo, Raffaello Levi und Angelo Fano, die alle noch sehr jung und so entschlossen waren, dass sie auch ihre Eltern mitrissen, unter anderen

Giuseppe und Adele Musatti, Pellegrino Padoa und sogar die Rabbiner Leone Luzzatto und Giuseppe Bassi.

Im Juni 1905 hielt die Gruppe ihre jährliche Versammlung am Sitz der *Fraterna Israelitica* ab. Nachdem Angelo Sullam Theodor Herzls gedacht hatte, der ein knappes Jahr zuvor verstorben war, erklärte er im Verlauf der Sitzung, dass der Zionismus, vor allem dank seines Gründers, neue vitale Verbindungen zwischen den Juden in allen Teilen der Welt ermöglicht und Aktivitäten ins Leben gerufen habe, die auf Dauerhaftigkeit und optimale Resultate abzielten. Ferner behauptete er, die Gestalt Herzls könne nur mit der des größten Propheten, den Israel je hervorgebracht habe, nämlich mit Moses, verglichen werden.

Alessandro Levi fügte hinzu, der Zionismus solle nicht nur als eine Bewegung verstanden werden, die die Kolonisierung Palästinas zum Ziel habe, sondern auch — unabhängig von jeder religiösen Frage — als eine Bewegung, die bestrebt sei, allen Juden zu mehr Würde zu verhelfen, selbst jenen, die sich von ihrem Glauben entfernt hätten. Scharfe Worte der Kritik richtete er an diejenigen, die sich mit den Klerikalen, also den Rückständigsten unter den Christen, einließen. Er unterstrich jedoch, dass dieses Phänomen ziemlich weit verbreitet und nicht auf Venedig beschränkt sei, und stellte klar, dass seine Worte sich nicht spezifisch gegen die venezianischen Juden richteten.

Tatsächlich hatte Alessandro Levi jene Juden im Visier, die, im Bund mit den Klerikalen, in den letzten Jahren im Stadtrat von Venedig an Einfluss gewonnen hatten. Möglicherweise hatte er den *Assessore* Graziano Ravà und den *Consigliere* Angelo Levi im Hinterkopf, oder er spielte vielleicht auf Amedeo Grassini an, den Freund des Patriarchen Giuseppe Sarto (des späteren Papst Pius X.) und Vater von Margherita, die später, als Gattin von Cesare Sarfatti, die Geliebte Benito Mussolinis werden sollte.

Wie dem auch sei — die junge zionistische Bewegung befand sich trotz ihres Enthusiasmus schon recht bald in großen Schwierigkeiten, da der in Italien um sich greifende Nationalismus die Juden einer gespaltenen Loyalität bezichtigte. Schließlich war die zionistische Föderation 1911 gezwungen, sich auf nationaler und lokaler Ebene aufzulösen.

Es stellte sich heraus, dass Alberto Musatti und Raffaello Levi für die Sirenengesänge der nationalistischen Kreise Italiens keineswegs unempfänglich waren. Während sich Levi von der zionistischen Bewegung abwandte, verharrte Musatti unbeirrt im italienischen Nationalismus und sah sich veranlasst, Folgendes zu erklären:

„Ich rede nicht von meinem Judentum ... Jeder lebt nach seiner eigenen Fasson, und jeder Jude ist auf seine eigene Weise Jude; in gutem Frieden mit meinem Richter fühle ich das Stück Judentum, das in mir ist, als etwas Lebendiges, und ich will, dass es respektiert wird, und ich bekenne mich ganz offen dazu; aber dafür bitte ich niemanden um Erlaubnis, weder einen Rabbiner noch sonst irgendeinen Gelehrten.„

Erst in der Zeit nach dem Ersten Weltkrieg gelang es dem *Gruppo Zionistico del Veneto* sich neu zu konstituieren, und Mitte 1922 richtete die *Fraterna Generale di Culto e Beneficenza degli Israeliti di Venezia* (die an die Stelle der historischen *Università degli Ebrei* getreten war) einen von ihrem Vorsitzenden Angelo Sullam unterzeichneten Appell an den Völkerbund. Darin forderten die venezianischen Zionisten den Völkerbund auf, das englische Mandat über Palästina zu ratifizieren, das, von der Balfour-Deklaration inspiriert, die Schaffung einer „nationalen Heimstätte" für die Juden vorsah.

1923 hatte die *Fraterna*, die sich in erster Linie der Wohltätigkeit widmete, 350 Mitglieder; das waren weniger als 20 Prozent der gesamten jüdischen Bevölkerung. Ihre Aufnahme in die *Fraterna* erfolgte auf der Grundlage des Zensus. Frauen konnten beitreten und an den jährlichen Versammlungen teilnehmen, aber sie hatten kein Stimmrecht und konnten nicht in den Rat gewählt werden. In der Zeit zwischen dem Ende der 1920er und dem Beginn der 1930er Jahre, als in allen jüdischen Gemeinden Italiens der Gegensatz zwischen Zionisten und Nichtzionisten immer krasser zutage trat, wuchs die *Fraterna veneziana* in eine immer politischere Rolle hinein. Diese Entwicklung sorgte dafür, dass sie bis 1940 immer tiefer in die Krise geriet und dann einen Punkt erreichte, ab dem es nicht mehr möglich war, einen Rat zu wählen und die *Fraterna* unter kommissarische Leitung gestellt wurde.

Mit Inkrafttreten der Gesetze, die im Zweijahreszeitraum 1930-31 verabschiedet wurden, traten an die Stelle der *Fraterne* die sogenannten „israelitischen Gemeinden". Der Unterschied zwischen den beiden Institutionen war insofern beträchtlich, als die Registrierung der Juden in den Gemeinden obligatorisch wurde und nicht mehr freiwillig war wie zuvor. Nunmehr konnte man sich der Registrierung nur noch dadurch entziehen, dass man sich von der jüdischen Religion lossagte.

Alberto Musatti, der ursprünglich nationalistische Positionen vertreten hatte, bekannte sich mittlerweile offen zum Faschismus, behielt aber seine Verbindungen zur israelitischen Gemeinde bei, die er in seiner Eigenschaft als *Commissario governativo* vom September 1930 bis zum Juli 1932 leitete. Musattis Nachfolger war Max Ravà, ein Bankier und Geschäftsmann. Er war der Schwager von Angelo Sullam, der fast ein Jahrzehnt als Vorsitzender fungiert hatte. Max Ravà sollte das Amt des Regierungskommissars bis 1934 bekleiden.

Im März 1934 brachten die Zeitungen die Meldung groß heraus, dass in Turin 15 Antifaschisten verhaftet worden waren, davon elf Juden. Die faschistische Tageszeitung *Il Tevere* aus Rom nahm selbst dieses traurige Häuflein Antifaschisten und Antiitaliener noch auf die Schippe, indem sie ihren Artikel mit folgender Schlagzeile versah: „Nächstes Jahr in Jerusalem, dieses Jahr vors Sondergericht."

Angelo Sullam hatte seiner Besorgnis über die Entwicklungen schon ein paar Jahre zuvor Ausdruck verliehen, weil er überzeugt war, dass die Auseinandersetzungen, die die jüdische Welt seit geraumer Zeit erschütterten, erhebliche Schäden anrichteten und dass es „mit den italienischen Juden ein sehr schlimmes Ende nehmen“ würde.

Nach den Verhaftungen wuchsen die Sorgen in allen jüdischen Gemeinden Italiens, die sich verpflichtet fühlten, ihre Loyalität gegenüber dem Regime und ihre längst unter Beweis gestellte Treue zu Italien zu bekunden.

In Venedig ließen Musatti und Ravà die folgende Erklärung einstimmig gutheißen und verbreiten:

„Die israelitische Gemeinde von Venedig beklagt mit bitterem Gram, dass von mancher Zeitung die widerwärtige und abscheuliche Unternehmung einer Handvoll Unbesonnener wegen der Herkunft ein paar Beteiligter mit dem Judentum assoziiert wurde, und sie erklärt und bekräftigt die volle und erwiesene Loyalität des italienischen Judentums gegenüber dem Vaterland, im Frieden wie im Krieg, das durch den politischen Genius und die weise Gesittung Benito Mussolinis zu neuen und glänzenden Erfolgen geführt wird.“

Natürlich waren in der Gemeinschaft der Juden nicht alle dieser Meinung. So hatten bereits Männer wie Angelo Fano und Gino Luzzatto — um nur zwei berühmte Beispiele zu nennen — ihre Gegnerschaft zum Faschismus unmissverständlich bekundet. In einem Klima wachsenden Unbehagens verschärften sich also die Auseinandersetzungen zwischen Zionisten und Nationalisten weiter.

Im Mai 1934 wurde in Turin die Zeitung *La Nostra Bandiera* gegründet, die den erklärten Zweck verfolgte, „den religiösen jüdischen Geist mit dem der faschistischen Italianità“ zu verbinden, und diese dezidierte Festlegung fand zwangsläufig auch im Inneren der anderen Gemeinden der Halbinsel ihren Niederschlag.

Im Januar 1935 holte die venezianische Wochenzeitung *Il Gazzettino Illustrato* – gewiss nicht zufällig – die alte Beschuldigung des Ritualmordes aus der Mottenkiste und veranlasste Mario Romanin und den Rabbiner Adolfo Ottolenghi zu entsprechenden Protestschreiben. In der Folge veröffentlichte die Zeitung einen Brief von Vincenzo Manzini, Ordinarius für Strafrecht an der Universität Padua, der den Vorwurf zurückwies.

Am 30. Januar 1935 ernannte das Innenministerium den siebenundzwanzigjährigen Aldo Coen Porto zum *Commissario governativo* der israelitischen Gemeinde. Coen Porto, ein Neffe des Rabbiners Moisè Coen Porto, war ein durch und durch loyaler Faschist. Er blieb bis zum April 1937 im Amt.

Während seiner Amtszeit wurden alle Aktivitäten, die das Regime nicht störten, wie Armenfürsorge oder Flüchtlingshilfe, weitergeführt, aber jede Debatte, die auch nur vage als antifaschistisch hätte gelten können, wurde im Keim erstickt. Davon betroffen waren etwa auch die Vorträge über die Situation in Palästina, die der *Con-*

*vegno ebraico* initiiert hatte, eine Vereinigung, die sich in Mailand Ende der 1920er Jahre zur Förderung der jüdischen Kultur im weitesten Sinne konstituiert hatte.

Kurz vor Ende seiner Amtszeit schrieb der Regierungskommissar an den Präfekten von Venedig:

„Während meiner Zeit der kommissarischen Amtsführung ist dank des Duce die Geschichte der wunderbaren Heldentaten des italienischen Volkes fortgeschrieben und mit der Eroberung Ostafrikas und der Errichtung des Italienischen Kolonialreichs glorreich vollendet worden.

In den Grenzen ihrer Kräfte und Möglichkeiten hat auch die israelitische Gemeinde von Venedig, getreu ihren Traditionen eines glühenden Patriotismus, versucht, ihren Beitrag zur Erreichung des gemeinsamen Ziels zu leisten, so, wie es ihr die Pflicht und der Stolz geboten."

Die jüdische Gemeinde schenkte dem Vaterland im Rahmen seiner Edelmetallsammlung vier Kilo Silber, gewonnen aus sakralen Gegenständen, die sich im Besitz der venezianischen Synagogen befunden hatten. Aber diese Gesten reichten nicht aus, um die Kontroversen und Gegensätze im Inneren der Gemeinde abzumildern, die sich vielmehr immer weiter zuspitzten.

Im Januar 1937 gründete die Turiner Gruppe von *La Nostra Bandiera* ein *Comitato degli Italiani di Religione Ebraica*, dem die Gemeinden von Turin, Verona, Florenz, Livorno, Rom und Venedig beitraten, letztere repräsentiert durch Max Ravà und Angelo Sullam. Die Devise dieses Komitees lautete: Absolute Regimetreue und demonstrativer Antizionismus.

Unterdessen änderte sich das Klima in der Bevölkerung. Im Februar 1938 erneuerte der Patriarch von Venedig, Kardinal Adeodato Giovanni Piazza, der sein Amt bis 1948 bekleiden sollte, in einem anlässlich der Fastenzeit verlesenen Hirtenbrief gegenüber den Juden den Vorwurf des Gottesmordes und der fortgesetzten Böswilligkeit und sprach sich für eine Art moderaten Rassismus aus, der geeignet sei, die jüdische Überheblichkeit und Aufdringlichkeit zu zügeln.

Am 11. August 1938 ordnete das Innenministerium in einem Telegramm an, unter den Juden eine Zählung durchzuführen, die auch jene erfassen sollte, die sich hatten taufen lassen und Mischehen eingegangen waren. In Venedig wurde rasch ein Verzeichnis mit 2 136 Personen angefertigt, von denen sich jedoch nur 1 471 offen zur jüdischen Religion bekannten, während die anderen sich generell als katholisch bezeichneten, was zur Folge hatte, dass der Zensus teilweise revidiert wurde.

Am 5. September 1938 wurden aufgrund einer Gesetzesverordnung aus allen Schulen des Königreichs Italien jüdische Schüler und Lehrer ausgeschlossen — ungeachtet etwaiger familiärer Verdienste (wie der aktiven Teilnahme am Ersten Weltkrieg oder am Afrikafeldzug oder einer Mitgliedschaft der Ersten Stunde in der

Faschistischen Partei Italiens). So mussten die jüdischen Gemeinden im Laufe weniger Monate eigene schulische Einrichtungen gründen, um ihre Kinder in den Genuss jenes Unterrichts zu bringen, den ihnen der italienische Staat ab sofort verweigerte.

Im Ghetto von Venedig existierte schon seit einigen Jahren eine jüdische Elementarschule, die nun ausgebaut wurde, weil die Zahl der angemeldeten Kinder sich verdoppelte. Ein provisorischer Kurs, der für die Schüler der Mittel- und Oberschulen gedacht war, wurde in der Calle del Rimedio, in den Räumen des Kulturvereins *Il Convegno,* abgehalten. Erst 1939 wurden in den Räumlichkeiten der Gemeinde am Ponte Storto, in der Nähe der Kirche Santa Maria Formosa, eine richtige Mittelschule und eine höhere Schule eingerichtet; dort waren 52 Schüler angemeldet.

Auf der Grundlage der Vorschläge von Professor Gino Luzzatto und der Hinweise, die von den Familien kamen, wurde ein Gymnasium bzw. Lyzeum klassischer Ausrichtung geschaffen. Dieses konnte sich nach der angemessenen Übernahme anderer Unterrichtsfächer an den naturwissenschaftlichen und den technischen Zweig oder auch an den anpassen, der die Absolventen zum Lehramt befähigte. Viele Schüler entschieden sich für die letztgenannte Richtung, weil sie wussten, dass ihnen der Zugang zur Universität verwehrt sein würde. (Wer jedoch bereits im akademischen Jahr 1937-38 immatrikuliert war, konnte sein Studium noch fortsetzen und mit der Promotion abschließen.) Kein arischer Lehrer durfte an dieser Schule unterrichten, der es andererseits nicht erlaubt war, an den jüdischen Festtagen zu schließen. Die Lehrpläne entsprachen denen der staatlichen Schulen, und am Ende des Schuljahres mussten die Schüler vor der Versetzung in die nächste Klasse in einer staatlichen Schule, wenn auch getrennt von ihren „arischen" Altersgenossen, eine Prüfung ablegen. Das Niveau der jüdischen Schule war sehr hoch, denn alle Lehrer hatten zum Lehrkörper von staatlichen Schulen oder Universitäten gehört, aus denen man sie vertrieben hatte. Rektor war Professor Augusto Levi, vordem Leiter der Lehrerbildungsanstalt Tommaseo, während der große Ökonom Gino Luzzatto als Präsident fungierte. So wurde die jüdische Schule zu einem Labor neuer Erfahrungen und zu einem Ort, an dem die Dozenten, befreit von der Unterwerfung unter die faschistischen Gesetze, den Schülern beibrachten, wie wichtig die freie Debatte und wie gefährlich die Rhetorik des Regimes war.

In den ersten Novembertagen des Jahres 1938 billigte der Ministerrat der faschistischen Regierung die Gesetzesverordnung *Provvedimenti per la difesa della razza italiana* („Maßnahmen zum Schutz der italienischen Rasse"), die am 19. November in der *Gazzetta Ufficiale* veröffentlicht wurde. Im Februar 1939 folgte ein Text mit 80 Artikeln. Er enthielt ausführende und ergänzende Normen und neue Regeln, die in Übereinstimmung mit jenen Anordnungen eingehalten werden mussten, welche die vorherige Gesetzesverordnung bereits vorgesehen hatte.

Zwischen 1939 und 1943 brachte das faschistische Regime die systematische Verfolgung der italienischen Juden auf den Weg, von der auch die venezianische

Gemeinde schwer getroffen wurde, die ja besonders gut assimiliert und in das soziale Gefüge und die bürgerliche Gesellschaft integriert war. Infolge der sogenannten Rassengesetze wurden die venezianischen Juden, ebenso wie die Juden im übrigen Italien, aus den Kultur- und Freizeitvereinen ausgeschlossen (aus dem *Reale Istituto Veneto di Scienze, Lettere e Arti*, aus dem *Ateneo Veneto* sowie aus sämtlichen Sportvereinen); sie wurden aus der Armee entlassen, aus den Berufsregistern gestrichen, von den Krankenhäusern und den Handelsunternehmen sowie den Bibliotheken, Stränden, Restaurants und Hotels ferngehalten. Die Juden mussten auf arische Angestellte verzichten, und nach 1941 wurden ihre Einträge in den Telefonbüchern gelöscht und ihre Rundfunkgeräte konfisziert.

Die israelitische Gemeinde versuchte unterdessen, sich um alle Belange der jüdischen Bevölkerung zu kümmern, indem sie freie Kurse in Hauswirtschaft, Gymnastik und Landwirtschaft anbot; sie hielt auch unter tausend Schwierigkeiten eine Sommerkolonie am Strand von Alberoni, einem Ort in der Nähe des Lido von Venedig, aufrecht. Sie erhöhte die Ausgaben zur Unterstützung jener Flüchtlinge aus den von den Nazis überfallenen Ländern, die auf der Durchreise in Venedig Station machten, und der Armen, deren Anzahl angewachsen war, weil viele Familienoberhäupter ihre Arbeit verloren hatten. Die israelitische Gemeinde handelte in Zusammenarbeit mit der *ADEI,* der *Associazione delle Donne Ebree d'Italia*, die sich bereits seit Jahren um die Erziehung der Kinder kümmerte und sich im Bereich der Wohltätigkeit engagierte.

Zwischen September 1943 und April 1945 folgte auf die von den sogenannten Rassengesetzen diktierte Verfolgung nun die Ausrottung der Juden, wie sie von den Nazis und den Faschisten gewollt und betrieben wurde.

Während Italien in den Krieg eintrat, war im Juni 1940 der bekannte Arzt Giuseppe Jona, Dozent an der Universität Padua, der bei allen Venezianern, Juden wie Nichtjuden, wegen seine Großzügigkeit beliebt war, Vorsitzender der israelitischen Gemeinde geworden. Er war sich nur allzu bewusst, welch schrecklichen Moment das Land und insbesondere seine Juden gerade durchlebten. In den drei Jahren seiner Präsidentschaft versuchte er nicht nur, der Gemeinde zu helfen, sondern im Rahmen seiner Möglichkeiten auch, sie vor Übergriffen von außen zu schützen. So beklagte er sich über die antisemitischen Graffiti, die auf den Mauern der Stadt aufgetaucht waren; mit Entschiedenheit wandte er sich gegen die fürchterlichen Artikel, die im *Gazzettino* erschienen waren, worauf die Zeitung ihre antisemitische Hetze deutlich zurücknahm; er beschwerte sich bei den Stadtbehörden über die Schilder, die den Juden Zutritt zu Lokalen, wie etwa der berühmten Harry's Bar, untersagten, und er zeigte die gewalttätigen Attacken an, die faschistische Squadristen im Ghetto und außerhalb des Ghettos verübten.

Am 8. September 1943, nachdem die italienische Regierung den Waffenstillstand mit den Alliierten unterzeichnet hatte, marschierten die Nazis in Venedig ein. Am

16. September begab sich ein Unbekannter zu Professor Jonas Haus und forderte ihn auf, die Listen der in der Stadt wohnhaften Juden vorzubereiten, die er am folgenden Tag abholen werde. Nachdem der Arzt alle in seinem Besitz befindlichen Dokumente verbrannt hatte, injizierte er sich am Nachmittag eine tödliche Dosis Morphin und verschied tags darauf.

Die am 30. November 1943 von Minister Buffarini Guidi unterzeichnete Polizeiverordnung Nr. 5 sah die Internierung der Juden in geeigneten Konzentrationslagern vor. Sie wurde am 1. Dezember den Zeitungen bekannt gegeben. Da die Polizeipräsidien der verschiedenen Städte nicht sofort in Aktion traten, blieben den Juden in vielen Fällen nur drei oder vier Tage Zeit, um nach Fluchtmöglichkeiten zu suchen.

In Venedig befanden sich die Juden schon am 2. Dezember in höchstem Alarmzustand. So schrieb der Schulrat an den Schulamtsleiter der Provinz Venedig:

„Infolge der gestern abend veröffentlichten Nachricht über die Maßnahmen gegen die Juden war die per Ministererlass arbeitende jüdische Grundschule vollständig geräumt. Die beiden an der Schule angestellten Lehrerinnen verließen ... nachdem sie gestern morgen in aller Frühe ihre persönlichen Sachen abgeholt hatten, die Schule. Ich halte es für meine Pflicht, Ihre Exzellenz über das oben Gesagte in Kenntnis zu setzen.“

Am 3. Dezember 1943, gerade einmal drei Tage nach Erlass der Polizeiverordnung Nr. 5, schrieb der deutsche Konsul in Venedig nach Berlin und berichtete über eine Episode, die er für bemerkenswert hielt:

„Der Patriarch hat darauf hingewiesen, dass die Judenfrage, wie sie jetzt in Venedig behandelt würde, ihm schwere Besorgnisse mache. In der letzten Nacht haben zahlreiche Verhaftungen von armen, alten und kranken Juden in ihren Häusern durch extreme Faschisten stattgefunden, während die reichen und diskriminierten Juden [Juden mit Sonderstatus, A.d.Ü.] weiter in Venedig frei herumlaufen, soweit sie nicht bereits aus Venedig geflüchtet sind. Diese Ungerechtigkeit beunruhige ihn stark, sodass er eine Lösung nur dann sehe, wenn die Maßnahmen gegen die Juden durch deutsche Stellen durchgeführt würden, weil dann jedenfalls Gerechtigkeit gegenüber allen garantiert werde.*

In Venedig setzte Polizeipräsident Filippo Cordova in der Nacht zwischen Sonntag, dem 5., und Montag, dem 6. Dezember, nicht weniger als eintausendfünfhundert Männer ein, die alle der Italienischen Sozialrepublik, auch Republik von Salò genannt, ergeben waren (darunter Polizeibeamte, Carabinieri und Angehörige der

---

* Zitiert bei Saul Friedländer, Pius XII. und das Dritte Reich. Eine Dokumentation, München: 2011, S. 184 f. Anm. d. Ü.

faschistischen Miliz), um in Venedig, in Chioggia, am Lido und auf den in der Lagune gelegenen Inseln eine Großrazzia durchzuführen. Um die Bevölkerung Venedigs zu veranlassen, währenddessen in den Häusern und Bunkern zu bleiben, ließ man die Luftschutzsirenen im Hafen und in den Industrieanlagen von Marghera heulen. So sollte verhindert werden, dass es bei den Maßnahmen unerwünschte Zeugen gab. In fünfzig Trupps aufgeteilt, klopften die tausendfünfhundert Faschisten an die Tür jeder jüdisch-venezianischen Familie, um die Massenverhaftungen vorzunehmen. Man nahm hundert Personen gefangen — Männer, Frauen und Kinder im Alter zwischen 3 und 14 Jahren. Auch das israelitische Altersheim, die Casa di Riposo, wurde gestürmt. Sämtliche Bewohner, darunter neun Frauen, die als transportunfähig galten, wurden abgeführt.

Die Juden wurden in einem provisorischen Gefängnis versammelt; es war in aller Eile im Collegio Marco Foscarini eingerichtet worden und verfügte über keine Betten. Die Faschisten kehrten unterdessen ins jüdische Altersheim zurück, um die Vorratskammern zu plündern und die Weinflaschen zu leeren. Die Gefangenen dagegen, die lange ohne Verpflegung blieben, erhielten am nächsten Morgen nur Hilfe von einigen Venezianern, die Lebensmittel und Decken über die Einfriedungsmauer des Collegio warfen.

Über diese tragischen Ereignisse hat Simon Levis Sullam einen denkwürdigen Text verfasst, in dem er über den späten Abend des 5. Dezembers 1943, eines Sonntags, auch Folgendes zu berichten wusste:

„... ein paar Stunden vor der Razzia gegen die Juden, die in Venedig zur Verhaftung von mehr als hundertsechzig Personen führen sollte, darunter Männer, Frauen und Kinder, gab der junge Pianist Arturo Benedetti Michelangeli im Teatro La Fenice ein Konzert ... Die italienische Fußballmannschaft spielte im Stadio Sant'Elena. Die Verhaftungen erfolgten in der Nacht, in einer verdunkelten Stadt inmitten eines ziemlich strengen Winters. Während auch in Venedig der Völkermord an den Juden in Gang gesetzt wurde, verliefen die Tage wie immer in einer unentwirrbaren Verflechtung von Leben und Tod. Vielleicht wohnte derselbe Präfekt, der den Haftbefehl gegen die Juden ausgestellt hatte, danach dem Konzert von Benedetti Michelangeli bei. Und mancher unter den Polizisten und den faschistischen Freiwilligen, die an der Verhaftung beteiligt waren, hatte sich ein paar Stunden davor zum Stadion begeben, um sich die Sonntagspartie anzusehen."

Obwohl Kardinal Piazza die konservativen Ansichten des Vatikans teilte und das, was der *Osservatore Romano* und *La Civiltà Cattolica* über die Juden schrieben, guthieß und obwohl er die Juden als von Gott zu ewiger Strafe Verdammte betrachtete, zeigte er angesichts der nazifaschistischen Razzia eine menschliche Anwandlung und schrieb mit einem Unterton der Empörung an Kardinal Raffaele

Carlo Rossi, den Leiter der *Sacra Congregazione Concistoriale* des Vatikan, folgende Zeilen:

„Gestatten Sie mir, Eminenz, Ihnen die missliche Lage der Juden zu schildern, die, aufgeschreckt von den fremden und feindseligen Erklärungen und dem angekündigten republikanischen Gesetz, das, wie es heißt, dem Beispiel der Nürnberger Gesetze folgen wird, jeden Tag zu mir kommen und um Hilfe und Rat bitten. Die Getauften, die zu Angehörigen der jüdischen Rasse erklärt wurden oder aufgrund des neuen Gesetzes in Kürze zu solchen erklärt werden, zeigen sich besonders verängstigt. Ich bin mir sicher, dass der Heilige Stuhl alles zur Rettung dieser Unglücklichen tun wird, um deren Schicksal sich die Kirche unbedingt bekümmern muss. Ich meinerseits habe über dieses traurige Problem mit dem deutschen Konsul, der sich in Venedig aufhält und der mich als Privatperson aufgesucht hat, gesprochen und um Mäßigung gebeten. Er hat mir versprochen, sich darum zu bemühen, aber wird er es auch tun? Ich habe mich erkühnt, Ihrer Eminenz zu schreiben für den Fall, dass Sie die Angelegenheit dem Kardinalstaatssekretär oder sogar dem Heiligen Vater unterbreiten möchten. Es ist wirklich eine Sache, die uns nicht gleichgültig lassen kann."

Rossi übergab den Brief des Patriarchen von Venedig dem Kardinalstaatssekretär Luigi Maglione, der ihm am 10. Dezember 1943 mit „bürokratischer Kälte" antwortete (diese Kälte bescheinigte Monsignor Domenico Tardini den Antworten Magliones, wenn auch in einem anderen Kontext).

Unterdessen wurde in Venedig die Jagd auf Juden unvermindert fortgesetzt. Zwei Tage später wurden die Verhafteten im Altersheim des Ghetto Novo zusammengetrieben, das in ein bewachtes Gefängnis umfunktioniert wurde. Einige „Mischlinge" wurden freigelassen, aber danach von den Deutschen erneut festgesetzt.

Am 31. Dezember 1943 trafen im Lager von Fossoli nicht weniger als einhundertfünfzig Juden ein, eskortiert von Polizei und Carabinieri, während in Venedig die Faschisten die verlassenen Häuser plünderten.

Am 18. Januar 1944 erhielt die Leitung des für Juden bestimmte Konzentrationslagers in Carpi vom venezianischen Polizeipräsidium folgenden Funkspruch:

„Betrifft: Juden. Mit dem heutigen Datum werden Polizeibeamte dieser Dienststelle jene Minderjährigen jüdischer Rasse dorthin begleiten, die sich am 31.12.43 in einem Zustand befanden, welcher keinen Transport zuließ.

1. L.M. di Beniamino, 4 Jahre; 2. L.L. di Beniamino, 6 Jahre; 3. T.S. di Eugenio, 4 Jahre; 4. N.N. di Eugenio, 3 Jahre.

Die Obengenannten werden in diesem Konzentrationslager ihre Eltern finden. Unterz.: Der Polizeipräsident."

Das Lager in Fossoli wurde Mitte Februar 1944 den Deutschen unterstellt. Bis zu dem Augenblick, als die ersten mit Menschen beladenen Waggons in Richtung Deutschland abfuhren, war das Leben im Lager ohne wirklich tragische Begleitumstände verlaufen: Der Austausch von Briefen und die Annahme von Paketen mit tröstendem Inhalt war möglich, und, was das Wichtigste war: Die Familien waren beisammen geblieben.

So schrieb am 1. Februar 1944 ein dreizehnjähriger jüdisch-venezianischer Junge von Fossoli an einen christlichen Altersgenossen in Venedig:

„Lieber Mario,

seit dem Tag, an dem wir uns in Venedig getrennt haben, habe ich Dir noch gar nicht geschrieben, und das darfst Du mir nicht übelnehmen wegen des Durcheinanders, das nach den ersten Tagen nach unserer Ankunft hier im Lager herrschte. Doch jetzt sind wir besser untergebracht. Deshalb nutze ich nun die günstige Gelegenheit, um Dir diese Zeilen zu schreiben. In unserem Zimmerchen sind wir in guter Gesellschaft: Da sind meine Eltern, Tante Ida, mein Vetter Bruno und Tante Pina. Tagsüber wohnt man im Flur, der von zwei riesigen Öfen gut gewärmt wird, die von ihrer Hitze auch etwas in das Zimmerchen abgeben. Es herrscht also keine Traurigkeit, man singt, spielt und macht auch Späße.

Dein T.A.“

Völlig anders dagegen der Ton der kurzen Nachricht, die am 21. Februar, am Vorabend ihrer Abreise nach Deutschland, zwei in Fossoli festgehaltene Schwestern verschickten:

„Wir fahren. Betet für uns. Dass Gott uns beschützen möge. Grüßt uns alle [Zurückbleibenden]. Es ist zwecklos, uns Geld oder Lebensmittel zu schicken. Wie nie zuvor denken wir an die, die in der Ferne sind. Unsere Zukunft ist ein Fragezeichen. Mögen wir bei guter Gesundheit bleiben.“

Das ganze Jahr 1944 hindurch ging, während der Krieg an allen Fronten tobte, in Venetien die von der SS und den italienischen Kollaborateuren entfesselte Menschenjagd weiter und gipfelte in einer ständigen Intensivierung von Deportationen und Verfolgungen. Einige venezianische Juden wurden im Vernichtungslager Risiera di San Sabba in Triest umgebracht, andere nach Auschwitz und damit in den Tod geschickt.

Am 17. August 1944 brach die faschistische Polizei, diesmal unterstützt von der SS, erneut in das israelitische Altersheim in Venedig ein und nahm einundzwanzig Bewohner mit.

Am 6. Oktober 1944 wurden in den städtischen Krankenhäusern sechsundzwanzig bettlägrige Patienten gefangengenommen und nach San Sabba transportiert. In jener Zeit kamen aus verschiedenen Städten Oberitaliens mehr als tausend Deportierte in Fossoli an, die einige Wochen später in die Vernichtungslager der Nazis geschickt wurden.

Im Sommer 1944 deportierte eine Gruppe von SS-Leuten, die aus Treblinka zurückkehrten und unter dem Befehl von Franz Stangl standen, in einer einzigen Razzia neunzig Personen, darunter die einundzwanzig im israelitischen Altersheim Verbliebenen, neunundzwanzig bettlägrige Patienten aus den Spitälern sowie den greisen und halbblinden Oberrabbiner der Gemeinde, Adolfo Ottolenghi.

In jenen finsteren Zeiten zwischen dem 8. September 1943 und dem April 1945 wurden ungefähr zweihundert venezianische Juden ermordet, darunter ganze Familien.

Ende April 1945 kam es zur lang ersehnten Befreiung vom Nazifaschismus. Nach Venedig kehrten alle Juden zurück, die in fernen Ländern Schutz gefunden hatten, und ebenso konnten diejenigen wieder ans Licht des Tages treten, die sich in der Stadt in irgendeiner Dachkammer oder auf dem Land, in den Bergen Venetiens, mit Hilfe von Freunden, einfachen Bekannten oder vom Dorfpfarrer versteckt gehalten hatten.

In die vom Alpdruck der nazifaschistischen Uniformen befreiten Gassen Venedigs kehrte im Taumel der Befreiung wieder neues Leben ein — es war, als hätte man endlich den langen Tunnel des Krieges durchquert. Noch einmal hatte das Leben über den Tod triumphiert.

# Schluss

Heute sind in Venedig knapp vierhundert Personen als Mitglieder der jüdischen Gemeinde registriert, aber viel weniger leben permanent in der Stadt. Inzwischen sind Glanz und Elend früherer Zeiten nur noch eine Erinnerung, und die wechselvolle Vergangenheit ist nicht mehr allen bekannt.

Das Ghetto, in dem Leone da Modena, Simone Luzzatto, Sara Coppio Sullam und Giulio Morosini lebten, ist nach wie vor das Herzstück der kleinen, noch verbliebenen jüdischen Gemeinde, doch von der alten kulturellen und sozialen Regsamkeit bleiben als stumme Zeugen nur die Steine und die alten Synagogen, in denen jahrhundertelang berühmte Rabbiner studierten und über die Texte der Bibel, des Talmud und des Sohar ihre Disputationen abhielten.

Nach einer Zeit der Verödung ist das Ghetto wieder ins Blickfeld der Venezianer und der Touristen aus aller Welt gerückt. An der großen Mauer neben der Casa di Riposo, dem israelitischen Altersheim, befindet sich seit den 1980er Jahren ein Denkmal zur Erinnerung an die Opfer der Verfolgung durch die Nazis: sieben Tafeln aus Bronze, ein Werk des litauischen Bildhauers Arbit Blatas.

Auch das kulturelle Leben der jüdischen Gemeinde hat neue Kraft gewonnen. Jährlich werden Studientage organisiert, die sich der Erforschung des Judentums in Vergangenheit und Gegenwart widmen und ein großes wissbegieriges und aufmerksames Publikum anlocken.

Die Lebensbedingungen der Juden sind in der Geschichte immer sehr prekär gewesen. Und da auch die Lebensbedingungen des modernen Menschen von Tag zu Tag prekärer werden, kann man behaupten, dass der moderne Mensch, ob er will oder nicht, ein wenig zum Juden geworden ist. Hier jedoch öffnet sich ein anderer Diskurs, der uns zu weit von unserem Thema wegführen könnte.

Wenn unser Bemühen, den kulturellen und individuellen Mikrokosmos der Gemeinschaft kennenzulernen, der wir angehören, wenn also dieses Bemühen einen Sinn haben soll, dann zwangsläufig den, Toleranz und Gerechtigkeit gegenüber jedem Menschen und jedem Volk zu fördern.

Die Geschichte der Juden von Venedig ist ein langer Weg, den einige tausend Personen zurücklegten, ehe sie die gesellschaftliche und bürgerliche Emanzipation und Freiheit erlangten. Sie ist der überzeugende Beweis dafür, dass sich das Gespenst des Shylock für immer aufgelöst hat.

Dies bleibt zumindest zu hoffen.

# Fundorte der abgebildeten Dokumente

Seite 102 Biblioteca della Comunità Ebraica di Venezia
Seite 107 Biblioteca Marciana Venezia
Seite 109 Biblioteca della Comunità Ebraica di Venezia
Seite 110 Biblioteca Marciana Venezia
Seite 156 Archivio di Stato di Venezia - Esecutori contro la Bestemmia IT ASVe 0980
Seite 161 Archivio di Stato di Venezia - Ufficiali del Cattaver IT ASVe 0425
Seite 163 Archivio di Stato di Venezia - Ufficiali del Cattaver G. Fossati - P: Checcia Sezioni di immobili in Ghetto Nuovo 1777
Seite 208, 213 Biblioteca Marciana Venezia
Seite 226 Biblioteca di Lugo di Romangna
Seite 229 Biblioteca Casanatense di Roma
Seite 260 Archivio di Stato di Venezia - Ufficiali del Cattaver IT ASVe 0980
Seite 264 Archivio di Stato di Venezia - Inquisitori sopra l'Università degli Ebrei IT ASVe 0750
Seite 271, 272, 273 Archivio di Stato di Venezia - Ufficiali del Cattaver IT ASVe 0980
Seite 275 Courtesy of the Library of the Jewish Theological Seminary, New York Archivio di Stato di Venezia busta Sanità 998
Seite 282, 285 Biblioteca Marciana Venezia
Seite 298, 301, 303, 304, 306 Besitz des Autors

# Bibliografie

Abkürzungen
A.J.S. = »Association for Jewish Studies Review«
J.Q.R. = »Jewish Quarterly Review«
R.E.J. = »Revue des Etudes Juives«
R.M.I. = »Rassegna Mensile di Israel«


AA.VV., *Gli Ebrei in Toscana dal Medioevo al Risorgimento,* Florenz 1980

AA.VV., *Gli Ebrei nell' Alto Medioevo,* 2 Bände, Spoleto 1980

AA.VV., *La stampa degli incunaboli nel Veneto,* in *L'editoria veneziana da Spira ad Aldo Manuzio,* Vicenza 1984

AA.VV., *Storia della cultura veneta,* 6 Bände, Vicenza 1976–1983

AA.VV, *Venedig, Geschichte und Gestalt seines Ghettos,* in »Emuna«, 10, 1975

AMADOR DE LOS RIOS, J., *Etudes historiques, politiques et litterairés sur les Juifs d'Espagne,* Paris 1861 (übers. v. J. G. Magnabal)

AMINTA FRA' FILIPPO, *L'Ebraismo senza replica e sconfitto colle stesse sue armi,* Rom 1823

AMRAM, W.D., *The Makers of Hebrew Books in Italy,* Philadelphia 1909

ANCONA, C.E., *Attacchi contro il Talmud di fra' Sisto da Siena e la risposta, finora inedita, di Leon da Modena, rabbino in Venezia,* in »Bollettino dell'Istituto di Storia della Società e dello Stato Veneziano«, Nr. 5–6, 1963-64

ANCONA, C.E., *L'inventario dei beni appartenenti a Leon da Modena,* in »Bollettino dell'Istituto di Storia della Società e dello Stato Veneziano«, Nr. 4, 1962

ANGELINI, W., *Gli Ebrei di Ferrara nel Settecento,* Urbino 1973

ANTONIAZZI VILLA, A., *Per la storia degli ebrei nel dominio sforzesco: un episodio di antisemitismo nel 1488,* in »R.M.I.«, Nr. 11–12, 1980

ARTOM, E., *Gli Ebrei del Settecento,* in »R.M.I.«, Nr. 1, 1950

ASHTOR, E., *Ebrei cittadini di Venezia?,* in »Studi Veneziani«, Bände XVII-XVIII, 1975-76

ASHTOR, E., *Gli inizi della comunità ebraica a Venezia,* in »R.M.I.«, Nr. 11-12, 1978

ASHTOR, E., *L'apogée du commerce vénitien au Levant. Un nouvel essai d'explication*, in AA. VV., *Venezia centro di mediazione tra Oriente e Occidente,* Band I, Florenz 1977

ASHTOR, E., *A social and economic history of the Near East in the Middle Ages,* London 1976

ASHTOR, E., *The Jews in the Mediterranean Trade in the Fifteenth Century,* in *Wirtschaftskräfte und Wirtschaftswege,* I: Mittelmeer und Kontinent, Nürnberg 1978

AVISAR, S., *Tremila anni di letterature ebraica,* 2 Bände, Rom 1980

BACCELLI, A., *Brevi note intorno al carattere del »Jus di gazagà« in Roma,* aus *La Legge,* Bd. I, 1892

BACHI, R., *L'attività economica degli Ebrei in Italia alla fine del secolo XIX,* in *Studi in onore di Gino Luzzatto*, Mailand 1950

BAILLY, A., *La Serenissima Republica di Venezia,* Varese 1968

BALLETTI, A., *Gli Ebrei e gli Estensi,* Reggio Emilia 1930

BARBIERI, G., *Il Beato Bernardino da Feltre nella Storia sociale del Rinascimento,* Mailand 1962

BARDUZZI, C., *Bibliografia ebraica e giudaica in lingua italiana,* Rom 1938

BEDARIDA, G., *Ebrei d'Italia,* Livorno 1950

BEDARIDA, G., *Gli Ebrei e il Risorgimento italiano,* in »R.M.I.«, Nr. 7-8, 1961

BEDARRIDE, J., *Les Juifs en France en Italie et en Espagne,* Paris 1859

BELOCH, G., *La popolazione di Venezia nei secoli XVI e XVII,* in»Nuovo Archivio Veneto«, 1902

BELTRAME, D., *Storia della popolazione di Venezia dalla fine del secolo XVI alla caduta della Repubblica,* Padua 1954

BENZONI, G., *Una controversia tra Roma e Venezia all'inizio del ,600: la conferma del Patriarca,* in »Bollettino dell'Istituto di Storia della Società e dello Stato Veneziano«, Nr. 3, 1961, S. 121–38

BIALIK, H.N., *»Il giovane padovano«: M.H. Luzzatto,* in »R.M.I«, Nr. 1, 1948

BLAU, L., *Leo Modenas Briefe und Schriftstücke,* Budapest 1906

BLOCH, J., *Venetian Printers of Hebrew Books,* New York 1932

BLUMENKRANZ, B., *Les Juifs dans le commerce maritime de Venise, 1592–1609,* in »R.E.J.«, Bd. II, 1961

BOCCATO, C., *Ilcaso di un neonato esposto nel Ghetto di Venezia alla fine del ,600,* in »R.M.I.«, Nr. 3, 1978

BOCCATO, C., *La disciplina delle sensarie nel Ghetto di Venezia,* in: »Giomale economico«, Nov.-Dez. 1974

BOCCATO, C., *»L›amor possente, favola pastorale di Benedetto Luzzatto hebreo da Venetia« composta durante la peste nel 1630,* in »R.M.I.«, Nr. 1-2, 1977

BOCCATO, C., *L'antico cimitero ebraico di San Nicolò di Lido a Venezia,* Venedig 1980

BOCCATO, C., *Lettere di Ansaldo Cebà, genovese, a Sara Copio Sullam, poetessa del Ghetto di Venezia,* in »R.M.I.«, Nr. 4, 1974

BOCCATO, C., *Licenze per altane concesse ad ebrei del Ghetto di Venezia (sec. XVI-XVII-XVIII),* in »R.M.I.«, Nr. 3-4, 1980

BOCCATO, C., *Nuove testimonianze su Sara Copio Sullam,* in »R.M.I.«, Nr. 9-10, 1980

BOCCATO, C., *Ordinanza contro il lusso e sul »suonatore del sabato« nel Ghetto di Venezia nel secolo XVII,* in »R.M.I.«, Nr. 6–7, 1979

BOCCATO, C., *Processi ad Ebrei nell'archivio degli Ufficiali al Cattaver a Venezia,* in »R.M.I.«, Nr. 3, 1975

BOCCATO, C., *Testamenti di israeliti nel fondo del notaio veneziano Pietro Bracchi seniore (sec. XVII),* in »R.M.I.«, Nr. 5–6, 1976

BOCCATO, C., *Testimonianze ebraiche sulla peste del 1630 a Venezia,* in »R.M.I.«, Nr. 9-10, 1975

BOCCATO, C., *Un altro documento inedito su Sara Copio Sullam: il »Codice di Giulia Soliga«,* in »R.M.I.«, Nr. 7–8, 1974

BOCCATO, C., *Un processo contro Ebrei di Verona alla fine del Cinquecento, in* »R.M.I.«, Nr. 9, 1974

BOKSER, B.Z., *Il Giudaismo: profilo di una fede,* Bologna 1969

BOSISIO, A., *La nazione ebraica tra Venezia e Mestre*, in »Quaderno di studi e notizie« des Centro di Studi storici, Mestre, Dez. 1964– Jan.1965

BOUWSMA, W.J., *Venice and the defense of republican liberty,* Berkeley 1968

BRAUDEL, F., *Civiltà e imperi del Mediterraneo nell'età di Filippo II,* 2 Bände, Turin 1976, 2. Aufl.

BROWN, H.F., *The Venetian printing press, 1469–1800,* Amsterdam 1969

CALIMANI, R., *Introduzione al Dialogo sull'ebraismo di S. Calimani,* Venedig 1984

CALIMANI, S., *Esame o sia catechismo ad un giovane israelita,* Verona 1821 (Neudruck: *Dialogo sull'ebraismo,* Venedig 1984)

CAMERINI, D., *Storia del Popolo Ebreo,* Bd. I, Turin 1921

CANEPA, A.M., *Emancipazione, integrazione e antisemitismo liberale: il caso Pasqualigo,* in »Comunità«, Nr. 174, Juni 1975

CANEPA, A.M., *L'atteggiamento degli ebrei italiani davanti alla loro seconda emancipazione: premesse e analisi,* in »R.M.I.«, Nr. 9, 1977

CANEPA A.M., *Limmagine dell'ebreo nel folclore e nelle letteratura del post-Risorgimento*, in »R.M.I.«, Nr. 5–6, 1978

*Capitoli della Ricondotta degli Ebrei di Venezia e dello Stato Veneto,* Venedig 1777

Caracciolo Arico A. (Hrsg.), *Marin Sanudo il giovane, De origine, situ et magistratibus urbis Venetae, ovvero la città di Venezia (1493-1530)*, Mailand 1980

CARLETTO, G., *Il Ghetto veneziano nel Settecento,* Assisi-Rom 1981

CARPI, D., *Alcune notizie sugli Ebrei a Vicenza (secoli XIV–XVIII),* in »Archivio Veneto« LXVIII, 1961

CARPI, D. (Hrsg.), *Bibliotheca italo-ebraica (bibliografia per la Storia degli Ebrei in Italia 1964–1973),* Rom 1982

CARPI, R., *Le premesse giuridiche e l'ordinamento amministrativo della Comunità israelitica di Padova nel secolo XIX, in »R.M.I.«, Scritti in memoria di Federico Luzzatto*, Nr. 3-41962

CASSUTO, D., *Ricerche sulle cinque sinagoghe (scuole) di Venezia,* Jerusalem, 1978

CASSUTO, D., *The Scuola Grande Tedesca in the Venice Ghetto*, in »Journal of Jewish Art«

CASSUTO, D., *Alcune note ebraiche di contabilità del secolo XVI*, in »Revista Israelitica«, VIII, 1912

CASSUTO, U., *Chi era David Reubeni?,* in »R.M.I.«, Nr. 2, 1969

CASSUTO, U., *Gli Ebrei a Firenze nell'età del Rinascimento*, Florenz 1918

CASSUTO, U., *Leon da Modena e l'opera sua,* in »R.M.I.«, Nr. 3-4, 1933

CASTELBOLOGNESI, G., *Il centenario del Collegio Rabbinico di Padova,* in »R.M.I.«, Nr. 5-6, 1930

CATTANEO, C., *Interdizioni israelitiche,* Neudruck, Turin 1962

CECCHETTI, B., *La Repubblica di Venezia e la Corte di Roma nei rapporti della religione,* 2 Bände, Venedig 1874

CECCHETTO, G., *Gli Ebrei a Venezia durante la III dominazione austriaca,* in »Ateneo Veneto« Nr.2, 1975

*Cenni Storici e amministrativi delle Comunità israelitiche italiane,* Rom 1914

CESSI, R., *La condizione degli ebrei banchieri in Padova nei secoli XIV e XV,* Padua 1908

CESSI, R., *Storia della Repubblica di Venezia,* Florenz 1981

CHABOD, F., *La politica di Paolo Sarpi,* Venedig-Rom 1968 (Neudruck)

CHIUPPANI, G., *Gli Ebrei a Bassano,* Bologna 1977 (Neudruck)

CICOGNA, E.A., *Notizie intorno a Sara Copia Sulam coltissima ebrea veneziana,* in »Memorie del R. Istituto Veneto di Lettere, Scienze, e Arti«, Venedig 1865

CIRIACONO, S., *Olio ed Ebrei nella Repubblica veneta del Settecento,* Venedig 1975

CISCATO, A., *Gli Ebrei in Padova (1300–1800),* Padua 1901

COHEN, I., *Israel in Italien,* Berlin 1909

COHEN, M. R., *Leone da Modena's Riti: a Seventeenth-Century Plea for Social Toleration of Jews,* in »Jewish Social Studies«, Nr. 34, 1972

COLBI, P., *La vita e l'opera di don Izhac Abrabanel statista, pensatore, esegeta,* in »R.M.I.«, Nr. 6, 1932

COLORNI, V., *Autonomie ebraiche in Italia nel Medioevo e nel Rinascimento,* in »R.M.I.«, Nr. 7, 1966

COLORNI, V., *Gli ebrei nel sistema del diritto comune fino alla prima emancipazione,* Mailand 1956

COLORNI, V., *Judaica minora,* Mailand 1983

COPPIO SULLAM, S., *Sonetti editi ed inediti,* hrsg. von L. Madona, Bologna 1887

COPPIN, P., *Sommario storico dei costumi del popolo d'Israello,* Padua 1820

CORYAT, T., *Coryat's Crudities* (Neudruck der Ausgabe von 1611), 2 Bände, Glasgow 1905

COZZI, G., *Paolo Sarpi tra il cattolico Philippe Canaye de Fresnes e il calvinista Isaac Casaubon,* in »Bollettino dell'Istituto di Storia della Società e dello Stato Veneziano«, I, 1959

COZZI, G., *Paolo Sarpi tra Venezia e l'Europa,* Turin 1969

COZZI, G., *Repubblica di Venezia e Stati italiani,* Turin 1982

DA MOSTO, R., Privatarchiv. Briefe, Schriftstücke und Zeitungsartikel zum Fall Pasqualigo

D'ARCO, G.B.G., *Della influenza del Ghetto nello Stato,* Venedig 1782

DAVIS, R.C. und RAVID, B., *The Jews of Early Modern Venice,* Baltimore-London 2001

D'AZEGLIO, M., *Sull'emancipazione degli israeliti,* Florenz 1848

DEL BIANCO COTROZZI, M., *La comunità ebraica di Gradisca d'Isonzo,* Udine 1983

DELLA PERGOLA, S., *Anatomia dell'ebraismo italiano,* Assisi-Rom 1976

DELLA PERGOLA, S., *The Geography of Italian Jews: Country wide Patterns,* in Studi sull'ebraismo italiano, Rom 1974

DELLA TORRE, L., *La cultura presso gli Ebrei in Italia nel secolo decimottavo,* in »Il Corriere Israelitico«, Nr. 9, Januar 1866

DE POMIS, D., *De medico hebreo. Enarratio apologetica,* Venetiis [Venedig] 1588

DE POMIS, D., *Discorso intomo a' l'humana miseria e sopr'al modo di fuggirla,* Venetia [Venedig] 1572

DE ROSSI, G.B., *Dizionario storico degli autori ebrei e delle loro opere,* Parma 1802 (anastat. Neudruck, Sala Bolognese 1978)

DIENA, S., *Rabbi Scelomo Askenazy e la repubblica di Venezia,* Venedig 1898

DI PORTO, B., *Niccolò Tommaseo e gli ebrei: una meditata simpatia,* in »R.M.I.«, Nr. 11, 1969

*Discorso sopra gli accidenti del parto mostruoso nato di una Hebrea in Venetia nell'anno 1575*

DISEGNI, D., *Gli Ebrei in Verona,* in »Il Corriere Israelitico«, Nr. 9, 1911

DI SEGNI, R., *Nota sul secondo soggiomo veneziano di David Reubeni,* in »R.M.I.«, Nr. 6–7, 1979

DOLCETTI, G., *Le bische e il gioco d'azzardo a Venezia, 1172–1807*, Venedig 1903

DOUGLAS, M., Purezza *e pericolo. Un'analisi dei concette di contaminazione e tabù,* Bologna 1976

*Ebrei e sinagoghe* (Führer, Venedig 1973)

ERDELYI, N., *Incontro con Skylock,* in »R.M.I.«, Nr. 4, 1950

ERRERA, A., *Daniele Manin e Venezia,* Florenz 1875

FERORELLI, N., *Gli Ebrei nellItalia meridionale dall'età romana al secolo XVIII,* Turin 1915

FICHMANN, J., *La poesia di M.H. Luzzatto,* in »R.M.I.«, Nr. 1, 1948

FINLAY, R., *La vita politica nella Venezia del Rinascimento,* Mailand 1982

FINLAY, R., *The Foundation of the Ghetto: Venice, the Jews and the War of the League of Cambrai,* in »Proceedings of the American Philosophical Society«, Nr. 126, 1982

FOÀ, S., *Gli Ebrei del Risorgimento italiano*, Assisi-Rom 1978

FORTIS, U., *Riferimenti agli ebrei in un ine dito del Settecento veneziano,* in »R.M.I.«, Nr. 5, 1972

FORTIS, U. (Hrsg.), *Venezia ebraica,* Rom 1982

FORTIS, U., *La »bella ebrea«. Sara Copio Sullam poetessa nel ghetto di Venezia del'600,* Turin 2003

FORTIS, U., *La parlata degli ebrei di Venezia e le parlate giudeo-italiane,* Florenz 2006

FORTIS, U./POLACCO, B., *Quarant'anni fa*, in »R.M.I.«, Nr. 11–12, 1972

FORTIS, U./ZOLLI, R., *La parlata giudeo-veneziana,* Assisi-Rom 1979

FOSCARINI, M., *Necessità della storia e della perfezione della Repubblica veneziana,* (hrsg. v. L. Riscaldone), Mailand 1983

FRANCO, M., *Essai sur l'histoire des Israélites de l'Empire Ottoman depuis les origines jusqu'à nos jours,* Paris 1897

FRIZZI, B., *Difesa contro gli attacchi fatti alla Nazione Ebrea,* Bologna 1977 (Faksimile der Ausgabe Pavia 1784)

FRIZZI, B., *Elogio dei rabbini Simone Calimani e Giacobbe Saraval,* Triest 1791

FUBINI, G., *La condizione giuridica dell'ebraismo italiano dal periodo napoleonico alla Repubblica,* Florenz 1974

FULIN, R., *Breve sommario di Storia Veneta – Breve Storia di Venezia,* Venedig 1972

GABRIELI, G., *Italia Judaica,* Rom 1924

GALLICCIOLLI, G.B., *Storie e memorie venete profane ed ecclesiastiche,* 8 Bände, Venedig 1795

GAON, S., *Abravanel and the Renaissance,* in *Studi sull' ebraismo italiano,* Rom 1974

GEIGER A., *Leon da Modena, Rabbiner zu Venedig (1571–1648),* Breslau 1856

GEORGELIN, J., *Venise au siècle des lumières,* Paris 1978

GINSBORG P., *Daniele Manin and the Venetian Revolution of 1848–49.* Cambridge 1969

GRAETZ, H., *Volkstümliche Geschichte der Juden.* Neudruck Band 1-6, München 1985

GRENDLER. R, *L'Inquisizione romana e l'editoria a Venezia (1540– 1605)*, Rom 1983

GRENDLER, P., *The Distruction of Hebrew books in Venice,* 1569, in »Proceedings of the American Academy for the Jewish Research«, Nr. 45, 1978

GROSS, B., *L'idea messianica nel pensiero di Isac Abravanel,* in »R.M.I.«, Nr. 9, 1969

GRUNEBAUM-BALLIN, R., *Joseph Naci duc de Naxos,* Paris 1968

HARRIS, A.C., *La demografia del ghetto in Italia (1516–1797 circa)*, in »R.M.I.«, Nr. 1-5, 1967

IOLY ZORATTINI, P.C., *Fervore di educazione ebraica nelle Comunità venete del '700,* in »R.M.I.«, Nr. 10, 1968

IOLY ZORATTINI, P.C., *Note e documenti per la Storia dei marrani e giudaizzanti nel Veneto del Seicento,* in »Michael: on the History of the Jews of the Diaspora«, hrsg. v. S. Simonsohn, I, Tel Aviv 1972

IOLY ZORATTINI, P.C., *Un giudaizzante cividalese del Cinquecento: Gioambattista Cividin,* in »Studi geografici«, I, Pisa 1977

IOLY ZORATTINI, P.C., *Il »Mif' Aloth Elohim« di Isaac Abravanel e il Sant'Uffizio di Venezia,* in »Italia: studi e ricerche sulla cultura e sulla letteratura degli ebrei d'Italia«, I, 1976

IOLY ZORATTINI, P.C., *Processi contro ebrei e giudaizzanti nell'Archivio del S. Uffizio di Aquileia e Concordia,* in »Memorie storiche forogiuliesi«, Nr. 58, 1978

IOLY ZORATTINI, P.C., *Note sul S. Uffizio e gli Ebrei a Venezia nel Cinquecento,* in »Rivista di Storia della Chiesa in Italia«, Jg. 33, 1979

IOLY ZORATTINI, P.C., *Gli ebrei a Venezia, Padova e Verona, in Storia della cultura veneta,* Bd. 3, Vicenza 1980

IOLY ZORATTINI, P.C. (Hrsg.), *Processi del S. Uffizio di Venezia contro ebrei e giudaizzanti (1548–1560) e (1561–1570),* 2 Bände, Florenz 1980–82

IOLY ZORATTINI, P.C., *Leandro Tisanio un giudaizzante sanvitese del Seicento,* Florenz 1984

IOLY ZORATTINI, P.C., *Battesimi di fandulli ebrei a Venezia nel Settecento,* Udine 1984

IOLY ZORATTINI, P.C. (Hrsg.), *Gli ebrei a Gorizia e a Trieste tra ancien régime ed emancipazione,* Udine 1984

IOLY ZORATTINI, P.C. (Hrsg.), *Processi del S. Uffizio di Venezia contro ebrei e giudaizzanti (1570–1572),* Florenz 1980-82

IOLY ZORATTINI, P.C., *Gli insediamenti ebraid nel Friuli Veneto e la Ricondotta del 1777,* in »Archivio Veneto« CXXI, 1983

IOLY ZORATTINI, P.C., *Gli Ebrei del Veneto dal secondo Cinquento a tutto il Seicento in Storia della cultura veneta,* Vicenza 1984

IOLY ZORATTINI, P.C., *Il testamento di Caliman Belgrado*, aus »East and Maghreb«, VI, 1985

ISRAEL, U., JÜTTE, R., MUELLER, R.C., *„Interstizi". Culture ebraico-cristiane a Venezia e nei suoi domini dal Medioevo all'Età moderna,* Rom 2010

IVE, A., *Banques Juives et Monts-de-Piété en Istrie: les Capitoli des Juifs de Picane,* in *»Revue des Etudes Juives«,* II, 1881

JACOBY, D., *Venice, the Inquisition and the Jewish Communities of Crete in the early 14th Century,* in »Studi Veneziani«, XII, 1970

JACOBY, D., *Les Juifs à Venise du XIV au milieu du XVI siècle,* in AA. VV.,*Venezia centro di mediazione tra oriente e occidente (secoli XV– XVI): aspetti e problemi,* 2 Bände, Florenz 1977

KAUFMANN, D., *Die Vertreibung der Marranen aus Venedig im Jahre 1550,* in »J.Q.R.«, Nr. 13, 1901, Neudruck 1966

KAUFMANN, D., *A Contribution to the History of the Venetian Jews,* in »J.Q.R.« Nr. 2, 1890, Neudruck 1966

KLAUSNER, J., *Don Jehuda Abravanel e la sua Filosofia dell'Amore,* in »R.M.I.«, Nr. 11-12, 1932; Nr. 6, 1931-32; Nr. 11-12 und Nr. 7, 1932-33

KOBLER, F. (Hrsg.), *Letters of Jews through the Ages,* New York 1952

KRETSCHMAYR, H., *Geschichte von Venedig*, Band1-3, Gotha/Stuttgart 1905-1934

LANE F.C., *The Funded Debt of the Venetian Republic, 1262–1482,* in AA.VV., *Venice and History: the Collected Papers of Fredric C. Lane,* Baltimore 1966.

LANE F.C., *Storia di Venezia,* Turin 1978

LANE, F.C., *I mercanti di Venezia,* Turin 1982

LANE F.C., *Le navi di Venezia tra i secoli XIII e XVI,* Turin 1983

LARAS, G., *Diego Lorenzo Picciotto: un delatore di Marrani nella Livorno del Seicento,* in AA.VV., *Scritti in memoria di Umberto Nahon* Jerusalem 1978

LATTES, D., *Cabbalah e Hassidismo,* in »R.M.I.«, Bd. 1, Nr. 2, 1925

LATTES, D., *Mosè Chaim Luzzatto (Ramchal), autore del Trattato morale »Mesillath Jesharim«,* in »R.M.I.«, *Scritti in memoria di Federico Luzzatto,* 1962

LATTES, M., *Gli Ebrei di Norimberga e la Repubblica di Venezia,* in »Archivio Veneto«, Bd. IV, II, 1872

LATTES M., Notizie e documenti di letteratura e Storia giudaica, in AA.VV., Antologia israelitica, 1879

LATTES, M., *Documents et notices sur l'histoire politique et littéraire de Juifs en Italie,* in »R.E.J.«, V, 1882

LATTES M., *La libertà delle bancbe a Venezia, dal secolo XIII al XVII,* 1869 (Neudruck, Sala Bolognese 1977)

LAZAR, H., *Raffigurazioni di Gerusalemme in »Ketubboth italiano«,* in »R.M.I.«, Nr. 11-12, 1980

LEVI, A., *Il ghetto ebraico nella sua univoca natura,* in »R.M.I.«, Nr. 3, 1973

LEVI, C.A., *Dante a Torcello e il Mosaico del Giudizio Universale,* Treviso 1906

LEVI, E., *Lo »Jus Kazagà« in Piemonte,* in »R.M.I.«, Nr. 3–4, 1977

LEVI, L., *Tradizioni liturgiche, musicali e dialettali a Corfù,* in »R.M.I.«, Nr. 1, 1961

LEVI DELLA VIDA, G., *Quattro lettere di Samuele Romanin,* in AA.VV., *Miscellanea in onore di Roberto Cessi,* 3 Bände, Rom 1958

LOGAN, O., *Venezia: cultura e società (1470–1790),* Rom 1980

LOMBARDO, A. (Hrsg.), *Nicola de Boateriis notaio in Famagosta e Venezia (1355–1365),* in »Fonti per la Storia di Venezia«, Abt. III, Venedig 1973

LONARDO, P.M., *Gli Ebrei a Pisa sino alla fine del secolo XV,* Bologna 1982

LOWRY, M., *Il mondo di Aldo Manuzio,* Rom 1984

LUZZATTO, F., *La comunità ebraica di Conegliano Veneto ed i suoi monumenti,* Rom 1957

LUZZATTO, F., *Cronache storicloe della università degli ebrei di San Daniele del Friuli. Cenni sulla storia degli ebrei del Friuli,* Rom 1964

LUZZATTO, G., *Sulla condizione economica degli ebrei veneziani nel secolo XVIII,* in »R.M.I.«, *Scritti in onore di Riccardo Bachi,* 1950

LUZZATTO, G., Un'anagrafe degli Ebrei di Venezia del settembre 1797, in Nahon, U. (a cura di), Scritti in memoria di Sally Maier (1875-1953). Saggi sull'ebraismo italiano, Jerusalem 1956

LUZZATTO, G., Tasso *d'interesse e usura a Venezia nei secoli XIII– XV, in AA.VV., Miscellanea in onore di Roberto Cessi, I,* Rom 1958

LUZZATTO, G., *Armatori ebrei a Venezia negli ultimi 250 anni della Repubblica,* in »R.M.I.«, *Scritti in memoria di Federico Luzzatto,* Nr. 3-4, 1962

LUZZATTO, G., *Storia economica d'Ittalia. Il Medioevo,* Florenz 1963

LUZZATTO, G., *Brevi cenni introduttivi ad una guida dei templi veneziani,* in »R.M.I.«, Nr. 5, 1964

LUZZATTO, *L., Norme suntuarie riguardanti gli Ebrei.27 Febbraio 1697,* übers, aus d. Hebr. in »Archivio Veneto«, Jg. XVII. 1887

LUZZATTO, L., *Un ambasciatore ebreo nel 1574,* in »Il Vessillo Israelitico«, Nr. 7, 1893

LUZZATTO, L., *Giuda Chaiug primo grammatico,* in »Il Vessillo Israelitico«, Nr. 11, 1896

LUZZATTO, S., *Discorso circa il stato de gl'Hebrei et in particolar dimoranti nell'inclita Città di Venetia* (Faksimile der Ausgabe Venedig 1638), Bologna 1976

LUZZATTO, S., *Scritti politici e filisofici di un ebreo scettico nella Venezia del Seicento,* Mailand 2013

LUZZATTO S.D., *Lettera a Samuele Romanin,* in »L'educatore israelitico«, Nr. 21, 1873

LUZZATTO, S.D., *Essenza-socialità del Giudaismo. Della letteratura ebraica in Italia,* aus »Giudaismo illustrato«, Padua 1908

MAESTRO, R., *Le attività commerciali svolte in Venezia dagli Ebrei Levantini e Ponentini dal 1550 al 1700,* Dissertation betreut von Gino Luzzatto, Venedig 1935

MARANINI, G., *La costituzione di Venezia,* 2 Bände, Florenz 1974

MARAVALL, J.A., *Potere, onore, élites nella Spagna del secolo d'oro*, Bologna 1984

MARGULIES, S.H., *La famiglia Abravanel in Italia*, in »Rivista Israelitica«, Nr. 3-4, 1906

MATERNINI ZOTTA, M.F., *L'ente comunitario ebraico. La legislazione negli ultimi due secoli,* Varese 1983

MAYDA, G., *Ebrei sotto Salò,* Mailand 1978

Mc NEILL, W., *Venezia il cardine d'Europa (1081–1797),* Rom 1979

MEDICI, P., *Riti e costumi degli ebrei,* Venedig 1746

MEDIN, A./TOLOMEI, G., *Per la Storia aneddottica dell'Università di Padova nel secolo XVI,* Padua 1911

MELAMED, A., *The Myth of Venice in Italian Renaissance Jewish Thought,* in »Italia Judaica«, Rom 1983

*Memoria che può servire alla Storia politica degli ultimi otto anni della Repubblica di Venezia,* London 1798

MENEGHIN, V., *Bernardino da Feltre e i Monti di Pietà,* Vicenza 1974

MIHALY, E., *Isaac Abravanel on the Principles of Faith,* in »Hebrew Union College«, XXVI, 1955

MILANO, A., *Storia degli italiani nel Levante,* Florenz 1949

MILANO, *A., I »banchi dei poveri« a Venezia,* in »R.M.I.«, Nr. 6, 1951

MILANO A., *Gl'inviati di Terrasanta in Italia. Un singolare testa-mento riguardante Safed,* in »R.M.I.«, Nr. 7–8, 1952

MILANO, A., *Un sottile tormento nella vita del Ghetto di Roma.* La predica coattiva, in »R.M.I.«, Nr. 12, 1952

MILANO, A., *I primordi dei prestito ebraico in Italia,* in »R.M.I.«, Nr. 5-10, 1953

MILANO, A., *L'Editto sopra gli Ebrei di Pio VI e le mene ricattatorie di un letterato,* in »R.M.I.«, Nr. 2, 1953

MILANO A., *L'»Editto sugli Ebrei« di Papa Pio VI,* in »R.M.I.«, Nr. 3, 1953

MILANO, A., *Considerazioni sulla lotta dei Monti di Pietà contro il prestito ebraico,* in Nahon, U. (hrsg. v.), *Scritti in memoria di Sally Mayer. Saggi sulll'ebraismo italiano,* Jerusalem 1956

MILANO, *A., Storia degli Ebrei in Italia,* Turin 1963

MILANO, A., *Il ghetto di Roma. Illustrazioni storiche,* Rom 1964

MILANO, A., *Bibliografia degli studi sulla Storia degli Ebrei d'Italia,* in »R.M.I.«, Nr. 11, 1966

MIOZZI, E., *Venezia nei secoli,* 4 Bände, Venedig 1957

MOCATTA, F.D., *Gli Ebrei della Spagna e del Portogallo e l'Inquisizione,* Neapel 1887

MODENA, L. (DA), *Historia de' Riti Hebraici,* in »R.M.I.«, Nr. 7–12, 1932

MODENA L. (DA), *Historia de' Riti Hebraici* (Neudruck der Ausgabe Venedig 1678), Bologna 1979

MODENA L., *Vita di Jehudà. Autobiografia di Leon Modena rabbino veneziano del XVII secolo,* Turin 2000

MOLMENTI, P.G., *Curiosità di storia veneziana,* Bologna 1919

MOLMENTI, P.G., *La storia di Venezia nella vita privata dalle origini alla caduta della Repubblica,* II, Bergamo 1925

MOROSINI, G., *Via della fede mostrata a'gli ebrei,* Rom 1683

MORPURGO, E., *L'Università degli Ebrei in Padova nel XVI secolo,* Padua 1909

MORPURGO, E., *Notizie sulle famiglie ebree esistite a Padova nel XVI seccolo,* Undine 1909

MORPURGO, E., *Monografie storiche sugli Ebrei del Veneto,* I: *Gli Ebrei a Treviso,* II: *Gli Ebrei a Conegliano – Gli Ebrei a Ceneda,* in »Il Corriere Israelitico«, Nr. 8 (1909), Nr. 9, 10, 11 (1910)

MORPURGO FANO, L., *Diario. Ricordi di prigionia,* Venedig 1966

MORTARA, M., *Indice alfabetico dei rabbini e scrittori israeliti di cose giudaiche in Italia,* Padua 1886

MUIR, E., Il rituale civico a Venezia nel Rinascimento, Rom 1984

MÜLLER, R.C., *Charitable institutions, the Jewish Community, and Venetian Society. A Discussion on the Recent Volume by Brian Pullan*, in »Studi Veneziani«, XIV, 1972

MÜLLER, R.C., *Le prêteurs juifs de Venise au Moyen Age,* in »Annales: Economies, Sociétés, Civilisations«, 30, 1975

MUSATTI, E., *Storia di Venezia,* 2 Bände, Venedig 1968–1969 (Neudruck)

MUSSO, G., *Per la Storia degli ebrei in Genova nella seconda metà del Cinquecento,* Mailand 1967

MUSSO, G., *Le vicende genovesi di R. Josef Hakoen*, in Carpi, D., Rofé, A. (hrsg. v.), *Scritti in memoria di Leone Carpi. Saggi sull'ebraisimo italiano,* Jerusalem 1967

MUTINELLI, F., *Del commercio dei Veneziani,* Venedig 1835 (anastat. Nachdruck, Venedig 1984)

NAHON, U., *Il lunario di Venezia,* in »R.M.I.«, Nr. 8, 1966

NELSON, B., *Usura e Cristianesimo,* Florenz 1967

NETANYAHU, B., *Don Isaac Abravanel, Statesman and Philosopher,* Philadelphia 1968 (2. Aufl.)

NETANYAHU B., *Don Isaac Abravanel,* Philadelphia 1972

NISSIM, D., *Modernità di vedute in un nostro illuminista: Benedetto Frizzi e le sue opere,* in »R.M.I.«, Nr. 5, 1968

NISSIM, P., *Sulla data della laurea rabbinica conseguita da Moshé Chajim Luzzato,* in »R.M.I.«, Nr. 12, 1954

NISSIM, P., *Le tappe del soggiorno in Italia di Elia Levita,* in »R.M.I.«, Nr. 8, 1966

NORSA, A., *Carlo Cattaneo e le »Interdizioni israelitiche«,* aus »R.M.I.«, Nr. 12, 1969

NORWICH, J.J., *Storia di Venezia,* 2 Bände, Mailand 1982

NUNES VAIS ARBIB, B., *La comunità israelitica di Venezia durante il Risorgimento,* in »R.M.I.«, Nr. 5–8, 1961

*Opera pia Moisè Vita Jacur in Venezia,* Venedig 1885

*Opere pie amministrate dalla congregazione di carità. Fondazione Grazia Consiglio Ricchetti,* Venedig 1903

OSIER, J.P., *D'Uriel da Costa à Spinoza,* Paris 1983

OSIMO, M., *Narrazione della strage compiuta nel 1547 contro gli ebrei d'Asolo,* Casale Monferrato 1875

OTTOLENGHI A., *Il tempio,* Venedig 1929

OTTOLENGHI, A., *Abraham Lattes nei suoi rapporti colla Repubblica di Daniele Manin,* in »R.M.I.«, Nr. 1, 1930

OTTOLENGHI, A., *Il Governo democratico di Venezia e l'abolizione del Ghetto,* aus »R.M.I.«, Nr. 2, 1930

OTTOLENGHI, A., *Spigolature storiche di vita ebraica veneziana,* in »R.M.I.«, Nr. 5-6, 1931

OTTOLENGHI, A., *Origine, vicende dell'Historia de Riti Hebraici di Leon da Modena,* in »R.M.I.«, Nr. 7–8, 1932

OTTOLENGHI, A., *L'azione di Tommaseo a Venezia,* Venedig 1933

OTTOLENGHI, A., *Leon da Modena e la vita ebraica del ghetto di Venezia,* in »R.M.I.«, Nr. 12, 1971

OTTOLENGHI, A./PACIFICI, R., *L'antico cimitero ebraico di S. Nicolò Lido,* aus »Rivista di Venezia«, Mai 1929

PACI, R., *La »scala« di Spalato e il commercio veneziano nei Balcani fra Cinque e Seicento,* Venedig 1971

PACIFICI, R., *Il regolamenti della Scuola italiana a Venezia nel secolo XVII,* in »R.M.I.«, Nr. 11-12, 1930

PACIFICI, R., *Le iscrizioni dell'antico cimitero ebraico a Venezia*, Alexandria 1936

PADOA, P., *Scuole religioso-morali maschili israelitiche in Venezia*, Padua 1901

PADOA, P., *Daniele Manin e gli Israeliti di Venezia nel 1848–49,* in »II Vessillo Israelitico«, Nr. 52, 1904

PADOA, P., *Gli Israeliti di Venezia e il Risorgimento italiano,* aus »II Vessillo Israelitico«, Juli–August 1911

PARDO, E., *Brevi cenni sulla »Associazione israelitica di previdenza Cuore e Concordia« di Venezia,* Rom 1962

PARDO, E., *Luci e ombre,* Venedig 1965

PARENTE, F, *Il confronto ideologico tra l'Ebraismo e la Chiesa in Italia,* in »Italia Judaica«, Rom 1983

PASCHINI, P., *Venezia e l'Inquisizione Romana da Giulio III a Pio IV*, Padua 1959

PAVONCELLO, N., *Gli ebrei in Verona dalle origine al sec. XX,* Verona 1960

PAVONCELLO, N., *La letteratura ebraica in Italia,* Rom 1963

PAVONCELLO, N., *Antiche famiglie ebraiche italiane,* Rom 1982

*Per l'Università degl'Ebrei di Venezia* (Sammlung von Erlassen), Bibl. Naz. Marciana, Venedig

PEROCCO, G./SALVADORI, A., *Civiltà di Venezia,* 3 Bände, Venedig 1973-77

*Pia Fondazione Enrichetta Consolo-Treves dei Bonfili in Venezia,* Venedig 1887

*Pia Opera Marco Reiner in Venezia,* Venedig 1888

PIATTELLI, A., *»Ester«: l'unico dramma di Leon da Modena giunto fino a noi,* in »R.M.I.«, Nr. 3, 1968

PIATTELLI, A., *Una severa disposizione in un tempio veneziano del '600,* in »R.M.I.«, Nr. 1, 1969

PIATTELLI, A., *Un arazzo veneziano del XVII secolo,* in AA.VV., *Scritti in memoria di Attilio Milano,* 1970

PIATTELLI, A., *Un inno per Simchat Torà di Rabbi Elia Aharon Lattes,* in »Annuario di Studi Ebraici«, 1977–79

PINETTI, A., *Una supplica alla Serenissima contro gli Ebrei,* in »Nuovo Archivio Veneto«, XIX, 1900

*Pio Stabilimento Hanau in Venezia,* Venedig 1887

POLIAKOV, L., *Un tentativo di Venezia per attirare gli ebrei di Livorno,* in »R.M.I.«, Nr. 7, 1957

POLIAKOV, L., *I banchieri ebrei e la Santa Sede dal XIII al XVII secolo,* Rom 1974

POLIAKOV, L., *Storia dell'antisemitismo,* 3 Bände, Florenz 1974–76

PRETO, R., *Venezia e i Turchi*, Florenz 1975

PRETO, R., *Peste e società a Venezia,* 1576, Vicenza 1978

*Processo Giuditta Castilliero,* in »Eco dei tribunali«, Ergänzung zu Nr. 641, Abt. I, 1856

*Progetto di Statuto organico della Fraterna Generale di Culto e Beneficenza degli Israeliti in Venezia,* Venedig 1910

PULLAN, B., *Poverty, Charity and the Reason of State: Some Venetian Examples*, in »Bollettino dell'Istituto di Storia della Società e dello Stato Veneziano«, II, 1960

PULLAN, B., *La politica sociale della repubblica di Venezia 1500–1620,* Band I *(Le scuole grandi, l'assistenza e le leggi sui poveri,* Band II *(Gli ebrei veneziani e i monti di pietà),* Rom 1982

PULLAN, B., *Gli ebrei d'Europa e l'Inquisizione a Venezia dal 1550 al 1670,* Rom 1985

*Raccolta di decreti, processi, verbali e discorsi concernenti li cittadini ebrei di Venezia dopo la loro felice rigenerazione,* Venedig 1797

RADZIK, S.G., *Portobuffolè,* Florenz 1984

RAVÀ, V., *Ebrei in Venezia,* in »L'educatore israelitico«, XIX, 1871; XX, 1872

RAVENNA, A., *La scuola rabbinica di Padova e il Risorgimento italiano,* in »R.M.I.«, Nr. 7, 1957

RAVID, B., *The Legal Status of Merchants of Venice,* Dissertation, Harvard University, 1973

RAVID, B., *The Establishment of the Ghetto Vecchio of Venice, 1541,* in »Proceedings of the Sixth World Congress of the Jewish Studies«, II, Jerusalem 1975, S. 153–167

RAVID, B., *The First Charter of the Jewish Merchants of Venice, 1589,* in »Association for Jewish Studies Review«, I, 1976, 187–222

RAVID, B., *The Jewish Mercantile Settlement of Twelfth and Thirteenth Century Venice: Reality or Conjecture?,* in »Association for Jewish Studies Review«, II, 1977

RAVID, B., *Economics and Toleration in Seventeenth-Century Venice: the Background and Context of the »Discorso« of Simone Luzzatto,* Jerusalem 1978

RAVID, B., *The Prohibition against Jewish Printing and Publishing in Venice and the Difficulties of Leone Modena,* in »Studies in Medieval Jewish History and Literature, Cambridge 1979

RAVID, B., *»How Profitable the Nation of the Jewes are«: the Humble Addresses of Menasseh hen Israel and the Discorso of Simone Luzzatto,* in Reinharz, A., Swetchinski, D., *Mystics, Philosophers and Politicians: Essays in Jewish Intellectual History in Honor of Alexander Altmann,* Durham 1982

RAVID, B., *The Socio-Economic Background and the Expulsion and the Readmission of the Venetian Jews, 1571–1573,* in Albert, Ph.C., Malino, F. , *Essays in Modern Jewish History: a Tribute to Ben Halpern,* Rutherford-Madison-Teaneck 1982

RAVID, B., *Contra Judaeos in Seventeenth-Century Italy: Two Responses to the Discorso of Simon Luzzatto by Melchiore Palontrotti and Giulio Morosini,* in »AJS review«, Band 7–8, 1982–83

RAVID, B., *»A Republic Separate from an Other Government«; Jewish Autonomy in Venice in the Seventeenth Century and the Translation of the libro Grande,* in Greenbaum, A.A., Ivry, A.L., *Thought and Action. Essays in memory of Simon Rawidowicz on the Twenty-Fifth Anniversary of His Death,* Tel Aviv-Haifa 1983

RAVID, B., *Money, Love and Power Politics in Sixteenth Century Venice: the Perpetual Banishment and Subsequent Pardon of Joseph Nasi,* in »Italia Judaica«, Rom 1983

*Regolamento dei Riuniti Sovvegni Spagnuolo e Tedeschi in Venezia,* Venedig 1873

*Regolamento interno d'amministrazione della fraterna misericordia e pietà degli Israeliti in Venezia,* Venedig 1888

*Regolamento per la Fratema Generale di Culto e Beneficenza degli Israeliti in Venezia,* Venedig 1828

*Regolamento per l'istruzione religiosa e morale degli Israeliti in Venezia,* Venedig 1827

*Regolamento speciale d'amministrazione della casa israelitica d'industria e ricovero in Venezia,* Venedig 1890

*Regolamento speciale di amministrazione della Sezione Beneficenza della Fratema Generale di Culto e Beneficenza degli Israeliti in Venezia,* Venedig 1888

REVAH, I.S., *Chi sono i Marrani,* in »R.M.I.«, Nr. 1–2 und 3–4, 1959

REVAH, I.S., *Les Marranes,* in »R.E.J.«, I, 1959

RILKE, R.M., *Geschichten vom lieben Gott,* Leipzig 1925

RIVKIN, E., *Leon da Modena and the Kol Sakhal,* Cincinnati 1952

RODRIGUEZ, F., *Shylock, l'ebreo di Shakespeare,* in »Comunità«, Nr. 178, 1977

ROMANIN, S., *Storia documentata di Venezia,* 10 Bände, Venedig 1912–1921 (Neudruck)

ROMANIN JACUR, S., *Le Sinagoghe Spagnole,* in »R.M.I.«, Nr. 1, 1958

ROMANO, G., *Di una filastrocca pasquale in italiano e delle sue lontane origini,* in »R.M.I.«, Nr. 2–3, 1974

ROMANO, G., *Bibliografia italo-ebraica (1848–1977),* Florenz 1979

ROTH, C., *The Last Florentine Republic 1527–30,* London 1925

ROTH, C., *Nel Ghetto italiano,* in »R.M.I.«, Nr. 3–4, 1926

ROTH, C., *L'Accademia Musicale del ghetto veneziano,* in »R.M.I.«, Nr. 4, 1928

ROTH, C., *Leon de Modène, ses Riti Ebraici et le Saint Office à Venise,* Paris 1929

ROTH, C., *Immanuel Aboab's Proselization of the Marranos,* in »J.Q.R.«, Nr. XXXII, 1932-33

ROTH, C., *Gli ebrei di Venezia,* Rom 1933

ROTH, C., *I Marrani a Venezia,* in »R.M.I.«, Nr. 5–6, 1933

ROTH C., *I Marrani in Italia. Nuovi documenti,* in »R.M.I.«, Nr. 9, 1934

ROTH, C., *Leone de Modena e gli ebraisti cristiani del suo tempo,* in »R.M.I.«, Nr. 10, 1937

ROTH, C., *The House of Nasi. Doña Gracia,* Philadelphia 1947

ROTH, C., *The House of Nasí: the Duke of Naxos,* Philadelphia 1948

ROTH, C., *Lettere della Compagnia del riscatto degli schiavi in Venezia,* in »R.M.I.«, Nr. 1, 1949

ROTH, C., *La ricondotta degli ebrei ponentini*, Venezia 1647, in AA.VV., *Studi in onore di Gino Luzzatto,* Band II, Mailand 1950

ROTH, C., *Un'elegia giudeo-italiana sui martiri d'Ancona,* in AA.VV., *Scritti in onore di Riccardo Bachi,* Città di Castello 1950

ROTH, C., *Storia del popolo ebraico,* Mailand 1962

ROTH, C., *Joseph Nassi, duca di Nasso e i Savoia,* in »R.M.I.«, Nr. 8, 1968

ROTH, C., *Storia dei marrani,* Mailand 1991

SACCO, P., *Il Beato Bernardino da Feltre,* Feltre 1940

SAMAJA, N., *Le vicende di un libro. »Storia dei riti ebraici« di Leon da Modena,* in »R.M.I.«, Nr. 3, 1955

SAMAJA, N., *Le incerte vicende di un manoscritto di Leon da Modena,* in »R.M.I.«, Nr. 7, 1955

SAMAJA, N., *La situazione degli Ebrei nel periodo del Risorgimento,* in »R.M.I.«, Nr. 7-8, 1957

SANDRI, M.G./ALAZRAKI, P., *Arte e vita ebraica a Venezia (1516-1797),* Florenz 1971

SANSOVINO, F., *Venetia città nobilissima e singolare,* Venedig 1663 (Nachdruck, 2 Bände, Venedig 1968)

SANUTO, M., *I Diarii,*hrsg. v. R. Fulin et al., 58 Bände, Venedig 1879-1903

SANUTO, M., *De origine, situ et magistratibus urbis Venetae, ovvero la città di Venezia (1493-1530),* Mailand 1980

SARPI, P., *La Repubblica di Venezia, la Casa d'Austria e gli Uscocchi,* Bari 1965

SCHAERF, S., *I cognomi degli ebrei d'Italia,* Florenz 1925

SCHIAVI, L.A., *Gli Ebrei in Venezia e nelle sue colonie,* in »Nuova Antologia«, 3. Reihe, XLVIII, 1893

SCHIRMANN, H., *Una invettiva »Contro i vizi dei contemporanei« di Simon Calimani, poeta ebreo italiano del XVIII secolo,* in AA.VV., *Scritti in memoria di Umberto Nahon,* Jerusalem 1978

SCHOLEM, G., *Sabbatai Sevi. The mystical Messiah,* Princeton 1975

SCHWAB, M., *Storia degli ebrei dall'edificazione del secondo tempio fino ai giorni nostri,* Venedig 1870

SCHWARZ, S., *I Marrani del Portogallo,* in »R.M.I.«, Nr. 2, 1925

SCHWARZFUCHS, S., *Responsi di Rabbi Meir da Padova come fonte storica,* in Carpi, D., Milano, A. Rofé, A., *Scritti in memoria di Leone Carpi*, Jerusalem 1967

SERENI, P., *Gli anni della persecuzione razziale a Venezia: appuntiper una storia,* in AA.VV., *Venezia ebraica,* Rom 1982

SERENI, P., *Della comunità ebraica a Venezia durante il fascismo*, in AA.VV., *La resistenza nel Veneziano,* Venedig 1985

SERMONETA, J., *Sul'origine della parola »ghetto«,* in AA.VV., *Studi sull'ebraismo italiano,* Rom 1974

SERVI, F., *Gli Israeliti d'Europa nella civiltà,* Turin 1872

SHAZAR, Z., *Il »fatto di R. Josef della Reina« nella tradizione sabbatista,* in »R.M.I.«, Nr. 4, 1973

SHAZAR, Z., BONFIL, R., *L'attesa messianica per l'anno 5500–1740 nel pensiero di R. Y. Chayim Kohen Cantarini,* in »R.M.I.«, Nr. 9, 1971

SHULVASS, M. A., *The Jews in the World of the Renaissance,* Chicago 1973

SIMONSOHN, S., *Lo stato attuale della ricerca storica sugli Ebrei in Italia,* in »Italia, Judaica«, Rom 1983

SIPORIN, S.C., *Continuity and Innovation in the Jewish Festivals in Venice, Italy,* Dissertation 1982, Indiana University

SOAVE, M., *Vita di Giudà Ariè Modena,* in »Il Corriere Israelitico«, 1862-1864

SOAVE, M., *Sara Coppio Sullam,* in »Il Corriere Israelitico«, 1863–65 und 1877

SOAVE, M., *Mosè del Castellazzo, distinto pittore,* in »Il Corriere Israelitico«, Nr. 9–10, 1882

*Statuto della Società Israelitica di previdenza »Cuore e Concordia« Venezia,* Venedig 1906

STEINHAUS, F., *Ebraismo sefardita,* Bologna 1969

SUMMO, G., *Gli Ebrei in Puglia dall'XI al XVI secolo,* Bari 1939

TABACCO, G., *Andrea Tron e la crisi dell'aristocrazia senatoria a Venezia,* 2. Aufl., Udine 1980

TAGLIACOZZO, A., Lo »jus Gazagà« nell'ordinamento giuridico italiano, in AA.VV., *Scritti in onore di Umberto Nahon,* Jerusalem 1978

TAMANI, G., *Catalogo dei manoscritti ebraici della Biblioteca Marciana di Venezia,* Florenz 1973

TAMANI, G., *Manoscritti autografi di S.D. Luzzatto,* in »R.M.I.«, Nr. 3-4, 1977

TASSINI, G., *Alcune delle più clamorose condanne capitali eseguite in Venezia sotto la Repubblica,* Venedig 1866

TASSINI, G., *Curiosità veneziane,* Venedig 1883

TASSINI, G., *Curiosità veneziane, ovvero origini delle denominazioni stradali*, Neuausgabe, hrsg. v. L. Moretti, Venedig 1888

TEBEKA, E., LUZZATTO, L., *Gli ebrei europei nell'Ottocento: l'ora della scelta,* in »R.M.I.«, Nr. 11, 1968

TEMANZA, T., *Antica pianta dell'inclita città di Venezia delineata circa la metà del XII secolo,* Bologna 1977 (Neudruck der Ausgabe von 1781)

TENENTI, A., *Naufrages, corsaires et assurances maritimes à Venise (1592-1609),* Paris 1959

*Terminatione et ordini de . . . Signori Essecutori contro la Bistemmia – 1619, adi 23 marzo in materia delle estorsioni et violenze usate a banchieri del gheto*

*Tesori d'arte ebraica a Venezia,* Venedig o. J.

TESSADRI, E., *L'arpa di David: storia di Simone e del processo di Trento contro gli ebrei accusati di omicidio rituale, 1475–1476,* Mailand 1974

*Testo unico di Statuto della Fraterna Generale di Culto e Beneficenza degli Israeliti in Venezia,* Venedig 1887

TEZA, E., *Intorno alla voce ghetto: Dubbi da togliere e da risvegliare,* in »Atti dell'Istituto Veneto«, Band VI, 1903–1904

TIVARONI, C., *Mazzini e Parenzo nella cospirazione veneta (1865),* aus »Nuova Antologia«, Juli 1898

TOAFF, A., *Nuova luce sui Marrani di Ancona (1556)*, in Studi sull'ebraismo italiano in memoria di Cecil Roth, Rom 1974

TOAFF E., *La vera fonte del »Mercante di Venezia« di Shakespeare,* in »R.M.I.«, Nr. 4, 1956

TODESCHINI, G., *Teorie economiche degli ebrei alla fine del Medioevo. Storia di una presenza consapevole,* in »Quaderni Storia«, 52, Nr. 1, 1983

TOMMASEO, N., *Diritto degli Israeliti alla civile uguaglianza,* in »R.M.I.«, Nr. 5-6, 1975

TRANCHINI, E., *Gli ebrei a Vittorio Veneto dal XV al XX secolo,* Vittorio Veneto 1979

TURCATO, G./ZANON DAL BO A., *1943–1945: Venezia nella Resistenza. Testimonianze,* Venedig 1975–76

VANZAN MARCHINI, N.E., *Medici ebrei e assistenza cristiana nella Venezia del '500,* in »R.M.I.«, Nr. 4-5, 1979

VANZAN MARCHINI, N.E., *Il dramma dei convertiti nella follia di una ex ebrea,* in »R.M.I.«, Nr. 1–2, 1980

VECCHI, A., *Correnti religiose nel Sei-settecento veneto,* Venedig – Rom 1962

VENTURI, F., *Settecento riformatore,* Turin 1976

VIOLA, A.A., *Compilazione delle leggi in materia d'officij e banchi del Ghetto,* Venedig 1786

VIVANTE, R., *Discorso . . . tenutoa'suoi connazionali il dì 22 Messidor anno I della Libertà Italiana, in cui per decreto della Provvisoria Municipalità di Venezia furono levate e bruciate le porte del Ghetto,* Venedig 1797

VOLLI, G., *Breve Storia degli ebrei d'Italia*, Mailand 1961

VOLLI, G., *I »Processi tridentini« e il culto del beato Simone da Trento,* aus »Il Ponte«, Nr. 11, 1963

VOLLI, G., *Il Beato Lorenzino da Marostica prestunta vittima d'un omicidio rituale,* in »R.M.I.«, Nr. 9, 1968

VOLPI, E., *Storie intime di Venezia Repubblica,* Venedig 1893 (Nachdruck, Venedig 1984)

VON RANKE, L., *Venezia nel Cinquecento,* Rom 1974

WEINBERG, J., *The Collection of Hebrew Printed Books in the Antoniana Library of Padua,* aus »Il Santo«, September 1974

WIRTH, L., *Il ghetto,* Mailand 1968

YAHUDA, A.S., *Napoleone e uno Stato Ebraico,* in »R.M.I.«, Nr. 5, 1950

YERUSHALMI, Y.H., *From Spanish Court to Italian Ghetto: Isaac Cardoso. A Study in Seventeenth-Century Marranism and Jewish Apologetics,* Washington1981

ZACUTO, M., *L'inferno preparato, poema ebraico,* Turin 1819

ZAGO, F.(Hrsg.), *Consiglio dei Dieci, deliberazioni miste. Registri I–II (1310–1325)*, »Fonti per la Storia di Venezia«, Abt. 1, Venedig 1962

ZANELLI A., *Di alcune controversie tra la Repubblica di Venezia e il Sant'Officio nei primi anni del Pontificato di Urbano VIII (1624– 1626),* in »Archivio Veneto«, Nr. 6, 1929

ZANGWILL, I., *Il meglio di Israel Zangwill, Mailand 1955, Original s. The works of Israel Zangwill,* 14 Bände, London 1925

ZORDAN, G., *Le persone nella storia del diritto veneziano prestatutario*, Padua 1973

ZORZI, A., *Venedig. Die Geschichte der Löwenrepublik,* Düsseldorf 1985

ZORZI, E., *Osterie Veneziane,* Venedig 1967

ZUCCAGNI-ORLANDINI, A., *Notizie concernenti la Storia degli Ebrei in Portogallo,* in »R.M.I.«, Nr. 2, 1950

# Personenregister

Spaziergang in Bildern:

# Das jüdische Ghetto von Venedig mit seinen Synagogen

Fotos: Davide Calimani

*Campo de Gheto Novo umgeben von Kanälen. Weil kein Platz war, mussten die Häuser im Ghetto nach oben wachsen.*

*Die spanische Synagoge*

*Die levantinische Synagoge*

*Die italienische Synagoge*

*Schönes Ambiente: Besamimbüchsen vor dem Campo de Gheto Novo (an Besamimbüchsen, die mit Gewürzen gefüllt sind, wird nach dem Hawdalaritus am Ende des Schabbats gerochen)*

*Die Scola Canton*

*Die Scola Canton*

*Die Scola Grande Tedesca*

*Die Scola Grande Tedesca*

*Der jüdische Friedhof liegt außerhalb der Stadt Venedig auf der Insel Lido di Venezia.*